Neue Wege für den Rechtsschutz Privater gegen die Wirtschaftstätigkeit der öffentlichen Hand

STUDIEN UND MATERIALIEN ZUM ÖFFENTLICHEN RECHT

Herausgegeben von Herbert Bethge

Band 36

PETER LANG

Frankfurt am Main · Berlin · Bern · Bruxelles · New York · Oxford · Wien

Daniel F. Kendziur

Neue Wege für den Rechtsschutz Privater gegen die Wirtschaftstätigkeit der öffentlichen Hand

PETER LANG
Internationaler Verlag der Wissenschaften

Bibliografische Information der Deutschen Nationalbibliothek
Die Deutsche Nationalbibliothek verzeichnet diese Publikation in der Deutschen Nationalbibliografie; detaillierte bibliografische Daten sind im Internet über <http://www.d-nb.de> abrufbar.

Zugl.: Passau, Univ., Diss., 2009

Gedruckt auf alterungsbeständigem,
säurefreiem Papier.

D 739
ISSN 1433-1500
ISBN 978-3-631-59190-1

Printed in Germany 1 2 3 4 5 7

www.peterlang.de

VORWORT

Die vorliegende Arbeit wurde im Wintersemester 2008/2009 von der Juristischen Fakultät der Universität Passau als Dissertation angenommen und hat den Stand Dezember 2008. Rechtsprechung, Literatur und aktuelle Entwicklungen in der Gesetzgebung konnten in den Fußnoten vereinzelt noch bis einschließlich Januar 2009 berücksichtigt werden.

Ziel der Arbeit ist eine Aktualisierung des Rechtsschutzes privater Unternehmen gegen die Wirtschaftstätigkeit der öffentlichen Hand mithilfe der Wirtschaftsgrundrechte, des Wettbewerbs- und des Vergaberechtes am Beispiel der Anbieter von privaten Glücksspielen. Statt eines Stichwortverzeichnisses möge das sehr detaillierte Inhaltsverzeichnis die Orientierung im Werk erleichtern.

Mein besonderer Dank gilt meinem Doktorvater Herrn Professor Dr. Herbert Bethge, der die Arbeit in wirklich herausragender und überaus vorbildlicher Art und Weise intensivst betreut hat. Zu Dank bin ich ihm auch für die zügige Erstattung seines Erstgutachtens und für die Aufnahme dieser Arbeit in seine vorliegende Schriftenreihe verpflichtet.

Herrn Professor Dr. Hartmut Söhn danke ich für die ebenfalls sehr schnelle Erstattung des Zweitgutachtens. Mein weiterer Dank gilt meinen Eltern für die großzügige Unterstützung während des gesamten Vorhabens und der Drucklegung. Katharina Hein gebührt Dank und Anerkennung für fachlichen Rat und ihre oft strapazierte Geduld.

Daniel Kendziur

Frankfurt am Main, im März 2009

INHALTSVERZEICHNIS

KAPITEL 1 EINFÜHRUNG UND ERSTER PROBLEMAUFRISS

§ 1 Einführung

Wettbewerb erscheint auf den ersten Blick als ein klassisch liberaler Begriff, der dem privaten Unternehmertum zugeschrieben wird. Wettbewerb findet *a priori* zwischen Privaten statt, könnte man meinen. Doch die Floskel vom „Staat als Unternehmer" ist alt[1]. Wettbewerb am Markt findet auch zwischen Privaten[2] und dem Staat[3] statt, wenn sie sich als Anbieter der gleichen Waren oder Dienstleistungen an denselben Abnehmerkreis wenden[4]. Es liegt fast schon auf der Hand, dass sich auf Seiten des Staates dann wirtschaftliche und politische Macht vereinen. Eine derartige „Machtaddition" kann eine erhebliche eigenständige Gefahr für die privaten Konkurrenten bedeuten, deren grundgesetzlich verbürgte Freiheitsrechte empfindlich beeinträchtigt werden könnten. Der am Markt auftretende Staat bleibt der hoheitliche Staat auf der einen Seite. Auf der anderen Seite vermag er seine öffentlich-rechtlichen Rechtsbindungen mitunter so zu verschleiern, dass diese Bindungen entweder gar nicht erkannt, oder aber nicht durchgesetzt werden können. Es drohen Freiheits-, Transparenz- und Steuerungsprobleme[5].

Der unternehmerische Staat mag zwar einerseits für sich in Anspruch nehmen können, dass ein freier und offener Wettbewerb sich auch volkswirtschaftlich zur Güterverteilung am besten eignet, nachdem das endgültige Scheitern der sozialistischen Planwirtschaft nicht mehr in Abrede gestellt werden kann[6]. Doch wie frei und offen kann ein Wettbewerb sein, der auf der Seite der staatlichen Teilnahme Privilegien in Anspruch nehmen kann, die einem privaten Marktteilnehmer nicht einmal eingeräumt werden könnten? Erinnert sei hier nur an das staatliche Steuermonopol. Drohen daher von vornherein ungleiche Ausgangssituationen, steht auch die Chancengleichheit des privaten Markt-

---

1 *Staudinger*, Der Staat als Unternehmer, passim; *Storr*, Der Staat als Unternehmer, S. 1 m. w. N. in Fn. 1.

2 Als Teil der Gesellschaft und damit als von der Institution „Staat" zu unterscheidendes Ordnungsmodell. Vgl. zu den Ordnungsprinzipien von Staat und Gesellschaft *Kluth*, Grenzen kommunaler Wettbewerbsteilnahme, S. 26 ff.

3 Genauer: Einzelnen Trägern von Staatsgewalt durch ihre Organe.

4 *Kluth*, Grenzen kommunaler Wettbewerbsteilnahme, S. 7.

5 *Storr*, Der Staat als Unternehmer, S. 1.

6 *Storr*, Der Staat als Unternehmer, S. 2.

teilnehmers von vornherein auf dem Spiel. Werden dann auch noch von weiten Teilen in Lehre und Rechtsprechung auf Grund dessen jedenfalls faktisch vorliegende Beeinträchtigungen grundrechtlich verbürgter Freiheiten der Privaten verneint, droht der seit langem anerkannte Integrationsfaktor Wettbewerb nicht nur national-, sondern auch gemeinschaftsrechtlich ins Abseits gestellt zu werden.

Wettbewerb ist ein vor allem wirtschaftlicher Tatbestand[7] bzw. ein tatsächlicher Funktionsbegriff[8] und kann gerade deswegen verschiedene Rechtssubjekte, gleichviel ob öffentlich-rechtlich oder privatrechtlich organisiert, mit unterschiedlichen Qualifikationen auf einem Markt vereinen. Dabei gilt Wettbewerb, der stattfindet, schon lange *„als Rechtserfolg“*[9]. Denn ein funktionierender Wettbewerbsprozess ist in der Lage, als Basis für den Ausgleich von Einzelinteressen und Gemeinwohl zu dienen. Auf einem derart organisierten Markt findet eine Optimierung der Bedürfnisbefriedigung statt, ohne dass das Ergebnis von vornherein feststeht[10]. Die Initiative hierzu geht jedoch immer vom Unternehmer aus. Tritt nun neben Privaten auch der Staat als Unternehmer auf, kommt es nicht nur zu einer Pluralisierung der Initiativen, sondern auch zu zwangsläufigen Umgestaltungen des durch die Ordnungsmodelle Staat und Gesellschaft[11] gekennzeichneten Lebensraumes „Markt“.

Den Schwerpunkt der Untersuchungen auf diesem Gebiet bildet daher nicht mehr die Frage, ob der Staat als Unternehmer auftreten darf, sondern wo für diese Tätigkeit die Grenzen gezogen werden müssen[12]. Denn weder wirtschaftspolitisch noch wirtschaftsrechtlich darf sich diese Entwicklung in einer Grauzone abspielen, die das Konzept eines regulierten Wettbewerbs als bloße Idee abstempelte. So ist schon seit langem das Problem der Berechtigung und Abgrenzung der privatwirtschaftlichen Betätigungssphäre öffentlicher Körperschaften Bestandteil aller wirtschaftspolitischen Programme[13], und es geht nicht nur um

---

7 *Vollmar*, Rechtsweg und Maßstab für Klagen gegen die öffentliche Hand wegen Wettbewerbsverstößen, S. 62.

8 *Scholz*, ZHR 132 (1969), 97, 119. *Pieroth/Hartmann*, DVBl. 2002, 421, 426 sprechen von einem *„faktischen Phänomen“*.

9 *Scholz*, ZHR 132 (1969), 97, 106.

10 *Kluth*, Grenzen kommunaler Wettbewerbsteilnahme, S. 27.

11 Die Unterscheidung von Staat und Gesellschaft hat ihren Sinn und erträgt keine Vermischungen, vgl. dazu *Bethge*, in: Merten/Papier (Hrsg.), HGR III, § 72 Rn. 35 (im Erscheinen).

12 Dazu *Storr*, Der Staat als Unternehmer, S. 3.

13 Darauf weist schon *Frentzel*, Recht und Staat 235 (1961), S. 3, hin.

die großen, ins Auge fallenden Betriebe. Vielfach sind es gerade die zahlreichen kleinen, deren Gestalt unscheinbar sein mag, für den betroffenen privaten Marktteilnehmer aber von großer, vielleicht sogar von existenzieller Bedeutung sind[14]. Denn selbst wenn das Sozialstaatsprinzip den Leistungsstaat vielfach zu legitimieren vermag[15], kann hierin jedoch kein Anknüpfungspunkt für eine staatliche Monopoltätigkeit gesehen werden.

Der Fragenkreis reicht dabei über Programme zum Mittelstandsschutz oder die vielfach in den Blick geratenen Privatisierungsvorhaben ehemals staatlichen Vermögens hinaus. Es geht um ein Grundproblem unseres Wirtschaftssystems[16]. Unbestreitbar treffen hier auch ideologische Auseinandersetzungen und Bekenntnisse aufeinander[17]. *Frentzel* hat die Fragen auf den Punkt gebracht:

> *„Ist es richtig, dass die öffentliche Hand – seien es Bund, Länder, Gemeinden oder Gemeindeverbände -, die von den Steuern ihrer Bürger lebt und die diesen Bürgern als Träger der Verwaltungs- und Rechtsprechungshoheit gegenübersteht und der infolgedessen Kapital, Kredit, politische Einflüsse und manches andere, womit man eine gewerbliche Tätigkeit fördern kann, praktisch unbegrenzt zur Verfügung stehen, ist es richtig, dass diese öffentliche Hand ihren Amtssessel verlässt, sich auf den Markt begibt und sich als Mitbewerber in den Wettbewerbskampf ihrer Bürger und Steuerzahler mischt?“*[18]

§ 2 Ziel der Untersuchung

Diesen Gedanken *Frentzels* aufgreifend, soll es Ziel dieser Untersuchung sein, die rechtlichen Aspekte und Vorgaben für das Aufeinandertreffen staatlicher und privater Unternehmen herauszuarbeiten. Im Folgenden soll dies auch anhand einer speziellen aktuellen Problematik erläutert werden. Der Wett- und Glücksspielmarkt unterliegt einem staatlichen Monopol. Private gewerbliche Anbieter gibt es nur vereinzelt. Es gilt zu zeigen, dass dieser Bereich staatlicher Wirtschaftsteilnahme als besonders stark reglementierter Markt aus der Sicht privater Anbieter im Besonderen nach rechtlichen Instrumenten verlangt, um gleiche Chancen der beteiligten Marktteilnehmer wiederherzustellen.

Um und gegen die Wirtschaftstätigkeit der öffentlichen Hand dreht sich eine lange und breite Diskussion. Dass die hierzu vor allem im Schrifttum vorhande-

---

14 *Frentzel*, Recht und Staat 235 (1961), S. 4.
15 *Storr*, Der Staat als Unternehmer, S. 4.
16 So bereits *Frentzel*, Recht und Staat 235 (1961), S. 3.
17 *Kluth*, Grenzen kommunaler Wettbewerbsteilnahme, S. 2.
18 *Frentzel*, Recht und Staat 235 (1961), S. 3 f.

ne Fülle an Ideen, Thesen und Argumenten faszinierend, zuweilen aber auch verwirrend ist[19], soll diesem Vorhaben nicht entgegenstehen. Es zeigt sich hieran nämlich, dass der Bedarf für Lösungen erkannt und von vielen zum Gegenstand ihrer Ausführungen gemacht wird. Eine klare Linie indes hat sich auch nach jahrzehntelanger Diskussion nicht herausgebildet. Auch hierzu soll diese Arbeit einen neuen Anreiz geben.

Das Ziel dieser interdisziplinären Untersuchung lässt sich somit umschreiben als ein Beitrag zur sachgerechten Kontrolle der Wirtschaftstätigkeit öffentlicher Unternehmen[20], exemplifiziert und aktualisiert an der so genannten Sportwettenproblematik in Deutschland.

§ 3 Verwaltung, Wirtschaft, Unternehmen - Zusammenhänge

Die vorhandene Fülle an Thesen und Argumenten erfordert nach der „juristischen Methodenlehre" zunächst eine Begriffsklärung. Nur wenn klar ist, was hier unter „Wirtschaftstätigkeit der öffentlichen Hand" verstanden wird, bietet eine Arbeit wie die vorliegende eine Basis für weitere Diskussionen[21].

Meistens – und für die Zwecke der vorliegenden Arbeit hier ausreichend – wird die wirtschaftliche oder auch unternehmerische Betätigung im Staatsbereich der Verwaltung gegenübergestellt, wobei unter Verwaltung die „eigentliche" Staatstätigkeit verstanden wird[22]. Hierzu zählt vor allem die unmittelbare, eigentliche Hoheits- und Leistungsverwaltung, die vollständig in die Verwaltungshierarchie eingegliedert ist[23] und schlichte Hoheitstätigkeit ausübt. Schwierigkeiten einer Abgrenzung zwischen öffentlicher Verwaltung und öffentlicher

[19] *Ulmer*, ZHR 146 (1982), 466, 467.

[20] Vgl. zu Einzelheiten der Definition des öffentlichen Unternehmens Kapitel 2 § 11, S. 81 ff.

[21] So soll zum „Wirtschaftsrecht" hier nicht das „Konzernrecht" zählen. Vgl. dazu *Wilhelm*, Kapitalgesellschaftsrecht, 2. Aufl. 2005, Rn. 1187 ff.; *Emmerich*, Das Wirtschaftsrecht der öffentlichen Unternehmen, S. 198 - 252; *Vollmar*, Rechtsweg und Maßstab für Klagen gegen die öffentliche Hand wegen Wettbewerbsverstößen, S. 169 f.

[22] Dazu und zum Folgenden ausführlich *Kluth*, Grenzen kommunaler Wettbewerbsteilnahme, S. 3 ff.

[23] *Stern/Püttner*, Die Gemeindewirtschaft, S. 121.

Wirtschaft bestehen jedoch dennoch[24], zumal „Verwaltung“ und „Unternehmen“ keine gegensätzlichen Begriffe sein müssen[25].

Errichtung und Betrieb von kommunalen Wirtschaftsunternehmen werden mitunter auch als besondere[26] oder mittelbare[27] Verwaltung bezeichnet. Dem ist insoweit zuzustimmen, als es sonst zur verfassungsrechtlich nicht haltbaren Fiktion eines „Doppelgängers“ käme, der neben der hoheitlichen Verwaltung in Form der öffentlichen Unternehmen keinen öffentlich-rechtlichen Bindungen unterworfen wäre[28]. Durch die Wahl der privaten Rechtsform könnte sich das öffentliche Unternehmen sonst seinen grundrechtlichen Bindungen entziehen. In der Sache ergibt sich daraus aber nichts Anderes. Denn es kommt nicht darauf an, wie man Begriffspaare gegenüberstellt, sondern dass man überhaupt eine Unterscheidung zwischen Verwaltung und wirtschaftlicher Betätigung trifft und erkennt, dass letztere zumindest ein Sonderfall der ersteren, wenn nicht gar ein Aliud darstellt. Es ist daher nur konsequent, wenn die „uneigentliche“ Staatstätigkeit im unternehmerischen Bereich als ein grundsätzlich missbilligtes Herausbrechen des Staates aus der ihm normalerweise zugewiesenen Sphäre verwaltender Tätigkeit verstanden wird[29]. Denn in diesem Bereich leistet der Staat alles, was auch gleichartige Privateinrichtungen leisten können.

Das darf allerdings nicht so verstanden werden, als handele es sich bei einer derartigen Betätigung des Staates stets um illegitime Erscheinungsformen des leistenden Verwaltungsstaates. Wie noch zu zeigen sein wird, kommt es immer auf eine Einzelfallbetrachtung an. Verallgemeinernde Darstellungen verbieten sich. Dennoch kann der wirtschaftlichen Betätigung des Staates ein Begriffskern entnommen werden, der auch auf die wirtschaftliche Betätigung Privater zutrifft. Alles, was mit der Produktion, der Verteilung und dem Austausch von Waren und (gewerblichen) Dienstleistungen zu tun hat, wird somit als wirtschaftliche Betätigung verstanden[30].

---

24 *Klein*, Die Teilnahme des Staates am wirtschaftlichen Wettbewerb, S. 71.

25 *Storr*, Der Staat als Unternehmer, S. 43. Eine Differenzierung gänzlich ablehnend *Schachtschneider*, Staatsunternehmen und Privatrecht, S. 253 ff.

26 *Hösch*, Die kommunale Wirtschaftstätigkeit, S. 125; *Scharpf*, GewArch 2005, 1, 4.

27 *Stern/Püttner*, Die Gemeindewirtschaft, S. 121.

28 *Scharpf*, GewArch 2005, 1, 4.

29 So formuliert es *Kluth*, Grenzen kommunaler Wettbewerbsteilnahme, S. 3 f.

30 *Kluth*, Grenzen kommunaler Wettbewerbsteilnahme, S. 4 m. w. N.

§ 4 Begrifflichkeiten

I. Definition des Unternehmensbegriffs

Die Frage, was aber nun wiederum ein Unternehmen ist, war und ist Gegenstand einer weit verzweigten wirtschafts- und rechtswissenschaftlichen Problematik. Ihr kann hier nur ein beschränkter Raum eingeräumt werden.

1. Die betriebswirtschaftliche Definition

Nach herkömmlicher betriebswirtschaftlicher Definition setzen sich Unternehmen aus Sachen, Rechten und sonstigen Beziehungen zusammen. Sie bilden demzufolge von den Haushaltungen als Stätten des Letztverbrauches abgeleitete Wirtschaftseinheiten, die Fremdbedarfsdeckung durch Erzeugung von Gütern betreiben. Handeln in eigener Verantwortung und wirtschaftliche Selbstständigkeit sind wesentliche Merkmale. Beschaffungs- und Absatzerfolg tragen Unternehmen als freiwillig übernommene Risiken[31].

2. Die juristische Definition

Einen einheitlichen juristischen Unternehmensbegriff gibt es nicht. Obwohl mehrere Gesetze wie zum Beispiel das HGB[32], das Gesetz gegen den unlauteren Wettbewerb (UWG)[33], das GmbHG[34] oder das AktG[35] sowie das Haushaltsrecht[36] den Begriff verwenden[37], ist er doch nicht immer derselbe. Die inhaltliche Bedeutung richtet sich nach Sinn und Zweck des Gesetzes oder der speziellen Norm und kann daher je nach Rechtsgebiet variieren. Erkennbar ist jedoch ein gemeinsamer Begriffskern[38], der eine objektive und eine subjektive Komponente aufweist[39].

---

31 *Lindner*, Verwaltungsgerichtliche Klagemöglichkeiten für Private gegen privatrechtliche kommunale Wirtschaftsbetätigung, S. 21.
32 Z. B. §§ 3 Abs. 3, 6, 13 HGB.
33 Z. B. §§ 4 Nr. 8, 8 Abs. 3, 17 UWG.
34 Z. B. §§ 3 Abs.1 Nr.2, 10 Abs. 1 GmbHG.
35 Z. B. §§ 15 ff., 23 Abs. 3 Nr. 2 AktG.
36 §§ 65 ff. BHO.
37 Weitere Beispiel bei *Storr*, Der Staat als Unternehmer, S. 35.
38 *Storr*, Der Staat als Unternehmer, S. 36; *Emmerich*, Das Wirtschaftsrecht der öffentlichen Unternehmen, S. 51.
39 *Lindner*, Verwaltungsgerichtliche Klagemöglichkeiten für Private gegen privatrechtliche kommunale Wirtschaftsbetätigung, S. 22.

a) Der objektive Aspekt

Unternehmen, die Aufgaben der Produktion, der Verteilung und des Austausches von Waren und (gewerblichen) Dienstleistungen mit einer gewissen organisatorischen Verselbstständigung[40] stetig wahrnehmen und hierzu Anlagen und Einrichtungen vorhalten, können als wirtschaftliche Unternehmen bezeichnet werden. Mitunter wird hierin unter Heranziehung der wirtschaftswissenschaftlichen Sichtweise[41] eine Tautologie gesehen[42].

b) Der subjektive Aspekt

Der objektive Aspekt wird mitunter noch um einen subjektiven ergänzt, der im Willen zur Teilnahme am Geschäftsverkehr unter eigenem Risiko und eigener Entscheidungsgewalt gesehen wird[43].

3. Zum Problem der Unternehmenseigenschaft öffentlicher Unternehmen, insbesondere solcher mit Monopolcharakter

Wie gezeigt stellt sich der Unternehmensbegriff als eine Kombination aus objektiven und subjektiven Elementen dar. Ohne hier schon eine Definition öffentlicher Unternehmen erarbeiten zu müssen[44], wird schnell deutlich, dass dem objektiven Aspekt bei staatlichem Handeln wenig Bedeutung zukommen kann, da dieses Element in erster Linie der Abgrenzung der Privat- von der Unternehmenssphäre dient; eine Privatsphäre hat der Staat aber nicht.

Selbst für den Regiebetrieb als „Einrichtung innerhalb der eigenen Verwaltung" (z. B. Art. 88 Abs. 6 BayGO) besteht kein Anlass, an der Unternehmens-

---

40 *Storr*, Der Staat als Unternehmer, S. 39 weist darauf hin, dass diese Mindestanforderung nicht mit einer rechtlichen Verselbstständigung gleichgesetzt werden darf.

41 Dazu soeben vorher.

42 *Stern/Püttner*, Die Gemeindewirtschaft, S. 64.

43 Die Frage kann hier nicht vertieft werden. Es genügt für diese Arbeit, die gängigsten Definitionen zu Grunde zu legen, denn sie decken den Untersuchungsgegenstand umfassend ab. Vgl. zur Thematik des wirtschaftlichen Unternehmens eingehend und mit zahlreichen w. N. *Kluth*, Grenzen kommunaler Wettbewerbsteilnahme, S. 6. Hinzugefügt sei noch der Hinweis, dass eine eventuelle Absicht der Gewinnmaximierung oder auch nur der Gewinnerzielung keinesfalls zum Unternehmensbegriff gehören kann. Anderenfalls würden zu viele Wirtschaftseinheiten, die im Wettbewerb auftreten, aber aus welchen Gründen auch immer keine Gewinnerzielungsabsicht verfolgen, durch das Raster der wirtschaftsordnenden Gesetze fallen. Vgl. hierzu *Emmerich*, Das Wirtschaftsrecht der öffentlichen Unternehmen, S. 53 ff.

44 Siehe dazu Kapitel 2 § 11, S. 81 ff.

eigenschaft (insbesondere im wettbewerbsrechtlichen Sinne) zu zweifeln[45], auch wenn diesem das eigene Unternehmenskapital fehlt. Unternehmer ist hier die öffentliche Körperschaft, die den Regiebetrieb im Rahmen ihrer Verwaltung betreibt. Der Eigenbetrieb, der ein verselbstständigter Regiebetrieb ist[46], weil er zwar ebenso wie der Regiebetrieb rechtlich unselbstständig, ökonomisch jedoch sehr wohl selbstständig ist (vgl. z. B. Art. 88 Abs. 1 BayGO), fällt damit auch unter den Unternehmensbegriff.

Hingegen wurde zu Unrecht die Auffassung vertreten, auch ein weit gefasster Unternehmensbegriff könne sich nicht auf Behörden erstrecken, die in den Ämterorganismus eines Landes eingegliedert sind[47]. Denn die öffentliche Hand als Behörde fällt jedenfalls unter den institutionalen Unternehmensbegriff[48], den auch das Kartellrecht kennt[49]. Bei öffentlichen Unternehmen mit Monopolcharakter könnte indes fraglich sein, ob sie diesem Unternehmensbegriff unterliegen. Denn ein Absatz- oder Insolvenzrisiko besteht dort auf den ersten Blick nicht[50].

Es gilt jedoch zu bedenken, dass auch marktbeherrschende oder Monopolunternehmen insoweit zumindest einem Absatzrisiko unterliegen wie ein Substitutionswettbewerb besteht oder auf Nachfrager- und Abnehmerseite ein vollkommener Verzicht auf die angebotenen Leistungen denkbar ist[51]. Der Umfang des Risikos ist für den Unternehmensbegriff ohne Belang und ein beispielsweise auf ein geringes Absatzrisiko beschränktes öffentliches Unternehmen erfüllt dennoch den Unternehmensbegriff. Daher fallen auch monopolartige Unternehmen grundsätzlich unter den Unternehmensbegriff. Eine Ausnahme könnte man jedoch für die Fälle zulassen, wenn die öffentliche Hand sich für eines ihrer Un-

---

45 A. A. offenbar aber *Knemeyer*, Bayerisches Kommunalrecht, Rn. 329, 345.

46 *Emmerich*, Das Wirtschaftsrecht der öffentlichen Unternehmen, S. 39.

47 *V. Köhler*, DVBl. 1961, 605.

48 *Scholz*, ZHR 132 (1969), 97, 125.

49 Hier wird auch oft von einer funktionalen Begriffsbestimmung gesprochen. Der *Europäische Gerichtshof* beispielsweise spricht von einer *„wirtschaftliche Tätigkeit ausübende[n] Einheit unabhängig von ihrer Rechtsform und der Art ihrer Finanzierung“*, so EuGHE I 1999, 6121, 6147 (Rn. 67) – „Bokken“. Vgl. auch *Ronellenfitsch*, in: Isensee/Kirchhof (Hrsg.), HStR IV, 3. Aufl. 2006, § 98 Rn. 54; *Stern/Püttner*, Die Gemeindewirtschaft, S. 69.

50 Zu Einzelheiten grundsätzlicher Unterschiede von privaten und öffentlichen Unternehmen siehe noch Kapitel 2 § 11 I. 4., S. 82 und Kapitel 5 § 26 I., S. 158.

51 *Lindner*, Verwaltungsgerichtliche Klagemöglichkeiten für Private gegen privatrechtliche kommunale Wirtschaftsbetätigung, S. 22; *Schachtschneider*, Staatsunternehmen und Privatrecht, S. 316; *Stern/Püttner*, Die Gemeindewirtschaft, S. 65.

ternehmen mit Monopolcharakter den Leistungsabsatz durch Anordnung eines Anschluss- und Benutzungszwanges rechtsverbindlich sichert[52]. Dann besteht tatsächlich auch kein Absatzrisiko mehr und die subjektive Komponente des Unternehmensbegriffs wäre nicht erfüllt[53]. Ein Wille zur Teilnahme am Geschäftsverkehr besteht auch bei Unternehmen der Daseinsvorsorge, selbst wenn sie nur einem beschränkten oder sogar überhaupt keinem Absatz- oder Insolvenzrisiko unterliegen sollten. Dass durch solche Unternehmen keine Konkurrenz für private Anbieter drohe, kann, wie die folgenden Ausführungen zeigen werden, indes nicht behauptet werden[54].

II. Zum Zusammenhang von Unternehmensbegriff und wirtschaftlicher Betätigung

Es ist zwar richtig, nicht jeder Teilnahme der öffentlichen Hand am Geschäftsverkehr gleich die Qualität eines wirtschaftlichen Unternehmens zuzumessen[55]. Geht es jedoch darum, wirtschaftliche Betätigungen der öffentlichen Hand insgesamt zu betrachten und deren Zulässigkeit und gegebenenfalls Rechtsschutzmöglichkeiten privater Konkurrenten hiergegen zu beleuchten, kommt es gar nicht darauf an, nur wirtschaftliche Unternehmen im Sinne des gerade skizzierten Unternehmensbegriffs in den Blick zu rücken. Denn Auswirkungen auf dem

---

52 Vgl. hierzu *Stern/Püttner*, Die Gemeindewirtschaft, S. 65.

53 Öffentliche Unternehmen, die von einem Anschluss- und Benutzungszwang profitieren, werfen darüber hinaus weitere komplexe Fragen zur Zulässigkeit einer Wirtschaftstätigkeit der öffentlichen Hand in diesem Bereich auf. Aus Sicht privater Konkurrenten, die auf denselben Märkten Dienstleistungen für die einem Anschluss- und/oder Benutzungszwang unterliegenden Bürger erbringen wollen, könnten sich diese Zwänge nämlich als wettbewerbsverzerrende Eingriffe in das Marktgeschehen darstellen, weil Anschluss- und Benutzungszwänge bereits das Entstehen eines Marktes verhindern können, vgl. *Brohm*, NJW 1994, 281, 287. Denn der Bürger hat faktisch keine Wahl, von wem er die Dienstleistung beziehen möchte. Ein Anschluss- und Benutzungszwang kann somit Marktzugangs- und Angebotsfreiheit in einem bestimmten Bereich am nachhaltigsten beeinträchtigen, *Kluth*, WiVerw 2000, 184, 199. Es handelt sich um ein örtliches Monopol, vgl. *Storr*, Der Staat als Unternehmer, S. 179. Das hat Auswirkungen auf die Freiheitsrechte betroffener Privater (siehe dazu Kapitel 5 § 29 II. 1. a), S. 203). Im Lichte des UWG müssen Anschluss- und Benutzungszwänge für private Konkurrenten unter dem Gesichtspunkt grundrechtlich determinierter Abwehr- und Leistungsansprüche überprüfbar sein (dazu Kapitel 5 § 30 I. 2., S. 254 ff.).

54 So aber *Stober*, Grundrechtsschutz der Wirtschaftstätigkeit, S. 72.

55 Beispielsweise fällt die gelegentliche Vermietung des Eigentums einer öffentlichen Hand oder die Bedarfsdeckung mangels wertschöpfender Tätigkeit oder Absatzrisiko nicht darunter, vgl. *Lindner*, Verwaltungsgerichtliche Klagemöglichkeiten für Private gegen privatrechtliche kommunale Wirtschaftsbetätigung, S. 24.

Markt und Folgen für private Konkurrenten hat mitunter schon eine einzelne Teilnahme der öffentlichen Hand am Geschäftsverkehr, die nicht die Qualität eines wirtschaftlichen Unternehmens aufweist[56].

III. Zur Unterscheidung zwischen erwerbswirtschaftlich-fiskalischer und schlicht-hoheitlicher Wirtschaftstätigkeit der öffentlichen Hand

Grundsätzlich lassen sich zwei Zielsetzungen der wirtschaftlichen Betätigung der öffentlichen Hand unterscheiden, zwischen denen nicht immer hinreichend unterschieden wird.

1. Schlicht-hoheitliche Wirtschaftstätigkeit

Zum einen kommen öffentliche, respektive sozialwirtschaftliche Belange in Betracht, wenn die Teilnahme der öffentlichen Hand am Wirtschaftsleben primär der unmittelbaren Wahrnehmung von Gemeinwohlbelangen dient. Eine wirtschaftsrelevante Tätigkeit der öffentlichen Hand auf diesem Gebiet, die zur Wahrnehmung gesetzlich zugewiesener Aufgaben, also im Vollzug einer Kompetenz erfolgt, wird als schlicht-hoheitliche Wirtschaftstätigkeit bezeichnet[57].

In diesen Kontext gehört auch der bereits erwähnte Begriff der Daseinsvorsorge[58]. Er geht zurück auf *Ernst Forsthoff* und fand kurz vor Beginn des Zweiten Weltkriegs Eingang in die rechtswissenschaftliche Literatur. Daseinsvorsorge als ein Aspekt der öffentlichen Verwaltung, die unabhängig von ihrer Rechtsform öffentlich-rechtlichen Bindungen unterliegt[59], ist auch von Verfassungs wegen Aufgabe des Staates[60]. Für seine Wirtschaftstätigkeit bedeutet das, dass eine staatliche Einstandspflicht mittels unternehmerischer Betätigung überall dort besteht, wo Private generell nicht in der Lage sind, eine flächende-

---

56 Einen wiederum anderen Ansatz beleuchtet *Storr*, Der Staat als Unternehmer, S. 36. Er verknüpft den Unternehmensbegriff mit dem des Unternehmers. Demnach bediene sich der Staat eines Unternehmens, wenn er als Unternehmer handele, um seine wirtschaftspolitischen Zielvorstellungen durchzusetzen. Der Staat handele somit **als** Unternehmer, wenn er **wie** ein Unternehmer handelt. Er selbst ist jedoch kein Unternehmen, sondern wird eben in bestimmten Fällen als Unternehmer tätig. Daher muss auch der Unternehmensbegriff auf ihn Anwendung finden, *Storr*, Der Staat als Unternehmer, S. 40. Ähnlich *Badura*, in: Baur/Hopt/Mailänder (Hrsg.), FS Steindorff, S. 835, 836: *„Der Staat kann unternehmerisch handeln, aber nicht zum Unternehmer werden.“*

57 *Brohm*, NJW 1994, 281, 282.

58 Zu Einzelheiten siehe Kapitel 3 § 15 I., S. 98 ff.

59 *Ronellenfitsch*, in: Isensee/Kirchhof (Hrsg.), HStR IV, 3. Aufl. 2006, § 98 Rn. 51.

60 *Ronellenfitsch*, in: Isensee/Kirchhof (Hrsg.), HStR IV, 3. Aufl. 2006, § 98 Rn. 49.

ckende Infrastruktur zu entwickeln und zu unterhalten, ohne dass diese Aufgaben endgültig enumerativ festgelegt werden könnten[61]. Leistungen der Daseinsvorsorge dienen somit als Oberbegriff für

> „*marktbezogene oder nicht-marktbezogene Tätigkeiten, die im Interesse der Allgemeinheit erbracht und daher von den Behörden mit spezifischen Gemeinwohlverpflichtungen verknüpft werden*“[62].

Wettbewerb wird hierdurch nicht ausgeschlossen, wenngleich ihm dann nur eine dienende Funktion zukommt. Insbesondere wird durch den Rechtsbegriff der Daseinsvorsorge also die wirtschaftliche Tätigkeit des Staates nicht automatisch legitimiert. Umgekehrt setzt die Daseinsvorsorge die Legitimation des Staates zur wirtschaftlichen Tätigkeit vielmehr voraus. Das erweitert aber den Individualschutz betroffener Konkurrenten.

2. *Erwerbswirtschaftlich-fiskalische Wirtschaftstätigkeit*

Von einer erwerbswirtschaftlich-fiskalischen Zielsetzung lässt sich demgegenüber sprechen, wenn die öffentliche Hand primär an der Erwirtschaftung von Einnahmen interessiert ist. Diese ist, vereinfacht dargestellt, so lange zulässig, wie die erwirtschafteten Gewinne zur Erfüllung rechtmäßiger Staatsaufgaben verwendet werden[63] oder die sonstigen Einnahmen nicht ausreichend sind[64], wenngleich das *Bundesverwaltungsgericht* für den kommunalen Bereich betont hat, dass der öffentliche Zweck eines wirtschaftlichen Gemeindeunternehmens nicht allein in der Absicht der Gewinnerzielung bestehen könne[65]. Auch die aus Art. 28 GG hergeleitete Finanzhoheit der Gemeinden gestattet keine rein erwerbswirtschaftliche Betätigung[66].

Aus grundgesetzlicher Sicht bestehen gegenüber einer rein erwerbswirtschaftlich motivierten Tätigkeit nicht zu leugnende Bedenken. Denn die Finanzverfassung des Grundgesetzes (Art. 105 ff. GG) verlöre ihren Sinn, wenn sich die Träger der Staatsgewalt unter Rückgriff auf die Sachgesetzgebungskompe-

---

61 *Ronellenfitsch*, in: Isensee/Kirchhof (Hrsg.), HStR IV, 3. Aufl. 2006, § 98 Rn. 49 a. E.

62 So die Umschreibung des deutschen Sprachdienstes der EU für den inhaltlich gleich zu verstehenden Art. 86 Abs. 2 S. 1 EG („*Dienstleistungen von allgemeinem wirtschaftlichen Interesse*“), zitiert nach *Ronellenfitsch*, in: Isensee/Kirchhof (Hrsg.), HStR IV, 3. Aufl. 2006, § 98 Rn. 50.

63 Vgl. BVerfGE 61, 82, 106 ff.

64 *Otting*, DVBl. 1997, 1258, 1264.

65 BVerwGE 39, 329, 334.

66 So aber *Otting*, DVBl. 1997, 1258, 1262.

tenzen von Bund und Ländern nach Belieben anderweitige Einnahmen durch eine rein gewinnorientierte Teilnahme am Wirtschaftsleben verschaffen könnten (so genannte „Steuerstaatsthese")[67]. Das Prinzip des Steuerstaates würde durch die Erfindung weiterer Abgaben unterlaufen[68]. Die Frage der verfassungsrechtlichen Zulässigkeit einer reinen Erwerbswirtschaft ist daher in der Literatur seit langem umstritten[69]. Auf den Versuch einer endgültigen Klärung und klaren Abgrenzung muss hier indes verzichtet werden, wenngleich sich dieses Problem auch im speziellen Anwendungsbereich von Wettbewerbs- und Kartellrecht findet[70].

IV. Zum Begriff der Wirtschaft

Ausgangspunkt jedes wirtschaftlichen Wettbewerbs[71] und jeder Konkurrenzsituation ist „Wirtschaft" als zentrales Lebensverhältnis, das auch als Basis eines Wettbewerbs von Privaten und Staat dient. „Wirtschaft" bezeichnet in diesem materiellen Sinne den nur empirisch zu begreifenden gesellschaftlichen Tatbestand der Herstellung, Leistung und Vertreibung von Gütern und Dienstleistungen nach Maßgabe des allgemeinen ökonomischen Lebensprinzips[72].

---

67 Zum Ganzen *Ehlers*, Jura 1999, 212 ff., dort auch zur Vereinbarkeit einer erwerbswirtschaftlichen Zielsetzung mit dem europäischen Gemeinschaftsrecht und den einfachgesetzlichen Regelungen des Haushaltsrechts. Gegen eine bloße Gewinnmitnahme ist allerdings wenig einzuwenden. Daher wendet sich *Püttner*, Die öffentlichen Unternehmen, 2. Aufl. 1985, S. 270 zu Recht gegen ein grundgesetzliches Gebot eines „reinen" Steuerstaates. Ebenso *Schachtschneider*, Staatsunternehmen und Privatrecht, S. 310 ff. Strenger jedoch *Berg*, WiVerw 2000, 141, 153; *Henneke*, NdsVBl. 1998, 273, 283.

68 *Papier*, DVBl. 2003, 686, 689.

69 Für eine Zulässigkeit z. B.: *Emmerich*, Das Wirtschaftsrecht der öffentlichen Unternehmen, S. 86 ff.; *Hidien*, Gemeindliche Betätigungen rein erwerbswirtschaftlicher Art und „öffentlicher Zweck" kommunaler wirtschaftlicher Unternehmen, S. 136; *Schliesky*, Öffentliches Wettbewerbsrecht, S. 185. Dagegen: *Ehlers*, JZ 1990, 1089, 1091; *ders.*, Jura 1999, 212, 213 m. w. N. in Fn. 11; *Krölls*, GewArch 1992, 281, 286; *Scharpf*, Kommunales Unternehmensrecht in Bayern, S. 118 ff.; *Schink*, NVwZ 2002, 129, 133 f. (dort auch zu den Fällen einer bloßen Gewinnmitnahme). Differenzierend *Schachtschneider*, Staatsunternehmen und Privatrecht, S. 316; *Selmer*, in: Stober/Vogel (Hrsg.), Wirtschaftliche Betätigung der öffentlichen Hand, S. 75, 88 f.

70 Vgl. z. B. OLG Stuttgart WRP 1980, 101 zur Zulässigkeit der Übernahme von Schulbuchkosten durch die Gemeinde, wenn die Bücher in ortsansässigen Buchhandlungen gekauft wurden. Das stelle eine ungerechtfertigte Bevorzugung örtlicher Unternehmen dar.

71 Zum Wettbewerbsgedanken und seiner Steuerungsfunktion siehe *Hösch*, Die kommunale Wirtschaftstätigkeit, S. 7 ff.

72 *Scholz*, ZHR 132 (1969), 97, 107. Der Begriff ist also sehr weit, siehe auch *Kluth*, WiVerw 2000, 184, 187.

Die zentralen Wettbewerbsgesetze GWB und UWG verstehen unter „Wirtschaft" schlicht die tatsächliche Marktteilhabe und lassen folglich die Entscheidung darüber offen, ob Marktteilhabe im privatrechtlichen Sinne materieller Wirtschaft (private Marktfunktion), im öffentlich-rechtlichen Sinne formeller Wirtschaft (normative Verwaltungsfunktion in Gestalt einer realen Marktfunktion) oder im rechtlich-offenen Sinne variabler Wirtschaft gemeint ist (reale Marktfunktion als variable Rechtsfunktion)[73]. Demnach ist die Anwendbarkeit der beiden Gesetze auf wirtschaftliche Sachverhalte vom Ausgangspunkt her denkbar weit. Liegt ein Lebensverhältnis Wirtschaft vor, kommt es darauf an, dass sich Private und öffentliche Hand auf der Ebene vergleichbarer wirtschaftlicher Funktionen begegnen. Die Feststellung von der Konkurrenz mehrerer Verhaltensweisen setzt die Feststellung von der Kongruenz der Verhaltenszwecke voraus[74]. Liegen jedoch kongruente Verhaltenszwecke vor und begegnen sich Private und öffentliche Hand am Markt im Wettbewerb, ist dieser Wettbewerb die Folge der beiderseits wahrgenommenen Wettbewerbsfreiheit, die den Marktteilnehmern als mittelbares Verfassungsgut zu dienen bestimmt ist[75]. Auch das bestätige letztlich den

> „*Charakter der Unternehmen als ‚Wirtschaft' mit eingestiftetem öffentlichen Zweck.*"[76]

V. Zwischenergebnis

Unter Anwendung dieser vorweg gewonnenen Erkenntnisse lässt sich die privatrechtliche Wirtschaftsbetätigung der öffentlichen Hand allgemein umschreiben als die sich in der subjektiven Wirtschaftseinheit des Unternehmens vollziehende wertschöpfende, am Wettbewerb im Markt nicht mittels der Arbeits- und Organisationsweise der Verwaltung, sondern unter Anwendung kaufmännischer Arbeitsmethoden gleichgeordnet und gleichberechtigt teilnehmende Betätigung der öffentlichen Hand auf dem Gebiet der Güterproduktion und Güterverteilung oder der Dienstleistungen[77], wobei es im Einzelfall nicht entscheidend darauf

---

73 *Scholz*, ZHR 132 (1969), 97, 109.
74 *Scholz*, ZHR 132 (1969), 97, 104.
75 Das ist die Konsequenz der Ansicht von *Scholz*, ZHR 132 (1969), 97, 107. Zu Einzelheiten der Verortung und Bedeutung der Wettbewerbsfreiheit in der Verfassung vgl. noch Kapitel 5 § 25 I., S. 155 ff.
76 *Stern/Püttner*, Die Gemeindewirtschaft, S. 124.
77 Insoweit auch schon *Lindner*, Verwaltungsgerichtliche Klagemöglichkeiten für Private gegen privatrechtliche kommunale Wirtschaftsbetätigung, S. 25; *Stern/Püttner*, Die Gemeindewirtschaft, S. 64.

ankommt, dass das Unternehmen dem Unternehmensbegriff unterfällt, solange überhaupt nur eine Teilnahme am Geschäftsverkehr stattfindet.

VI. Zum Begriff „Wettbewerbsverhältnis"

Es versteht sich von selbst, dass Abwehr- und Ausgleichsansprüche Privater gegen die Wirtschaftstätigkeit der öffentlichen Hand überhaupt nur dann in Betracht kommen können, wenn sich beide in einem Wettbewerbsverhältnis gegenüber stehen. Ein privates Personentransportunternehmen wird weder ein tatsächliches noch ein auch nur anerkennenswertes Interesse daran haben können, gegen eine wirtschaftliche Betätigung des Staates im Bereich der Abfallentsorgung vorzugehen. Ein Wettbewerbsverhältnis liegt demnach immer nur dann vor, wenn folgende Voraussetzungen erfüllt sind[78]:

1. Öffentliche Hand und Privater müssen wirtschaftliche Leistungen erbringen. Das kann – wie bereits dargelegt[79] – durch die Erzeugung und/oder den Vertrieb von Waren, aber auch durch Dienstleistungen geschehen.

2. Diese Leistungserbringung muss auf einem Markt erfolgen, der durch den freien Austausch von Gütern gekennzeichnet ist. Erbringt beispielsweise eine Wirtschaftseinheit der öffentlichen Hand nur Leistungen für die öffentliche Hand selbst, ohne zugleich auch Waren oder Dienstleistungen an Dritte abzugeben, so nimmt sie nicht am Wettbewerb teil[80].

3. Eine vollständige Marktkongruenz ist nicht erforderlich. Wettbewerb findet auch statt, wenn die angebotenen Waren und Dienstleistungen für die Marktgegenseite und damit die Nachfrager austauschbar sind. Auch im Falle eines solchen Substitutionswettbewerbs liegt ein Wettbewerbsverhältnis vor. Entscheidend ist nur, dass auf Anbieterseite jeweils der gleiche Teil der Kaufkraft der Nachfragerseite bzw. des Kundenkreises beansprucht wird[81].

4. Aufbauend auf einer Geschäftsverbindung von Anbietern und Nachfragern müssen öffentliche Hand und Private auf dem identischen Markt nach „Ge-

---

78 Zum Ganzen *Vollmar*, Rechtsweg und Maßstab für Klagen gegen die öffentliche Hand wegen Wettbewerbsverstößen, S. 55 – 62. *Schachtschneider*, Staatsunternehmen und Privatrecht, S. 331 lehnt es ab, konkurrierende Verhaltensweisen von Staat und privater Wirtschaft überhaupt als Wettbewerbsverhältnis einzustufen. Das vermag nicht zu überzeugen.

79 Siehe Kapitel 1 § 3, S. 31 ff.

80 Beispiel Bundesdruckerei. Vgl. hierzu jedoch auch Kapitel 2 § 14 II., S. 93.

81 *Vollmar*, Rechtsweg und Maßstab für Klagen gegen die öffentliche Hand wegen Wettbewerbsverstößen, S. 56.

schäftsabschlüssen" im weitesten Sinne streben[82]. Ein Geschäftsabschluss setzt dabei immer voraus, dass auch auf Seiten des Leistungsempfängers etwas zum Leistungserfolg beigetragen werden muss, und sei es nur eine Annahmehandlung[83]. Daran kann es bei Leistungen der öffentlichen Hand mangeln. Denn diese ist auf Grund ihrer eigenen Machtvollkommenheit[84] bereichsweise, z. B. bei der Gefahrenabwehr durch die Polizei, in der Lage, Leistungen zu erbringen, ohne dass zuvor eine Geschäftsverbindung zum Empfänger aufgenommen werden muss. Dann liegt kein Wettbewerbsverhältnis zu privaten Anbietern gleicher oder austauschbarer Leistungen vor[85].

5. Die Tätigkeit auf dem Markt erfordert ein subjektives Moment[86]. Hieran werden indes keine hohen Anforderungen gestellt. In der Regel wird ein subjektives Moment bereits angenommen, wenn sich die Tätigkeit der öffentlichen Hand am Markt und damit auf Dritte objektiv auswirkt[87].

6. Wie schon gezeigt wurde, erfüllen auch marktbeherrschende oder monopolartige Unternehmen den Unternehmensbegriff[88]. Daher ist es nur konsequent, ein Wettbewerbsverhältnis auch dann nicht auszuschließen, wenn zu Gunsten der öffentlichen Hand auf einem Markt ein Monopol tatsächlicher oder rechtli-

---

82 *Vollmar*, Rechtsweg und Maßstab für Klagen gegen die öffentliche Hand wegen Wettbewerbsverstößen, S. 56.

83 Vgl. *Schricker*, Wirtschaftliche Tätigkeit der öffentlichen Hand und unlauterer Wettbewerb, 2. Aufl. 1987, S. 13 f.

84 Begriff nach *Vollmar*, Rechtsweg und Maßstab für Klagen gegen die öffentliche Hand wegen Wettbewerbsverstößen, S. 56.

85 *Vollmar*, Rechtsweg und Maßstab für Klagen gegen die öffentliche Hand wegen Wettbewerbsverstößen, S. 56, bringt hierzu das Beispiel privater Sicherheitsfirmen. Es sind aber auch andere Bereiche denkbar, so etwa im Krankenhauswesen. Ob ein Unfallopfer in eine Klinik eingeliefert wird, deren Träger die öffentliche Hand (Gemeinden, Landkreise, Bezirke oder auch der Bund) ist, oder aber in eine private Klinik, ist zunächst keine Frage einer Geschäftsverbindung, sondern allein von Zweckmäßigkeitserwägungen. Für diesen Teilmarkt des Gesundheits- und Krankenhauswesens liegt dann kein Wettbewerbsverhältnis zu privaten Krankenhausträgern vor. Transport und Rettung Erstversorgungsbedürftiger durch staatliche Unternehmen wären dann konsequenterweise keine relevante Wettbewerbshandlung. Anders jedoch, wenn es um Transport, Versorgung und Behandlung von Patienten auf Grund deren eigenen Entschlusses und Willensaktes geht. Vgl. auch BGHZ 101, 72, 75 ff. – „Krankentransporte".

86 Dazu schon Kapitel 1 § 4 I. 2. b), S. 34. Zum Problem der Wettbewerbsabsicht siehe Kapitel 3 § 16 I., S. 105 ff.

87 *Vollmar*, Rechtsweg und Maßstab für Klagen gegen die öffentliche Hand wegen Wettbewerbsverstößen, S. 57.

88 Siehe oben Kapitel 1 § 4 I. 3., S. 34.

cher Art besteht, auch wenn ein Wettbewerbsverhältnis grundsätzlich die Austauschbarkeit der Leistungen voraussetzt[89].

VII. Gegenstand der vorliegenden Untersuchung und Eingrenzung des Untersuchungsganges

Gegenstand der vorliegenden Untersuchung sollen Ausgleichs- und Abwehransprüche privater Unternehmen gegen die Wirtschaftstätigkeit der öffentlichen Hand sein. Hierfür kommen Unterlassungs- und Schadensersatzansprüche in Betracht, die ihre Grundlage oder Herleitung in den Wirtschaftsgesetzen UWG und GWB sowie den verwaltungsrechtlichen Unterlassungsklagen, gestützt auf öffentlich-rechtliche Unterlassungs- und Beseitigungsansprüche, haben. Zu denken ist auch an grundrechtlich determinierte Ansprüche sowie den weit gefassten Bereich des Staatshaftungsrechts. Es zeigt sich, dass somit für ein und denselben Problemkreis sowohl das öffentliche wie das private Recht in Betracht zu kommen scheinen. Ob und wenn ja in welchem Umfang sogar eine Kombination der beiden Materien erforderlich sein könnte, um einen effektiven Rechtsschutz gewährleisten zu können, wird zu behandeln sein.

Trotz dieser Beschränkung auf spezielle Rechtsschutzfragen hinsichtlich Abwehr- und Ausgleichsansprüchen ist das Vorhaben dieser Untersuchung allerdings weit gespannt. Soll es auch nur im Ansatz gelingen, ist eine sinnvolle Eingrenzung des Untersuchungsganges erforderlich. So können Fragen der Grundrechtsbindung der öffentlichen Hand, so umstritten sie vor allem in der Vergangenheit im öffentlichen Recht gewesen sein mögen, nur vom Ergebnis her kurz dargestellt werden. Auch eine Konkretisierung des öffentlichen Zwecks der Wirtschaftstätigkeit der öffentlichen Hand muss anderen Arbeiten vorbehalten bleiben. Nur soweit im Folgenden unumgänglich, wird hierauf in der gebotenen Kürze einzugehen sein. Gerade weil diese Arbeit nicht auf die gemeindliche Wirtschaftstätigkeit beschränkt ist, muss auch eine genauere Untersuchung der hierzu bestehenden Regelungen in den Gemeindeordnungen der 16 Bundesländer ausgeklammert bleiben. Nur soweit dies für den Rechtsschutz der privaten Konkurrenten erforderlich ist, wird hierauf eingegangen. Verzichtet werden muss auch auf eine breitere Darstellung der kartellrechtlichen Fragen, wiederum

89 *Vollmar*, Rechtsweg und Maßstab für Klagen gegen die öffentliche Hand wegen Wettbewerbsverstößen, S. 58 m. w. N.; a. A. *Stamer*, Rechtsschutz gegen öffentliche Konkurrenzwirtschaft, S. 180.

mit Ausnahme der speziellen Regelungen, die für einen Rechtsschutz der privaten Konkurrenten nutzbar gemacht werden können.

VIII. Die wirtschaftspolitische Bedeutung eigenwirtschaftlicher Betätigung der öffentlichen Hand

Der eigenwirtschaftlichen Betätigung des Staates kommt eine hohe wirtschaftspolitische Bedeutung zu. Sie stellt eine Möglichkeit für den Staat dar, in hohem Maße steuernd und regulierend in den Wirtschaftsprozess einzugreifen[90]. Andere Möglichkeiten des Staates, das Wirtschaftsleben zu steuern oder zu regulieren, sind der Erlass von Wirtschaftsgesetzen oder ein wirtschaftsverwaltendes Auftreten, also ein Einwirken mit Mitteln des Verwaltungsrechts, z. B. durch eine Wirtschaftsplanung, eine Wirtschaftsüberwachung oder eine Wirtschaftslenkung[91].

Gängige Formen einer derartigen wirtschaftlichen Betätigung des Staates sind etwa Interventionen, geldmarktpolitische oder finanzpolitische Steuerungen, Subventionen, Bürgschaften, Finanzierungen, Zölle, Steuervergünstigungen, verbilligte staatliche Kredite, Erlass von Genehmigungspflichten oder der Abschluss von Konzessionsverträgen[92] etc.[93]. In Betracht kommt auch die Möglichkeit gezielter Wirtschaftsförderung[94].

Dem Staat stehen somit verschiedene Mittel zur Verfügung, um in hauptsächlich von privaten Marktteilnehmern beherrschte Wirtschaftsprozesse einzugreifen. Für den betroffenen privaten Marktteilnehmer kann es indes keinen Unterschied machen, ob der Staat wirtschaftssteuernd oder wirtschaftsteilnehmend auftritt. Wie noch zu zeigen sein wird, muss in beiden Fällen die Möglichkeit eines faktischen Grundrechtseingriffs anerkannt werden[95]. Denn in beiden Fällen ist der Private unmittelbar in seiner Wettbewerbsstellung betroffen, wenn der Staat bzw. die öffentliche Hand derart Ziele des so genannten magischen Vierecks[96] (außenwirtschaftliches Gleichgewicht, Stabilität des Preisni-

---

90 *Ehlers*, JZ 1990, 1089, 1090.

91 Vgl. dazu *Badura*, Wirtschaftsverfassung und Wirtschaftsverwaltung, 2. Aufl. 2005, Rn. 178; *ders.*, in: Baur/Hopt/Mailänder (Hrsg.), FS Steindorff, S. 835, 850 f.

92 *Klein*, Die Teilnahme des Staates am wirtschaftlichen Wettbewerb, S. 65.

93 Zum Ganzen *Storr*, Der Staat als Unternehmer, S. 36.

94 *Ehlers*, Jura 1999, 212, 212.

95 So auch *Faßbender*, DÖV 2005, 89, 98.

96 Begriff nach *Ehlers*, JZ 1990, 1089, 1091.

veaus, stetiges und angemessenes Wirtschaftswachstum sowie hoher Beschäftigungsstand) verfolgt.

Die wirtschaftliche Teilnahme mittels öffentlicher Unternehmen, die allein durch ihre Existenz wettbewerbsregulierend wirken und situations- und bedarfsgerecht in den Dienst wirtschaftspolitischer Notwendigkeiten gestellt werden können (so genannte „*fleet in being*"[97]), ist eine weitere Variante der Wirtschaftssteuerung. Mit derartigen interventionistisch motivierten Handlungen des Staates wird jedoch ein Moment in den Wettbewerb hineingetragen, das diesem an sich fremd ist.

Allen diesen interventionistischen, wirtschaftspolitisch orientierten Hoheitstätigkeiten ist aber gemeinsam, dass der Übergang zur wirtschaftlichen Tätigkeit der öffentlichen Hand als solcher fließend ist[98]. Damit einher geht auch eine fließende, wenn nicht gar schleichende faktische Beeinträchtigung der privaten Konkurrenten. Das erfordert einen effektiven Rechtsschutz gegen diejenige wirtschaftliche Tätigkeit der öffentlichen Hand, die die Grenze des Zulässigen überschreitet oder aber in unzulässiger Art und Weise in die Rechte der privaten Mitbewerber eingreift[99].

IX. „Verwaltungseigene Wirtschaftstätigkeit"

In der Literatur findet sich auch der Begriff der „verwaltungseigenen Wirtschaftstätigkeit"[100]. Hierunter verbirgt sich indes nichts anderes als die bereits erwähnte wirtschaftliche Tätigkeit der öffentlichen Hand (auch unternehmerische Betätigung der öffentlichen Hand oder öffentliche Wirtschaftstätigkeit)[101]. Die Begriffe sind austauschbar. Der Rechtsnatur nach handelt es sich faktisch um eine frühe Definition der Daseinsvorsorge, also dem Tätigwerden des Staates zur Schaffung der Voraussetzungen eines menschenwürdigen Daseins. Heute fasst man die Begriffe jedoch häufig weiter und zählt sowohl erwerbswirtschaftliches, also im engeren Sinne unternehmerisches Handeln, als auch Handeln im

97 *Ehlers*, JZ 1990, 1089, 1091.

98 *Ulmer*, ZHR 146 (1982), 466, 469.

99 Das betont auch *Klein*, Die Teilnahme des Staates am wirtschaftlichen Wettbewerb, S. 223.

100 *Sailer*, Rechtsnatur und verfassungsrechtliche Grenzen verwaltungseigener Wirtschaftstätigkeit, S. 3 ff.

101 *Püttner*, Die öffentlichen Unternehmen, 2. Aufl. 1985, S. 1.

Rahmen der Leistungsverwaltung und der angesprochenen Daseinsvorsorge dazu[102].

X. Zum Begriff der „öffentlichen Hand"

Wiederholt ist hier schon der Begriff der „öffentlichen Hand" gebraucht worden. Definitionsversuche gibt es zahlreiche. Sie bringen indes selten Neues hervor. Für die Zwecke der vorliegenden Arbeit soll es daher genügen, die „öffentliche Hand" nach *Emmerich* zu definieren als sämtliche juristischen Personen des öffentlichen Rechts, die in ihrer Eigenschaft als Unternehmensträger in der Regel Muttergemeinwesen[103] genannt werden[104]. „Öffentliche Hände" gibt es somit viele: Den Bund, die Länder, die Kommunen sowie sämtliche öffentlich-rechtlichen Anstalten und Körperschaften des öffentlichen Rechts[105]. „Öffentliche Hand" ist demnach ein Sammelbegriff[106] und soll im Folgenden auch als solcher verstanden und gebraucht werden. In der Literatur finden sich auch die Begriffe „Fiskalate" und „Derivate"[107], bei denen es sich um selbstständige privatrechtliche Rechtsträger zur Erfüllung öffentlicher bzw. staatlicher Aufgaben handelt[108].

---

102 *Möstl*, Grundrechtsbindung öffentlicher Wirtschaftstätigkeit, S. 4 m. w. N. in Fn. 5.

103 Dieser Begriff findet sich auch bei *Emmerich*, Der unlautere Wettbewerb der öffentlichen Hand, S. 17; *Jarass*, DÖV 2002, 489, 500.

104 *Emmerich*, Das Wirtschaftsrecht der öffentlichen Unternehmen, S. 55 f. mit Fn. 102.

105 *Broß*, in: Erdmann/Gloy/Herber (Hrsg.), FS Piper, S. 107. Mitunter wird nicht sauber getrennt und insbesondere die Kommunalwirtschaft synonym mit der Wirtschaftstätigkeit der öffentlichen Hand schlechthin gebraucht, so etwa bei *Stamer*, Rechtsschutz gegen öffentliche Konkurrenzwirtschaft, passim. Anders *Hauck*, WRP 2006, 323 ff., der deutlich zwischen der öffentlichen Hand allgemein und kommunalen Hoheitsträgern im Besonderen unterscheidet.

106 *Ronellenfitsch*, in: Isensee/Kirchhof (Hrsg.), HStR IV, 3. Aufl. 2006, § 98 Rn. 1 mit Fn. 1.

107 Der Begriff stammt von *Storr*, Der Staat als Unternehmer, S. 225.

108 *Bethge*, Die Grundrechtsberechtigung juristischer Personen nach Art. 19 Abs. 3 Grundgesetz, S. 103.

§ 5 Die so genannte „Sportwettenproblematik“

I. Zum Zusammenhang der „Sportwettenproblematik“ und der wirtschaftlichen Tätigkeit der öffentlichen Hand

Die so genannte Sportwettenproblematik in Deutschland ist untrennbar mit dem Begriff „Oddset“ verbunden, dessen Einordnung in den hier interessierenden Kontext der wirtschaftlichen Tätigkeit der öffentlichen Hand unumgänglich ist.

Bei „Oddset“ handelt es sich um Sportwetten nach dem Buchmacherprinzip, also so genannte Oddset-Wetten[109]. Der Veranstalter der Wette setzt so genannte *odds*, indem er eine feste Gewinnquote festlegt, die er dem Spieler auszahlen muss, wenn ein oder mehrere Sportereignisse ein bestimmtes Ergebnis haben. Im Pferdesport sind solche Wetten auch in Deutschland schon sei langem bekannt und werden auf der Grundlage des auch nach der Neuordnung des Grundgesetzes dem Bundesrecht zuzuordnenden Rennwett- und Lotteriegesetzes (RWG) von konzessionierten gewerblichen Buchmachern angeboten. Für andere Sportarten, insbesondere Fußballspiele, werden solche Wetten seit 1999 von den im Deutschen Lotto- und Totoblock zusammengeschlossenen Lotterieunternehmen der Bundesländer angeboten.

Private Anbieter für solche Wetten sind indes rar. Lediglich auf der Grundlage einer noch 1990 geschaffenen und bis zur Wiedervereinigung geltenden Rechtslage durch Behörden der ehemaligen DDR wurden einige Erlaubnisse für das private gewerbliche Anbieten solcher Sportwetten erteilt. Daneben gab es im Bundesgebiet seit ein paar Jahren auch die Möglichkeit, über Vermittlungsstellen (meist kleine Wettbüros von lokaler Bedeutung) oder das Internet Wetten bei Anbietern zu platzieren, die in EU-Ländern ansässig sind und über Lizenzen der jeweiligen Heimatbehörden verfügen. Nach inzwischen gefestigter Ansicht handelt es sich bei Sportwetten mit fester Gewinnquote um Glücksspiele im Sinne des § 284 Abs. 1 StGB[110]. Wer folglich solche Wetten ohne behördliche Erlaubnis anbietet, macht sich unter Umständen strafbar.

Die vom Deutschen Lotto- und Totoblock in staatlichem Monopol angebotenen Oddset-Wetten stellen ein gutes, wenngleich überraschendes Beispiel für

---

109 Die Definition folgt der mustergültigen Aufbereitung von VG Hannover ZfWG 2006, 256, 257.

110 Statt vieler anderer BVerwGE 114, 92, 94 f. Zu Begriffserläuterung siehe Kapitel 1 § 5 III., S. 53 ff.

die Wirtschaftstätigkeit der öffentlichen Hand dar. Bei der staatlichen bayerischen Lotterieverwaltung beispielsweise handelt es sich um eine dem Staatsministerium der Finanzen nachgeordnete Mittelbehörde in Form eines Regiebetriebs[111]. Sie betreibt als Federführer der Oddset-Kooperationsgemeinschaft das Internetportal www.oddset.de und ist von den Landeslotteriegesellschaften mit der Entgegennahme, der Registrierung und der gesamten Spielabwicklung für Oddset-Sportwetten beauftragt[112]. Faktisch handelt es sich somit bei Oddset als dem einzigen lizenzierten Anbieter von Sportwetten in Deutschland um ein staatliches Monopol.

II. Gegenwärtiger Stand des Sportwetten- und Glücksspielrechts in Deutschland

Am 13.12.2006 ist der Entwurf eines neuen Glücksspielstaatsvertrages auf den Weg gebracht worden, der inzwischen von allen Bundesländern unterzeichnet worden ist[113] und somit wie geplant am 01.01.2008 in Kraft treten konnte. Der neue Staatsvertrag war infolge des so genannten Sportwetten- oder Oddseturteils des *Bundesverfassungsgerichts*[114] vom 28.03.2006 notwendig geworden, mit dem das Gericht bis zum 31.12.2007 eine Neuregelung des staatlichen Sportwettenmonopols verlangt hatte.

1. Zum Hintergrund der „Oddset"-Entscheidung des Bundesverfassungsgerichts

Dem Urteil lag folgender Sachverhalt zu Grunde[115]: Eine nach dem Rennwetten- und Lotteriegesetz (RWG) lizenzierte Buchmacherin aus München hatte im Juli 1997 eine Erweiterung ihrer Erlaubnis auf die Vermittlung von Sportwetten an Anbieter solcher Wetten im EU-Ausland beantragt. Mangels Genehmigungs-

111 *Pfister*, in: Pfister (Hrsg.), Rechtsprobleme der Sportwette, S. 12 f.; a. A. offenbar i. E. *Schliesky*, Öffentliches Wettbewerbsrecht, S. 28, der den Regiebetrieb nur in Gemeinden, nicht aber auch auf Landesebene, vorzufinden glaubt. Der seit dem 01.01.2008 geltende Art. 5 Abs. 1 BayAGGlüStV spricht von der Staatlichen Lotterieverwaltung als einer staatlichen Einrichtung ohne Rechtspersönlichkeit im Geschäftsbereich des Staatsministeriums der Finanzen.

112 *Bungenberg*, DVBl. 2007, 1405, 1406.

113 FAZ vom 03.08.2007, S. 4.

114 BVerfGE 115, 276 ff. – „Oddset". Anm. z. B. von *Dübbers/Kartal*, ZfWG 2006, 33 ff.; *Mertens*, DVBl. 2006, 1564 ff.; *Pestalozza*, NJW 2006, 1711 ff.; *Ruttig*, ZUM 2006, 400 ff. Kritische Besprechung beispielsweise von *Kment*, NVwZ 2006, 617, 618 ff.

115 Siehe den ausführlichen Tatbestand von BVerfGE 115, 276, 281 ff. – „Oddset".

möglichkeit dieser Tätigkeit nach dem BayLottG – wie dargelegt, besteht für Sportwetten ja ein staatliches Monopol – hatte die Stadt München die Erlaubnis nicht erteilt. Im anschließenden verwaltungsgerichtlichen Verfahren obsiegte die Klägerin zunächst zum Teil. In der Berufung unterlag sie jedoch vor dem BayVGH[116] und in der Revision vor dem *Bundesverwaltungsgericht*[117] ebenso.

2. *Zum Inhalt und zur Tenorierung der „Oddset"-Entscheidung des Bundesverfassungsgerichts*

Die dagegen zum *Bundesverfassungsgericht* erhobene Urteilsverfassungsbeschwerde war, soweit sie sich gegen diese Entscheidungen richtete und deren Aufhebung nach § 95 Abs. 2 BVerfGG anstrebte, jedoch nicht erfolgreich[118]. Der Beschwerdeführerin wurden nur ihre Kosten erstattet[119].

Das *Bundesverfassungsgericht* sah zwar eine Unvereinbarkeit mit Art. 12 Abs. 1 GG gegeben, weil das Sportwettenmonopol nicht konsequent am Ziel der Suchtbekämpfung ausgerichtet sei[120]. Das äußere sich sowohl in einem Vollzugs- als auch in einem Regelungsdefizit[121]. Zudem werde aggressiv für Oddset-Wetten geworben[122]. Das staatliche Wettmonopol in seiner derzeitigen Ausgestaltung stelle daher einen unangemessenen und damit nicht gerechtfertigten Eingriff in Art. 12 Abs. 1 GG dar. Der hinsichtlich § 284 Abs. 1 StGB[123] strafbewehrte Ausschluss privater Wettunternehmer vom Markt für Sportwetten sei den Grundrechtsträgern nur zuzumuten, wenn das staatliche Monopol auch in seiner konkreten Ausgestaltung tatsächlich der Vermeidung und Abwehr von Spielsucht und problematischem Spielverhalten diene[124].

---

116 BayVGH GewArch 2001, 65.

117 BVerwGE 114, 92 ff.

118 BVerfGE 115, 276, 319 – „Oddset"; *Mertens*, DVBl. 2006, 1564, 1565 mit Fn. 16. Dass die Nichtaufhebung der angegriffenen Entscheidungen nur vor dem Hintergrund der verfügten Weitergeltensanordnung konsequent war, hebt *Pestalozza*, NJW 2006, 1711, 1714 hervor.

119 BVerfGE 115, 276, 277, 320 – „Oddset".

120 BVerfGE 115, 276, 310 – „Oddset".

121 BVerfGE 115, 276, 310 – „Oddset".

122 BVerfGE 115, 276, 314 f. – „Oddset".

123 *Weidemann*, NVwZ 2008, 278, 279 ff. hat jüngst in bemerkenswerter Klarheit herausgearbeitet, dass die Auslegung von § 284 StGB als eigenständiges Repressivverbot von Anfang an verfehlt war.

124 BVerfGE 115, 276, 309 – „Oddset".

Die angegriffene *„Rechtslage"* erklärte das *Bundesverfassungsgericht* aber nicht gemäß § 95 Abs. 3 S. 1 BVerfGG für nichtig, sondern beschränkte sich auf eine Unvereinbarerklärung mit Art. 12 Abs. 1 GG nach Maßgabe der Gründe[125]. Diese Unvereinbarerklärung verband es mit einer auf § 35 BVerfGG gestützten zeitlich befristeten maßgabeorientierten Weitergeltensanordnung[126] und einer gerichtlichen Rechtsetzungsdirektive an die Adresse des Gesetzgebers. Ihm wurde aufgegeben, unter Wahrung seiner Gestaltungsfreiheit eine Neuregelung der als unvereinbar erklärten Rechtslage zu treffen[127]. Rechtsgrundlage einer solchen Appellentscheidung ist noch die Sachentscheidung selbst[128], weil mit der gesetzeskräftigen Unvereinbarerklärung der Norm die Restitutionspflicht des Staates, d. h. der Pflicht zur Schaffung einer verfassungsmäßigen Norm begründet ist[129].

Zur Vereinbarkeit des Wettmonopols mit dem Recht der Europäischen Gemeinschaft (Gemeinschaftsrecht)[130] hat das *Bundesverfassungsgericht* – ohne nähere Begründung – ausdrücklich nichts gesagt[131]. Damit ist es seiner bisherigen Rechtsprechung[132] und seinem Konzept zur Prüfung von Gemeinschaftsrecht treu geblieben. Die Entscheidung liegt insoweit auch auf der Linie der herrschenden Auffassung[133], nach der nur derjenige beschwerdebefugt ist, der behaupten kann, durch die öffentliche Gewalt in einem seiner Grundrechte oder grundrechtsähnlichen Rechte verletzt zu sein. Die hiermit angesprochene Frage

---

125 BVerfGE 115, 276, 317 – „Oddset". Für sich gesehen ist die Wirkung jedoch die gleiche, BVerfGE 37, 217, 262. Dass diese Prüfung anhand der Unzumutbarkeit der bisherigen Ausgestaltung des Monopols erfolgt, kritisiert *Pestalozza*, NJW 2006, 1711, 1713 zu Recht als *„bemerkenswertes ornamentales Zugeständnis an den staatlichen Monopolisten."*

126 BVerfGE 115, 276, 319 – „Oddset". Speziell dazu *Bethge*, DVBl. 2007, 917 ff.; *Mertens*, DVBl. 2006, 1564, 1565 f.

127 BVerfGE 115, 276, 317 f. – „Oddset". Kritisch dazu *Pestalozza*, NJW 2006, 1711, 1713 f.

128 *Bethge*, DVBl. 2007, 917, 919; *ders.*, ZfWG 2007, 169, 174.

129 BVerfGE 81, 363, 383 f.

130 An die Stelle des Rechts der Europäischen Gemeinschaft wird – im Fall seines Inkrafttretens – gemäß Art. 1 Abs. 3 des Vertrages von Lissabon wegen der Verschmelzung von Europäischer Gemeinschaft und Europäischer Union das Recht der Europäischen Union treten.

131 BVerfGE 115, 276, 299 f. – „Oddset". Zumindest sehr missverständlich daher insoweit *Hoffmann*, LKRZ 2008, 133. Siehe auch *Dübbers/Kartal*, ZfWG 2006, 33, 34.

132 BVerfGE 31, 145, 174 f.; 82, 159, 191; 110, 141, 154.

133 *Bethge*, ZfWG 2007, 169, 171; *Mertens*, DVBl. 2006, 1564, 1567 f.; *Pestalozza*, Verfassungsprozeßrecht, 3. Aufl. 1991, § 12 Rn. 27. Siehe auch die Nachweise bei *Kendziur*, ZUM 2007, 193, 196 in Fn. 30.

der Begrenzung des Prüfungsmaßstabs[134] beantwortet das *Bundesverfassungsgericht* dahingehend, dass die gemeinschaftsrechtlichen Grundfreiheiten gerade nicht zu den zumindest grundrechtsähnlichen Rechten gemäß Art. 93 Abs. 1 Nr. 4a GG zählten. Dennoch bemüht sich das Gericht, apodiktisch die fortwährende Übereinstimmung der Rechtslage oder seiner Rechtsauffassung mit dem Gemeinschaftsrecht festzustellen[135]. Die Konsequenzen dieses Konzepts – insbesondere eine notwendige Anreicherung des Prüfungsmaßstabs durch Gemeinschaftsrecht – sind in einem späteren Zusammenhang darzustellen[136]. Dabei wird auch der Frage nachzugehen sein, ob die von Art. 20 Abs. 3 GG angeordnete Bindung aller Gewalt an Recht und Gesetz nicht auch die Bindung an das unmittelbar anwendbare EG-Recht meint. Denn dann wäre auch das *Bundesverfassungsgericht* zur Beachtung des Anwendungsvorrangs des Gemeinschaftsrechts verpflichtet und dürfte keinen Rechtssatz anwenden, der mit dem Gemeinschaftsrecht kollidiert. Einen andauernden Gemeinschaftsrechtsverstoß hätte dann auch das *Bundesverfassungsgericht* zu beenden.

Zentrales Anliegen der Hauptsacheentscheidung ist der Schutz der Bevölkerung vor ungeregelter bzw. unzureichend geregelter Wettveranstaltung, die der Spielsucht sowie einer Reihe damit zusammenhängender Gefahren Vorschub leistet[137]. Daher lautet die Maßgabe der Weitergeltensanordnung,

> „*dass der Freistaat Bayern unverzüglich ein Mindestmaß an Konsistenz zwischen dem Ziel der Begrenzung der Wettleidenschaft und der Bekämpfung der Wettsucht einerseits und der tatsächlichen Ausübung seines Monopols andererseits herzustellen hat*“[138].

Die Herstellung verfassungsgemäßer Zustände bis zum Ablauf der Übergangsfrist erlaube zwei Lösungswege[139]. Zum einen komme eine konsequente Ausrichtung des Sportwettangebotes des Staates an der Suchtprävention und Gefahrenvermeidung in Betracht, zum anderen die völlige Liberalisierung des Marktes ab dem Jahr 2008 unter Schaffung eines entsprechenden staatlichen Zulassungsverfahrens[140].

---

134 Dazu *Pestalozza*, Verfassungsprozeßrecht, 3. Aufl. 1991, § 12 Rn. 28 ff.

135 Vgl. BVerfGE 115, 276, 316 – „Oddset“; *Mertens*, DVBl. 2006, 1564, 1567; *Pestalozza*, NJW 2006, 1711 mit Fn. 4; *Ruttig*, ZUM 2006, 400, 401.

136 Siehe Kapitel 7 § 35 II., S. 343 ff.

137 *Bethge*, ZfWG 2007, 169, 171.

138 BVerfGE 115, 276, 319 – „Oddset“.

139 BVerfGE 115, 276, 317 – „Oddset“; *Mertens*, DVBl. 2006, 1564, 1566.

140 BVerfGE 115, 276, 317 f. – „Oddset“.

3. *Zur Reichweite der „Oddset"-Entscheidung des Bundesverfassungsgerichts*

Obwohl es sich in dem Verfahren um eine Urteilsverfassungsbeschwerde handelte, war das *Bundesverfassungsgericht* von Amts wegen berechtigt, zusätzlich ein Gesetz auf seine Verfassungsmäßigkeit zu überprüfen, weil seine Gültigkeit entscheidungserhebliche Vorfrage für die Beurteilung der Verfassungsmäßigkeit der in erster Linie angegriffenen Gerichtsentscheidungen war (vgl. § 95 Abs. 3 S. 2 BVerfGG)[141]. Gegenstand der Verfassungsbeschwerde war – als Teil der (etwas unscharf formuliert) „*angegriffenen Rechtslage*"[142] – somit auch die Verfassungsmäßigkeit des bayerischen Staatslotteriegesetzes vom 29.04.1999, über das ebenfalls mit Gesetzeskraft nach § 31 Abs. 2 BVerfGG erkannt werden konnte[143].

Die Rechtslage in den übrigen Bundesländern war durch die „Oddset"-Entscheidung nicht betroffen. Wie das *Bundesverfassungsgericht* später aber in klarstellenden Folgeentscheidungen[144] festgestellt hat, besteht die Neuregelungspflicht jedoch faktisch auch in allen übrigen Bundesländern hinsichtlich deren „Parallelnormen"[145]. Die Bundesländer haben sich daraufhin gegen eine Liberalisierung und für eine Fortschreibung des Staatsmonopols entschieden. Der neue Staatsvertrag der 16 Bundesländer der Bundrepublik Deutschland zum

---

141 *Bethge*, ZfWG 2007, 169, 171.

142 BVerfGE 115, 276, 317 f. – „Oddset".

143 *Bethge*, ZfWG 2007, 169, 171 m. w. N. in 12.

144 BVerfG(K) WM 2006, 1644 ff. bzgl. der Rechtslage in Baden-Württemberg; BVerfG(K) WM 2006, 1646 f. – „Sportwettenmonopol" bzgl. der Rechtslage in Nordrhein-Westfalen; BVerfG(K) WM 2007, 473 f. – „Internetsportwette" bzgl. der Rechtslage in Sachsen-Anhalt.

145 Vgl. auch schon *Dietlein*, K&R 2006, 307, 309 f. Differenziert *Bethge*, DVBl. 2007, 917, der zutreffend darauf hinweist, dass Normbeanstandungen des *Bundesverfassungsgerichts* sich nicht ohne Weiteres auf Parallelnormen übertragen lassen. Sie beziehen sich immer nur auf den Anlassfall. Besonderheiten können sich indes in Verfahren des einstweiligen Rechtsschutzes ergeben, die Parallelnormen anderer Bundesländer zum Gegenstand haben. Auf Grund der dort nur erfolgenden summarischen Prüfung können die Fachgerichte eher die Verfassungswidrigkeitserklärung und sogar eine gleichzeitige Prolongierung der Norm durch das *Bundesverfassungsgericht* antizipieren und ihrer Entscheidung zu Grunde legen, ohne das Verfahren gemäß Art. 100 Abs. 1 GG oder entsprechend § 94 VwGO auszusetzen. Solche Prognosen ohne Aussetzung und Vorlage, die auf eine faktische Inzidentverwerfungskompetenz der Fachgerichte in Verfahren des einstweiligen Rechtsschutzes hinausläuft, haben angestellt OVG Hamburg NVwZ 2007, 725; VGH Kassel LKRZ 2007, 98, 99; VGH Kassel NVwZ 2006, 1435, 1436; OVG Münster NVwZ 2006, 1078, 1079. Siehe dazu auch *Bethge*, ZfWG 2007, 245, 250 f.

Glücksspielwesen (Glücksspielstaatsvertrag, kurz GlüStV) soll hierfür die verfassungsmäßige Grundlage bilden[146].

4. *Erste Kritik an der „Oddset"-Entscheidung des Bundesverfassungsgerichts*

Die Entscheidung des *Bundesverfassungsgerichts* zur Rechtmäßigkeit des staatlichen Glücksspielmonopols hätte jedoch eigentlich lauten müssen, den Staatsvorbehalt für Sportwetten nicht nur für mit Art. 12 Abs. 1 GG, sondern darüber hinaus auch für mit Art. 43 und 49 EG unvereinbar zu erklären. Das Gericht hätte die überprüften Regelungen für insoweit unanwendbar erklären müssen[147]. Wegen der Europarechtswidrigkeit des Staatsmonopols hätte auch keine zeitlich befristete Weitergeltensanordnung ergehen dürfen[148]. Denn diese überwindet zwar gerade die grundsätzliche „Identität" von Unvereinbarkeit und Unanwendbarkeit, indem sie interimistisch-legalisierend eine Überleitung der bestehenden – als verfassungswidrig erkannten – zu einer verfassungsgemäßen Rechtslage ermöglicht[149]. Hinsichtlich der europarechtlichen Defizite gilt das jedoch nicht; sie blieben in der Übergangszeit und darüber hinaus bestehen[150].

III. *Sportwetten und Glücksspiele im rechtlichen Kontext*

1. *Die Glücksspieldefinition des GlüStV*

Wenn in dieser Arbeit von Glücksspielen die Rede ist, orientiert sich dieser Begriff an der entsprechenden Definition, wie sie im GlüStV getroffen wird. Ein Glücksspiel liegt demnach vor, wenn im Rahmen eines Spiels für den Erwerb einer Gewinnchance ein Entgelt verlangt wird und die Entscheidung über den Gewinn ganz oder überwiegend vom Zufall abhängt. Die Entscheidung über den Gewinn hängt in jedem Fall vom Zufall ab, wenn dafür der ungewisse Eintritt oder Ausgang zukünftiger Ereignisse maßgeblich ist. Auch Wetten gegen Entgelt auf den Eintritt oder Ausgang eines zukünftigen Ereignisses sollen zu den Glücksspielen zählen (vgl. § 3 Abs. 1 GlüStV). Ein Glücksspiel in diesem Sinne,

---

146 Zu Einzelheiten vgl. Kapitel 1 § 5 III., S. 53 ff.

147 Siehe zu den Gründen ausführlich noch Kapitel 7 § 35 II., S. 343 ff.

148 Die Gründe hierfür sowie insbesondere die Folgen der dennoch gewählten Weitergeltensanordnung werden im Kapitel 7 § 35 I. 4., S. 339 ff. behandelt.

149 Vgl. ausführlich *Bethge*, DVBl. 2007, 917, 919 f.; *ders.*, ZfWG 2007, 169, 175.

150 Dazu noch Kapitel 7 § 35 I., S. 323 ff.

bei dem einer Mehrzahl von Personen die Möglichkeit eröffnet wird, nach einem bestimmten Plan gegen ein bestimmtes Entgelt die Chance auf einen Geldgewinn zu erlangen, ist nach § 3 Abs. 3 GlüStV eine Lotterie. Auch diese Definition soll für die vorliegende Arbeit übernommen werden, wenngleich Lotterien als solche nicht ihr Gegenstand sind. Für ein Verständnis der rechtlichen Strukturen des Sportwettenmarktes ist es jedoch unerlässlich, wesentliche Grundzüge des Marktes für Lotterien darzustellen, weshalb im Folgenden bei einer entsprechenden Veranlassung darauf zurückzukommen sein wird.

Durch die nunmehr im GlüStV eingefügte Bestimmung des § 3 Abs. 1 S. 3 wird klargestellt, dass auch Wetten auf ein zukünftiges Ereignis zu den Glücksspielen zählen. Somit fallen auch alle Arten von Sportwetten, bei denen die Spieler auf den Ausgang eines Sportereignisses wetten, unter den Glücksspielbegriff[151]. Solche Wetten werden von Buchmachern veranstaltet, die eine Vielzahl von Sportereignissen zum potenziellen Spielgegenstand erheben und vorher deren Erfolgsquoten festlegen, während der Wettende sich dann für eine Auswahl der Wettkämpfe entscheidet. Die Gesamtgewinnquote ist für den Wettenden daher im Vorhinein exakt berechenbar.

2. *Sportwettenmonopol des Staates als faktische Marktzugangssperre*

Die staatlichen Glücksspielangebote stellen einen Fall der Wirtschaftstätigkeit der öffentlichen Hand dar[152]. „Oddset“ ist das staatliche Angebot für Sportwetten und existiert seit 1999 als Ergänzung von „Toto“ im Deutschen Lotto- und Totoblock, dem Zusammenschluss der Landeslotteriegesellschaften. Oddset-Wetten unterliegen daher ebenso einem faktischen Wirtschaftsmonopol des Staates wie die Lotterien. Für private Anbieter wirkt sich diese rein objektive Zulassungsbedingung wie eine faktische Marktzugangssperre aus[153]. Denn ent-

---

[151] Einer Vertiefung der in Rechtsprechung und Literatur lange umstrittenen Frage, inwieweit es sich bei solchen Wetten nicht doch um Geschicklichkeitsspiele handeln könnte, weil es vorgeblich auf den Wissensstand der Spieler ankäme und nicht auf den Zufall, bedarf es daher nicht. Letztlich war diese Frage aber auch vor Inkrafttreten des GlüStV bereits höchstrichterlich anders entschieden worden, vgl. nur BGH NJW 2002, 2175 – „Sportwetten“, auch wenn spätere Entscheidungen danach erneut mit guten Gründen bezweifelt haben, dass es sich bei Sportwetten um Glücksspiele handelt (so etwa LG Köln, Beschluss vom 14.07.2005, Az. 105 Qs 80/05 (Juris); offen gelassen von BGH DVBl. 2003, 669, 670).

[152] Siehe soeben Kapitel 1 § 5 I., S. 47.

[153] A. A. *Korte*, Das staatliche Glücksspielwesen, S. 344, da die bloße Präsenz eines staatlichen Monopolisten noch nicht zur Bejahung einer objektiven Marktzugangssperre für zu-

scheidend für eine Zulassung Privater bleibt damit stets ein von diesen unbeeinflussbares Moment. Was das für die Rechtmäßigkeit eines solchen Staatsmonopols und einen möglichen Rechtsschutz privater Konkurrenten bedeutet, wird noch zu thematisieren sein[154]. Daneben existieren auch noch so genannte Totalisator-Sportwetten, die im Gegensatz zu Oddset-Wetten dadurch gekennzeichnet sind, dass ein allgemeinverbindlicher Spielplan besteht, bei dem die Gewinne ähnlich dem Zahlenlotto von der Höhe des Spielkapitals abhängen. Schon vor Inkrafttreten des GlüStV bestanden in den meisten Bundesländern keine besonderen Regeln für die Veranstaltung von Totalisator-Sportwetten und es wurde auf das Lotterierecht und seinen Auffangcharakter zurückgegriffen[155]. An diesem Vorgehen ist festzuhalten, wenngleich auf Einzelheiten hier jedoch nicht eingegangen werden kann.

3. *Andere Glücksspielformen und ihre Regelung durch den GlüStV*

Tatsächlich existieren jedoch auch noch weitere Glücksspielformen wie das Automatenspiel. Es gilt als wissenschaftlich belegt, dass verschiedene Glücksspielformen unterschiedliche Suchtpotenziale aufweisen[156]. Dennoch beschränkt sich der GlüStV in seinem Anwendungsbereich auf eine Gleichbehandlung aller Glücksspielformen trotz unterschiedlicher Suchtpotenziale bzw. nimmt solche Glücksspielformen gar nicht erst in seinen Anwendungsbereich mit auf. Das wäre dann unproblematisch, wenn sich die zu einzelnen Glücksspielarten entwickelte Rechtsprechung grundsätzlich auch auf andere bisher staatlich monopolisierte Glücksspielformen übertragen ließe[157]. Fließende Übergänge des Spiel- und Suchtverhaltens sprechen aber gegen eine getrennte und für eine integrale Behandlung aller Glücksspielformen in einem Regelwerk[158]. Demgegenüber seien es gerade die unterschiedlichen Gefahrenpotenziale, die in jedem Fall eine glücksspielspezifische Regulierung und Kontrolle erforderten. Anderenfalls hät-

---

gangswillige Privatanbieter führe. Es handele sich nur um eine Berufsausübungsregel. Diese Ansicht verkennt jedoch, dass Private bei der momentanen Ausgestaltung des Glücksspielmarktes gerade keinerlei Einfluss auf ihre Zulassung nehmen können. Das aber stellt eine faktische Marktzugangssperre dar. Selbst wenn es sich nur um eine Berufsausübungsregel handeln sollte, wären Intensität der Grundrechtseinschränkung und die Anforderungen an ihre Rechtfertigung die gleichen, vgl. nur *Storr*, Der Staat als Unternehmer, S. 428 f.

154 Dazu Kapitel 5, S. 148 ff.

155 *Korte*, Das staatliche Glücksspielwesen, S. 177.

156 Vgl. einführend *Premper/Sobottka*, Glücksspielsucht, 7. Aufl. 2006, S. 5 m. w. N.

157 Dafür *Koenig/Ciszewski*, DÖV 2007, 313, 314.

158 *Koenig/Ciszewski*, DÖV 2007, 313, 317.

te sich das *Bundesverfassungsgericht* in seiner „Oddset"-Entscheidung auch nicht isoliert mit Sportwetten beschäftigen dürfen[159]. Die Entwicklung gesonderter Einzelkonzepte für einzelne Bereiche sei daher zulässig[160].

Der Streit braucht für die Zwecke der vorliegenden Arbeit nicht entschieden zu werden. Schon an dieser Stelle kann aber festgehalten werden, dass zumindest alle Glücksspielformen bewertend in den Blick genommen werden müssen, um eine kohärente und systematische, mithin einheitliche Begrenzung der Glücksspiel- und Wetttätigkeit zu erreichen[161], wie sie der *Europäische Gerichtshof* bereits vor längerem als Voraussetzung zur Rechtfertigung eines staatlichen Glücksspielmonopols gefordert hatte[162]. Denn eine nach Sparten bzw. Sektoren getrennte Bewertung der Glücksspiele verbiete jedenfalls eine Beschränkung der Art. 43 und 49 EG. Darauf ist zurückzukommen[163].

§ 6 Staatswirtschaftliche Rechtsformen

I. Rechtsformen staatlicher Wirtschaftstätigkeit

Die Rechtsformen staatlicher Wirtschaftstätigkeit sind vielfältig. So lassen sich privatrechtliche Organisationsformen und öffentlich-rechtliche Unternehmungen unterscheiden[164]. Aus verfassungsrechtlicher Sicht geht man heute von der Gleichwertigkeit der öffentlich-rechtlichen und der privatrechtlichen Organisationsformen aus[165]. Das gilt wegen der durch Art. 28 Abs. 2 GG garantierten Organisationshoheit insbesondere hinsichtlich kommunaler Einrichtungen und Unternehmen[166].

Diese Einteilung ist alt und zählte zu den privatrechtlichen Formen früher abhängige Regiebetriebe, Aktiengesellschaften und privatrechtliche Beteiligungen[167], bei denen jeweils alle Beziehungen nach außen unbezweifelbar privatrechtlich sind. Bei den öffentlich-rechtlichen Unternehmungen, zu denen bei-

---

159 *Ruttig*, WRP 2007, 621, 626.
160 OVG Hamburg NVwZ 2007, 725, 726; OVG Münster ZfWG 2008, 122 ff.
161 So auch VG Stuttgart ZfWG 2007, 313, 316.
162 Vgl. EuGH NJW 2004, 139 ff. – „Gambelli"; *Noll-Ehlers*, EuZW 2008, 522 ff.
163 Siehe Kapitel 7 § 35, S. 323 ff.
164 Siehe z. B. *Knemeyer*, Bayerisches Kommunalrecht, Rn. 340 ff.
165 *Schwerdtner*, KommJur 2007, 169, 170.
166 BVerwGE 71, 1, 3.
167 *Gütebier*, Der unlautere Wettbewerb der öffentlichen Hand, S. 27.

spielsweise die Anstalten zählen, wurde zwischen einem dem öffentlichen Recht unterliegenden Innen- und einem dem Privatrecht unterliegenden Außenverhältnis unterschieden[168]. Am Beispiel der Anstalt erläuterte *Gütebier*, dass die Handlungen nach außen inklusive des Wettbewerbsrechts immer privatrechtlich, die im Innenverhältnis hingegen öffentlich-rechtlich seien[169]. Dieser überholten Ansicht lag jedoch noch die Lehre vom so genannten besonderen Gewaltverhältnis und dessen Relativität zu Grunde[170], die heute als ebenfalls aufgegeben gilt. Auch der Versuch, den Anstaltsbegriff an einer behaupteten öffentlich-rechtlichen Natur des Benutzungsverhältnisses zu orientieren, blieb erfolglos[171]. Dessen ungeachtet besitzt die Aussage, die wettbewerbsrechtlichen Beziehungen des Anstaltsherren zu den Mitbewerbern besäßen einen rein privatrechtlichen Charakter[172], immer noch Gültigkeit. Das kann auch auf die selbstständigen Rechtspersonen inklusive der Körperschaften übertragen werden, deren Rechtsbeziehungen sich stets nach privatem Recht richten.

Seit einiger Zeit ist mit der Privatisierungswelle und der Umwandlung öffentlich-rechtlicher in privatrechtliche Organisationsformen ein deutlicher Vorrang der letzteren zu erkennen. Das liegt unter anderem daran, dass mit der privatrechtlichen Organisationsform leichter der Verpflichtung entgangen werden kann, Aufträge in privatwirtschaftlichen Bereichen öffentlich ausschreiben zu müssen. Auch bei der Kreditbeschaffung ist eine GmbH der öffentlichen Hand nicht an den Kreditrahmen des öffentlichen Haushaltsrechts und an die Genehmigung der Aufsichtsbehörden gebunden. Privatrechtliche Organisationsformen sind letztlich auch von den starren Regeln des öffentlichen Dienstrechts, insbesondere des Beamtenrechts, befreit[173].

II. Verschiedene Erscheinungsformen des „Kommunalunternehmens"

Die Wirtschaftstätigkeit der öffentlichen Hand ist am besten in den Gemeinden aufbereitet und dokumentiert[174]. Beispielhaft sollen daher an diesem Bereich auch die verschiedenen Erscheinungsformen eines „Kommunalunternehmens" dargestellt werden.

---

168 *Gütebier*, Der unlautere Wettbewerb der öffentlichen Hand, S. 27 ff.
169 *Gütebier*, Der unlautere Wettbewerb der öffentlichen Hand, S. 29.
170 Vgl. *Gütebier*, Der unlautere Wettbewerb der öffentlichen Hand, S. 29.
171 Hierzu *Klein*, Die Teilnahme des Staates am wirtschaftlichen Wettbewerb, S. 71.
172 *Gütebier*, Der unlautere Wettbewerb der öffentlichen Hand, S. 32.
173 Zum Ganzen *Schwerdtner*, KommJur 2007, 169, 170.
174 Siehe sogleich Kapitel 1 § 7 IV., S. 63 ff.

Auch hier ist grundsätzlich zwischen verschiedenen Organisations-[175] und Handlungsformen zu unterscheiden, wobei die Zulässigkeit der letzteren von der Wahl der ersteren abhängt[176]. Das klassische Leitbild öffentlicher und insbesondere kommunaler Wirtschaftstätigkeit existiert nicht mehr. „Auslagerungen" aus den Kommunalhaushalten und eine intensivierte Privatisierungswelle haben ein „neues Leitbild" entstehen lassen[177], das privatrechtlichen Organisationsformen einen deutlichen Vorzug gibt.

Üblicherweise werden die Rechtsformen nach dem Ausmaß der durch sie bewirkten rechtlichen Verselbstständigung des Unternehmens gegenüber der öffentlichen Hand unterschieden[178]. An dieser Lesart soll vorliegend festgehalten werden. Zu nennen sind demzufolge öffentlich-rechtliche Unternehmenstypen wie der Regiebetrieb als der am wenigsten verselbstständigten Unternehmensform, die als unmittelbarer Teil der Verwaltung ohne rechnerisch abgegrenztes Betriebskapital geführt wird. Es folgt der Eigenbetrieb als ein Unternehmen der öffentlichen Hand ohne eigene Rechtspersönlichkeit, das außerhalb der allgemeinen Verwaltung als Sondervermögen geführt wird[179]. Auf der Stufe der juristischen Personen des öffentlichen Rechts mit eigener Rechtspersönlichkeit gibt es die Anstalten des öffentlichen Rechts, die Körperschaften und die Zweckverbände sowie Stiftungen. An privatrechtlichen Organisationsformen finden sich AG, KGaA, GmbH, GmbH & Co. KG, der rechtsfähige Verein und die Privatstiftungen[180]. Juristische Personen des Privatrechts, deren Gesellschaftsanteile die öffentliche Hand hält (so genannte formal privatisierte Unternehmen der öffentlichen Hand), werden häufig auch als Eigengesellschaften bezeichnet.

---

175 Allgemein zu Organisationsformen *Ronellenfitsch*, in: Isensee/Kirchhof (Hrsg.), HStR IV, 3. Aufl. 2006, § 98 Rn. 21 ff.

176 *Ronellenfitsch*, in: Isensee/Kirchhof (Hrsg.), HStR IV, 3. Aufl. 2006, § 98 Rn. 28.

177 *Katz*, Kommunale Wirtschaft, S. 1.

178 Hierzu und zum Folgenden *Emmerich*, Das Wirtschaftsrecht der öffentlichen Unternehmen, S. 184 ff.

179 *Storr*, Der Staat als Unternehmer, S. 51. Vgl. z. B. auch Art. 88 Abs. 1, 95 BayGO.

180 *Katz*, Kommunale Wirtschaft, S. 3 f.

III. Rechtsformen im Lotterie- und Sportwettensektor

Auch wenn diese Arbeit sich beispielhaft in erster Linie mit den Anbietern von Glücksspielen beschäftigt[181], erfordert der rechtlich-strukturelle Zusammenhang von Lotterien und Sportwetten zunächst eine kurze Darstellung der dahinter stehenden Struktur. Denn obwohl in Deutschland wie gezeigt[182] ein zumindest faktisches Glücksspielmonopol herrscht, existieren innerhalb dieses Sektors doch die unterschiedlichsten staatlichen[183] und privaten[184] Rechtsformen. Bis auf Bayern, Saarland und Thüringen unterhalten die Bundesländer diese Unternehmen als Lottotreuhandgesellschaften[185]. Auch die staatlichen Klassenlotterien

---

181 Nicht behandelt werden in dieser Arbeit die anders zu bewertenden Zusammenhänge des Pferdewetten- und Spielbankenmarktes. Siehe hierzu nur *Korte*, Das staatliche Glücksspielwesen, S. 3, 181 ff., 208 ff., 244 ff., 269 ff. Dort auch zu Fragen der Europarechtskonformität dieser Spielformen.

182 Siehe Kapitel 1 § 5 I., S. 47 ff.

183 In Bayern beispielsweise war der Lotteriesektor als Regiebetrieb organisiert (Art. 2 Abs. 4 BayStLottG a. F.). Das in diesem zum 31.12.2007 außer Kraft getretenen Gesetz geregelte staatliche Monopol für Sportwetten wurde jedoch für verfassungswidrig erklärt, BVerfGE 115, 276 ff. – „Oddset". Im nun geltenden Art. 5 Abs. 1 BayAGGlüStV ist von der Staatlichen Lotterieverwaltung als einer staatlichen Einrichtung ohne Rechtspersönlichkeit im Geschäftsbereich des Staatsministeriums der Finanzen die Rede. In Mecklenburg-Vorpommern werden Lotto, Toto und andere Lotterien als Staatslotterien ebenfalls von einem nicht rechtsfähigen Sondervermögen geführt (§ 3 Abs. 1 GlüStVAG-M-V).

184 In Brandenburg beispielsweise können Glücksspiele nach der dort neu geschaffenen Rechtslage durch juristische Personen des öffentlichen Rechts oder privatrechtliche Gesellschaften, an denen das Land unmittelbar oder mittelbar mehrheitlich beteiligt ist (§ 2 Abs. 3 LottG-Bbg), veranstaltet werden. Eine ähnliche Regelung gilt nun auch in Nordrhein-Westfalen (§ 3 Abs. 1 GlücksspielstaatsvertragAG-NRW). In Niedersachen gilt mit der Regelung des § 3 Abs. 1 NGlüSpG eine komplexere Regelung. Auch hier muss das Land aber in jedem Fall an dem konzessionierten Wettunternehmen beteiligt sein. Zurzeit ist das die Toto-Lotto-Niedersachsen GmbH. In Baden-Württemberg werden Glücksspiele von einer juristischen Person des Privatrechts durchgeführt, an der das Land unmittelbar oder mittelbar maßgeblich beteiligt ist (§ 1 Abs. 5 AGGlüStV-BW). Im Saarland, das ebenfalls ein staatliches Alleinrecht zur Veranstaltung von Sportwetten und Zahlenlotto kennt (§ 7 Abs. 2 AGGlüStV-Saar), wird dieses öffentliche Wettunternehmen als GmbH mit Mehrheitsbeteiligung des Staates betrieben (§ 7 Abs. 1 AGGlüStV-Saar). In Sachsen-Anhalt werden Zulassungen für Wettunternehmen nur an Unternehmen erteilt, deren sämtliche Anteile dem Land gehören (§ 3 Abs. 2 GlüG-LSA). In Thüringen können Glücksspiele ausschließlich von juristischen Personen des Privatrechts, deren sämtliche Anteile das Land hält, durchgeführt werden (§ 2 Abs. 3 ThürGlüG). In der Freien und Hansestadt Hamburg können Glücksspiele von einer juristischen Person des öffentlichen Rechts oder einer privatrechtlichen Gesellschaft, an der eine oder mehrere juristische Personen des öffentlichen Rechts unmittelbar oder mittelbar maßgeblich beteiligt sind, veranstaltet und durchgeführt werden (§ 4 Abs. 4 HmbGlüStVAG).

185 *Korte*, Das staatliche Glücksspielwesen, S. 2. Siehe beispielsweise § 6 Abs. 6 HessGlücksspielG.

NKL und SKL sind als Eigenbetrieb der durchführenden Bundesländer bzw. als Anstalt öffentlichen Rechts[186] verfasst. Der Lotteriesektor ist demnach deutlich von der öffentlichen Hand dominiert[187].

Der Sportwettensektor war in Deutschland nur vordergründig liberaler strukturiert. Denn die einzigen privaten Anbieter Sportwetten-Gera GmbH und ihre Schwestergesellschaften in Sachsen-Anhalt und Berlin haben ihre auch bisher nur geringen Marktanteile infolge der „Oddset"-Entscheidung des *Bundesverfassungsgerichts* und den daraufhin ergangenen Untersagungsverfügungen inzwischen fast gänzlich verloren. Faktisch besteht also auch im Sportwettenbereich nunmehr ein wirtschaftliches Monopol zu Gunsten des Staates.

§ 7 Entwicklung und Bedeutung der wirtschaftlichen Betätigung der öffentlichen Hand in Deutschland

I. Die wirtschaftliche Betätigung des Staates in Deutschland

Auf einen kurzen Rückblick auf die Entwicklung der wirtschaftlichen Betätigung des Staates in Deutschland kann auch im Rahmen dieser Arbeit nicht verzichtet werden[188]. Er kann und braucht indes nicht in fernste Vergangenheiten zurückzureichen[189] und Vollständigkeit ist weder möglich noch beabsichtigt.

---

186 Siehe Art. 1 Abs. 2, 3 Abs. 2 des Staatsvertrages zur Gründung der SKL.

187 Bundesweite Angebote Privater finden sich kaum. Zu nennen sind allenfalls die „Aktion Mensch" und die Fernsehlotterie „Goldene Eins", auf die die öffentliche Hand jedoch über die Anteile der Fernsehanstalten ARD und ZDF Einfluss ausüben kann.

188 Siehe hierzu detailliert aus der umfangreichen Literatur bereits z. B. *Klein*, Die Teilnahme des Staates am wirtschaftlichen Wettbewerb, S. 53 ff.

189 Ein früher Überblick zur Wirtschaftstätigkeit in der Zeit vom Merkantilismus bis zur Weimarer Republik findet sich z. B. bei *Staudinger*, Der Staat als Unternehmer, S. 9 ff.; siehe auch *Ronellenfitsch*, in: Isensee/Kirchhof (Hrsg.), HStR IV, 3. Aufl. 2006, § 98 Rn. 8 – 13 zu den merkantilistischen Instrumenten sowie den Gegenströmungen des Liberalismus, die eine Auflösung öffentlicher Wirtschaftstätigkeit anstrebten. Hervorzuheben ist hier etwa die Herstellung der allgemeinen Gewerbefreiheit durch das Gewerbesteueredikt von 1810 und die erste Gewerbeordnung von 1845. Diese Tendenzen kehrten sich erst durch den Interventionismus in den 70er Jahren des 19. Jahrhunderts um und wurden verstärkt durch kriegswirtschaftlich bedingte Zwänge des Staates zur gezielten Wirtschaftslenkung. Demgegenüber betont *Klein*, Die Teilnahme des Staates am wirtschaftlichen Wettbewerb, S. 56 m. w. N., dass von einer einseitigen Begünstigung des Staatsbetriebes durch die merkantilistische Wirtschaftspolitik nicht die Rede gewesen sein könne. Die liberalistische Spätperiode wiederum war gekennzeichnet durch Protektionismus in der Handelspolitik und eine neuerliche Expansion der öffentlichen Hand in der Unternehmerfunktion.

Die öffentliche Wirtschaft heutigen Typs beginnt mit der Entstehung des modernen, souveränen Staates, wie er sich in den deutschen Territorialherrschaften herausbildete[190]. Die öffentliche Hand konnte schon in den frühen Jahren der Bundesrepublik Deutschland beachtliche Marktanteile in einzelnen Wirtschaftsbereichen auf sich vereinen. Ende der 50er Jahre des 20. Jahrhunderts unterlagen außerordentlich wichtige Bereiche der Wirtschaft zum größten Teil der öffentlichen Hand. Sie konnte etwa 90 Prozent der Braunkohleförderung, fast 30 Prozent der Steinkohleförderung und über 50 Prozent der Eisenerzförderung auf sich verbuchen. Bei der Aluminiumerzeugung kam der Staat auf einen Marktanteil von über 70 Prozent. Stromversorgung und Stromverteilung waren zu über 60 bzw. zu über 90 Prozent in staatlicher Hand. 60 Prozent der Kreditinstitute waren der öffentlichen Hand zuzurechnen. Gerade auf dem Banksektor widerspricht eine wirtschaftliche Betätigung der öffentlichen Hand damit dem hiermit ursprünglich verfolgten Bedürfnis, die private Unternehmertätigkeit durch die Zurverfügungstellung der erforderlichen Geldmittel zu unterstützen[191] und damit eine Art Anschubhilfe für die Privatwirtschaft zu leisten. Denn diese Idee wurde schon 1765 durch die Gründung der Königlichen Bank durch Friedrich den Großen umgesetzt. Offenbar hat sich dieses Bedürfnis nicht gewandelt.

Die öffentliche Hand war in der Bundesrepublik Deutschland in der Zeit nach dem Zweiten Weltkrieg der weitaus bedeutendste Wirtschaftsunternehmer[192]. Der Gesamtwert der wirtschaftlichen Beteiligungen von Bund, Ländern, und Gemeinden entsprach um 1960 einem Wert von rund 28 Milliarden DM (ca. 14,3 Milliarden Euro). Dabei sind die Regiebetriebe und die Einrichtungen zur Eigenbedarfsdeckung[193] der öffentlichen Hand noch nicht einmal berücksichtigt.

II. Die wirtschaftliche Betätigung des Bundes

Der Umfang der staatlichen Wirtschaftstätigkeit wird nur lückenhaft und nach wie vor nicht systematisch erfasst. Allein für den Bund existieren regelmäßige Beteiligungsberichte, die statistisch Aufschluss geben über die Aktivitäten des Bundes. Nahm das Beteiligungsvermögen der öffentlichen Hand insgesamt um

---

190 *Ronellenfitsch*, in: Isensee/Kirchhof (Hrsg.), HStR IV, 3. Aufl. 2006, § 98 Rn. 8.

191 *Klein*, Die Teilnahme des Staates am wirtschaftlichen Wettbewerb, S. 57.

192 *Brenner*, BB 1962, 727, 727, dort auch zu den hier genannten Zahlen und Marktanteilen.

193 Die Einrichtung von ausschließlich zur Eigenbedarfsdeckung bestimmter Produktionsbetriebe kann indes besonders problematisch sein und das private Gewerbe auf diesem Gebiet zum Erliegen bringen, vgl. *Klein*, Die Teilnahme des Staates am wirtschaftlichen Wettbewerb, S. 183.

1960 noch um etwa 300 bis 500 Millionen DM (ca. 153 bis 256 Millionen Euro) jährlich zu[194], vermochten auch zahlreiche Privatisierungsvorhaben ehemals reichs- bzw. bundeseigener Betriebe (man denke nur an die VW AG, VEBA[195], VIAG[196] oder Salzgitter AG[197] sowie die Lufthansa AG aus jüngerer Zeit) nichts daran zu ändern, dass der Bund nach wie vor schwerpunktmäßig durch industrielles Bundesvermögen, im Bankenbereich, im Verkehrswesen, der Wohnungswirtschaft sowie dem forschungs- und entwicklungspolitischen Bereich wirtschaftlich aktiv ist[198]. Im Oktober 2005 waren der Bund und seine Sondervermögen an 402 Unternehmen mit mindestens 25 Prozent und einem Nennkapital von wenigstens 50.000 Euro unmittelbar oder mittelbar beteiligt[199]. Keine zehn Jahre vorher waren es noch 446 unmittelbare oder mittelbare Beteiligungen, der Bundesanteil am buchmäßigen Eigenkapital der Unternehmen belief sich auf beachtliche ca. 72 Milliarden DM[200] (ca. 36,6 Milliarden Euro). Dass die Bedeutung der unternehmerischen Tätigkeit des Bundes weiter absinke, lässt sich anhand dieses marginalen Beteiligungsrückgangs nur schwer behaupten[201].

III. Die Staatswirtschaft der Bundesländer

Einheitliche Beteiligungsberichte, wie sie für die Staatswirtschaft des Bundes existieren, gibt es für die Bundesländer nicht. Nur vereinzelt finden sich – dann allerdings meist veraltete – Meldungen über die Aktivitäten und den Umfang der Wirtschaftstätigkeit der Länder[202].

Ein aktuelles Beispiel aus Hessen indes belegt die nicht selten anzutreffende Ambivalenz der Gründe eines solchen Engagements: Das Land Hessen verkauf-

---

194 *Brenner*, BB 1962, 727, 727.

195 *Ronellenfitsch*, in: Isensee/Kirchhof (Hrsg.), HStR IV, 3. Aufl. 2006, § 98 Rn. 12.

196 Vereinigte Industrie-Unternehmungen AG, gegründet im März 1923 durch das Reich als Alleinaktionär. Die VIAG diente als Holdinggesellschaft zur Zusammenfassung und einheitlichen Leitung eines großen Teils der reichseigenen Unternehmen und Beteiligungen.

197 Diese war 1944 mit 410 Unternehmen der weltgrößte Konzern, vgl. *Storr*, Der Staat als Unternehmer, S. 7.

198 Siehe nur die umfangreichen Auflistungen im Beteiligungsbericht des Bundes 2007, passim.

199 *Ronellenfitsch*, in: Isensee/Kirchhof (Hrsg.), HStR IV, 3. Aufl. 2006, § 98 Rn. 6 mit Nachw. aus dem Beteiligungsbericht des Bundes für 2005.

200 *Ehlers*, Jura 1999, 212, unter Heranziehung des Beteiligungsberichtes des Bundes von 1997.

201 So aber *Ehlers*, Jura 1999, 212. Vgl. insgesamt zur Staatswirtschaft des Bundes auch *Storr*, Der Staat als Unternehmer, S. 6 - 13.

202 Siehe nur den detailreichen Überblick über die Staatswirtschaft der einzelnen Bundesländer bei *Storr*, Der Staat als Unternehmer, S. 14 ff.

te Anfang 2008 das bisher von dem Landesbetrieb Hessisches Immobilienmanagement betreute Parkhotel in Schlangenbad. Neben den jährlichen Betriebsverlusten in Millionenhöhe nannte der damals zuständige hessische Finanzminister Karlheinz Weimar (CDU) vor allem den Umstand als Verkaufsgrund, dass es nicht Aufgabe des Landes sei, ein Hotel zu betreiben und damit in Konkurrenz zum privaten Markt zu agieren[203]. Ob dieses Argument auch herangezogen worden wäre, wenn das Haus mit Gewinn hätte betrieben werden können, bleibt zu bezweifeln.

In den Stadtstaaten Hamburg, Berlin und Bremen fallen staatliche und gemeindliche Wirtschaftstätigkeit im Übrigen zusammen[204], weshalb dort hauptsächlich auf die kommunale Sicht abzustellen ist[205]. Für die Zwecke der vorliegenden Arbeit sei an dieser Stelle nochmals daran erinnert, dass auch die Landeslotteriegesellschaften und ihre vielfältigen Angebote auf dem Glücksspielmarkt einen wesentlichen Teil der Staatswirtschaft der Länder ausmachen.

IV. Die wirtschaftliche Betätigung der Gemeinden

Die Bedeutung der Einnahmen aus der wirtschaftlichen Betätigung der Gemeinden für die kommunalen Finanzen ist kaum zu überschätzen. Auf Grund der überaus großen Vielfalt kommunaler Wirtschaftstätigkeit und einem fast unüberschaubaren Niederschlag, den diese im Schrifttum gefunden hat, stellt dieser Sektor der Wirtschaftstätigkeit der öffentlichen Hand unbestreitbar den am besten dokumentierten dar. Das mag auch daran liegen, dass der kommunale Versorgungsbetrieb, mit dem man es im Zweifel täglich direkt zu tun hat, schon räumlich näher liegen mag als ein Unternehmen des Landes oder gar des Bundes.

Auch wenn gelegentlich undifferenziert von der Wirtschaftstätigkeit der öffentlichen Hand als der gemeindlichen Wirtschaftstätigkeit gesprochen wird[206], ist es richtiger, kommunale Wettbewerbsteilnahme als lediglich einen Aspekt des viel weiteren Bereichs der Wirtschaftstätigkeit der öffentlichen Hand darzustellen.

---

203 FAZ vom 29.11.2007, S. 55.

204 *Tomerius*, LKV 2000, 41, 42 mit Fn. 7.

205 Dazu sogleich.

206 *D. Weber*, Wettbewerbsrechtlicher Unterlassungsanspruch gegen kommunale Wirtschaftstätigkeit, S. 45.

Für die Erfüllung der den Gemeinden gesetzlich zugewiesenen Aufgaben im eigenen Wirkungskreis sowie insbesondere deren Finanzierung ist die wirtschaftliche Betätigung der Gemeinden unerlässlich[207]. Sie vollzog sich in verschiedenen Stufen etwa von der Mitte des 19. Jahrhunderts bis in die Zeit der Weimarer Republik. Sie reichte von der kommunalen Wasserversorgung und Gesundheitspflege, die auch zur Übernahme von Abwasserbeseitigung, Straßenreinigung, Müllabfuhr, Fäkalienverwertung, Markthallen, Krankenhäusern, Bade- und Desinfektionsanstalten, Friedhöfen und des Bestattungswesens durch die Gemeinden führte, über kommunale Gaswerke, die Elektrizitätswirtschaft[208] und den kommunalen Nahverkehr bis hin zu einer durch den Ersten Weltkrieg und dadurch entstandener Notlagen bedingten deutlichen Ausweitung auf Handwerksbetriebe und die Lebensmittelversorgung der Bevölkerung[209]. Die hierdurch (notgedrungen) bezogenen wirtschaftlichen Positionen der öffentlichen Hand und insbesondere der Gemeinden zeigten danach deutliche Anzeichen von Konsolidierung und Perpetuierung[210], nicht zuletzt auch auf Grund anhaltender finanzieller Engpässe der öffentlichen Hand. Auch aus einem teilweise nach dem Ende der Weimarer Zeit zu beobachtenden Rückgang der Überschüsse der kommunalen Unternehmen[211] kann nicht auf eine sinkende Bedeutung dieser Unternehmen für die Gemeindefinanzen geschlossen werden. Später wurde die Finanzknappheit so evident, dass nicht allein durch Leistungsabbau, Privatisierung ehemals kommunaler Unternehmen oder schlichte Rationalisierungen darauf reagiert werden konnte[212]. Zusätzlich erfreute sich daher die Ausweitung

---

207 *Ronellenfitsch*, in: Hoppe/Uechtritz (Hrsg.), Handbuch Kommunale Unternehmen, 2. Aufl. 2007, § 1 Rn. 14.

208 Diese Sparte der Gemeindewirtschaft war zugleich diejenige, die hauptsächlich zu Gewinnen führte, *Stern/Püttner*, Die Gemeindewirtschaft, S. 116.

209 *Ronellenfitsch*, in: Hoppe/Uechtritz (Hrsg.), Handbuch Kommunale Unternehmen, 2. Aufl. 2007, § 1 Rn. 17; *Stern/Püttner*, Die Gemeindewirtschaft, S. 112.

210 *Klein*, Die Teilnahme des Staates am wirtschaftlichen Wettbewerb, S. 62.

211 Vgl. die Nachweise bei *Stern/Püttner*, Die Gemeindewirtschaft, S. 112 f.

212 Abgesehen davon regt sich in der Bevölkerung mitunter erheblicher Widerstand gegen die materielle Privatisierung städtischer Unternehmen und Beteiligungen der kommunalen Daseinsvorsorge. War Dresden im Jahr 2006 durch den Verkauf eines großen Immobilienportfolios der städtischen Wohnungsbaugesellschaft an den Finanzinvestor Fortress noch in der Lage, den städtischen Haushalt über Nacht komplett zu sanieren, scheiterte ein solcher Plan in Leipzig Anfang 2008 am Widerstand der Bürger. Per Bürgerentscheid votierten mehr als 87 Prozent der Wähler gegen einen Verkauf der Leipziger Stadtwerke, dem größten kommunalen Versorger Ostdeutschlands, an den Energiekonzern Gaz de France (GdF). GdF hatte für den Erwerb von 49,9 Prozent der Anteile nicht nur 520 Millionen Euro geboten, sondern zusätzlich 20 Millionen Euro für Leipzigs Kultur sowie das Biomasseforschungszentrum versprochen. 30 Arbeitsplätze sollten geschaffen und be-

der Kommunalwirtschaft in ertragsreiche Geschäftsfelder zunehmender Beliebtheit und die Begriffe „*Unternehmen Rathaus*“[213] oder „*Konzern Stadt*“[214] fanden Eingang in die Diskussion.

Für die öffentliche Versorgungswirtschaft, deren Anfänge sich bis in die mittelalterliche Stadtwirtschaft zurückverfolgen lassen[215], lässt sich indes festhalten, dass sie durch alle Epochen hinweg vornehmlich eine Angelegenheit der Kommunen blieb[216]. Als kapitalintensiver Wirtschaftszweig mit hohem Anlagevermögen ist sie jedoch auch geeignet, durch eine Tätigkeit der Gemeinden auf diesem Gebiet zur Vermögensbildung und –anlage beizutragen[217]. Ein Effekt, der gerade in Zeiten anhaltend angespannter Haushaltslagen mancher Gemeinde[218] hochwillkommen sein dürfte.

Es darf für den Zweck der vorliegenden Untersuchung aber auch nicht außer Acht gelassen werden, dass in allen Epochen ein Großteil der gesamten kommunalen Schulden durch die gemeindlichen Unternehmen bzw. deren Fremdkapitalfinanzierung verursacht war. In den 20er Jahren des 20. Jahrhunderts lag ihr Anteil gar oft bei 50 Prozent der Gesamtschulden. Zu Beginn des Zweiten Weltkriegs ging dieser Anteil in vielen Gemeinden auf ein Drittel zurück, um ab 1945 kriegs- und aufbaubedingt wieder auf häufig über 40 Prozent anzusteigen. In den 50er Jahren sank der Anteil der Neuverschuldung für die Gemeindeunternehmen wieder, weil andere Projekte wie der Ausbau der Infrastruktur vorrangig waren und nun den Großteil der Kreditaufnahme ausmachten[219]. Diese Zahlen mögen sich bis heute zwar immer wieder verschoben haben. Kreditaufnahme zur Finanzierung gemeindlicher (oft defizitärer) Unternehmen ist jedoch nach wie vor üblich. Aus Sicht privater Konkurrenten, die sich mitunter nur un-

---

triebsbedingte Kündigungen bis 2015 ausgeschlossen werden. Leipzig hat zurzeit jährlich allein 45 Millionen Euro Zinsen für seine Schuldenlast von fast einer Milliarde Euro aufzubringen. Jedenfalls eine Haushaltssanierung im Wege des Verkaufs städtischer Unternehmen und Beteiligungen der kommunalen Daseinsvorsorge ist nun wegen des Bürgerentscheids während dessen dreijähriger Bindungsfrist ausgeschlossen (FAZ vom 29.01.2008, S. 15).

213 *Ronellenfitsch*, in: Hoppe/Uechtritz (Hrsg.), Handbuch Kommunale Unternehmen, 2. Aufl. 2007, § 1 Rn. 22.

214 *Katz*, Kommunale Wirtschaft, S. 17.

215 Eingehend dazu *Stern/Püttner*, Die Gemeindewirtschaft, S. 11 ff.

216 *Klein*, Die Teilnahme des Staates am wirtschaftlichen Wettbewerb, S. 61.

217 *Stern/Püttner*, Die Gemeindewirtschaft, S. 118 f.

218 Siehe hierzu nur die aktuelle Übersicht des Deutschen Städtetags, abrufbar unter: www.staedtetag.de/10/schwerpunkte/artikel/29/index.html (Stand: 01.11.2008).

219 Zum Ganzen *Stern/Püttner*, Die Gemeindewirtschaft, S. 117 f.

ter deutlich schwierigeren Bedingungen als die öffentliche Hand Kredite zur Finanzierung und Sanierung besorgen können, verdeutlicht dieser Umstand die Fragwürdigkeit manch öffentlicher Wirtschaftstätigkeit und somit zugleich die Notwendigkeit eines effektiven Rechtsschutzes der Privaten vor einer kreditgestützten Konkurrenz[220].

§ 8 Einführung in das Problem und Grundzüge der Grenzen der Wirtschaftstätigkeit der öffentlichen Hand

Das Ziel der vorliegenden Untersuchung ist erläutert und der Untersuchungsgang so weit wie nötig eingegrenzt. Erste Begrifflichkeiten sind geklärt. Weiter wurden bereits rechtliche Grundlagen und Rechtsformen staatlicher Wirtschaftstätigkeit, insbesondere im Bereich staatlicher Glücksspielangebote, beleuchtet. Dabei ist wiederholt das Spannungsverhältnis zwischen einer Wirtschaftstätigkeit der öffentlichen Hand und derjenigen von Privaten auf demselben Markt angesprochen worden. Das gilt es im Folgenden zu vertiefen und die sich daraus ergebenden Probleme aufzuzeigen, bevor detailliertere Überblicke über die Erscheinungsformen der öffentlichen Hand als Unternehmer (Kapitel 2), die rechtlichen Grundlagen und weitere Begrifflichkeiten (Kapitel 3) sowie die aktuelle Rechtslage (Kapitel 4) folgen. Danach sollen Lösungsvorschläge erarbeitet werden (Kapitel 5).

I. Einführung in das Problem

Es wurde schon betont, dass die Frage heute nicht mehr lauten kann, ob sich die öffentliche Hand überhaupt wirtschaftlich am Markt betätigen darf, sondern wo dafür die Grenzen zu ziehen sind und ob sie sich nicht inzwischen sogar auf eine Art Bestandsgarantie berufen kann[221]. Aber auch diese Frage greift letztlich zu kurz. Entscheidend aus Sicht privater Konkurrenten kann nämlich nur sein, ob und wenn ja, wie sie diese Grenzen effektiv überprüfen lassen können. Denn die

---

220 Siehe zu einer solchen Konstellation insbesondere noch das Beispiel der Hessische Staatsweingüter GmbH Kloster Eberbach im Kapitel 2 § 9 II., S. 76.

221 Die praktische Relevanz dieser letzten Frage kommt vor allem in der Privatisierungsdiskussion zum Tragen, vgl. *Ronellenfitsch*, in: Isensee/Kirchhof (Hrsg.), HStR IV, 3. Aufl. 2006, § 98 Rn. 32. Ihr kann hier nicht weiter nachgegangen werden. Dass es sogar eine verfassungskräftige Bestandsgarantie öffentlicher Unternehmen oder gar der wirtschaftlichen Betätigung des Staates schlechthin gebe, lehnt *Ronellenfitsch*, in: Isensee/Kirchhof (Hrsg.), HStR IV, 3. Aufl. 2006, § 98 Rn. 42, im Übrigen zu Recht ab.

Annahme, die öffentliche Hand würde sich von allein an diese Grenzen halten, ist schon deshalb fern liegend, weil – das wurde schon gesagt – sich diese Grenzen immer nur im Einzelfall bestimmen lassen und allgemeingültige Aussagen weder möglich noch zielführend sind. Eine unüberschaubare Fülle an Urteilen und Literaturbeiträgen, die sich diesem Thema im weitesten Sinne angenommen haben, sprechen im Übrigen für sich.

II. Grenzen der Zulässigkeit staatlicher Wirtschaftstätigkeit und Wettbewerbsteilnahme

Es ist zwar richtig, dass die Frage nach den Grenzen der Zulässigkeit einer Wirtschaftstätigkeit der öffentlichen Hand (die als solche im Grundsatz nicht in Frage zu stellen ist) zu kurz greift. Sie ist dennoch logisch der Frage nach etwaigen Rechtsschutzmöglichkeiten vorgelagert. Ohne auch nur ungefähr zu wissen, wo und worin solche Grenzen liegen könnten, müsste die Suche nach Rechtsschutzmöglichkeiten zum Scheitern verurteilt sein. Denn es wäre völlig offen, worauf, wann und aus welchem Grund Private Ansprüche geltend machen könnten. Die Frage ist daher nicht neu und Streitthema bereits seit den 1930er Jahren[222]. Ihr kann und muss daher an dieser Stelle – eben weil es sich hier nur um eine Art Vorfrage handelt – nicht vertiefend nachgegangen werden[223]. Doch gilt es, die wesentlichen Prämissen zu formulieren.

Ohne hier schon auf Detailfragen einzugehen[224], kann davon ausgegangen werden, dass staatliche Wirtschaftstätigkeit im sozialen Rechtsstaat nicht *per se* verfassungswidrig ist, der Staat jedoch auf Grund Art. 2 Abs. 1 GG immer wieder neu die Darlegungs- und Legitimationslast dafür trägt, dass die Voraussetzungen für eine Ausnahme noch gegeben sind[225]. Denn schon von Verfassungs wegen sind mehrere Grenzen denkbar.

Teilweise wird ein dem Grundgesetz immanentes Subsidiaritätsprinzip herangezogen, das, übertragen auf den Bereich der Wirtschaft, den Vorrang privater vor staatlichen Unternehmen festschreibe. Wegen seiner kaum fassbaren

---

222 *Gröning*, WRP 2002, 17. *Ennuschat*, WRP 2008, 883 spricht von einem *„Evergreen des deutschen Wirtschaftsrechts und Kommunalrechts“*.

223 Vgl. ausführlich beispielsweise *Klein*, Die Teilnahme des Staates am wirtschaftlichen Wettbewerb, S. 180 ff.

224 Dazu Kapitel 5 § 23, S. 148 ff. Es geht um Fragen der grundgesetzlichen und europarechtlichen Grundlagen und Aussagen zu einer Wirtschaftstätigkeit der öffentlichen Hand.

225 *Ronellenfitsch*, in: Isensee/Kirchhof (Hrsg.), HStR IV, 3. Aufl. 2006, § 98 Rn. 33, 38, 43.

Ausprägungen ist ein – wie auch immer verortetes[226] – Subsidiaritätsprinzip allerdings nur als zusätzliches Argument geeignet, um die Wirtschaftstätigkeit der öffentlichen Hand zu begrenzen[227].

Greifbarer erscheinen demgegenüber schon die Grundrechte tatsächlicher oder potenzieller privater Wettbewerber als mögliche Schranken, denn grundsätzlich werden öffentlich-rechtliche Organisationen durch die Grundrechte nicht geschützt, sondern gebunden[228]. Es wird zu berücksichtigen sein, dass das Grundgesetz insbesondere durch Art. 12 und 14 GG sowie im Umkehrschluss durch Art. 15 GG zum Ausdruck bringt, dass die Existenz privater Unternehmer und damit zugleich jedenfalls ein Nebeneinander privater und öffentlicher Unternehmen garantiert sein sollen[229]. Das bereitet der Rechtfertigung eines Staatsmonopols, wie es beispielsweise auf dem Glücksspielsektor besteht und das in diesem Bereich ein objektives Tätigkeitshindernis für Private darstellt, grundsätzliche Schwierigkeiten[230]. Da auch eine staatliche Vernichtungskonkurrenz auf betroffene private Konkurrenten eine monopolisierende Wirkung hat, gilt in solchen Fällen entsprechendes. Dabei liegen jeweils drohende Wettbewerbsverfälschungen nahe, wie sie ebenso drohen, wenn öffentliche Unternehmen ihre marktbeherrschende Stellung dadurch missbrauchen, dass sie privaten Konkurrenten den Marktzugang verwehren[231]. Für Fragen nach einer Verletzung von Grundrechten privater Konkurrenz wird es darauf ankommen, deren faktische Beeinträchtigung durch eine wirtschaftliche Betätigung der öffentlichen Hand anzuerkennen.

Weitere Anknüpfungspunkte könnten sich aus dem Rechtsstaatsprinzip und einem daraus abgeleiteten Gesetzesvorbehalt ergeben. Auch wenn mit Ausnahme der kommunalen Wirtschaftstätigkeit und den hierzu bestehenden Regelungen der einzelnen Gemeindeordnungen nur wenige Vorschriften existieren, die die Wirtschaftstätigkeit der öffentlichen Hand regeln[232], so kann hieraus kaum deren Unzulässigkeit geschlossen werden. Denn jedenfalls für den Bereich, in

---

226 *Ehlers*, JZ 1990, 1089, 1096 m. w. N. in Fn. 89 gibt zu bedenken, dass das Verfassungsrecht kein durchgängig geltendes Subsidiaritätsprinzip kenne.

227 *Ronellenfitsch*, in: Isensee/Kirchhof (Hrsg.), HStR IV, 3. Aufl. 2006, § 98 Rn. 34.

228 *Ehlers*, JZ 1990, 1089, mit Nachw. aus der Rspr. in Fn. 83. Zu Einzelheiten siehe Kapitel 5 § 29 II. 1. d), S. 227.

229 *Ronellenfitsch*, in: Isensee/Kirchhof (Hrsg.), HStR IV, 3. Aufl. 2006, § 98 Rn. 35.

230 *Ennuschat*, DVBl. 2005, 1288 ff.

231 *Ronellenfitsch*, in: Isensee/Kirchhof (Hrsg.), HStR IV, 3. Aufl. 2006, § 98 Rn. 54.

232 Zu Einzelheiten Kapitel 4 § 21, S. 122 ff.

dem nicht zumindest ein faktischer Grundrechtseingriff in Betracht kommt, wird die Geltung des Gesetzesvorbehalts zu Recht abgelehnt[233].

Die Grenzen wirtschaftlicher Betätigung durch die öffentliche Hand werden vielfach auch in Beziehung gesetzt zu möglichen Kompetenzordnungen, denen eine solche Tätigkeit unterliegen mag. So wird einerseits vertreten, das bundesstaatliche Kompetenzgefüge sei hierfür nicht verbindlich, Art. 30, 83 ff. GG seien insoweit nicht einschlägig[234] oder jedenfalls gelte es nur für die so genannten „*verwaltungsersetzenden Unternehmen*"[235]. Demgegenüber erscheint es konsequenter, eine Berechtigung jedenfalls des Bundes zu wirtschaftlicher Tätigkeit nur dann anzunehmen, wenn ihm eine entsprechende Kompetenz ausdrücklich oder ungeschrieben zugewiesen ist[236]. Vor dem Hintergrund der Industriebeteiligungen und wirtschaftlichen Betätigungen des Deutschen Reiches und Preußens ist in diesem Zusammenhang von Interesse, dass Art. 134 Abs. 1, 135 Abs. 6 GG dem Bund die Nachfolge in diese Vermögenspositionen zuweisen. Insoweit kann eine Kompetenz des Bundes also nicht in Abrede gestellt werden[237].

Übertragen auf die Situation in den Ländern und Gemeinden, für die regelmäßig eine Allzuständigkeit in den Landesverfassungen vorgesehen ist, heißt das, dass jede Betätigung auf höherer Ebene, die diesen Grundsatz durchbrechen würde, einer gesetzlichen Grundlage bedarf[238]. Die bundesstaatliche Kompetenzordnung gilt somit auch für die wirtschaftliche Betätigung der öffentlichen Hand[239].

Außerhalb des öffentlichen Rechts ist an die Wettbewerbsgesetze UWG und GWB zu denken, die Unterlassungsansprüche gegen wettbewerbs- bzw. kartellrechtswidriges Handeln demjenigen an die Hand geben, der hierdurch betroffen ist oder vom Gesetz zur Geltendmachung dieser Ansprüche berechtigt ist. Wie

---

233 *Ronellenfitsch*, in: Isensee/Kirchhof (Hrsg.), HStR IV, 3. Aufl. 2006, § 98 Rn. 39.

234 *Klein*, Die Teilnahme des Staates am wirtschaftlichen Wettbewerb, S. 149 f., 195 f.; *Püttner*, Die öffentlichen Unternehmen, 2. Aufl. 1985, S. 164.

235 Nachweise bei *Erichsen*, Gemeinde und Private im wirtschaftlichen Wettbewerb, S. 17.

236 *Erichsen*, Gemeinde und Private im wirtschaftlichen Wettbewerb, S. 19; *Kämper/Heßhaus*, NWVBl. 2001, 377, 379.

237 *Krölls*, GewArch 1992, 281, 282.

238 *Erichsen*, Gemeinde und Private im wirtschaftlichen Wettbewerb, S. 20.

239 *Ehlers*, JZ 1990, 1089, 1095; *Henneke*, NdsVBl. 1998, 273, 278; *Kämper/Heßhaus*, NWVBl. 2001, 377, 379.

zu zeigen sein wird[240], unterliegt auch die wirtschaftlich tätige öffentliche Hand diesen Regelungen.

III. Fehlende gerichtliche Überprüfbarkeit dieser Grenzen

Dies vorausgeschickt, sind die Möglichkeiten praktisch offensichtlich: Wer als Bürger, Unternehmer, Gesellschaft oder Vereinigung, kurz: als privater Konkurrent des Staates auf einem spezifischen Markt, diese Grenzen überprüfen lassen will, dem garantiert zwar schon Art. 19 Abs. 4 GG, dass ihm bei Verletzung seiner Rechte ein Rechtsweg, also ein Zugang zu den Gerichten, offen stehen muss. Für eine Klärung der angesprochenen Fragen kommen die ordentliche und die Verwaltungsgerichtsbarkeit in Betracht. Doch seit einiger Zeit aber steht betroffenen Privaten, die sich gegen eine Grenzen überschreitende wirtschaftliche Betätigung der öffentlichen Hand wehren möchten, faktisch gar kein Rechtsweg mehr offen. Auch wenn diese apodiktische Aussage zunächst überraschen mag, so entspricht sie jedoch, wie zu zeigen sein wird, in der Tat der Rechtswirklichkeit. Anders ausgedrückt: Zu der Unsicherheit, welche Grenzen der Wirtschaftstätigkeit der öffentlichen Hand zu ziehen sind, ist die äußerst unbefriedigende Situation hinzugetreten, dass privaten Konkurrenten, die sich in ihren Rechten verletzt fühlen und diese Grenzen überprüfen lassen wollen, der Rechtsweg faktisch nicht mehr offen steht.

Mehrere Änderungen in der Rechtsprechung, gewandelte Ansichten zum Vorhandensein, dem Umfang und der Qualität drittschützender Normen sowie die zurückhaltende Gewährung grundrechtlichen Schutzes gegen staatliche Konkurrenz und nicht zuletzt die Reform des UWG im Jahr 2004[241] haben zu einer echten Rechtsschutzlücke geführt. Der Widerhall hierauf in der Literatur

240 Siehe hierzu Kapitel 3 § 17, S. 110 ff. sowie Kapitel 5 § 30 I. 1. a), S. 235 ff.

241 Unmittelbar bevor steht eine erneute Reform des UWG, die der verspäteten Umsetzung der Richtlinie 2005/29/EG des Europäischen Parlaments und des Rates vom 11.05.2005 über unlautere Geschäftspraktiken im binnenmarktinternen Geschäftsverkehr zwischen Unternehmern und Verbrauchern und zur Änderung der Richtlinie 84/450/EWG des Rates, der Richtlinien 97/7/EG und 2002/65/EG des Europäischen Parlaments und des Rates sowie der Verordnung (EG) Nr. 2006/2004 des Europäischen Parlaments und des Rates (kurz: Richtlinie über unlautere Geschäftspraktiken), ABl. Nr. L 149 vom 11.06.2005, S. 22 ff., dient. Die Bundesregierung hat hierzu am 21.05.2008 ihren Gesetzentwurf vorgelegt (siehe BT-Drucks. 16/10145 vom 20.08.2008), den *Sosnitza*, WRP 2008, 1014 ff. ausführlich bespricht. Auf die im Folgenden zu behandelnden Fragestellungen wird diese Reform keine Auswirkungen haben. An geeigneten Stellen wird dennoch auf die geplanten Neufassungen einzelner Vorschriften hingewiesen werden.

ist erstaunlich gering, dafür aber umso deutlicher. So spricht *Dreher* unmissverständlich von einer „*Rechtsschutzverweigerung*"[242] der Gerichte gegenüber Recht suchenden privaten Konkurrenten, während *Scholz* schon vor über 30 Jahren von einer „*gravierende[n] Schutzlücke*"[243] gesprochen hat, freilich bereits zu einem Zeitpunkt, als eine solche im Vergleich zu heute allenfalls zu erahnen war. *Faßbender* sprach gar von einer „*Rechtlosstellung*"[244].

Während die Frage nach dem „richtigen" Rechtsweg Gerichte und Literatur schon seit den 1960er Jahren beschäftigte, hat sie sich heute ausgeweitet und betrifft das Problem, ob überhaupt noch ein Rechtsweg offen steht. Dass hier Bedenken hinsichtlich der Vereinbarkeit dieser Situation mit Art. 19 Abs. 4 GG bestehen[245], braucht kaum ausgesprochen zu werden. Auch wenn vereinzelt die Ansicht vertreten wurde, dass die Trennung von öffentlichem und privatem Recht nur noch für die Frage nach dem Rechtsweg von Interesse sei[246], mag das zwar stimmen. Die Frage nach dem Rechtsweg aber ist für den Recht suchenden Bürger von „*alles überragender Bedeutung*"[247]. Ergo kann genau diese Frage nicht ausgeblendet werden, sondern muss viel eher sogar im Mittelpunkt der Betrachtung stehen[248].

---

242 *Dreher*, ZIP 2002, 1648, 1650.

243 *Scholz*, NJW 1974, 781, 781. So aktuell aber auch *Haslinger*, WRP 2002, 1023, 1028.

244 *Faßbender*, DÖV 2005, 89, 92. Deutlich auch *Götting*, Wettbewerbsrecht, § 14 Rn. 19: „*Es zeigt sich einmal mehr, dass das viel beschworene Postulat der Förderung des freien Wettbewerbs ein Lippenbekenntnis bleibt, wenn es darum geht, dem Wildwuchs der wirtschaftlichen Betätigung der öffentlichen Hand wirksam Einhalt zu gebieten. Im Zweifel gewinnt der staatlich organisierte Protektionismus der erwerbswirtschaftlichen Aktivitäten der öffentlichen Hand die ‚Oberhand' gegenüber dem Interesse der privaten Konkurrenz und der Allgemeinheit an einem unverfälschten Wettbewerb.*"

245 Verfassungsrechtlich wird die Rechtsschutzgewährung in Art. 19 Abs. 4 sowie Art. 2 Abs. 1 GG i. V. m. dem Rechtsstaatsprinzip verortet, siehe BVerfGE 80, 103, 107; 81, 347, 356; 85, 337, 345; 88, 118, 123.

246 *Holtschmidt*, Grenzen der privatrechtlichen wirtschaftlichen Betätigung der öffentlichen Hand, S. 96 f. (für den Bereich der Daseinsvorsorge).

247 *Holtschmidt*, Grenzen der privatrechtlichen wirtschaftlichen Betätigung der öffentlichen Hand, S. 96 f. mit Fn. 56.

248 Einzelheiten hierzu im Kapitel 5, S. 148 ff.

KAPITEL 2 DIE ÖFFENTLICHE HAND ALS UNTERNEHMER – ERSCHEINUNGSFORMEN UND GRUNDLAGEN DES ÖFFENTLICHEN UNTERNEHMENSRECHTS

§ 9 Beispiele öffentlichen Unternehmertums

Das öffentliche Unternehmertum hat bisweilen eine fast unüberschaubare Fülle und „Artenvielfalt" erlangt. Dabei verhält es sich mit der Vielfalt öffentlicher Unternehmen praktisch umgekehrt proportional zur Qualität und zum Umfang der Dokumentation der Tätigkeiten. Sind die Bereiche, in denen sich der Bund – gut dokumentiert beispielsweise durch regelmäßige Beteiligungsberichte – wirtschaftlich betätigt, noch überschaubar, so erlangt die – jedenfalls in ihren Gesamtauswirkungen – relativ schlecht dokumentierte Gemeindewirtschaft eine ungleich größere Bandbreite.

Ziel dieser Arbeit kann es nicht sein, eine umfassende oder systematische Darstellung dieser Aktivitäten zu liefern. Es geht allein darum zu zeigen, welch großes Spektrum in der Wirtschaft von der öffentlichen Hand besetzt wird und in welch vielfältigen Bereichen sie sich damit (potenziell) in Konkurrenz zu privaten Anbietern gleichartiger oder austauschbarer Waren oder Dienstleistungen begibt. Hierzu genügen einige prägnante Beispiele, die geeignet sind, dieses Spannungsverhältnis widerzuspiegeln. Die offensichtliche zahlenmäßige Übermacht kommunaler Unternehmen erklärt sich dabei schon durch die Überzahl der Kommunen gegenüber Bund und Ländern. Die Bandbreite gemeindlicher Unternehmen steht in direktem Zusammenhang mit der in allen Landesverfassungen enthaltenen Allzuständigkeit der Gemeinden und einem daraus abgeleiteten Aufgabenerfindungsrecht.

I. Vom Autovermieter bis zum Zeitungsverleger – Gemeinden machen (fast) alles

Die Unternehmen in den Gemeinden reichen heute weit über die klassische Daseinsvorsorge hinaus[249]. Von dieser abgeleitet indes sind gemeindliche Unter-

[249] Daseinsvorsorge ist kein Rechtsbegriff, vgl. Kapitel 3 § 15 I., S. 98 ff.

nehmen im Bestattungswesen[250], mit denen sich auch bereits das *Bundesverwaltungsgericht* zu beschäftigen hatte[251]. Weiter sind die kommunalen Schlachthöfe zu nennen, die im juristischen Schrifttum vor allem aus dem Problemkreis Anschluss- und Benutzungszwang bekannt sind. Geradezu klassisch ist auch der von den Gemeinden durch eigene Unternehmen betriebene öffentliche Personennahverkehr (ÖPNV), der, wenngleich heute oftmals formell privatisiert, von praktisch allen größeren Gemeinden angeboten wird.

Hierauf haben sich Gemeinden jedoch schon sehr früh nicht mehr beschränkt. Bereits Mitte der 1950er Jahre wehrte sich ein privates Unternehmen der Reisebranche gegen ein Reisebüro, das von der Gemeinde betrieben wurde, in der der private Konkurrent ansässig war. Das kommunale Reisebüro wurde sogar im Passamt des Rathauses der Gemeinde betrieben[252]. Auf die Art der Ausgestaltung der Rechtsbeziehung zwischen Rathaus und kommunalem Reisebüro kommt es bei der Beurteilung der wettbewerblichen Auswirkungen auf private Konkurrenten nicht einmal an[253]. Derartige gemeindliche Aktivitäten auf dem Markt für Reisedienstleistungen haben sich bis in die heutige Zeit fortgesetzt[254].

Auch als Autovermieter sowie als Betreiber einer Saunalandschaft[255] haben sich Gemeinden schon betätigt[256]. Weiter nennenswert sind Kaffeefahrten im Rahmen der gemeindlichen Seniorenbetreuung[257], Aktivitäten im Hotelgewerbe

---

250 Vgl. hierzu *Broß*, in: Erdmann/Gloy/Herber (Hrsg.), FS Piper, S. 107, 112 ff.; *Ulmer*, ZHR 146 (1982), 466, 471. Zu wettbewerbs- und kartellrechtlichen Fragen in diesem Zusammenhang vgl. zuletzt BGH GRUR 2005, 960 ff. – „Friedhofsruhe".

251 BVerwGE 39, 329 ff. Ein öffentlicher Zweck, der das gemeindliche Bestattungsunternehmen rechtfertigen könne, wurde allerdings schon darin gesehen, dass die Gemeinde durch verantwortungsbewusst festgesetzte (sic!), wettbewerbsrechtlich einwandfreie Tarife der Bevölkerung zu angemessenen Bestattungskosten verhelfen könne, BVerwGE 39, 329, 336. Dass sich hierin lediglich „*eindrucksvoll die Spannweite zwischen öffentlichrechtlicher und wirtschaftsrechtlicher Beurteilung*" zeige (*Ulmer*, ZHR 146 (1982), 466, 471), gibt die potenziell wettbewerbsbedrohende Sachlage eines solchen Verhaltens allerdings nur unzureichend wieder.

252 BGH GRUR 1956, 227 – „Reisebüro"; vgl. dazu auch *v. Harder*, GRUR 1968, 403, 405.

253 *V. Harder*, GRUR 1968, 403, 405.

254 Vgl. nur FAZ vom 25.05.2005, S. 23.

255 Fall von OVG Münster NVwZ 1986, 1045. Das Gericht urteilte, es sei unbedenklich, wenn die von der städtischen Eigengesellschaft betriebene Sauna ihre privaten Konkurrenten preislich um ein Drittel unterbiete.

256 Siehe hierzu und zu weiteren Beispielen vom Partyservice bis zum Nagelstudio nur *Schink*, NVwZ 2002, 129, 129 f. Jüngst auch *Stamer*, Rechtsschutz gegen öffentliche Konkurrenzwirtschaft, S. 16 f.

257 Dazu *Brohm*, NJW 1994, 281, 282.

sowie die Produktion von Damenstrümpfen[258]. Dagegen nimmt sich die Abfallverwertung durch Gemeinden im Hinblick auf die Daseinsvorsorge wiederum geradezu klassisch aus, wenngleich die dort zusätzlich auftretenden Fragen über die hier interessierenden hinausgehen[259].

Ein sehr weites Feld öffentlicher Wirtschaftstätigkeit stellen auch die Sparkassen[260] dar. In der Regel besteht eine Trägerschaft der jeweiligen Kommunen für ihre Sparkassen[261]. Als problematisch hat sich dabei die Gewährträgerhaftung bei öffentlich-rechtlichen Kreditinstituten herausgestellt. Sie bietet diesen nämlich im Verhältnis zu ihren privaten Konkurrenten Vorteile bei der Bonitätsprüfung im Rahmen von so genannten Kreditratings, die für die privaten Institute gar nicht erst in Betracht kommen[262]. Fraglich ist auch die wettbewerbsrechtliche Europarechtskonformität der momentanen Ausgestaltung des Sparkassenrechts[263].

Ein anderer viel beachteter Fall hatte die Pflege privater Grab- und Grünanlagen durch einen städtischen Gartenbaubetrieb zum Gegenstand. Hier wurden typische Gartenbauleistungen in direkter Konkurrenz zu den ortsansässigen privaten Gartenbaubetrieben angeboten[264]. Aus den neueren Aktivitäten kommuna-

---

258 *Ehlers*, JZ 1990, 1089, 1090.

259 Es geht um das Zusammentreffen der Regelungen des KrW-/AbfG mit denen der verschiedenen Gemeindeordnungen, also um Fragen der Abfallbeseitigung und der Abfallverwertung. Vgl. zu diesem Themenkomplex *Frenz*, DÖV 2000, 802 ff. In Zeiten steigender Rohstoffpreise ist jüngst sogar ein regelrechter *„Häuserkampf ums Altpapier"* (Frankfurter Allgemeine Sonntagszeitung (FAS) vom 16.03.2008, S. 57) entbrannt, in dem Gemeinden ihre traditionellen Wertstoffhöfe gegen aufkommende private Konkurrenz von Seiten der Altpapierhändler zu verteidigen versuchen.

260 Das Sparkassenwesen ist seit dem 18. Jahrhundert ein traditioneller Bereich kommunaler Wirtschaftstätigkeit, vgl. einführend *Klein*, Die Teilnahme des Staates am wirtschaftlichen Wettbewerb, S. 66.

261 *Knemeyer*, Bayerisches Kommunalrecht, Rn. 349 m. w. N.

262 *Claus*, in: Hasse/Schenk/Straubhaar/Wass von Czege (Hrsg.), Wettbewerb und die Rolle der öffentlichen Unternehmen in der Europäischen Union, S. 180, 183.

263 Vgl. hierzu kurz *Kämper/Heßhaus*, NWVBl. 2001, 377, 380. Wettbewerbsverzerrungen zu Lasten Privater drohen auch von anderer Seite. Beispielsweise können Privatanleger neuerdings bei der Finanzagentur des Bundes Tagesanleihen erwerben, bei denen es sich um eine Kombination aus Tagesgeld und Bundesanleihe handelt. Die privaten Banken sträuben sich vehement gegen diese neue Art staatlicher Konkurrenz auf dem ohnehin schon hart umkämpften Markt für Tagesgelder von Privatanlegern. Als besonders wettbewerbsverzerrend wird empfunden, dass die Finanzagentur im Gegensatz zu den Privatbanken keiner mit beträchtlichen Kosten verbundenen Aufsicht unterliegt, vgl. FAZ vom 01.07.2008, S. 12.

264 OLG Hamm DVBl. 1998, 792 ff. – „Gelsengrün".

ler Unternehmen im Wettbewerb mit Privaten seien weiter noch erwähnt[265] der Verkauf von Photovoltaik-Anlagen[266], Kfz-Reparaturleistungen[267], Maklertätigkeiten[268], *facility management*[269], Grundstücksreinigung[270] und der Ticketvorverkauf[271]. Dass weiter auch Abschleppdienste angeboten und kommunale Waschanlagen auch privaten Autobesitzern zur Verfügung gestellt werden, erregt daneben offenbar ebenso wenig die öffentliche Meinung wie der Betrieb kommunaler Sonnenstudios oder Druckereien[272]. Auf dem Verkehrssektor werden neben dem ÖPNV auch Flughäfen, Häfen, Bergbahnen und Lifte von Gemeinden und Städten betrieben[273]. Die häufig genannten Opern-, Theater-, Museums- und Bibliotheksbetriebe von Gemeinden fallen zwar ebenfalls in den Bereich ihrer wirtschaftlichen Betätigung[274]. Hier handelt es sich jedoch gleichfalls um typische Defizit- und Zuschussbetriebe, die in Deutschland in aller Regel nicht von Privaten unterhalten werden. Mangels Marktzutrittsinteresses potenzieller privater Anbieter scheidet deren Beeinträchtigung auf solchen Märkten aus. Sie können im Folgenden außer Betracht bleiben.

Die Liste mit Beispielen zum öffentlichen Unternehmertum ließe sich fortsetzen, soll hier aber mit der Nennung einiger weiterer ins Gewicht fallender Beispiele geschlossen werden[275]. Es sind dies die kommunale Forstwirtschaft und Betriebe der Urproduktion wie Kieswerke, Steinbrüche, früher auch Torfbrüche etc., die Beteiligung der Kommunen am Versicherungswesen, in Einzelfällen die gemeindlichen Kurbetriebe, die gemeindeeigenen Zeitungen, Bäder,

---

265 Beispiele von *Köhler*, WRP 1999, 1205, 1205.
266 OLG München WRP 1998, 430.
267 Vgl. *Ennuschat*, WRP 1999, 405, 405.
268 VGH Mannheim NJW 1995, 274.
269 Vgl. *Badura*, DÖV 1998, 818, 819.
270 LG Kassel, Urteil vom 19.03.1999, Az. 11 O 4033/99.
271 OLG Frankfurt am Main GRUR 1999, 75 – „Ticket-Vorverkauf".
272 Beispiele von *Henneke*, NdsVBl. 1998, 273, 273 f. Jüngst regt sich jedoch heftiger Widerstand z. B. der Handwerkskammer Rhein-Main gegen die Betriebshöfe der Stadt Rüsselsheim. Dieser Eigenbetrieb bietet Privatkunden zahlreiche Dienstleistungen zu Preisen an, die oft weit unter den Durchschnittspreisen der privaten Konkurrenzhandwerksbetriebe liegen, siehe FAZ vom 08.10.2008, S. 43.
273 Umfangreiche weitere Nachweise bei *Hidien*, Gemeindliche Betätigungen rein erwerbswirtschaftlicher Art und „öffentlicher Zweck" kommunaler wirtschaftlicher Unternehmen, S. 35 ff.
274 *Erichsen*, Gemeinde und Private im wirtschaftlichen Wettbewerb, S. 9.
275 Eine ausführliche alphabetische Liste der Aufgabenfelder kommunaler Wirtschaftstätigkeit findet sich bei *Katz*, Kommunale Wirtschaft, S. 14 f.

Handels- und Baugesellschaften, Handwerks- und Filmbetriebe, sowie Räumlichkeiten verschiedener Art, soweit sie wirtschaftlich genutzt werden[276].

II. Länder als Glücksspielanbieter und Weinbauern

Auf Landesebene sind im Rahmen dieser Arbeit insbesondere die staatlichen Lottotreuhandgesellschaften und der Sportwettanbieter „Oddset" von Interesse[277]. Für die wirtschaftliche Tätigkeit der Länder nehmen diese Aktivitäten – wie zu zeigen sein wird[278] – einen beträchtlichen Umfang ein.

Die Wirtschaftstätigkeit der Länder ist hierauf aber nicht beschränkt. Erwähnung sollen hier noch die landeseigenen Weingüter Hessens[279] finden.

---

276 *Klein*, Die Teilnahme des Staates am wirtschaftlichen Wettbewerb, S. 66 m. w. N.

277 Siehe hierzu Kapitel 1 § 5 I., S. 47 ff.

278 Dazu sogleich.

279 Die Hessische Staatsweingüter GmbH Kloster Eberbach ist mit 212 Hektar Rebfläche Deutschlands größtes Weingut, an der das Land Hessen alle Anteile hält. Sie wird seit der Umwandlung in eine GmbH im Jahr 2003 als „landeseigener Betrieb gewerblicher Art" geführt. Deren Tätigkeit ist jüngst Gegenstand einer Eingabe an die Fraktionen im hessischen Landtag geworden, mit der private Konkurrenzweinbauern aus dem Rheingau die *„drastische Wettbewerbsverzerrung durch den Staatsbetrieb zu Lasten des privaten Weinbaus"* beendet wissen wollen. In der Tat genießt der Staatsbetrieb von der Landesregierung eingeräumte steuerfinanzierte Vorteile, in deren Genuss die private Konkurrenz nicht kommen kann. Es sei jedoch *„keine staatliche Aufgabe, mit Riesling die Welt zu beglücken."* Vgl. hierzu nur FAZ vom 08.05.2008, S. 67. Das hessische Staatsweingut ist auch im Übrigen ein Paradefall für umstrittene staatliche Unterstützungen für öffentliche Unternehmen. So übernahm das Land Hessen mit der Gründung der GmbH Schulden in Höhe von 1,8 Millionen Euro, um der Gesellschaft einen schuldenfreien Start zu ermöglichen. Schon davor waren jahrzehntelang jährlich hohe Summen von bis zu einer Million Euro als Verlustausgleich an die Staatsweingüter geflossen. Zuletzt hatte das Land dem Staatsweingut sogar ein Darlehen über rund 7,5 Millionen Euro zur Finanzierung einer modernen unterirdischen Kellerei gewährt, damit es zu den besten Erzeugern des Landes zählen könne. Dies sei jedoch Symbol für den fragwürdigen Anspruch des Staates, selbst Wein zu erzeugen, vgl. den Kommentar in der FAZ vom 29.05.2008, S. 57. Jüngst hat die Europäische Kommission jedoch entschieden (vgl. Art. 88 EG), dass all das zumindest nicht gegen das europäische Beihilferecht (Art. 87 Abs. 1 EG) verstoßen habe, siehe FAZ vom 21.05.2008, S. 62. Ob dies allein an der fehlenden Binnenmarktrelevanz gelegen hat, kann bislang nur vermutet werden (vgl. zum Beihilferecht z. B. *Katz*, Kommunale Wirtschaft, S. 34 f.; zur Unlauterkeit wettbewerbsverfälschender Beihilfen und daraus resultierenden Ansprüchen der Mitbewerber vgl. *Hefermehl/Köhler/Bornkamm*, UWG, 26. Aufl. 2008, § 4 UWG Rn. 13.59). Eine Chronik dieser „Rheingauer Affäre" der ganz besonderen Art findet sich in der FAZ vom 29.05.2008, S. 57.

III. Das Problem des „mitmarktenden" Staates

Viele dieser wirtschaftlichen Unternehmen werden in Privatrechtsform geführt. Ist das allerdings ausnahmsweise nicht der Fall, wie beispielsweise bei den Eigenbetrieben der öffentlichen Hand, und sind diese darüber hinaus einer Behörde angegliedert oder unterstellt, mithin also in die Verwaltung integriert, kommt es zu problematischen Doppelstellungen von Behörden, die dann zugleich Wirtschaftsunternehmen sind. Dann stellt der Staat also nicht nur die Marktpolizei, sondern mischt sich auch *„mitmarktend"*[280] unter die Marktteilnehmer. Die Wettbewerbssituation für private Konkurrenten wird in diesem Fall nicht nur tatsächlich, sondern sozusagen zusätzlich auch noch „formell" verschärft.

IV. Zwischenresümee

Die Ausführungen zeigen, dass es faktisch keinen Wirtschaftszweig mehr gibt, in dem sich die öffentliche Hand noch nicht wirtschaftlich betätigt hat. Das heißt aber auch, dass es keinen Bereich (mehr) gibt, in dem die Wettbewerbssituation privater Konkurrenten noch nicht durch das Hinzutreten einer öffentlichen Hand verschärft worden wäre. Ob und in welchem Umfang sie das hinzunehmen haben, wird zu untersuchen sein.

§ 10 Ökonomische Überlegungen zum Nutzen und den Auswirkungen öffentlicher Wirtschaftstätigkeit, insbesondere im Bereich des Glücksspiels und der Sportwetten

Die öffentliche Hand ist in fast unüberschaubar vielen Bereichen wirtschaftlich tätig. Allein diese Quantität der Arten wirtschaftlicher Tätigkeit lässt erahnen, dass korrespondierend hiermit eine Quantität des ökonomischen Nutzens für die öffentliche Hand einhergehen dürfte. Öffentlicher Unternehmung kommt eine beträchtliche volkswirtschaftliche Funktion zu, der, wenngleich früh skizziert und untersucht[281], hier kein breiterer Raum eingeräumt werden kann. Bemerkenswert ist, dass auf die öffentliche Wirtschaft insgesamt ein Anteil von etwa 11 bis 12 Prozent an der gesamten Bruttowertschöpfung entfällt[282]. Es geht also um mehr als die Erschließung neuer Finanzquellen, wenn der Staat seine wirt-

---

280 *Bettermann*, in: FS Hirsch, S. 1.

281 *Staudinger*, Der Staat als Unternehmer, S. 83 ff.

282 *Katz*, Kommunale Wirtschaft, S. 17 m. w. N.

schaftlichen Aktivitäten ausweitet. Insbesondere die Städte sehen sich in ihren prekären Finanzlagen gedrängt, ihre Aufgaben der Daseinsvorsorge dieser Situation anzupassen, oder aber durch die Schaffung neuer und lukrativer Einnahmequellen abzusichern. Die Grenzen zulässiger Wirtschaftstätigkeit werden dabei – vermeintlich zum Wohle der Allgemeinheit – oft bis zum Äußersten ausgereizt und all zu oft überschritten[283]. In den meisten Fällen ließe sich eine derartige Ausweitung nicht einmal im Wege einer Gesetzesreform legalisieren. Denn weder ein faktischer (volks-) wirtschaftlicher Nutzen noch eine in diesem Sinne falsch verstandene (verfassungs-) rechtliche Grundlage sind geeignet, Auswüchse einer wirtschaftlichen Tätigkeit der öffentlichen Hand auf eine tragfähige Grundlage zu stellen[284].

I. Zur Marktstellung öffentlicher Unternehmen

Mag über die Marktstellung öffentlicher und insbesondere kommunaler Unternehmen in den ersten Jahrzehnten nach Ende des Zweiten Weltkrieges noch relativ wenig bekannt gewesen sein[285], so liefern die Statistiken heute ein genaueres Bild[286]. Je breiter die Tätigkeitsbereiche aufgestellt sind, desto größer wird allerdings die Gefahr von intransparenten Strukturen. Das wiederum wäre ein erhebliches Hindernis für einen effektiven Rechtsschutz privater Konkurrenten. Der Transparenz der Verwaltung, die diese normalerweise gegenüber dem Bürger sicherzustellen hat, kann eine Kommune allerdings nicht dadurch entgehen, dass sie in einer privatrechtlichen Rechtsform tätig wird[287]. Es kann daher schon wegen der Steuerfinanzierung gemeindlicher Aufgaben nicht Ziel der Kommune sein, ihre wirtschaftlichen Aktivitäten vor der Öffentlichkeit möglichst geheim zu halten[288]. Schon aus diesem Grund ist den in letzter Zeit aufkommenden Forderungen für einklagbare Auskunftsansprüche gegenüber kommunalen Unternehmen beizupflichten[289].

---

283 *Badura*, DÖV 1998, 818, 819.
284 *Badura*, DÖV 1998, 818, 823.
285 *Emmerich*, Das Wirtschaftsrecht der öffentlichen Unternehmen, S. 41.
286 Kritisch im Hinblick auf den Aussagegehalt solcher Statistiken jedoch *Stober*, NJW 2002, 2357, 2359.
287 So zutreffend LG Freiburg, Urteil vom 08.12.2004, Az. 10 O 49/04.
288 *Schwerdtner*, KommJur 2007, 169, 171; *Altmeppen*, NJW 2003, 2561, 2566.
289 Vgl. zu diesen Forderungen und möglichen rechtlichen Anknüpfungspunkten *Köhler*, WRP 2007, 62 ff. Das zum 01.01.2006 in Kraft getretene Informationsfreiheitsgesetz des Bundes (IfG) hilft hier nicht weiter, da es kommunale Tätigkeit nicht erfasst. Zu alternativen Lösungen vgl. daher sehr ausführlich *Sydow/Gebhardt*, NVwZ 2006, 986 ff.

Von besonderem Interesse sind indes die ökonomischen „Kennzahlen“ der wirtschaftlichen Betätigung der öffentlichen Hand im Bereich des Glücksspiels und der Sportwetten. Die Gesamtumsätze des Glücksspielmarktes sind beachtlich. Im Jahr 2001 beliefen sie sich auf rund 27,5 Milliarden Euro bei jährlichen Steigerungsraten von über 2 Prozent[290]. Im Jahr 2005 lag der Bruttoumsatz schon bei 31,6 Milliarden Euro. Allein das staatliche Angebot „Oddset“ erzielte 2002 etwa 540 Millionen Euro Umsatz[291]. Insgesamt erreichte der Sportwettenmarkt in Deutschland 2005 einen Umsatz von 3,6 Milliarden Euro, das Potenzial wird aber auf bis zu 8 Milliarden Euro geschätzt[292]. Die deutsche Lottobranche bringt es auf einen Jahresumsatz von rund 8,5 Milliarden Euro, wovon der größte Teil (etwa ein Viertel) in die Sport-, Jugend-, Umwelt- und Kulturförderung fließt[293]. Nur die Hälfte der Einnahmen fließt an die Spieler zurück[294], 16,7 Prozent dürfen die Länder als Lotteriesteuer direkt vereinnahmen, 7,5 Prozent erhalten die Annahmestellen als Provision, 2,8 Prozent fallen als Verwaltungskosten an. Wenn in diesen Branchen beispielsweise mit Hilfe von Steuergeldern die Attraktivität der Angebote durch höhere Gewinne weiter gesteigert wird, dann stellen sich derartige ökonomische Aktivitäten der öffentlichen Hand im schlimmsten Fall für private Konkurrenten wie ein rechtliches Tätigkeitsverbot dar[295], und zwar sogar ohne dass es eines solchen tatsächlich noch bedürfte. Allein die „normative Kraft des Faktischen“ ist dann für die Verdrängung privater Konkurrenten vom Markt oder die Verhinderung ihres Hinzutretens verantwortlich.

---

290 *Korte*, Das staatliche Glücksspielwesen, S. 1. Siehe auch die aktuellen Zahlen bei *Grünwald/Koch*, MMR 2008, 711.

291 Nicht unerwähnt soll bleiben, dass dieser Umsatz in 2005 auf 432 Millionen Euro sank. Die Ursache hierfür liegt allerdings am vermehrten Auftreten privater Konkurrenten und Spielvermittler, die sich auf diesem Markt ausbreiteten. Vor diesem Hintergrund überrascht es nicht, dass in Folge der „Oddset“-Entscheidung des *Bundesverfassungsgerichts* eine Welle von Schließungsverfügungen auf die privaten Anbieter zurollte. Vgl. hierzu die Zahlen bei *Janz*, NWVBl. 2006, 248, 252 mit Fn. 32.

292 FAZ vom 10.08.2006, S. 11.

293 FAZ vom 26.01.2007, S. 4; FAS vom 10.12.2006, S. 41.

294 Bei der privaten Konkurrenz sind es demgegenüber nicht nur auf Grund geringerer Verwaltungskosten rund 90 Prozent der Wettbeträge, die wieder an die Spieler ausgekehrt werden, vgl. FAZ vom 27.07.2007, S. 52.

295 *Korte*, Das staatliche Glücksspielwesen, S. 342.

III. *Konsequenzen für die Marktstellung privater Konkurrenten*

Dem staatlichen Glücksspielwesen als wirtschaftliche Tätigkeit der öffentlichen Hand kommt neben seiner vorrangigen Marktstellung auf Grund des gesetzlichen Monopols ein historisch gewachsener Markenvorsprung zu[296]. Wegen derartiger nicht auszugleichender eminenter Vorteile der staatlichen Glücksspielunternehmen stellt daher schon die bloße Existenz der staatlichen Anbieter einen rechtfertigungsbedürftigen Eingriff in die Berufsfreiheit privater Konkurrenten dar[297], die sich – im Falle einer Marktöffnung – am Markt positionieren wollten.

Die öffentliche Hand als Unternehmer stellt also gerade wegen der ökonomischen Bedeutung ihrer Existenz und Tätigkeiten ein für private Konkurrenten rechtstatsächliches Problem dar. Marktdiversifizierung und Wettbewerbsintensivierung bedeuten zwar stets die Gefahr des Verlusts von Marktanteilen. Ob das auch dann hinzunehmen sein soll, wenn die Ursachen hierfür allein oder weit überwiegend in der Marktteilnahme oder dem Marktzutritt der öffentlichen Hand liegen, muss geklärt werden.

IV. *Zum ökonomischen Nutzen „innerstaatlicher" Aufträge*

Öffentliche Wirtschaftstätigkeit ist jedoch nicht das einzige Mittel des Staates, in ökonomische Prozesse einzugreifen[298]. Zu denken ist etwa auch an staatliche Aufträge als wichtiges konjunkturpolitisches Mittel[299]. Für diesen Zweck wurde mit dem Stabilitätsgesetz (insbesondere §§ 5-11 StabilitätsG) sogar ein eigenes Regelungswerk geschaffen[300]. Insoweit unterscheidet sich dieser Bereich ökonomisch relevanten Handelns des Staates maßgeblich von vielen Bereichen seiner wirtschaftlichen Tätigkeit, die oft ohne detailreiche Regelungen auskommen müssen. Problematisch und für die hier interessierenden Fragen von Interesse sind staatliche Aufträge insbesondere dann, wenn sie „intern", also vom Staat an wirtschaftliche Unternehmen der öffentlichen Hand, vergeben werden. Die Gefahr für private Konkurrenten, bei der Auftragsvergabe unberücksichtigt zu blei-

---

296 *Korte*, Das staatliche Glücksspielwesen, S. 343.

297 BVerfGE 115, 276, 303 – „Oddset"; *Korte*, Das staatliche Glücksspielwesen, S. 344.

298 Siehe zu solchen Möglichkeiten Kapitel 1 § 4 VIII., S. 44.

299 Vgl. einführend zum Staat als Auftraggeber *Ronellenfitsch*, in: Isensee/Kirchhof (Hrsg.), HStR IV, 3. Aufl. 2006, § 98 Rn. 31. Auch die Preispolitik öffentlicher Unternehmen kann indes ein eigenständiges Mittel der Konjunkturpolitik sein, vgl. dazu *Emmerich*, Der unlautere Wettbewerb der öffentlichen Hand, S. 42 f.

300 Erläuternd zum Stabilitätsgesetz z. B. *Badura*, Wirtschaftsverfassung und Wirtschaftsverwaltung, 2. Aufl. 2005, Rn. 124 ff.

ben, ist in solchen Fällen besonders groß[301]. Der ökonomische Nutzen solcher Aufträge winkt dann allein dem Staat.

§ 11 Zur Definition des öffentlichen Unternehmens im nationalen und Gemeinschaftsrecht

I. Die nationale Sicht

1. Trennung nach Organisations- und Handlungsform

Auch wenn es mit der Organisationsform einerseits und den möglichen Handlungsformen andererseits Ansätze gibt, dem Begriff des öffentlichen Unternehmens ein wenig Kontur zu verleihen, so kommt man doch letztlich nicht umhin zuzugestehen, dass es einen für alle Rechtsgebiete einheitlichen Begriff des öffentlichen Unternehmens nicht gibt[302]. Nicht einmal die Wirtschaftswissenschaften haben einen einheitlichen, durch feststehende Merkmale gekennzeichneten Begriff zu entwickeln vermocht[303].

2. Die Bedeutung des Unternehmenszwecks

Ein alternativer Ansatz versucht daher, „öffentlich" maßgeblich auf den Unternehmenszweck zu beziehen und auf diesem Wege zu einer Definition des öffentlichen Unternehmens zu gelangen. Öffentlich sei ein Unternehmen demnach, wenn es für die Allgemeinheit tätig wird, also der „Öffentlichkeit"[304] dient[305]. Weil aber öffentliche Gewalt generell gemeinwohlgebunden ist und sich daraus ein verfassungsrechtlicher Allgemeinwohlbezug ergibt, kann die öffentliche Hand gar keine „nicht-öffentlichen Unternehmen" betreiben. Diese Ansicht läuft daher auf einen Zirkelschluss hinaus. Richtiger scheint es, auf die Beteiligungsverhältnisse des Unternehmens zu blicken.

---

[301] Auf Details kann hier nicht eingegangen werden, siehe dazu nur *Kämper/Heßhaus*, NWVBl. 2001, 377 ff.

[302] *Ehlers*, JZ 1990, 1089, 1092.

[303] *Emmerich*, Das Wirtschaftsrecht der öffentlichen Unternehmen, S. 49 f.

[304] Zum Begriff der Öffentlichkeit siehe *Martens*, Öffentlich als Rechtsbegriff, S. 45 f.

[305] *Storr*, Der Staat als Unternehmer, S. 44.

3. *Orientierung an Eigentums-, Besitz- und Beherrschungsverhältnissen*

Dem trägt die Ansicht Rechnung, sich zur Definitionsbestimmung an Eigentums- und Besitzverhältnissen zu orientieren. Öffentliche Unternehmen sind demnach alle Wirtschaftssubjekte, an denen die öffentliche Hand unmittelbar oder mittelbar beteiligt ist, ohne ihr Alleininhaber sein zu müssen. Problematisch ist dabei, dass das Definitionsproblem hierdurch nur verlagert wird. Denn für einen funktionalen Unternehmensbegriff kann nur die Anbindung an die öffentliche Hand maßgeblich sein, was Eigentums- und Besitzverhältnisse allein nicht unbedingt ausreichend widerspiegeln[306]. Es müssen daher auch die Beherrschungsverhältnisse miteinbezogen werden. Dieser Ansatz findet sich auch im Gesetz wieder: § 130 Abs. 1 S. 1 GWB erklärt die Vorschriften des Kartellrechts grundsätzlich anwendbar auf „*Unternehmen, die ganz oder teilweise im Eigentum der öffentlichen Hand stehen oder von ihr verwaltet oder betrieben werden*“[307]. Fehlt es bei einer Beteiligungsform an der Möglichkeit zur Ausübung eines solchen Einflusses, liegt nur ein Fall der Vermögensverwertung vor[308]. Im Ergebnis kann festgehalten werden, dass das öffentliche Unternehmen nach nationalem Verständnis ein Oberbegriff für die Unternehmen der öffentlichen Hand ist[309], und zwar ohne Rücksicht auf ihre Rechtsform[310]. Dabei genügt eine Beteiligung, die maßgeblichen Einfluss auf das Unternehmen sichert.

4. *Konsequenz: Gesonderte Behandlung öffentlicher Unternehmen*

Hiermit ist aber bereits der wesentliche Punkt benannt. Die Involvierung der öffentlichen Hand in ein Unternehmen sichert diesem zumindest mittelbar einen nicht unerheblichen Rückhalt im Staatshaushalt. Dieses gesicherte Definitionsmerkmal aber, das sich nicht zuletzt in der Insolvenzunfähigkeit juristischer Per-

---

306 *Storr*, Der Staat als Unternehmer, S. 46. Siehe auch *Dittmer*, Öffentliche Unternehmen und der Begriff des öffentlichen Auftraggebers, S. 29.

307 Vgl. z. B. auch Art. 73 Abs. 1 Nr. 6a GG: „*Eisenbahnen des Bundes*“ sind solche, die ganz oder mehrheitlich im Eigentum des Bundes stehen, wobei aber erst § 2 Abs. 6 AEG deutlich macht, dass hierfür auch die Mehrheit der Stimmrechte „*in der Hand des Bundes oder eines mehrheitlich dem Bund gehörenden Unternehmens*“ ausreichend sind.

308 *Ronellenfitsch*, in: Isensee/Kirchhof (Hrsg.), HStR IV, 3. Aufl. 2006, § 98 Rn. 2.

309 *Storr*, Der Staat als Unternehmer, S. 48, dort auch zu den Sonderfällen der kommunalen Unternehmen, die von einer Kommune beherrscht werden. Teilweise werden hier abweichende, für die vorliegende Arbeit jedoch nicht maßgebliche Ansichten zu den Beherrschungsverhältnissen vertreten.

310 *Emmerich*, Das Wirtschaftsrecht der öffentlichen Unternehmen, S. 55.

sonen des öffentlichen Rechts gemäß § 12 InsO niederschlägt[311], hebt ein öffentliches Unternehmen aus der Masse der am Markt auftretenden Unternehmen heraus und rechtfertigt dessen gesonderte Behandlung[312].

II. Die gemeinschaftsrechtliche Sicht

Auch das Gemeinschaftsrecht kennt den Begriff des öffentlichen Unternehmens nur insoweit, als Art. 86 Abs. 1 EG den Begriff voraussetzt. Dabei soll Art. 86 Abs. 1 EG gerade die besonderen Einflussmöglichkeiten erfassen, die den Mitgliedsstaaten in Bezug auf öffentliche Unternehmen zur Verfügung stehen[313]. Nur deren Wirtschaftsplanung kann der Staat kraft seines unmittelbaren Einflusses auf die Unternehmensleitung maßgeblich beeinflussen. Es genügt, wenn er hierzu die Möglichkeit hat. Eine gewisse Autonomie des Unternehmens gegenüber dem Staat hindert nicht seine Qualifizierung als öffentliches Unternehmen[314], eine rechtliche oder faktische Verselbstständigung seiner Tätigkeit ist hingegen nicht vorausgesetzt[315]. Weil sich in dem Einfluss der öffentlichen Hand gerade die Gefahren zu realisieren drohen, die für die Beteiligung des Staates am Wirtschaftsverkehr charakteristisch sind[316], liegt ein öffentliches Unternehmen folglich auch dann vor, wenn die unternehmerische Tätigkeit durch eine Stelle ausgeübt wird, die zur Staatsverwaltung gehört[317].

---

311 Dazu *Storr*, Der Staat als Unternehmer, S. 389 f. Öffentliche Unternehmen in Privatrechtsform sollen demgegenüber insolvenzfähig gemäß § 11 Abs. 1 InsO sein, weil die öffentliche Hand ihnen gegenüber keine allgemeine Insolvenzabwendungspflicht trifft und eine allgemeine Durchgriffshaftung bei AG und GmbH wegen des Trennungsprinzips nicht bestehen soll, vgl. *Dittmer*, Öffentliche Unternehmen und der Begriff des öffentlichen Auftraggebers, S. 105.

312 In diese Richtung auch schon *Emmerich*, Das Wirtschaftsrecht der öffentlichen Unternehmen, S. 56. Zu weiteren Gründen vgl. noch Kapitel 5 § 26 I., S. 158 ff.

313 *Mestmäcker/Schweitzer*, in: Immenga/Mestmäcker (Hrsg.), Wettbewerbsrecht: EG, 4. Aufl. 2007, C. Art. 86 Abs. 1 EG Rn. 33.

314 *Mestmäcker/Schweitzer*, in: Immenga/Mestmäcker (Hrsg.), Wettbewerbsrecht: EG, 4. Aufl. 2007, C. Art. 86 Abs. 1 EG Rn. 33 m. w. N. in Fn. 131.

315 *Mestmäcker/Schweitzer*, in: Immenga/Mestmäcker (Hrsg.), Wettbewerbsrecht: EG, 4. Aufl. 2007, C. Art. 86 Abs. 1 EG Rn. 35.

316 *Mestmäcker/Schweitzer*, Europäisches Wettbewerbsrecht, 2. Aufl. 2004, § 33 Rn. 44.

317 *Mestmäcker/Schweitzer*, in: Immenga/Mestmäcker (Hrsg.), Wettbewerbsrecht: EG, 4. Aufl. 2007, C. Art. 86 Abs. 1 EG Rn. 35.

Tatsächlich definiert werden öffentliche Unternehmen hingegen in der auf Art. 86 Abs. 3 EG gestützten Transparenz-Richtlinie[318], die von einem beherrschenden Einfluss der öffentlichen Hand auf das Unternehmen ausgeht, was eine Alleineigentümerstellung natürlich nicht ausschließt[319]. Das Wesensmerkmal öffentlicher Unternehmen ist somit in dem beherrschenden Einfluss der öffentlichen Hand auf eine unternehmerische Einheit zu sehen, und zwar auch nach übereinstimmendem Verständnis von Europäischer Kommission und *Europäischem Gerichtshof*[320]. Unter Beachtung der Eigentumsverhältnisse und Machtstrukturen der staatlichen Lotto-Gesellschaften[321] steht damit insoweit fest, dass diese öffentliche Unternehmen im Sinne des Art. 86 Abs. 1 EG sind[322]. Da sich die nationalen Begriffsbestimmungen, soweit sie existieren, diese Grundzüge zu eigen gemacht haben, kann insgesamt von einem Gleichlauf nationaler und europäischer Begriffsbestimmungen gesprochen werden[323].

§ 12 Zur Unterscheidung von wirtschaftlicher und nichtwirtschaftlicher Betätigung

Die begrifflichen Unschärfen reichen jedoch noch weiter. Selbst wenn man als gesichert unterstellt, dass öffentliche Unternehmen schlicht Unternehmen der öffentlichen Hand sind, so bleibt die nächste Frage, wie nun wirtschaftliche und nichtwirtschaftliche Betätigung zu unterscheiden sind. Ansatzpunkte für die Beantwortung dieser Frage bieten die gemeinderechtlichen Regelungen, die für eine wirtschaftliche Tätigkeit allesamt an den Betrieb eines Unternehmens an-

---

318 RL 80/723/EWG i. d. Fassung der RL 2000/52/EG, ABl. EG 2000 Nr. L 193/75. Zuletzt geändert durch RL 2005/81/EG der Kommission vom 28.11.2005, ABl. EG 2005 Nr. L 312/47.

319 Art. 2 Abs. 1 lit. b) Transparenz-Richtlinie lautet: *„Jedes Unternehmen, auf das die öffentliche Hand auf Grund Eigentums, finanzieller Beteiligung, Satzung oder sonstiger Bestimmungen, die die Tätigkeit des Unternehmens regeln, unmittelbar oder mittelbar einen beherrschenden Einfluss ausüben kann."* Gem. Art. 2 Abs. 2 Transparenz-Richtlinie wird *„[...] vermutet, dass ein beherrschender Einfluss ausgeübt wird, wenn die öffentliche Hand unmittelbar oder mittelbar: a) die Mehrheit des gezeichneten Kapitals des Unternehmens besitzt oder b) über die Mehrheit der mit den Anteilen des Unternehmens verbundenen Stimmrechte verfügt oder c) mehr als die Hälfte der Mitglieder des Verwaltungs-, Leitungs- oder Aufsichtsorgans des Unternehmens bestellen kann."*

320 *Mestmäcker/Schweitzer*, Europäisches Wettbewerbsrecht, 2. Aufl. 2004, § 33 Rn. 42.

321 Siehe dazu Kapitel 1 § 6 III., S. 59.

322 Ebenso *Hattig*, Untersuchung der Vereinbarkeit von nationalem Glücksspielrecht mit dem europäischen Gemeinschaftsrecht am Beispiel Schwedens, S. 77 f.

323 Siehe weiterführend zur Bedeutung der Art. 86, 87 EG für die Leistungen der Kommunen im Bereich der Daseinsvorsorge *Papier*, DVBl. 2003, 686, 693 ff.

knüpfen[324]. Demnach liegt eine nichtwirtschaftliche Betätigung allenfalls dann vor, wenn kein Unternehmen betrieben wird oder eine nur geringe Unternehmensbeteiligung[325] vorliegt. Ähnliches soll gelten, wenn der Staat mittels eigener Verwaltungseinheiten Leistungen lediglich für sich selbst bzw. seine Untergliederungen erbringt[326]. Die Versuchung liegt nahe, durch eine derartige Zuordnung einer bestimmten Betätigung zum nichtwirtschaftlichen Bereich die Zulässigkeitsvoraussetzungen der wirtschaftlichen Betätigung der öffentlichen Hand entfallen zu lassen[327]. Ob die konkrete Tätigkeit des Staates dann rechtmäßig wäre, könnte mangels Anknüpfungspunkten gar nicht mehr geprüft werden. Wegen des Problems willkürlicher Einteilungen mit gewichtigen Unterschieden in der Rechtsfolge ist ein solches Vorgehen abzulehnen[328]. Konsequenterweise verzichtet beispielsweise die bayerische Gemeindeordnung auf eine Unterscheidung von wirtschaftlicher und nichtwirtschaftlicher Betätigung der Gemeinde und spricht nur von „gemeindlichen Unternehmen“. Andere Gemeindeordnungen kennen allerdings den Begriff der nichtwirtschaftlichen Tätigkeit und privilegieren ihn, indem die Gemeinden solche Tätigkeiten nicht jeweils gesondert durch einen öffentlichen Zweck rechtfertigen müssen[329].

Grundsätzlich ist eine etwaige Gewinnerzielungsabsicht kein maßgebliches Kriterium[330]. In Einzelfällen kann sie jedoch herangezogen werden, um bei einem behaupteten nichtwirtschaftlichen Unternehmen berechtigterweise von einem wirtschaftlichen sprechen zu können[331].

---

324 Vgl. im Übrigen bereits die einführenden Erläuterungen oben Kapitel 1 § 3, S. 31 ff.

325 Nach *Stern/Püttner*, Die Gemeindewirtschaft, S. 67 mit Fn. 90, soll in der Regel eine Beteiligung von 10 Prozent genügen, vor allem wenn eine Vertretung im Aufsichtsrat hinzukommt.

326 *Badura*, DÖV 1998, 818, 820. Siehe auch *Katz*, Kommunale Wirtschaft, S. 126 ff., der zu den nichtwirtschaftlichen Dienstleistungen all jene Tätigkeiten zählt, die einen engen sachlichen Bezug zur Ausübung hoheitlicher Gewalt aufweisen, sowie zu den entsprechenden Implikationen des EG-Vertrags.

327 In diese Richtung *Tomerius*, LKV 2000, 41, 43.

328 Kritisch jüngst auch *Leder*, DÖV 2008, 173, 174 f.; a. A. jedoch *Ennuschat*, WRP 2008, 883, 884.

329 Siehe beispielsweise § 70 GO-MV.

330 Dazu Kapitel 1 § 4 III., S. 37 ff.

331 So zu Recht *Stern/Püttner*, Die Gemeindewirtschaft, S. 62.

§ 13 Exkurse

I. Unbeschränkte Zulässigkeit des „untergeordneten Nebenbetriebs"?

Regelmäßig wird die Frage aufgeworfen, ob es eine unbeschränkte Zulässigkeit des „untergeordneten Nebenbetriebs" gebe[332]. Dieser müsste sich dann, als solcher deklariert, nicht mehr an den Begriffen „wirtschaftlich" oder „nichtwirtschaftlich" messen lassen, sondern wäre einfach immer zulässig. Vorteilhaft kann dies für die öffentliche Hand sein, wenn sie ungenutzte Überkapazitäten in einem Nebenbetrieb „parken" will, um sich hierfür nicht zusätzlich rechtfertigen zu müssen. In Bayern beispielsweise trifft Art. 87 Abs. 1 S. 1 Nr. 4, Abs. 3 S. 1 BayGO eine Spezialregelung für den Nebenbetrieb. Das Problem wird aber auch in anderen Ländern akut. Das OLG Hamm hat in seiner „Gelsengrün"-Entscheidung[333] festgehalten, dass eine Nebentätigkeit, die allein der besseren Auslastung eines kommunalen Unternehmens dient[334], weder vom Hauptzweck der Einrichtung erfasst noch durch einen öffentlichen Zweck legitimiert ist, wobei allein die bessere Auslastung noch kein öffentlicher Zweck im Sinne der Gemeindeordnung wäre[335].

Andere Fallgestaltungen betreffen die Gewinnmitnahme durch einen Nebenbetrieb, der sich die ohnehin bestehenden Sach- und Personalressourcen des Hauptbetriebs zu Nutzen macht. Unproblematisch sind solche Konstellationen, solange die Nebentätigkeit in engem Zusammenhang mit der erlaubten Haupttätigkeit steht und nur von untergeordneter Bedeutung ist[336]. Sobald diese Grenzen

---

332 Siehe beispielsweise *Tilmann*, in: Ohly/Bodewig/Dreier/Götting/Haedicke/Lehmann (Hrsg.), FS Schricker, S. 763, 768 ff.

333 OLG Hamm DVBl. 1998, 792 ff. – „Gelsengrün".

334 Siehe zu solchen Fallgestaltungen auch *Hösch*, Die kommunale Wirtschaftstätigkeit, S. 106 f.

335 Anders wohl in Rheinland-Pfalz, wo gemäß § 85 Abs. 3 RhPfGemO genügt, dass eine nichtwirtschaftliche Einrichtung „*überwiegend*" einem der privilegierten Zwecke dient. Die Verknüpfung der Nebentätigkeit mit dem öffentlichen Zweck kann aber auch zu widersprüchlichen Ergebnissen führen, wenn man mit dem OVG Münster NVwZ 2003, 1520, 1523 ein Unternehmen immer dann als zulässig betrachten würde, wenn es zwar „für sich betrachtet" eine unzulässige Tätigkeit wäre, jedoch zugleich als zulässige Nebentätigkeit zu einer „für sich betrachtet" vom öffentlichen Zweck getragenen wirtschaftlichen Hauptbetätigung verstanden werden könnte. Eine solche zergliedernde Betrachtung aber ist abzulehnen.

336 Auf diesen Gedanken hebt auch BGH GRUR 1974, 733, 735 – „Schilderverkauf" ab. Dem öffentlichen Zweck der Vereinfachung und Beschleunigung des behördlichen Verfahrens könne eine mit einer hoheitlichen Aufgabe in besonders engem Zusammenhang stehende Tätigkeit als eine Art Hilfstätigkeit zulässigerweise untergeordnet sein. Kritisch

jedoch überschritten sind und die Nebentätigkeit auch noch eine gewisse rechtliche oder faktische Eigenständigkeit erreicht und darüber hinaus mit dem Ziel bloßer Gewinnerzielung zu Gunsten eines Hauptbetriebes betrieben wird, kann von einer gerechtfertigten wirtschaftlichen Tätigkeit der öffentlichen Hand nicht mehr gesprochen werden[337]. Ein solcher Nebenbetrieb ist nicht mehr „untergeordnet" und stellt für private Konkurrenten einen ungleichartigen Wettbewerber mit Rückhalt im Staatshaushalt[338] dar[339]. Auch hier stellt sich die Frage nach einem effektiven Rechtsschutz für private Konkurrenten.

II. Der „Annexbetrieb"

Eng mit dem Problem des untergeordneten Nebenbetriebs verknüpft ist der „Annexbetrieb". Teilweise werden die Begriffe sogar synonym gebraucht[340]. Annexbetriebe sind unselbstständig mit einer Verwaltungseinrichtung der öffentlichen Hand verbunden und dienen mit ihren gegenüber Dritten erbrachten Leistungen unmittelbar deren Verwaltungsaufgabe. Sie dürfen nicht als wirtschaftlich selbstständige Anbieter auftreten[341]. Die Grenzen orientieren sich mithin an jenen für den Nebenbetrieb. Auf sie kann daher verwiesen werden. Weil der Annexbetrieb in besonderem Maße der Verwaltung verbunden ist, wird eine Überschreitung der Grenzen allerdings eher zu bejahen sein, beispielsweise wenn mit Hilfe des Annexbetriebes neue Geschäftsfelder unter Erweiterung des Sach- und Personalbestandes gezielt aufgebaut werden[342]. Hingegen soll annex-

---

demgegenüber *Lux*, in: Hoppe/Uechtritz (Hrsg.), Handbuch Kommunale Unternehmen, 2. Aufl. 2007, § 10 Rn. 52.

337 Ausführlicher hierzu *Badura*, DÖV 1998, 818, 820 f.; *Schink*, NVwZ 2002, 129, 134 f.

338 Vgl. Kapitel 2 § 11 I. 4., S. 82. Siehe zu weiteren Ungleichheiten auch Kapitel 5 § 26 I., S. 158 ff.

339 Dem kann entgegen *Klein*, Die Teilnahme des Staates am wirtschaftlichen Wettbewerb, S. 249, auch nicht entgegengehalten werden, die Finanzierung staatlicher Wettbewerbsteilnahme aus Haushaltsmitteln sei wettbewerbsrechtlich belanglos. Denn eine grundrechtliche Beeinträchtigung auf Grund ungleicher Wettbewerbsvoraussetzungen ist hiermit keinesfalls schon ausgeräumt. Das erkennt letztlich auch *Klein*, a. a. O. mit Fn. 56.

340 *Faßbender*, DÖV 2005, 89, 100; *Schink*, NVwZ 2002, 129, 135.

341 Vgl. *Badura*, DÖV 1998, 818, 821.

342 Aus der Rechtsprechung ist der Fall OVG Münster NVwZ 2003, 1520 – „Parkhausdach mit Fitness-Studio" bekannt geworden. Die städtische Parkhausbetreiber-Eigengesellschaft hatte auf dem Parkhaus ein zusätzliches Stockwerk errichten lassen, um es zur Nutzung an ein Fitness-Studio vermieten zu können. Das überschreite die Grenzen einer zulässigen Annextätigkeit, wenn es um die *„Abdeckung allgemeiner und dauerhafter Überkapazitäten von Parkraum"* ginge. I. E. hat das OVG Münster jedoch einen Unterlassungsanspruch gegen die Vermietung verneint, weil die Ausnutzung von Überkapazitäten allein in nachfrageschwachen Zeiten unbedenklich sei. OLG Düsseldorf

weise eine gewinnorientierte Tätigkeit zulässig sein, wenn sie bei Gelegenheit der Erfüllung einer rechtlich legitimierten Sachaufgabe wahrgenommen wird[343]. In jedem Fall ist das Wirtschaftlichkeitsgebot der Verwaltung zu wahren. Die Erweiterung eines Kerngeschäfts um einen Annexbetrieb muss also maßvoll ausfallen und darf keinesfalls die öffentliche Zielsetzung der wirtschaftlichen Betätigung konterkarieren[344].

§ 14 Besondere „Unternehmensformen"

I. Die Sonderform der gemischtwirtschaftlichen Unternehmen

1. Definition und Beispiele

Eine Unterkategorie der öffentlichen Unternehmen sind die gemischtwirtschaftlichen Unternehmen[345], an denen die öffentliche Hand und Private gemeinsam beteiligt sind[346]. Sie werden daher mitunter auch „Mischunternehmen" genannt[347]. Je nach dem Beteiligungsgrad lassen sich verwaltungsbeherrschte, verwaltungskontrollierte und privatbeherrschte gemischtwirtschaftliche Unternehmen unterscheiden[348]. Wenn beispielsweise der Bund bis März 2001 an der „Juris GmbH Juristisches Informationssystem für die Bundesrepublik Deutschland" 95,34 Prozent des Stammkapitals hielt[349] und die übrigen 4,66 Prozent auf

WRP 2001, 1086 ff. entschied in eine ähnliche Richtung: Die Erbringung von Gebäudemanagement-Dienstleistungen sei nicht durch einen öffentlichen Zweck gedeckt und auch keine Annextätigkeit zur städtischen Energieversorgung.

343 *Stober*, NJW 2002, 2357, 2361 f.

344 *Ehlers*, Jura 1999, 212, 214.

345 Frühe Formen der gemischtwirtschaftlichen Unternehmen gab es schon im Liberalismus und Interventionismus. Damals beteiligte sich der Staat bzw. die Königliche Seehandlung an privaten Unternehmen auf dem Textilsektor, in der Metall- und Maschinenbauindustrie sowie in der Papierindustrie oder gründete solche Unternehmen im Zusammenwirken mit Privaten. Vgl. hierzu *Klein*, Die Teilnahme des Staates am wirtschaftlichen Wettbewerb, S. 59 mit Fn. 49. Ähnliches war in der Elektrizitätswirtschaft mit der Gründung überregionaler Organisationen zu beobachten, vgl. *Klein*, Die Teilnahme des Staates am wirtschaftlichen Wettbewerb, S. 64.

346 *Storr*, Der Staat als Unternehmer, S. 49. Sehr ausführlich hierzu *Niebuhr*, Die Wettbewerbsteilnahme gemischtwirtschaftlicher Unternehmen im Spannungsfeld der Grundrechte, S. 4 ff.; *Rautenberg*, KommJur 2007, 1 ff., 41 ff.

347 Vgl. *Bethge*, in: Butzer/Kaltenborn/Meyer (Hrsg.), FS Schnapp, S. 3, 9 m. w. N. in Fn. 60.

348 *Ronellenfitsch*, in: Isensee/Kirchhof (Hrsg.), HStR IV, 3. Aufl. 2006, § 98 Rn. 29.

349 Laut Beteiligungsbericht des Bundes von 1999, S. 198.

sechs sonstige Gesellschafter verteilt waren, gehörte die Juris GmbH zu den gemischtwirtschaftlichen Unternehmen, wenngleich sie mangels erheblicher privater Steuerungsfähigkeit *de facto* als ausschließlich öffentlich beherrschtes erschien[350].

Wegen des insbesondere im kommunalen Bereich und bei der Bewältigung der Unterhaltung von Großprojekten mitunter anzutreffenden Startkapitalmangels der öffentlichen Hand könnte man eine Kooperation von öffentlicher Hand und Privaten auch als „goldenen Mittelweg" bezeichnen. Denn hierdurch sollen die Nachteile rein privater und öffentlicher Unternehmen durch die Verbindung des kaufmännischen Denkens der privaten Gesellschafter mit der Verpflichtung der öffentlichen Hand zur Förderung des Gemeinwohls überwunden werden[351]. Entscheidend für die Einordnung als öffentliches Unternehmen bleibt aber die Möglichkeit des Staates zur nachhaltigen und dauerhaften Einflussnahme auf die Unternehmensverwaltung. Anderenfalls liegt nur ein Fall staatlicher Kapitalbeteiligung vor. Deren Zulässigkeit mag zwar fraglich sein. Hier ist sie aber nicht weiter von Interesse. Denn die besonderen wettbewerbsrechtlichen und verfassungsrechtlichen Probleme, wie sie vorliegend behandelt werden, resultieren fast ausschließlich aus dem besonderen Einfluss der öffentlichen Hand auf ein Unternehmen. Wenn der Staat aber nur Aktionär oder Gesellschafter wie jeder andere auch ist, fehlt es an dieser besonderen Konfliktsituation. Eine nur kapitalmäßige Beteiligung des Staates rechtfertigt aber keinesfalls eine Sonderbehandlung des Staates bei der Teilnahme am (Leistungs-)Wettbewerb[352] auf den Märkten[353].

In der Praxis indes kann es gerade an diesem Schnittpunkt von Gesellschafts-, Wettbewerbs- und Verfassungsrecht zu schwierigen Fallgestaltungen kommen, wenn sich ein rein privater Konkurrent gegen die Tätigkeit eines gemischtwirtschaftlichen Unternehmens wehren möchte. Verflochtene Beteiligungsverhältnisse zwischen Privaten, der öffentlichen Hand und deren öffentlichen Unternehmen erfordern zunächst eine saubere Aufbereitung der gesell-

---

350 *Storr*, Der Staat als Unternehmer, S. 50 mit Fn. 305. Im März 2001 hat sich der Bund jedoch von 45,33 Prozent seiner Anteile getrennt (laut Beteiligungsbericht des Bundes von 2007, S. 11), weshalb seit diesem Zeitpunkt nicht mehr von einem ausschließlich öffentlich beherrschten Unternehmen gesprochen werden kann.

351 *Emmerich*, Das Wirtschaftsrecht der öffentlichen Unternehmen, S. 38 f.

352 Gegen den Begriff des Leistungswettbewerbs *Hefermehl/Köhler/Bornkamm*, UWG, 26. Aufl. 2008, § 1 UWG Rn. 39.

353 *Emmerich*, Das Wirtschaftsrecht der öffentlichen Unternehmen, S. 60.

schaftsrechtlichen Strukturen[354]. Erst dann kann anhand der Beherrschungsverhältnisse eine speziell gesellschaftsrechtliche Lösung erarbeitet werden. Denn eine Bindung von gemischtwirtschaftlichen Gesellschaften des privaten Rechts an die Vorgaben des öffentlichen Rechts besteht nur, wenn die öffentliche Hand das Unternehmen beherrscht[355]. Das wiederum korrespondiert im Ergebnis mit der bereits getroffenen Aussage, dass eine nur kapitalmäßige Beteiligung der öffentlichen Hand auch nur gesellschaftsrechtliche Bedeutung haben kann. Eine andere Frage ist es dann wiederum, ob sich aus dieser nur kapitalmäßigen Beteiligung der öffentlichen Hand unter dem Aspekt der wettbewerbsrechtlichen Mitstörerhaftung Ansprüche rein privater Konkurrenten gegen das gemischtwirtschaftliche Unternehmen bzw. den öffentlichen Teilhaber ergeben können[356].

2. *Abgrenzung von Public Private Partnerships*

Der Begriff der Wirtschaftstätigkeit der öffentlichen Hand erfordert auch eine Abgrenzung gegenüber den vermehrt zum Zuge kommenden *Public Private Partnerships* (PPP)[357], gerade auch im Hinblick auf gemischtwirtschaftliche Unternehmen. Der Begriff ist jedoch allenfalls deskriptiv zu verwerten, eine allgemein anerkannte Definition fehlt bisher. Im Übrigen ist der Begriff konturlos[358]. Er umschreibt vielmehr lediglich langfristig vertraglich geregelte Formen einer Zusammenarbeit zwischen öffentlicher Hand und Privatwirtschaft, bei der die erforderlichen Ressourcen (z. B. Know-how, Betriebsmittel, Kapital, Personal etc.) von den Partnern zum gegenseitigen Nutzen in einem gemeinsamen Organisationszusammenhang eingestellt und vorhandene Projektrisiken entsprechend der Risikomanagementkompetenz der Projektpartner optimal verteilt werden.

Wenn und soweit man ein Nebeneinander von staatlichen und privaten Glücksspielanbietern anerkennen würde, könnte man an die Schaffung von *Public Private Partnerships* innerhalb des Glücksspielsektors denken. Denn es wäre ein Fall dualer bzw. paralleler Aufgabenerfüllung im Bereich der Dienstleistung bzw. Daseinsvorsorge. Die staatlich zu garantierende Überwachung des Glücks-

---

354 Siehe beispielsweise das Organigramm zum Fall von OLG Düsseldorf WRP 2001, 1086 ff. von *Gröning*, WRP 2002, 17, 24.

355 OLG Düsseldorf WRP 2001, 1086 ff.

356 Verneinend OLG Düsseldorf WRP 2001, 1086, 1091 f.

357 Siehe beispielsweise insgesamt *Meyer-Hofmann/Riemenschneider/Weihrauch* (Hrsg.), Public Private Partnership, 2. Aufl. 2008, passim.

358 *Bethge*, in: Butzer/Kaltenborn/Meyer (Hrsg.), FS Schnapp, S. 3, 14.

spielmarktes könnte sich dann in der fairen Auswahl und engmaschigen Kontrolle der privaten Partner widerspiegeln. *Korte* hat für solch ein Konstrukt den Begriff des *Public Private Providence (Gambling) Partnerships* (PPPP) vorgeschlagen[359]. Ein gemischtwirtschaftliches Unternehmen läge dabei jedoch nicht zwingend vor. Eine strategische Partnerschaft im Sinne eines PPP oder PPPP bleibt etwas anderes als eine gesellschaftsrechtlich relevante Zusammenarbeit von öffentlicher Hand und Privaten in Form der gemeinsamen Beteiligung an einem Unternehmen.

3. Exkurs: Problem der Grundrechtsträgerschaft gemischtwirtschaftlicher Unternehmen

Die Problematik der Rechtsstellung gemischtwirtschaftlicher Unternehmen wäre dann entschärft, wenn sie ihrerseits am Grundrechtsschutz partizipierten. Zwar kann es inzwischen als geklärt gelten, dass die öffentliche Hand als solche grundsätzlich nicht grundrechtsberechtigt, sondern allenfalls grundrechtsverpflichtet ist[360]. Für die gemischtwirtschaftlichen Unternehmen wird diese Frage aber nach wie vor thematisiert[361]. Die 3. Kammer des 1. Senats des *Bundesverfassungsgerichts* hat im Jahr 1989 die Frage verneint, ob sich ein gemischtwirtschaftliches Unternehmen auf die Grundrechte berufen kann, wenn es von der öffentlichen Hand beherrscht wird[362]. Eine gewisse Bestätigung dieser bis dahin singulären Entscheidung zu dieser Frage brachte eine Senatsentscheidung vom 14.03.2006, die der Deutsche Telekom AG kurzerhand die Grundrechtsfähigkeit zuerkannte, eben weil der Bund als Anteilseigner keinen beherrschenden Einfluss auf die Unternehmensführung mehr hatte[363]. Jenseits der Frage der Beherrschungsverhältnisse aber blieben die Beteiligungen Privater jeweils unberücksichtigt. Hier setzt denn auch Kritik an. Denn eine solche Ansicht könne die Grundrechte der privaten Anteilseigner des Unternehmens nicht berücksichti-

---

359 *Korte*, Das staatliche Glücksspielwesen, S. 351.

360 Zu Einzelheiten siehe unten Kapitel 5 § 29 II. 1. d), S. 227 ff.

361 Ausführlich z. B. *Bethge*, in: Butzer/Kaltenborn/Meyer (Hrsg.), FS Schnapp, S. 3 ff.; *Kluth*, WiVerw 2000, 184, 194 ff.; *Möstl*, Grundrechtsbindung öffentlicher Wirtschaftstätigkeit, S. 137 – 144; *Niebuhr*, Die Wettbewerbsteilnahme gemischtwirtschaftlicher Unternehmen im Spannungsfeld der Grundrechte, S. 180 ff.; *Storr*, Der Staat als Unternehmer, S. 187 – 254, i. B. S. 238 ff.

362 BVerfG(K) NJW 1990, 1783. Die öffentliche Hand war in diesem Fall mit 72 Prozent beteiligt. Zustimmend *Stamer*, Rechtsschutz gegen öffentliche Konkurrenzwirtschaft, S. 137.

363 BVerfGE 115, 205, 227. Noch weitergehend BVerwGE 114, 160, 189; 118, 352, 359; BVerwG NVwZ 2004, 742 f.

gen[364] und degradiere sie quasi zu Anteilseignern zweiter Klasse. Auch wenn man die Unternehmensbeteiligung der Privaten als solche als vom Schutzbereich des Art. 14 Abs. 1 GG erfasst sieht[365], so läge in einer belastenden Regelung für das gemischtwirtschaftliche Unternehmen allenfalls ein mittelbarer Eingriff in diese Grundrechtsposition. Zur Vermeidung von Unschärfen, die mit der Anerkennung einer solchen Lösung einhergingen, erscheint es sachgerechter, gemischtwirtschaftlichen Unternehmen insgesamt auch dann Grundrechtsfähigkeit zuzuerkennen, wenn die öffentliche Hand mehrheitlich Anteile oder den beherrschenden Einfluss innehat[366].

Das muss im Übrigen erst Recht dann gelten, wenn die öffentliche Hand nicht mehrheitlich Inhaber der Anteile ist oder keinen beherrschenden Einfluss hat[367]. Denn anderenfalls verlöre beispielsweise eine Aktiengesellschaft ihre Grundrechtsfähigkeit, sobald die öffentliche Hand auch nur geringe Anteile erwürbe. Auch in einem solchen Fall handelt es sich formal um eine gemischtwirtschaftliche Beteiligungsgesellschaft, bei der der Staat allerdings nicht Inhaber der tatsächlichen Macht über das Unternehmen ist[368]. Dem kann nicht entgegnet werden, die privaten Anteilseigner könnten sich mit den Mitteln des Gesellschaftsrechts gegen eine Fremdbestimmung durch die öffentliche Hand wehren[369]. Denn einfachgesetzlicher Schutz, auch wenn er primär in Anspruch zu nehmen wäre, ist qualitativ etwas anderes als grundrechtlich verbürgte Freiheitsgarantien. Es bleibt daher dabei, dass solche Unternehmen mit geringer

---

364 So *Ehlers*, JZ 1990, 1089, 1096. Differenzierter *Möstl*, Grundrechtsbindung öffentlicher Wirtschaftstätigkeit, S. 139 ff.: Neben den Beteiligungsverhältnissen sei entscheidend auf die im Einzelfall zu bewertende Bindung der Gesellschaft an öffentliche Zwecke abzustellen.

365 BVerfGE 14, 263, 276.

366 So auch *Jarass*, DÖV 2002, 489, 495 f.; *Kluth*, Grenzen kommunaler Wettbewerbsteilnahme, S. 59, wenngleich ohne nähere Begründung. Für eine je nach Intensivität des Einflusses der öffentlichen Hand auf das gemischtwirtschaftliche Unternehmen abgestufte Grundrechtsschutzdichte, weil nur so die Vielfältigkeit dieser Sonderform der öffentlichen Unternehmen differenziert bewertet werden könne i. E. *Storr*, Der Staat als Unternehmer, S. 254; ähnlich *Schricker*, Wirtschaftliche Tätigkeit der öffentlichen Hand und unlauterer Wettbewerb, 2. Aufl. 1987, S. 33. A. A. *Stamer*, Rechtsschutz gegen öffentliche Konkurrenzwirtschaft, S. 137 f.; *Tsiliotis*, Der verfassungsrechtliche Schutz der Wettbewerbsfreiheit und seine Einwirkung auf die privatrechtlichen Beziehungen, S. 153.

367 Das zeigt gerade BVerfGE 115, 205, 227.

368 *Storr*, Der Staat als Unternehmer, S. 49.

369 So aber *Möstl*, Grundrechtsbindung öffentlicher Wirtschaftstätigkeit, S. 143. Zu Einzelheiten vgl. *Ronellenfitsch*, in: Isensee/Kirchhof (Hrsg.), HStR IV, 3. Aufl. 2006, § 98 Rn. 30.

staatlicher Beteiligung kein Teil der Staatsgewalt sind[370]. Ihnen kann die Grundrechtsträgerschaft daher nicht abgesprochen werden.

II. Der Begriff des „Staatsunternehmens"

In diesem Zusammenhang kann sich die Frage stellen, ob demgegenüber öffentliche Unternehmen, die ausschließlich im Eigentum des Bundes stehen, den Begriff des „Staatsunternehmens" rechtfertigen. Gelegentlich findet sich dabei aus dem Druckgewerbe das Beispiel der Bundesdruckerei der Bundesrepublik Deutschland. Private Konkurrenten fürchteten schon vor vielen Jahren, durch die zunehmende Herstellung von Druckwerken im Selbstdruck und die zunehmende Akquisitionstätigkeit der Bundesdruckerei außerhalb des staatlichen Sektors (insbesondere dem hoheitlichen Passwesen) wichtige Aufträge an die öffentliche Hand zu verlieren und sahen Arbeitsplätze im höchsten Maße gefährdet[371]. Doch traf ausgerechnet dieses Beispiel jedenfalls in den vergangenen acht Jahren nicht den Kern. Denn die Bundesdruckerei GmbH wurde im November 2000 durch die vollständige Veräußerung des 100-prozentigen Bundesanteils an den Finanzinvestor Apax für eine Milliarde Euro materiell privatisiert. Die Bundesregierung hat nun allerdings den vollständigen Wiedereinstieg beschlossen[372], nachdem zunächst nur die Übernahme einer Minderheitsbeteiligung von 25,1 Prozent im Gespräch war[373]. Auch damit wäre offenbar zwar – anders als ursprünglich vorgesehen[374] – die Schwelle zur Sperrminorität überwunden worden, so dass ein angemessener Einfluss auf das Unternehmen hätte ausgeübt werden können. Doch aus Sorge vor einem Einstieg ausländischer Investoren intervenierte das Bundesinnenministerium und verlangte die uneingeschränkte Rückverstaatlichung der Druckerei. Die Annahme eines klassischen „Staatsunternehmens" liegt somit nunmehr hinsichtlich der Bundesdruckerei GmbH wieder nahe.

Tatsächlich existierten im Oktober 2007 jedoch noch 17 weitere zu 100 Prozent vom Bund unmittelbar kontrollierte öffentliche Unternehmen mit Geschäftsbetrieb[375]. Daneben existiert noch das Bundessondervermögen der

---

370 *Kluth*, Grenzen kommunaler Wettbewerbsteilnahme, S. 21 f.
371 FAZ vom 17.03.1982, S. 15; *Ulmer*, ZHR 146 (1982), 466, 470.
372 FAZ vom 11.09.2008, S. 18.
373 FAZ vom 07.03.2008, S. 16; FAZ vom 07.05.2008, S. 15; FAZ vom 16.07.2008, S. 17.
374 FAZ vom 05.11.2007, S. 16.
375 Es sind dies laut Beteiligungsbericht des Bundes von 2007, S. 167 – 172: die Bundesrepublik Deutschland – Finanzagentur GmbH in Frankfurt am Main, die Energiewerke

Deutsche Bahn AG, deren Teilprivatisierung aktuell vorangetrieben wird und nach mehrmaliger Verzögerung für das Jahr 2011 in Aussicht gestellt wurde[376]. Diesen Weg haben in den letzten Jahren bereits etliche bekannte „Staatsunternehmen" beschritten, die vormals im Alleineigentum des Bundes standen. So die Deutsche Lufthansa AG (privatisiert 1996), die GBB Genossenschaftsholding Berlin und die Mon Repos Erholungsheim Davos AG (beide privatisiert 1997), die Autobahn Tank & Rast AG (privatisiert 1998) sowie die Deutsche Post AG (privatisiert 1999).

Auch wenn die Privatisierungswellen der letzten Jahre zu einer erheblichen Reduzierung bundeseigener „Staatsunternehmen" im hiesigen Verständnis geführt haben, kann hieraus nicht auf eine Entspannung der Situation zu Gunsten privater Konkurrenten geschlossen werden. Denn erstens war damit wie gezeigt nicht der Rückzug des Bundes aus seiner Rolle als Unternehmer schlechthin verbunden, und zweitens bleibt das Thema für die Länder und Gemeinden aktuell[377]. Fragen zum Rechtsschutz Privater und seiner Durchsetzung im richtigen Rechtsweg haben sich keinesfalls erledigt.

Nord GmbH (EWN) in Rubenow, die Gästehaus Petersberg GmbH in Königswinter, die Lausitzer und Mitteldeutsche Bergbau-Verwaltungsgesellschaft mbH (LMBV) in Berlin, die TLG Immobilien GmbH in Berlin, die VEBEG Gesellschaft mbH in Frankfurt am Main, die DFS Deutsche Flugsicherung GmbH in Langen (deren Privatisierung 2007 an verfassungsrechtlichen Bedenken gescheitert ist), die VIFG Verkehrsinfrastrukturfinanzierungsgesellschaft mbH in Berlin, die Gesellschaft für Außenhandelsinformationen mbH in Köln, die Invest in Germany GmbH in Berlin, die Wismut GmbH in Chemnitz, die WIK Wissenschaftliches Institut für Infrastruktur und Kommunikationsdienste GmbH in Bad Honnef, die GTZ GmbH in Eschborn/Taunus, die Gesellschaft zur Entsorgung von chemischen Kampfstoffen und Rüstungsaltlasten mbH (GEKA mbH) in Munster (Oertze), die Gesellschaft für Entwicklung, Beschaffung und Betrieb mbH (g.e.b.b.) in Köln, die Kulturveranstaltungen des Bundes in Berlin GmbH, die Transit-Film-Gesellschaft mbH in München und schließlich das Zentrum für Internationale Friedenseinsätze in Berlin.

376 Einen Sonderfall stellt die Bundesbank dar. Gem. § 2 BBankG ist sie eine bundesunmittelbare juristische Person des öffentlichen Rechts, und zwar in Form der Körperschaft. Ihr Grundkapital sowie der Restbetrag ihres Reingewinns stehen dem Bund zu (§§ 2 S. 2, 27 Nr. 2 BBankG). Vorstand und Zentrale haben die Stellung einer obersten Bundesbehörde (§ 29 Abs. 1 S. 1 BBankG). Aus dem Beteiligungsbericht des Bundes 2007, S. 167, sind noch zu nennen die drei Bundesanstalten für Post und Telekommunikation, für vereinigungsbedingte Sonderaufgaben sowie für Immobilienaufgaben, an denen der Bund jeweils 100 Prozent des Nennkapitals hält.

377 Siehe nur die Nachweise und Einzelheiten im Kapitel 1 § 7 IV., S. 63 ff.

III. Sind alternative Einflussnahmemöglichkeiten des Staates zur Lenkung eines einzelnen Unternehmens Sonderformen des öffentlichen Unternehmens?

1. Übersicht

Neben den Möglichkeiten, sich an privaten Unternehmen zu beteiligen, als Alleineigentümer aufzutreten oder private Gesellschafter in ein ehemals rein öffentliches Unternehmen mit aufzunehmen, so dass ein gemischtwirtschaftliches Unternehmen entsteht, gibt es für die öffentliche Hand weitere Mittel, auf ein einzelnes Unternehmen einzuwirken. Diese bestehen alternativ zu einer staatlichen Kapitalbeteiligung bzw. der Lenkung ganzer Wirtschaftszweige oder der Wirtschaft allgemein[378]. Auch wenn es sich hierbei nicht stets um eigenwirtschaftliches Auftreten der öffentlichen Hand im bisher dargestellten Sinne handelt, sollen die wichtigsten dieser Mittel der Vollständigkeit halber im Folgenden kurz dargestellt werden. Nur eine Übersicht zur Wirtschaftstätigkeit der öffentlichen Hand, die auch diese Aspekte in den Blick rückt, kann deren Ausmaß hinreichend erfassen und auf dieser Grundlage überzeugend für eine Notwendigkeit umfassender Rechtsschutzmöglichkeiten für private Konkurrenten argumentieren.

a) Subventionsvergabe

Zu nennen ist erstens die Subventionsvergabe als Tätigkeit der öffentlichen Hand, die sich als Grenzfall mit wettbewerbsrelevanter Auswirkung[379] zwischen einer rein hoheitlichen und einer (auch) wirtschaftlichen Tätigkeit bewegt. Ergibt die Prüfung des Zwecks, den die öffentliche Hand hierbei verfolgt, dass sie Zuwendungen in Wettbewerbsabsicht erteilt, so werden Konkurrenten des Subventionsempfängers ein unmittelbares Interesse daran haben, nicht erst die Rechtmäßigkeit der Subventionsvergabe im Einzelfall, sondern bereits die Rechtmäßigkeit ihres Zwecks schlechthin überprüfen zu lassen.

---

[378] Siehe dazu Kapitel 1 § 4 VIII., S. 44 ff.

[379] *Ulmer*, ZHR 146 (1982), 466, 476. Siehe auch *Emmerich*, Der unlautere Wettbewerb der öffentlichen Hand, S. 46 ff.; *Storr*, Der Staat als Unternehmer, S. 177 f. Zu einem möglichen Grundrechtseingriff durch eine Subventionsvergabe siehe *Tsiliotis*, Der verfassungsrechtliche Schutz der Wettbewerbsfreiheit und seine Einwirkung auf die privatrechtlichen Beziehungen, S. 314 ff.

b) Konzessionsverträge

Insbesondere im Verkehrssektor der Gebietskörperschaften findet sich das zweite Mittel in Form so genannter Konzessionsverträge, mit denen die Gemeinden sich exklusiv gegenüber einem Unternehmen vertraglich verpflichten, ihm die Nutzung ihres Straßenlandes zur Verlegung von Schienen oder Leitungen zu gestatten[380]. Vertriebsbindungen finden sich aber auch auf dem Glücksspielmarkt. Denn die dort agierenden privaten Annahmestellen und Lotterieeinnehmer dürfen nur die zugelassenen Angebote vermitteln[381]. Und diese stammen ausschließlich von den staatlichen Anbietern. Solche Ausschließlichkeitsbindungen, denen sich die öffentliche Hand unterwirft, haben unmittelbar kartellrechtliche und wettbewerbsrechtliche Bedeutung für diejenigen privaten Konkurrenten, die nicht zum Zuge kommen. Verstöße gegen das kartellrechtliche Diskriminierungsverbot sowie Art. 12 Abs. 1 GG liegen nahe.

c) Fazit: Keine Sonderform des öffentlichen Unternehmens

Angesichts dieser zu den öffentlichen Unternehmen alternativen wirtschaftspolitischen Instrumente stellt sich die Frage, ob eine Sonderbehandlung der öffentlichen Unternehmen gegenüber sonstigen allgemeinen wirtschaftlichen Unternehmen, wie sie hier vertreten werden wird, überhaupt gerechtfertigt ist. Das ist jedoch mit *Emmerich* schon deswegen zu bejahen, weil der Staat mit unterschiedlicher Intensität auf die ihm gehörenden und die nur vertraglich mit ihm verbundenen Unternehmen Einfluss ausüben kann[382]. Der Einfluss auf ein der öffentlichen Hand gehörendes Unternehmen fällt zwingend stärker aus als auf ein Unternehmen, dem die öffentliche Hand nur mittels Subventions- oder Konzessionsvertrag verbunden ist. Denn der Vertrag stellt für das vertraglich gebundene Unternehmen immer den äußersten Rahmen der Einflussnahmemöglichkeiten der öffentlichen Hand dar, denen es sich sogar durch Beendigung des Vertrages entziehen könnte. Bei (rein) öffentlichen Unternehmen ist der staatliche Einfluss auf die Unternehmensführung dagegen prinzipiell unbeschränkt, hinzu kommt ihr „*Rückhalt im Staatshaushalt*“[383]. Diese Besonderheiten rechtfertigen eine Sonderbehandlung der öffentlichen Unternehmen gegenüber denjenigen Unternehmen, auf die die öffentliche Hand nur kraft vertraglicher Instrumente einzuwirken vermag. Das rechtfertigt es zugleich, diese von der öf-

---

380 *Emmerich*, Das Wirtschaftsrecht der öffentlichen Unternehmen, S. 341 f.

381 Siehe hierzu *Korte*, Das staatliche Glücksspielwesen, S. 347 f.

382 Hierzu *Emmerich*, Das Wirtschaftsrecht der öffentlichen Unternehmen, S. 56 f.

383 *Emmerich*, Das Wirtschaftsrecht der öffentlichen Unternehmen, S. 57.

fentlichen Hand lediglich vertraglich beeinflussten Unternehmen aus der vorliegenden Untersuchung auszuklammern. Sie stellen keine Sonderform des öffentlichen Unternehmens, sondern normale private Unternehmen dar.

2. Sonderfall „verlorene Zuschüsse" – doch ein Fall staatlicher Unternehmensbeteiligung?

Anders könnte es sich indes bei so genannten verlorenen Zuschüssen verhalten, also bei Subventionen, an deren Rückzahlung von vornherein nicht gedacht und deren Gewährung mit umfangreichen staatlichen Einflussrechten verbunden ist. Hier käme es unter Umständen in Betracht, diese als staatliche Beteiligung an einem privaten Unternehmen aufzufassen mit der Folge, dass dieses bei Überschreiten der üblichen Beteiligungsgrenzen als ein Sonderfall eines öffentlichen Unternehmens[384] in der Form des gemischtwirtschaftlichen Unternehmens anzusehen wäre[385]. Dafür spricht, dass solche Subventionen anschließend häufig in Staatsbeteiligungen umgewandelt worden sind, etwa weil sie vom subventionierten Unternehmen nicht einmal anteilig zurückgezahlt werden konnten oder weil ein erneuter staatlicher Einfluss auf die Unternehmensgestaltung ausgeübt werden sollte. Denkbar ist auch, dass sich die Subvention wider Erwarten doch als erfolgreich herausstellt und der Staat nunmehr Rendite erzielen und Gewinne von dem subventionierten Privatunternehmen abschöpfen möchte. Ohne diese Frage einer endgültigen Klärung zuführen zu können, gilt es doch festzuhalten, dass jedenfalls dann, wenn die „verlorenen Zuschüsse" im Endeffekt tatsächlich zu einer Beteiligung der öffentlichen Hand an dem Subventionierten führen, und zwar gleichgültig aus welchem Grund, ein „echtes" öffentliches Unternehmen entsteht. Denn die öffentliche Hand ist an ihm spätestens zu diesem Zeitpunkt allein oder teilweise beteiligt, so dass die Definition eines öffentlichen Unternehmens erfüllt ist.

---

384 Zum Begriff siehe schon Kapitel 2 § 11, S. 81 ff.

385 Diesen Gedanken wirft *Emmerich*, Das Wirtschaftsrecht der öffentlichen Unternehmen, S. 57, auf.

KAPITEL 3 DASEINSVORSORGE UND ÖFFENTLICHER ZWECK BEI DER ANWENDUNG DES WETTBEWERBSRECHTS AUF DIE ÖFFENTLICHE HAND: BESONDERHEITEN DES STAATES BEI DER WETTBEWERBSTEILNAHME

§ 15 Daseinsvorsorge und öffentlicher Zweck

I. Die Daseinsvorsorge

1. Endgültige Begriffsklärung nicht möglich

Einer der zentralen Begriffe des öffentlichen Wirtschaftsrechts ist die Daseinsvorsorge. Das Grundgesetz selbst kennt diesen Begriff indes nicht, auch wenn – jedenfalls für den kommunalen Bereich – Art. 28 Abs. 2 GG anerkanntermaßen sein Ausgangs- und Anknüpfungspunkt ist. Das in Art. 20 Abs. 1, 28 Abs. 1 GG verankerte Sozialstaatsprinzip verpflichtet den Staat zur Daseinsvorsorge[386]. Die Vielschichtigkeit und Komplexität, die zuweilen mit dem Begriff verbunden zu sein scheint, kann hier nicht aufgearbeitet werden. Es muss der Hinweis genügen, dass unter dem Begriff gewöhnlich die – zumeist kommunale – Versorgung mit Wasser, Gas und Elektrizität, die Bereitstellung von Verkehrsmitteln jeder Art, Unterhaltung und Betrieb von kulturellen, sozialen und dem Sport dienenden Einrichtungen, wie öffentliche Bibliotheken, Kindergärten, Schwimmbäder etc. verstanden wird. Eine endgültige Klärung müsste ohnehin scheitern, denn *Papier* hat zutreffend darauf hingewiesen, dass

> *„in dem Begriff der ‚Daseinsvorsorge' und dem politischen, gesellschaftlichen und rechtlichen Kontext, in dem er gebraucht wird, sich auch immer ein Stück weit der jeweilige Zeitgeist widerspiegelt."*[387]

Dies verdeutlicht eindrucksvoll, dass

> *„Daseinsvorsorge kein statischer, sondern entwicklungsoffener Begriff"*[388]

ist, der sich im Sinne einer dynamischen Staatszielbestimmung einer endgültigen Festlegung entzieht[389]. Es gibt keinen enumerativen Katalog öffentlicher

---

386 Zuletzt BVerfG(K) DVBl. 2007, 1555 ff. – „Altenpflegeeinrichtung".
387 *Papier*, DVBl. 2003, 686.
388 *Katz*, Kommunale Wirtschaft, S. 16.

Aufgaben, die unter den Begriff der Daseinsvorsorge zu subsumieren wären. Wegen der im Hinblick auf Art. 19 Abs. 4 GG stets justiziablen „daseinsvorsorgenden“ Tätigkeit des Staates ist das auch gar nicht erforderlich[390], wenngleich das Sozialstaatsprinzip als solches nicht ohne Weiteres einklagbare subjektive Rechtspositionen des Einzelnen begründet[391].

Selbst die Europäische Gemeinschaft will sich nicht auf eine Definition festlegen und überlässt es ihren Mitgliedsstaaten, was unter den Begriff der Daseinsvorsorge fallen soll und was nicht[392]. Art. 86 Abs. 2 S. 1 EG stellt jedoch klar, dass die Vorschriften des EG-Vertrages, insbesondere die Wettbewerbsregeln, grundsätzlich Anwendung finden sollen auch auf die „*Dienstleistungen von allgemeinem wirtschaftlichen Interesse*“. Mit diesem Oberbegriff für marktbezogene oder nicht-marktbezogene Tätigkeiten mit spezifischen Gemeinwohlverpflichtungen werden vom deutschen Sprachdienst der EU die „*Dienste der Daseinsvorsorge*“ bezeichnet[393].

2. *Daseinsvorsorge als Teil der öffentlichen Verwaltung*

Ungeachtet dieser begrifflichen Unschärfe ist die Daseinsvorsorge öffentliche Vorsorge-, Sozial- und Förderungsverwaltung[394] und dem Begriff Sozialstaat eng verwandt[395]. Sie unterliegt daher ebenso wie die unmittelbare Erfüllung öffentlicher Aufgaben durch den Staat sowie dessen schlicht-hoheitliche Leistungsverwaltung (als Gegenbegriff zur Erwerbswirtschaft) unabhängig von der gewählten Rechtsform der zu ihrer Erfüllung berufenen Institution immer öf-

389 *Luch/Schulz*, MMR 2009, 19, 21 ff. gehen jüngst der Frage nach, ob zur Grundversorgung der Bürger im Sinne der Daseinsvorsorge auch moderne Kommunikationstechnologien und die dazu notwendigen Infrastrukturen rechnen.

390 *Hösch*, Die kommunale Wirtschaftstätigkeit, S. 41.

391 BVerfGE 27, 253, 283; 82, 60, 80; *Bethge*, Verfassungsrecht, 2. Aufl. 2004, S. 69. Erst durch die Leistungsgesetzgebung, z. B. im Sozialrecht, können klagbare subjektive Rechtspositionen entstehen.

392 So die so genannte „Zweite Protokollerklärung zum EU-Reformvertrag“, vgl. FAZ vom 25.06.2007, S. 11. Demgegenüber plädiert *Katz*, Kommunale Wirtschaft, S. 128 für eine präzise Definition der Begriffe.

393 *Ronellenfitsch*, in: Isensee/Kirchhof (Hrsg.), HStR IV, 3. Aufl. 2006, § 98 Rn. 50 m. w. N. in Fn. 239. Siehe auch schon Kapitel 1 § 4 III., S. 37.

394 Ebenso *Scharpf*, Kommunales Unternehmensrecht in Bayern, S. 140; *Odersky*, in: Badura/Scholz (Hrsg.), FS Lerche, S. 949, 950, der von „*darreichender Verwaltung*“ spricht.

395 *Bethge*, Verfassungsrecht, 2. Aufl. 2004, S. 68. Sozialhilfe beispielsweise ist somit Daseinsvorsorge.

fentlich-rechtlichen und damit grundrechtlichen Bindungen[396]. Daraus wiederum folgt, dass die staatliche Einstandspflicht überall dort die öffentliche Hand zum „daseinsvorsorgenden" Handeln verpflichtet, wo Private generell nicht in der Lage sind, eine flächendeckende Infrastruktur aufzubauen und dem Markt zu öffnen. Daseinsvorsorgendes Handeln schließt eine unternehmerische Betätigung der öffentlichen Hand jedoch nicht aus[397]. Übertragen auf die Zwecke der vorliegenden Untersuchung aber heißt das, dass diejenigen Bereiche aus der Betrachtung der Konfliktlage staatlicher und privater Wirtschaftsbetätigung herausgehalten werden können, in denen Private generell nicht in der Lage sind, eine flächendeckende Infrastruktur aufzubauen und dem Markt zu öffnen, weil sich Private dort eben gar nicht erst oder nicht mehr betätigen.

3. *Maßgeblichkeit anderer Kriterien für die Beurteilung der Rechtmäßigkeit der Wirtschaftstätigkeit der öffentlichen Hand*

Der Begriff der Daseinsvorsorge hat allerdings auch Kritik erfahren. Statt um einen relevanten Rechtsbegriff[398] handele es sich um einen politischen Leitbegriff und eine soziologische Dimension, woraus jedoch keine rechtlichen Folgerungen gezogen werden könnten[399]. Staatliche Wirtschaftstätigkeit muss sich nach dieser Ansicht an anderen Zulässigkeitskriterien messen lassen. Allein die Zuordnung zum Bereich der Daseinsvorsorge macht sie nicht schlechthin rechtmäßig. Für die vorliegende Problemstellung ist einer solchen Auffassung doppelt beizupflichten: Erstens kommt es mit der mangelnden Bedeutung des Begriffs Daseinsvorsorge zugleich auch nicht auf die unscharfen Versuche an, dem

---

396 *Möstl*, Grundrechtsbindung öffentlicher Wirtschaftstätigkeit, S. 7; *Ronellenfitsch*, in: Isensee/Kirchhof (Hrsg.), HStR IV, 3. Aufl. 2006, § 98 Rn. 49.

397 *Ronellenfitsch*, in: Isensee/Kirchhof (Hrsg.), HStR IV, 3. Aufl. 2006, § 98 Rn. 49, 51.

398 *Rüfner*, in: Isensee/Kirchhof (Hrsg.), HStR IV, 3. Aufl. 2006, § 96 Rn. 10. Umfassend *Ringwald*, Daseinsvorsorge als Rechtsbegriff, passim.

399 *Schink*, NVwZ 2002, 129, 132; *Hösch*, Die kommunale Wirtschaftstätigkeit, S. 41 f. Für diese Ansicht streitet nun auch eine Entscheidung des *Bundesfinanzhofs* vom 18.09.2007, die den Betrieb von Krankentransporten und Rettungsdiensten durch Wohlfahrtsverbände und öffentliche Hand für gewerbesteuerpflichtig hält, „*weil sie um des Erwerbes willen und nicht zum Wohl der Allgemeinheit ausgeübt*" würden (BFH DStR 2008, 290 ff.). Wenn aber selbst eine solche Tätigkeit, die in Deutschland nach Schätzungen in 90 Prozent aller Fälle von gemeinnützigen Organisationen oder staatlichen Einrichtungen wie der Feuerwehr erbracht wird (FAZ vom 07.02.2008, S. 11), nicht mehr als dem Wohl der Allgemeinheit dienend verstanden und damit nicht dem Bereich der Daseinsvorsorge zugeordnet werden kann, dann muss dem Begriff der Daseinsvorsorge in der Tat inzwischen jede rechtliche Bedeutung abgesprochen werden. Die Einteilung ist offenbar beliebig geworden.

Begriff überhaupt Konturen zu verleihen. Und zweitens wird die Frage nach der Zulässigkeit einer Wirtschaftstätigkeit der öffentlichen Hand von einem möglichen Aspekt befreit, wenn zur Beantwortung nur auf andere Aspekte als auch auf die Zuordnung zum Bereich der Daseinsvorsorge zu achten ist. Wenn aber die Daseinsvorsorge nicht als Aufgabentitel herangezogen werden kann, folgt daraus zugleich, dass sich wirtschaftliche Betätigung (im Besonderen im kommunalen Bereich) als bloße Wahrnehmungsmodalität des (kommunalen) Aufgabenkreises darstellen kann[400], was erheblich zur Entflechtung der Diskussion um ihre Zulässigkeit beitragen kann[401].

4. *Glücksspiel als Moment der Daseinsvorsorge?*

Einen für die vorliegenden Überlegungen interessanten Ansatz stellt die These dar, Zahlenlotterien ließen sich als Moment der Daseinsvorsorge begreifen[402]. Denn wie auch immer man den Begriff auffassen möchte, fällt es schwer zu begründen, die öffentliche Hand sei für die Daseinsvorsorge nicht originär zuständig[403]. In letzter Konsequenz hieße das, das staatliche Lottomonopol schon wegen seiner für das Dasein vorsorgenden Qualität nicht mehr ernsthaft in Frage stellen zu können. Allerdings scheint schon die begriffliche Zuordnung Schwierigkeiten zu machen, wenngleich die ländereigenen Lotteriebetreiber öffentliche Unternehmen auch im Sinne des Art. 86 Abs. 1, 2 S. 1 Var. 1 EG sind[404]. Eine Spielform, deren nachweisliches Suchtpotenzial Anlass zu vielerlei Diskussionen gegeben hat, sorgt wohl kaum für das Dasein vor. Vielmehr wurden die häufig existenzvernichtenden Folgen in den Blickpunkt gerückt. Doch treten weitere Probleme hinzu. Die Übertragung der eingangs dargestellten These, Zahlenlotterien zählten zur Daseinsvorsorge, auf den Bereich der Sportwetten und damit des Glücksspiels erscheint nicht möglich, weil dort weder ein Jackpot gebildet wird noch eine Spielerpoolung stattfindet. Gewonnen wird vielmehr nach Quo-

---

400 *Schink*, NVwZ 2002, 129, 134; *Hösch*, Die kommunale Wirtschaftstätigkeit, S. 42 f.

401 Siehe hierzu Kapitel 3 § 17 II., S. 112.

402 *Korte*, Das staatliche Glücksspielwesen, S. 131 ff.

403 Selbstverständlich ist mit der Aussage über die Zuständigkeit der öffentlichen Hand noch nichts darüber gesagt, ob die Tätigkeit insgesamt auch zulässig wäre. Denn selbst die Zuordnung einer Aufgabe zur Daseinsvorsorge legitimiert das Tätigwerden eines öffentlichen Unternehmens nicht, vgl. *Scharpf*, Kommunales Unternehmensrecht in Bayern, S. 141.

404 *Korte*, Das staatliche Glücksspielwesen, S. 130; einschränkend *Hattig*, Untersuchung der Vereinbarkeit von nationalem Glücksspielrecht mit dem europäischen Gemeinschaftsrecht am Beispiel Schwedens, S. 77 f.

ten, die von vornherein feststehen. Das macht den entscheidenden Unterschied zum Zahlenlotto aus. Zu überlegen wäre jedoch eine Zuordnung zum Bereich der Daseinsvorsorge auf Grund der Begrenzungsfunktion staatlicher Lotterien, die das Glücksspiel auf das gerade erforderliche Maß deckeln sollen. Daran, ob eine solche Begrenzungsfunktion existiert, bestehen hinsichtlich des nach wie vor bestehenden Werbeumfangs für die Angebote der staatlichen Anbieter durchgreifende Bedenken. Das gilt auch für den Gedanken des durch die staatlichen Anbieter angeblich sichergestellten Verbraucherschutzes. Denn eine Garantie für einen manipulationsfreien Spielablauf bieten auch staatliche Anbieter nicht[405], und zwar auch nicht als Annex zu ihrer behaupteten Dienstleistungsaufgabe Glücksspielangebot[406]. Weder Zahlenlotterien noch Glücksspiele irgendeiner Art stellen daher ein Moment der Daseinsvorsorge nach nationalem oder europäischem Verständnis dar[407].

II. Der Begriff des öffentlichen Zwecks in diesem Kontext

Damit ist auch gesagt, dass staatliche Zahlenlotterien und Glücksspiele keinen öffentlichen Zweck erfüllen. Denn die Daseinsvorsorge ist zwar als öffentlicher Zweck anerkannt[408], weil dieser ebenso gemeinwohlbezogen ist und einen weiten Beurteilungsspielraum für seine inhaltliche Ausfüllung aufweist[409]; Lotterien und Glücksspiele fallen jedoch nicht unter die Daseinsvorsorge. Das ist nur konsequent, wenn man dem Begriff der Daseinsvorsorge seine rechtliche Bedeutung abspricht. Ein Begriff ohne praktische Relevanz für juristische Einordnungen

---

405 Siehe hierzu *Kendziur*, ZUM 2007, 193, 197 mit Fn. 45.

406 So aber *Korte*, Das staatliche Glücksspielwesen, S. 132 f. unter Hinweis auf die Treuhänderfunktion der staatlichen Lottogesellschaften für die Einsätze der Spielteilnehmer.

407 Auch die Entscheidung über die Zulassung einer Spielbank ist keine genuin staatliche Aufgabe, vgl. BVerwGE 96, 302, 308; für Lotterien: BGH WRP 1999, 665, 669, 671 – „Lottospielgemeinschaft". A. A. *Korte*, Das staatliche Glücksspielwesen, S. 133 f. hinsichtlich der Samstags- und Mittwochslotterien, da aus der langjährigen Veranstaltung dieser Lotterien eine staatliche Bereitstellungsverantwortung erwachsen sei, aus der ein daseinsvorsorgendes Moment resultiere. Diese Aspekte vermögen jedoch nicht die hier aufgezeigten Bedenken auszuräumen. Gegen einen hoheitlichen Charakter auch *Kment*, NVwZ 2006, 617, 618.

408 *Pieroth/Hartmann*, DVBl. 2002, 421, 428.

409 Deshalb sei dem Begriff jeglicher normativer Gehalt abzusprechen, meint *Emmerich*, Das Wirtschaftsrecht der öffentlichen Unternehmen, S. 156 ff.

kann schließlich nicht als Abgrenzungskriterium dienen, und zwar auch nicht im Bereich des öffentlichen Zwecks[410].

Hier spielen andere Aspekte eine Rolle. Grundsätzlich ist der Staat nur Marktveranstalter. Er stellt die rechtlichen Rahmenbedingungen zur Verfügung und sichert einen funktionierenden Wettbewerb, indem er ihn vor den Wettbewerbern zu schützen versucht[411]. Das spiegelt die Funktion des Staates als eines bloßen Sachwalters eines Gesamtinteresses der in ihm wohnenden Allgemeinheit[412] wider und sichert die notwendige Trennung von Staat und Gesellschaft[413].

Nur ein öffentliches Bedürfnis, das einem öffentlichen Zweck zu entsprechen hat, kann es rechtfertigen, dass der Staat ausnahmsweise auch zum Marktteilnehmer wird und damit in eine Sphäre eindringt, die grundsätzlich Privaten vorbehalten ist. Die Bedeutung des öffentlichen Zwecks wird dabei besonders deutlich, wenn man ihn wegen der Grundrechtsrelevanz staatlicher Wirtschaftstätigkeit nur dann als erfüllt ansieht, wenn „*unzureichende Marktergebnisse*“ vorliegen[414]. Das schränkt die Zulässigkeit staatlicher Marktteilnahme von vornherein erheblich ein. Denn unzureichende Marktergebnisse finden sich allenfalls dort,

---

410 *Gröning*, WRP 2002, 17, 19; *Schünemann*, in: Stober/Vogel (Hrsg.), Wirtschaftliche Betätigung der öffentlichen Hand, S. 41, 63. Ebenso bereits *Frentzel*, Recht und Staat 235 (1961), S. 31. Hinzu kommt, dass der Begriff des öffentlichen Zwecks seinerseits diffus und analytisch-theoretisch schwer fassbar ist, so statt vieler *Storr*, Der Staat als Unternehmer, S. 121. Wegen seiner Bedeutung vor allem im kommunalen Bereich (vgl. z. B. Art. 87 Abs. 1 S. 1 Nr. 1 BayGO), auf den die vorliegende Untersuchung nicht beschränkt ist, bedarf es im Folgenden keiner eingehenderen Beschäftigung mit der Frage, was genau einem öffentlichen Zweck unterfällt und was nicht. Vgl. hierzu beispielsweise *Scharpf*, Kommunales Unternehmensrecht in Bayern, S. 102 ff. m. w. N.; *Lindner*, Verwaltungsgerichtliche Klagemöglichkeiten für Private gegen privatrechtliche kommunale Wirtschaftsbetätigung, S. 88 ff.

411 *Hösch*, Die kommunale Wirtschaftstätigkeit, S. 11.

412 *Hidien*, Gemeindliche Betätigungen rein erwerbswirtschaftlicher Art und „öffentlicher Zweck“ kommunaler wirtschaftlicher Unternehmen, S. 155 mit Fn. 113.

413 Vgl. zu dieser Notwendigkeit *Bethge*, in: Merten/Papier (Hrsg.), HGR III, § 72 Rn. 35 (im Erscheinen). Die Grenzen zwischen öffentlicher und privater unternehmerischer Tätigkeit müssen gewahrt bleiben. Vgl. hierzu *Scharpf*, Kommunales Unternehmensrecht in Bayern, S. 124. Eine graphische Darstellung der trennenden Merkmale findet sich bei *Hösch*, Die kommunale Wirtschaftstätigkeit, S. 22. Siehe zur Unterscheidung von Staat und Gesellschaft als Verteilungsschema des Grundgesetzes *Stamer*, Rechtsschutz gegen öffentliche Konkurrenzwirtschaft, S. 167 f.

414 *Hösch*, Die kommunale Wirtschaftstätigkeit, S. 92 f. hinsichtlich kommunaler Wirtschaftsunternehmen. Für die Bejahung des öffentlichen Zwecks bestehe keine gemeindliche Einschätzungsprärogative. A. A. BVerwGE 39, 329, 334, wonach das Vorliegen eines öffentlichen Zwecks eine von Zweckmäßigkeitsüberlegungen bestimmte Frage sachgerechter Kommunalpolitik sei. Kritisch hierzu *D. Weber*, Wettbewerbsrechtlicher Unterlassungsanspruch gegen kommunale Wirtschaftstätigkeit, S. 35 mit Fn. 83.

wo kein Privater sich engagiert oder aber mit seinem Engagement scheitert. Daher hat diese Ansicht Kritik erfahren. Der Begriff der „unzureichenden Marktergebnisse“ sei zu unbestimmt und es bleibe offen, wer das Vorliegen solcher Zustände feststellen solle. Das Kriterium des Marktversagens sei für die Praxis schlicht nicht praktikabel[415]. Dem ist wiederum entgegenzuhalten, dass mit dem aus der experimentellen Marktforschung bekannten „Markttest“, bei dem unter realen Bedingungen ein Produkt bzw. eine Dienstleistung, deren Preisgestaltung, der Vertriebsweg und die Kommunikationsaussage überprüft werden, ein praxistaugliches Instrument zur Verfügung steht, um belastbare Werte zu den Ergebnissen eines bestimmten Marktes erlangen zu können. Im Kartellrecht wird im Übrigen in ähnlicher Weise das Funktionieren eines Marktes untersucht, wenn es um Fragen eines noch bestehenden Wettbewerbs bei einer befürchteten Monopolbildung geht.

Wenig ergiebig ist auch die Kritik, die Beschränkung des öffentlichen Zwecks auf Fälle „unzureichender Marktergebnisse“ führe zu einer Aushöhlung des kommunalen Selbstverwaltungsrechts[416]. Denn sie ist, insofern sich ihre Vertreter auf Art. 28 Abs. 2 GG berufen, allein auf den kommunalen Bereich beschränkt und mangels vergleichbarer Garantien für Bund und Länder[417] auf diese nicht übertragbar. Überzeugen kann jedoch der Einwand, dass es gerade im Bereich der Daseinsvorsorge, die wie erwähnt ungeachtet ihrer begrifflichen Unschärfen als ein öffentlicher Zweck anerkannt ist, Bereiche wie das Verkehrs- und Entsorgungswesen gibt, die von der öffentlichen Hand nicht von heute auf morgen in Eigenregie angeboten und vorgehalten werden können, wenn und weil ein Privater auf diesen Gebieten versagt. Planung und Verwirklichung der erforderlichen Infrastruktur benötigen eine nicht unerhebliche Vorlaufzeit[418]. Jedenfalls in Einzelfällen kann der öffentliche Zweck nicht nur dann anerkannt werden, wenn „unzureichende Marktergebnisse“ privater Anbieter vorliegen.

Zusammenfassend kann festgehalten werden, dass der öffentliche Zweck ein typischer Gemeinwohlbegriff ist[419], dessen Reichweite allenfalls im Einzelfall und auch dann nur näherungsweise bestimmt werden kann, weil er durch seine Ausrichtung auf das Ganze der menschlichen Gesellschaft geprägt ist. Mit der

---

415 *Scharpf*, Kommunales Unternehmensrecht in Bayern, S. 143 f.

416 *Scharpf*, Kommunales Unternehmensrecht in Bayern, S. 144 f. m. w. N.

417 Siehe hierzu Kapitel 4 § 21 VIII., S. 130 und Kapitel 4 § 21 IX., S. 131.

418 So zu Recht *Scharpf*, Kommunales Unternehmensrecht in Bayern, S. 146 f.

419 Umfassend bei *Hidien*, Gemeindliche Betätigungen rein erwerbswirtschaftlicher Art und „öffentlicher Zweck“ kommunaler wirtschaftlicher Unternehmen, S. 152 - 160.

Gemeinwohlbezogenheit geht es indes auch einher, dass der singuläre Zweck der Gewinnerzielung als solcher jedenfalls kein anerkennenswerter öffentlicher Zweck sein kann[420]. Die Finanzverfassung des Grundgesetzes darf nicht auf Kosten der privaten Konkurrenten und deren grundrechtlich garantierten Freiheiten aufgegeben werden[421].

§ 16 Daseinsvorsorge als wettbewerbsrechtlich relevante Handlung

Daseinsvorsorge und öffentlicher Zweck sind gemeinwohlbezogene Begriffe und stehen somit typischerweise im Blickpunkt öffentlich-rechtlicher Überlegungen und Bindungen. Für die vorliegenden Untersuchungen ist es jedoch erforderlich, diese auch aus wettbewerbsrechtlicher Sicht zu beleuchten und insbesondere in den Kontext des dort zentralen Begriffs des Wettbewerbsverhältnisses[422] zu stellen. Daseinsvorsorge schließt eine unternehmerische Betätigung nicht aus[423].

I. Daseinsvorsorge als Wettbewerbshandlung

Fraglich könnte dabei zunächst sein, ob Handlungen aus dem Bereich der Daseinsvorsorge, die öffentliche Zwecke verfolgen, überhaupt relevante Wettbewerbshandlungen[424] darstellen. Das Vorliegen einer Wettbewerbshandlung ist

---

420 Vgl. BVerwGE 39, 329, 334; *Scharpf*, Kommunales Unternehmensrecht in Bayern, S. 123 m. w. N. in Fn. 373; *Selmer*, in: Stober/Vogel (Hrsg.), Wirtschaftliche Betätigung der öffentlichen Hand, S. 75, 88; a. A. hierzu aber *Otting*, DVBl. 1997, 1258, 1259, 1262, da eine derart ausgerichtete kommunalunternehmerische Tätigkeit zumindest mittelbar dem öffentlichen Zweck diene, der Verletzung des Kernbereichs kommunaler Selbstverwaltung auf Grund einer verfassungswidrigen Unterfinanzierung entgegenzuwirken. Hierdurch würde allerdings das öffentliche Zweckerfordernis endgültig auch seiner letzten Schrankenfunktion beraubt und wäre sinnlos. Umfassende Darstellung des Problems auch bei *Hidien*, Gemeindliche Betätigungen rein erwerbswirtschaftlicher Art und „öffentlicher Zweck" kommunaler wirtschaftlicher Unternehmen, S. 119 ff., 160 ff., der jedoch hinsichtlich einer „*erwerbswirtschaftlichen Chance*" der öffentlichen Hand zumindest einen „Sekundärzweck" des Gewinnstrebens anerkennen will. Rein erwerbswirtschaftliche Betätigung wird damit zum Antitopos des öffentlichen Zwecks.

421 Siehe hierzu bereits Kapitel 1 § 4 III., S. 37 ff.

422 Siehe zu diesem Begriff bereits Kapitel 1 § 4 VI., S. 41 ff.

423 *Ronellenfitsch*, in: Isensee/Kirchhof (Hrsg.), HStR IV, 3. Aufl. 2006, § 98 Rn. 51.

424 Vgl. die Legaldefinition im aktuell noch geltenden § 2 Abs. 1 Nr. 1 UWG. Die anstehende erneute Reform des UWG (siehe dazu schon in Fn. 241) will dem Gesetzentwurf der Bundesregierung (BT-Drucks. 16/10145 vom 20.08.2008) zufolge den Begriff der „Wettbewerbshandlung" durch den der „geschäftlichen Handlung" ersetzen und definiert diesen in § 2 Abs. 1 Nr. 1 UWG-E wie folgt: „*'geschäftliche Handlung' jedes Verhalten*

nach den objektiven Umständen der konkreten Marktverhältnisse zu beurteilen. Wurde nach der Rechtslage des bis 2004 geltenden UWG die Annahme einer Wettbewerbshandlung im Sinne eines Handelns zu Zwecken des Wettbewerbs zusätzlich noch von einer subjektiven Komponente, nämlich dem Vorliegen einer Wettbewerbsabsicht, abhängig gemacht, so genügt unter dem aktuellen UWG der objektive Tatbestand eines konkreten Wettbewerbsverhältnisses[425]. Zwar wurde unter Geltung der Rechtslage bis 2004 regelmäßig vermutet, dass Unternehmen, die in einem Wettbewerbsverhältnis zueinander stehen, auch subjektiv bezweckten, den eigenen oder fremden Wettbewerb zum Nachteil eines anderen Mitbewerbers zu fördern. Praktisch sprach also eine Vermutung regelmäßig für das Vorliegen einer Wettbewerbsabsicht.

Diese Vermutung bereitete jedoch beim Handeln der öffentlichen Hand im Wettbewerb Probleme[426]. Es war umstritten, ob die Vermutung der Wettbewerbsförderungsabsicht beim Handeln der öffentlichen Hand gelte oder ob eine so genannte Vermutung nach allgemeinen Lebenssätzen hier nicht vielmehr unzulässig sei[427]. Das wurde vor allem damit begründet, eine Leistungsbeziehung der öffentlichen Hand vermittle nur ein Wettbewerbsverhältnis, könne ein solches jedoch nicht begründen[428]. Statt einer pauschalen Vermutung komme es auf

---

einer Person zugunsten des eigenen oder eines fremden Unternehmens vor, während oder nach einem Geschäftsabschluss, das mit der Förderung des Absatzes oder des Bezugs von Waren oder Dienstleistungen oder mit dem Abschluss oder der Durchführung eines Vertrags über Waren oder Dienstleistungen objektiv zusammenhängt; als Waren gelten auch Grundstücke, als Dienstleistungen auch Rechte und Verpflichtungen;". Der Sache nach soll es sich dabei nur um eine sachgerechte und zweckmäßige terminologische Anpassung handeln, die klarstellt, dass es nur noch auf einen objektiven Zusammenhang zwischen dem Verhalten und der Absatzförderung bzw. dem Abschluss oder der Durchführung des Vertrages ankommt, vgl. *Sosnitza*, WRP 2008, 1014, 1016.

425 *Fezer*, in: Ohly/Bodewig/Dreier/Götting/Haedicke/Lehmann (Hrsg.), FS Schricker, S. 671, 676; *Ronellenfitsch*, in: Isensee/Kirchhof (Hrsg.), HStR IV, 3. Aufl. 2006, § 98 Rn. 57. Nach der anstehenden weiteren Reform gilt das erst recht, *Sosnitza*, WRP 2008, 1014, 1017.

426 Zusammenfassend *D. Weber*, Wettbewerbsrechtlicher Unterlassungsanspruch gegen kommunale Wirtschaftstätigkeit, S. 65 f. Siehe auch *Storr*, Der Staat als Unternehmer, S. 495; *Ulmer*, ZHR 146 (1982), 466, 474 f.; *v. Gamm*, WRP 1984, 303, 307 f.

427 Gegen eine solche Vermutung vor allem *Mestmäcker*, NJW 1969, 1 ff.

428 *Mestmäcker*, NJW 1969, 1, 2. Die Unterscheidung von Wettbewerbs- und Leistungsverhältnis beim Handeln der öffentlichen Hand hat sich erst allmählich herausgebildet. Früher hatte der *Bundesgerichtshof* noch vertreten, eine dem privatrechtlichen Wettbewerbsrecht zu unterstellende Wettbewerbshandlung könne nur vorliegen, wenn das öffentliche Unternehmen im Verhältnis zu seinen Benutzern und Abnehmern privatrechtlich organisiert sei. Als Abgrenzungskriterium wurde also lediglich die Rechtsnatur der Leistungsbeziehungen des öffentlichen Unternehmens zu seinen Abnehmern herangezogen, vgl.

eine Prüfung der konkreten Zwecke, die die öffentliche Hand mit ihrem jeweiligen Handeln verfolgt, an[429]. Für die wettbewerbsrechtliche Beurteilung von geschäftlichen Tätigkeiten[430] der öffentlichen Hand, insbesondere aus dem Bereich der Daseinsvorsorge, bereitete diese Auseinandersetzung um die Geltung einer Vermutung der Wettbewerbsabsicht mitunter Probleme, wenngleich eine Wett-

---

insbesondere BGH GRUR 1962, 159 f. – „Blockeis I"; BGHZ 37, 1, 15 ff. – „AKI". Diese Reduzierung hoheitlicher Maßnahmen auf die Leistungsbeziehung hat sich jedoch nicht durchgesetzt, siehe auch noch Kapitel 5 § 27 I. 5., S. 174 ff. Es folgte eine Verselbstständigung der Wettbewerbsbeziehungen zu den Konkurrenten gegenüber den Leistungsbeziehungen, vgl. *Emmerich*, Das Wirtschaftsrecht der öffentlichen Unternehmen, S. 278 ff., 293; *ders.*, Der unlautere Wettbewerb der öffentlichen Hand, S. 17; *Uechtritz/Otting*, in: Hoppe/Uechtritz (Hrsg.), Handbuch Kommunale Unternehmen, 2. Aufl. 2007, § 6 Rn. 142. In st. Rspr. trennt der *Bundesgerichtshof* inzwischen die Wettbewerbsbeziehungen des Staates zu den privaten Konkurrenten am Markt (Wettbewerbsverhältnis) strikt von den Leistungsbeziehungen des Staates zu seinen Bürgern bzw. Kunden (Leistungsverhältnis), vgl. bereits BGHZ 39, 352, 356 sowie explizit dann BGHZ 66, 229, 237 – „Studentenversicherung"; 67, 81, 87 – „Autoanalyser"; 82, 375, 383 – „Brillen-Selbstabgabestellen"; BGH GRUR 1974, 733 – „Schilderverkauf". Siehe hierzu auch *Schliesky*, DÖV 1994, 114, 115 f.; *Schliesky*, Öffentliches Wettbewerbsrecht, S. 94 - 111; *Lux*, in: Hoppe/Uechtritz (Hrsg.), Handbuch Kommunale Unternehmen, 2. Aufl. 2007, § 10 Rn. 16; *v. Gamm*, WRP 1984, 303, 307. Ablehnend *Brohm*, NJW 1994, 281, 287 f.; *Ehlers*, in: Schoch/Schmidt-Aßmann/Pietzner (Hrsg.), VwGO, § 40 Rn. 287; *Schachtschneider*, Staatsunternehmen und Privatrecht, S. 26 – 30; *Selmer*, in: Stober/Vogel (Hrsg.), Wirtschaftliche Betätigung der öffentlichen Hand, S. 75, 102. Für die Beurteilung und Qualifizierung des Wettbewerbsverhältnisses kommt es jedoch richtigerweise nicht mehr auf die Leistungsbeziehung an, vgl. BGHZ 66, 229, 233 – „Studentenversicherung"; 82, 375, 384 – „Brillen-Selbstabgabestellen". Später hat der *Bundesgerichtshof* das UWG sogar dann auf die Wettbewerbsbeziehungen der öffentlichen Hand angewendet, „*wenn dadurch auch ihr öffentlich-rechtlicher Tätigkeitsbereich berührt wird*", so BGHZ 110, 371, 381 – „Sportübertragungen". Gleiches gilt für die Anwendbarkeit des GWB auf die Wettbewerbsbeziehungen der öffentlichen Hand zu privaten Wettbewerbern (BGHZ 110, 371, 381; OLG Düsseldorf MedR 2008, 560 ff. zu einem Fall der Fusionskontrolle von Krankenhäusern; *Stoffel*, Wettbewerbsrecht und staatliche Wirtschaftstätigkeit, S. 81 f.). Eine solche Ausdehnung der Zuständigkeit der Zivilgerichte lehnt *Schliesky*, Öffentliches Wettbewerbsrecht, S. 464 ausdrücklich ab.

429 BGH GRUR 1968, 314 – „fix und clever"; NJW 1977, 1103, 1104; *P. Ulmer*, ZHR 146 (1982), 466, 476; *D. Weber*, Wettbewerbsrechtlicher Unterlassungsanspruch gegen kommunale Wirtschaftstätigkeit, S. 65.

430 Das sind Handlungen, die „im geschäftlichen Verkehr" erfolgen, wobei dieses Merkmal nach den Bedürfnissen des Rechtsverkehr auszulegen ist und Wirtschaftstätigkeit im weitesten Sinne erfasst, ohne dass es auf eine Gewinnerzielungsabsicht ankäme, vgl. *Schricker*, Wirtschaftliche Tätigkeit der öffentlichen Hand und unlauterer Wettbewerb, 2. Aufl. 1987, S. 76 ff., 121. Hinsichtlich der öffentlichen Hand kommt es folglich nicht darauf an, ob ihre am Wirtschaftsleben teilnehmenden Verwaltungseinrichtungen in die staatliche Hoheits- oder Wirtschaftsverwaltung integriert sind, solange es um den Austausch wirtschaftlicher Güter oder Leistungen in der Regel gegen Entgelt geht.

bewerbshandlung nicht immanent ausgeschlossen sein musste[431]. Mit dem Inkrafttreten der objektivierten Sprachregelung des aktuellen UWG, die auf den subjektiven Tatbestand einer Wettbewerbsabsicht verzichtet, haben sich diese Probleme jedoch erledigt[432]. Die öffentliche Hand und ihre daseinsvorsorgenden Handlungen können nun leichter und einheitlicher nach dem UWG beurteilt werden[433].

II. Es bleibt dabei: Ausschluss rein hoheitlicher Tätigkeiten aus dem Anwendungsbereich des UWG

Eine Ausnahme bilden die rein hoheitlichen Tätigkeiten, die einem exklusiven Staatsvorbehalt unterworfen sind. Diese spezifisch-originären Hoheitsaufgaben umfassen vor allem den Einsatz physischer Gewalt in der inneren Sicherheit, der Landesverteidigung und der Justiz sowie das staatliche Steuermonopol. In diesen Bereichen verbleibt es bei der Feststellung, dass die Verwaltung ihre Aufgaben dort nicht durch Teilnahme am Wirtschaftsleben, sondern durch ordnende und lenkende Tätigkeiten erfüllt[434]. Rein hoheitliche Tätigkeiten bleiben daher aus dem Bereich des UWG ausgegrenzt[435]. Denn gehandelt wird hier nicht im geschäftlichen Verkehr, sondern amtlich-obrigkeitlich. Das ändert indes nichts an der hiervon strikt zu trennenden Feststellung, dass die öffentliche Hand sehr wohl wettbewerbsrechtlich relevant handeln kann, wenn sie hoheitliche Aufga-

---

431 So zu Recht *D. Weber*, Wettbewerbsrechtlicher Unterlassungsanspruch gegen kommunale Wirtschaftstätigkeit, S. 66; *Lux*, in: Hoppe/Uechtritz (Hrsg.), Handbuch Kommunale Unternehmen, 2. Aufl. 2007, § 10 Rn. 11 f.

432 *Fezer*, in: Ohly/Bodewig/Dreier/Götting/Haedicke/Lehmann (Hrsg.), FS Schricker, S. 671, 677, unter zusätzlichem Hinweis auf die Immanenztheorie, nach der eine Wettbewerbshandlung erst dann vorliegt, wenn die Auswirkungen auf den Wettbewerb den Funktionsbereich der speziellen Tätigkeitsbereiche überschreiten. Durch solche immanenten Marktwirkungen spezifischer Tätigkeitsbereiche soll der Anwendungsbereich beschränkt werden. Dem ist hier nicht weiter nachzugehen. Vgl. auch *Sosnitza*, WRP 2008, 1014, 1017.

433 Zu Einzelheiten siehe Kapitel 3 § 17, S. 110 ff.

434 *Emmerich*, Das Wirtschaftsrecht der öffentlichen Unternehmen, S. 293. Zu solchen Tätigkeiten können wirtschaftslenkende Maßnahmen des Staates wie die öffentliche Subventionsvergabe zählen. Entscheidend bleibt jedoch eine Einzelfallbetrachtung, die auch ergeben kann, dass der Staat Subventionen als relevante Wettbewerbshandlung vergibt, die dann auf Grund ihrer wettbewerbsrelevanten Auswirkungen sehr wohl nach dem UWG beurteilt werden können, vgl. *Hefermehl/Köhler/Bornkamm*, UWG, 26. Aufl. 2008, § 4 UWG Rn. 13.26. Siehe hierzu im Übrigen schon Kapitel 2 § 14 III., S. 95 ff.

435 A. A. offenbar *Storr*, Der Staat als Unternehmer, S. 496 f.

ben erfüllt[436]. Denn für die bloße Erfüllung hoheitlicher Aufgaben ist sie nicht auf rein hoheitliche Tätigkeiten wie beispielsweise den Erlass eines Verwaltungsaktes beschränkt[437]; vielmehr stehen ihr alle Handlungs- und Organisationsformen offen, denen sich auch ein Privater bedienen kann[438].

Die Tätigkeiten des Staates im Rahmen seines Lotterie- und Glücksspielmonopols sind indes trotz der behaupteten Ordnungsfunktion dieses Staatsmonopols keinesfalls rein hoheitliche, sondern wirtschaftliche Tätigkeiten, die sich im geschäftlichen Verkehr abspielen[439]. Dafür sprechen sowohl die fiskalischen Eigeninteressen sowie die Ausgestaltung des Lotterie- und Glücksspielmarktes nur zu Gunsten bestimmter staatlicher Unternehmen[440]. Auch die - gesetzlich verankerte - Monopolstellung der öffentlichen Hand schließt ein Wettbewerbsverhältnis zu privaten Konkurrenten nicht aus[441]. Weil aber Glücksspielangebote nicht zur Daseinsvorsorge rechnen, können Wettbewerbsbeschränkungen in diesem Bereich nicht auf den Daseinsvorsorgeauftrag des Staates gestützt werden. Im Übrigen setzt Daseinsvorsorge durch den Staat seine Legitimation stets voraus[442].

III. Zwischenergebnis

Daseinsvorsorgende Tätigkeiten der öffentlichen Hand erfordern somit gemäß dem objektivierten Blickwinkel des 2004 reformierten UWG keine gesonderte

---

436 *Hefermehl/Köhler/Bornkamm*, UWG, 26. Aufl. 2008, § 4 UWG Rn. 13.22; *David*, NVwZ 2000, 738, 739; *Vollmar*, Rechtsweg und Maßstab für Klagen gegen die öffentliche Hand wegen Wettbewerbsverstößen, S. 52.

437 Missverständlich hierzu *Lux*, in: Hoppe/Uechtritz (Hrsg.), Handbuch Kommunale Unternehmen, 2. Aufl. 2007, § 10 Rn. 14, der meint, auch der Erlass von Verwaltungsakten könne im geschäftlichen Verkehr erfolgen. Mangels Güter- oder Leistungsaustauschs ist das jedoch zumindest unscharf formuliert.

438 So i. E. auch *Ronellenfitsch*, in: Isensee/Kirchhof (Hrsg.), HStR IV, 3. Aufl. 2006, § 98 Rn. 51. Deutlich hingewiesen auf diesen Zusammenhang von Rechtsnatur und Handlungsform hat allerdings – soweit ersichtlich – nur *Schliesky*, Öffentliches Wettbewerbsrecht, S. 464 mit Fn. 52.

439 BVerfGE 115, 276, 302 – „Oddset“. Vgl. auch *Bethge*, in: Heckmann (Hrsg.), GS F. O. Kopp, S. 300, 306; *Hattig*, Untersuchung der Vereinbarkeit von nationalem Glücksspielrecht mit dem europäischen Gemeinschaftsrecht am Beispiel Schwedens, S. 31; *Arendts*, WiVerw 2008, 123, 129.

440 Vgl. *Schricker*, Wirtschaftliche Tätigkeit der öffentlichen Hand und unlauterer Wettbewerb, 2. Aufl. 1987, S. 123.

441 *Ulmer*, ZHR 146 (1982), 466, 478; *Vollmar*, Rechtsweg und Maßstab für Klagen gegen die öffentliche Hand wegen Wettbewerbsverstößen, S. 59. Siehe im Übrigen Kapitel 1 § 4 VI., S. 41 ff.

442 Siehe bereits Kapitel 1 § 4 III., S. 37 ff.

Behandlung oder gar eine Ausnahme im Rahmen ihrer wettbewerbsrechtlichen Beurteilung. Auf die Vermutung einer Wettbewerbsabsicht kommt es nicht mehr an. Lediglich rein hoheitliche Tätigkeiten der öffentlichen Hand bleiben von der Anwendung des UWG auch im Bereich der Daseinsvorsorge ausgenommen. Wettbewerbsrechtlich relevantes Handeln der öffentlichen Hand ist indes möglich, soweit es nur um die Erfüllung der der öffentlichen Hand zugewiesenen Aufgaben geht.

§ 17 Erster Überblick: Anwendbarkeit des Wettbewerbsrechts auf öffentliche Unternehmen

I. Wettbewerbsverhältnis auf dem Boden der Gleichordnung

Auch Handlungen aus dem Bereich der Daseinsvorsorge können also relevante Wettbewerbshandlungen darstellen. Sie schließen ein Wettbewerbsverhältnis ebenso wenig aus wie eine Monopolstellung der öffentlichen Hand. Dieses Ergebnis aber richtet den Blick auf die Frage, ob denn das Wettbewerbsrecht und insbesondere das UWG auf die öffentlichen Unternehmen überhaupt Anwendung finden kann. Das ist aus zwei Gründen zu bejahen:

Zunächst ist nichts ersichtlich, was die Anwendbarkeit des Wettbewerbsrechts auf die wirtschaftliche Tätigkeit der öffentlichen Hand überzeugend auszuschließen vermag. Wer sich in echte Konkurrenz zu privaten Anbietern begibt, muss den gleichen Regeln unterliegen wie ihrerseits die Privaten.

Weiter ist es nur konsequent, das gesamte Handeln der öffentlichen Hand dem Privatrecht inklusive des Wettbewerbsrechts zu unterwerfen, wenn und soweit sie sich organisations- oder handlungsrechtlich zu privatrechtlichem Tätigwerden entschließt. Das gilt – unabhängig davon, ob man die Lehren vom Zusammenhang von Wettbewerbs- und Benutzungsverhältnis für überkommen hält oder nicht[443] – in aller Regel auch dann, wenn die öffentliche Hand im Verhältnis zu ihren Abnehmern im Wirtschaftsleben hoheitlich tätig wird[444]. Streit besteht allerdings, ob das Wettbewerbsrecht dort unmittelbar gilt oder analog im

443 Siehe hierzu Fn. 428 sowie Kapitel 5 § 27 I. 5., S. 174 ff.

444 *Emmerich*, Der unlautere Wettbewerb der öffentlichen Hand, passim; *Klein*, Die Teilnahme des Staates am wirtschaftlichen Wettbewerb, S. 242 ff.; *Scholz*, ZHR 132 (1969), 97 ff.; *Vollmar*, Rechtsweg und Maßstab für Klagen gegen die öffentliche Hand wegen Wettbewerbsverstößen, S. 54 m. w. N. in Fn. 1.

öffentlichen Recht angewendet werden muss und ob es dann von öffentlich-rechtlichen Bestimmungen ergänzt, überlagert oder sogar im Einzelfall ausgeschlossen wird[445].

Entschieden für die Anwendbarkeit des UWG auf öffentliche Unternehmen streitet der Gedanke, dass sich öffentliche Unternehmen und private Konkurrenten auf dem Boden der Gleichordnung begegnen, wenn auf demselben relevanten Markt identische bzw. austauschbare Waren oder Dienstleistungen angeboten werden, zwischen denen der Kunde frei wählen kann (so genanntes Bedarfsmarktkonzept[446]). Das so begründete Wettbewerbsverhältnis[447] ist stets privatrechtlich und damit auch anhand des UWG (sowie des GWB[448]) zu beurteilen. Das öffentliche Recht geht weder dem privaten vor, noch überlagert es dieses im Ergebnis einer Gesamtbetrachtung. Diese Sichtweise hat sich inzwischen durchgesetzt[449]. Auf die Rechtsnatur der Leistungsbeziehungen zu den Abnehmern der öffentlichen Unternehmen wird für die Frage der generellen Anwendbarkeit des UWG auf öffentliche Unternehmen nicht mehr abgestellt. Wettbewerbs- und Kartellrecht sind somit – jedenfalls in ihrer Funktion als Marktverhaltensrecht[450] – uneingeschränkt auf die öffentliche Hand anwendbar[451].

Die öffentliche Hand ist aber nicht nur einer der wichtigsten Anbieter von Waren und Dienstleistungen auf den jeweiligen Märkten, sondern ohne Zweifel auch der größte Nachfrager und damit für das Wohl und Wehe ganzer Wirtschaftszweige verantwortlich. Manches spricht dafür, schon auf Grund dieser

---

445 Siehe zu diesen Fragen noch Kapitel 5 § 29 III., S. 231 ff. und Kapitel 5 § 30 I. 1. a), S. 235 ff.

446 Zum Begriff z. B. BGHZ 131, 107, 110 – „Backofenmarkt“; BGH NJW 1996, 2656, 2657 – „Pay-TV-Durchleitung“; *Dittmer*, Öffentliche Unternehmen und der Begriff des öffentlichen Auftraggebers, S. 175 f.; *Storr*, Der Staat als Unternehmer, S. 180.

447 Siehe zum Begriff bereits Kapitel 1 § 4 VI., S. 41 ff.

448 BGHZ 110, 371 ff. – „Sportübertragungen“.

449 BGHZ 82, 375, 382 – „Brillen-Selbstabgabestellen“; 121, 126, 128 f. – „Rechtswegprüfung II“; BGH GRUR 1974, 733 – „Schilderverkauf“; *v. Gamm*, WRP 1984, 303, 306 f.; *Otting*, DÖV 1999, 549, 550. Siehe hierzu auch Fn. 428 sowie Kapitel 5 § 27 I. 5., S. 174 ff.

450 Soweit es um die Anwendung des UWG auf den Marktzutritt öffentlicher Unternehmen, also das „Ob“, geht, ergeben sich unter Geltung des reformierten UWG neue Probleme, die noch darzustellen sind. Siehe hierzu Kapitel 5 § 30 I. 1. b), S. 239 ff.

451 *Ulmer*, ZHR 146 (1982), 466, 475, 490. Es ist also für die Geltung des UWG ohne Bedeutung, ob ein Wettbewerbshandeln von einem öffentlichen oder einem privaten Unternehmen ausgeht. Siehe ausführlich auch *Schünemann*, in: Stober/Vogel (Hrsg.), Wirtschaftliche Betätigung der öffentlichen Hand, S. 41, 46 ff.

starken Marktstellung die Vorschriften des Wettbewerbsrechts auf die öffentliche Hand anzuwenden. Für die Anwendbarkeit des UWG und anderer Wirtschaftsgesetze kann aber nicht allein das staatliche Auftragsvolumen entscheidend sein, sondern es müssen Sinn und Zweck der wettbewerbsrechtlichen Vorschriften beachtet werden[452]. Daher handelt eine Kommune auch bei Erfüllung hoheitlicher Aufgaben „zu Wettbewerbszwecken"[453], wenn sie dabei in einem Umfang in den Wettbewerb eingreift, der nicht mehr zur Erfüllung ihrer Aufgaben sachlich geboten ist[454].

II. Im Besonderen: Wettbewerbsregeln gelten für die öffentliche Hand auch im Bereich der Daseinsvorsorge

Nichts anderes kann letztlich im Bereich der Daseinsvorsorge gelten. Ein relevanter Unterschied zu der Frage, ob der Staat als Anbieter oder Nachfrager von Waren oder Dienstleistungen an die Regeln des Wettbewerbsrechts gebunden ist, besteht nicht. Auch wenn es zu beachten gilt, dass der Wettbewerb bei der Daseinsvorsorge nur Instrument der optimalen Aufgabenerfüllung und nicht Anwendungsfall marktwirtschaftlicher Ordnungsprinzipien wie Privatautonomie und Gewinnmaximierung ist[455], so ändert das nichts an der grundsätzlichen Anwendbarkeit der Wettbewerbsregeln auf derartige Tätigkeiten. Denn auch hier gilt, dass es Wettbewerb im rechtsfreien Raum nicht geben darf[456]. Gerade in der Austauschbarkeit der rechtlichen Formen der Daseinsvorsorge liegt ein Grund dafür, dass auch diese Tätigkeit des Staates den Regeln des Wettbewerbsrechts unterliegen muss[457]. Anderenfalls könnte sich der Staat allein durch einen Rechtsformwechsel den sonst geltenden Wettbewerbsregeln entziehen[458]. Das dürfe aber ebenso wenig möglich sein, wie sich die öffentliche Verwaltung der Grundrechtsbindung dadurch entledigen könnte, dass sie sich statt öffentlich-

---

452 *Emmerich*, Das Wirtschaftsrecht der öffentlichen Unternehmen, S. 60 f.

453 Zur Bedeutung der Formulierung „zu Zwecken des Wettbewerbs", die noch aus dem alten UWG stammt, nach dessen Reformierung im Jahr 2004 siehe Kapitel 3 § 16, S. 105 ff. sowie *Nordemann*, Wettbewerbsrecht Markenrecht, 10. Aufl. 2004, Rn. 116, 120 und *Schünemann*, in: Stober/Vogel (Hrsg.), Wirtschaftliche Betätigung der öffentlichen Hand, S. 41, 58 f., bei dem sehr deutlich der Zusammenhang mit der reformierten Sprachwahl des UWG hervortritt.

454 *David*, NVwZ 2000, 738, 739.

455 *Ronellenfitsch*, in: Hoppe/Uechtritz (Hrsg.), Handbuch Kommunale Unternehmen, 2. Aufl. 2007, § 2 Rn. 2.

456 A. A. *Scholz*, ZHR 132 (1969), 97, 115.

457 *Pinger*, GRUR 1973, 456, 457.

458 *Klein*, Die Teilnahme des Staates am wirtschaftlichen Wettbewerb, S. 247.

rechtlicher Formen der Institute des Privatrechts bedienen würde[459]. In Fortführung der bekannten Formulierung, die öffentliche Verwaltung dürfe „keine Flucht ins Privatrecht" begehen, kann man also sagen, sie dürfe auch „keine Flucht vor dem Wettbewerbsrecht" begehen, auch sofern es um staatliche Wirtschaftstätigkeit im Bereich der Daseinsvorsorge geht.

Für diese hier vertretene Auffassung spricht auch die teilweise anzutreffende Ansicht, der Begriff der Daseinsvorsorge sei überhaupt kein relevanter Rechtsbegriff, weswegen aus ihm auch keine Folgerungen für die Zulässigkeit wirtschaftlicher Betätigungen der öffentlichen Hand abzuleiten seien[460]. Unter dieser Prämisse nämlich macht es rechtlich keinen Unterschied, ob eine bestimmte wirtschaftliche Betätigung des Staates zur Daseinsvorsorge gehört oder nicht. Entscheidend ist dann allein, ob es sich überhaupt um eine wirtschaftliche Tätigkeit eines öffentlichen Unternehmens handelt. Ist das der Fall, gelten hierfür alle Wettbewerbsregeln. Tritt man zu Recht der Auffassung von der Daseinsvorsorge als relevantem Rechtsbegriff entgegen, vermag auch die zum Teil geäußerte Auffassung nicht durchzudringen, die Herstellung praktischer Konkordanz von öffentlichem Daseinsvorsorgeauftrag und privater Gewinnmaximierung sei unvereinbar und es gäbe im Zweifel einen Vorrang der Daseinsvorsorge, was zugleich zu einer „*Wiederentdeckung der Staatlichkeit*" führe[461]. Denn auf das (zusätzliche) Abgrenzungskriterium der Daseinsvorsorge kann – und muss – bei der Frage nach der Geltung des Wettbewerbsprinzips gerade verzichtet werden. Eine „Flucht vor dem Wettbewerbsrecht" darf es für die öffentliche Hand nicht geben. Das gilt auch unter Beachtung der gemeinschaftsrechtlichen Regelungen in Art. 86, 87 EG, die die Daseinsvorsorge ebenfalls nicht von vornherein vom Wettbewerbsgrundsatz ausnehmen[462].

---

459 *Pinger*, GRUR 1973, 456, 457.

460 Vgl. dazu bereits Kapitel 3 § 15 I., S. 98 ff.

461 So aber *Ronellenfitsch*, in: Hoppe/Uechtritz (Hrsg.), Handbuch Kommunale Unternehmen, 2. Aufl. 2007, § 2 Rn. 11.

462 So freilich zu Recht *Ronellenfitsch*, in: Hoppe/Uechtritz (Hrsg.), Handbuch Kommunale Unternehmen, 2. Aufl. 2007, § 2 Rn. 6 a. E., 9.

§ 18 Problematische Konstellationen

I. Staatliche Bezuschussung öffentlicher Unternehmen als wettbewerbsverzerrendes Element staatlicher Wettbewerbsteilnahme

Im Folgenden soll es darum gehen, die besondere Problematik des Rückhalts im Staatshaushalt aufzuzeigen, den öffentliche Unternehmen genießen. Hierzu rechnen nicht nur Steuerprivilegien der öffentlichen Hand[463], sondern vielmehr sämtliche monetären Vorteile öffentlicher Unternehmen, die sich notwendigerweise aus der Tatsache ergeben, dass ihr Träger (auch) der Staat mit seiner gesamten, nahezu unbeschränkten Macht ist[464]. Es wird sich zeigen, dass zu solchen *„inhärenten Wettbewerbsvorteilen“*[465] auch die staatliche Bezuschussung öffentlicher Unternehmen als ein eigenständiges wettbewerbsverzerrendes Element staatlicher Wettbewerbsteilnahme rechnen kann.

Bezuschusst der Staat öffentliche Unternehmen, so tritt die Identität von Staat und Fiskus zu Tage. Die hierzu verwendeten öffentlichen Mittel sind überwiegend Steuermittel, der öffentliche Haushalt entpuppt sich als Einbruchstelle für Wettbewerbsverzerrungen[466]. Denn im Wirtschaftsleben müssen Mittel zur Investition und Expansion grundsätzlich im Wettbewerb erwirtschaftet werden. Geschieht dies bei öffentlichen Unternehmen nicht, wird diesen ein Vorteil eingeräumt, den Private (evtl. sogar private Konkurrenten desselben Marktes) nicht fordern oder gar nutzen können. Verschärfend kommt hinzu, dass solche Verzerrungen auch dann noch auftreten können, wenn sich die öffentlichen Unternehmen ansonsten an die gleichen „Spielregeln“ des Marktgeschehens halten wie ihre privaten Konkurrenten, weil ihnen der mögliche Rückgriff auf Haus-

---

463 *Klein*, Die Teilnahme des Staates am wirtschaftlichen Wettbewerb, S. 236 f. Bis zum Ersten Weltkrieg waren öffentliche Unternehmen sogar durchweg von der Besteuerung befreit, vgl. *Püttner*, in: Eichhorn/Reichard/Schuppert (Hrsg.), Kommunale Wirtschaft im Wandel - Chancen und Risiken, S. 27, 28. Nicht zu vergessen ist auch der Zugang zu amtlichen Informationen, den öffentliche Unternehmen auf Grund ihrer personellen Verflechtungen zwischen ihnen und dem Staat haben. Vgl. hierzu nur den Beteiligungsbericht des Bundes von 2007, S. 215 ff., der solche Verflechtungen hinsichtlich der Aufsichtsrats-, Beirats-, Gesellschafterausschuss-, Kuratoriums- und Verwaltungsratsmitglieder in öffentlichen Unternehmen des Bundes offen legt.

464 *Emmerich*, Der unlautere Wettbewerb der öffentlichen Hand, S. 8; *D. Weber*, Wettbewerbsrechtlicher Unterlassungsanspruch gegen kommunale Wirtschaftstätigkeit, S. 176.

465 *Emmerich*, Der unlautere Wettbewerb der öffentlichen Hand, S. 9.

466 *Klein*, Die Teilnahme des Staates am wirtschaftlichen Wettbewerb, S. 259; *D. Weber*, Wettbewerbsrechtlicher Unterlassungsanspruch gegen kommunale Wirtschaftstätigkeit, S. 176.

haltsmittel stets den „längeren Atem" verschafft. Der prinzipiellen wettbewerbsrechtlichen Gleichstellung erwerbswirtschaftlicher Unternehmen der öffentlichen Hand mit Privatbetrieben droht dadurch von vornherein die Grundlage entzogen zu werden. Der Einwand scheint berechtigt, ein solcher gewollter Grundsatz der Gleichstellung reiche vor diesem Hintergrund nicht weit genug, denn die Pflichten der öffentlichen Hand zur Beachtung wettbewerblicher Grundsätze seien nicht ebenso groß, sondern größer als die der anderen Wettbewerbsteilnehmer[467].

Doch darf ein Einwand nicht übersehen werden, dem eine gewisse Berechtigung nicht abgesprochen werden kann. Das „private" Unternehmen der öffentlichen Hand, das gänzlich frei von staatlicher Besonderheit und Einflussnahme ist, gibt es letztlich nicht[468]. Wer die Wirtschaftstätigkeit des Staates als solche nicht grundsätzlich in Frage stellt, wird dem Staat zumindest ein solches Verhalten nicht versagen können, das für eine adäquate Teilnahme am Wettbewerb erforderlich ist. Hierzu zählt diejenige (finanzielle oder sachliche) Unterstützung öffentlicher Unternehmen, die nicht wirtschafts- oder gar lenkungspolitisch intendiert ist und mit Mitteln erfolgt, die nicht nur der Verwaltung zugänglich sind[469]. Was darüber hinausgeht[470], muss wegen des potenziell wettbewerbsverzerrenden Charakters von privaten Konkurrenten gerichtlich überprüfbar sein. Auch diesen Fällen gelten die Überlegungen dieser Arbeit.

II. Mögliche Quersubventionierung kommunaler Unternehmen

Ursprünglich stand – jedenfalls im deutschen Raum – die Entwicklung gemeindlicher Unternehmen immer unter der (ungeschriebenen) Prämisse, dass dem Bürger durch eine Ausweitung der kommunalen Wirtschaftstätigkeit kein finanzieller Nachteil erwachsen dürfe. Bedenkt man aber, dass die Kommunen teils ausgesprochen kostspielige und aufwändige Unternehmungen betrieben haben

---

467 *Frentzel*, Recht und Staat 235 (1961), S. 24 f.

468 So i. E. auch *Schachtschneider*, Staatsunternehmen und Privatrecht, S. 59.

469 *Klein*, Die Teilnahme des Staates am wirtschaftlichen Wettbewerb, S. 259 f. Dagegen *Schachtschneider*, Staatsunternehmen und Privatrecht, S. 58.

470 Zu problematischen Fällen siehe *Klein*, Die Teilnahme des Staates am wirtschaftlichen Wettbewerb, S. 260 f. In Betracht kommen insbesondere all jene Konstellationen, in denen Zuschüsse gewährt werden, obwohl das öffentliche Unternehmen nicht in einer Notlage war, die auch einen privaten Konkurrenten zum Empfang von Subventionen berechtigt hätte.

und oft auch noch betreiben[471], die kaum in der Lage waren, sich selbst zu finanzieren, lag die Idee nahe, andere – rentabel wirtschaftende – gemeindliche Unternehmen und deren Überschüsse zur Quersubventionierung heranzuziehen[472]. Auch wenn für die Quersubventionierung damit vielleicht eine historische Erklärung gefunden sein mag. Eine Rechtfertigung stellt diese jedenfalls nicht da. Die einzig logische Konsequenz aus einer derartigen Prämisse hätte für die Kommunen sein müssen und müsste es heute noch sein, sich aus unrentablen Unternehmungen zurückzuziehen bzw. ihre Tätigkeit nicht auch noch auf solche Bereiche auszuweiten und sie stattdessen dem Markt und damit privaten Konkurrenten zu überlassen. Denn auch das wäre ein möglicher Weg, finanziellen Nachteil für die Bürger abzuwenden.

Quersubventionierung unrentabler Unternehmen stellt keinen „Königsweg" für die Kommunen dar. Eine neue Entscheidung des *Bundesfinanzhofs* vom 18.09.2007 stellt nämlich klar, dass eine auf Gewinnerzielung ausgerichtete Tätigkeit der öffentlichen Hand auch dann vorliegen kann, wenn sie einen dort erzielten Überschuss in anderen Sparten für gemeinnützige Zwecke einsetzt[473], diese also quersubventioniert. Abgesehen davon, dass aus dem Kriterium der Gewinnerzielungsabsicht grundsätzlich allein noch nichts für die Einteilung in wirtschaftliches und nichtwirtschaftliches Handeln des Staates gewonnen werden kann[474], so verdeutlicht die Entscheidung jedoch, dass die öffentliche Hand ihre wirtschaftlichen Aktivitäten nicht hinter einer gemeinnützigen Quersubventionierung „verstecken" kann. Diese verdoppelt die Gefahren für die privaten Konkurrenten sogar. Denn diesen wird eine Quersubventionierung mangels „zweiten Standbeins" oft schon gar nicht möglich sein. Im Übrigen droht von staatlicher Seite auf diesem Wege – wenn es denn im Einzelfall einmal darauf ankommen sollte[475] – eine weitere wirtschaftliche Tätigkeit auf Grund des Kriteriums der Gewinnerzielung sogar dann, wenn diese Gewinne in einer anderen Sparte eingesetzt werden, gegen die sich der private Konkurrent am Markt behaupten müsste.

471 Siehe dazu Kapitel 2 § 9 I., S. 72 ff.
472 *Klein*, Die Teilnahme des Staates am wirtschaftlichen Wettbewerb, S. 65; *Krölls*, GewArch 1992, 281, 287.
473 BFH DStR 2008, 290 ff.
474 Siehe hierzu Kapitel 1 § 4 III., S. 37 ff. und Kapitel 2 § 12, S. 84.
475 Dazu Kapitel 2 § 12, S. 84.

§ 19 Exkurs: Bedeutung des Art. 28 Abs. 2 GG für das Verhältnis zur Privatwirtschaft

Nicht nur bei diesen speziellen Problemen, sondern ganz allgemein wirft die Schwierigkeit des Sichbehauptens der Privaten gegenüber öffentlichen Unternehmen die Frage auf, ob Art. 28 Abs. 2 GG Aussagen über das Verhältnis öffentlicher (speziell kommunaler) Unternehmen zur Privatwirtschaft treffe. Man kann zwar berechtigterweise schon Zweifel an der vom rheinland-pfälzischen *Verfassungsgerichtshof* geäußerten Ansicht[476] hegen[477], wonach die kommunale Selbstverwaltung „*unbezweifelbar*" die kommunale Wirtschaftstätigkeit umfasse, soweit sie sich auf die Daseinsvorsorge bezieht. Das wird man aber schon deshalb akzeptieren müssen, weil umgekehrt wohl unbestreitbar die kommunale Wirtschaft seit jeher das Wesen der kommunalen Selbstverwaltung prägt[478].

I. Art. 28 Abs. 2 GG als Ausdruck eines staatsorganisationsrechtlichen Prinzips

Art. 28 Abs. 2 GG stellt jedoch nur eine innerstaatliche Kompetenzverteilungsvorschrift dar, die keine Zuständigkeit der Gemeinden unter Ausschluss der Betätigungsmöglichkeit Privater begründet[479]. Es handelt sich um den Ausdruck eines staatsorganisatorischen Prinzips, das keine Vorgaben für die Verteilung von Aufgaben im Verhältnis von Staat und Gesellschaft macht[480]. Das gilt weder in die eine noch in die andere Richtung[481]. Daraus folgt, dass Art. 28 Abs. 2 GG sowie die korrespondierenden landesverfassungsrechtlichen Bestimmungen[482] mangels Wirkung im Staat-Bürger-Verhältnis keine eigenständigen Ermächtigungsgrundlagen für mit kommunaler Wirtschaftstätigkeit verbundene Grund-

---

476 Vgl. RhPfVerfGH NVwZ 2000, 801, 804.

477 So *Ruffert*, NVwZ 2000, 763.

478 *Pagenkopf*, GewArch 2000, 177, 178; *Scharpf*, GewArch 2005, 1, 2 m. w. N. in Fn. 23.

479 *Badura*, DÖV 1998, 818, 823; *Berg*, WiVerw 2000, 141, 146; *Kluth*, WiVerw 2000, 184, 203; *Scharpf*, GewArch 2005, 1, 6 f.

480 RhPfVerfGH NVwZ 2000, 801; *Badura*, DÖV 1998, 818, 823; *Henneke*, NdsVBl. 1998, 273, 282; *Kluth*, Grenzen kommunaler Wettbewerbsteilnahme, S. 48; *Lindner*, Verwaltungsgerichtliche Klagemöglichkeiten für Private gegen privatrechtliche kommunale Wirtschaftsbetätigung, S. 104; *Ruffert*, NVwZ 2000, 763, 764; *Schink*, NVwZ 2002, 129, 133.

481 *Schink*, NVwZ 2002, 129, 133; a. A. *Pagenkopf*, GewArch 2000, 177, 178.

482 Art. 71 LVBW; 11 Abs. 2 BV; 66 Abs. 2 LVBE; 97 VerfBbg; 144 LVerfHB; 4 Abs. 2 VerfHH; 137 HV; 72 VerfMV; 57 VerfNi; 78 VerfNW; 49 VerfRhPf; 117 f. VerfSL; 82 Abs. 2 SächsVerf; 87 VerfLSA; 46 VerfSH; 91 VerfTH.

rechtseingriffe darstellen können. Wirtschaftliche Betätigung wird damit *de facto* vom Vorhandensein einer einfachgesetzlichen Regelung durch den Landesgesetzgeber abhängig[483].

II. Art. 28 Abs. 2 GG als Betätigungsgrenze?

Art. 28 Abs. 2 GG wirke jedoch insoweit als Betätigungsgrenze, als die Wirtschaftstätigkeit von Gemeinden zur Verwirklichung von Sachzielen dienen müsse, die zugleich Angelegenheiten der örtlichen Gemeinschaft sind[484]. Nur dann sei das so genannte „Örtlichkeitsprinzip" kommunaler Wirtschaftstätigkeit erfüllt[485]. Auch wenn diese Frage hier nicht abschließend geklärt werden kann, so ist doch darauf hinzuweisen, dass Art. 28 Abs. 2 S. 1 GG tatsächlich keine Aussage darüber enthält, ob Gemeinden durch einfaches Recht zu Tätigkeiten auch außerhalb des örtlichen Wirkungskreises ermächtigt werden können. Das bleibe richtigerweise möglich, auch wenn sich die Gemeinden dann für diese Aufgaben nicht mehr auf Art. 28 Abs. 2 S. 1 GG berufen könnten[486]. So gesehen wird die Frage nach der Bedeutung der Vorschrift für das Verhältnis zur Privatwirtschaft von einem Örtlichkeits- oder Sachzielbezug befreit.

III. Zwischenresümee

Die Diskussion ist also eher von historischem Interesse. Festzuhalten bleibt, dass Art. 28 Abs. 2 GG nicht etwa von sich aus zu Eingriffen in die Rechte Privater ermächtigt. Denn eine hoheitliche Aufgabenbewältigung im Verhältnis zum Bürger setzt grundsätzlich das Vorliegen einer staatlichen Aufgabe voraus[487]. Ebenso wenig darf Art. 28 Abs. 2 GG aber im Wege einer vorgeblichen Drittwirkung zu einer Befugnisnorm gegenüber der Privatwirtschaft uminterpretiert

---

483 *Ahrens*, in: Harte-Bavendamm/Henning-Bodewig (Hrsg.), UWG, Einl F, Rn. 31; *Kluth*, Grenzen kommunaler Wettbewerbsteilnahme, S. 46; *Scharpf*, GewArch 2005, 1, 7; a. A. *Pagenkopf*, GewArch 2000, 177, 179. Das Kommunalwirtschaftsrecht der Länder hält solche Regelungen jedoch bereit, in Bayern beispielsweise mit Art. 86 BayGO. Zu Einzelheiten der Rechtsgrundlagen staatlicher Wirtschaftstätigkeit vgl. Kapitel 4 § 21, S. 122 ff.

484 *Grawert*, in: Grupp/Ronellenfitsch (Hrsg.), FS Blümel, S. 119, 125, 127 ff.; *Schink*, NVwZ 2002, 129, 133.

485 Vgl. *Tomerius*, LKV 2000, 41, 42.

486 Darauf weist *Papier*, DVBl. 2003, 686, 688 mit Fn. 17 unter Berufung auf BVerfGE 79, 127, 152 hin. Vgl. hierzu auch *Leder*, DÖV 2008, 173, 179 f.

487 *Hösch*, Die kommunale Wirtschaftstätigkeit, S. 76; *Kluth*, Grenzen kommunaler Wettbewerbsteilnahme, S. 47.

werden[488]. Jenseits ihrer staatsorganisationsrechtlichen Funktion hat die Vorschrift somit prinzipiell keinen spezifischen Gehalt, mit dessen Hilfe das Verhältnis von Privatwirtschaft und Wirtschaftstätigkeit der öffentlichen Hand geklärt werden könnte.

§ 20 Zu möglichen Nachteilen der öffentlichen Hand im Wettbewerb

Angesichts der bisher geschilderten Wettbewerbsvorteile öffentlicher Unternehmen mag es überraschen, auch etwaige Nachteile von diesen in Betracht zu ziehen. Eine ausgewogene Darstellung darf hierauf jedoch nicht verzichten, wenngleich sich zeigen wird, dass solche Nachteile, sollten sie überhaupt bestehen, marginal sind gegenüber den Vorteilen.

I. Behauptete Wettbewerbsnachteile öffentlicher Unternehmen

Mögliche Wettbewerbsnachteile, die die „öffentlichen Hände“ treffen können, werden vor allem in den kommunalrechtlichen Vorgaben für kommunale Unternehmen und dort wiederum insbesondere im Örtlichkeits- und Subsidiaritätsprinzip gesehen. Als Nachteile werden auch Beteiligungsberichtspflichten[489], Genehmigungsvorbehalte und die Vorschriften über die Aufsicht genannt, gefolgt von Beschränkungen in der Rechtsformenwahl, Bindungen des Dienst-, Organisations- und Haushaltsrechts, Beschränkungen in der Auftragsvergabe sowie arbeits-, sozial-, wirtschafts- und umweltpolitische Vorgaben[490]. Bei genauerem Hinsehen wird jedoch schnell deutlich, dass insbesondere die letztgenannten angeblichen Nachteile keineswegs inhärente Wettbewerbsnachteile der öffentlichen Hand sind, sondern vielmehr private Anbieter in gleicher Weise treffen. Genehmigungsvorbehalte und aufsichtsrechtliche Regelungen spiegeln nicht zuletzt lediglich die Transparenzverpflichtung der Verwaltung wider, die dieser vor allem auf Grund ihrer Steuerfinanzierung gegenüber den Bürgern obliegt[491]. Auch das Subsidiaritätsprinzip stellt keinen Nachteil der öffentlichen Hand dar, sondern das notwendige Korrelat zu der Tatsache, dass die öffentliche Hand ohne dieses ungehindert am Markt agieren und dort ihre inhärenten und

488 *Bethge*, in: Merten/Papier (Hrsg.), HGR III, § 72 Rn. 37 (im Erscheinen).
489 Z. B. Art. 96 Abs. 1 S. 1 Nr. 2 BayGO oder § 117 GO NRW.
490 Siehe zum Ganzen *Eichhorn*, in: Eichhorn/Reichard/Schuppert (Hrsg.), Kommunale Wirtschaft im Wandel - Chancen und Risiken, S. 171, 173.
491 Siehe hierzu bereits Kapitel 2 § 10 I., S. 78.

gesetzlich verankerten Wettbewerbvorteile zum Nachteil der Privaten voll ausnutzen könnte[492]. Eine Beschränkung der Rechtsformenwahl gibt es tatsächlich nicht. Vielmehr sehen einige Gemeindeordnungen sogar vor, dass Kommunalunternehmen in der Rechtsform einer Anstalt des öffentlichen Rechts geführt werden können und die Gemeinde sogar als Gewährträger für die Verbindlichkeiten der Gesellschaft haftet[493]. Gegenüber privaten Konkurrenten steht den Gemeinden damit sogar eine zusätzliche Rechtsform zu, die den Privaten ebenso verschlossen bleibt wie eine Gewährträgerhaftung. Das aber ist ein Vorteil für öffentliche Unternehmen und nicht etwa eine Bremse im Wettbewerb[494]. Wenn die Gemeindeordnungen vorsehen, dass kommunale Unternehmen nur betrieben werden dürfen, wenn Art und Umfang in einem angemessenen Verhältnis zur Leistungsfähigkeit der Gemeinde und zum voraussichtlichen Bedarf stehen[495], so ist das keine Bremse für kommunale Wirtschaftstätigkeit, sondern die gesetzliche Regelung einer Selbstverständlichkeit für jeden gewissenhaften Unternehmensbetreiber.

II. Zwischenresümee

Ein gegeneinander „Aufrechnen" von Vor- und Nachteilen ist aber wohl weder gerechtfertigt noch sinnvoll, denn etliche der behaupteten Nachteile treffen wie gezeigt auch die Privaten. Es gibt keine inhärenten Wettbewerbsnachteile der „öffentlichen Hände", die die Chancengleichheit im Wettbewerb zu Lasten der öffentlichen Unternehmen berührten[496]. Im Gegenteil bestehen evidente inhärente Wettbewerbsvorteile, die einen effektiven Rechtsschutz auf Seiten der privaten Konkurrenten erforderlich machen[497].

---

492 Siehe zum Subsidiaritätsprinzip und seiner Funktion im System des Rechtsschutzes Privater ausführlich Kapitel 5 § 25 III., S. 157 und ab Kapitel 5 § 29 I. 2., S. 186 ff.

493 So beispielsweise in Bayern, vgl. Art. 89 Abs. 1, 4 BayGO. In Bayern existiert darüber hinaus noch das von mehreren Kommunen gemeinsam getragene Kommunalunternehmen (gKU), vgl. Art. 49 f. BayKommZG. Siehe zu diesen jüngst etwa *Kronawitter*, KommJur 2008, 401 ff.

494 A. A. *Püttner*, in: Eichhorn/Reichard/Schuppert (Hrsg.), Kommunale Wirtschaft im Wandel - Chancen und Risiken, S. 27, 37.

495 Beispielhaft Art. 87 Abs. 1 S. 1 Nr. 2 BayGO.

496 A. A. *Püttner*, in: Eichhorn/Reichard/Schuppert (Hrsg.), Kommunale Wirtschaft im Wandel - Chancen und Risiken, S. 27 ff.

497 *Ronellenfitsch/Stein*, in: Hoppe/Uechtritz (Hrsg.), Handbuch Kommunale Unternehmen, 2. Aufl. 2007, § 3 Rn. 10.

III. Erst recht kein „Verdrängungswettbewerb" durch die Privatwirtschaft

Eine – soweit ersichtlich – Einzelmeinung ist es vor diesem Hintergrund verständlicherweise geblieben, als Nachteil der öffentlichen Hand im Wettbewerb sogar die Möglichkeit einer Entmachtung der Gemeinden und ihrer wirtschaftlichen Tätigkeiten, also der Kommunalwirtschaft allgemein, durch eine übermächtige privatwirtschaftliche Konkurrenz zu sehen[498]. Es ist bezeichnend, dass sich diese Ansicht in einer bloßen Behauptung erschöpft, die einen darüber hinausgehenden Anhaltspunkt für ihre Richtigkeit vermissen lässt. Solche Anhaltspunkte gibt es vielmehr gar nicht. Sie gingen auch an der Sache vorbei, denn die Vorteile der öffentlichen Hand sind, wie dargelegt, vielfältig und können schon begrifflich einem Privaten nicht zukommen. Ein „Verdrängungswettbewerb" durch die Privatwirtschaft droht öffentlichen Unternehmen nicht und ist auch nicht im Ansatz ersichtlich. Es verdrehte die Problematik in ihr Gegenteil, wenn man nun auch noch von einem erforderlichen Rechtsschutz für die öffentliche Hand spräche.

---

[498] *Burmeister*, in: v. Mutius (Hrsg.), Selbstverwaltung im Staat der Industriegesellschaft, S. 623, 626 f.; a. A. wie hier *Berg*, WiVerw 2000, 141, 156.

KAPITEL 4 DIE AKTUELLE RECHTSLAGE AUS ÖFFENTLICH-RECHTLICHER UND WETTBEWERBSRECHTLICHER SICHT

§ 21 Rechtsgrundlagen staatlicher Wirtschaftstätigkeit

I. Einführung und Übersicht

Zentrales Thema dieser Arbeit sind die Rechtsschutzmöglichkeiten privater Konkurrenten der öffentlichen Hand und deren gerichtliche Durchsetzung. Der Darstellung der rechtlichen Grundlagen der Wirtschaftstätigkeit ist daher nur insoweit Raum zu geben, als dies für den Rechtsschutz Bedeutung erlangt. Das muss auf Grund der bereits vielfach in der Literatur behandelten kommunalen Wirtschaftstätigkeit insbesondere für die Regelungen der einzelnen Gemeindeordnungen gelten.

Dabei sind die Rechtsgrundlagen staatlicher Wirtschaftstätigkeit schon deswegen nicht leicht zu bestimmen, weil sich jedes öffentliche Unternehmen einem enormen Spannungsverhältnis von öffentlichem und privatem Recht ausgesetzt sieht. Sie sind überwölbt von den Wirtschafts- und Verwaltungswissenschaften einschließlich der Betriebswirtschaftslehre, *New Public Management*, *Corporate Governance* und *Good Governance*. Regelungen des Wirtschaftsverwaltungsrechts sind ebenso zu beachten wie solche des Wettbewerbs- und Kartellrechts, des Arbeits- und öffentlichen Dienstrechts, des nationalen und Gemeinschaftsrechts, des Verfassungsrechts auf Bundes- und Landesebene, sowie des Kommunalverfassungsrechts. Aber auch das allgemeine wie das besondere Verwaltungsrecht, das Haushaltsrecht sowie das Vergabe- und Beihilferecht sind zu beachten[499].

II. Keine Wahrnehmung staatlicher Zuständigkeiten extra constitutionem

Öffentliche Unternehmen sind die Rechtssubjekte, mit denen die öffentliche Hand am Wirtschaftsleben teilnimmt. Wirtschaftstätigkeit ist ohne Wettbewerbs-

---

499 *Katz*, Kommunale Wirtschaft, S. 3. Siehe speziell zum Beihilferecht *Leder*, DÖV 2008, 173, 178.

teilnahme nicht denkbar[500]. Ob die öffentliche Hand hierfür eine gesonderte Grundlage braucht, hat *Scholz* zutreffend umschrieben:

> „*Wettbewerb als Aufgabe liegt jedenfalls außerhalb der staatlichen Zuständigkeit und Verantwortung. Staatliche Konkurrenz folgt nur der öffentlich-rechtlichen Verwaltungsaufgabe und keiner tatsächlichen Marktaufgabe. Konkurrenz staatlicher Wirtschaftsträger ist wettbewerblich allein die Folge wahrgenommener* [Anmerkung des Verfassers: mitunter nur vermeintlicher] *Zuständigkeiten und kein vorgegebener Selbstzweck. Staatliche Marktteilhabe lässt sich deshalb nur auf der Ebene eines wirtschaftlichen Kompetenzvollzuges denken [...], nicht als selbstständiges Rechtsziel. Das zum Privaten hergestellte Konkurrenzverhältnis ist bloße Rechtsfolge.*“[501]

Schon an dieser Stelle kann im Ergebnis festgehalten werden, dass staatliche Wirtschaftstätigkeit als hoheitliche Tätigkeit einer gesetzlichen Grundlage bedarf. Eine Wahrnehmung staatlicher Zuständigkeiten und Befugnisse *extra constitutionem*[502] darf es nicht geben[503]. Die konkrete Ausgestaltung der gesetzlichen Grundlagen muss dabei hinsichtlich der durch sie betroffenen Freiheitsrechte der Bürger angemessen sein[504].

III. Mögliche Anknüpfungspunkte für eine kompetenzielle Legitimation

1. Regelungen aus dem Grundgesetz

Soweit die kommunale Ebene betroffen ist, kann als gesetzliche Grundlage im Sinne einer kompetenziellen Legitimation im Verhältnis von Staat und Bürgern und damit auch der Privatwirtschaft nicht auf Art. 28 Abs. 2 GG bzw. die jeweiligen landesverfassungsrechtlichen Verbürgungen zurückgegriffen werden[505]. Schon gar nicht folgt aus Art. 28 Abs. 2 GG eine Vorrangstellung der Gemeinden gegenüber dem Einzelnen[506]. Mangels grundsätzlicher Grundrechtsfähigkeit der öffentlichen Hand scheidet auch eine Berufung auf Grundrechte, namentlich

---

500 Das gilt auch im Falle eines staatlichen Monopols. Siehe dazu Kapitel 1 § 4 VI., S. 41 ff.

501 *Scholz*, ZHR 132 (1969), 97, 114.

502 *Erichsen*, Gemeinde und Private im wirtschaftlichen Wettbewerb, S. 19.

503 *Berg*, MDR 1977, 277, 278.

504 *Hösch*, Die kommunale Wirtschaftstätigkeit, S. 64.

505 Siehe bereits Kapitel 3 § 19, S. 117 ff. Eine Übersicht zu früher vertretenen anderen Meinungen findet sich bei *Kluth*, Grenzen kommunaler Wettbewerbsteilnahme, S. 48 f. Die primär gewinnorientierte Wirtschaftstätigkeit wird von Art. 28 Abs. 2 GG ohnehin nicht erfasst, vgl. *Lindner*, Verwaltungsgerichtliche Klagemöglichkeiten für Private gegen privatrechtliche kommunale Wirtschaftsbetätigung, S. 102.

506 *Lindner*, Verwaltungsgerichtliche Klagemöglichkeiten für Private gegen privatrechtliche kommunale Wirtschaftsbetätigung, S. 105.

Art. 12, 14 GG aus, um die Wirtschaftstätigkeit der öffentlichen Hand zu legitimieren[507]. Auch wenn das in Art. 20 Abs. 1, 28 Abs. 1 GG verankerte Sozialstaatsprinzip den Staat zur Daseinsvorsorge verpflichtet[508], so ist damit noch nichts für die Frage nach einer Rechtsgrundlage für seine Wirtschaftstätigkeit außerhalb dieses engen Bereichs[509] gewonnen.

Soweit daneben die rechtlichen Grundlagen der privatrechtlichen Organisationsformen öffentlicher Unternehmen[510] in Rede stehen, gelten gegenüber den privaten Unternehmen keine Besonderheiten. Die öffentlichen Unternehmen unterliegen hier uneingeschränkt den Regelungen, die das Gesellschaftsrecht für die jeweilige Gesellschaftsform bereithält.

2. Regelungen aus dem Haushaltsrecht

Auch das Haushaltsrecht bietet Anknüpfungspunkte für rechtliche Grundlagen der staatlichen Wirtschaftstätigkeit. Mit § 65 BHO und den entsprechenden landesrechtlichen Regelungen der Landeshaushaltsordnungen liegen zwar keine Rechtsgrundlagen im klassischen Sinne vor[511]. Derartige Vorschriften stellen jedoch Grenzen[512] für die Gründung und die Beteiligung des Bundes und der Länder an Unternehmen in privatrechtlichen Rechtsformen dar[513] und sind somit auch für gemischtwirtschaftliche Unternehmen wichtig. Erforderlich ist ein wichtiges Interesse, das gerade auch wettbewerbsrelevante Staatstätigkeit legitimiert[514], und der angestrebte Zweck darf nicht besser und wirtschaftlicher auf andere Weise zu erreichen sein. Im Übrigen ist auf Grund des Beteiligungsgrades ein angemessener Staatseinfluss auf das Unternehmen sicherzustellen[515].

---

507 Siehe hierzu noch Kapitel 5 § 29 II. 1. d), S. 227.

508 Zuletzt BVerfG(K) DVBl. 2007, 1555 ff. – „Altenpflegeeinrichtung".

509 Vgl. dazu bereits Kapitel 3 § 15 I., S. 98 ff.

510 Siehe zu diesen Kapitel 1 § 6 I., S. 56 f. und Kapitel 1 § 6 II., S. 57 f.

511 *Badura*, in: Baur/Hopt/Mailänder (Hrsg.), FS Steindorff, S. 835, 854; *Krölls*, GewArch 1992, 281, 284; *Niebuhr*, Die Wettbewerbsteilnahme gemischtwirtschaftlicher Unternehmen im Spannungsfeld der Grundrechte, S. 167 ff.

512 Siehe zu Grenzen der Zulässigkeit staatlicher Wirtschaftstätigkeit auch schon Kapitel 1 § 8 II., S. 67 ff.

513 Ebenso *Vollmar*, Rechtsweg und Maßstab für Klagen gegen die öffentliche Hand wegen Wettbewerbsverstößen, S. 148 f. Siehe auch *Stamer*, Rechtsschutz gegen öffentliche Konkurrenzwirtschaft, S. 193 f. Ausführlich *Schliesky*, Öffentliches Wettbewerbsrecht, S. 428 ff.

514 *Schliesky*, Öffentliches Wettbewerbsrecht, S. 430.

515 Zu Einzelheiten, auf die hier nicht näher eingegangen werden kann, siehe *Ronellenfitsch*, in: Isensee/Kirchhof (Hrsg.), HStR IV, 3. Aufl. 2006, § 98 Rn. 29 f.

3. *Regelungen aus dem Auftrags- und Vergaberecht*

Tritt der Staat als Auftraggeber auf, sind die Vorschriften des Vergaberechts (§§ 97 ff. GWB sowie die Vergabeverordnung, kurz VgV) zu beachten, soweit es um öffentliche Aufträge geht. Davon ausgenommen bleiben lediglich so genannte „In-house-Geschäfte", bei denen der öffentliche Auftraggeber alleiniger Anteilseigner des Beauftragten ist[516]. In diesem Fall ist eine Direktvergabe möglich.

4. *Weiteres Vorgehen*

Im Folgenden soll es um einen kurzen historischen Abriss, das Erfordernis einer Rechtsgrundlage und die Besonderheiten von Rechtsgrundlagen für Unternehmen des Bundes, der Länder und der kommunalen Gebietskörperschaften gehen.

IV. *Die rechtliche Beurteilung der staatlichen Wirtschaftstätigkeit unter der Weimarer Reichsverfassung*

Die Weimarer Reichsverfassung regelte teils sehr ausführlich Fragen der Wirtschaftsordnung. Art. 151 Abs. 3 WRV enthielt eine Garantie der Handels- und Gewerbefreiheit, Art. 152 Abs. 1 WRV verbürgte überdies noch besonders die Vertragsfreiheit. Zusammen mit der Gewährleistung von Eigentum (Art. 153 WRV) und Erbrecht (Art. 154 WRV) bildeten sie die drei Grundpfeiler der individualistischen Rechts-, Wirtschafts- und Gesellschaftsordnung und verhinderten die Einführung einer kompletten Planwirtschaft[517]. Nicht übersehen werden darf aber, dass Art. 151 Abs. 1 WRV den Staat verpflichtete, Auswüchsen der Konkurrenzfreiheit entgegenzutreten. Diese staatsgerichtete Verpflichtung war indes aber auch der einzige Anknüpfungspunkt für eine rechtliche Beurteilung staatlicher Wirtschaftstätigkeit unter der Weimarer Reichsverfassung. Sie konnte

---

516 BGHZ 148, 55 ff. Einzelheiten bei *Krajewski/Wethkamp*, DVBl. 2008, 355 ff.; *Leder*, DÖV 2008, 173, 177; *Otting/Ohler*, in: Hoppe/Uechtritz (Hrsg.), Handbuch Kommunale Unternehmen, 2. Aufl. 2007, § 14 Rn. 20 ff. Das Thema ist derzeit heftig umstritten und zeitigt weit reichende Auswirkungen. So könnte sich beispielsweise die geplante Rekonstruktion der Altstadt von Frankfurt am Main erheblich verzögern, wenn und weil die Stadt, um eine europaweite Ausschreibung des Projekts verhindern zu können, eigens eine In-house-Gesellschaft zur Projektentwicklung gründen müsste, vgl. FAZ vom 08.04.2008, S. 43. Zusammenfassend zum Konkurrentenschutz bei „In-house-Geschäften" *Ronellenfitsch/Stein*, in: Hoppe/Uechtritz (Hrsg.), Handbuch Kommunale Unternehmen, 2. Aufl. 2007, § 3 Rn. 30 mit Nachw. aus der Rspr.

517 *Klein*, Die Teilnahme des Staates am wirtschaftlichen Wettbewerb, S. 67 f.

als Legitimation für ein Eingreifen des Staates mit eigenen Unternehmen verstanden werden. Darüber hinaus bestanden – kaum anders als heute im Grundgesetz – keine expliziten Regelungen zur Zulässigkeit staatlicher Wirtschaftstätigkeit.

V. Zum Erfordernis einer Rechtsgrundlage

1. Zum Verhältnis von Eingriffs- und Leistungsverwaltung im Zusammenhang mit der Wirtschaftstätigkeit der öffentlichen Hand

Die Frage, ob für die Wirtschaftstätigkeit der öffentlichen Hand überhaupt eine Rechtsgrundlage erforderlich ist oder, da es sich um Leistungsverwaltung im weiteren Sinne handeln könnte, gerade nicht, wenn man nicht der Lehre vom Totalvorbehalt folgt[518], wurde grundsätzlich schon bejaht. Im Folgenden ist darauf kurz zurückzukommen, wenngleich nur die groben Züge der Problematik holzschnittartig herausgearbeitet werden können.

Unter der Voraussetzung, dass mit der Errichtung und dem Betrieb öffentlicher Unternehmen kein Grundrechtseingriff verbunden ist, wird demgegenüber vertreten, es bedürfe hierfür keiner gesonderten Rechtsgrundlage[519]. Es käme daher gar nicht darauf an zu entscheiden, ob die öffentliche Wirtschaftstätigkeit der Leistungsverwaltung zuzurechnen ist oder nicht, wenngleich jenseits des Bereichs der Daseinsvorsorge gute Gründe gegen eine solche Pauschalisierung der oft vielschichtigen staatlichen Wirtschaftstätigkeit sprechen dürften[520].

2. Vorbehalt des Gesetzes gilt auch für das öffentliche Wirtschaften

Dass mit der Errichtung und dem Betrieb öffentlicher Unternehmen indes kein Grundrechtseingriff verbunden ist, bleibt eine Behauptung, die jene herrschende

---

518 Das wäre indes abzulehnen. Nach wie vor ist es sachgerecht, den allgemeinen Gesetzesvorbehalt auf die Eingriffsverwaltung zu beschränken, vgl. *Ronellenfitsch*, in: Isensee/Kirchhof (Hrsg.), HStR IV, 3. Aufl. 2006, § 98 Rn. 39.

519 H. M., vgl. statt vieler *Ronellenfitsch*, in: Isensee/Kirchhof (Hrsg.), HStR IV, 3. Aufl. 2006, § 98 Rn. 39. A. A. *Ehlers*, JZ 1990, 1089, 1093 m. w. N. in Fn. 41.

520 Die Unterscheidung von Eingriffs- und Leistungsverwaltung ist im Bereich der öffentlichen Wirtschaftstätigkeit auch aus einem anderen Grund nicht erforderlich. Denn dieser Gegensatz kann auch keinen Unterschied dahingehend machen, ob das Handeln der öffentlichen Hand wettbewerbsrechtlicher Beurteilung zugänglich ist oder nicht, denn es kommt allein auf konkurrenzwirtschaftliche Vollzugsweisen an. Darauf weist *Scholz*, ZHR 132 (1969), 97, 131 richtigerweise hin.

Lehre, Schrifttum und Rechtsprechung allein auf den Befund zu stützen vermögen, die für einen Eingriff erforderliche Intensität werde angeblich nur in Fällen des Vernichtungswettbewerbs erreicht[521]. Unter dieser Annahme mangelnder Grundrechtsrelevanz ist es zwar konsequent, öffentliches Wirtschaften grundsätzlich nicht unter den Vorbehalt des Gesetzes zu stellen[522]. Wie jedoch noch zu zeigen sein wird[523], bedarf eben diese behauptete Voraussetzung der grundsätzlich fehlenden Grundrechtsrelevanz öffentlicher Wirtschaftstätigkeit einer mindestens kritischen Überprüfung und vor dem Hintergrund der momentanen Rechtlosstellung privater Unternehmer besser noch einer Neujustierung. Spätestens dann muss das öffentliche Wirtschaften unter den Vorbehalt des Gesetzes gestellt werden[524]. Es wird dabei zu berücksichtigen sein, dass nicht nur jede gemeindliche Wirtschaftsbetätigung eine über Art. 28 Abs. 2 GG bzw. die entsprechende landesverfassungsrechtliche Vorschrift hinausgehende Befugnisnorm erfordert[525], eben weil eine solche Tätigkeit stets in die Grundrechte Privater zumindest faktisch eingreifen kann, sondern ein solcher faktischer Eingriff prinzipiell durch jede staatliche Wirtschaftstätigkeit droht[526]. Einem „Totalvor-

---

521 Siehe ausführlich noch Kapitel 5 § 29 II. 1. a) cc), S. 209 ff.

522 *Badura*, in: Baur/Hopt/Mailänder (Hrsg.), FS Steindorff, S. 835, 839; *Jarass*, DÖV 2002, 489, 494 f.; *Ruffert*, NVwZ 2000, 763, 764.

523 Dazu Kapitel 5 § 29 II. 1. a) cc) (4), S. 212.

524 Gegen das Kriterium einer *„diffuse[n] ‚Grundrechtsrelevanz' wettbewerbsbeeinflussender Wirtschaftstätigkeit der öffentlichen Hand"* *Badura*, in: Baur/Hopt/Mailänder (Hrsg.), FS Steindorff, S. 835, 852 f., 855, der sich in diesem Zusammenhang auf Grund mangelnder Regulative des Privatrechts zum Ausgleich wesentlich und nachhaltig ungleicher Wettbewerbspositionen privater Konkurrenten für eine verfassungsrechtliche Regelungspflicht nach den Grundsätzen des Gesetzesvorbehalts ausspricht.

525 So für kommunale Unternehmen *Erichsen*, Gemeinde und Private im wirtschaftlichen Wettbewerb, S. 13; *Hösch*, Die kommunale Wirtschaftstätigkeit, S. 83, 86 f.; *Kluth*, Grenzen kommunaler Wettbewerbsteilnahme, S. 63 ff., 84; *Püttner*, Die öffentlichen Unternehmen, 2. Aufl. 1985, S. 123; *Scharpf*, GewArch 2005, 1, 7. In diese Richtung auch *Storr*, Der Staat als Unternehmer, S. 224.

526 Siehe auch schon Kapitel 1 § 8 II., S. 67 ff. Man mag indes einwenden, diese Aussage bedürfe hinsichtlich der gemischtwirtschaftlichen Unternehmen einer Einschränkung, zumal wenn wie hier vertreten (Kapitel 2 § 14 I. 3., S. 91) jedem gemischtwirtschaftlichen Unternehmen Grundrechtsfähigkeit zugesprochen wird. Grundrechtsfähigkeit und Grundrechtsverpflichtung schließen sich aus, sie können nicht in ein und derselben juristischen Person verwirklicht sein. Das hat richtigerweise zur Konsequenz, dass von gemischtwirtschaftlichen Unternehmen kein Grundrechtseingriff ausgehen kann (vgl. auch *Jarass*, DÖV 2002, 489, 495). Dieser Befund steht indes nicht im Widerspruch zur Annahme grundsätzlicher Grundrechtsrelevanz des Handelns aller öffentlichen Unternehmen. Denn im Hinblick auf gemischtwirtschaftliche Unternehmen kann unproblematisch die Ausstrahlungswirkung der Grundrechte ins Privatrecht nutzbar gemacht werden. Auf diese Weise ist grundrechtlicher Schutz privater Konkurrenten auch bei der Anwendung

behalt“ kommt das nicht gleich, denn die Erforderlichkeit einer speziellen Ermächtigungsnorm folgt nicht aus der Aufgabenerfüllung *per se*, sondern allein aus der Form bzw. dem Mittel der Aufgabenerfüllung, die die faktische Grundrechtsbeeinträchtigung auslösen[527]. Mit den Vorschriften der Gemeindeordnungen zum Gemeindewirtschaftsrecht liegen auch unproblematisch solche Ermächtigungsnormen vor[528]. Auf die bundesstaatliche Kompetenzverteilung komme es dabei nicht an[529].

3. Legislatorische Verpflichtungen als Konsequenz der hier vertretenen Auffassung

Die Schaffung eines umfassenderen grundrechtlichen Schutzes der Privatwirtschaft gegen die Wirtschaftstätigkeit der öffentlichen Hand durch Anerkennung des faktischen Grundrechtseingriffs, wie sie hier vorgeschlagen werden wird, führt vielfach unmittelbar zu der legislatorischen Verpflichtung, die staatliche Wirtschaftstätigkeit auf neue bzw. tragfähigere Rechtsgrundlagen zu stellen. Denn jenseits der kommunalen Unternehmen, die sich auf die Vorschriften zum Gemeindewirtschaftsrecht berufen können, droht vielen öffentlichen Unternehmen ansonsten schon mangels ausreichender Rechtsgrundlage das „Rechtswidrigkeits-Urteil“[530].

4. Demokratische Legitimation als Argument pro Rechtsgrundlagenerfordernis

Ungeachtet dieser unmittelbar grundrechtsbezogenen Argumentation sprechen jedoch auch Gründe der demokratischen Legitimation und der Gewährleistung rechtsstaatlicher Verhältnisse für das Erfordernis einer gesetzlichen Grundlage für die Wirtschaftstätigkeit der öffentlichen Hand. Öffentliche Unternehmen werden – mit Ausnahme des Regiebetriebs – außerhalb der Verwaltungshierarchie betrieben. Ihre Ausgliederung aus derselben sowie die Gründung juristisch

---

des Wettbewerbs- oder Gesellschaftsrechts zu realisieren. I. E. so auch *Jarass*, DÖV 2002, 489, 495. Das Vorliegen eines faktischen Eingriffs ist dann über die „Brücke“ der Ausstrahlungswirkung zu berücksichtigen.

527 So zu Recht *Scharpf*, GewArch 2005, 1, 7. A. A. jedoch *Jarass*, DÖV 2002, 489, 494 f.

528 Zur Problematik des Gesetzesvorbehalts beim faktischen Grundrechtseingriff *Storr*, Der Staat als Unternehmer, S. 167 ff., 416 ff., 421 f., dort insbesondere für kommunale Unternehmen.

529 *Klein*, Die Teilnahme des Staates am wirtschaftlichen Wettbewerb, S. 258.

530 Ebenso *Krölls*, GewArch 1992, 281, 284.

verselbstständigter Personen müssen indes stets auf ein Gesetz zurückgeführt werden können[531]. Nicht entschieden werden muss hier indes, ob die Haushaltsordnungen diesen Anforderungen möglicherweise genügen könnten.

VI. Zum Zusammenhang von Eingriffsschwelle und Eingriffsintensität mit dem Erfordernis einer Rechtsgrundlage

Eine besondere Rechtsgrundlage ist immer erforderlich, um einen zumindest faktischen Grundrechtseingriff zu rechtfertigen. In der momentanen Situation faktischer Rechtlosstellung privater Konkurrenten genügt es nicht, einen solchen mit dem *Bundesverwaltungsgericht* nur dann zu bejahen, wenn

> „*die private Konkurrenz unmöglich gemacht wird*"[532].

Wenn nun aber vereinzelt versucht wird, die Richtigkeit dieses Befunds des *Bundesverwaltungsgerichts*, der in der Tat zu Grundrechtseingriffen durch öffentliche Unternehmen nur in wenigen Einzelfällen führte, mit der Tatsache zu belegen, dass es ja nur ganz vereinzelt Rechtsgrundlagen für die Wirtschaftstätigkeit der öffentlichen Hand gibt, so stellt dies einen Zirkelschluss dar. Man kann nicht Grundrechtseingriffe von vornherein mit dem Argument verneinen, es gäbe schließlich ja auch keine Rechtsgrundlage, die zu solchen legitimieren könnte, bzw. wenn es tatsächlich Eingriffe gäbe, existierte auch eine Eingriffsermächtigung[533]. Richtigerweise ist umgekehrt ein Grundrechtseingriff vielmehr immer möglich. Es ist dann allein eine Frage seiner ausreichenden Rechtfertigung, ob der Staat zu einem solchen durch eine wirksame Rechtsgrundlage auch legitimiert ist[534].

VII. Exkurs: Kompetenzverteilung und Ermessensbindung

Grundsätzlich hat die öffentliche Hand ein Wahlrecht, ob sie die ihr zugewiesenen Aufgaben nach öffentlichem oder nach Privatrecht ausüben möchte. Gebunden ist sie dabei nur durch die dieser Frage vorgeschaltete Entscheidung, ob sie ihre Handlungsform öffentlich-rechtlich oder privatrechtlich ausgestaltet[535]. Ihr

---

531 *Ehlers*, JZ 1990, 1089, 1093.

532 BVerwGE 39, 329, 337; 71, 183, 193. Zu weiteren Ausprägungen dieses Eingriffsintensitätsverständnisses siehe noch Kapitel 5 § 29 II. 1. a) aa), S. 203.

533 So aber wohl *Jarass*, DÖV 2002, 489, 494, 495 mit Fn. 68.

534 Dazu für den vorliegenden Zusammenhang *Storr*, Der Staat als Unternehmer, S. 416 ff.

535 Anders offenbar *Brohm*, NJW 1994, 281, 286, der meint, im Regelfall sei davon auszugehen, dass durch eine Kompetenz zur Wirtschaftstätigkeit im Prinzip nur Handlungen

steht insoweit Ermessen zu. Nach verbreiteter Auffassung soll die Teilnahme des Staates am Wettbewerb insgesamt nicht der Ermessensbindung unterliegen[536]. Das ist hinsichtlich der Einschätzungsprärogative, die den Gemeinden zusteht und die nur im Wege der Rechtsaufsicht und damit nicht hinsichtlich der Zweckmäßigkeit überprüft werden kann, konsequent und zu begrüßen. Im Endeffekt unterliegt die Kompetenzverteilung damit einer Kontrolle nur insoweit, als ein völlig unvertretbares Verwaltungshandeln unterbunden werden soll[537].

Die Reichweite der gerichtlichen und aufsichtsbehördlichen Kontrolle gilt daher nur eingeschränkt. Gerichte und Aufsichtsbehörden müssen die Einschätzungsprärogative der Gemeinden respektieren, sind also an einer vollen Nachprüfung der kommunalen Wertungen gehindert[538]. Es gibt aber auch rechtliche Grenzen der Einschätzungsprärogative, die – soweit der Drittschutz von Normen umstritten ist[539] – auf Grund einer Klage gerichtlich kontrolliert werden[540].

VIII. Besonderheiten bei Unternehmen des Bundes

Eine allgemeine Bundeskompetenz zur Regelung öffentlicher Unternehmen gibt es nicht[541]. Daher verwundert es nicht, dass für die Wirtschaftstätigkeit der öffentlichen Hand, sofern es sich um Unternehmen des Bundes[542] handelt, gesetzliche Grundlagen nicht existieren[543]. Weder existiert eine dem Art. 28 Abs. 2 GG vergleichbare Regelung, noch existieren Regelungen, wie sie die Gemein-

---

im Rahmen des Kompetenzkerns dem öffentlichen Recht unterstellt seien. Die darüber hinausgehenden Tätigkeiten müssten im Hinblick auf die verfassungsrechtliche Grundaussage zur Marktordnung nach Privatrecht vorgenommen werden.

536 Vgl. nur *Klein*, Die Teilnahme des Staates am wirtschaftlichen Wettbewerb, S. 258.

537 *Schink*, NVwZ 2002, 129, 137. Ähnlich *Uechtritz/Otting*, in: Hoppe/Uechtritz (Hrsg.), Handbuch Kommunale Unternehmen, 2. Aufl. 2007, § 6 Rn. 80.

538 BVerwGE 39, 333, 334. A. A. hinsichtlich der Überprüfung des Tatbestandsmerkmals „öffentlicher Zweck" *D. Weber*, Wettbewerbsrechtlicher Unterlassungsanspruch gegen kommunale Wirtschaftstätigkeit, S. 35 f.; OVG Münster NVwZ 2008, 1031, 1035. Anders auch RhPfVerfGH NVwZ 2000, 801, 803 f., wonach die Rechtsfrage, ob sich die Beurteilung der Gemeinde in dem durch das Gesetz vorgegebenen Rahmen hält, gerichtlich voll nachprüfbar sein soll. Richtig ist, dass eine so verstandene Entscheidungskompetenz der Verwaltungsgerichte zu deren Stärkung beitragen kann, vgl. *Henneke*, DVBl. 2000, 997, 999. Siehe zum „öffentlichen Zweck" auch Kapitel 3 § 15 II., S. 102.

539 Auf diese Frage ist noch zurückzukommen. Siehe dazu Kapitel 5 § 29 I., S. 183 ff.

540 *Diefenbach*, WiVerw 2003, 115, 119.

541 *Stober*, NJW 2002, 2357, 2362.

542 Zu solchen vgl. Kapitel 1 § 7 II., S. 61.

543 Das wird nur selten erkannt. Richtig daher *Jarass*, DÖV 2002, 489, 495. Aus früherer Zeit sind allenfalls noch die gesetzlichen Grundlagen von Bundespost und Bundesbahn in Erinnerung geblieben.

deordnungen zum Gemeindewirtschaftsrecht bereithalten. Auch enthält weder § 67 der Deutschen Gemeindeordnung (DGO) von 1935 noch eine der Nachfolgebestimmungen einen auf den Bund übertragbaren Rechtsgrundsatz[544]. Diese Bestimmungen sind nur mit ihrem im Hinblick auf die grundsätzliche Allzuständigkeit der Kommunen einschränkenden Ausnahmecharakter erklärbar, der auch eine analoge Anwendung auf Unternehmen des Bundes unmöglich macht. Die Kommunalwirtschaft taugt nicht als Muster für alle anderen öffentlichen Unternehmen[545]. Die Frage nach der prinzipiellen Zulässigkeit der wirtschaftlichen Betätigung des Bundes bereitet daher durchaus Probleme[546]. Mag es noch angehen, zunächst allgemein auf Art. 74 Abs. 1 Nr. 11 GG zu verweisen, so ist es indes richtig, dass der Bund in diesem Rahmen allerdings nur ermächtigt ist, den Status der eigenen öffentlichen Unternehmen festzulegen[547]. Eine Rechtsgrundlage erwächst hieraus nicht. Solange mit der Tätigkeit jedoch nicht zumindest ein faktischer Grundrechtseingriff bei privaten Konkurrenten einhergeht, ist eine solche auch entbehrlich. In allen anderen Fällen führt ihr Fehlen jedoch zur Rechtswidrigkeit der öffentlichen Unternehmen des Bundes.

IX. Besonderheiten bei Unternehmen der Länder

Besonderheiten der gesetzlichen Grundlagen existieren auch für die Wirtschaftstätigkeit der öffentlichen Hand, sofern es sich um Unternehmen der Länder handelt. Ein Beispiel für solche Unternehmen sind z. B. die Landeslotteriegesellschaften, also die Anbieter des staatlichen Zahlenlottos und der staatlichen Glücksspiele[548]. Sportwetten zählen allerdings keinesfalls zu den originären Staatsfunktionen, also jenem ohnehin sehr begrenzten Sektor, der privaten Anbietern verschlossen ist. Eine Rechtsgrundlage sowie eine Rechtfertigung für die durch das Staatsmonopol verursachten Grundrechtseingriffe auf Seiten Privater

544 *Vollmar*, Rechtsweg und Maßstab für Klagen gegen die öffentliche Hand wegen Wettbewerbsverstößen, S. 147 f.

545 *Stern/Püttner*, Die Gemeindewirtschaft, S. 96 ff. Das arbeitet namentlich *Stamer*, Rechtsschutz gegen öffentliche Konkurrenzwirtschaft, S. 57 ff. sowie passim, nicht klar genug heraus, wenn er der Frage nachgeht, „*ob die privaten Konkurrenten bei Nichteinhaltung der Nachfolgenormen von § 67 DGO einen Abwehranspruch gegen die wirtschaftliche Betätigung der öffentlichen Hand*" (*sic*!) geltend machen könnten.

546 *Erichsen*, Gemeinde und Private im wirtschaftlichen Wettbewerb, S. 12.

547 *Stober*, NJW 2002, 2357, 2363.

548 Siehe bereits Kapitel 1 § 5 I., S. 47. Vgl. auch *Ehlers*, JZ 1990, 1089, 1091; *Ronellenfitsch*, in: Isensee/Kirchhof (Hrsg.), HStR IV, 3. Aufl. 2006, § 98 Rn. 7; *Stober*, NJW 2002, 2357, 2362.

sind daher erforderlich[549]. Mit dem GlüStV und den hierzu erlassenen Ausführungsgesetzen der Länder stehen zwar formal solche Rechtsgrundlagen zur Verfügung. Ob diese indes auch mit höherrangigem, insbesondere mit Europarecht, in Einklang zu bringen und damit materiell rechtmäßig sind, bleibt noch zu prüfen[550].

Abgesehen von den speziellen Regelungen für den Bereich des Glücksspiels und den bedingt heranzuziehenden Regelungen des Landeshaushaltsrechts[551] existieren jedoch auch auf Landesebene in der Regel keine gesetzlichen Grundlagen für öffentliche Unternehmen der Länder[552]. § 67 DGO und seine Nachfolgebestimmungen können weder direkt noch analog auf öffentliche Unternehmen der Länder angewandt werden[553]. Auch hier darf aus dem Fehlen gesetzlicher Grundlagen nicht der Schluss gezogen werden, es fehle an einer Grundrechtsrelevanz derartigen Handelns[554]. Vielmehr führt ihr Fehlen immer dann zur Rechtswidrigkeit der öffentlichen Unternehmen der Länder, wenn diese ungerechtfertigterweise in Grundrechte Privater eingreifen.

X. Zwischenresümee

Ein sachlicher Grund ist nicht ersichtlich, warum es gesetzliche Grundlagen zwar für öffentliche Unternehmen der Kommunen, nicht aber für solche der Länder und des Bundes gibt. Aus Sicht der privaten Konkurrenten macht es jedoch keinen Unterschied, ob sie Marktanteile an ein öffentliches Unternehmen einer Gemeinde, eines Landes oder des Bundes verlieren[555]. Der Gedanke liegt daher nicht fern, eine aus Art. 3 Abs. 1 GG abzuleitende Pflicht des Gesetzge-

---

549 *Bethge*, in: Heckmann (Hrsg.), GS F. O. Kopp, S. 300, 305 f.; *ders.*, ZfWG 2007, 169, 173; *ders.*, WiVerw 2008, 77, 80.

550 Siehe hierzu noch Kapitel 7 § 36 II., S. 367 ff.

551 Dazu bereits Kapitel 4 § 21 III. 2., S. 124.

552 *Jarass*, DÖV 2002, 489, 495. Die – keineswegs in allen Ländern vorhandenen – Regelungen des Landesverfassungsrechts (z. B. Art. 145 HV) geben ebenfalls nicht viel mehr her als eine vorläufige Legitimierung eines vorhandenen Bestandes und dessen üblicher Geschäftsgebarung, vgl. *Klein*, Die Teilnahme des Staates am wirtschaftlichen Wettbewerb, S. 149.

553 *Vollmar*, Rechtsweg und Maßstab für Klagen gegen die öffentliche Hand wegen Wettbewerbsverstößen, S. 147 f. Siehe auch *Stern/Püttner*, Die Gemeindewirtschaft, S. 97 f.

554 A. A. wiederum wohl *Jarass*, DÖV 2002, 489, 495 mit Fn. 68.

555 So auch völlig zu Recht *Jarass*, DÖV 2002, 489, 494, 497. Aus wettbewerbsrechtlicher Sicht kommt noch hinzu, dass entscheidender als die Einbuße von Marktanteilen des Konkurrenten die Verzerrung der Wettbewerbslage durch Verletzung der Chancengleichheit ist, siehe *Badura*, in: Baur/Hopt/Mailänder (Hrsg.), FS Steindorff, S. 835, 852.

bers zu statuieren, allen öffentlichen Unternehmen zumindest gleichartige oder doch wenigstens aus sachlichen Gründen verschieden geregelte Beschränkungen aufzuerlegen[556].

XI. Besonderheiten bei kommunalen öffentlichen Unternehmen: Gemeinsamkeiten und Unterschiede der verschiedenen landesrechtlichen Regelungen in den Gemeindeordnungen zur Wirtschaftstätigkeit der Kommunen

1. Verfassungsrechtlicher Hintergrund

Den Gemeinden und Gemeindeverbänden ist das Recht auf wirtschaftliche Tätigkeit als ein Kernbereich verfassungsrechtlich durch Art. 28 Abs. 2 S. 1, 2 GG bzw. die jeweiligen landesverfassungsrechtlichen Bestimmungen garantiert[557]. Es ist Ausfluss der Selbstverwaltungsgarantie, Aufgaben der örtlichen Gemeinschaft auch mit dem Mittel der wirtschaftlichen Betätigung wahrzunehmen. Soweit es nicht mehr um Angelegenheiten der örtlichen Gemeinschaft geht und/oder soweit mit der Durchführung dieser Aufgaben ein Grundrechtseingriff verbunden ist, bedarf es eines (zusätzlichen) Kompetenztitels[558]. Denn Art. 28 Abs. 2 GG und vergleichbare Landesvorschriften stellen wegen ihrer rein innerstaatlichen Wirkung auf die Kompetenzverteilung keine eigenen Ermächtigungsgrundlagen zu Grundrechtseingriffen gegenüber Dritten dar[559].

Auf Grundrechte kann sich eine Gemeinde hingegen gerade nicht berufen[560], auch wenn sie öffentliche Aufgaben im Interesse der Allgemeinheit erfüllt.

---

556 *Jarass*, DÖV 2002, 489, 496 f. Der Frage kann hier jedoch nicht näher nachgegangen werden.

557 Hierzu *Scharpf*, GewArch 2005, 1, 2. Anders *Henneke*, NdsVBl. 1998, 273, 281, der stattdessen für ein strenges ortsbezogenes Kriterium eintritt.

558 Klargestellt seit BVerfGE 8, 122, 134.

559 *Scharpf*, GewArch 2005, 1, 6 f. Ebenso *Bethge*, in: Merten/Papier (Hrsg.), HGR III, § 72 Rn. 37 (im Erscheinen). Siehe auch schon Kapitel 3 § 19, S. 117 ff.

560 Siehe hierzu noch Kapitel 5 § 29 II. 1. d), S. 227 ff. Auch wenn der BayVerfGH dies hinsichtlich des privatrechtlichen Finanzvermögens der bayerischen Gemeinden anders sieht und ihnen diesbezüglich die Grundrechtsfähigkeit für Art. 103 Abs. 1 BV zuerkennt (BayVerfGH 29, 105 ff.; 37, 101 ff.), ändert dies jedoch nichts daran, dass ein Recht auf wirtschaftliche Betätigung der Gemeinden aus Grundrechten jedenfalls auch nach der BV nicht in Betracht kommt. Im Hinblick auf die fehlende Grundrechtsträgerschaft bayerischer Gemeinden im Bereich der Wahrnehmung öffentlicher Aufgaben (BayVerfGH BayVBl. 2001, 339) ist das auch nur konsequent.

Denn auch dieser Umstand macht sie nicht zum Sachwalter der Grundrechte des einzelnen Bürgers[561].

2. *Gemeindeordnungsrechtliche Regelungen*

Alle heutigen Regelungen in den Gemeindeordnungen zur Zulässigkeit gemeindlicher Wirtschaftstätigkeit leiten ihre Formulierung letztlich von § 67 DGO ab[562]. Da Kommunalrecht heute aber Landesrecht ist (Art. 30, 70 GG), muss im Fall der Prüfung für jede einzelne landesrechtliche Norm heutiger Fassung eine eigene Auslegung nach ihrem Sinn und Zweck vorgenommen werden. Insbesondere hinsichtlich der Fragen, ob die Regelungen den Zweck verfolgen, (auch) dem Schutz privater Konkurrenten zu dienen oder ob sie ausschließlich auf die Wahrung öffentlicher Belange ausgerichtet sind und ob ein „dringender", „besonderer" oder „einfacher" öffentlicher Zweck zur Rechtfertigung kommunaler Wirtschaftstätigkeit erforderlich ist, gehen die Landesregelungen auseinander[563].

Nicht einheitlich gestaltet sind auch die Regelungen zur Tätigkeit von Gemeinden außerhalb ihres Gemeindegebietes und der definitionsmäßigen Trennung von wirtschaftlichem und nichtwirtschaftlichem Bereich. Subsidiaritätsklauseln finden sich zwar in allen Gemeindeordnungen, sind jedoch „einfach", „doppelt" oder „streng" ausgestaltet[564]. Wie sich die Antworten auf diese Fragen auf den Rechtsschutz privater Konkurrenten auswirken, wird zu zeigen sein[565].

Geht es um landesrechtliche Regelungen wie die Vorschriften der Gemeindeordnungen zur Wirtschaftstätigkeit, darf indes nie übersehen werden, dass, sofern es in einem Zivilprozess um ihre Auslegung geht[566], diese Auslegung in der revisionsrechtlichen Beurteilung gemäß § 545 Abs. 1 ZPO nur dann revisibel ist, wenn die Vorschrift in mindestens zwei OLG-Bezirken Geltung bean-

561 So auch *Scharpf*, GewArch 2005, 1, 3.

562 Zu Einzelheiten, auf die hier nicht einzugehen ist, jüngst *Stamer*, Rechtsschutz gegen öffentliche Konkurrenzwirtschaft, S. 24 ff.

563 Eine ausführliche, wenngleich nicht mehr ganz aktuelle tabellarische Übersicht findet sich bei *Schink*, NVwZ 2002, 129, 130 f. Siehe auch *Köhler*, WRP 1999, 1205, 1206 ff.

564 Aktuelle Übersicht bei *Uechtritz/Otting*, in: Hoppe/Uechtritz (Hrsg.), Handbuch Kommunale Unternehmen, 2. Aufl. 2007, § 6 Rn. 84 ff.

565 Siehe Kapitel 5 § 29 I. 1., S. 184.

566 Wann es zu solchen Konstellationen kommen kann siehe Kapitel 5 § 30 I. 1., S. 235 ff. Ein aktuelles Beispiel aus der Rechtsprechung ist BGH GRUR 2005, 960, 961 – „Friedhofsruhe". Im Verwaltungsprozess gilt mit § 137 Abs. 1 VwGO freilich eine ähnliche Regelung.

spruchts. Eine revisionsrechtliche zivilprozessuale Überprüfung der Auslegung von Gemeindeordnungsvorschriften ist also nicht bei allen Gemeindeordnungen möglich.

§ 22 Das Problem im Detail: Rechtswegfragen und Rechtsschutzlücken

I. Übersicht und historische Entwicklung zur Rechtswegfrage im Bereich der wirtschaftlichen Tätigkeit der öffentlichen Hand

Die Rechtswegfrage ist von historischer Dimension[567]. Gleichwohl ist die Abgrenzung von Verwaltungs- und Zivilrechtsweg (§§ 13 GVG, 40 Abs. 1 VwGO) heute im Prinzip geklärt. Der *Gemeinsame Senat der Obersten Gerichtshöfe des Bundes* hat hierzu entschieden, dass es maßgeblich auf die rechtliche Natur des Klageanspruchs, wie er sich aus den zu seiner Begründung vorgetragenen Tatsachen ergibt, ankommt, wenn es um die Beantwortung der Frage geht, ob eine bürgerliche oder öffentliche Rechtsstreitigkeit vorliegt[568]. Es kommt also auf die wahre Natur des behaupteten Anspruchs und nicht auf die Rechtsnatur der begehrten Rechtsfolge an[569]. Dieser Grundsatz kommt auch dann zum Tragen, wenn es um die gerichtliche Überprüfung einer wirtschaftlichen Tätigkeit der öffentlichen Hand geht[570]. Dennoch hat sich in diesem Bereich über viele Jahre ein ungeklärter Streit um den „richtigen" Rechtsweg halten können, der von obergerichtlichen Entscheidungen eher angeheizt als geschlichtet wurde.

---

567 Vgl. *Vollmar*, Rechtsweg und Maßstab für Klagen gegen die öffentliche Hand wegen Wettbewerbsverstößen, S. 5 ff. Siehe zu grundsätzlichen Erwägungen im Zusammenhang mit der Rechtswegwahl auch noch Kapitel 5 § 27, S. 162 ff.

568 BSGE 37, 292 = GmS-OGB NJW 1974, 2087; siehe auch BGHZ 82, 375, 382 – „Brillen-Selbstabgabestellen" m. w. N. Zumindest ungenau ist es daher, wenn in der Literatur der im Folgenden dargestellte Streit um den zulässigen Rechtsweg ausschließlich an der Drittschutzproblematik der entscheidungsrelevanten Normen festgemacht wird, so z. B. *Faßbender*, DÖV 2005, 89, 90 f. Die Drittschutzproblematik hat zwar auch Auswirkungen darauf, ob in einem bestimmten Rechtsweg ein Erfolg zu erzielen ist oder nicht. Sie ist indes der im Folgenden dargestellten Entwicklung sachlich nachgelagert und wird daher auch erst im Kapitel 5 § 29 I., S. 183 ff. behandelt.

569 BGHZ 82, 375, 382 – „Brillen-Selbstabgabestellen"; 102, 280, 283; 108, 284, 286; BVerwGE 129, 9, 10; *Harms*, BB 1986, Beilage 17, S. 4 f.; *Hösch*, Die kommunale Wirtschaftstätigkeit, S. 120; *Stelkens*, Verwaltungsprivatrecht, S. 1030; a. A. *Bettermann*, DVBl. 1977, 180, 180; *Brohm*, NJW 1994, 281, 288; *Schliesky*, Öffentliches Wettbewerbsrecht, S. 464; unklar *Vollmar*, Rechtsweg und Maßstab für Klagen gegen die öffentliche Hand wegen Wettbewerbsverstößen, S. 48 f.

570 Kritisch insoweit *Lindner*, Verwaltungsgerichtliche Klagemöglichkeiten für Private gegen privatrechtliche kommunale Wirtschaftsbetätigung, S. 31.

II. Wechselvolle Geschichte und aktuelle Sicht der Gerichte

Die Entwicklung in der Rechtsprechung war äußerst wechselhaft und von einem heftigen Antagonismus zwischen der Verwaltungs- und der ordentlichen Gerichtsbarkeit geprägt[571].

1. Früherer Vorrang des Verwaltungsrechtsweges

Vielfach wurde in der Rechtsprechung auf den angeblich hoheitlichen Charakter der Tätigkeit öffentlicher Unternehmen abgestellt. Folglich wurden die Verwaltungsgerichte als zur Entscheidung berufen angesehen, wenn von Seiten privater Konkurrenten auf das Handeln öffentlicher Unternehmen Einfluss genommen werden sollte[572]. Dieser Vorstellung lag jedoch die dogmatisch noch nicht vollzogene Trennung von Leistungs- und Wettbewerbsbeziehung zu Grunde[573]. Die Folge war jedoch, dass die Rechtswegfrage je nach der prozessualen Stellung der öffentlichen Hand im Prozess als Klägerin oder Beklagte unterschiedlich zu beurteilen war, selbst wenn sich dieselben Parteien um dieselben Rechtsfragen stritten. Darüber hinaus war es einseitig allein den Privaten verwehrt, gegen die öffentliche Hand nach den Vorschriften des Wettbewerbsrechts vor den ordentlichen Gerichten vorzugehen, wenn die öffentliche Hand ihre Leistungsbeziehung öffentlich-rechtlich gestaltete und die Qualifikation dieser Leistungsbeziehung ausschlaggebend für den Rechtsweg sein sollte. Organisationsfragen dürfen den Rechtsschutz des Bürgers jedoch nicht beeinflussen[574].

---

571 Eine kurze Zusammenfassung der Problematik findet sich bei *Uechtritz/Otting*, in: Hoppe/Uechtritz (Hrsg.), Handbuch Kommunale Unternehmen, 2. Aufl. 2007, § 6 Rn. 130 ff., freilich beschränkt auf den kommunalen Bereich.

572 BGHZ 34, 99, 105; 41, 264, 266; BGH GRUR 1962, 159, 160 – „Blockeis I"; *Bettermann*, DVBl. 1977, 180 meint, eine solche Klage könne keine „bürgerliche" im Sinne des § 13 GVG sein. Diese Ansicht verkennt jedoch, dass es in Fällen, in denen um die Rechtmäßigkeit des Handelns öffentlicher Unternehmen gestritten wird, gerade nicht um die Rechtmäßigkeit hoheitlichen, sondern allein wettbewerblichen Verhaltens geht. Hoheitliche Rechtsfragen werden, wenn überhaupt, nur mittelbar von den Zivilgerichten überprüft. Das aber ist auch im Hinblick auf deren Vorfragenkompetenz keine Kompetenzanmaßung. Selbst unter dieser Voraussetzung meinte *Bettermann* allerdings eine Streitigkeit allein des öffentlichen Rechts zu erkennen, vgl. *Bettermann*, DVBl. 1977, 180, 181.

573 Siehe zu dieser Unterscheidung und der Entwicklung in der Rechtsprechung oben Fn. 428.

574 *Harms*, BB 1986, Beilage 17, S. 5.

2. *Keine Prüfung wettbewerbsrechtlicher Fragen im Verwaltungsrechtsweg - Bestätigung durch das Bundesverwaltungsgericht*

Die Verwaltungsgerichte weigerten sich parallel, die wettbewerbsrechtlichen Einwände gegen ein (auch) wettbewerbsrelevantes Verhalten des Hoheitsträgers (mit) zu prüfen. Das *Bundesverwaltungsgericht* hat dieses Vorgehen in einer zentralen Entscheidung 1972 ausdrücklich bestätigt[575]. Eine aus Sicht privater Wettbewerber außerordentlich ernüchternd wirkende Entscheidungspraxis, wenn man bedenkt, dass es umgekehrt als ein vermeintlich unzulässiger Eingriff der ordentlichen Gerichte in die Tätigkeit der öffentlichen Verwaltung angesehen wurde, derartige Einwände gegen einen Hoheitsträger zu prüfen, obwohl sich beide letztlich doch auf dem Boden der Gleichordnung als Wettbewerber gegenüber standen und besondere öffentlich-rechtliche Beziehungen zwischen ihnen nicht bestanden. Für die wettbewerbsrechtliche Überprüfung des Handelns öffentlicher Unternehmen war also im Endeffekt kein Rechtsweg eröffnet.

3. *Wende durch die Entscheidung „Studentenversicherung" des Großen Senats für Zivilsachen des Bundesgerichtshofs*

Erst in Anerkennung der Unabhängigkeit von Wettbewerbs- und Leistungsbeziehung hat der *Große Senat für Zivilsachen des Bundesgerichtshofs* am 22.03.1976 dann entschieden, dass für einen auf Verletzung des § 1 UWG a. F. gestützten Unterlassungsanspruch eines privaten Mitbewerbers einer Ersatzkasse der gesetzlichen Krankenversicherung der Zivilrechtsweg eröffnet ist, eben weil das Wettbewerbsverhältnis der beiden Parteien vom Grundsatz der Gleichordnung geprägt sei[576]. Dem kann auch nicht entgegengehalten werden, es sei we-

---

575 Vgl. BVerwGE 39, 329, 337 f. In dieser Konstellation war der Private Konkurrent auf Grund der öffentlich-rechtlich gestalteten Leistungsbeziehung und der damals h. M. allein auf den Verwaltungsrechtsweg verwiesen, während dort dann vom *Bundesverwaltungsgericht* eine (auch) wettbewerbsrechtliche Überprüfung des Verhaltens des öffentlichen Unternehmens ausdrücklich abgelehnt und der Kläger auf den Zivilrechtsweg verwiesen wurde.

576 BGHZ 66, 229 ff. – „Studentenversicherung". Ebenso *Emmerich*, Der unlautere Wettbewerb der öffentlichen Hand, S. 12 ff.; *Mestmäcker*, NJW 1969, 1 ff.; *Scholz*, NJW 1974, 781 f. zur vorinstanzlichen Entscheidung OLG Köln NJW 1974, 802 ff. A. A. *Bettermann*, DVBl. 1977, 180 ff. in einer Anmerkung zu BGHZ 67, 81 ff. – „Autoanalyser" (Az. GSZ 2/75), die fälschlicherweise zu dem Parallelverfahren BGHZ 66, 229 ff. = BGH DVBl. 1977, 177 ff. abgedruckt wurde. *Bettermann* stellt für seine Ansicht, zuständig seien in so einem Fall die Verwaltungsgerichte, jedoch weiterhin auf die begehrte Rechtsfolge ab, was der *Bundesgerichtshof* indes ausdrücklich abgelehnt hatte. Freilich will auch *Bettermann* (a. a. O., S. 182) das Wettbewerbsrecht nicht ausschließen, sondern

der freiheitlich noch demokratisch im Sinne des Grundgesetzes, Staat und Gesellschaft nicht nach ordentlicher und Verwaltungsgerichtsbarkeit zu trennen[577]. Denn dadurch, dass statt auf die begehrte Rechtsfolge auf den Gedanken der Gleichordnung der Konkurrenten abgestellt wird, wird die Trennung von ordentlicher und Verwaltungsgerichtsbarkeit nicht in Frage gestellt. Sie bekommt im Gegenteil nur eine schärfere Ausprägung. Weiter ist auch zu bedenken, dass in einer pluralistischen Gesellschaft die Trennlinie zwischen dem staatlichen und dem gesellschaftlichen Bereich nicht immer klar gezogen werden kann[578]. Das zeigt sich heute in der Existenz beispielsweise der gemischtwirtschaftlichen Unternehmen. Die Rechtsprechung muss daher die zur Bewältigung dieses Umstands notwendige Flexibilität behalten und darf nicht allein an formalen und vermeintlich eindeutigen Kriterien des Handelns öffentlicher Unternehmen haften. Mit der Entscheidung des *Großen Senats für Zivilsachen*[579] ist das jedoch geglückt.

4. *Dennoch: Nur vorübergehende Schließung der Rechtsschutzlücke*

Dessen Entscheidung ist es somit immerhin zu verdanken, dass die bis zu diesem Zeitpunkt bestehende und häufig beklagte[580] Rechtsschutzlücke geschlossen wurde, indem der Zivilrechtsweg für wettbewerbsrechtlich basierte Klagen gegen die Tätigkeit eines öffentlichen Unternehmens für zulässig erklärt wurde, wenngleich diese Entscheidung[581] auch teilweise heftig kritisiert wurde[582]. Diese Rechtsprechung des *Bundesgerichtshofs* hat sich in den Folgejahren gefestigt[583].

---

es direkt oder analog als Normen des öffentlichen Rechts anwenden (siehe hierzu auch noch Kapitel 5 § 29 III., S. 231 ff.). Das aber macht es noch fragwürdiger, dafür nicht gleich die sachnäheren Zivilgerichte als zuständig anzusehen, wenngleich zuzugestehen ist, dass die Frage nach der Qualifikation des Wettbewerbsrechts eher die Begründetheit als die Zulässigkeit einer Klage betreffen mag.

577 So aber *Bettermann*, DVBl. 1977, 180, 181.

578 *Vollmar*, Rechtsweg und Maßstab für Klagen gegen die öffentliche Hand wegen Wettbewerbsverstößen, S. 114.

579 BGHZ 66, 229 ff. – „Studentenversicherung“.

580 Z. B. *Scholz*, NJW 1978, 16, 18.

581 BGHZ 66, 229 ff. – „Studentenversicherung“. Zustimmend *Scholz*, NJW 1978, 16 ff.

582 *Bettermann*, DVBl. 1977, 180 ff.; *Menger*, VerwArch. 68 (1977), 293 ff. Weitere Nachweise bei *Schricker*, Wirtschaftliche Tätigkeit der öffentlichen Hand und unlauterer Wettbewerb, 2. Aufl. 1987, S. 101 mit Fn. 61.

583 Vgl. z. B. BGHZ 71, 180, 181 f. – „Rentenrückforderung“; 79, 390, 393 f. – „Apotheken-Steuerberatung“; 81, 21, 23 f. – „Kassenärztliche Vereinigung“; 110, 278 ff. – „Werbung im Programm“; BGH GRUR 1981, 823, 825 – „Ecclesia-Versicherungsdienst“; OLG Düsseldorf NJW-RR 1997, 1470, 1471. Nachweise aus der Rechtsprechung vor 1976, die

Es wurde gängige Rechtsprechung der Zivilgerichte, in der Übertretung der die wirtschaftliche Betätigung der Kommunen regelnden Vorschriften einen Verstoß gegen § 1 UWG a. F. zu sehen[584]. D. h., der Individualschutzzweck dieser Normen wurde in der Regel ebenso bejaht wie die Eröffnung des Zivilrechtsweges[585]. Privaten Konkurrenten war es daher lange Zeit möglich, mit großer Verlässlichkeit über den „Umweg" des Wettbewerbsrechts die Einhaltung öffentlich-rechtlicher Vorschriften durch die öffentliche Hand zu erzwingen[586].

Die Unsicherheiten haben sich dennoch fortgesetzt[587], da die zivilgerichtliche Rechtsprechung unterschiedliche Voraussetzungen an die zu kontrollierenden öffentlich-rechtlichen Vorschriften stellte. Im Mittelpunkt stand hierbei die Frage, ob die öffentlich-rechtliche Vorschrift, deren Verletzung ein privater Mitbewerber vor einem Zivilgericht als Verstoß gegen § 1 UWG a. F. rügte, ihrem Zweck nach auch dem Schutz privater Mitbewerber zu dienen bestimmt sein musste oder nicht. Im Endeffekt stellten die Zivilgerichte somit die gleiche Frage nach einem etwaigen drittschützenden Charakter der Norm wie auch die Verwaltungsgerichte im Rahmen der Prüfung der Klagebefugnis[588], wenngleich mitunter nicht immer mit der erforderlichen Sorgfalt[589]. Immerhin verhielt es sich jedoch lange Zeit so, dass Privaten jedenfalls der Rechtsweg zu den ordentlichen Gerichten eröffnet war und diese immerhin in eine Sachprüfung eintraten. Die Verwaltungsgerichte verweigerten (und verweigern) demgegenüber den

---

bereits in die Richtung des *Großen Senats für Zivilsachen* weist, finden sich bei *Harms*, BB 1986, Beilage 17, S. 3 mit Fn. 30.

584 Wie sich hierzu die frühere Unterteilung dieser Normen in wertbezogene und wertneutrale sowie die Auswirkungen auf eine Kontrolle von Marktzutritt und Marktverhalten der öffentlichen Hand verhielten, wird im Kapitel 5 § 30 I. 1. b) aa), S. 239 ff. dargestellt.

585 *Gröning*, WRP 2002, 17, 25 weist im Übrigen zutreffend darauf hin, dass es wettbewerbsrechtlich dahinstehen kann, ob man öffentlich-rechtlich von einem subjektiven Recht sprechen kann oder nicht.

586 *Lux*, in: Hoppe/Uechtritz (Hrsg.), Handbuch Kommunale Unternehmen, 2. Aufl. 2007, § 10 Rn. 32. *Gronemeyer*, in: Stober/Vogel (Hrsg.), Wirtschaftliche Betätigung der öffentlichen Hand, S. 167, 171 spricht in diesem Zusammenhang von einer „*Fokussierung der Rechtswirklichkeit auf die Zivilgerichte*". Siehe auch *Stamer*, Rechtsschutz gegen öffentliche Konkurrenzwirtschaft, S. 44; *D. Weber*, Wettbewerbsrechtlicher Unterlassungsanspruch gegen kommunale Wirtschaftstätigkeit, S. 183.

587 Zusammenfassend *Scharpf*, GewArch 2004, 317, 318; *Stamer*, Rechtsschutz gegen öffentliche Konkurrenzwirtschaft, S. 42 f.

588 Dass die Klagen einmal an der Begründetheit und einmal an der Zulässigkeit scheiterten, machte im Ergebnis für die scheiternden Kläger keinen Unterschied.

589 Hierzu *David*, NVwZ 2000, 738 ff. Das beklagt auch *Wendt*, in: Ennuschat/Geerlings/Mann/Pielow (Hrsg.), GS Tettinger, S. 335, 341, der freilich einen Unterschied zwischen individual- und drittschützend macht.

Rechtsschutz schon mangels drittschützender Wirkung der relevanten Vorschriften zur Wirtschaftstätigkeit der öffentlichen Hand. Ohne Sachprüfung wurden (und werden[590]) entsprechende Klagen mangels Klagebefugnis der Privaten bereits als unzulässig abgewiesen.

5. *Neuer Rückschritt durch die Entscheidung „Elektroarbeiten"*

Statt einer Entspannung hat die umwälzende[591] „Elektroarbeiten"-Entscheidung des *Bundesgerichtshofs* vom 25.04.2002[592] zu einer Zuspitzung dieser schwierigen Situation geführt, indem sie privaten Konkurrenten faktisch wieder schon den Rechtsweg zu den ordentlichen Gerichten versagt hat[593]. Der *Bundesgerichtshof* ist damit hinter das Rechtsschutzniveau zurückgefallen, das gute 25 Jahre zuvor mit der Entscheidung „Studentenversicherung"[594] mühsam erkämpft worden war. Da die Verwaltungsgerichte ihre Haltung nicht geändert haben[595], besteht die beklagte Rechtsschutzlücke erneut: Indem der *Bundesgerichtshof* die

---

590 Zu vereinzelten Ausnahmen sogleich in Fn. 595 sowie *Uechtritz/Otting*, in: Hoppe/Uechtritz (Hrsg.), Handbuch Kommunale Unternehmen, 2. Aufl. 2007, § 6 Rn. 163 ff.

591 *Köhler*, NJW 2002, 2761, 2762: „*Meilenstein*".

592 BGHZ 150, 343 ff.; bestätigt durch BGH WRP 2003, 262 ff. – „Altautoverwertung".

593 *Ipsen*, ZHR 170 (2006), 422, 450. Zusammenfassend *Uechtritz/Otting*, in: Hoppe/Uechtritz (Hrsg.), Handbuch Kommunale Unternehmen, 2. Aufl. 2007, § 6 Rn. 140 ff.

594 BGHZ 66, 229 ff. – „Studentenversicherung".

595 Auch die Entscheidung OVG Münster NVwZ 2003, 1520 ff. – „Parkhausdach mit Fitness-Studio" hat hieran entgegen anders lautender Beteuerungen (so *Faßbender*, DÖV 2005, 89, 92) nichts geändert bzw. die entstandene Rechtsschutzlücke nicht wieder geschlossen. Der Beschluss des OVG Münster ist in einem Verfahren des Eilrechtsschutzes in Kenntnis der „Elektroarbeiten"-Entscheidung des *Bundesgerichtshofs* ergangen. Zwar hat das OVG den Verwaltungsrechtsweg bejaht und die Antragsbefugnis nicht weiter problematisiert sowie in einem Verstoß gegen die Betätigungsschranke des § 107 Abs. 1 S. 1 Nr. 1 GO NRW a. F. für kommunale Unternehmen nicht von vornherein keinen Eingriff in subjektive Rechte der Antragsteller sehen wollen. Eine Problematisierung dieser höchst umstrittenen Frage war indes – zumal im Verfahren des einstweiligen Rechtsschutzes – auch gar nicht nötig, denn die Eilanträge scheiterten schon aus anderen Gründen, namentlich an der fehlenden Glaubhaftmachung eines Anordnungsanspruchs. Es kann daher nicht angenommen werden, diese singuläre Entscheidung habe die Wende gebracht. Richtig ist allerdings, dass das OVG Münster begrüßenswerte Ansichten zum drittschützenden Charakter der gemeinderechtlichen Vorschriften entwickelt hat, die für eine dauerhafte Etablierung neuer Rechtsschutzmöglichkeiten für private Konkurrenten dienen können, so auch *Tilmann*, in: Ohly/Bodewig/Dreier/Götting/Haedicke/Lehmann (Hrsg.), FS Schricker, S. 763, 771 f. Diesen Weg hat VGH Mannheim DÖV 2006, 831, 832 für § 102 Abs. 1 Nr. 3 GemO BW konsequent weiter beschritten. OVG Münster NVwZ 2008, 1031, 1032 hat seine Rechtsprechung zu § 107 Abs. 1 S. 1 GO NRW n. F. inzwischen ausdrücklich bestätigt und dieser Vorschrift drittschützenden Charakter zugebilligt.

begonnene Verlagerung der Auseinandersetzung um die Zulässigkeit wirtschaftlicher Betätigung der öffentlichen Hand vom Verwaltungs- auf den Zivilrechtsweg beendet hat, war für die Privaten nichts gewonnen. Wegen der „Rechtsschutzverweigerung" der Verwaltungsgerichte hat er faktisch eine Rechtlosstellung herbeigeführt. Vor diesem Hintergrund mutet die Aussage der „Elektroarbeiten"-Entscheidung, es sei nicht Sinn des § 1 UWG a. F., Wettbewerbern kommunaler Unternehmen Ansprüche zu gewähren, die

> *„nach öffentlichem Recht bestehende Schutzlücken ausfüllen"*[596]

sollen, geradezu ironisch an[597].

Der *Bundesgerichtshof* will über das UWG nur die Überprüfung des Markt**verhaltens**, nicht aber des Markt**zutritts** zulassen und stellt fest, es sei nicht Sinn des § 1 UWG a. F., den Anspruchsberechtigten zu ermöglichen, Wettbewerber unter Berufung darauf, dass ein Gesetz ihren Marktzutritt verbiete, vom Markt fern zu halten, wenn das betreffende Gesetz den Marktzutritt nur aus Gründen verhindern wolle, die den Schutz des lauteren Wettbewerbs nicht berührten. Zwar hat der *Bundesgerichtshof* im konkreten Fall daher festgestellt, Zweck des streitgegenständlichen Art. 87 BayGO sei eben nicht die Kontrolle des Marktverhaltens, sondern die Einflussnahme auf das unternehmerische Verhalten der Gemeinden, überhaupt den Markt zu betreten. Von vielen Kommentatoren offenbar schlicht übersehen wurde aber in der Folge, dass zugleich festgehalten wurde, dass der Zweck gegebenenfalls auch der Schutz der Privatwirtschaft vor einem Wettbewerb durch die öffentliche Hand sein könne[598].

---

596 BGHZ 150, 343, 350 – „Elektroarbeiten".

597 Eine *„erhöhte Sicherheit"* für rechtsschutzsuchende Unternehmen, wie *Wendt*, in: Ennuschat/Geerlings/Mann/Pielow (Hrsg.), GS Tettinger, S. 335, 340 meint, hat die Entscheidung daher ganz sicher nicht gebracht. Ähnlich jedoch *Meyer*, NVwZ 2002, 1075, 1077, dem zufolge die Entscheidung grundsätzlich eine Verletzung individueller Rechte durch das wirtschaftliche Handeln der Kommunen möglich erscheinen lasse und es mithin unter Bezugnahme auf diese Entscheidung des höchsten ordentlichen Gerichts (nun) eher möglich sei, die Zulässigkeitshürde des § 42 Abs. 2 VwGO im Verwaltungsrechtsweg zu überspringen. Von daher aus heutiger Sicht überholt auch *Schricker*, Wirtschaftliche Tätigkeit der öffentlichen Hand und unlauterer Wettbewerb, 2. Aufl. 1987, S. 111.

598 BGHZ 150, 343, 348 – „Elektroarbeiten". Übersehen z. B. von *Stamer*, Rechtsschutz gegen öffentliche Konkurrenzwirtschaft, S. 46. Auch *Ipsen*, ZHR 170 (2006), 422, 450 will in der Entscheidung das *„unabweisbare"* Ergebnis erkennen, dass die Frage des Marktzugangs von Kommunen nun allein als Frage des öffentlichen Rechts zu entscheiden sei. Diese Konsequenz zieht nunmehr offenbar auch OVG Münster NVwZ 2008, 1031, 1033.Vor dem Hintergrund der vom *Bundesgerichtshof* gewählten Formulierung,

6. *Perpetuierung des Problems durch die UWG-Reform 2004*

Die damit formulierten Anklänge an die frühere Maßgeblichkeit des individualschützenden Charakters der Normen vermochten indes nichts daran zu verändern, dass seit der UWG-Reform vom 03.07.2004, die ausweislich der Gesetzesbegründung zum UWG-Entwurf diese jüngste Rechtsprechung des *Bundesgerichtshofs* zu § 1 UWG a. F. gesetzlich verankern sollte[599], die beklagte Rechtsschutzlücke sogar mit dem Segen des Gesetzgebers besteht[600]. Die Meinung, mit dieser damaligen UWG-Reform ergäben sich keine größeren Abweichungen zwischen der bisherigen und der nunmehr geltenden Rechtslage, hat sich daher insoweit leider bewahrheitet[601].

III. *Kritik aus dem Schrifttum und Notwendigkeit des Umdenkens*

Diese Entwicklung verdeutlicht einmal mehr, dass ungeklärte Rechtswegfragen zu eklatanten Rechtsschutzlücken führen können. Dass berechtigte Schutzansprüche Privater schon an der Rechtswegfrage scheitern könnten, ist eine alte Befürchtung[602], die vor diesem Hintergrund aktueller kaum sein könnte. Zu Recht warnte schon *Ferdinand O. Kopp* im Vorwort zur ersten Auflage seines VwGO-Kommentars davor, berechtigte Ansprüche an den Schwierigkeiten und Tücken des formellen Rechts scheitern zu lassen[603].

---

die einen Drittschutz der Normen nahe legt, liegt ein solches unabweisbares Ergebnis jedoch sicher nicht vor.

599 Begr. RegE, BT-Drucks. 15/1487, S. 19 (zu § 4 Nr. 11). Dort heißt es: *„Der Tatbestand der Nr. 11 betrifft die Fälle des Wettbewerbsverstoßes durch Rechtsbruch. Es ist allerdings mit Blick auf den Schutzzweck nicht Aufgabe des Wettbewerbsrechts, Gesetzesverstöße generell zu sanktionieren. Daher ist die Vorschrift so gefasst, dass nicht jede Wettbewerbshandlung, die auf dem Verstoß gegen eine gesetzliche Vorschrift beruht, wettbewerbswidrig ist. Vielmehr wurde eine Beschränkung danach vorgenommen, dass der verletzten Norm zumindest eine sekundäre Schutzfunktion zugunsten des Wettbewerbs zukommen muss. Es wird dementsprechend nur ein Verstoß gegen solche Normen erfasst, die zumindest auch das Marktverhalten im Interesse der Marktbeteiligten regeln. Dies entspricht der neueren Rechtsprechung zu § 1 a. F.“*

600 *Scharpf*, GewArch 2004, 317, 319; *Uechtritz/Otting*, in: Hoppe/Uechtritz (Hrsg.), Handbuch Kommunale Unternehmen, 2. Aufl. 2007, § 6 Rn. 160. Siehe einführend hierzu auch schon Kapitel 1 § 8 III., S. 70.

601 *Lux*, in: Hoppe/Uechtritz (Hrsg.), Handbuch Kommunale Unternehmen, 2. Aufl. 2007, § 10 Rn. 33.

602 *Scholz*, NJW 1974, 781.

603 Darauf weist zu Recht *Bethge*, in: Heckmann (Hrsg.), GS F. O. Kopp, S. 300, 313 hin.

Das Grundprinzip der Rechtswegaufteilung hat der *Gemeinsame Senat der Obersten Gerichtshöfe des Bundes* entschieden[604]. Eine andere Art der Abgrenzung der Gerichtsbarkeiten gibt es nicht. Insbesondere kann aus Art. 95 Abs. 1 GG keine strikte verfassungsmäßige Trennung der materiellen Aufgaben und Rechtsfolgenkompetenzen der fünf Gerichtsbarkeiten abgeleitet werden[605]. Die

„*Rechtswegzuständigkeit [ist] keine Frage der Gewaltentrennung*“[606].

Sie ist ein Thema der Funktionsaufteilung innerhalb der dritten Gewalt, die maßgeblich von den Justizgewährleistungsansprüchen aus Art. 19 Abs. 4 S. 1 GG bzw. Art. 2 Abs. 1 GG i. V. m. Art. 20 Abs. 3 GG determiniert wird[607]. Es gibt zahlreiche Argumente, die Gründe des Sachzusammenhangs und der Sachkenntnis höher bewerten als strikt dogmatische Trennungen[608]. Hierfür sprechen auch Existenz und Formulierung des Art. 19 Abs. 4 GG, der die Gerichtszweige als gleichwertig erachtet[609] und nur generell den Weg zum Richter garantiert, ohne eine Rangfolge der Gerichtsbarkeiten zu formulieren oder auch nur zu unterstellen. Ein Vorrang des Verwaltungsrechtsweges für öffentlich-rechtliche Streitigkeiten ergibt sich auch nicht etwa aus § 13 GVG[610], denn dieser wird negativ abgegrenzt durch § 40 Abs. 1 VwGO, nicht umgekehrt.

Den zuletzt durch die UWG-Reform 2004 sogar gesetzlich verankerten Rückschritt[611] in der Entwicklung des Rechtsschutzes Privater gilt es nun wiederum rückgängig zu machen. Oder aber die Verwaltungsgerichte sehen sich auf Grund der entstandenen Situation – die einer „*Rechtsschutzverweigerung*“ durch den *Bundesgerichtshof* gleichkommt – berufen, ihre Rechtsprechung zur drittschützenden Wirkung kommunalwirtschaftsrechtlicher Marktzutrittsverbote zu revidieren[612].

---

604 BSGE 37, 292 = GmS-OGB NJW 1974, 2087 f.

605 *Vollmar*, Rechtsweg und Maßstab für Klagen gegen die öffentliche Hand wegen Wettbewerbsverstößen, S. 40, 42.

606 *Pinger*, GRUR 1973, 456, 459.

607 Dazu BVerfGE 107, 395 ff.

608 *Vollmar*, Rechtsweg und Maßstab für Klagen gegen die öffentliche Hand wegen Wettbewerbsverstößen, S. 44.

609 BVerwGE 129, 9, 20; *Harms*, BB 1986, Beilage 17, S. 5 mit zahlreichen Nachw. aus der Rspr. in Fn. 52.

610 A. A. ohne Begründung *Meyer*, Kommunalrecht, 2. Aufl. 2002, Rn. 622a.

611 So auch *Diefenbach*, WiVerw 2003, 99, 114.

612 Wie hier auch *Diefenbach*, WiVerw 2003, 115, 130; *Scharpf*, GewArch 2004, 317, 320. Am Rande sei erwähnt, dass der staatlichen Justizgewährleistungspflicht selbstverständlich ein Rechtsverweigerungsverbot korrespondiert, vgl. *Bethge*, in: Ennuschat/Geerlings/Mann/Pielow (Hrsg.), GS Tettinger, S. 369, 390 m. w. N. in Fn. 196.

IV. Frühere Aufteilung der Rechtswegzuständigkeit nach Maßgabe der begehrten Rechtsfolge keine Alternative

Einen anderen, wenngleich heute nur mehr vereinzelt vertretenen Ansatz zur Aufteilung der Entscheidungskompetenz der Gerichte hinsichtlich des Rechtsweges stellt die bereits erwähnte Anknüpfung an die begehrte Rechtsfolge dar[613]. Neben der wahren Natur des behaupteten Anspruchs sei zur Bestimmung des Charakters der Streitigkeit zusammenschauend auch die begehrte Rechtsfolge heranzuziehen[614]. Werde Geldersatz begehrt, seien die ordentlichen Gerichte zuständig, wenngleich

> *„bei wirklichen öffentlich-rechtlichen Schadensersatzansprüchen außerdem der Rechtsweg für zulässig erklärt sein muss"*[615].

Damit war wohl eine parallele Entscheidungskompetenz der Verwaltungsgerichte angesprochen. Gehe es hingegen um Naturalrestitution und Unterlassungsansprüche bei Rechtsbeziehungen, die dem Privatrecht unterliegen, dürften die bürgerlichen Gerichte indes nicht in den Wettbewerb eingreifen, wenn die Wettbewerber in einem Über- bzw. Unterordnungsverhältnis stünden. Denn derartige Urteile zwängen das Gemeinwesen zur Vornahme öffentlich-rechtlicher Handlungen[616]; dazu sei nur die Verwaltungsgerichtsbarkeit befugt. Die Folge sei, so *Gütebier*, dass bei öffentlich-rechtlichen Amtspflichtverletzungen (§ 839 BGB i. V. m. Art. 34 GG) sowie bei Enteignungen – gemeint sind wohl (nach heutigem Verständnis) Entschädigungsansprüche wegen Eingriffen in das Eigentum – nur auf Geldersatz geklagt werden könne. Aus heutiger Sicht können diese Ausführungen nicht mehr überzeugen.

---

613 Zuletzt so noch *Schliesky*, Öffentliches Wettbewerbsrecht, S. 464; *D. Weber*, Wettbewerbsrechtlicher Unterlassungsanspruch gegen kommunale Wirtschaftstätigkeit, S. 187 f.

614 *Menger*, VerwArch. 68 (1977), 293, 295. Ebenfalls auf die begehrte Rechtsfolge abgestellt haben *Bettermann*, DVBl. 1977, 180, 180; *Brohm*, NJW 1994, 281, 288. Siehe im Übrigen schon Kapitel 4 § 22 I., S. 135 ff.

615 *Gütebier*, Der unlautere Wettbewerb der öffentlichen Hand, S. 64.

616 *Gütebier*, Der unlautere Wettbewerb der öffentlichen Hand, S. 64.

V. Zusammenfassung des Kernproblems der aktuellen Rechtslage: Faktische Rechtsschutzlücke

Es verhält sich also zurzeit so, dass die Verwaltungsgerichte nicht nur den Drittschutzcharakter der Subsidiaritätsklauseln der Gemeindeordnungen[617] zu Gunsten privater Unternehmer – oft unter Hinweis auf die ursprüngliche Zweckbestimmung der Vorläufervorschrift des § 67 DGO – verneinen[618], sondern darüber hinaus an der gefestigten Rechtsprechung festhalten, nach der die Grundrechte der privaten Konkurrenten nicht vor Konkurrenz schützten und auf sie gestützte Konkurrentenklagen daher abweisen[619]. Der *Bundesgerichtshof* verwehrt darüber hinaus nunmehr auch den Zivilrechtsweg und eine Anwendung des UWG, solange nicht nur das „Wie" öffentlicher Wettbewerbsteilnahme in Rede steht[620]. Das läuft auf ein eklatantes Rechtsschutzdefizit[621] hinaus, das nur durch eine Änderung der Gesetze[622], insbesondere des § 4 Nr. 11 UWG, oder eine geänderte Einstellung der Verwaltungsgerichte zur Frage des drittschützenden Charakters der relevanten Vorschriften bzw. zum Schutzumfang der Wirtschaftsgrundrechte auszugleichen ist. Diese Situation ist letztlich auch Ausdruck eines unterentwickelten öffentlichen Wettbewerbsrechts[623] und der

---

617 Dass es daneben für die Wirtschaftstätigkeit der Länder und des Bundes keine vergleichbaren Regelungen gibt, ist bereits dargelegt worden. Die Rechtlosstellung privater Konkurrenten muss daher hier am Beispiel der Wirtschaftstätigkeit der Kommunen erläutert werden.

618 Umfangreiche Nachweise z. B. bei *Scholz*, ZHR 132 (1969), 97, 138 mit Fn. 200. A. A. VGH Mannheim DÖV 2006, 831, 832 zu § 102 Abs. 1 Nr. 3 GemO BW sowie RhPfVerfGH NVwZ 2000, 801, 804 zu § 85 Abs. 1 Nr. 3 RhPfGemO. Siehe ausführlich noch Kapitel 5 § 29 I., S. 183 ff.

619 Auf diese Problematik ist im Kapitel 1 § 8 III., S. 70 bereits hingewiesen worden. Sie wird beispielsweise auch ausdrücklich von *Ipsen*, ZHR 170 (2006), 422, 451 kritisiert, der daher fordert, *„[d]ie Verwaltungsgerichte sollten der Versuchung widerstehen, der ihnen zufallenden Entscheidungsaufgabe durch Berufung auf das mehr als drei Jahrzehnte zurückliegende Urteil des Bundesverwaltungsgerichts [E 39, 329 ff.] auszuweichen."* Nachweise aus der Rspr. zu der Thematik sowie eine vertiefte Darstellung der damit verbundenen Probleme finden sich im Kapitel 5 § 29 II. 1. a) aa), S. 203.

620 BGHZ 150, 343 ff. – „Elektroarbeiten"; BGH WRP 2003, 262 ff. – „Altautoverwertung".

621 *Ahrens*, in: Harte-Bavendamm/Henning-Bodewig (Hrsg.), UWG, Einl F, Rn. 30; *Götting*, Wettbewerbsrecht, § 14 Rn. 19; *Knemeyer*, Bayerisches Kommunalrecht, Rn. 335.

622 In diese Richtung auch *Badura*, in: Baur/Hopt/Mailänder (Hrsg.), FS Steindorff, S. 835, 842. A. A. *Hauck*, WRP 2006, 323, 330, der ein „Untätigbleiben" des Gesetzgebers respektiert wissen will. Ein solches Untätigbleiben in Anbetracht der bestehenden Rechtsschutzlücken ist jedoch mit verfassungsrechtlichen Schutzpflichten nicht zu vereinbaren.

623 Siehe hierzu Kapitel 5 § 29 III. 2., S. 233.

Passivität der Aufsichtsbehörden, deren Aktivität gerichtlich nicht erzwungen werden kann[624].

Um es noch einmal auf einen Punkt zu bringen: Das Kernproblem der aktuellen Rechtslage ist eine faktische Rechtsschutzlücke für private Konkurrenten, die eine Wirtschaftstätigkeit der öffentlichen Hand gerichtlich überprüfen lassen wollen. Wenn – wie zurzeit – Rechtmäßigkeitsvoraussetzungen der Wirtschaftstätigkeit der öffentlichen Hand (insbesondere die Vorschriften der einzelnen Gemeindeordnungen) nach Ansicht von *Bundesgerichtshof* und Gesetzgeber weder Marktverhaltensregelungen im Sinne des § 4 Nr. 11 UWG darstellen noch eine auf deren Verletzung gestützte verwaltungsgerichtliche Klage mangels Klagebefugnis erfolgreich sein kann, muss primäres Ziel sein, diese Rechtsschutzlücke zu schließen. Im folgenden Kapitel soll das versucht werden. Anderenfalls könnte sich sonst auch weiterhin kein privater Konkurrent gegen eine (rechtswidrige) Wirtschaftstätigkeit der öffentlichen Hand wehren. Die öffentlichen Unternehmen behielten damit ihre „*carte blanche*" zur Fortsetzung ihrer teilweise exzessiven Expansionspolitik[625].

VI. Das Beispiel für die vorliegende Arbeit: Die widersprüchliche Rechtsprechung zum Glücksspiel- und Sportwettenrecht

Eine „Rechtsschutzlücke" anderer Art ist auf dem Sektor des Glücksspiel- und Sportwettenrechts entstanden. Die Sportwetten-Entscheidung des *Bundesverfassungsgerichts* hat keine erwartete endgültige Klärung der Rechtslage ge-

---

624 Für ihr Einschreiten steht den Aufsichtsbehörden ein Ermessensspielraum zu. Ihre Tätigkeit ist grundsätzlich nur dem öffentlichen, nicht aber einem privaten Interesse zu dienen bestimmt, vgl. *Diefenbach*, WiVerw 2003, 115; Staudinger/*Wurm*, BGB, Neubearbeitung 2007, § 839 Rn. 180. Eine verwaltungsgerichtliche Klage gerichtet auf das Einschreiten der Aufsichtsbehörde müsste daher schon an der fehlenden Klagebefugnis des privaten Konkurrenten scheitern, siehe *Ennuschat*, WRP 2008, 883; *Glahs/Külpmann*, VergabeR 2002, 555, 556 f. Eine gerichtliche Durchsetzung des Einschreitens der Aufsichtsbehörden ist privaten Konkurrenten somit keinesfalls möglich, siehe *Ipsen*, ZHR 170 (2006), 422, 453; VGH Mannheim ZUM 1999, 588 ff.; sehr missverständlich insoweit *Antweiler*, VergabeR 2008, 352, 356. Der Gang zu den Aufsichtsbehörden bleibt ein „weiches Schwert", meinen zu Recht *Grawert*, in: Grupp/Ronellenfitsch (Hrsg.), FS Blümel, S. 119, 133; *Gronemeyer*, in: Stober/Vogel (Hrsg.), Wirtschaftliche Betätigung der öffentlichen Hand, S. 167, 169 f.; *Haslinger*, WRP 2002, 1023, 1028; *Ipsen*, ZHR 170 (2006), 422, 453. *Tilmann*, in: Ohly/Bodewig/Dreier/Götting/Haedicke/Lehmann (Hrsg.), FS Schricker, S. 763, 771; zu optimistisch daher BGH GRUR 1974, 733, 734 – „Schilderverkauf". Dass Aufsichtsbehörden zur Nichteinmischung neigten, meint *Krölls*, GewArch 1992, 281, 285.

625 *Götting*, Wettbewerbsrecht, § 14 Rn. 19.

bracht[626]. Auch wenn sich für private Wettanbieter zu keinem Zeitpunkt die Frage nach dem richtigen Rechtsweg stellte, sehen sie sich vor und erst recht nach der Entscheidung des *Bundesverfassungsgerichts* einem Zustand der Rechtsunsicherheit gegenüber. Diese beruht – ohne hier schon auf Einzelheiten einzugehen[627] – vor allem auf der Ausklammerung europarechtlicher Fragen durch das *Bundesverfassungsgericht* und den diesbezüglich oft konträren Entscheidungen der Instanzgerichte. Mitunter wurden sogar innerhalb eines Gerichts konträre Entscheidungen getroffen, so dass es nicht übertrieben ist zu behaupten, es hänge inzwischen oftmals nur noch vom Zufall ab, ob eine Klage privater Konkurrenten gegen eine Schließungs- oder Untersagungsverfügung Erfolg hat oder nicht[628]. Im Kern umstritten bleiben die Fragen nach der Geltung von Lizenzen eines Mitgliedsstaates der Gemeinschaft in Deutschland und der Vereinbarkeit des deutschen Glücksspielmonopols mit den gemeinschaftsrechtlichen Grundfreiheiten. Auf diese ist daher zurückzukommen.

---

[626] Siehe noch Kapitel 7 § 35 I. 3., S. 333 ff. Die Entscheidung selbst ist im Kapitel 1 § 5 II., S. 48 ff. dargestellt.

[627] Siehe zu solchen Kapitel 7 § 35, S. 323 ff.

[628] So zu Recht *Bahr*, K&R 2007, 307, 308, dort in Fn. 9 auch mit Nachw. aus der konträren Rspr. unterschiedlicher Kammern desselben Gerichts.

KAPITEL 5 ERARBEITUNG VON LÖSUNGSVORSCHLÄGEN

§ 23 Vorweg: Kein grundsätzliches Verbot der Wirtschaftstätigkeit der öffentlichen Hand

I. Die Aussagen des Grundgesetzes und des Reichsgerichts

Die Suche nach Abwehr- und Ausgleichsansprüchen Privater gegen die Wirtschaftstätigkeit der öffentlichen Hand bzw. die Bestimmung von deren Grundlagen wäre erheblich vereinfacht, wenn der öffentlichen Hand jegliche Wirtschaftstätigkeit *a priori* verboten wäre. Ein solches Verbot ist indes aus dem Grundgesetz nicht abzuleiten. Mit den Art. 134, 135, 105 f., 115 und 74 Nr. 11 GG liegen vielmehr verfassungsrechtliche Anhaltspunkte vor, die positive Hinweise auf die Zulässigkeit staatlicher Wettbewerbsteilnahme geben können, wenngleich aber wirklich schlüssige Hinweise vor allem auf den ungehinderten Fortbestand, die Erweiterung und die Zulässigkeit von Neugründungen öffentlicher Unternehmen fehlen[629]. Beispielsweise sind die Sicherung und Schaffung von Arbeitsplätzen keine ausreichende Legitimation für die Aufrechterhaltung und Gründung öffentlicher Unternehmen[630]. Auch eine Bestandsgarantie der wirtschaftlichen Betätigung des Staates schlechthin ist dem Grundgesetz nicht zu entnehmen[631]. Vereinzelt ist diese These mit dem (zweifelhaften) Argument kritisiert worden, Schuld an einer solchen kategorischen und undifferenzierenden Aussage sei die

---

629 Vgl. im Einzelnen *Klein*, Die Teilnahme des Staates am wirtschaftlichen Wettbewerb, S. 146 – 150; *Stamer*, Rechtsschutz gegen öffentliche Konkurrenzwirtschaft, S. 154 ff. Kritisch *Emmerich*, Das Wirtschaftsrecht der öffentlichen Unternehmen, S. 86; *v. Gamm*, WRP 1984, 303, 304.

630 *Krölls*, GewArch 1992, 281, 288; *Selmer*, in: Stober/Vogel (Hrsg.), Wirtschaftliche Betätigung der öffentlichen Hand, S. 75, 91; *Stober*, NJW 2002, 2357, 2361.

631 *Ronellenfitsch*, in: Isensee/Kirchhof (Hrsg.), HStR IV, 3. Aufl. 2006, § 98 Rn. 42. Ablehnend auch *Hoffmann-Becking*, in: Menger (Hrsg.), FS Wolff, S. 445, 461, jedoch (S. 462) mit der vorsichtigen Einschränkung, dass Art. 28 Abs. 2 GG u. U. die Fortführung eines bereits bestehenden Wirtschaftsunternehmens der öffentlichen Hand zu garantieren vermöge. Gegen ein verfassungsmäßig gesichertes Recht auf erwerbswirtschaftliche Betätigung des Staates indes *Vollmar*, Rechtsweg und Maßstab für Klagen gegen die öffentliche Hand wegen Wettbewerbsverstößen, S. 115.

„für die zivilistische Betrachtungsweise typische Nivellierung des begrifflichen und qualitativen Gegensatzes zwischen staatlicher Kompetenz und subjektivem Recht.“[632]

Der Streit braucht hier nicht vertieft zu werden. Es mag der Hinweis genügen, dass durch Art. 12, 14, 15 GG zumindest das Nebeneinander von privaten und öffentlichen Unternehmen garantiert ist[633].

Ungeachtet dieser diskutierten Einschränkungen schließt das Grundgesetz nach ganz herrschender Meinung eine allgemeine wirtschaftliche Betätigung der öffentlichen Hand jedenfalls nicht aus[634]. Es steht damit im Einklang mit der Rechtsprechung des *Reichsgerichts*, das wiederum der bereits im Jahr 1893 vom *Preußischen Oberverwaltungsgericht* vertretenen Linie treu blieb, nach welcher der Begriff einer Unternehmung[635] mit dem Wesen des Staates nicht unvereinbar war[636].

Aus dem Grundgesetz wird teilweise auch ein Erst-Recht-Schluss gezogen. Wenn gemäß Art. 15 S. 1 GG sogar die „weiche“ Sozialisierung zulässig ist, sei staatliche Konkurrenz, die einem öffentlichen Zweck dient, erst recht zulässig[637]. Früher wurde diese Auffassung häufig auch noch auf die vergleichbare Vorgängervorschrift Art. 156 WRV gestützt[638]. Weil aber die Eigenbetätigung des Staates gegenüber der Sozialisierung kein *minus*, sondern ein *aliud* ist, vermag dieses Argument nicht zu überzeugen[639]. *Hans H. Klein* trat einer solchen Auffassung ebenfalls entgegen. Jedenfalls die in Gewinnerzielungsabsicht unternommene Wirtschaftstätigkeit des Staates und anderer Hoheitsträger habe ihre Stütze nicht in Art. 156 WRV (und damit auch nicht in Art. 15 S. 1 GG)

---

632 *Burmeister*, in: v. Mutius (Hrsg.), Selbstverwaltung im Staat der Industriegesellschaft, S. 623, 634.

633 *Ronellenfitsch*, in: Isensee/Kirchhof (Hrsg.), HStR IV, 3. Aufl. 2006, § 98 Rn. 35.

634 *Jarass*, DÖV 2002, 489, 491; *Ahrens*, in: Harte-Bavendamm/Henning-Bodewig (Hrsg.), UWG, Einl F, Rn. 27. Vgl. zum Ganzen auch *Vollmar*, Rechtsweg und Maßstab für Klagen gegen die öffentliche Hand wegen Wettbewerbsverstößen, S. 110 ff. Speziell für kommunale Unternehmen *Ronellenfitsch/Stein*, in: Hoppe/Uechtritz (Hrsg.), Handbuch kommunale Unternehmen, 2. Aufl. 2007, § 3 Rn. 6.

635 Zum Zusammenhang der Begriffe „Unternehmung“, „Unternehmer“ und „Unternehmen“ siehe oben Kapitel 1 § 4 II., S. 36 ff.

636 PrOVGE 25, 141, 149 f. – „Hafenverwaltung Ruhrort“.

637 *Pieroth/Hartmann*, DVBl. 2002, 421, 426.

638 Vgl. *Klein*, Die Teilnahme des Staates am wirtschaftlichen Wettbewerb, S. 68.

639 Ebenso *Vollmar*, Rechtsweg und Maßstab für Klagen gegen die öffentliche Hand wegen Wettbewerbsverstößen, S. 111; *v. Gamm*, WRP 1984, 303, 304.

finden können, weil sie eine staatskapitalistische Betätigung[640] keinesfalls im Sinn gehabt habe[641]. Ein Widerspruch zu der Ansicht, nach der das Grundgesetz die Wirtschaftstätigkeit der öffentlichen Hand jedenfalls nicht verbiete, ist darin jedoch nicht zu erkennen. Denn auch nach dieser bestehen für eine wirtschaftliche Betätigung der öffentlichen Hand, die mit Gewinnerzielungsabsicht erfolgt, erhebliche Rechtfertigungsprobleme. Mitunter wird daher die Verfassungswidrigkeit jedweder erwerbswirtschaftlichen Tätigkeit der öffentlichen Hand konzediert[642].

II. Erneut: allgemeine Grenzen wirtschaftlicher Betätigung der öffentlichen Hand

Wenn aber dem Grundgesetz schon kein allgemeines Verbot der Wirtschaftstätigkeit der öffentlichen Hand entnommen werden kann, so ist doch zu überlegen, ob es nicht Anhaltspunkte für deren Grenzen zu liefern vermag[643]. Es wurde festgestellt, dass sich Grenzen der wirtschaftlichen Betätigung vor allem aus den Grundrechten der privaten Konkurrenten[644], der Kompetenzordnung, dem Subsidiaritätsprinzip[645], Vorrang[646] und Vorbehalt[647] des Gesetzes sowie den Wettbewerbsregeln des Europarechts ergeben können[648].

§ 24 Aber: Vorrang der Privatheit im Deutschland des Grundgesetzes

I. Privatheit als Leitbild der deutschen Wirtschaftsordnung

Ein allgemeines Verbot öffentlicher Wirtschaftstätigkeit gibt es also nicht. Grenzen finden sich – wenn überhaupt – nur verstreut in verschiedenen Regelungswerken. Eine Grenze übergeordneter, verfassungsimmanenter Art könnte sich indes aus einem Vorrang der Privatheit im Deutschland des Grundgesetzes

640 Zum Unterschied von Staatssozialismus und Staatskapitalismus siehe *Huber*, Wirtschaftsverwaltungsrecht, Bd. 1, 2. Aufl. 1953, S. 521 ff.

641 *Klein*, Die Teilnahme des Staates am wirtschaftlichen Wettbewerb, S. 69.

642 Nachweise bei *Jarass*, DÖV 2002, 489.

643 Dazu bereits Kapitel 1 § 8 II., S. 67.

644 Insgesamt gegen jedwede Beschränkung unternehmerischer Wirtschaftstätigkeit der öffentlichen Hand durch Art. 12 Abs. 1 GG jedoch *Bettermann*, in: FS Hirsch, S. 1, 18 ff.

645 Einzelheiten hierzu siehe noch Kapitel 5 § 25 III., S. 157.

646 Speziell für das Wettbewerbsrecht noch Kapitel 5 § 30 I. 1. a), S. 235 ff.

647 Dazu Kapitel 4 § 21 V., S. 126 ff.

648 Zusammenfassend *Ehlers*, JZ 1990, 1089, 1094 ff.

ergeben[649]. Sie könnte als Auslegungshilfe oder als Verstärkung des Subsidiaritätsprinzips verstanden werden. Ausgehend von den Thesen *Hans Carl Nipperdeys*, die soziale Marktwirtschaft[650] stelle auch eine Marktwirtschaft gegenüber dem Staat dar und Wettbewerb als Ordnungsprinzip müsse zwischen allen (und damit auch im Verhältnis von öffentlichen und privaten) Unternehmen herrschen, steht ein derart verstandenes wirtschaftsverfassungsrechtliches Prinzip zwar im Gegensatz zu der überwiegend vertretenen wirtschaftspolitischen Neutralität des Grundgesetzes[651]. Wenn der Gesetzgeber bei der legislatorischen Umsetzung seiner Wirtschaftspolitik aber das Grundgesetz beachten soll[652], so ist diese Aufforderung des *Bundesverfassungsgerichts* ein erster Hinweis darauf, dass das Grundgesetz so wirtschaftspolitisch neutral kaum sein kann, wie allgemein behauptet wird. Ein weiterer Hinweis findet sich in der allgemeinen Handlungsfreiheit (Art. 2 Abs. 1 GG), der eine Legitimationspflicht für jeden Einzelfall staatlicher Wirtschaftstätigkeit zu entnehmen ist, da Staatswirtschaft die Ausnahme von der Regel sei, dass sich der Staat eben nicht erwerbswirtschaftlich betätige[653].

Dem entspricht es, wenn teilweise sogar die Ansicht vertreten wird, im Falle der Gleichwertigkeit staatlicher und privater Unternehmensaktivitäten bestehe eine Auflösungspflicht zulasten staatlicher Unternehmen[654]. Jedenfalls im Hinblick auf die den Kommunen durch Art. 28 Abs. 2 GG garantierte Selbstverwaltung bestehen hieran jedoch Zweifel. Denn die Gewährleistung drohte leer zu laufen, wenn sich im Falle des Angebots einer gleichwertigen Leistung durch einen Privaten unvorhergesehen eine Auflösungspflicht für das kommunale Unternehmen ergeben könnte.

Daneben verbleibt jedoch ein weiter Raum, in dem sich öffentliche Unternehmen außerhalb der Gewährleistung des Art. 28 Abs. 2 GG bewegen. Im Widerstreit von Staat und Privatem müsse es dort heißen: „*in dubio pro liberta-*

---

649 Hierzu *Berg*, WiVerw 2000, 141, 158; *Sodan*, DÖV 2000, 361 ff. A. A. *Katz*, Kommunale Wirtschaft, S. 36; *Wendt*, in: Ennuschat/Geerlings/Mann/Pielow (Hrsg.), GS Tettinger, S. 335, 349.

650 Den Ausdruck hat *Alfred Müller-Armack* geprägt.

651 Dazu sogleich Kapitel 5 § 25 I., S. 155.

652 BVerfGE 4, 7, 18.

653 *Ronellenfitsch*, in: Isensee/Kirchhof (Hrsg.), HStR IV, 3. Aufl. 2006, § 98 Rn. 43. In diese Richtung auch *Kluth*, WiVerw 2000, 184, 192.

654 *Hösch*, Die kommunale Wirtschaftstätigkeit, S. 49 ff.; a. A. *Korte*, Das staatliche Glücksspielwesen, S. 345.

te"[655]. Außerhalb des engen Bereichs der Daseinsvorsorge solle dem privaten Unternehmertum als unbestrittenem Leitbild der deutschen Wirtschaftsordnung der Vorrang eingeräumt werden[656]. Diese Forderung kann auf eine lange Tradition zurückblicken. Sie wurde schon Mitte des 18. Jahrhunderts von dem Kameralisten *Johann Heinrich Gottlob von Justi* in dessen wichtigstem Werk „Staatswirthschaft" von 1755 formuliert. Er forderte vom Staat,

> *„Commercien und Gewerbe den Unterthanen"*

zu überlassen[657]. Dass es ein „Primat der Privatwirtschaft" als Rechtsregel gibt, wurde indes auch bezweifelt[658]. Aus heutiger Sicht erscheint diese These – auch vor dem Hintergrund der fortschreitenden europäischen Einigung – nicht mehr plausibel. Bei wirtschaftlichen Betätigungen besteht eine Notwendigkeit des Vorrangs des Privaten vor dem Staatlichen[659].

Zusammenfassend ist festzuhalten, dass die öffentliche Hand sich auf Grund dieser Überlegungen jedenfalls nicht beliebig wirtschaftlich betätigen darf, sondern verpflichtet ist, durch Zurückhaltung wirtschaftlichen Engagements den Freiheitsraum der Bürger, Berufs- und Gewerbefreiheit, nicht als bloße Idee dahingestellt sein zu lassen, sondern ihn vielmehr zu sichern[660]. Damit wird auch zu einem „schlanken Staat" beigetragen.

II. Parallelität mit europäischem Gemeinschaftsrecht?

Einen Vorrang der Privatheit kennt darüber hinaus nicht nur die deutsche Wirtschaftsverfassung. Vielmehr hat der Vorrang der privaten Leistungserbringung im Gemeinschaftsrecht in Art. 4 Abs. 1 EG in der Fassung von Amsterdam bzw.

---

655 *Brenner*, BB 1962, 727, 730. Zu diesem Prinzip konkret für Art. 12 Abs. 1 GG BVerfGE 21, 245, 248: *„grundsätzlich freie Wirtschaft"*; *Brüning*, JZ 2009, 29, 31.

656 *Wolf*, in: Stober/Vogel (Hrsg.), Wirtschaftliche Betätigung der öffentlichen Hand, S. 5, 11. *Krölls*, GewArch 1992, 281, 286 spricht in diesem Zusammenhang von *„den privaten Wirtschaftssubjekten als den ‚geborenen' Trägern der grundgesetzlichen Wirtschaftsordnung"*.

657 Zitiert nach *Tautscher*, in: Gerloff/Neumark (Hrsg.), Handbuch der Finanzwissenschaft, Bd. 1, 2. Aufl. 1952, S. 411.

658 Dazu *Klein*, Die Teilnahme des Staates am wirtschaftlichen Wettbewerb, S. 68.

659 Wie hier auch *Krölls*, GewArch 1992, 281, 283; *Berg*, WiVerw 2000, 141, 149, der von einem grundrechtlich-rechtsstaatlich begründeten „Vorrang" erwerbswirtschaftlicher Betätigung der Bürger spricht. Genau konträr *Schachtschneider*, Staatsunternehmen und Privatrecht, S. 310, der einen umfassenden Vorrang des Staatlichen vor dem Privaten zu erkennen meint. Allenfalls vor einer rein gewinnorientierten Staatswirtschaft – die er freilich ablehnt – gebühre der privaten Wirtschaft der Vorrang (a. a. O., S. 317 f.).

660 So auch *Stamer*, Rechtsschutz gegen öffentliche Konkurrenzwirtschaft, S. 176.

Art. 3 Nr. 3 EG in der künftigen Fassung von Lissabon[661] sowie den Grundfreiheiten eine gegenüber der diesbezüglichen grundgesetzlichen Verbürgung sogar größere Beachtung erfahren[662]. Es heißt, von einer echten Parallelität von deutschem Wirtschaftsverfassungsrecht und europäischem Gemeinschaftsrecht könne daher nur eingeschränkt die Rede sein. Unterschiede gebe es auch hinsichtlich einer Erforderlichkeitsprüfung bei Eingriffen in die Grundfreiheiten der Marktteilnehmer, die im Gemeinschaftsrecht deutlich strenger ausfalle als im nationalen Verfassungsrecht. Denn der Staat müsse nachweisen, dass die von ihm gewählte Variante die bessere Alternative bzw. die weniger belastende Maßnahme hinsichtlich eines wettbewerbsschonenden Mittels sei[663]. Statt von einer Parallelität ist von einem Vorsprung des Gemeinschaftsrechts hinsichtlich der Verankerung des Vorrangs der Privatheit auszugehen. Dieser Umstand wird vor allem auch dann zu berücksichtigen sein, wenn es wegen des aus Art. 10 EG abzuleitenden Anwendungsvorrangs des Gemeinschaftsrechts[664] auf eben dessen Aussagen ankommt. Die Grundrechte und Grundfreiheiten sind dazu im Lichte der Entscheidung der Verfassung einschließlich des inkorporierten europäischen Gemeinschaftsrechts für eine freiheitlich-soziale Wirtschaftsordnung[665] auszulegen. Das gilt insbesondere für den Grundsatz des Vorrangs der Privatheit[666]. Folgt man dem, lässt sich ein auf Grundrechte gestützter Abwehranspruch der privaten Konkurrenten noch leichter begründen[667], denn diese können sich stets auf den Vorrang der Privatheit berufen.

---

661 Vgl. zum Vertrag von Lissabon und den wichtigsten Änderungen FAZ vom 20.10.2007, S. 7 sowie zu dessen Auswirkungen auch auf die Stellung der kommunalen Daseinsvorsorge *Zimmermann*, KommJur 2008, 41, 45.

662 *Bungenberg*, DVBl. 2007, 1405, 1409; *Katz*, Kommunale Wirtschaft, S. 12, 122.

663 Jeweils *Bungenberg*, DVBl. 2007, 1405, 1411.

664 Der *Europäische Gerichtshof* sieht das Gemeinschaftsrecht als eigenständige (supranationale, nicht völkerrechtliche) Rechtsordnung an und leitet hieraus einen uneingeschränkten Vorrang des Gemeinschaftsrechts vor den nationalstaatlichen Rechtsordnungen ab, vgl. EuGHE 1964, 1251, 1269 ff. – „Costa/ENEL“. Nach anderer Auffassung handelt es sich um Völkerrecht besonderer Art, das nur kraft innerstaatlichen Rechtsanwendungsbefehls (vgl. Art. 23 Abs. 1 S. 2 GG) unmittelbare Geltung und Anwendung im innerstaatlichen Rechtskreis erlangt, vgl. zuletzt etwa *Ehlers/Eggert*, JZ 2008, 585.

665 Vgl. *Ruffert*, NVwZ 2000, 763, 764.

666 *Sodan*, DÖV 2000, 361, 368.

667 Siehe Kapitel 5 § 29 II., S. 202 ff. *Badura*, in: Baur/Hopt/Mailänder (Hrsg.), FS Steindorff, S. 835, 851 spricht in diesem Zusammenhang von einem *„schutzfähige[n] Eingriffssachverhalt“*.

Mit dem Grundsatz des Vorrangs der Privatheit (unerheblich, ob auf nationaler oder gemeinschaftsrechtlicher Ebene) ist demgegenüber der Gedanke unvereinbar, ein privater Wettbewerber müsse öffentliche Konkurrenz prinzipiell in gleicher Weise hinnehmen wie seitens anderer Privater[668]. Es besteht kein anerkennenswertes Verbraucherinteresse an einer Belebung des Wettbewerbs durch Beteiligung gerade öffentlicher Unternehmen[669]. Der Wettbewerb wird nicht – auch nicht unter Umständen – durch den Marktzutritt der öffentlichen Hand belebt. Erst recht nicht ist ein solcher Marktzutritt gerade der öffentlichen Hand von der Zielsetzung des Wettbewerbsrechts, die Freiheit des Wettbewerbs zu schützen, grundsätzlich erwünscht[670].

Überzeugender ist es demgegenüber, schon den Marktzutritt des öffentlichen Unternehmens an sich, falls dieser dem öffentlichen Unternehmen durch eine Gesetzesvorschrift untersagt ist, als wettbewerbswidrig, wenn nicht sogar als primär zu unterbindende Wettbewerbsverfälschung aufzufassen[671]. Denn der Wettbewerb eines öffentlichen Unternehmens ist keine „normale" Konkurrenz[672], so dass ein unbegrenzter Marktzutritt der öffentlichen Hand rechtspolitisch nicht damit gerechtfertigt werden kann, dass dadurch der Wettbewerb insgesamt belebt werde[673]. Es bestehen vielmehr strukturelle Unterschiede zwischen privater und staatlicher Konkurrenz.

---

668 So auch *Sodan*, DÖV 2000, 361, 371. Zahlreiche weitere Nachweise zu dieser Ansicht finden sich bei *Uechtritz/Otting*, in: Hoppe/Uechtritz (Hrsg.), Handbuch Kommunale Unternehmen, 2. Aufl. 2007, § 6 Rn. 134 mit Fn. 216.

669 So aber *Köhler*, WRP 1999, 1205, 1211 hinsichtlich kommunaler Unternehmen.

670 A. A. BGHZ 150, 343, 348 – „Elektroarbeiten"; OVG Münster NVwZ 2008, 1031, 1032.

671 Darauf hat zu Recht in aller Deutlichkeit OLG Düsseldorf VergabeR 2002, 471, 476 hingewiesen. Auf diese wichtige Entscheidung ist in anderem Zusammenhang noch einmal zurückzukommen. Ebenso *Glöckner*, GRUR 2008, 960, 967. A. A. jedoch jüngst OVG Münster NVwZ 2008, 1031, 1032.

672 Siehe bereits Kapitel 2, S. 72 ff.

673 Wie hier *Ahrens*, in: Harte-Bavendamm/Henning-Bodewig (Hrsg.), UWG, Einl F, Rn. 33.

§ 25 Zur deutschen Wirtschaftsverfassung und zu ihrem Nutzen für die hiesigen Zwecke

I. Wirtschaftspolitische Neutralität des Grundgesetzes

Für die hiesigen Zwecke ist die deutsche Wirtschaftsverfassung vor allem als Auslegungsmaßstab von Bedeutung. Ob und in welchem Umfang Privaten Ansprüche zustehen sollen, um gegen die Wirtschaftstätigkeit der öffentlichen Hand – sei es in qualitativer oder quantitativer Hinsicht – vorzugehen, wird auch von den grundlegenden wirtschaftspolitischen Aussagen des Grundgesetzes bestimmt. Der Grundsatz vom Vorrang der Privatheit ist eine solche Grundaussage, die eine restriktive Auslegung der die Wirtschaftstätigkeit der öffentlichen Hand regelnden einfach-gesetzlichen Vorschriften gebietet[674].

Sie kontrastiert jedoch mit der herrschenden Auffassung von der wirtschaftspolitischen Neutralität des Grundgesetzes[675]. Das Grundgesetz habe sich nicht für eine bestimmte Wirtschaftsordnung entschieden[676]. Vielmehr sei dem Grundgesetz eine „Wirtschaftsverfassung“, verstanden als ordnungspolitisches Verfassungspostulat, sogar unbekannt[677]. Es garantiere unmittelbar auch kein wettbewerbliches Wirtschaftssystem und damit auch keine individuelle oder gar institutionelle „Wettbewerbsfreiheit“[678]. Daraus lässt sich indes nicht einfach der Schluss ziehen, öffentliche Unternehmen seien legitimiert, sich wie Privatunternehmer mit Gewinnerzielungsabsicht zu gerieren[679]. Weitsichtig hat erst jüngst *Udo Di Fabio* in diesem Zusammenhang zwar auf eine wirtschaftspolitische Neutralität des Grundgesetzes hingewiesen, dabei jedoch zugleich betont, diese gelte aber nicht im Hinblick auf die Wirtschaftsordnung, denn dem Grundgesetz lasse sich der institutionelle Schutz des Wettbewerbs entnehmen[680]. Dafür sprechen auch die wirtschaftsgrundrechtlichen Freiheitsrechte (Art. 12, 14, 9 Abs. 3, 2 Abs. 1 GG) als Grundlage der Wirtschaftsverfassung. Sie sind der Grundstein

---

674 Siehe soeben Kapitel 5 § 24, S. 150 ff.

675 BVerfGE 4, 7, 17 f.; BVerwGE 17, 306, 308; *Henneke*, NdsVBl. 1998, 273, 277; *Meyer*, NVwZ 2002, 1075, 1076 m. w. N. in Fn. 9; *Pagenkopf*, GewArch 2000, 177, 183. Umfangreiche Nachweise zu Vorgaben einer Wirtschaftsverfassung und Einzelaussagen des Grundgesetzes bei *Schliesky*, Öffentliches Wettbewerbsrecht, S. 112 - 188.

676 BVerfGE 50, 290, 336 ff.; *Badura*, in: Baur/Hopt/Mailänder (Hrsg.), FS Steindorff, S. 835, 838; *Brohm*, NJW 1994, 281, 282.

677 *Scholz*, ZHR 132 (1969), 97, 100.

678 *Scholz*, ZHR 132 (1969), 97, 105.

679 Ebenso *Stober*, NJW 2002, 2357, 2361.

680 FAZ vom 22.09.2007, S. 14.

der verfassungsrechtlichen Abwehrrechte gegen den Staat. Speziell die Wettbewerbsfreiheit ist das Recht auf den Versuch, sich durch freie Leistungskonkurrenz und autonome Unternehmensentscheidungen als Anbieter und Nachfrager auf einem Markt gegenüber anderen durchzusetzen[681]. Sie ist ein unmittelbares Verfassungsgut, das den Wettbewerb garantiert, der wiederum also mehr ist als eine bloße Ausübungsfolge dieser verfassungsrechtlichen Freiheit[682]. Diese Freiheit muss, um nicht leer zu laufen, auch gegenüber dem Staat und seinen Unternehmen bestehen.

Schon aus diesen Gründen ist das Grundgesetz nicht so wirtschaftspolitisch neutral, wie es gemeinhin angegeben wird.

II. Ausstrahlungswirkung des EG-Vertrages

Doch ist das Grundgesetz kein isolierter Verfassungsraum mehr. Das Gemeinschaftsrecht und insbesondere der EG-Vertrag existieren daneben als ein zumindest gleichwertiger Verfassungsraum mit starken Ausstrahlungswirkungen in das nationale Recht (Art. 10 EG). Die These wirtschaftspolitischer Neutralität des Grundgesetzes ist damit spätestens seit dem Inkrafttreten des EG-Vertrages, der sich für eine freie Marktwirtschaft ausspricht (vgl. Art. 4 Abs. 1 in der Fassung von Amsterdam bzw. Art. 3 Nr. 3 in der künftigen Fassung von Lissabon), nicht mehr haltbar[683]. Das Gemeinschaftsrecht verbietet den Mitgliedsstaaten nicht einmal eine Wirtschaftsbetätigung aus rein erwerbswirtschaftlichen Motiven[684]. Das wird indes national-verfassungsrechtlich noch anders gesehen, wenngleich das EG-Primärrecht, das die Wirtschaft unmittelbar zum Gegenstand hat, die Mitgliedsstaaten an sich auf ein System unverfälschten Wettbewerbs festlegt und sie auf eine offene Marktwirtschaft verpflichtet[685]. Die Einordnung jeden Unternehmens, das einer solchen Wettbewerbsordnung unterliegt, in ein derartiges System, wahrt zugleich am besten das öffentliche Interesse an einer funktionierenden Marktwirtschaft.

---

681 *Sodan*, DÖV 2000, 361, 364.

682 A. A. *Scholz*, ZHR 132 (1969), 97, 107.

683 *Ehlers*, JZ 1990, 1089, 1090; *Ronellenfitsch*, in: Isensee/Kirchhof (Hrsg.), HStR IV, 3. Aufl. 2006, § 98 Rn. 33; *Sodan*, DÖV 2000, 361, 366 f.; a. A. *Stamer*, Rechtsschutz gegen öffentliche Konkurrenzwirtschaft, S. 150.

684 *Ehlers*, Jura 1999, 212, 213.

685 *Bungenberg*, DVBl. 2007, 1405, 1410.

„Dass zu dem Binnenmarkt ein System gehört, das den Wettbewerb vor Verfälschungen schützt“,

erklärt daher nun auch eine Protokollerklärung der EU-Mitgliedsstaaten[686].

III. Subsidiaritätsprinzip als generelle Beschränkung staatlicher Wirtschaftstätigkeit

Unter dem Subsidiaritätsprinzip wird ein objektives juristisches Vorrang- und Zuständigkeitsprinzip verstanden, dessen Ursprünge aus der katholischen Soziallehre stammen[687]. Demnach gebührt dem Einzelnen und der kleineren Gemeinschaft der Vorrang vor der größeren Einheit, so dass das Subsidiaritätsprinzip die Existenz des Staates rechtfertigt, solange es Aufgaben gibt, die nicht von Einzelnen oder gesellschaftlichen Gruppierungen zufrieden stellend wahrgenommen werden können[688]. Mitunter wird dem Prinzip die Bedeutung eines ungeschriebenen Verfassungsgrundsatzes beigemessen[689], wenngleich sein Nutzen wegen seiner kaum fassbaren Ausprägungen auf die Bedeutung eines Zusatzargumentes beschränkt bleiben muss[690]. Der Grundsatz des Vorrangs der Privatheit ist jedoch geeignet, das Subsidiaritätsprinzip zu verstärken[691].

Übertragen auf den Bereich der Wirtschaft heißt das, dass jede Staatswirtschaft schon wegen des Subsidiaritätsprinzips die Ausnahme bleiben muss, wobei Art. 2 Abs. 1 GG den Legitimationsdruck für die Staatswirtschaft sogar noch einmal verstärkt[692]. Wenn hiergegen vorgebracht wird, die wirtschaftspolitische Neutralität des Grundgesetzes verbiete es, die öffentliche Hand als Wirtschafts-

---

686 Siehe FAZ vom 25.06.2007, S. 11.

687 Umfassend *Isensee*, Subsidiaritätsprinzip und Verfassungsrecht, 2. Aufl. 2001, passim.

688 *Hösch*, Die kommunale Wirtschaftstätigkeit, S. 47.

689 *Lindner*, Verwaltungsgerichtliche Klagemöglichkeiten für Private gegen privatrechtliche kommunale Wirtschaftsbetätigung, S. 95 f. m. w. N.; *Sailer*, Rechtsnatur und verfassungsrechtliche Grenzen verwaltungseigener Wirtschaftstätigkeit, S. 137a. Gegen einen solchen ungeschriebenen Verfassungsgrundsatz *Badura*, Wirtschaftsverfassung und Wirtschaftsverwaltung, 2. Aufl. 2005, Rn. 211; *Emmerich*, Das Wirtschaftsrecht der öffentlichen Unternehmen, S. 108 f.; *v. Gamm*, WRP 1984, 303, 304; *Pieroth/Hartmann*, DVBl. 2002, 421, 427. Zurückhaltend *Henneke*, NdsVBl. 1998, 273, 277; *Krölls*, GewArch 1992, 281, 282; *Stamer*, Rechtsschutz gegen öffentliche Konkurrenzwirtschaft, S. 170.

690 Darauf ist bereits hingewiesen worden, siehe Kapitel 1 § 8 II., S. 67.

691 Siehe Kapitel 5 § 24 I., S. 150.

692 *Ronellenfitsch*, in: Isensee/Kirchhof (Hrsg.), HStR IV, 3. Aufl. 2006, § 98 Rn. 34, 38; a. A. *Badura*, in: Baur/Hopt/Mailänder (Hrsg.), FS Steindorff, S. 835, 839.

teilnehmer auf ein Subsidiaritätsprinzip mit Verfassungsrang festzulegen[693], vermag dieser Einwand vor dem Hintergrund der dargestellten Implikationen des Gemeinschaftsrechts auf die Wirtschaftsverfassung des Grundgesetzes[694] nicht zu überzeugen. Aber selbst wenn man sich auf den Standpunkt der herrschenden Ansicht im öffentlichen Recht einlässt, wonach es keine Möglichkeit gibt, Schranken der Wirtschaftstätigkeit der öffentlichen Hand aus einem ungeschriebenen verfassungsrechtlichen Subsidiaritätsprinzip abzuleiten, so bleibt dennoch aber die Notwendigkeit bestehen, die staatliche Wirtschaftstätigkeit durch öffentliche Zwecke zu legitimieren und den aus Art. 2 Abs. 1, 3, 12 und 14 GG abzuleitenden Schutz der Privatwirtschaft gegenüber „Eingriffen durch Konkurrenz" zu betonen. Unter Hinweis auf die uneingeschränkte Geltung des Verhältnismäßigkeitsprinzips für den Staat in seiner Rolle als Wirtschaftssubjekt entspricht das einer Annäherung an das Subsidiaritätsprinzip[695]. Es kommt also nicht darauf an, wo man dieses verortet, sondern allein darauf, dass man es als generelle Beschränkung staatlicher Wirtschaftstätigkeit heranzuziehen bereit ist.

§ 26 Keine wettbewerbliche Gleichberechtigung von Staat und Privaten

I. Grundsätzliche Unterschiede zwischen Staat und Privaten

Den Grundsatz vom Vorrang der Privatheit nicht anzuerkennen hieße im Umkehrschluss, von einer gleichgelagerten Ausgangs- und Handlungsbasis öffentlicher und privater Unternehmen auszugehen. Hiergegen sprechen jedoch grundsätzliche Unterschiede zwischen dem Staat und Privaten und eine daraus abzuleitende Unmöglichkeit, eine wettbewerbliche Gleichberechtigung herbeizuführen. Der Staat als Inhaber des Gewaltmonopols und der Steuerhoheit besitzt gegenüber den Privaten prinzipielle Besonderheiten[696], die nicht hinwegdiskutiert werden können. Solange er diese Überlegenheiten wahrt, kann auch private Macht wie beispielsweise eine überragende Marktstellung eines privaten Konkurrenten den Staat in seinen Möglichkeiten nicht beeinträchtigen.

---

693 *Ehlers*, JZ 1990, 1089, 1096. Das widerspricht i. E. insoweit jedoch seiner a. a. O., S. 1090 geäußerten Auffassung zur Ausstrahlungswirkung des EG-Vertrages.

694 Siehe soeben oben.

695 *Krölls*, GewArch 1992, 281, 288 f.; *P. Ulmer*, ZHR 146 (1982), 466, 468.

696 *Berg*, WiVerw 2000, 141, 151 f.; *Schachtschneider*, Staatsunternehmen und Privatrecht, S. 327; *Selmer*, in: Stober/Vogel (Hrsg.), Wirtschaftliche Betätigung der öffentlichen Hand, S. 75, 93 f. Siehe auch Kapitel 3 § 18 I., S. 114 f. und Kapitel 3 § 18 II., S. 115 f.

Die öffentliche Hand ist ein übermäßiger und ungleichartiger Wettbewerber[697]. Insbesondere

> *„kommunales Wirtschaftshandeln ist deshalb kein Handeln eines beliebigen privaten Konkurrenten, sondern staatliches Einmischen in grundrechtlich geschützte soziale Handlungs- und Lebensräume."*[698]

Daher vermag die Prämisse *Gütebiers*, der in den 30er Jahren des 20. Jahrhunderts seine gesamten Thesen auf die Grundvoraussetzung der Gleichordnung der öffentlichen Hand und ihrer Konkurrenten im Wettbewerb stützte, aus heutiger Sicht nicht mehr zu überzeugen[699]. Denn faktisch haben sich die „öffentlichen Hände" in immer mehr Bereichen wirtschaftlich betätigt und dabei immer stärker von ihrem Rückhalt im Staatshaushalt profitiert[700].

Zwischen der Konkurrenz Privater und der Konkurrenz Privater und der öffentlichen Hand muss daher unterschieden werden[701]. Der Staat hat es als Unternehmer viel leichter als Private. Stimmt die Kasse nicht, kann er sich durch höhere Steuern und zusätzliche Verschuldung sanieren[702]. Dem Privaten fällt demgegenüber bereits die Suche nach zahlungswilligen Investoren schwer. Nur bei einer viel versprechenden Rendite geben sie Kapital und lassen es auch stehen. All diese unbestreitbaren grundsätzlichen Unterschiede zwischen dem Staat und Privaten erfordern somit als (teilweise) Kompensation eine ausdrücklich ungleiche Behandlung von Staat und Privaten im Wettbewerb in dem Sinne, dass die öffentlichen Unternehmen ihr Handeln an strengeren Maßstäben messen lassen müssen als die privaten[703]. Die Staatlichkeit des Staates als solche wird hier-

---

697 *Frentzel*, Recht und Staat 235 (1961), S. 15.

698 *Faßbender*, DÖV 2005, 89, 98 mit Fn. 90; ebenso *Hoffmann-Becking*, in: Menger (Hrsg.), FS Wolff, S. 445, 456.

699 *Gütebier*, Der unlautere Wettbewerb der öffentlichen Hand, S. 33.

700 Hierzu bereits Kapitel 2, S. 72 ff. Siehe auch *Emmerich*, Das Wirtschaftsrecht der öffentlichen Unternehmen, S. 8 ff., 82, 144 f.; *Klein*, Die Teilnahme des Staates am wirtschaftlichen Wettbewerb, S. 259; *Schachtschneider*, Staatsunternehmen und Privatrecht, S. 333; *P. Ulmer*, ZHR 146 (1982), 466, 488 f., 492 f.

701 Ebenso *Bethge*, in: Merten/Papier (Hrsg.), HGR III, § 72 Rn. 37 (im Erscheinen); vgl. auch *Pieroth/Hartmann*, DVBl. 2002, 421, 423 ff.

702 Diese an sich unmittelbar verständliche Tatsache wird jedoch nur vereinzelt in den Blickpunkt breiterer interessierter Massen gestellt, vgl. etwa FAS vom 02.03.2008, S. 58. Jedenfalls *Stamer*, Rechtsschutz gegen öffentliche Konkurrenzwirtschaft, S. 20 hat hierauf knapp hingewiesen.

703 In diesem Sinne ebenso *Emmerich*, Das Wirtschaftsrecht der öffentlichen Unternehmen, S. 144 ff.; *Klein*, Die Teilnahme des Staates am wirtschaftlichen Wettbewerb, S. 247, 249; *Hoffmann-Becking*, in: Menger (Hrsg.), FS Wolff, S. 445, 456; *P. Ulmer*, ZHR 146 (1982), 466, 485 ff.; a. A. *Schachtschneider*, Staatsunternehmen und Privatrecht, S. 335.

durch weder berührt noch in Frage gestellt. Es geht nicht darum, den Privaten im Wettbewerb mit dem Staat eine Chance zu geben, um dem Staat überlegen zu sein, sondern allein darum, eine wettbewerblich begründete Markt- und Machtlage zu schaffen, die den Privaten eine Chance gibt, mit dem Staat im Wettbewerb mithalten zu können. Daher droht auch keine Ohnmacht des Staates[704] oder gar ein „Verdrängungswettbewerb" durch die Privaten[705].

II. Bindung der öffentlichen Hand an die Gemeinwohlverträglichkeit ihres Handelns

Strengere Maßstäbe bei der Beurteilung staatlicher Wirtschaftstätigkeit sind auch auf Grund der verfassungsimmanenten Bindung des Handelns des Staates an die Gemeinwohlverträglichkeit gerechtfertigt. Der Staat muss – und das steht in einem demokratischen Rechtsstaat außer Zweifel[706] – strengeren Anforderungen unterliegen als ein Privater. Das gilt bei seiner wirtschaftlichen Betätigung schon auf Grund seiner Vorbildfunktion und der von Verfassungs wegen zu treffenden Absage an einen schrankenlosen ungebundenen Individualismus[707]. Letztlich muss die öffentliche Hand somit auch bei derartigen Tätigkeiten stets die Gemeinwohlverträglichkeit ihres Handelns im Auge behalten. Im Einzelfall kann das bedeuten, dass für ein öffentliches Unternehmen ein Eigeninteresse an erwerbswirtschaftlicher Betätigung oder der Entfaltung unternehmerischer Handlungsfreiheit nicht anerkannt werden kann. Zu Maßstabsverschärfungen kann es beispielsweise kommen, indem Behinderungen privater Wettbewerber – entgegen der grundsätzlichen Regel – im Zweifel auch dann als unlauter beurteilt werden, wenn sie sich weder als sittenwidrige Verquickung öffentlicher und privater Interessen darstellen[708], noch zur Gefährdung des Wettbewerbsbestandes führen. Denn die

---

704 Das aber befürchtet *Schachtschneider*, Staatsunternehmen und Privatrecht, S. 330, der dabei jedoch von falschen Voraussetzungen ausgeht.

705 Hiergegen wurde schon Stellung bezogen, siehe Kapitel 3 § 20 III., S. 121.

706 *Broß*, in: Erdmann/Gloy/Herber (Hrsg.), FS Piper, S. 107, 110.

707 *Broß*, in: Erdmann/Gloy/Herber (Hrsg.), FS Piper, S. 107, 110 f. Siehe auch *Isensee*, Subsidiaritätsprinzip und Verfassungsrecht, 2. Aufl. 2001, S. 209; *Schachtschneider*, Staatsunternehmen und Privatrecht, S. 310; *Stamer*, Rechtsschutz gegen öffentliche Konkurrenzwirtschaft, S. 182.

708 Vgl. hierzu *Lux*, in: Hoppe/Uechtritz (Hrsg.), Handbuch Kommunale Unternehmen, 2. Aufl. 2007, § 10 Rn. 45 ff.

„Wirtschaftstätigkeit der öffentlichen Hand [trägt] anders als diejenige privater Wirtschaftssubjekte ihren Selbstzweck nicht in sich“[709].

Öffentliche Unternehmen sind vielmehr primär auf die Erfüllung des Gemeinwohls, auf die Wahrnehmung öffentlicher Aufgaben verpflichtet[710]. Diese Verpflichtung führt zu einer immer wieder neuen Rechtfertigungslast. Bedenkt man weiter die der öffentlichen Hand immanente Autorität und ihre damit verbundene Vertrauensstellung[711], so ist es gut vertretbar, hieraus auch eine Pflicht zur maßvolleren Interessenverfolgung gegenüber Privaten abzuleiten[712].

Weil sich der Staat aber im Rahmen seiner unternehmerischen Betätigung auch und gerade dem Schutz des Privatrechts unterstellt, kann eine disziplinierende Wirkung zur Überwachung dieser Pflicht insbesondere vom Privatrecht erwartet werden[713]. Das gebieten die dargestellten verfassungsrechtlichen Grundsätze, so dass es nicht ausgeschlossen, sondern geradezu zwingend ist, wettbewerbliche Rivalität zwischen einem staatlichen und einem privaten Unternehmen durch ein Wettbewerbsverhältnis zu umschreiben und den dort geltenden Regeln zu unterwerfen[714]. Wenn sich aus diesen zwar nicht automatisch ein subjektives Abwehr- oder Ausgleichsrecht betroffener privater Konkurrenten ergeben mag, so dürfen die hier gewonnenen Ergebnisse bei der Bestimmung

---

709 *P. Ulmer*, ZHR 146 (1982), 466, 486. In diese Richtung auch *Stamer*, Rechtsschutz gegen öffentliche Konkurrenzwirtschaft, S. 182.

710 *Katz*, Kommunale Wirtschaft, S. 4; *Stamer*, Rechtsschutz gegen öffentliche Konkurrenzwirtschaft, S. 183; *Storr*, Der Staat als Unternehmer, S. 358 f.

711 Es ist allgemein anerkannt, dass eine unberechtigte Autoritätsanmaßung in der Werbung durch Bezugnahme auf staatliche Stellen den Verkehr in die Irre führt und somit unlauter gemäß § 5 UWG ist, vgl. *Hefermehl/Köhler/Bornkamm*, UWG, 26. Aufl. 2008, § 5 UWG Rn. 5.91 ff. sowie sehr instruktiv zuletzt OLG Frankfurt am Main KommJur 2008, 377 f. – „Städtische Pietät“. Insbesondere ist eine Fehlvorstellung des Verkehrs hinsichtlich einer Allein- oder Mehrheitsgesellschafterstellung der öffentlichen Hand in einem öffentlichen Unternehmen relevant, denn an die Eigentümerstellung der öffentlichen Hand knüpft sich die Vorstellung einer besonderen Bonität und Insolvenzfestigkeit des Unternehmens, vgl. BGH WRP 2007, 1346, 1349 – „Bundesdruckerei“.

712 *Lux*, in: Hoppe/Uechtritz (Hrsg.), Handbuch Kommunale Unternehmen, 2. Aufl. 2007, § 10 Rn. 41; *Stamer*, Rechtsschutz gegen öffentliche Konkurrenzwirtschaft, S. 54. Siehe auch BGHZ 82, 375, 395 f. – „Brillen-Selbstabgabestellen“; BGH GRUR 1974, 733, 735 – „Schilderverkauf“. Für eine Verschärfung der Anforderungen an das Wettbewerbsverhalten der öffentlichen Hand auch *v. Gamm*, WRP 1984, 303, 308 f.

713 Insoweit auch *Schachtschneider*, Staatsunternehmen und Privatrecht, S. 328.

714 A. A. *Schachtschneider*, Staatsunternehmen und Privatrecht, S. 335. Zum Begriff des „Wettbewerbsverhältnisses“ siehe schon Kapitel 1 § 4 VI., S. 41 ff.

der Eingriffsqualität der Wirtschaftstätigkeit der öffentlichen Hand[715] aber keinesfalls unberücksichtigt bleiben.

III. Keine extrawettbewerblichen Marktregeln für die öffentliche Hand

Wenn sonach eine teilweise Ungleichbehandlung von Staat und Privaten im Wettbewerb befürwortet worden ist, so darf diese Aussage nicht als Anerkennung von extrawettbewerblichen Marktregeln für die öffentliche Hand missverstanden werden. Eine solche der hier vertretenen Auffassung diametral entgegenstehende Ansicht findet sich allerdings gelegentlich in der Literatur[716]. Ihr zufolge müsse es

> *„im Sozialstaat auch die Möglichkeit geben, wettbewerbsrelevante Aufgaben kraft öffentlichen Rechts und in den Grenzen des öffentlichen Rechts außerhalb der für den Markt bestehenden Wettbewerbsregeln wahrzunehmen"*.

Eine derartige Sicht allerdings kehrt den Gemeinwohlgedanken und die Schutzfunktion der Wettbewerbsgrundrechte aus Sicht privater Konkurrenten ins Gegenteil. Zustimmung verdient daher die Ansicht, dass sich eine Maßstabsverschärfung im Horizontalverhältnis zu Mitbewerbern auch (und ich meine gerade) aus der Grundrechtsbindung der öffentlichen Hand ergibt[717]. Im Übrigen muss es dabei sein Bewenden haben, dass die wettbewerblichen Marktregeln für alle Wettbewerbsteilnehmer die gleichen bleiben müssen.

§ 27 Grundsatzfrage: Zivil- oder Verwaltungsrechtsweg?

I. Grundsätzliche Überlegungen zur Rechtswegfrage bei einem Vorgehen gegen die Wirtschaftstätigkeit der öffentlichen Hand

1. Vorbemerkungen

Private Konkurrenten befinden sich zurzeit in einem Dilemma, wenn sie gegen die Tätigkeit eines öffentlichen Unternehmens gerichtlich vorgehen wollen. Auf

---

715 Dazu noch Kapitel 5 § 29 II. 1. a), S. 203 ff.
716 *Brohm*, NJW 1994, 281, 288.
717 *P. Ulmer*, ZHR 146 (1982), 466, 487. Siehe auch *Emmerich*, Das Wirtschaftsrecht der öffentlichen Unternehmen, S. 144 ff.; *Klein*, Die Teilnahme des Staates am wirtschaftlichen Wettbewerb, S. 249 (*„allenfalls ein Mehr, nicht aber ein Weniger an Bindung"*). A. A. freilich *Schünemann*, in: Stober/Vogel (Hrsg.), Wirtschaftliche Betätigung der öffentlichen Hand, S. 41, 64.

eine einheitliche Linie in der Rechtsprechung können sie bei der Rechtswegwahl ebenso wenig vertrauen wie auf eine widerspruchsfreie Lösung in der Literatur[718]. Im Folgenden soll mit Hilfe einiger grundsätzlicher Erwägungen zu klären versucht werden, ob die Zivil- oder die Verwaltungsgerichte über Fragen der Wirtschaftstätigkeit der öffentlichen Hand entscheiden sollten und ob es nicht sogar eine parallele Entscheidungskompetenz mit der Folge eines Wahlrechts des Klägers geben kann.

Das Spektrum der hier vorzufindenden Meinungen ist denkbar weit. Sie reichen von einer prinzipiellen Ablehnung der Entscheidungskompetenz der Zivilgerichte, weil bereits das Prinzip der Gewaltentrennung es gebiete, Verwaltungshandeln – gleichviel in welcher Form – durch die Verwaltungsgerichtsbarkeit kontrollieren zu lassen[719], bis zu der genau entgegengesetzten Position, die die vorgeblich größere Sachkompetenz der Zivilgerichte in Wirtschaftsfragen in Stellung bringt[720]. Häufig wird – sozusagen vermittelnd – auch für eine am Einzelfall orientierte Entscheidung plädiert und unter Rückgriff auf § 17 Abs. 2 S. 1 GVG eine alle Aspekte umfassende Entscheidung durch das zuerst angerufene Gericht unter Zuhilfenahme seiner Vorfragenkompetenz herbeigeführt[721].

Nicht vergessen werden darf, dass Private mitunter erst umfangreiche Auskünfte von einem konkurrierenden öffentlichen Unternehmen einholen müssen, um gegen dessen Wirtschaftstätigkeit klagweise vorgehen zu können. Weil aber Transparenzpflichten der Verwaltung nur lückenhaft bestehen, werden oft erst einklagbare Auskunftsrechte den Privaten in diese Lage versetzen[722]. Dann aber sprechen schon Gründe der Prozessökonomie dafür, die „Folgeansprüche“ in demselben Rechtsweg zu verfolgen wie die Auskunftsrechte. Anderenfalls käme es zu einer schwer vertretbaren Doppelbelastung der Gerichte.

---

718 Siehe ausführlich bereits Kapitel 4 § 22, S. 135 ff.

719 *Pagenkopf*, GewArch 2000, 177, 184 spricht in diesem Zusammenhang von einer *„Rechtswegusurpation der Zivilgerichte“*. Demgegenüber weist *Pinger*, GRUR 1973, 456, 459 nach, dass die Rechtswegzuständigkeit gerade keine Frage der Gewaltentrennung mehr ist, weil nicht zuletzt Art. 95 Abs. 1 GG von der Gleichwertigkeit aller Gerichtszweige ausgeht. Siehe auch bereits Kapitel 4 § 22 III., S. 142.

720 Für größere Sachkunde und Sachnähe der Zivilgerichte BGHZ 66, 229, 237 – „Studentenversicherung“; 67, 81, 87 f., 91 – „Autoanalyser“; *P. Ulmer*, ZHR 146 (1982), 466, 479 f.; a. A. *Schricker*, Wirtschaftliche Tätigkeit der öffentlichen Hand und unlauterer Wettbewerb, 2. Aufl. 1987, S. 111.

721 U. a. *Broß*, in: Erdmann/Gloy/Herber (Hrsg.), FS Piper, S. 107, 113 f.

722 *Sydow/Gebhardt*, NVwZ 2006, 986, 991. Vgl. zu den hierzu erforderlichen Auskunftsansprüchen bereits Kapitel 2 § 10 I., S. 78.

2. *Argumente zum Vorrang des Verwaltungsrechtsweges*

a) *Grundsätzlich-dogmatische Diskussion*

Die Auffassung wird vertreten, eine dogmatisch „saubere" Lösung sei allein mit einem Vorrang des Verwaltungsrechtsweges zu erzielen. Die Klage eines privaten Konkurrenten gegen ein öffentliches Unternehmen stelle eine klassische Abwehrkonstellation im Bürger-Staat-Verhältnis dar. Das begründe die alleinige Rechtswegzuständigkeit der Verwaltungsgerichte[723]. Daher war in der Literatur auch schon von „*Kompetenzanmaßungen*" der Zivilgerichte bei der Kontrolle von bestimmten Handlungen von Körperschaften des öffentlichen Rechts die Rede[724]. Es wäre dennoch wohl weder sachgerecht noch befriedigend, die Diskussion über den Rechtsweg allein mit der „Begründung" zu beenden, die Verwaltung sei in allen ihren Organisations- und Handlungsformen der verwaltungsgerichtlichen Kontrollzuständigkeit zu unterstellen, da es nun einmal um Verwaltungs- bzw. Staatshandeln geht[725]. Demselben Einwand muss die Ansicht begegnen, dass ein Abwehranspruch gegen eine Staatswirtschaft in seinem Kern ein Streit um die im öffentlichen Recht wurzelnde und vom öffentlichen Recht abgeleitete Berechtigung zu einem bestimmten Tun sei[726].

Häufig müssen in Rechtsstreitigkeiten der bezeichneten Art unbestimmte Normen und Rechtsbegriffe (öffentlicher Zweck, Daseinsvorsorge, Subsidiaritätsklauseln etc.) konkretisiert werden. Für die Präzisierung und Auslegung dieser Begriffe scheinen die Verwaltungsgerichte besser geeignet zu sein, denn sie können in ihre Entscheidungen Erwägungen der Verhältnismäßigkeit, der sachgerechten Schonung, dem jeweiligen Einzelfall und vergleichenden Betrachtun-

---

723 *Heßhaus*, NWVBl. 2003, 173; *Schink*, NVwZ 2002, 129, 139. Ähnlich *Bettermann*, DVBl. 1977, 180, 181, 183, der jedoch eine Ausnahme für Schadensersatzansprüche machen will. Genau hierin würde sich jedoch eine abzulehnende Rechtswegaufspaltung eines einheitlichen Lebenssachverhalts je nach der begehrten Rechtsfolge realisieren. Diese Schwäche einer solchen Auffassung kritisiert zu Recht daher schon *Pinger*, GRUR 1973, 456, 459.

724 *Püttner*, in: Eichhorn/Reichard/Schuppert (Hrsg.), Kommunale Wirtschaft im Wandel - Chancen und Risiken, S. 27, 32.

725 Das fordert *Burmeister*, in: v. Mutius (Hrsg.), Selbstverwaltung im Staat der Industriegesellschaft, S. 623, 631 f. I. E. auch *Faßbender*, DÖV 2005, 89, 100.

726 So aber *Gronemeyer*, in: Stober/Vogel (Hrsg.), Wirtschaftliche Betätigung der öffentlichen Hand, S. 167, 175.

gen abhängig machen, während die Wettbewerbsgerichte in der Regel nur abstrakt danach fragen, ob eine Norm eine bestimmte Anwendung rechtfertigt[727].

Wird das Rechtsverhältnis durch subjektiv-öffentliche Rechte der privaten Unternehmer geprägt, gehören Streitigkeiten aus diesem Rechtsverhältnis entsprechend § 40 Abs. 1 S. 1 VwGO scheinbar in den Verwaltungsrechtsweg[728]. Das aber setzt voraus, was gerade Auslöser der Diskussion um den „richtigen" Rechtsweg war[729]. Bei der Qualifikation streitgegenständlicher Normen als drittschützend oder nicht kann für die Rechtswegfrage nicht angesetzt werden. Denn diese geht der Frage nach der Qualifikation der Normen voraus.

Auch *Brohm* geht davon aus, dass

„*das Zivilrecht auf eine öffentlichrechtliche Aufgabenwahrnehmung grundsätzlich nicht zur Anwendung kommen*"

könne und dass es einen Grundsatz vom Vorrang des öffentlichen Rechts gebe[730]. Weder den Tatbestandsmerkmalen von § 1 UWG a. F. noch von § 98 GWB a. F. (siehe jetzt aber § 130 Abs. 1 S. 1 GWB) lasse sich eine Einbeziehung der Wirtschaftstätigkeit der öffentlichen Hand in das Wettbewerbsrecht entnehmen; es bleibe beim Vorrang des öffentlichen Rechts als Sonderrecht der Verwaltung[731]. Jede andere Festlegung werde der Funktion des öffentlichen Rechts nicht gerecht[732].

Die Argumente für einen Vorrang des Verwaltungsrechtsweges sind also ganz grundsätzlicher Natur und geben keinen Spielraum für die erforderliche sachgerechte und einzelfallorientierte Diskussion[733]. Die hier dargestellten Ansichten haben indes noch nichts zu tun mit eventuellen allgemeinen Vorteilen

---

727 *Köhler*, GRUR 2001, 777, 779; *Quack*, in: v. Westphalen/Sandrock (Hrsg.), FS Trinkner, S. 265, 274. Ähnlich *Schliesky*, Öffentliches Wettbewerbsrecht, S. 467 f. A. A. *D. Weber*, Wettbewerbsrechtlicher Unterlassungsanspruch gegen kommunale Wirtschaftstätigkeit, S. 187.

728 *Hösch*, Die kommunale Wirtschaftstätigkeit, S. 127.

729 Siehe Kapitel 4 § 22, S. 135 ff.

730 *Brohm*, NJW 1994, 281, 285 mit Fn. 43.

731 *Brohm*, NJW 1994, 281, 287. In diese Richtung auch *Erichsen*, Gemeinde und Private im wirtschaftlichen Wettbewerb, S. 47 f.

732 *Brohm*, NJW 1994, 281, 289.

733 Allein *Faßbender*, DÖV 2005, 89, 91 und *Pagenkopf*, GewArch 2000, 177, 183 bringen im Zusammenhang mit der Besetzung des Zivilgerichts in Wettbewerbssachen auch mit Handelsrichtern das Argument eines möglichen Interessenkonflikts in die Diskussion ein, der im Verwaltungsrechtsweg nicht in Betracht kommen kann. Offenbar ist das in der Praxis aber noch nie virulent geworden.

des Verwaltungsprozesses an sich, die sich unabhängig von dem dort zu entscheidenden Rechtsstreit auswirken können.

b) Allgemeine Vorteile eines verwaltungsgerichtlichen Verfahrens zur Durchsetzung der behandelten Ansprüche

Mit Blick auf die bisherigen Ergebnisse ist zu überlegen, ob es allgemeine Vorteile eines verwaltungsgerichtlichen Verfahrens gibt, die eine Entscheidungshilfe bei der Rechtswegfrage darstellen könnten.

aa) Inquisitionsmaxime

Ein wesentlicher Vorteil des Verwaltungsrechtsweges wird in der verwaltungsprozessualen Inquisitionsmaxime (auch Untersuchungsgrundsatz genannt, vgl. § 86 VwGO bzw. auch § 110 GWB im Vergaberechtsnachprüfungsverfahren[734]) gesehen[735], der mitunter auch durch eine Gegenüberstellung mit etwaigen Nachteilen der Verhandlungsmaxime im Zivilprozess herausgearbeitet wird. Die Kritik am zivilprozessualen Verfahren setzt bei angeblich

> *„dank der Dispositions- und der Verhandlungsmaxime gut manipulierbar[en]"*

Ergebnissen an[736]. Dabei wird gern übersehen, dass diese Maximen die Prozessbeteiligten selbstverständlich nicht von ihrer Beweis- und Darlegungslast befreien[737]. Es kann mitunter schwieriger sein, ein Tatbestandsmerkmal aus eigener Anstrengung nachweisen zu müssen als diese Arbeit dem Verwaltungsrichter und seinen Bemühungen anheim zu stellen. Auch Selektivergebnisse drohen im Zivilprozess nicht anders als im Verwaltungsprozess[738]. Denn da wie dort hängt die Klageerhebung immer noch von der Klagebereitschaft eines möglichen Klägers ab. Eine Verfahrenseinleitung von Amts wegen (Offizialmaxime) kennt auch der Verwaltungsprozess nicht. Einen wesentlichen Vorteil bildet die

---

[734] Siehe zu diesem noch Kapitel 5 § 30 I. 3., S. 259 ff. Das Vergaberecht wird modernisiert und mittelstandsfreundlicher. Am 20.08.2008 hat die Bundesregierung einen entsprechenden Gesetzentwurf im Bundestag eingebracht (BT-Drucks. 16/10117 vom 13.08.2008). Demnach soll auch § 110 GWB eine neue Fassung erhalten. Der Untersuchungsgrundsatz wird dann in § 110 Abs. 1 GWB-E enthalten sein, wobei die Vergabekammern ausdrücklich nicht zu einer umfassenden Rechtmäßigkeitskontrolle verpflichtet werden.

[735] *Diefenbach*, WiVerw 2003, 115, 130.

[736] *Quack*, in: v. Westphalen/Sandrock (Hrsg.), FS Trinkner, S. 265, 270.

[737] Siehe zur Beweislastverteilung im Verwaltungsprozess *Baur*, in: Püttner (Hrsg.), FS Bachof, S. 285 ff.

[738] A. A. *Quack*, in: v. Westphalen/Sandrock (Hrsg.), FS Trinkner, S. 265, 272 f.

verwaltungsprozessuale Inquisitionsmaxime gegenüber dem Zivilprozess somit nicht.

bb) Keine formelle Beweislast des Klägers

Weiter heißt es, anstelle einer formellen Beweislast des Klägers (hier des Privaten) sei eine materielle Mitwirkungslast der Gemeinde bzw. allgemein des sich wirtschaftlich betätigenden Staates vorzugswürdig, denn dieser verweigere regelmäßig die Herausgabe relevanter Akten[739]. So nachvollziehbar dieses Anliegen sein mag, es entspricht letztlich doch nur der verwaltungsprozessualen Untersuchungsmaxime gemäß § 86 VwGO[740]. Dass die Argumentationsmöglichkeiten des Privaten zusätzlich durch §§ 99 Abs. 1 S. 1, 100 Abs. 1 VwGO verbessert werden, vermag dennoch keinen nennenswerten Vorteil gegenüber einem zivilprozessualen Verfahren hervorzubringen, dessen klägerische Darlegungslast letztlich ja gerade nicht verobjektivierbar ist. Die Verhandlungsmaxime des Zivilprozesses kann gerade eine umfassende Würdigung des Streitstoffes erschweren[741].

cc) Kritik und Bewertung der behaupteten Vorteile

Bei genauerem Hinsehen relativieren sich die behaupteten Vorteile eines verwaltungsgerichtlichen Verfahrens. Insbesondere vermag es nicht zu überzeugen, Vorteile nur in einem angeblichen Nichtbestehen von Nachteilen erblicken zu wollen. Grundsätzlich muss gelten, dass Defizite dort zu beseitigen sind, wo sie auftreten. Wie einerseits sicherlich das Wettbewerbsrecht nicht der Lückenbüßer des Verwaltungsrechts sein kann[742], so beansprucht dieser Satz andererseits ohne Zweifel Anspruch nicht nur für die umgekehrte Konstellation, sondern auch für das Verhältnis von Vor- und Nachteilen im Verwaltungs- und Zivilrechtsweg.

Letztlich bestehen auch keine verwaltungsprozessualen Vorteile im Vollstreckungsverfahren gegen die öffentliche Hand. Denn wegen §§ 167, 170 VwGO gelten auch hier die Grundzüge der ZPO. Das Gesetz geht somit offen-

---

739 FAZ vom 16.05.2007, S. 23. Zum vergleichbaren Problem des Akteneinsichtsrechts des privaten Klägers im Verfahren zur Erlangung sekundären Rechtsschutzes im vergaberechtlichen Unterschwellenbereich jüngst *Braun*, VergabeR 2008, 360, 367 ff.

740 *Hösch*, Die kommunale Wirtschaftstätigkeit, S. 128 f.

741 *Schricker*, Wirtschaftliche Tätigkeit der öffentlichen Hand und unlauterer Wettbewerb, 2. Aufl. 1987, S. 114.

742 *Köhler*, GRUR 2001, 777, 782; *Meyer*, NVwZ 2002, 1075, 1078.

bar nicht davon aus, die öffentliche Hand werde ihrer Verpflichtung aus dem Urteil von sich aus nachkommen.

3. *Argumente zum Vorrang des Zivilrechtsweges*

a) *Grundsätzlich-dogmatische Diskussion*

Mit den von den Verfechtern eines Vorrangs des Zivilrechtsweges vorgebrachten Argumenten verhält es sich allerdings kaum anders. Es sind ausschließlich derart grundsätzliche Erwägungen, dass sie kaum geeignet erscheinen, den Streit zufrieden stellend zu lösen. Vor allem wird vorgebracht, dass, solange die öffentliche Verwaltung wirtschaftlich tätig wird, sie dem Wettbewerbsrecht untersteht, gleichgültig, ob sie in öffentlich- oder privatrechtlichen Formen, als Behörde oder in der Gestalt einer ausgegliederten Verwaltungsstelle (Anstalt, Regiebetrieb o. ä.) handelt, und gleichgültig, ob sie öffentliche (gemeinnützige) oder fiskalische (erwerbswirtschaftliche) Zwecke verfolgt[743]. Die Entscheidung über Fragen des Wettbewerbsrechts sei aber Sache der Zivilgerichte. Einschränkend wird vorgebracht, dass die öffentliche Konkurrenzwirtschaft jedoch stets beiden Materien unterliege, wobei aber selbst diese Gegenüberstellung von allgemeinem und besonderem Recht nicht bedeute, dass das besondere Kompetenzrecht nach den Grundsätzen der Spezialität das allgemeine Recht des GWB und UWG von vornherein verdrängen könne[744]. Denn es komme hierfür auf eine vollständige Regelungskongruenz an. Die zu Grunde liegenden Verwaltungs- und Marktfunktionen deckten sich aber nicht hinsichtlich ihres Zwecks, Überschneidungen gebe es nur auf der Ebene der Gesetzeswirkung. Zugleich wird dabei einmal mehr deutlich, dass grundsätzliche Erwägungen vorliegend nicht geeignet sind, um den Streit zu entscheiden.

b) *Besonderheiten des Wettbewerbs- und Kartellprozesses*

Im Wettbewerbs- und Kartellprozess sind die §§ 13 GVG, 13 Abs. 1 UWG, 87 GWB maßgeblich für die Rechtswegentscheidung.

Wenn ordentliche Gerichte über die Wirtschaftstätigkeit der öffentlichen Hand urteilen, kann folglich nicht von einer Ausweitung der Entscheidungsbefugnisse der Zivilgerichte ohne Grundlage in den Kompetenzzuweisungen des

---

743 *Scholz*, ZHR 132 (1969), 97, 128. Gegen einen mit der Tätigkeit verfolgten Zweck als Abgrenzungskriterium *Möstl*, Grundrechtsbindung öffentlicher Wirtschaftstätigkeit, S. 3.

744 *Scholz*, ZHR 132 (1969), 97, 132 f.

Prozessrechts gesprochen werden[745]. Im Gegenteil maßt sich die ordentliche Gerichtsbarkeit in derartigen Fällen keine fremde (verwaltungsgerichtliche) Kompetenz an, denn derartige Entscheidungen berühren

> *„nur implizit und faktisch Rechtsfragen, die, wären sie selbst oder unmittelbar Streitgegenstand, in die Zuständigkeit der Verwaltungsgerichte fielen."*[746]

Dass das richtig ist, zeigt auch ein Blick auf die zivilgerichtliche Vorfragenkompetenz aus § 17 Abs. 2 S. 1 GVG hinsichtlich öffentlich-rechtlicher Fragestellungen[747]. Es sprechen also deutliche Signale für einen zulässigen Rechtsweg zu den ordentlichen Gerichten, und zwar

> *„gleichgültig, ob die angegriffene Handlung formal hoheitlich oder privatrechtlich ist"*[748].

Von Vorteil ist beispielsweise auch die im Wettbewerbsprozess mögliche Ausweitung des Kreises potenzieller Kläger auf Wettbewerbsverbände sowie die Industrie-, Handels- und Handwerkskammern (vgl. § 8 Abs. 3 Nr. 2 und 4 UWG), die im Verwaltungsprozess mangels möglicher Verletzung eigener Rechte (§ 42 Abs. 2 VwGO) nicht klagebefugt wären. Gerade finanzschwache kleine und mittelständische Unternehmen sind aber auf das gerichtliche Eingreifen ihrer sie vertretenden Verbände angewiesen, weil sie selbst finanziell nicht in der Lage sind, einen kostspieligen Prozess gegen die öffentliche Hand aufzunehmen. Wegen § 42 Abs. 2 VwGO ist das vor den Verwaltungsgerichten jedoch gerade nicht möglich.

Ein weiteres kommt hinzu. Fühlt sich ein privater Konkurrent durch ein überregional tätiges öffentliches Unternehmen (meist des Bundes oder eines Landes) beeinträchtigt, so kommt ihm im Zivilrechtsweg der so genannte „fliegende Gerichtsstand" (§ 14 Abs. 2 UWG) des Wettbewerbsrechts zu Gute. Ört-

---

745 So aber *Kämper/Heßhaus*, NWVBl. 2001, 377, 380 f.; *Schliesky*, DÖV 1994, 114, 117. In diese Richtung auch *Erichsen*, Gemeinde und Private im wirtschaftlichen Wettbewerb, S. 47; *Ruffert*, NVwZ 2000, 763, 764; *Schink*, NVwZ 2002, 129, 139. Allgemein auch *Emmerich*, Der unlautere Wettbewerb der öffentlichen Hand, S. 64 ff.

746 *Scholz*, NJW 1978, 16, 18.

747 Wie hier *Otting*, DÖV 1999, 549, 555; *Tomerius*, LKV 2000, 41, 46; *P. Ulmer*, ZHR 146 (1982), 466, 497 mit Fn. 155. Unklar einerseits noch *Badura*, DÖV 1998, 818, 822; andererseits dann aber ablehnend *ders.*, Wirtschaftsverfassung und Wirtschaftsverwaltung, 2. Aufl. 2005, Rn. 206.

748 *V. Harder*, GRUR 1968, 403, 404. Ähnlich *D. Weber*, Wettbewerbsrechtlicher Unterlassungsanspruch gegen kommunale Wirtschaftstätigkeit, S. 195.

lich zuständig ist dann wahlweise jedes Landgericht bundesweit[749]. Eine solche – im Wettbewerbsrecht traditionell wichtige – Ausweitung der prozessualen Möglichkeiten bleibt dem Privaten im Verwaltungsrechtsweg versperrt.

Nicht von der Hand zu weisen ist darüber hinaus die Gefahr einer Rechtswegspaltung, wenn man den Rechtsweg zu den Verwaltungsgerichten bei Streitigkeiten der vorliegenden Art wählen würde. Für den typischen einheitlichen wettbewerblich bedingten Streit zweier Konkurrenten, der Unterlassungs- und Schadensersatzansprüche zum Gegenstand hat[750], hält das UWG mit den §§ 3, 8, 9 UWG für beide Begehren Anspruchsgrundlagen parat. Beide können auch – die prinzipielle Anwendbarkeit des UWG auf die öffentliche Hand unterstellt[751] – gemeinsam in einem Verfahren gegen ein öffentliches Unternehmen vor den Zivilgerichten verfolgt werden. Würde man demgegenüber allein wegen der Beteiligung eines öffentlichen Unternehmens für diesen Streit mit den Argumenten der Befürworter eines Vorrangs des Verwaltungsrechtsweges nur selbigen für eröffnet halten, so würde bei Geltendmachung von Unterlassungs- und Schadensersatzansprüchen durch den Privaten der einheitliche Streit auseinander gerissen. Denn ein Unterlassungsanspruch kann zwar im Verwaltungsrechtsweg verfolgt werden. Ein Schadensersatz- oder Ausgleichsanspruch aber kann – auf welche Grundlage auch immer man ihn stellen mag – wegen Art. 34 S. 3 GG, § 839 BGB oder wegen § 40 Abs. 2 S. 1 HS 1 Var. 3 VwGO in den hier interessierenden Fällen[752] nur vor den ordentlichen Gerichten und damit im Zivilrechtsweg geltend gemacht werden[753]. Eine solche Rechtswegspaltung aber ent-

---

749 Einzelheiten bei *Hefermehl/Köhler/Bornkamm*, UWG, 26. Aufl. 2008, § 14 UWG Rn. 13 ff.

750 Dieser Umstand freilich wird meist verkannt und eine Lösung des Problems allein anhand von Unterlassungsansprüchen diskutiert, vgl. z. B. *Selmer*, in: Stober/Vogel (Hrsg.), Wirtschaftliche Betätigung der öffentlichen Hand, S. 75, 100. Ein auf dieser verkürzten Betrachtung basierender Ansatz, der dann auch noch für einen Vorrang des Verwaltungsrechtsweges plädiert, vermag daher nicht zu überzeugen.

751 Siehe bereits Kapitel 3 § 17, S. 110 ff. sowie noch Kapitel 5 § 30 I. 1. a), S. 235 ff.

752 Ausnahmen im Zusammenhang mit einem öffentlich-rechtlichen Vertrag oder der Rücknahme eines Verwaltungsaktes kommen regelmäßig nicht in Betracht, wenn es um die Wirtschaftstätigkeit der öffentlichen Hand geht. Das Gleiche gilt für gesetzlich vorgesehene Ausgleichsansprüche nach Art. 14 Abs. 1 S. 2 GG; für sie ist, vorbehaltlich einer abweichenden gesetzlichen Regelung, der Verwaltungsrechtsweg gegeben, BVerwGE 94, 1, 6 f. Vgl. zum umfassenden Verständnis des § 40 Abs. 2 S. 1 HS 1 Var. 3 VwGO im Übrigen auch *Kopp/Schenke*, VwGO, 15. Aufl. 2007, § 40 Rn. 70.

753 Auf diesen Umstand hat allerdings bisher – soweit ersichtlich – nur *Pinger*, GRUR 1973, 456, 459 aufmerksam gemacht. Siehe allgemein auch *Ehlers*, in: Schoch/Schmidt-Aßmann/Pietzner (Hrsg.), VwGO, § 40 Rn. 544, sowie *Kopp/Schenke*, VwGO, 15. Aufl. 2007, § 41 Rn. 6, wonach es auch wegen § 17 Abs. 2 S. 2 GVG *„häufig zweckmäßiger"*

spricht weder den Grundsätzen der Prozessökonomie noch dem Gedanken der Sachgerechtigkeit[754].

4. Sachgerecht: Einzelfallentscheidung kraft Sachzusammenhangs und Prozessökonomie

Die Schwierigkeiten, mit denen Grundsatzdiskussionen verbunden sind, sind beträchtlich. Eine sachgerechte Streitentscheidung kann nur eine einzelfallorientierte Entscheidung sein, die Fragen des Sachzusammenhangs und der Prozessökonomie mit einbezieht. Einzelfallentscheidung soll vorliegend jedoch nicht so verstanden werden, dass die Frage nach dem Rechtsweg notwendig in jedem einzelnen Fall immer wieder neu entschieden werden müsste und dabei stets divergierende Ergebnisse möglich wären. Nicht ausgeschlossen ist es nämlich vielmehr, dass die zu berücksichtigenden Maßstäbe – Parameter, Standards, außerrechtliche Subformeln – eine allgemeingültige Leitlinie ergeben, die als Orientierung dienen und zu sachgerecht eingeteilten Fallgruppen führen mag. Als Beispiel sei die bereits erwähnte Orientierung an vorgelagerten Auskunftsansprüchen oder der gleichzeitigen Geltendmachung von Abwehr- und Ausgleichsansprüchen für die Rechtswegfrage genannt.

Würde man demgegenüber in jedem Einzelfall prüfen, ob nicht

> „*kraft Sachzusammenhangs die angeblich wettbewerbsrechtliche, privatrechtliche Beziehung [von privatem und öffentlichem Konkurrent] von dem öffentlich-rechtlichen Verhältnis überlagert*“

werde und folglich nach öffentlich-rechtlichen Kriterien zu überprüfen sei[755], so würden damit gesetzliche Überlegungen zur Vorfragenkompetenz der Gerichte unzulässigerweise unberücksichtigt bleiben[756]. Eine solche Überlage-

---

sein soll, die Klage im Zivilrechtsweg zu verfolgen. Jüngst wurden – einmal mehr – Forderungen des Bundes Deutscher Verwaltungsrichter laut, diese etwaige Schadensersatzansprüche betreffende „*irreführende Rechtswegzuweisung*“ zu beseitigen und Entscheidungen dieser Art den Verwaltungsgerichten zuzuweisen (FAZ vom 24.04.2008, S. 8). Ähnlich der hier vertretenen Auffassung wäre auch dieser Weg eine mögliche und sinnvolle Lösung des Problems. Konkrete Gesetzentwürfe oder gar ein Umsetzungszeitpunkt sind jedoch noch nicht ersichtlich, so dass es (vorerst) bei der im Folgenden darzustellenden Lösung bleiben muss. Vgl. zu einer überfälligen Rechtsschutzkonzentration auch *Ehlers*, in: Schoch/Schmidt-Aßmann/Pietzner (Hrsg.), VwGO, § 41 Rn. 42.

754 Gegen prozessökonomische Gesichtspunkte in diesem Zusammenhang *Ehlers*, in: Schoch/Schmidt-Aßmann/Pietzner (Hrsg.), VwGO, § 40 Rn. 544.

755 *Menger*, VerwArch. 68 (1977), 293, 296.

756 Ähnlich *Ehlers*, in: Schoch/Schmidt-Aßmann/Pietzner (Hrsg.), VwGO, § 41 Rn. 19.

rung kann vielmehr allenfalls dann in Betracht kommen, wenn Verwaltungsträger untereinander in Wettbewerb treten[757].

a) Rechtsweg kraft Sachzusammenhangs

Unter dem Aspekt, dass es prozessökonomisch und sachgerecht ist, für Klagen, die auf Wettbewerbs- oder Kartellrecht gestützt sind, den ordentlichen Rechtsweg für zulässig zu erklären[758], gelangt man zu einer weiteren Leitlinie im vorbezeichneten Sinne, die die Bildung von Fallgruppen ermöglicht. Der Zivilrechtsweg kraft Sachzusammenhangs verhindert im Übrigen auch eine ansonsten drohende Rechtswegspaltung innerhalb desselben Rechtsverhältnisses bei wechselseitigen Wettbewerbsverstößen des öffentlichen und des privaten Konkurrenten[759]. Die Kritik, ein „Rechtsweg kraft Sachzusammenhangs" sei mit dem geltenden Recht nicht in Einklang zu bringen[760], greift demgegenüber nicht durch. Vielmehr findet der Gedanke der Prozessökonomie, die Teil der Überle-

---

757 *Harms*, BB 1986, Beilage 17, S. 7; anders offenbar BVerwGE 129, 9, 19, wobei die Entscheidungskompetenz trotz öffentlich-rechtlicher Überlagerung den ordentlichen Gerichten zugewiesen wird, so dass i. E. kein Widerspruch besteht. Zu beachten ist, dass das Wettbewerbsrecht inzwischen auch auf das Verhältnis zweier Hoheitsträger zueinander angewendet worden ist, die ihre Verwaltungsaufgabe in Beziehung zu ihren Leistungsempfängern in hoheitlichen Formen ausüben, vgl. etwa OLG Celle WRP 1984, 328 f.; OLG Düsseldorf GRUR 1973, 487 ff. – „Ersatzkasse". Siehe allerdings demgegenüber zur a. A. BGHZ 108, 284 ff.; BSGE 36, 238 ff.; 56, 140 ff. sowie Kapitel 3 § 16 II., S. 108. Zu problematischen Grenzfällen *Odersky*, in: Badura/Scholz (Hrsg.), FS Lerche, S. 949, 952 ff.

758 So *Pinger*, GRUR 1973, 456, 458 f.; *P. Ulmer*, ZHR 146 (1982), 466, 480; *D. Weber*, Wettbewerbsrechtlicher Unterlassungsanspruch gegen kommunale Wirtschaftstätigkeit, S. 197. Hierfür spricht im Übrigen auch schon § 13 Abs. 1 UWG, der Wettbewerbssachen als bürgerliche Rechtsstreitigkeiten betrachtet. A. A. im Hinblick auf die Vorgängervorschrift § 27 Abs. 1 UWG a. F. *Scholz*, NJW 1978, 16; *Schricker*, Wirtschaftliche Tätigkeit der öffentlichen Hand und unlauterer Wettbewerb, 2. Aufl. 1987, S. 241, der sich auch ansonsten gegen die Zulässigkeit des Zivilrechtsweges ausspricht, wenn es sich um „hoheitliche" Wettbewerbsmaßnahmen der öffentlichen Hand handelt (a. a. O., S. 244 f.). Gegen eine solche auch *Klein*, Die Teilnahme des Staates am wirtschaftlichen Wettbewerb, S. 245. Ein ähnlicher – hier nicht weiter zu verfolgender – Streit wird auch um den Charakter von § 87 S. 1 GWB geführt. Für Regelung nur der sachlichen Zuständigkeit *Schliesky*, Öffentliches Wettbewerbsrecht, S. 466. A. A. – Rechtswegzuweisung – BGHZ 114, 218, 222 ff. – „Einzelkostenerstattung"; bestätigt durch BGH NJW 1995, 2352, 2353 – „Sterbegeldversicherung", wegen § 17 a GVG aber ohne weitere Begründung.

759 Vgl. *Harms*, BB 1986, Beilage 17, S. 5; *Pinger*, GRUR 1973, 456, 459. Diese widersinnige Konsequenz wurde auch aus anderen Gründen schon abgelehnt, siehe Kapitel 4 § 22 II. 1., S. 136. In jenem Sinne auch BGHZ 66, 229, 236 – „Studentenversicherung".

760 *Ehlers*, JZ 1990, 1089, 1098.

gungen zum Sachzusammenhang ist, in § 17 Abs. 2 S. 1 GVG sogar eine gesetzliche Stütze[761].

b) Geltendmachung verschiedener Ansprüche

Ein weiteres – bereits erwähntes – prozessökonomisches Argument streitet für den Zivilrechtsweg bei Klagen gegen die Wirtschaftstätigkeit der öffentlichen Hand. Die Durchsetzung entsprechender Ansprüche erfordert im Vorfeld häufig die Einholung von prozessrelevanten Informationen. Diese können in der Regel gegen die öffentliche Hand nur auf Grund von gesetzlichen Auskunftsansprüchen geltend gemacht werden[762]. Weil aber Auskunftsklagen beispielsweise gegen ein Kommunalunternehmen in Privatrechtsform mangels Beleihung regelmäßig vor den Zivilgerichten auszutragen sind[763], ist es aus prozessökonomischen Gründen nur sinnvoll, die sich anschließende Klage auf Unterlassung und ggf. Schadensersatz gegen dieses öffentliche Unternehmen ebenfalls im Zivilrechtsweg geltend machen zu können. Hinzu kommt, dass Ansprüche auf Auskunft und Rechnungslegung, die der Vorbereitung und substanziierten Durchsetzung bestehender wettbewerbsrechtlicher Ansprüche dienen, anerkanntermaßen nach Treu und Glauben als Nebenansprüche zum bestehenden Hauptanspruch durchgesetzt werden können[764]. Öffentlich-rechtliche Hauptansprüche, die primär im Verwaltungsrechtsweg durchzusetzen sind, kennen solche vorbereitenden Hilfsansprüche nicht.

Dieser Gedanke muss auch Beachtung finden, wenn der private Konkurrent sowohl Abwehr- als auch Ausgleichsansprüche geltend machen will. Denn nur im ordentlichen Rechtsweg vermag er beide gemeinsam zu verfolgen. Der Verwaltungsrechtsweg steht ihm nur für Abwehransprüche offen.

---

761 Ähnlich – wenngleich auch kritisch – *Schliesky*, Öffentliches Wettbewerbsrecht, S. 465. Zur Bedeutung von § 17 Abs. 2 S. 1 GVG noch Kapitel 5 § 31 VI., S. 292 ff.

762 Siehe bereits Kapitel 2 § 10 I, S. 78 und Kapitel 5 § 27 I. 1., S. 162.

763 *Sydow/Gebhardt*, NVwZ 2006, 986, 990.

764 Einzelheiten bei *Hefermehl/Köhler/Bornkamm*, UWG, 26. Aufl. 2008, § 9 UWG Rn. 4.1 ff.

5. *Doppelqualifizierung hoheitlicher Maßnahmen mit wettbewerblicher Wirkung jedenfalls nicht die einzige Antwort auf die Rechtswegfrage*

Es wurde schon dargelegt, dass sich die Rechtswegfrage nicht an der rechtlichen Ausgestaltung des Benutzungsverhältnisses orientieren kann[765]. Es kommt allein auf die wahre Natur des Rechtsverhältnisses zwischen den streitenden Parteien an, so dass es verfehlt ist, auf das Rechtsverhältnis der öffentlichen Hand zu ihren Abnehmern abzustellen, wenn ein privater Konkurrent die öffentliche Hand verklagt. Das muss – abgesehen von allen Unschärfen, die dieser Begriff aufweist[766] – auch im Bereich der Daseinsvorsorge gelten. Denn dieser Begriff ist eine Inhaltsbestimmung und kann nicht die Form des Handelns öffentlicher Wirtschaftstätigkeit bestimmen.

Die Reduzierung hoheitlicher Maßnahmen allein auf die Qualifizierung der Leistungsbeziehung hat sich von daher nicht durchgesetzt. Es folgte vielmehr eine Verselbstständigung der Wettbewerbsbeziehungen zu den Konkurrenten gegenüber den Leistungsbeziehungen zu den Abnehmern. In ständiger Rechtsprechung trennt der *Bundesgerichtshof* inzwischen die Wettbewerbsbeziehungen des Staates zu den privaten Konkurrenten am Markt (Wettbewerbsverhältnis) strikt von den Leistungsbeziehungen des Staates zu seinen Bürgern bzw. Kunden als der Marktgegenseite (Leistungsverhältnis)[767].

---

[765] Siehe ausführlich oben Fn. 428. So auch schon *Lindner*, Verwaltungsgerichtliche Klagemöglichkeiten für Private gegen privatrechtliche kommunale Wirtschaftsbetätigung, S. 27. A. A. jedoch offenbar auch in jüngerer Zeit noch *Selmer*, in: Stober/Vogel (Hrsg.), Wirtschaftliche Betätigung der öffentlichen Hand, S. 75, 102.

[766] Vgl. Kapitel 3 § 15 I., S. 98 ff.

[767] BGHZ 66, 229, 237 – „Studentenversicherung“: „*Danach unterliegt die öffentliche Hand im Falle einer wirtschaftlichen Betätigung den Schranken des allgemeinen Wettbewerbsrechts unabhängig davon, ob die Leistungsbeziehungen zu ihren Abnehmern, Mitgliedern oder Benutzern privatrechtlich oder öffentlichrechtlich gestaltet sind. Ein und dieselbe Handlung kann je nach der Beziehung, in der sie Wirkungen äußert, einmal als hoheitlich, zum anderen als privatrechtlich zu qualifizieren sein. Eine privatrechtliche Qualifizierung ist geboten, wenn die öffentliche Hand zu privaten Mitbewerbern in einem echten Wettbewerbsverhältnis steht, beide sich also als Anbieter auf dem Boden der Gleichordnung gegenüberstehen und besondere öffentlichrechtliche Beziehungen zwischen ihnen nicht gegeben sind*“, unter Verweis auf *Emmerich*, Der unlautere Wettbewerb der öffentlichen Hand, S. 12 ff.; *Mestmäcker*, NJW 1969, 1 ff.; *Pinger*, GRUR 1973, 456 ff.; *Scholz*, NJW 1974, 781 f. („*Doppelnatur*“). Zustimmend *Hefermehl/Köhler/Bornkamm*, UWG, 26. Aufl. 2008, § 4 UWG Rn. 13.11; *Stoffel*, Wettbewerbsrecht und staatliche Wirtschaftstätigkeit, S. 92 f.; *P. Ulmer*, ZHR 146 (1982), 466, 477 f. Siehe jedoch auch *Schliesky*, DÖV 1994, 114, 116 f., der die drohende Aufspaltung freilich ablehnt und eine angebliche Ausweitung der Entscheidungsbefugnis der Zivilgerichte ohne Grundlage in den Kompetenzzuweisungen des Prozessrechts anprangert. Siehe auch *ders.*, Öffentliches

Es mag zugegebenermaßen ein „*seltsames Ergebnis*"[768] sein, dass ein und dieselbe Handlung sowohl dem öffentlichen Recht (hinsichtlich der Leistungsbeziehung) als auch dem privaten Recht (hinsichtlich des Wettbewerbsverhältnisses) unterstellt werden kann und somit eine „Doppelnatur" aufweist. Immerhin hat das auch zur Konsequenz, dass privatrechtliche Normen der Verwaltung ein öffentlich-rechtliches Handeln verbieten können. Bedenkt man jedoch die der öffentlichen Hand zustehende Formwahlfreiheit im Hinblick auf die Vertragsverhältnisse ihrer wirtschaftlichen Unternehmen zu deren Kunden (Leistungsverhältnis), so kann die Anwendbarkeit des Wettbewerbsrechts nicht davon abhängen, ob diese nun öffentlich-rechtlich (Gebühren, Satzung) oder privatrechtlich (Entgelt, Benutzungsordnung) ausgestaltet werden[769].

Weiterhin gilt es auch zu bedenken, dass es dem deutschen Rechtssystem durchaus nicht fremd ist, dass ein und dieselbe Handlung im Verhältnis zu verschiedenen Personen einer verschiedenen Beurteilung unterliegt[770]. Die anerkannte so genannte Relativität der Rechtsverhältnisse macht die unterschiedliche Beurteilung akzeptabel. Ausgelöst werden die verschiedenen Rechtswirkungen immerhin auch durch eine einzige Handlung, so dass es faktisch nicht zu einer Aufspaltung eines einheitlichen Lebenssachverhaltes kommt.

Dieses Ergebnis deckt sich im Übrigen mit dem Befund, dass das Wettbewerbsrecht als neutrales Verhaltensrecht praktisch uneingeschränkt auch auf die öffentliche Hand angewendet werden kann[771]. Ein im Verhältnis zu dieser beste-

---

Wettbewerbsrecht, S. 462. Kritisch auch *Brohm*, NJW 1994, 281, 287 f.; *Ehlers*, JZ 1990, 1089, 1098; *ders.*, in: Schoch/Schmidt-Aßmann/Pietzner (Hrsg.), VwGO, § 40 Rn. 287; *Erichsen*, Gemeinde und Private im wirtschaftlichen Wettbewerb, S. 39 f.; *Schricker*, Wirtschaftliche Tätigkeit der öffentlichen Hand und unlauterer Wettbewerb, 2. Aufl. 1987, S. 102 ff.; *Storr*, Der Staat als Unternehmer, S. 492 f. *Brohms* Vergleich mit der Überprüfung der Rechtmäßigkeit der Subventionsvergaben (a. a. O., S. 288 bei Fn. 63) ist allerdings zumindest hinsichtlich der hier interessierenden Rechtswegfragen unergiebig, denn dort gibt es faktisch keinen Kompetenzkonflikt der Gerichtszweige: Rechtsschutz ist unumstritten und unproblematisch vor den Verwaltungsgerichten zu erlangen, vgl. nur *Hefermehl/Köhler/Bornkamm*, UWG, 26. Aufl. 2008, § 4 UWG Rn. 13.26. Siehe zur Doppelqualifizierung hoheitlicher Maßnahmen im Übrigen bereits ausführlich Kapitel 4 § 22 II. 1., S. 136 sowie Fn. 428 und die dortigen weiteren Nachw. aus der Rspr.

768 *Ehlers*, DVBl. 1998, 497, 503.

769 So auch *Harms*, BB 1986, Beilage 17, S. 5; *Otting*, DÖV 1999, 549, 550 mit Fn. 17; *P. Ulmer*, ZHR 146 (1982), 466, 478, der daher für einen umfassenden Geltungsanspruch des Wettbewerbs- und Kartellrechts plädiert.

770 *Odersky*, in: Badura/Scholz (Hrsg.), FS Lerche, S. 949, 954 f.; *Pinger*, GRUR 1973, 456, 458; a. A. *Schricker*, Wirtschaftliche Tätigkeit der öffentlichen Hand und unlauterer Wettbewerb, 2. Aufl. 1987, S. 107.

771 Siehe bereits Kapitel 3 § 17 I., S. 110 f. sowie die dortigen Nachweise.

hendes Wettbewerbsverhältnis ist stets privatrechtlich[772] und unterliegt damit jedenfalls der Entscheidungskompetenz der Zivilgerichte. Hilfreich ist in diesem Zusammenhang auch folgender Vergleich: Verwaltungsakte mit Drittwirkung, Nachbarklagen im Baurecht sowie Konkurrentenklagen im Verwaltungsrecht belegen, dass abstrakte Rechtshandlungen nicht existieren, es vielmehr auf das zu Grunde liegende Rechtsverhältnis ankommt – und das wird immer von Personen bestimmt[773]. Wenn sich diese Personen nun als private und öffentliche Konkurrenten am Markt im Wettbewerb begegnen, so bleibt es dabei, dass dieses Wettbewerbsverhältnis ein Grund sein kann für die Entscheidungskompetenz der Zivilgerichte für alle Teile des Streitgegenstandes.

Die Rechtswegfrage lässt sich mit der Einteilung des Handelns öffentlicher Unternehmen in Leistungs- und Wettbewerbsverhältnis aber letztlich nicht endgültig klären. Denn die Tatsache, dass auf das Wettbewerbsverhältnis wegen der Gleichordnung[774] unabhängig von der Beteiligung eines öffentlichen Unternehmens Wettbewerbs- und damit Privatrecht Anwendung finden kann, ergibt allenfalls die Möglichkeit, dass dies durch die Zivilgerichte geschieht[775]. Dreh- und Angelpunkt für die Frage der materiellen Entscheidungsbefugnis der Gerichte bleibt aber § 17 Abs. 2 S. 1 GVG[776]. Demzufolge hat das Gericht des zulässigen Rechtsweges den Rechtsstreit grundsätzlich unter allen in Betracht kommenden rechtlichen Gesichtspunkten zu entscheiden. Das wiederum heißt, dass über wettbewerbsrechtliche Fragen auch die Verwaltungsgerichtsbarkeit zu entscheiden hat, wenn nur dieser Rechtsweg aus einem in Betracht kommenden Klagegrund zulässig ist. Kann ein Privater sein Begehren aber sowohl auf öffentlich-rechtliche als auch auf privatrechtliche Klagegründe stützen (was, wie sogleich zu zeigen sein wird, entgegen der zurzeit vorherrschenden Ansichten sehr wohl der Fall ist), dann stehen ihm zulässigerweise sowohl der ordentliche als auch der Verwaltungsrechtsweg offen.

---

772 *Vollmar*, Rechtsweg und Maßstab für Klagen gegen die öffentliche Hand wegen Wettbewerbsverstößen, S. 79.

773 *Vollmar*, Rechtsweg und Maßstab für Klagen gegen die öffentliche Hand wegen Wettbewerbsverstößen, S. 68.

774 Nur am Rande sei erwähnt, dass es – siehe das Beispiel des öffentlich-rechtlichen Vertrags – auch öffentlich-rechtliche Gleichordnungsverhältnisse geben kann. Dieser Einwand wird indes sogar von BGHZ 97, 312, 314 zurückgestellt. *Schliesky*, Öffentliches Wettbewerbsrecht, S. 463 kritisiert in diesem Zusammenhang die – so gesehen tatsächlich – fehlerhafte Anwendung der Subjektionstheorie.

775 *Schliesky*, Öffentliches Wettbewerbsrecht, S. 458 mit Nachw. aus der Rspr.

776 Siehe auch noch Kapitel 5 § 31 VI., S. 292 ff.

In welchem der beiden Rechtswege der Private letztlich gegen eine wirtschaftliche Tätigkeit der öffentlichen Hand tatsächlich vorgeht, muss auch aus diesen Gründen eine an Kriterien der Sachgerechtigkeit und der Prozessökonomie ausgerichtete Einzelfallentscheidung anhand der beschriebenen Leitlinien bleiben.

II. Zum Verhältnis von Anspruchskonkurrenzen und Rechtswegfragen: Doppelspurigkeit des Rechtsschutzes bei einheitlichem Wettbewerbsstreit und Wahlrecht des Klägers

Schon auf Grund der bisherigen Erkenntnisse ist deutlich geworden, dass für den Rechtsschutz Privater sowohl öffentlich-rechtliche als auch zivilrechtliche Ansprüche in Betracht kommen und für deren Durchsetzung weder die ordentliche noch die Verwaltungsgerichtsbarkeit von vornherein ausscheidet.

1. Unterscheidung von Anspruchskonkurrenz und Rechtswegfrage

Grundsätzlich soll die Rechtsnatur des zutreffenden Anspruchs in dem Wettbewerbsverhältnis den Rechtsweg bestimmen[777]. Welcher Anspruch aber der zutreffende ist, muss noch geklärt werden. Zur Auswahl stehen wettbewerbsrechtliche, also bürgerlichrechtliche und öffentlich-rechtliche Ansprüche[778], wodurch ein privater Konkurrent aus Rechtsgründen nicht gehindert ist, beispielsweise seinen Unterlassungsanspruch gegen ein öffentliches Konkurrenzunternehmen klagweise sowohl im Verwaltungs- als auch im Zivilrechtsweg zu verfolgen[779]. Das ergibt sich materiell vom Grundsatz her aus § 4 Nr. 11 UWG, der als wettbewerbsrechtlicher Anknüpfungspunkt für die Verfolgung an sich außerwettbewerbsrechtlicher Verstöße fungiert. Er ermöglicht somit grundsätz-

---

777 Vgl. Kapitel 4 § 22 I., S. 135.

778 Siehe dazu sogleich Kapitel 5 § 28, S. 181. Es handelt sich hier nicht um einen Widerspruch. Auch wenn gesagt wurde, dass das Wettbewerbsverhältnis privatrechtlich ist, so heißt das noch nicht, dass dort ausschließlich privatrechtliche Anspruchsgrundlagen anwendbar wären. Denn zum einen gibt es die Möglichkeit, Normen analog oder als allgemeinen Rechtsgrundsatz anzuwenden (vgl. noch Kapitel 5 § 29 III. 1., S. 231 ff.). Zum anderen besagt schon § 17 Abs. 2 S. 1 GVG, dass das Gericht des zulässigen Rechtsweges den Rechtsstreit unter allen in Betracht kommenden Aspekten zu prüfen hat.

779 *Köhler*, GRUR 2004, 381, 387; *Selmer*, in: Stober/Vogel (Hrsg.), Wirtschaftliche Betätigung der öffentlichen Hand, S. 75, 100; *D. Weber*, Wettbewerbsrechtlicher Unterlassungsanspruch gegen kommunale Wirtschaftstätigkeit, S. 202 f. Der herrschende zweigliedrige Streitgegenstandsbegriff führt in der Regel dazu, dass die Rechtshängigkeit der einen nicht der Zulässigkeit der anderen Klage entgegensteht.

lich ein vor den Zivilgerichten verfolgbares wettbewerbsrechtliches Vorgehen gegen einen Normverstoß, der als solcher zumindest auch öffentlich-rechtlich vor den Verwaltungsgerichten durchzusetzen wäre. Etwas anderes muss gelten, wenn abschließende Regelungen eine solche Sanktionenkonkurrenz von UWG und außerwettbewerbsrechtlichen Verstößen ausschließen, wie beispielsweise im Sozial-[780] und Kartellrecht[781]. Nur dann fehlt es an unabhängig nebeneinander bestehenden Anspruchsgruppen. Bei der Kollision von Wettbewerbsrecht und öffentlichem Recht handelt es sich aber nicht primär um eine Frage des richtigen Rechtsweges, sondern um eine der Anspruchskonkurrenz[782]. Diese ist der Rechtswegfrage nachgelagert.

2. Konsequenzen

Die Konsequenz dieser Erkenntnisse ist eine potenzielle Doppelspurigkeit des Rechtsschutzes hinsichtlich des Rechtsweges[783]. Stehen dem Kläger sowohl öffentlich-rechtliche als auch zivilrechtliche Klagegründe zur Auswahl, kann er folglich anhand der vorweg beschriebenen Überlegungen zum Sachzusammenhang und der Prozessökonomie wählen, in welchem Rechtsweg er diese durchsetzen möchte, so lange keine gesetzliche Sonderzuweisung besteht[784]. Dabei ist

---

780 Vgl. § 69 SGB V. Wettbewerbsrecht ist in dem dort definierten Anwendungsbereich gar nicht mehr anwendbar, siehe BGH WRP 2004, 337, 339 – „Krankenkassenzulassung“. Das allerdings wird immer wieder kritisiert. Erst kürzlich hat die damalige bayerische Sozialministerin *Christa Stewens* (CSU) gefordert, das GWB auch auf die gesetzlichen Krankenkassen anzuwenden. Die jetzige Regelung verstoße gegen den EG-Vertrag, siehe FAZ vom 25.04.2008, S. 12.

781 Diese Frage kann inzwischen als geklärt gelten, vgl. BGHZ 166, 154, 159, 161 – „Probeabonnement“. So bereits auch *Köhler*, GRUR 2004, 381, 387. A. A. noch BGH GRUR 1978, 445 – „4 zum Preis von 3“; OLG Frankfurt am Main, GRUR-RR 2003, 59, 60. Kritisch *Brohm*, NJW 1994, 281, 287.

782 *Mestmäcker*, NJW 1969, 1, 3; *D. Weber*, Wettbewerbsrechtlicher Unterlassungsanspruch gegen kommunale Wirtschaftstätigkeit, S. 202.

783 Für doppelspurigen Rechtsschutz ebenso *Kluth*, WiVerw 2000, 184, 207; *P. Ulmer*, ZHR 146 (1982), 466, 480; differenzierend je nach materieller Rechtsnatur des streitigen Rechtsverhältnisses *Scholz*, ZHR 132 (1969), 97, 122 ff.; *ders.*, NJW 1978, 16, 17 f.; differenzierend zwischen Entscheidung über das „Ob“ und das „Wie“ staatlicher Wettbewerbsteilnahme *Hefermehl/Köhler/Bornkamm*, UWG, 26. Aufl. 2008, § 4 UWG Rn. 13.11.

784 Für ein echtes Wahlrecht des Klägers hinsichtlich der Rechtswegentscheidung wie hier *Diefenbach*, WiVerw 2003, 115, 127; *Ehlers*, in: Schoch/Schmidt-Aßmann/Pietzner (Hrsg.), VwGO, § 40 Rn. 260, 296; *Selmer*, in: Stober/Vogel (Hrsg.), Wirtschaftliche Betätigung der öffentlichen Hand, S. 75, 100; *Stelkens*, Verwaltungsprivatrecht, S. 1032; *D. Weber*, Wettbewerbsrechtlicher Unterlassungsanspruch gegen kommunale Wirtschaftstätigkeit, S. 203 f., jeweils unter Verweis auf § 17 Abs. 2 S. 1 GVG. A. A. jedoch *Vollmar*,

es nicht erforderlich, dass die privat- bzw. öffentlich-rechtliche Rechtsgrundlage für das angestrebte Rechtsschutzziel die primär in Frage kommende ist. Es reicht aus, dass ihre Anwendbarkeit nicht so offensichtlich verneint werden muss, dass kein Bedürfnis dafür besteht, sie in die Sachprüfung einzubeziehen[785]. In dieser Situation entspricht es dann gerade Sinn und Zweck des § 17 Abs. 2 S. 1 GVG, dass das jeweils zuerst angerufene Gericht aus prozessökonomischen Gründen unter Berufung auf den Aspekt des Sachzusammenhangs befugt ist, über die an sich im anderen Rechtsweg geltend zu machenden Ansprüche mitzuentscheiden[786].

3. Keine durchgreifenden Bedenken gegen einen doppelspurigen Rechtsschutz

Mit Blick auf §§ 13 GVG, 40 Abs. 1 VwGO sind jedoch auch Bedenken hinsichtlich einer generellen Doppelspurigkeit des Rechtsweges geäußert worden[787]. Die anhand dieser Normen vorzunehmende Rechtswegabgrenzung verlöre ihren Sinn. Es darf jedoch nicht vergessen werden, dass mit einem doppelspurigen Rechtsschutz nicht gemeint ist, dass der Private ordentliche und Verwaltungsgerichtsbarkeit parallel und somit zugleich in Anspruch nehmen können soll. Die Entscheidung für einen der beiden Rechtswege wird ihm nicht abgenommen. Mit der Aussage von der Doppelspurigkeit des Rechtweges soll allein zum Ausdruck gebracht werden, dass beim Vorliegen sowohl öffentlich-rechtlicher als auch zivilrechtlicher Ansprüche gegen die Wirtschaftstätigkeit der öffentlichen Hand dem privaten Konkurrenten ein Wahlrecht zusteht, in welchem Rechtsweg er vorgehen möchte. Es gibt für die Durchsetzung dieser Ansprüche gerade keinen rechtlichen Vorrang eines bestimmten Rechtsweges.

Rechtsweg und Maßstab für Klagen gegen die öffentliche Hand wegen Wettbewerbsverstößen, S. 80. Für die Vollstreckung gilt im Übrigen nichts anderes, Besonderheiten finden sich dort nicht, vgl. *Schliesky*, Öffentliches Wettbewerbsrecht, S. 470 f.; *Vollmar*, Rechtsweg und Maßstab für Klagen gegen die öffentliche Hand wegen Wettbewerbsverstößen, S. 81.

785 VGH Kassel WRP 2003, 112, 113 – „Schilderprägestelle“ m. w. N.; *Kopp/Schenke*, VwGO, 15. Aufl. 2007, § 40 Rn. 6a.

786 Vgl. auch *Diefenbach*, WiVerw 2003, 115, 127; *Selmer*, in: Stober/Vogel (Hrsg.), Wirtschaftliche Betätigung der öffentlichen Hand, S. 75, 100; *D. Weber*, Wettbewerbsrechtlicher Unterlassungsanspruch gegen kommunale Wirtschaftstätigkeit, S. 203 f.

787 *P. Ulmer*, ZHR 146 (1982), 466, 480; *Vollmar*, Rechtsweg und Maßstab für Klagen gegen die öffentliche Hand wegen Wettbewerbsverstößen, S. 43 ff., 82.

Allein prozessökonomische Überlegungen können für einen Vorrang des Zivilrechtsweges sprechen[788].

Nicht zu leugnen ist allerdings die Gefahr von Rechtsprechungsdivergenzen in der Normauslegung zwischen Gerichten unterschiedlicher Rechtswege. Ob solche nun einfach hinzunehmen[789] oder auf Grund des bundesstaatlichen Charakters der deutschen Rechtsordnung, die gegen eine ungewollte Gefahr von Rechtsprechungsdivergenzen spricht[790], zu akzeptieren sind, kann dahingestellt bleiben. Immerhin steht mit dem Verfahren zur Herbeiführung einer Entscheidung des *Gemeinsamen Senats der obersten Gerichtshöfe des Bundes* ein prozessuales Mittel parat, um solchen Divergenzen zu begegnen.

III. Diskussion um die Rechtswegfrage missachtet das Interesse der Praxis

Das Ergebnis ist eindeutig. Dennoch wurde und wird die Diskussion um die Rechtswegfrage mit Vehemenz geführt. Es überrascht daher nicht, dass an dieser Diskussion nach wie vor teilweise deutliche Kritik geübt wird. Vereinzelt werden bereits die praktischen Folgen der Gesamtdiskussion zur Zulässigkeit einer erwerbswirtschaftlichen Betätigung der öffentlichen Hand als gering bezeichnet[791]. Da jedoch insbesondere die Frage des Rechtsschutzes privater Konkurrenten momentan alles andere als geklärt ist und die Alternativen „vorhanden" oder „nicht vorhanden" lauten, sind die Folgen alles andere als gering[792]. Richtig ist aus den dargelegten Gründen indes, dass es im Ergebnis keinen nennenswerten Unterschied machen darf, ob man die Überlegungen zur Zulässigkeit eines wettbewerblichen Handelns der öffentlichen Hand, die im Rahmen des öffentlichen Rechtes anzustellen sind, im Zivil- oder im Verwaltungsrechtsweg anstellt. Denn sie stimmen weitgehend mit denen nach Wettbewerbsrecht überein[793], so dass es eigentlich nicht zu Divergenzen zwischen den Rechtswegen kommen dürfte.

Das Interesse der Praxis ist ohnehin anderer Natur. Die dogmatischen Verästelungen einer über Jahrzehnte ausgetragenen Diskussion um den „richtigen"

---

788 Siehe soeben Kapitel 5 § 27 I. 3. b), S. 168.

789 So *Diefenbach*, WiVerw 2003, 115, 127; *Gronemeyer*, in: Stober/Vogel (Hrsg.), Wirtschaftliche Betätigung der öffentlichen Hand, S. 167, 179.

790 So *Bethge*, BayVBl. 2008, 97, 99 im Zusammenhang mit drohenden landesrechtlichen Divergenzen im Sportwettenrecht.

791 *Jarass*, DÖV 2002, 489, 490.

792 Siehe bereits Kapitel 4 § 22 V., S. 145.

793 In diese Richtung *Brohm*, NJW 1994, 281, 284.

Rechtsweg werden den verteidigungsbereiten Privaten – zu Recht – nicht interessieren. Er wird sein (vermeintliches) Recht immer dort suchen, wo er es (am wahrscheinlichsten) erhält[794]. Im Übrigen wird das Damoklesschwert der Anwaltshaftung den für seine private Mandantschaft kämpfenden Juristen davon abhalten, seine Klageerhebung von dogmatischen Überlegungen abhängig zu machen. Der „richtige" Rechtsweg für eine Klage privater Konkurrenten gegen die Wirtschaftstätigkeit der öffentlichen Hand ist für ihn „nur" eine Frage von Sieg oder Niederlage.

§ 28 Einführung zu Abwehr- und Unterlassungsansprüchen

Nicht anders verhält es sich indes mit der Frage nach dem anzuwendenden materiellen Recht, d.h. mit der Überlegung, welche Ansprüche gegen die wirtschaftlich tätige öffentliche Hand geltend gemacht werden können. Nur wenn dem betroffenen Privaten für sein Begehren auch Ansprüche zur Verfügung stehen, deren Durchsetzung nicht von vornherein ausgeschlossen erscheint, wird er sich – vernünftigerweise – zu einer gerichtlichen Durchsetzung entschließen.

In einer typischen wettbewerbsrelevanten Streitigkeit eines Privaten gegen ein konkurrierendes öffentliches Unternehmen geht es dem nachteilig Betroffenen in aller Regel zunächst darum, die öffentliche Hand bzw. das öffentliche Unternehmen zur Unterlassung zu verpflichten[795]. Hat sich bei dem Privaten auf Grund des Handelns der öffentlichen Konkurrenz jedoch auch schon ein Schaden realisiert, wird er außerdem um Ausgleich bemüht sein.

Im Folgenden soll zunächst möglichen Abwehr- und Unterlassungsansprüchen nachgegangen werden[796]. Als Sammelbegriff hat sich die Terminologie Fiskusabwehransprüche etabliert[797]. Ein Fiskusabwehrrecht soll bestehen, wenn

---

794 *Gronemeyer*, in: Stober/Vogel (Hrsg.), Wirtschaftliche Betätigung der öffentlichen Hand, S. 167, 172.

795 Inhaltlich wird der Anspruch in der Regel darauf gerichtet sein, dass die öffentliche Hand entsprechend auf das handelnde Unternehmen einzuwirken hat, um die wirtschaftliche Betätigung tatsächlich zu beenden, vgl. OVG Münster NVwZ 2003, 1520 – „Parkhausdach mit Fitness-Studio".

796 Siehe zu möglichen Ausgleichsansprüchen noch Kapitel 5 § 32, S. 296 ff.

797 Vgl. etwa VGH Mannheim NJW 1995, 274 sowie nachgehend BVerwG NJW 1995, 2938 ff.; *Pagenkopf*, GewArch 2000, 177, 185; *D. Weber*, Wettbewerbsrechtlicher Unterlassungsanspruch gegen kommunale Wirtschaftstätigkeit, S. 51 m. w. N. in Fn. 131.

eine behördliche Monopolstellung geschaffen wird[798]. Richtiger ist demgegenüber wohl zu formulieren, dass ein solches Recht dann zwar auf jeden Fall bestehen muss, jedoch nicht auf den kleinen Bereich der behördlichen Monopolstellungen beschränkt bleiben darf. Anhand der beispielhaften schematischen Darstellung der Erfolgsaussichten einer Klage eines privaten Konkurrenten sollen die Voraussetzungen möglicher Anspruchsgrundlagen für einen Fiskusabwehranspruch herausgearbeitet werden. Es wird sich zeigen, dass sowohl das private wie das öffentliche Recht adäquate Anspruchsgrundlagen bieten.

Ob diese im ordentlichen Rechtsweg oder im Verwaltungsrechtsweg geltend gemacht werden, spielt im Hinblick auf § 17 Abs. 2 S. 1 GVG zunächst nicht die entscheidende Rolle. Wie gezeigt wurde, ist die Rechtswegentscheidung beim Vorliegen eines Wahlrechts des Klägers zwischen ordentlichem und Verwaltungsrechtsweg eine Frage sachgerechteter Prüfung im Einzelfall, die sich vor allem auch auf Fragen der Prozessökonomie stützen sollte[799]. Die Kollision von öffentlich-rechtlichen und privatrechtlichen Anspruchsgrundlagen ist demgegenüber eine (logisch nachrangige) Frage der Anspruchskonkurrenz des materiellen Rechts. Es entspricht vielmehr dem Regelungsgehalt des § 17 Abs. 2 S. 1 GVG, dass ein Gericht eines bestimmten Rechtsweges gerade nicht auf ein bestimmtes materielles Recht als Prüfungsmaßstab beschränkt ist, sondern den Rechtsstreit grundsätzlich unter allen in Betracht kommenden Gesichtspunkten zu entscheiden hat[800].

Aus alldem folgt, dass das angerufene Gericht – seine Entscheidungskompetenz und Zuständigkeit im Einzelfall vorausgesetzt[801] – prinzipiell Anspruchsgrundlagen sowohl des öffentlichen Rechts als auch des Privatrechts zu prüfen hat[802]. Wie sich zeigen wird, kann man insoweit von einer dogmatischen Alternativität von Grundrechts- und Wettbewerbsrechtsschutz privater Konkurrenten gegenüber der Wirtschaftstätigkeit der öffentlichen Hand sprechen[803].

---

798 *Ahrens*, in: Harte-Bavendamm/Henning-Bodewig (Hrsg.), UWG, Einl F, Rn. 27; *Tettinger*, NJW 1998, 3473, 3474.

799 Siehe Kapitel 5 § 27 I. 4., S. 171 ff.

800 So deutlich beispielsweise VGH Mannheim NJW 1995, 274 sowie nachgehend BVerwG NJW 1995, 2938, 2939. Siehe auch *Diefenbach*, WiVerw 2003, 115, 127.

801 Zu Einzelheiten, wann das der Fall ist, siehe noch Kapitel 5 § 31 VI., S. 292 ff.

802 Das verkennt offenbar *Hauck*, WRP 2006, 323, 324, wenn er die Rechtswegabgrenzung allein anhand des materiellen Rechts vornehmen möchte.

803 *Schachtschneider*, Staatsunternehmen und Privatrecht, S. 347. Ähnlich *Selmer*, in: Stober/Vogel (Hrsg.), Wirtschaftliche Betätigung der öffentlichen Hand, S. 75, 99; *Tettinger*, NJW 1998, 3473, 3474.

Wahl und Bedeutung der richtigen Klageart spielen in einer wettbewerbsrelevanten Streitigkeit keine entscheidende Rolle. Verwaltungsrechtliche Fiskusabwehransprüche werden im Verwaltungsprozess wie sonstige Unterlassungsansprüche gegen ein tatsächliches Handeln anerkanntermaßen durch eine allgemeine Leistungsklage in Form der Unterlassungsklage durchgesetzt[804]. Im Zivilprozess können sie wegen § 17 Abs. 2 S. 1 GVG mitberücksichtigt werden. Die Klageart ist dann dieselbe wie für den primär dort geltend gemachten zivilrechtlichen Unterlassungsanspruch.

§ 29 Verwaltungsrechtliche Abwehr- und Unterlassungsansprüche

Für Ansprüche aus dem Verwaltungsrecht und ihrer Durchsetzung im Prozess gelten die folgenden Überlegungen.

I. Die Klagebefugnis als entscheidendes Moment im Verwaltungsrechtsweg

Besonderheiten gelten für verwaltungsrechtliche Ansprüche, wenn diese als Hauptanspruch im Verwaltungsrechtsweg geltend gemacht werden, sich der private Konkurrent also entschließt, seine Abwehransprüche gegen das öffentliche Unternehmen im Verwaltungsrechtsweg zu verfolgen. Im Rahmen der Zulässigkeit eines verwaltungsprozessualen Rechtsbehelfs muss dann geprüft werden, ob der Private klage- bzw. antragsbefugt ist. § 42 Abs. 2 VwGO findet bei der allgemeinen Leistungsklage analoge Anwendung[805].

Bereits auf dieser frühen Stufe scheiden daher all jene potenziellen Ansprüche aus, die nicht auf der Verletzung einer möglicherweise individual- bzw. drittschützenden Norm beruhen können[806]. Weithin anerkannt ist, dass Drittschutz nur solche Normen vermitteln, die nach dem in ihnen enthaltenen, durch Auslegung zu ermittelnden Entscheidungsprogramm nicht nur dem öffentlichen Interesse, sondern auch den Individualinteressen eines abgrenzbaren Personenkreises zu dienen bestimmt sind, und zwar derart, dass die Träger des Indivi-

---

804 *Frenz*, Verwaltungsgerichtlicher Rechtsschutz in Konkurrenzsituationen, S. 105 mit Fn. 261; *Hösch*, Die kommunale Wirtschaftstätigkeit, S. 126; *Lindner*, Verwaltungsgerichtliche Klagemöglichkeiten für Private gegen privatrechtliche kommunale Wirtschaftsbetätigung, S. 33 f.; *Pagenkopf*, GewArch 2000, 177, 183; BayVGH BayVBl. 1976, 628, 629.

805 BVerwGE 36, 192, 199; BVerwG NJW 1996, 2046, 2048; *Frenz*, Verwaltungsgerichtlicher Rechtsschutz in Konkurrenzsituationen, S. 105.

806 Auf die hieraus resultierenden Konsequenzen für den Rechtsschutz Privater wurde schon hingewiesen, siehe Kapitel 4 § 22 II. 4., S. 138.

dualinteresses die Einhaltung des Rechtssatzes sollen verlangen können[807]. Dass die Norm allein oder in erster Linie auf Individualschutz angelegt ist, ist nicht erforderlich[808].

Die bei den wettbewerbsrechtlichen Ansprüchen auftauchende Frage der Aktivlegitimation des Klägers bzw. Antragstellers[809] darf im Übrigen nicht mit dem Problem der Klagebefugnis im Verwaltungsprozess gleichgesetzt werden.

1. Zur Drittschutzproblematik

Grundsätzlich geht es bei der Drittschutzbestimmung um die Abgrenzung zum bloßen Rechtsreflex, der sich aus der Schaffung, Aufrechterhaltung oder Verbesserung eines objektiven Rechtszustandes ergeben mag, für die Begründung eines subjektiv-öffentlichen Rechts jedoch nicht genügt. Die damit angesprochene Drittschutzproblematik wird seit langem im Zusammenhang mit den Vorschriften der jeweiligen Gemeindeordnungen zur kommunalen Wirtschaftstätigkeit diskutiert[810]. Diese stellen den Dreh- und Angelpunkt für die Zulässigkeit und die Grenzen der Wettbewerbsteilnahme der Gemeinden dar[811]. Wer sie überprüfen lassen will, muss dort ansetzen. Wer jedoch Grenzen und Zulässigkeit von öffentlichen Unternehmen des Bundes oder eines Landes überprüfen

807 So genannte Schutznormtheorie, siehe nur BVerwGE 98, 118, 120 f.

808 *Diefenbach*, WiVerw 2003, 115, 118.

809 Im Einzelnen steht die wettbewerbsrechtliche Klagebefugnis nach § 8 Abs. 3 UWG jedem Mitbewerber (Nr. 1), Wirtschaftsverbänden (Nr. 2), so genannten qualifizierten Einrichtungen (Nr. 3) sowie den Industrie- und Handelskammern oder den Handwerkskammern (Nr. 4) zu. Eine individuelle Klagebefugnis von Verbrauchern sieht das UWG hingegen nicht vor. Auch die anstehende erneute Reform des UWG (vgl. bereits die Ausführungen in Fn. 241) sieht keine diesbezügliche Änderung des § 8 Abs. 3 UWG vor. Vor dem Hintergrund der dargestellten Auswirkungen öffentlicher Wirtschaftstätigkeit und den dadurch betroffenen Interessen privater Konkurrenten könnte es sich anbieten, Klagerechte auch den Repräsentationsorganen der örtlichen Wirtschaft zuzugestehen. Zu den von § 8 Abs. 3 Nr. 2 UWG erfassten Wirtschaftsverbänden zählen jedoch auch sonstige öffentlich-rechtlich verfasste Berufskammern, die nicht bereits unter § 8 Abs. 3 Nr. 4 UWG fallen (vgl. *Götting*, Wettbewerbsrecht, § 17 Rn. 7). Damit steht jedem potenziell von der Wirtschafstätigkeit der öffentlichen Hand betroffenen privaten Konkurrenten schon jetzt eine wettbewerbsrechtliche Klagebefugnis zu. Sei es, dass er als selbst betroffenes Unternehmen Mitbewerber im Sinne des § 8 Abs. 3 Nr. 1 UWG ist, oder sei es, dass ihm zumindest über einen finanz- und personalstärkeren Interessenverband ein Klagerecht zusteht. Weiterer Anpassungsbedarf ist zurzeit nicht zu erkennen.

810 Jüngst *Stamer*, Rechtsschutz gegen öffentliche Konkurrenzwirtschaft, S. 58 ff. (zu den GO-Vorschriften). Aktuelle Übersicht bei *Uechtritz/Otting*, in: Hoppe/Uechtritz (Hrsg.), Handbuch Kommunale Unternehmen, 2. Aufl. 2007, § 6 Rn. 84 ff.

811 Siehe Kapitel 4 § 21 XI. 2., S. 134 und die dortigen Nachweise.

lassen will, dem nützen die gemeindeordnungsrechtlichen Vorschriften nichts[812], da vergleichbare Vorschriften, an denen sich ein solcher Streit entzünden könnte, nicht existieren.

Eine detaillierte Darstellung der Probleme des Drittschutzes der einzelnen Gemeindeordnungsvorschriften muss hier nicht erfolgen. Sie unterliegen häufig auch einer schnellen Taktfolge im Hinblick auf ihre Änderung durch den Gesetzgeber[813] oder einer changierenden Bewertung durch die Gerichte[814]. Zur Bestimmung von Abwehr- und Ausgleichsansprüchen Privater gegen die Wirtschaftstätigkeit der öffentlichen Hand ist es in diesem Zusammenhang von größerer Bedeutung, allgemeine Aspekte und Prinzipien aufzuzeigen, die grundsätzlich geeignet erscheinen, um einer Norm drittschützenden Charakter zusprechen zu können. Derartige Kriterien überdauern auch eine Reform von Vorschriften und können jederzeit wieder zur Bestimmung herangezogen werden. Dazu zählen im Besonderen die im Folgenden darzustellenden Ausprägungen des Subsidiaritätsprinzips.

Zu Recht abgelehnt wird hingegen der Versuch, den drittschützenden Charakter einer Norm unter Verweis auf die angebliche Zugehörigkeit einer Wirtschaftstätigkeit der öffentlichen Hand zur Daseinsvorsorge zu bestimmen. Denn

---

812 Auch hierauf ist schon hingewiesen worden, siehe Kapitel 4 § 21 X., S. 132.

813 Insbesondere in Nordrhein-Westfalen haben sich die maßgeblichen Vorschriften in den letzten Jahren immer wieder verändert, vgl. *Gröning*, WRP 2002, 17, 22 f.; *Held*, NWVBl. 2000, 201 ff. Zu den zuletzt am 17.10.2007 in Kraft getretenen Änderungen der GO NRW siehe nur *v. Lennep/Wellmann*, KommJur 2007, 401, 406 f. NRW besitzt mit dem Erfordernis „dringender öffentlicher Zweck“ und einer echten Subsidiaritätsklausel nun den restriktivsten Rechtsrahmen für kommunale wirtschaftliche Betätigungen aller Bundesländer überhaupt.

814 Aus den letzten Jahren sind beispielsweise die folgenden Entscheidungen bekannt geworden: RhPfVerfGH NVwZ 2000, 801, 804 zu § 85 Abs. 1 Nr. 3 RhPfGemO (Subsidiaritätsklausel hat drittschützenden Charakter), mit zust. Anm. von *Henneke*, DVBl. 2000, 997 ff. und *Ruffert*, NVwZ 2000, 763, 764; OVG Münster NVwZ 2003, 1520 ff. – „Parkhausdach mit Fitness-Studio“ zu § 107 Abs. 1 S. 1 Nr. 1 GO NRW a. F. (begrüßenswerte Tendenzen zum Drittschutz der Norm; zustimmend *Ennuschat*, WRP 2008, 883, 885 f.; ablehnend *Hauck*, WRP 2006, 323, 325); VGH Mannheim DÖV 2006, 831, 832 zu § 102 Abs. 1 Nr. 3 GemO BW (ist drittschützend); OVG Münster NVwZ 2008, 1031, 1032 zu § 107 Abs. 1 S. 1 GO NRW n. F. (hat drittschützenden Charakter). Siehe zum Meinungsstand *Diefenbach*, WiVerw 2003, 115, 116 ff. Offenbar ist es der Rechtsprechung aber noch nicht gelungen, den Maßstab für die Klagebefugnis näher zu konkretisieren, denn eine „Nachfolgewelle“ in der verwaltungsgerichtlichen Rechtsprechung hat namentlich die wegweisende Entscheidung des RhPfVerfGH bisher nicht ausgelöst, siehe *Glahs/Külpmann*, VergabeR 2002, 555, 558. Für einen drittschützenden Charakter der Wirtschaftsklauseln insgesamt *Frenz*, DÖV 2000, 802, 809; *Schink*, NVwZ 2002, 129, 138.

dieser Begriff ist nicht nur zu vage. Hinzu kommt, dass Ausgangspunkt für eine solche Bestimmung immer eine konkrete Norm, nicht eine inhaltliche Umschreibung der durch die Norm gestatteten Tätigkeit sein muss[815].

Es gibt auch kein Grundrecht zur Beanstandung objektiver Gesetzwidrigkeiten. Etwas anderes ergibt sich auch nicht aus der so genannten „Elfes-Konstruktion“[816]. Insbesondere kann dem Auffangtatbestand[817] des Art. 2 Abs. 1 GG nicht der Gehalt zugerechnet werden, dass jede Gesetzesverletzung die allgemeine Handlungsfreiheit des privaten Konkurrenten verletze[818]. Zum einen verlöre die gesamte Lehre der subjektiv-öffentlichen Rechte ihren Sinn, zum anderen würden die Grenzen von Eingriff und Rechtfertigung einer Grundrechtsverletzung verwischt. Darüber hinaus könnte auch die Verletzung bloßer Rechtsreflexe mit Hilfe einer behaupteten Verletzung von Art. 2 Abs. 1 GG im Klageweg verfolgt werden[819]. Die Folgen wären eine uferlose Prozessflut und das Ende der Verhinderung der Popularklage sowie die Entgrenzung des grundrechtlichen Schutzbereichs. Daher befreit Art. 2 Abs. 1 GG richtigerweise nicht vom Erfordernis der persönlichen Beschwer des Grundrechtsinhabers.

2. Die „Intention des Subsidiaritätsprinzips“ als eigenes subjektives öffentliches Recht der privaten Wirtschaft?

Ein allgemeiner Aspekt der bezeichneten Art könnte darin gesehen werden, das Subsidiaritätsprinzip, das einfachgesetzlich in vielen gemeindeordnungsrechtlichen Regelungen einen eigenen Niederschlag in den Subsidiaritätsklauseln gefunden hat und dem mitunter der Rang ungeschriebenen Verfassungsrechts zuerkannt wird[820], als eigenes subjektives öffentliches Recht der privaten Wirtschaft auf Unterlassung unzulässiger öffentlicher Wirtschaftstätigkeit aufzu-

---

815 *Lindner*, Verwaltungsgerichtliche Klagemöglichkeiten für Private gegen privatrechtliche kommunale Wirtschaftsbetätigung, S. 32.

816 BVerfGE 6, 32 ff.

817 Um einen Auffangtatbestand handelt es sich, weil jeder Akt öffentlicher Gewalt, der nicht von der verfassungsmäßigen Ordnung gedeckt ist, vorbehaltlich spezieller Grundrechte jedenfalls Art. 2 Abs. 1 GG verletzt.

818 BVerwG DVBl. 1968, 651.

819 Das vermag die richtig, nämlich ausschließlich als Vehikel der Eingriffsabwehr verstandene „Elfes-Konstruktion“ jedoch nicht zu leisten, siehe zutreffend *Pietzcker*, in: Püttner (Hrsg.), FS Bachof, S. 131, 145 ff. Siehe hierzu auch *Lindner*, Verwaltungsgerichtliche Klagemöglichkeiten für Private gegen privatrechtliche kommunale Wirtschaftsbetätigung, S. 44 ff.

820 Dazu bereits Kapitel 5 § 25 III., S. 157 ff.

fassen[821]. Als Begründung wird auch angeführt, die Subsidiaritätsklauseln an sich räumten den privaten Konkurrenten sehr wohl deswegen ein subjektives Recht ein, weil die Normen zugleich der Zuordnung (Begrenzung und Zumessung) verfassungsrechtlich geschützter Rechtsgüter dienten[822]. Auch wenn die Subsidiaritätsklauseln der *„Angelpunkt der Drittschutzproblematik“*[823] sein mögen, so bestehen gegenüber einem subjektiv-öffentlichen Recht, das sozusagen abstrakt einen Anspruch auf Unterlassung auf Grund eines wie auch immer verstandenen Subsidiaritätsprinzips vermitteln soll, doch erhebliche Bedenken, die bereits an anderer Stelle dargelegt wurden und auf die verwiesen werden kann[824].

3. „Subsidiaritätsprinzip des Grundgesetzes“ und Übermaßverbot als eigene subjektive öffentliche Rechte der privaten Wirtschaft?

Ein (ungeschriebenes) „Subsidiaritätsprinzip des Grundgesetzes“, nach dem der Staat keine Aufgaben wahrnehmen dürfe, die der Einzelne oder eine kleinere Gruppe innerhalb der Gesellschaft erfüllen kann[825], gibt es in dieser Form nicht[826]. Seine Ausprägungen sind zu vage, insbesondere hinsichtlich des Kreises der geschützten Personen. Zumindest in Verbindung mit dem Grundsatz vom Vorrang der Privatheit[827] gewinnt es jedoch an Gewicht und ist als zusätzliches Argument geeignet, eine generelle Beschränkung staatlicher Wirtschaftstätigkeit zu begründen. Dazu kann auch die Unterwerfung des Subsidiaritätsgedankens unter das Notwendigkeitspostulat hinsichtlich aller öffentlicher Wirtschaftstätigkeit dienen, wodurch eben diesem Subsidiaritätsgedanken der Rang einer allgemeingültigen Verfassungsschranke zuerkannt würde[828].

Mehr als ein Rechtsreflex entsteht insgesamt jedoch nicht. So wie es keine „Intention des Subsidiaritätsprinzips“ im Sinne eines extrakonstitutionalen Nachrangigkeitsgrundsatzes gibt, so wenig lässt sich ein subjektiv-öffentliches Recht der Privatwirtschaft unmittelbar einem „Subsidiaritätsprinzip des Grundgesetzes“ entnehmen. Als durch den Grundsatz vom Vorrang der Privatheit und

---

821 *Sailer*, Rechtsnatur und verfassungsrechtliche Grenzen verwaltungseigener Wirtschaftstätigkeit, S. 137.

822 *Ehlers*, JZ 1990, 1089, 1097.

823 *Gröning*, WRP 2002, 17, 19.

824 Siehe Kapitel 5 § 25 III., S. 157 ff.

825 *Brenner*, BB 1962, 727, 728.

826 Dazu schon Kapitel 5 § 25 III., S. 157 ff. sowie die dortigen Nachweise zum Meinungsstand.

827 Siehe Kapitel 5 § 24, S. 150 ff.

828 *Kröĺls*, GewArch 1992, 281, 288.

die Unterwerfung unter das Notwendigkeitspostulat aufgeladener Rechtsreflex ist ein „Subsidiaritätsprinzip des Grundgesetzes“ jedoch geeignet, im strittigen Einzelfall den Ausschlag zu Gunsten des individualschützenden Charakters einer Norm zu geben und somit – sozusagen im Rahmen einer Gesamtbetrachtung – zum Schutz der Privatwirtschaft gegen öffentliche Konkurrenz zu gelangen[829].

Hinzu kommt, dass das Subsidiaritätsprinzip Berührungspunkte mit der verfassungsrechtlichen Eingriffskautele des Übermaßverbots hat. Beide sind letztlich im Rechtsstaatsprinzip verankert. Das Übermaßverbot soll dabei eine gerichtlich erzwingbare Begrenzung der wirtschaftlichen Betätigung der öffentlichen Hand enthalten, soweit die Träger öffentlicher Verwaltung durch ihre unternehmerische Betätigung subjektiv-öffentliche Rechte Privater beeinträchtigen[830]. Es dient damit der Aktualisierung und Effektuierung des grundrechtlichen Freiheitsschutzes[831]. „Erzwingbar“ wird gerichtlicher Rechtsschutz im Verwaltungsprozess aber nur dann, wenn im Rahmen der Klagebefugnis ein solches subjektiv-öffentliches Recht als möglicherweise verletzt zu beurteilen ist. Es ist daher nur konsequent, auch das Übermaßverbot selbst als ein solches subjektiv-öffentliches Recht aufzufassen, um gerichtlichen Schutz Privater auch (oder vielmehr sogar gerade) dann „erzwingbar“ zu machen, wenn dieses rechtsstaatlich verankerte Verbot möglicherweise verletzt zu sein scheint. Der beschriebene Rechtsreflex des Subsidiaritätsprinzips kann auch hier ausschlaggebend sein.

4. *Subsidiaritäts- als originäre Privatschutzklausel?*

Anders könnte es sich indes mit den einfachgesetzlichen Subsidiaritätsklauseln der Haushalts- und Gemeindeordnungen verhalten. Sie sind – soweit vorhanden – als expliziter Ausdruck eines Subsidiaritätsprinzips zu verstehen[832]. Weil sie

829 Ähnlich *Sodan*, DÖV 2000, 361, 368, der wegen des Prinzips der Einheit der Verfassung und einer Gesamtschau mit europäischem Gemeinschaftsrecht zu einer erheblichen Beeinflussung der einschlägigen Grundrechtsbestimmungen des Privaten bei deren Auslegung gelangt. Auch *Isensee* hat sich für die Beachtung des Subsidiaritätsprinzips als ungeschriebener Rechtsgrundsatz und Auslegungsmaxime ausgesprochen, vgl. *Isensee*, Subsidiaritätsprinzip und Verfassungsrecht, 2. Aufl. 2001, S. 240. A. A. *Erichsen*, Gemeinde und Private im wirtschaftlichen Wettbewerb, S. 31 f.

830 *Hoffmann-Becking*, in: Menger (Hrsg.), FS Wolff, S. 445, 452.

831 *Kluth*, Grenzen kommunaler Wettbewerbsteilnahme, S. 73; ähnlich *Tettinger*, NJW 1998, 3473, 3474.

832 *Ehlers*, JZ 1990, 1089, 1096; *Knemeyer*, Bayerisches Kommunalrecht, Rn. 335: *„Als Ausgestaltung des Subsidiaritätsprinzips formuliert der Gesetzgeber die Privatschutz-*

schon ihrem individualisierenden Wortlaut nach die Interessen anderer im Blick haben, werden sie mitunter daher als originäre Privatschutzklauseln bezeichnet[833]. Zuweilen wird in die (gemeindeordnungsrechtliche) Voraussetzung des öffentlichen Zwecks auch eine Subsidiaritätsklausel eigener Art „hineingelesen". Die Regelungsziele beider Kriterien sind allerdings verschieden[834]. Eine originäre Privatschutzklausel lässt sich ihnen – jedenfalls insoweit – nicht entnehmen[835]. Vielmehr können die Subsidiaritätsklauseln als solche bereits drittschützend sein und ihre mögliche Verletzung privaten Konkurrenten eine Klagebefugnis einräumen[836].

5. *§ 67 DGO und dessen „drittschützende Vorbildwirkung"*

Alle heutigen kommunalrechtlichen Vorschriften über die Wirtschaftstätigkeit der öffentlichen Hand haben ihren Ursprung in § 67 DGO[837]. Sie können jedoch weder parallel noch vergleichend zur Beurteilung derjenigen wirtschaftlichen Tätigkeiten der öffentlichen Hand jenseits des kommunalen Bereichs herangezogen werden[838]. Darüber hinaus findet sich unter Bezugnahme auf die damalige amtliche Begründung des historischen Gesetzgebers[839] die Ansicht, § 67 DGO

---

klausel". Siehe auch *Ruffert*, NVwZ 2000, 763, 764, der das Subsidiaritätsprinzip (i. E. nur) jenseits positivrechtlicher Verankerung für eine nicht justiziable Grenze hält.

833 Vgl. *Gröning*, WRP 2002, 17, 20; *Haslinger*, WRP 2002, 1023, 1024. Siehe zur Thematik auch *Diefenbach*, WiVerw 2003, 115, 118 ff.

834 *Uechtritz/Otting*, in: Hoppe/Uechtritz (Hrsg.), Handbuch Kommunale Unternehmen, 2. Aufl. 2007, § 6 Rn. 68. *Ipsen*, ZHR 170 (2006), 422, 452 spricht in diesem Zusammenhang nicht ganz zu Unrecht von einer Art *„Kaskaden-Struktur"* der DGO-Nachfolgevorschriften.

835 So i. E. auch *Diefenbach*, WiVerw 2003, 115, 123 f., der in das Zweckerfordernis keine Subsidiaritätsklausel hineinliest, sondern diesem Erfordernis direkt den Charakter eines subjektiv-öffentlichen Rechts beimisst.

836 So deutlich auch *Ipsen*, ZHR 170 (2006), 422, 451; *Kluth*, WiVerw 2000, 184, 205 f.; *Schink*, NVwZ 2002, 129, 138. Eine Vertiefung der kommunalrechtlichen Problematik kann hier indes unterbleiben. Es sei insoweit auf die weiterführenden Nachweise im Kapitel 4 § 21 XI. 2., S. 134 sowie sogleich noch im Kapitel 5 § 29 I. 6., S. 191 ff. hingewiesen.

837 § 67 Abs. 1 DGO lautete: *„Die Gemeinde darf wirtschaftliche Unternehmen nur errichten oder wesentlich erweitern, wenn 1. der öffentliche Zweck das Unternehmen rechtfertigt, 2. das Unternehmen nach Art und Umfang in einem angemessenen Verhältnis zu der Leistungsfähigkeit der Gemeinde und zum voraussichtlichen Bedarf steht, 3. der Zweck nicht besser und wirtschaftlicher durch einen anderen erfüllt werden kann."*

838 Dazu bereits Kapitel 4 § 21 VIII., S. 130.

839 Die Motive des historischen Gesetzgebers zu § 67 DGO sind bei *Gröning*, WRP 2002, 17, 20 abgedruckt.

habe nicht den Schutz privater Wirtschaftsinteressen bezweckt, sondern die Sicherung

„der möglichst zweckmäßigen Form unserer gesamten Wirtschaft“

und den Schutz der Gemeinden vor wirtschaftlichem Risiko[840]. Das spräche gegen ein subjektiv-öffentliches Recht dieser Vorschriften zu Gunsten privater Konkurrenz[841]. Indes darf nicht außer Acht bleiben, dass diese historischen Gesichtspunkte allenfalls eine nachrangige Auslegung der Nachfolgebestimmungen des § 67 DGO vermitteln können, nicht aber ein Argument, das definitiv gegen den drittschützenden Charakter dieser Normen spräche[842]. Die möglichen landesrechtlich unterschiedlichen Ergebnisse sind ein weiteres Argument, das gegen eine Orientierung allein an der Subsidiaritätsklausel bzw. der diesbezüglichen „Vorbildwirkung“ des § 67 DGO spricht[843].

Wenn mit Blick auf § 67 DGO ein subjektives Recht des einzelnen privaten Konkurrenten deshalb abgelehnt wird, weil der einzelne sich betroffen fühlende Unternehmer nicht ohne Weiteres für das Gruppeninteresse auftreten und klagen könne[844], so soll damit im Kern offenbar vor allem eine Popularklage vermieden werden[845]. Eine solche droht aber schon deshalb nicht, weil derjenige, der als Teil einer geschützten Gruppe eine individuelle Rechtsverletzung vorträgt, damit nicht zugleich eine Verletzung aller Gruppenangehörigen behauptet und insoweit auch nicht in deren Namen klagt[846]. Als Teil einer Gruppe kann ein Privater immer nur eine ihn betreffende Rechtsverletzung zur Begründung seiner Klagebefugnis vortragen. Dennoch sind Mitbewerber von den entsprechenden Vorschriften nicht völlig unberührt, denn sie sind vielmehr (als Gruppe) in die

---

840 *Klein*, Die Teilnahme des Staates am wirtschaftlichen Wettbewerb, S. 77 f. mit Nachw. A. A. *Ruffert*, NVwZ 2000, 763, 764; *Schink*, NVwZ 2002, 129, 138.

841 *Scholz*, ZHR 132 (1969), 97, 138 mit Fn. 200. A. A. ist allerdings in diesem Zusammenhang mit Blick auf die Nachfolgebestimmungen *David*, NVwZ 2000, 738, 740, weil der *Bundesgerichtshof* den Schutz der privaten Wirtschaft immer wieder als besonders wichtiges Gemeinschaftsinteresse bezeichnet habe und letztlich die Allgemeinheit ein Interesse am finanziellen Wohlergehen der Gemeinden habe.

842 *Lindner*, Verwaltungsgerichtliche Klagemöglichkeiten für Private gegen privatrechtliche kommunale Wirtschaftsbetätigung, S. 71.

843 *Lindner*, Verwaltungsgerichtliche Klagemöglichkeiten für Private gegen privatrechtliche kommunale Wirtschaftsbetätigung, S. 94. Kritisch auch *Uechtritz/Otting*, in: Hoppe/Uechtritz (Hrsg.), Handbuch Kommunale Unternehmen, 2. Aufl. 2007, § 6 Rn. 75 ff.

844 BayVGH BayVBl. 1976, 628, 629; *Vollmar*, Rechtsweg und Maßstab für Klagen gegen die öffentliche Hand wegen Wettbewerbsverstößen, S. 135; a. A. *Scholz*, VVDStRL 34 (1976), 145, 203 ff.

845 So jedenfalls BayVGH BayVBl. 1976, 628, 629.

846 Ebenso *Scholz*, VVDStRL 34 (1976), 145, 204 mit Fn. 239.

wirtschaftspolitische Zielsetzung der Vorschrift einbezogen. Ein solcher „Rechtsreflex“ kann – wie an anderer Stelle schon ausgeführt – mit Hilfe anderer Grundprinzipien oder auch des UWG[847] zum einklagbaren Anspruch erstarken[848].

6. *Zur Möglichkeit einer drittschützenden Wirkung der Subsidiaritätsklauseln im Einzelnen*

Wann im jeweiligen (landesrechtlichen) Einzelfall nun von einer drittschützenden Wirkung der Subsidiaritätsklauseln der Regelungen zum Gemeindewirtschaftsrecht gesprochen werden kann, soll hier nicht bestimmt werden. Eine detaillierte Darstellung der unterschiedlichen landesrechtlichen Regelungen muss hier schon im Hinblick auf die Themenstellung unterbleiben. Andere haben sich des Themas bereits erschöpfend angenommen[849].

a) *Restriktive Auslegung durch die Rechtsprechung*

Es muss daher der Hinweis genügen, dass zurzeit in der Regel von Drittschutz auf Grund der Normen des Gemeindewirtschaftsrechts nur dann auszugehen ist und die Vorschriften in der Rechtsprechung auch nur dann so ausgelegt werden, soweit die Kommunalwirtschaft eine monopolistische Tendenz hat oder ein unerträglicher Verdrängungswettbewerb vorliegt[850]. Begrüßenswerte Ausnahmen aus jüngerer Zeit stellen allein die bereits erwähnten Entscheidungen des rheinland-pfälzischen *Verfassungsgerichtshofs*[851], des VGH Mannheim[852] und des OVG Münster[853] sowie aus der zivilgerichtlichen Judikatur des OLG

---

[847] Dazu noch später Kapitel 5 § 29 III., S. 231 ff.

[848] *Vollmar*, Rechtsweg und Maßstab für Klagen gegen die öffentliche Hand wegen Wettbewerbsverstößen, S. 136, 147. Eine Beschränkung eines solchen Anspruchs, wie sie *Vollmar* a. a. O. ohne Begründung behauptet, kommt dabei nicht in Betracht und ist auch nicht ersichtlich.

[849] *Uechtritz/Otting*, in: Hoppe/Uechtritz (Hrsg.), Handbuch Kommunale Unternehmen, 2. Aufl. 2007, § 6 Rn. 84 ff., 168 ff.; *Schink*, NVwZ 2002, 129 ff.

[850] *David*, NVwZ 2000, 738.

[851] RhPfVerfGH NVwZ 2000, 801, 804 zu § 85 Abs. 1 Nr. 3 RhPfGemO (Subsidiaritätsklausel hat drittschützenden Charakter), mit zust. Anm. von *Henneke*, DVBl. 2000, 997 ff. und *Ruffert*, NVwZ 2000, 763, 764.

[852] VGH Mannheim DÖV 2006, 831, 832 zu § 102 Abs. 1 Nr. 3 GemO BW (ist drittschützend).

[853] OVG Münster NVwZ 2003, 1520 ff. – „Parkhausdach mit Fitness-Studio“ zu § 107 Abs. 1 S. 1 Nr. 1 GO NRW a. F. (begrüßenswerte Tendenzen zum Drittschutz der Norm); OVG Münster NVwZ 2008, 1031, 1032 hat § 107 Abs. 1 S. 1 GO NRW n. F. inzwischen ausdrücklich drittschützenden Charakter zugebilligt.

Hamm[854] und des LG Offenburg[855] dar, die der jeweiligen Landesregelung drittschützenden Charakter zugesprochen oder zumindest richtige Auffassungen in dieser Richtung vertreten haben. Insbesondere diese verwirrende und widersprüchliche Entscheidungspraxis der Gerichte war es, die eine Klage privater Konkurrenten oft zu einer reinen Glückssache gemacht hat[856].

Zugleich überrascht die zurückhaltende und unter Rechtsschutzgesichtspunkten bedenkliche „Marschroute" der Rechtsprechung demgegenüber um so mehr, als das *Bundesverfassungsgericht* für ein subjektiv-öffentliches Recht eines Konkurrenten bereits genügen lässt, dass der Wettbewerb durch staatliche Maßnahmen beeinflusst und dadurch die Ausübung beruflicher Tätigkeit des Konkurrenten behindert wird[857].

b) Parallelen zum Problemkreis „Grundrechtseingriff durch Konkurrenz"

Hier existieren erkennbar Parallelen zu den Forderungen nach einem neuen und weiteren Eingriffsverständnis hinsichtlich des „Eingriffs durch Konkurrenz" in die Grundrechte der privaten Konkurrenten[858]. Hier wie dort kann eine überzeugende Lösung nur darin liegen, Eingriffsschwellen zu senken und eine Behinderung eher anzunehmen als bisher.

Bei einem solchen Vorgehen würden die schon existierenden Subsidiaritätsklauseln ihrer Bestimmung als „*Funktionssperren*"[859] endlich gerecht. Denn diese stellen eine betonende Präzisierung des Schutzes der Privatwirtschaft dar[860]. Das gilt insbesondere bei einer echten Subsidiaritätsklausel, derzufolge der Vorrang privater Konkurrenten bereits bei Leistungsparität von gemeindlicher und privater Wirtschaftstätigkeit zu beachten ist und wenn diese Klausel darüber hinaus

---

854 OLG Hamm DVBl. 1998, 792 ff. – „Gelsengrün" (individualschützender Charakter des § 107 Abs. 1 GO NRW sogar ohne – damals nicht geltende – Subsidiaritätsklausel).

855 LG Offenburg NVwZ 2000, 717 f. Diese Entscheidung, die eine konkurrentenschützende Wirkung der Subsidiaritätsklausel angenommene hatte, wurde allerdings vom OLG Karlsruhe NVwZ 2001, 712 ff. aufgehoben.

856 *Gronemeyer*, in: Stober/Vogel (Hrsg.), Wirtschaftliche Betätigung der öffentlichen Hand, S. 167 ff.; *Stamer*, Rechtsschutz gegen öffentliche Konkurrenzwirtschaft, S. 43.

857 BVerfGE 86, 28, 37. Ebenso *David*, NVwZ 2000, 738.

858 Dazu sogleich Kapitel 5 § 29 II. 1. a) ee), S. 220 ff.

859 *Tomerius*, LKV 2000, 41, 42. Gegen einen generellen dem Grundgesetz zu entnehmenden Kompetenzverteilungsmodus im Sinne eines Subsidiaritätsprinzips als Funktionssperre *Krölls*, GewArch 1992, 281, 282.

860 *Badura*, DÖV 1998, 818, 821; *Erichsen*, Gemeinde und Private im wirtschaftlichen Wettbewerb, S. 45. A. A. *Vollmar*, Rechtsweg und Maßstab für Klagen gegen die öffentliche Hand wegen Wettbewerbsverstößen, S. 133 (bloßer Reflex).

durch einen so genannten Branchendialog[861] verfahrenstechnisch abgesichert ist[862]. Immerhin ist es schon aus haushaltsrechtlichen Gründen nicht einzusehen, warum sich die öffentliche Hand einer Aufgabe annehmen sollte, deren Erfüllung durch einen Privaten (nicht nur gleichwertig, sondern sogar) in überlegener Art und Weise möglich ist[863]. Das aber heißt, dass die Aufnahme einer wirtschaftlichen Tätigkeit durch die öffentliche Hand voraussetzt, dass diese ein qualitativ besseres Produkt anbieten können muss, wenn die wirtschaftliche Tätigkeit rechtstechnisch durch eine echte Subsidiaritätsklausel begrenzt ist[864]. Dieses Erfordernis verkennt, wer die Ansicht vertritt, eine Subsidiaritätsklausel sei nicht erfüllt, wenn der Markteintritt der öffentlichen Hand zu einer Intensivierung des Wettbewerbs führe[865]. Bereits die dahinter stehende Annahme, eine derart herbeigeführte Wettbewerbsintensivierung sei systemimmanent, geht fehl[866].

c) Drittschutz nicht nur bei zweifelsfrei feststellbarem Willen des Landesgesetzgebers

Zu weitgehend ist der Vorschlag, eine drittschützende Wirkung der Gemeindeordnungsvorschriften nur bei einem entsprechenden zweifelsfrei festzustellenden Willen des Landesgesetzgebers anzuerkennen und in der Konsequenz die Klagebefugnis im Verwaltungsrechtsweg auch nur dann zu bejahen[867]. Denn Streit um die Auslegung der Vorschriften wird es immer geben; zweifelsfreie Rechtslagen sind eher unwahrscheinlich. Im Übrigen verkennt diese Ansicht ebenso wie der Gesetzgeber und die verwaltungsgerichtliche Praxis den für den

---

861 Dazu sogleich Kapitel 5 § 29 I. 8., S. 196.

862 So ausdrücklich VGH Mannheim DÖV 2006, 831, 832. Siehe auch *Hauck*, WRP 2006, 323, 325 ff. (zu § 121 Abs. 1 S. 1 Nr. 3 HGO); *Schink*, NVwZ 2002, 129, 138; *Wendt*, in: Ennuschat/Geerlings/Mann/Pielow (Hrsg.), GS Tettinger, S. 335, 349.

863 *Ipsen*, ZHR 170 (2006), 422, 449.

864 *Ipsen*, ZHR 170 (2006), 422, 449.

865 *Köhler*, WRP 1999, 1205, 1209.

866 Siehe bereits Kapitel 5 § 26, S. 158 ff. sowie noch Kapitel 5 § 29 II. 1. a) cc) (5), S. 215.

867 So aber *Meyer*, NVwZ 2002, 1075, 1076. Nachweise zu den Begründungen der Landesgesetzgeber („Wille des Gesetzgebers") finden sich ausführlich bei *Diefenbach*, WiVerw 2003, 115, 121 mit Fn. 29 sowie S. 122 nach Fn. 30, wonach bloß referierende Ausführungen keinen Rückschluss auf eine tatsächliche legislatorische Entscheidung pro oder contra eines Drittschutzes zulassen. Vgl. auch *Lindner*, Verwaltungsgerichtliche Klagemöglichkeiten für Private gegen privatrechtliche kommunale Wirtschaftsbetätigung, S. 60 f.

Drittschutz wesentlichen abwehrrechtlichen Gehalt des Art. 12 Abs. 1 GG[868], mit dessen Hilfe somit die Klagebefugnis des Privaten begründet werden könnte. Richtig ist allerdings, dass bei gänzlich fehlender Subsidiaritätsklausel subjektiv-öffentliche Rechte schwer zu begründen sein dürften bzw. wohl gar nicht bestehen[869]. Ohne gesetzliche Bezugnahme auf private Konkurrenten kann nicht unterstellt werden, der Gesetzgeber habe deren Schutz ausdrücklich im Blick gehabt.

d) Abschließende Stellungnahme nicht möglich

Eine abschließende Stellungnahme ist nach alledem ebenso wenig möglich wie eine seriöse Prognose über die künftige Entscheidungspraxis der Gerichte. Denn es ist, wie *Götting* treffend formuliert hat, angesichts der

> *„Hypertrophie der biotopischen Artenvielfalt, die der Föderalismus im Bereich der Auslegung der Subsidiaritätsklauseln hervorzubringen pflegt*“,

kaum anzunehmen, dass die Verwaltungsgerichte aller Bundesländer in absehbarer Zeit dem Beispiel des OVG Münster[870] folgen werden[871]. Dagegen spricht schon die nach wie vor mitunter aufgeregte Schutzzweck-Diskussion, die in Schrifttum und Rechtsprechung hierzu geführt wird.

7. Die Schutzzweck-Diskussion in Schrifttum und Rechtsprechung im Widerstreit mit der Rechtswegwahl der Verletzten

Es wird immer wieder deutlich, dass die dabei vertretenen Ansichten Einfluss auf die Rechtswegentscheidung haben können. Denn, so wurde vertreten, ein Verstoß gegen Vorschriften der Gemeindeordnungen erlaube keinen Rechtsschutz im Verwaltungsrechtsweg, sondern über das UWG nur vor den ordentli-

---

868 *Scharpf*, GewArch 2004, 317, 319. Siehe hierzu noch ausführlicher Kapitel 5 § 29 II. 1. a), S. 203 ff.

869 *Lindner*, Verwaltungsgerichtliche Klagemöglichkeiten für Private gegen privatrechtliche kommunale Wirtschaftsbetätigung, S. 66 f. m. w. N. Nach den Reformen der Gemeindeordnungen in Hessen und Brandenburg existiert inzwischen jedoch in jedem Bundesland eine solche Klausel. Vgl. auch *Frenz*, Verwaltungsgerichtlicher Rechtsschutz in Konkurrenzsituationen, S. 96 f., der der Ansicht ist, der Schutzzweck zu Gunsten privater Konkurrenten fehle nur mangels einer Subsidiaritätsklausel. Im Umkehrschluss heißt das, er ist zu bejahen in allen Fällen, in denen die Gemeindeordnungen eine solche Klausel vorsehen. Das bestätigt *Schink*, NVwZ 2002, 129, 138.

870 OVG Münster NVwZ 2003, 1520 ff. – „Parkhausdach mit Fitness-Studio“.

871 *Götting*, in: Ohly/Bodewig/Dreier/Götting/Haedicke/Lehmann (Hrsg.), FS Schricker, S. 689, 703.

chen Gerichten[872]. Dieser Weg ist indes seit der „Elektroarbeiten"-Entscheidung des *Bundesgerichtshofs* versperrt. Daher findet sich nun – vom selben Autor vertreten – die konträre Auffassung, die Entscheidung der öffentlichen Hand, überhaupt eine konkurrenzwirtschaftliche Tätigkeit aufzunehmen, sei grundsätzlich der Nachprüfung durch die ordentlichen Gerichte entzogen. Das Recht des unlauteren Wettbewerbs bezwecke nicht, den Marktzutritt zu verhindern[873].

Es sind daher bereits die unauflöslichen Widersprüche dieser Diskussion, die dagegen sprechen, für den Rechtsschutz privater Konkurrenten auf den Drittschutzzweck des Gemeindewirtschaftsrechts abzustellen[874]. Stattdessen sollte der bereits erwähnte abwehrrechtliche Gehalt der Grundrechte der privaten Konkurrenten in Stellung gebracht oder aber gänzlich auf rein zivilrechtliche Ansprüche ausgewichen werden. Eine andere Frage ist es, ob auf den Drittschutzzweck des Gemeindewirtschaftsrechts auch verzichtet werden kann, soweit es um wettbewerbsrechtlichen Schutz unter dem früheren Gesichtspunkt des „Vorsprungs durch Rechtsbruch"[875] geht[876]. Hierauf ist zurückzukommen. Die Verneinung einfachgesetzlichen Konkurrentenschutzes ist vor diesem Hintergrund in den letzten Jahren jedenfalls mit guten Gründen zunehmend in Frage gestellt worden[877]. Der Fokus richtet sich nunmehr stärker auf die grundrechtlichen Anknüpfungspunkte.

---

872 *Badura*, DÖV 1998, 818, 821; *Otting*, DÖV 1999, 549, 555.

873 *Badura*, Wirtschaftsverfassung und Wirtschaftsverwaltung, 2. Aufl. 2005, Rn. 206. Dazu im Übrigen noch später.

874 *David*, NVwZ 2000, 738 ff.

875 In jüngster Zeit findet diese Fallgruppe jedoch wieder zunehmend Anhänger, siehe etwa *Glöckner*, GRUR 2008, 960 ff. *Nordemann*, Wettbewerbsrecht Markenrecht, 10. Aufl. 2004, Rn. 1771 und *Storr*, Der Staat als Unternehmer, S. 513, weisen in diesem Zusammenhang zu Recht darauf hin, dass ein Vorsprung durch Rechtsbruch hinsichtlich einer öffentlich-rechtlichen Zuständigkeitsnorm schon begrifflich keinen relevanten Rechtsbruch der öffentlichen Hand darstellen kann. Denn private Konkurrenten sind an solche Vorschriften gar nicht gebunden, so dass sich die öffentliche Hand selbst bei Verstoß gegen solche Vorschriften keinen diesbezüglichen Vorsprung verschaffen kann. Dass hierdurch nicht zugleich dennoch faktisch ein Vorsprung der öffentlichen Hand entstehen kann, ist dadurch nicht ausgeschlossen.

876 Verneinend insoweit noch *P. Ulmer*, ZHR 146 (1982), 466, 497. Insgesamt nicht klar differenzierend *Nordemann*, Wettbewerbsrecht Markenrecht, 10. Aufl. 2004, Rn. 1772.

877 *Tettinger*, NJW 1998, 3473, 3474; *Ehlers*, DVBl. 1998, 497, 502; *Kopp/Schenke*, VwGO, 15. Aufl. 2007, § 42 Rn. 151 m. w. N. in Fn. 417.

8. *Bedeutung und Wirkung so genannter Markterkundungsverfahren und Branchendialoge*

Es hat sich gezeigt, dass weder Subsidiaritätsklauseln noch die Rechtsprechung das gewünschte deutliche und einheitliche Bild ergeben. Daher könnten deutlichere Anhaltspunkte für einen vorhandenen Drittschutz die in einigen Gemeindeordnungen vorgesehenen Markterkundungsverfahren darstellen[878]. Bei diesen handelt es sich um verfahrenstechnische Absicherungen der Subsidiaritätsklauseln. Im Vorfeld des Marktzutritts oder der Expansion öffentlicher Unternehmen soll der Markt hinsichtlich potenzieller privater Konkurrenzanbieter erkundet und bewertet werden. Oft ist auch ein Mitsprache- oder zumindest ein Äußerungsrecht der lokalen Wirtschaft oder ihrer Verbände vorgesehen[879]. Wo solche Verfahren vorgesehen sind, hat der Gesetzgeber also offenbar die Interessen privater Konkurrenten bewusst in den Blick genommen. Es handelt sich somit um Vorschriften, die – jedenfalls im Zusammenspiel mit der jeweiligen Subsidiaritätsklausel – ein starkes Indiz für den drittschützenden Charakter des Regelungskomplexes darstellen[880].

Dagegen wird eingewandt, ein Branchendialog[881], der den Selbstverwaltungsorganisationen von Handwerk, Industrie und Handel sowie teilweise den Gewerkschaften Gelegenheit zur anschließenden Stellungnahme zu den gewonnenen Marktanalysen gibt, stelle als bloßes Verfahrensrecht kein subjektiv-öffentliches Recht dar, das Drittschutz begründe. Eine Vermutung, derzufolge aus der Existenz eines Verfahrensrechts auf ein dahinter stehendes materielles subjektives Recht geschlossen werden könne, existiere nicht[882].

Dieser Ansicht kann indes nicht zugestimmt werden. Denn aus der Existenz derartiger Vorschriften ergibt sich nahezu zwingend, zumindest aber zwanglos, dass die wirtschaftliche Betätigung der Gemeinde auch als mögliche Beeinträch-

---

878 Siehe z. B. § 121 Abs. 6 HGO. Ähnlich auch § 108 Abs. 5 Saarl.KSVG; § 71 Abs. 1 Nr. 4 ThürKO; § 100 Abs. 3 S. 2 GO Bbg. Vgl. zu diesen Regelungen *Uechtritz/Otting*, in: Hoppe/Uechtritz (Hrsg.), Handbuch Kommunale Unternehmen, 2. Aufl. 2007, § 6 Rn. 66. Vgl. zu den diesbezüglichen Änderungen in NRW *Held*, NWVBl. 2000, 201, 203.

879 Siehe z. B. § 102 Abs. 2 GemO BW; § 107 Abs. 5 S. 2 GO NRW.

880 *Frenz*, DÖV 2000, 802, 809; *Gröning*, WRP 2002, 17, 25; *Hösch*, Die kommunale Wirtschaftstätigkeit, S. 125 mit Fn. 2; *Wendt*, in: Ennuschat/Geerlings/Mann/Pielow (Hrsg.), GS Tettinger, S. 335, 348. A. A. *Faßbender*, DÖV 2005, 89, 94, weil eine Marktanalyse lediglich verfahrenstechnische Bedeutung habe und mit ihrer globalen Schutzrichtung keine hinreichende Schutzwirkung zu Gunsten Einzelner aufweise.

881 Vgl. VGH Mannheim DÖV 2006, 831, 832.

882 *Faßbender*, DÖV 2005, 89, 94 m. w. N. in Fn. 54.

tigung der örtlichen Wirtschaft verstanden wird[883]. Die Untersuchung der Auswirkungen staatlicher Wirtschaftsteilnahme auf Handwerk und mittelständische Unternehmen liegt letztlich auch im öffentlichen Interesse an der Kraftvollerhaltung dieser Wirtschaftsteilnehmer[884]. Das ist ein weiteres Drittschutzindiz.

Auch die verschiedentlich vorgesehenen Handwerksschutzklauseln (z. B. Art. 95 Abs. 2 BayGO), wonach gemeindliche Unternehmen keine wesentliche Schädigung oder Aufsaugung selbstständiger Betriebe in Landwirtschaft, Handel, Gewerbe und Industrie bewirken dürfen, sind Anhaltspunkte dafür, dass die in diesem Kontext stehenden Regeln zur kommunalen Wirtschaftstätigkeit den Schutz der privaten Wirtschaft bezwecken und mithin drittschützend sind[885].

9. Einfluss der Grundrechte auf eine Entscheidung pro oder contra Drittschutz

Entscheidender Einfluss auf eine Entscheidung pro oder contra Drittschutz einer Norm kommt letztlich den Grundrechten zu. Das Grundgesetz bzw. die Grundrechte und insbesondere deren Ausstrahlungswirkung geben in Zweifelsfällen stets den Ausschlag zu Gunsten einer individualschützenden Wirkung einer Norm[886]. Denn aus der Grundrechtsrelevanz staatlicher Wirtschaftstätigkeit (möge sie auch nur in Sonderfällen eine Verletzung grundrechtlicher Positionen der privaten Konkurrenten darstellen) folgt eine Auslegungsregel zu Gunsten des Individualschutzes[887]. Das entspricht der Rechtsprechung des *Bundesverfassungsgerichts*, nach der aus der

> *„Gesamtsicht des Grundgesetzes vom Verhältnis des einzelnen zum Staat folgt, daß im Zweifel diejenige Interpretation des Gesetzes den Vorzug verdient, die dem Bürger einen Rechtsanspruch einräumt“*[888].

Die drittschützende Auslegung der Vorschriften über die Begrenzung staatlicher Wirtschaftstätigkeit ist geeignet, die hierfür notwendige Grundlage zu le-

---

883 Daher wie hier OVG Münster NVwZ 2003, 1520, 1521 – „Parkhausdach mit Fitness-Studio“ im Hinblick auf den Branchendialog in § 107 Abs. 5 S. 2 GO NRW.

884 Vgl. *Frenz*, DÖV 2000, 802, 809.

885 So auch *Diefenbach*, WiVerw 2003, 115, 120; *Scharpf*, GewArch 2004, 317, 319.

886 *Diefenbach*, WiVerw 2003, 115, 122 f.

887 Ebenso *Uechtritz/Otting*, in: Hoppe/Uechtritz (Hrsg.), Handbuch Kommunale Unternehmen, 2. Aufl. 2007, § 6 Rn. 176. Demgegenüber spricht sich *Stamer*, Rechtsschutz gegen öffentliche Konkurrenzwirtschaft, S. 73 ff. für eine unmittelbare Heranziehung der Grundrechte statt für eine Auslegung des einfachen Rechts in deren Lichte aus.

888 BVerfGE 15, 275, 281 f.

gen[889]. Das ist hier insbesondere deshalb unproblematisch, weil es sich ausschließlich um Fallgestaltungen handelt, in denen die auszulegende Norm einem bestimmten Grundrecht thematisch verbunden ist[890]. So wird der Schutznormcharakter (beispielsweise des Art. 87 BayGO) durch die normimmanenten Wirkungen des Art. 12 Abs. 1 GG aktiviert, die wiederum den öffentlichen Zweck inhaltlich bestimmen[891]. Erklären lässt sich das mit einer Art „Wechselwirkung": Insbesondere die in diesem Zusammenhang interessierenden kommunalrechtlichen Vorschriften sollen den verfassungsgebotenen verhältnismäßigen Ausgleich zwischen den Grundrechten privater Anbieter und der verfassungsrechtlichen Gewährleistung kommunaler Wirtschaftstätigkeit schaffen. Das spricht für einen Schutz privater Konkurrenten[892]. Im Ergebnis handelt es sich um eine *„grundrechtsimmanente Deutung"*[893] der Kommunalrechtsvorschriften.

Die Frage, ob sich ein betroffener Privater zur Darlegung seiner Klagebefugnis unmittelbar (und allein) auf seine Wirtschaftsgrundrechte (insbesondere Art. 12 Abs. 1 GG) berufen kann, harrt indes nach wie vor einer höchstrichterlichen Klärung[894]. Da die entstandene momentane Rechtlosstellung privater Konkurrenten schnellstmöglich behoben werden muss, sollte die Rechtsprechung eine solche Begründung öfter als bisher anerkennen.

10. Regelungspflicht auf Grund grundrechtlicher Schutzpflichten

Zu überlegen wäre auch, ob sich vor dem Hintergrund der bestehenden Rechtsschutzdefizite[895] und der (jedenfalls nach Ansicht der ganz überwiegenden Rechtsprechung) fehlenden subjektiv-rechtlichen Ausgestaltung der kommunal-

---

889 Nur bei einer Norm, die grundsätzlich drittschützend ist, kann es in einem zweiten Schritt fraglich sein, ob sie einem Gruppen- oder einem Einzelinteresse zu dienen bestimmt ist. Bei dieser Entscheidung hilft die Auslegungsregel des *Bundesverfassungsgerichts*. Diese Unterschiede werden nicht immer sauber heraus gearbeitet, siehe dazu schon im Kapitel 4 § 22 II. 4., S. 138.

890 *Diefenbach*, WiVerw 2003, 115, 123.

891 *Scharpf*, GewArch 2004, 317, 319. Vgl. auch *Kämper/Heßhaus*, NWVBl. 2001, 377, 381.

892 *Ehlers*, Jura 1999, 212, 215 mit Fn. 23.

893 *Kopp/Schenke*, VwGO, 15. Aufl. 2007, § 42 Rn. 151. Vgl. auch *Meyer*, NVwZ 2002, 1075, 1076; *Tettinger*, NJW 1998, 3473, 3474.

894 *Ipsen*, ZHR 170 (2006), 422, 452. Anerkannt wurde eine solche Möglichkeit bislang nur von BayVGH BayVBl. 1976, 628, 629. Dass sich Private auf ihre Wirtschaftsgrundrechte berufen können, um ihre **Beschwerde**befugnis im Rahmen einer Verfassungsbeschwerde darzulegen, ist dagegen unbestritten. Siehe dazu etwa *Bethge*, ZfWG 2007, 169, 171.

895 Siehe dazu Kapitel 4 § 22 V., S. 145.

rechtlichen Vorschriften nicht eine Regelungspflicht des Gesetzgebers auf Grund der Argumentationsfigur der grundrechtlichen Schutzpflichten[896] ergeben könnte. Auf diese Weise stünde zumindest eine Entscheidungs- und Auslegungshilfe bereit, um mittels drittschützenden Charakters der Vorschriften ein Mindestmaß an wirksamem Schutz zu Gunsten der Privaten zu erreichen[897].

Unter grundrechtlichen Schutzpflichten werden im Allgemeinen objektiv-rechtliche Gesetzgebungsaufträge verstanden. Ähnlich den Einrichtungsgarantien gehören sie zu den komplementären objektiv-rechtlichen Dimensionen der komplexen Grundrechtsverbürgungen, die deren subjektive individualgrundrechtliche Abwehrkomponente ergänzen[898]. Ohne Weiteres können daraus jedoch keine Rechte des Einzelnen auf legislatorisches Tätigwerden abgeleitet werden[899], sofern nicht extreme Verletzungen von Verfassungsfragen in Rede stehen[900].

Jedenfalls hinsichtlich öffentlich-rechtlicher Regelungen besteht bundesrechtlich kein umfassender Handlungsbedarf. Ein solches Vorgehen wäre auch nicht praktikabel. Zum einen bestehen mit dem Bundeshaushaltsrecht, den Regelungen der Gemeindeordnungen und letztlich mit den die Schutzpflichten realisierenden Regelungen des GWB zum Recht der öffentlichen Auftragsvergabe ausreichend Vorschriften zur Verfügung, die allenfalls um eine klarstellende drittschützende Klausel zu ergänzen wären. Zum anderen bedeutete ein solches Vorgehen einen Verlust an Flexibilität sowie ein Hineinregieren des Bundes in bestehende Landeskompetenzen hinsichtlich der Gesetzgebung zu den Gemeindeordnungen[901]. Historisch haben sich die verschiedenen Gemeindeordnungen aus dem § 67 DGO heraus entwickelt. Es wäre ein Rückschritt, wollte man die gewonnene föderalistische Struktur des Gemeindewirtschaftsrechts wieder durch ein einheitliches Bundesgesetz ablösen. Und ein Grundrecht auf einen unitarischen Bundesstaat, in dem föderativer Rechtspluralismus eingeebnet wäre, gibt es nicht[902].

---

896 Zur Ausgestaltung von Grundrechten durch die Rechtsordnung im Gefolge von grundrechtlichen Schutzpflichten BVerfGE 114, 1, 33 f. Siehe auch *Erichsen*, Jura 1997, 85 ff. Jüngst auch BVerfGE 117, 202, 227 – „Vaterschaftsfeststellung".

897 Hierzu *Stober*, NJW 2002, 2357, 2365 ff.

898 *Bethge*, in: Ennuschat/Geerlings/Mann/Pielow (Hrsg.), GS Tettinger, S. 369, 382 f.

899 *Bethge*, in: Ennuschat/Geerlings/Mann/Pielow (Hrsg.), GS Tettinger, S. 369, 383.

900 Umfassend *Krings*, Grund und Grenzen grundrechtlicher Schutzansprüche, passim.

901 Ausführlich *Stober*, NJW 2002, 2357, 2366 ff.

902 *Bethge*, BayVBl. 2008, 97, 99.

11. Weitere Aspekte, aus denen eine drittschützende Wirkung hergeleitet werden kann

Eine objektiv-rechtlich gewollte Begünstigung des Bürgers bzw. der privaten Wirtschaft lässt auf Grund der Struktur des Grundgesetzes auf ein subjektiv-öffentliches Recht derselben schließen[903]. Falsch wäre es indes, hierzu Art. 19 Abs. 4 GG heranzuziehen, denn diese Vorschrift setzt bestehende Rechte voraus[904]. Zuzugestehen ist allerdings, dass die durch Art. 19 Abs. 4 GG gewährte umfassende Rechtsschutzgarantie ebenfalls leer liefe, wenn dieser Rechtsschutz nicht am fehlenden Weg zum Richter, sondern an einer zu restriktiven Auslegung potenziell subjektiv-öffentlicher Rechte scheiterte. Eine gewisse Auslegungsregel mag Art. 19 Abs. 4 GG daher durchaus enthalten[905] und somit mittelbar deutlich machen, dass dem Staat eine unkontrollierte Beeinträchtigung des weit verstandenen Besitzstandes seiner Bürger (und damit zugleich seiner privaten Konkurrenten) unter keinen Umständen erlaubt sein soll[906]. Das bedeutet aber zugleich, dass insoweit die rechtlich geschützten Interessen Dritter gewahrt bleiben, den dazu erforderlichen Normen also Drittschutz zukommen soll.

Die in manchen Gemeindeordnungen enthaltenen Zweckerfordernisse dienen anerkanntermaßen der Entfaltungsfreiheit privater Unternehmen, nicht nur dem Schutz der Gemeinden. Relationsklauseln[907], nach denen auf den voraussichtlichen Bedarf einer anzubietenden Ware oder Dienstleistung Rücksicht zu nehmen ist, verfolgen den gleichen Zweck. Denn es liegt auf der Hand, dass der von den Kommunen voraussichtlich zu befriedigende Bedarf wesentlich von den Leistungen privater Unternehmen abhängt und dass die gebotene Orientierung am Bedarf z. B. geeignet ist, einen kommunalen Verdrängungswettbewerb auszuschließen[908]. Auch solche Formulierungen sprechen mithin für den drittschüt-

---

903 *Lindner*, Verwaltungsgerichtliche Klagemöglichkeiten für Private gegen privatrechtliche kommunale Wirtschaftsbetätigung, S. 37, 39.

904 H. M. seit BVerfGE 15, 275, 281.

905 *Lindner*, Verwaltungsgerichtliche Klagemöglichkeiten für Private gegen privatrechtliche kommunale Wirtschaftsbetätigung, S. 48 f.; *Kopp/Schenke*, VwGO, 15. Aufl. 2007, § 42 Rn. 136. Kritisch im Sinne einer nur sekundären Auslegungsregel *Stamer*, Rechtsschutz gegen öffentliche Konkurrenzwirtschaft, S. 72 f. Vgl. auch *D. Weber*, Wettbewerbsrechtlicher Unterlassungsanspruch gegen kommunale Wirtschaftstätigkeit, S. 180 f.

906 *Klein*, Die Teilnahme des Staates am wirtschaftlichen Wettbewerb, S. 223.

907 *Gröning*, WRP 2002, 17, 19.

908 *Diefenbach*, WiVerw 2003, 115, 124 f. Vgl. auch *Pieroth/Hartmann*, DVBl. 2002, 421, 428.

zenden Charakter von entsprechenden Vorschriften[909]. Wo sie nicht enthalten sind, ist der Gesetzgeber gefordert, seinen Beitrag zur Verwirklichung effektiven Rechtsschutzes für die Privatwirtschaft zu leisten.

Derartige Relationsklauseln sind im Übrigen geeignet, Grundrechtsverletzungen frühzeitig zu verhindern. Anerkanntermaßen liegen solche Verletzungen vor, wenn es zum Verdrängungswettbewerb kommt:

> *„Ein Wettbewerb, der [...] an die Grundlagen der Existenz eines vorhandenen und nach Herkommen und Gesetz anerkannten selbständigen Berufsstandes rührt, führt in einem nicht unerheblichen Umfang zu einer Ausschaltung des Leistungswettbewerbs und damit einer ernstlichen Gefahr für dessen Bestand.“*[910]

Auch aus dem Verbot einer rein erwerbswirtschaftlichen Betätigung ergibt sich eine drittschützende Wirkung, denn dieser Schutz stellt sich nicht nur als faktische Begünstigung dar, sondern auch als rechtlich normiert im Sinne der gesamten Rechtsprechung des *Bundesverwaltungsgerichts*[911]. Im Ergebnis kommt das einer Gesamtsicht der „Schrankentrias“[912] der Begrenzungsvorschriften gleich, wie sie in den meisten Gemeindeordnungen enthalten ist.

12. Zwischenergebnis

Will ein privater Konkurrent gegen die Wirtschaftstätigkeit der öffentlichen Hand im Verwaltungsrechtsweg vorgehen, stellt sich die Klagebefugnis als erstes entscheidendes Moment für den Erfolg oder Misserfolg seines gewählten Rechtsbehelfs dar.

Vom Vorliegen der Klagebefugnis ist auszugehen, wenn das Begehren auf Ansprüche gestützt ist, die auf der Verletzung einer möglicherweise individual- bzw. drittschützenden Norm beruhen können. Einen solchen Drittschutz vermittelt ein wo auch immer verortetes Subsidiaritätsprinzip allenfalls als Reflex, ggf. in Verbindung mit dem Übermaßverbot. Unmittelbar drittschützend sind jedoch die Subsidiaritätsklauseln der Gemeindeordnungen, die jedoch auf andere Formen der Staatswirtschaft als die kommunale keine Anwendung finden können.

---

909 A. A. *D. Weber*, Wettbewerbsrechtlicher Unterlassungsanspruch gegen kommunale Wirtschaftstätigkeit, S. 103.

910 BGHZ 82, 375, 397 m. w. N. – „Brillen-Selbstabgabestellen“.

911 *Scharpf*, GewArch 2004, 317, 319.

912 Subsidiaritätsklausel, Zweckerfordernis, Relationsklausel. Einzelheiten bei *Diefenbach*, WiVerw 2003, 115, 118 ff.

Zu ihrer Auslegung kann die Vorgängervorschrift § 67 DGO im Übrigen nur beschränkt herangezogen werden.

Hilfreich bei der Auslegung sind jedoch – soweit vorhanden – gesetzlich vorgesehene Markterkundungsverfahren und Branchendialoge sowie ausdrückliche Zweckerfordernisse, Relations- und Handwerksschutzklauseln. Im kommunalen Bereich sprechen sie eindeutig für einen Drittschutz der Regelungskomplexe. Jenseits dieses Bereichs kommt es jedoch mangels Übertragbarkeit der kommunalen Regelungen entscheidend auf den abwehrrechtlichen Gehalt der Grundrechte der privaten Konkurrenten an, um deren Klagebefugnis begründen zu können. Insoweit sind jedoch die Verwaltungsgerichte gefordert, diesem Weg zur Anerkennung zu verhelfen.

Wenn hier die Klagebefugnis als Folge des subjektiv-öffentlichen Charakters einer Norm thematisiert wird, so steht diese zwar an sich der Privatwirtschaft als solcher zu, wenn diese zum Kreis der durch die Norm Geschützten zählt. Die Privatwirtschaft ist aber nichts anders als die Summe der Einzelunternehmer, so dass der Schutz auch dem einzelnen Unternehmer zukommt, wenn er der Gesamtheit angehört[913].

II. Zur Begründetheit verwaltungsrechtlicher Ansprüche

Im Folgenden wird es darum gehen, Lösungen für die Begründetheit verwaltungsrechtlicher Ansprüche zu finden. Fragen zum Rechtsweg spielen hier keine Rolle mehr[914]. Wegen § 17 Abs. 2 S. 1 GVG prüft das Gericht des einmal zulässig beschrittenen Rechtsweges grundsätzlich den Rechtsstreit unter allen in Betracht kommenden Anspruchsgrundlagen[915].

1. Öffentlich-rechtlicher Unterlassungsanspruch

Als möglicher materieller Anspruch des privaten Konkurrenten kommt ein öffentlich-rechtlicher Unterlassungsanspruch in Betracht, für den zahlreiche ge-

913 A. A. wohl *Vollmar*, Rechtsweg und Maßstab für Klagen gegen die öffentliche Hand wegen Wettbewerbsverstößen, S. 135; BayVGH BayVBl. 1976, 628, 629.

914 Deutlich *D. Weber*, Wettbewerbsrechtlicher Unterlassungsanspruch gegen kommunale Wirtschaftstätigkeit, S. 185. Siehe auch bereits Kapitel 5 § 27, S. 162 ff.

915 Insoweit richtig *Brohm*, NJW 1994, 281, 287.

setzliche Grundlagen diskutiert werden[916]. Neben den §§ 12, 862, 1004 BGB direkt oder analog, Art. 20 Abs. 3 GG, dem Vorbehalt des Gesetzes und dem Rechtsstaatsprinzip, werden auch Art. 19, 34 GG oder Art. 19 Abs. 4 GG allein genannt. Daneben werden ungeschriebene Restitutionsnormen, ein besonderer Rechtsgrundsatz oder auch die Grundrechte diskutiert. In Anbetracht der generellen Anerkennung dieses Abwehranspruchs kann eine Entscheidung jedoch dahingestellt bleiben.

Der öffentlich-rechtliche Unterlassungsanspruch setzt voraus, dass eine hoheitliche Maßnahme ein subjektives Recht des Privaten beeinträchtigt oder gar verletzt. Als rechtlich geschütztes Interesse kommt grundsätzlich jede grundrechtlich geschützte Rechtsposition in Betracht[917]. Auf die weiteren Voraussetzungen (Drohen/Andauern der Beeinträchtigung und Nichtbestehen einer Duldungspflicht des Betroffenen) soll vorliegend nicht eingegangen werden[918].

a) Wegen Grundrechtsverletzung hinsichtlich Art. 12 Abs. 1 GG

aa) Vorbemerkungen

Als grundrechtlich geschützte Rechtsposition eines privaten Konkurrenten und damit als sein rechtlich geschütztes Interesse kommt die ihm durch Art. 12 Abs. 1 GG garantierte Berufsfreiheit zu[919]. Beruf ist jede auf Dauer angelegte, der Schaffung und Erhaltung einer Lebensgrundlage dienende Tätigkeit, die nicht schlechthin verboten ist[920]. Erfasst sind auch selbstständige Tätigkeiten[921]. Im Hinblick auf die vorliegend besonders interessierenden privaten Anbieter von Sportwetten steht außer Zweifel, dass private Sportwettunternehmer Berufe im Sinne dieses einheitlichen Grundrechts ausüben[922].

Zu überlegen ist, ob sich ein Privater gegen Errichtung und Betrieb eines öffentlichen Konkurrenzunternehmens wie beispielsweise einen staatlichen Wett-

---

916 Nachweise jeweils bei *Lindner*, Verwaltungsgerichtliche Klagemöglichkeiten für Private gegen privatrechtliche kommunale Wirtschaftsbetätigung, S. 34 f.; *Detterbeck/Windthorst/Sproll*, Staatshaftungsrecht, § 13 Rn. 6 ff.

917 *Detterbeck/Windthorst/Sproll*, Staatshaftungsrecht, § 13 Rn. 17.

918 Einzelheiten bei *Detterbeck/Windthorst/Sproll*, Staatshaftungsrecht, § 13 Rn. 12 ff.

919 Aus jüngerer Zeit etwa BVerfGE 115, 276, 300 f. – „Oddset". Eingehend *Storr*, Der Staat als Unternehmer, S. 153 f.

920 Siehe nur BVerfGE 7, 377, 397 – „Apothekenurteil"; 115, 276, 300 f. – „Oddset".

921 BVerfGE 7, 377, 398 f. – „Apothekenurteil".

922 Siehe nur BVerfGE 115, 276, 300 – „Oddset"; BVerwGE 96, 293 ff. Siehe im Übrigen Kapitel 1 § 5 II., S. 48 ff.

anbieter und damit gegen diese Form besonderer Verwaltung dadurch richten kann, dass er sein Begehren auf einen grundrechtlichen Abwehranspruch aus Art. 12 Abs. 1 GG stützt[923]. Immerhin schließt die Ausgestaltung des Sportwettenmarktes als Staatsmonopol die zu Art. 12 Abs. 1 GG in Widerspruch stehende Möglichkeit ein, dass der von der Rechtsprechung anerkannte selbstständige Beruf des Sportwettunternehmers faktisch nur noch als Angestelltenberuf – nämlich bei einem staatlichen Anbieter – ausgeübt werden könnte[924].

Allerdings soll die Berufsfreiheit nach der Rechtsprechung des *Bundesverwaltungsgerichts* einen privaten Konkurrenten regelmäßig nicht vor wirtschaftlicher Konkurrenz durch den Staat schützen, es sei denn, die private wirtschaftliche Betätigung werde „*in unerträglichem Maße eingeschränkt*"[925], „*unmöglich*"[926] gemacht oder das öffentliche Unternehmen habe eine „*unerlaubte Monopolstellung*"[927] inne[928]. Das *Bundesverwaltungsgericht* verfolgt also eine – offensichtlich in sich nicht gänzlich stringente – Schutzbereichslösung: Bei staatlicher Konkurrenz sei regelmäßig schon der Schutzbereich des Art. 12 Abs. 1 GG nicht eröffnet[929]. Hinter dem einschränkenden Verständnis des Gerichts[930] steht die Überlegung, auch die Marktteilnahme der öffentlichen Hand stelle bloß eine

> „*weitgehend systemimmanente Verschärfung des marktwirtschaftlichen Konkurrenzdrucks*"[931]

dar.

---

923 So grundsätzlich bejahend *Schliesky*, Öffentliches Wettbewerbsrecht, S. 471.

924 Dass hierin ein Anwendungsfall des aus Art. 12 Abs. 1 GG abgeleiteten Existenzschutzes privater Konkurrenten liegt, hat bereits BGHZ 82, 375, 390 – „Brillen-Selbstabgabestellen" entschieden. Auch BVerfGE 115, 276, 302 f. – „Oddset" stützt seine Argumentation maßgeblich auf diesen Gesichtspunkt.

925 BVerwGE 30, 191, 198; BVerwG NJW 1978, 1539 f.

926 BVerwGE 39, 329, 337; BVerwG NJW 1995, 2938, 2939.

927 Vgl. BVerwG NJW 1995, 2938, 2939.

928 Weitere Nachweise bei *Jarass*, DÖV 2002, 489, 493 mit Fn. 44, 50; *Pieroth/Hartmann*, DVBl. 2002, 421 f. Siehe auch *Kluth*, Grenzen kommunaler Wettbewerbsteilnahme, S. 51 ff.

929 Unklar *Kluth*, Grenzen kommunaler Wettbewerbsteilnahme, S. 55, der in der Sache zwar wie vorliegend argumentiert, es jedoch für falsch hält anzunehmen, das *Bundesverwaltungsgericht* sehe in der Wettbewerbsteilnahme des Staates eine die Grundrechte nicht tangierende Maßnahme. Auch *Kluth* schränkt dann aber richtigerweise ein, dass das *Bundesverwaltungsgericht* aus den Grundrechten und seiner diesbezüglichen Haltung nicht die prinzipielle Unzulässigkeit der staatlichen Wettbewerbsteilnahme folgt.

930 *Selmer*, in: Stober/Vogel (Hrsg.), Wirtschaftliche Betätigung der öffentlichen Hand, S. 75 spricht von einem „*weitgehend bedeutungslosen Minimumstandard*". In diese Richtung auch *Ehlers*, JZ 1990, 1089, 1096.

931 BVerwGE 39, 329, 336; 71, 183, 193; BVerwG NJW 1978, 1539, 1540.

Diese pauschalen Annahmen gehen jedoch aus mehreren Gründen fehl[932]. Es wird nämlich darauf hingewiesen, „erlaubt" seien gemäß Art. 105 Abs. 1 GG nur die Finanzmonopole[933]. Das staatliche Sportwettenmonopol rechnet aber nicht zu diesen. Daher liegt bereits die Überlegung nahe, das Sportwettenmonopol des Staates könnte schlechterdings unerlaubt sein und bereits aus diesem Grund der Schutzbereich des Art. 12 Abs. 1 GG eröffnet sein[934]. Öffentliche Monopole sind mithin grundrechtlich relevant[935].

Grundrechtlich relevant ist auch ein „Eingriff durch Konkurrenz"[936]. Hinter dem Begriff steht die Idee, die Funktion der Grundrechte als Schranke staatlicher Konkurrenz anzuerkennen[937]. Die hierzu vorherrschende Ansicht agiert jedoch zurückhaltend und anerkennt eine solche Schranke erst, wenn die konkurrenzwirtschaftliche Betätigung der öffentlichen Hand nicht marktkonform ist.

---

932 Siehe bereits Kapitel 5 § 26, S. 158 ff. sowie noch Kapitel 5 § 29 II. 1. a) cc) (5), S. 215.

933 *Pieroth/Hartmann*, DVBl. 2002, 421, 422 mit Fn. 18 unter Verweis auf BVerfGE 14, 105, 111; ähnlich bereits *Frentzel*, Recht und Staat 235 (1961), S. 16. Zum Begriff *Storr*, Der Staat als Unternehmer, S. 186.

934 Das erlaubt es, aus der Unerlaubtheit eines Monopols auf die Unzumutbarkeit einer Einschränkung zu schließen. Das hat praktische Bedeutung, weil ein (rechtliches) Verbot meist leichter nachzuweisen ist als die (faktische) Unzumutbarkeit. Wie noch zu zeigen sein wird (Kapitel 7 § 35, S. 323 ff.), ist das staatliche Glücksspielmonopol aus gemeinschaftsrechtlichen Gründen rechtlich verboten. Schon von daher sind die mit ihm verbundenen Einschränkungen privater Konkurrenten also unzumutbar. Hinzu kommt, dass auch die Schutzbereichslösung davon ausgeht, dass der grundrechtliche Schutzbereich betroffen ist, wenn die öffentliche Hand rechtswidrig handelt, siehe *Pieroth/Hartmann*, DVBl. 2002, 421, 427. Im Hinblick auf ihr gemeinschaftsrechtswidriges Handeln im Zusammenhang mit der Aufrechterhaltung des Staatsmonopols bestehen insoweit also ohnehin keine Unterschiede in den beiden Ansichten.

935 *Jarass*, DÖV 2002, 489, 493 sieht in der Monopolregelung sogar einen klassischen Grundrechtseingriff; ähnlich *Storr*, Der Staat als Unternehmer, S. 155. A. A. offenbar *Stamer*, Rechtsschutz gegen öffentliche Konkurrenzwirtschaft, S. 180, der in diesen Situationen nur die Frage nach der staatlichen Marktregelungsbefugnis stellt, freilich vor dem Hintergrund, dass er bereits die Möglichkeit von Wettbewerb und Wettbewerbsverhältnis in einer Monopolsituation verneint.

936 Vgl. *Tettinger*, NJW 1998, 3473, 3474; *Wendt*, in: Ennuschat/Geerlings/Mann/Pielow (Hrsg.), GS Tettinger, S. 335, 351 f. Zustimmend auch *Schink*, NVwZ 2002, 129, 138. Ausführlich zur Berufsfreiheit als Abwehrrecht gegen Einwirkungen auf den Wettbewerb allgemein und öffentliche Konkurrenzwirtschaft im Besonderen *Stamer*, Rechtsschutz gegen öffentliche Konkurrenzwirtschaft, S. 78 ff., 129 ff.

937 *Scholz*, ZHR 132 (1969), 97, 101 m. w. N. in Fn. 18, der die Frage jedoch nicht weiter verfolgt; *ders.*, NJW 1974, 781. Grundsätzlich a. A. *Bettermann*, in: FS Hirsch, S. 1, 18 ff.; *Pieroth/Hartmann*, DVBl. 2002, 421, 427, die sich insgesamt gegen jedwede Beschränkung unternehmerischer Wirtschaftstätigkeit der öffentlichen Hand durch Art. 12 Abs. 1 GG bzw. gegen jedweden Schutz vor Konkurrenz durch die Wettbewerbsfreiheit aussprechen.

Ein *„grundrechtlich fundierter Abwehranspruch“*[938] soll nach der Rechtsprechung – wie dargelegt – erst bei Einschränkung der Wettbewerbsfreiheit der Konkurrenten in unerträglichem Maße, einer Auszehrung der Konkurrenz oder einer Monopolstellung der öffentlichen Hand anzuerkennen sein. Ein derart enges Verständnis von Grundrechtsbeeinträchtigungen ist, wie zu zeigen sein wird, nicht gerechtfertigt. Die sich in der Literatur durchsetzende Ansicht, auch faktische Eingriffe als ausreichend zu erachten[939], geht hierbei den richtigen Weg und kann sich im Übrigen auf die Rechtsprechung des *Bundesverfassungsgerichts*[940] stützen. Der Anerkennung faktischer Eingriffe im Bereich allgemeiner wettbewerbsrelevanter Staatstätigkeit wie z. B. staatlicher Warnhinweise[941] muss die verwaltungsgerichtliche Anerkennung folgen, derer faktische Eingriffe durch Konkurrenz bis heute harren[942].

Es kann auch nicht angehen, dass das Grundrecht der Berufsfreiheit im Bereich der öffentlichen Wirtschaft kurzerhand auf den Schutz der Freiheit der Berufswahl reduziert wird[943], wenn zwischen einer bloß konkurrierenden Tätigkeit der öffentlichen Hand einerseits und einer Monopoltätigkeit andererseits unterschieden wird, wobei nur im letzteren Fall der volle Grundrechtsschutz bestehen soll[944]. Art. 12 Abs. 1 GG schützt die mit der Berufsausübung gegebene Gestaltungsmacht Privater grundsätzlich und ohne Einschränkung[945]. Dass es sich bei dem staatlichen Glücksspielmonopol um eine objektive Berufswahlbeschränkung im Sinne einer faktischen Marktzugangssperre handelt, die privaten Unternehmen den Zugang zum Beruf des Sportwettenveranstalters und –vermittlers

938 *Faßbender*, DÖV 2005, 89, 97 f.

939 *Faßbender*, DÖV 2005, 89, 98 m. w. N. in Fn. 80; *Henneke*, NdsVBl. 1998, 273, 277; *Kluth*, Grenzen kommunaler Wettbewerbsteilnahme, S. 63, 65 f.; *Krölls*, GewArch 1992, 281, 283; *Tettinger*, NJW 1998, 3473, 3474.

940 BVerfGE 13, 181, 185 f.; 16, 147, 162; 41, 251, 262; 46, 120, 137; 61, 291, 308; 81, 108, 121 f.; BVerfG(K) ZfWG 2008, 351, 353.

941 Vgl. hierzu beispielsweise BVerwGE 87, 37, 44; *Badura*, in: Baur/Hopt/Mailänder (Hrsg.), FS Steindorff, S. 835, 846 ff.; *Bethge*, in: Ennuschat/Geerlings/Mann/Pielow (Hrsg.), GS Tettinger, S. 369, 386; *Tsiliotis*, Der verfassungsrechtliche Schutz der Wettbewerbsfreiheit und seine Einwirkung auf die privatrechtlichen Beziehungen, S. 317 ff.

942 Zustimmend *Hoffmann-Becking*, in: Menger (Hrsg.), FS Wolff, S. 445, 459. *Faßbender*, DÖV 2005, 89, 98 weist in diesem Zusammenhang zu Recht darauf hin, dass die Auswirkungen von Wettbewerbsteilnahme und Wirtschaftslenkung die gleichen sind.

943 BVerfGE 115, 276, 300 – „Oddset“ betont ausdrücklich, dass Art. 12 Abs. 1 GG neben der Freiheit, einen Beruf zu wählen, auch die Freiheit der Berufsausübung schützt.

944 *Hoffmann-Becking*, in: Menger (Hrsg.), FS Wolff, S. 445, 459, beklagt in diesem Zusammenhang eine *„Amputation des Grundrechtsschutzes“*.

945 *Kluth*, Grenzen kommunaler Wettbewerbsteilnahme, S. 65.

unmöglich macht, weil sich die Zulassung nicht an persönlichen Eigenschaften oder Fähigkeiten des Unternehmers orientiert, kann als gesichert gelten[946].

bb) Zum Problem des Anwendungsvorrangs des einfachen Rechts gegenüber einem unmittelbaren Rückgriff auf Grundrechte des Betroffenen

Zunächst ist jedoch noch kurz auf die Frage einzugehen, ob es einen unmittelbar grundrechtlich fundierten Abwehranspruch privater Konkurrenten gegen die Wirtschaftstätigkeit der öffentlichen Hand überhaupt geben kann oder ob nicht der Anwendungsvorrang des einfachen Rechts[947] einen „Durchgriff" der Fachgerichtsbarkeit auf die Verfassung verhindert. Das wäre indes nicht Widerspruch, sondern Ausdruck des

> „*grundrechtsimprägnierten Verfassungsstaat[es] des Grundgesetzes*"[948].

Denn der Vorrang des einfachen Rechts vor einer grundrechtsunmittelbaren Ableitung von Rechtsschutz entspricht der Systematik des Art. 20 Abs. 3 GG[949].

Badura hat sich in diesem Zusammenhang pauschal für einen unmittelbar aus der Verfassung abzuleitenden grundrechtlichen „Schutz- und Abwehranspruch" ausgesprochen, soweit die Regulative und Schutznormen des Privatrechts nicht ausreichten[950], freilich ohne näher darzulegen, wann das der Fall sein soll. Gemeint ist wohl, dass ein unmittelbar aus den Grundrechten zu gewinnender Schutzanspruch nur dann in Betracht kommen soll, wenn eine einfachgesetzliche Ausgestaltung des gewährleisteten Freiheitsbereichs und Schutzgutes ohne Verkürzung der grundrechtlichen Garantie gänzlich fehlt oder jedenfalls unvollständig ist[951]. Denn dann fehlt es in verfassungsrechtlich be-

---

946 BVerfGE 115, 276, 303 – „Oddset"; BVerwGE 114, 92; *Albrecht/Gabriel*, WRP 2007, 616, 617; *Kment*, NVwZ 2006, 617, 619; i. E. auch *Storr*, Der Staat als Unternehmer, S. 179 mit Fn. 557. A. A. jedoch *Korte*, Das staatliche Glücksspielwesen, S. 344; gegen die ablehnende Ansicht *Kortes* wurde schon Stellung bezogen, siehe Kapitel 1 § 5 III. 2., S. 54. Vgl. auch BVerwG DÖV 1970, 823, 825 zu einem Fall der Monopolisierung der Leichenversorgung zu Gunsten der Verwaltung, die vom Gericht ebenfalls als Berufswahlsperre für private Anbieter auf diesem Gebiet bewertet wurde.

947 Dazu *Bethge*, in: Merten/Papier (Hrsg.), HGR III, § 72 Rn. 97 (im Erscheinen); *ders.*, in: Ennuschat/Geerlings/Mann/Pielow (Hrsg.), GS Tettinger, S. 369 ff. m. w. N. in Fn. 3.

948 *Bethge*, in: Ennuschat/Geerlings/Mann/Pielow (Hrsg.), GS Tettinger, S. 369, 384.

949 *Bethge*, in: Ennuschat/Geerlings/Mann/Pielow (Hrsg.), GS Tettinger, S. 369, 371.

950 *Badura*, Wirtschaftsverfassung und Wirtschaftsverwaltung, 2. Aufl. 2005, Rn. 212. Ähnlich *ders.*, in: Baur/Hopt/Mailänder (Hrsg.), FS Steindorff, S. 835, 849 f.

951 So jedenfalls dann *Badura*, in: Baur/Hopt/Mailänder (Hrsg.), FS Steindorff, S. 835, 850. Ebenso *Bethge*, in: Ennuschat/Geerlings/Mann/Pielow (Hrsg.), GS Tettinger, S. 369, 391; *Erichsen*, Gemeinde und Private im wirtschaftlichen Wettbewerb, S. 46.

denklicher Weise an einer einfachgesetzlichen Regelung und ein unmittelbarer Rückgriff auf die Grundrechte muss möglich bleiben[952].

Demnach muss unmittelbarer Grundrechtsschutz vor allem dort gewährleistet sein, wo das einfache Recht dem Einzelnen subjektive Rechte in verfassungswidriger Weise vorenthält[953]. Dass dies nicht geschieht, ist Aufgabe des Gesetzgebers als des „ersten Norminterpreten“. Nur soweit der Gesetzgeber in verfassungskonformer und in verfassungsgebotener Weise die Wirtschaftstätigkeit der öffentlichen Hand ausgestaltet hat, kann von einem Anwendungsvorrang des einfachen Rechts ausgegangen werden[954]. Die dazu in Frage kommenden Regelungen sind jedoch – zurückhaltend formuliert – äußerst lückenhaft[955]. So richtig es auch ist, für einen zwingenden Vorrang der Überprüfung einfachgesetzlicher Normen zu plädieren[956] und die normative Basis für subjektive Rechte zunächst im einfachen Recht zu suchen[957], so wichtig ist die Erkenntnis, dass der Bestand der subjektiven Rechte zusätzlich durch Grundrechtsverbürgungen modifiziert wird, und zwar durch deren verdeutlichende norminterne sowie ihre ergänzende normexterne Wirkung[958]. Auch dieser Befund kann freilich nicht darüber hinweg täuschen, dass außerhalb dieses Bestandes – sofern es einen solchen überhaupt gibt – unmittelbar grundrechtlich abgeleitete Abwehransprüche existieren. Schließlich sind es zunächst die Fachgerichte, die zur Wahrung und Durchsetzung der Grundrechte berufen sind[959]. Es ist ihnen untersagt, ein Grundrecht über das vom Gesetzgeber vorgesehene Ausmaß hinaus einzuschränken[960]. Im Ergebnis kann das auch auf einen unmittelbar aus Art. 12 Abs. 1 GG abgeleiteten Drittschutz hinauslaufen.

Wo kein parlamentsbeschlossenes Gesetz existiert, kann die auf unmittelbaren Grundrechtsschutz zurückgreifende Fachgerichtsbarkeit die Autorität einer

---

952 *Erichsen*, Gemeinde und Private im wirtschaftlichen Wettbewerb, S. 46.

953 In diesem Sinne auch *Selmer*, in: Stober/Vogel (Hrsg.), Wirtschaftliche Betätigung der öffentlichen Hand, S. 75, 95. Subjektive Rechte werden dem Einzelnen wie gezeigt vor allem dort vorenthalten, wo die kommunalrechtlichen Vorschriften zur öffentlichen Wirtschaftstätigkeit keine Subsidiaritätsklauseln enthalten.

954 *Erichsen*, Gemeinde und Private im wirtschaftlichen Wettbewerb, S. 46.

955 Siehe dazu bereits Kapitel 4 § 21, S. 122 ff.

956 *Hauck*, WRP 2006, 323, 324 mit Fn. 6.

957 *Faßbender*, DÖV 2005, 89, 97 m. w. N. in Fn. 73.

958 Nachweise hierzu bei *Faßbender*, DÖV 2005, 89, 97 in Fn. 74.

959 So unter Rückgriff auf die verfassungsrechtliche Kompetenzverteilung BVerfGE 96, 27, 40; 104, 65, 73; 107, 395, 414; 112, 50, 61. Ebenso *Bethge*, in: Ennuschat/Geerlings/Mann/Pielow (Hrsg.), GS Tettinger, S. 369, 372.

960 BVerfGE 63, 266, 289; 87, 273, 280.

solchen Norm, die durch den Anwendungsvorrang des einfachen Rechts in erster Linie gesichert werden soll[961], nicht missachten. Die Auffang- und Ausgleichsfunktion der Grundrechte kommt dann voll zum Tragen[962].

cc) Bedeutung, Beeinträchtigung und Verletzung von Art. 12 Abs. 1 GG – Schutz vor öffentlicher Konkurrenz, nicht nur vor atypischem Konkurrenzverhalten

(1) Bedeutung von Art. 12 Abs. 1 GG für private Konkurrenten

Die Bedeutung, die Art. 12 Abs. 1 GG dabei zukommt, kann nicht überschätzt werden[963]. Die „*Schutzpflichtdimension*“[964] verdeutlicht, dass es für Einschränkungen privater Konkurrenten zumindest zu Gunsten einer hoheitlichen Wirtschaftstätigkeit einer Rechtfertigung bedarf[965]. Inhaltlich kann es jedoch nur um Abwehr- und Ausgleichsansprüche gehen, die auf Grund einer Verletzung der Berufsfreiheit geltend gemacht werden. Gerade für den Bereich der Sportwetten ist daher zu Recht hervorgehoben worden, dass Art. 12 Abs. 1 GG auch bei Wegfall des Staatsmonopols keine gesetzesunabhängige freiwüchsige oder originäre Unternehmerfreiheit auf die gewerbliche Veranstaltung und Vermittlung von Sportwetten mit fester Gewinnquote vermitteln kann[966]. Abschließend ist in Erinnerung zu rufen, dass Art. 12 Abs. 1 GG neben der Berufswahl auch die Berufsausübung schützt[967]. Das einheitliche Grundrecht der Berufsfreiheit darf nicht auf die Berufswahlfreiheit verengt werden[968].

(2) Beeinträchtigung und Verletzung von Art. 12 Abs. 1 GG

Hinsichtlich der Beeinträchtigung und Verletzung von Art. 12 Abs. 1 GG darf nicht außer Acht gelassen werden, dass die beiden Kategorien auch in den Fäl-

---

961 *Bethge*, in: Ennuschat/Geerlings/Mann/Pielow (Hrsg.), GS Tettinger, S. 369, 375.

962 *Bethge*, in: Ennuschat/Geerlings/Mann/Pielow (Hrsg.), GS Tettinger, S. 369, 391.

963 Ausführlich z. B. *Storr*, Der Staat als Unternehmer, S. 153 ff. Siehe auch *Grawert*, in: Grupp/Ronellenfitsch (Hrsg.), FS Blümel, S. 119 ff.

964 *Otting*, DÖV 1999, 549, 555.

965 *Brohm*, NJW 1994, 281, 282. Ebenso BVerfGE 115, 276, 303 ff. – „Oddset“.

966 *Bethge*, DVBl. 2007, 917, 918; *ders.*, WiVerw 2008, 77, 83; a. A. jedoch *Brüning*, JZ 2009, 29. Den Begriff der Unternehmerfreiheit prägte im Übrigen BVerfGE 97, 67, 83.

967 BVerfGE 115, 276, 300 – „Oddset“; *Brüning*, JZ 2009, 29, 30; *Ehlers*, JZ 1990, 1089, 1096; kritisch *Pestalozza*, NJW 2006, 1711, 1712.

968 *Hoffmann-Becking*, in: Menger (Hrsg.), FS Wolff, S. 445, 459; *Stober*, Grundrechtsschutz der Wirtschaftstätigkeit, S. 73; *Storr*, Der Staat als Unternehmer, S. 163; a. A. *Pieroth/Hartmann*, DVBl. 2002, 421, 427. Eine Klarstellung des heutigen Verfassungsgebers fordert *Pestalozza*, NJW 2006, 1711, 1713.

len der Einwirkung durch Konkurrenz nicht identisch sind[969]: Eine Beeinträchtigung grundrechtlich geschützter Belange setzt unterhalb der Schwelle der Verletzung an. Sie bedarf daher der Rechtfertigung durch Gesetz oder auf Grund Gesetzes[970]. Mit dem Merkmal der Beeinträchtigung werden dabei die Anforderungen an das staatliche Verhalten beschrieben, die erfüllt sein müssen, damit der grundrechtliche Abwehranspruch aktiviert werden kann[971]. So wird etwa zu fordern sein, dass die Folgen öffentlicher Wettbewerbsteilnahme nicht bereits durch davon unbeeinflusste wirtschaftliche Einflüsse überdeckt sind, sondern noch unterscheidbar fortwirken[972].

Fraglich ist auch, ob Art. 12 Abs. 1 GG überhaupt vor mittelbar-faktischen Beeinträchtigungen schützen soll, wie sie in aller Regel durch die Wettbewerbsteilnahme der öffentlichen Hand vorkommen werden[973]. Doch darf der Wortlaut nicht überbewertet werden. In der Zusammenschau mit den anderen Grundrechten hat auch Art. 12 Abs. 1 GG primär einen abwehrrechtlichen Charakter, so dass er auch vor mittelbar-faktischen Beeinträchtigungen schützt[974]. Ein Eingriff ist also schon immer dann möglich, wenn ein öffentliches Unternehmen einem privaten konkrete Konkurrenz macht[975].

(3) Konsequenzen für die privaten Anbieter von Glücksspielen, insbesondere von Sportwetten

Die gewerbliche Veranstaltung von Glücksspielen und Lotterien fällt unter Art. 12 Abs. 1 GG[976]. Die Rechtsordnung kennt das Angebot von Sportwetten als erlaubte Betätigung[977]. Es fragt sich daher, inwieweit Private unter diesem Gesichtspunkt ein staatliches Glücksspielmonopol hinnehmen müssen und ob sie nicht unter Berufung auf Art. 12 Abs. 1 GG dessen Unterlassung verlangen könnten. Allerdings wird man davon auszugehen haben, dass die staatliche Glücksspielkonkurrenz nur mittelbar in Art. 12. Abs. 1 GG eingreift. Aus den

---

969 Dazu *Ehlers*, JZ 1990, 1089, 1097. Vgl. auch *Bethge*, VVDStRL 57 (1998), 7, 40 f., der auf die sonst drohende Gefahr der Ausweitung des Eingriffstatbestandes hinweist.
970 *Ehlers*, JZ 1990, 1089, 1097.
971 *Kluth*, Grenzen kommunaler Wettbewerbsteilnahme, S. 63.
972 *Frenz*, Verwaltungsgerichtlicher Rechtsschutz in Konkurrenzsituationen, S. 101.
973 Siehe bereits soeben.
974 *Frenz*, Verwaltungsgerichtlicher Rechtsschutz in Konkurrenzsituationen, S. 99. Einzelheiten bei *Stamer*, Rechtsschutz gegen öffentliche Konkurrenzwirtschaft, S. 110 ff.
975 Ebenso *Stamer*, Rechtsschutz gegen öffentliche Konkurrenzwirtschaft, S. 184. Siehe auch noch sogleich.
976 So nunmehr auch BVerfGE 115, 276, 300 – „Oddset".
977 BVerfGE 115, 276, 301 – „Oddset"; *Pestalozza*, NJW 2006, 1711.

dargelegten Gründen genügt das jedoch für einen Eingriff. Wenn diesbezüglich nun vertreten worden ist, selbst dann aber seien auch die Vorgaben der so genannten Drei-Stufen-Theorie[978] gewahrt[979] und eine Auflösungspflicht staatlicher Glücksspielgesellschaften ergebe sich aus Art. 12 Abs. 1 GG jedenfalls nicht[980], so vermag dies aus den folgenden Gründen inzwischen nicht mehr zu überzeugen.

Schon das *Bundesverwaltungsgericht* hat mehrfach betont, dass das Bestehen einer Monopolstellung der öffentlichen Hand grundsätzlich geeignet ist, um eine ausreichend intensive Beeinträchtigung von Art. 12 Abs. 1 GG annehmen zu können[981], so dass ein rechtfertigungsbedürftiger Eingriff vorliegt[982]. Das *Bundesverfassungsgericht* hat in seiner „Oddset"-Entscheidung inzwischen explizit ausgeführt, dass das bestehende staatliche Wettmonopol wegen des mit ihm einhergehenden Ausschlusses gewerblicher Wettveranstaltung durch private Wettunternehmen sowie des Ausschlusses der Vermittlung von Wetten, die nicht vom Staat veranstaltet werden, einen rechtfertigungsbedürftigen Eingriff in die Berufsfreiheit privater Anbieter und Vermittler darstellt[983].

Zur Rechtfertigung knüpft es sodann mit dem Erfordernis überragend wichtiger Gemeinwohlziele an Begriffe seiner früheren Drei-Stufen-Theorie an[984]. Das *Bundesverfassungsgericht* anerkennt insoweit die Bekämpfung der Spiel- und Wettsucht, erteilt fiskalischen Interessen des Staates zur Rechtfertigung der Errichtung eines Wettmonopols jedoch eine Absage[985]. Auch jene Beschränkungen erfordern aber eine strikte Beachtung des Verhältnismäßigkeitsgrundsatzes[986]. Tatsächlich prüft das Gericht die Rechtfertigung des Eingriffs in Art. 12 Abs. 1 GG daher nach Maßgabe der modernen Kriterien des Übermaßverbots

978 Entwickelt von BVerfGE 7, 377, 405 ff. – „Apothekenurteil".

979 Ausführlich *Korte*, Das staatliche Glücksspielwesen, S. 343 ff.

980 *Korte*, Das staatliche Glücksspielwesen, S. 347.

981 BVerwGE 39, 329, 337; BVerwG NJW 1978, 1539, 1540; NJW 1995, 2938, 2939. Siehe vorgehend zur letztgenannten Entscheidung auch VGH Mannheim NJW 1995, 274. Diese Auffassung hat sich bis in die jüngste Zeit gehalten, siehe nur OVG Münster NVwZ-RR 2005, 738; OVG Münster NVwZ 2008, 1031, 1035.

982 Ebenso *Pestalozza*, NJW 2006, 1711, 1712.

983 BVerfGE 115, 276, 303 – „Oddset". Die Struktur des Urteils ist im Kapitel 1 § 5 II., S. 48 ff. dargestellt.

984 Vgl. BVerfGE 7, 377, 405 ff. – „Apothekenurteil"; 115, 276, 304 f. – „Oddset"; BVerwGE 114, 92, 99 f.

985 BVerfGE 115, 276, 306 f. – „Oddset".

986 So schon BVerfGE 102, 197, 215 – „Spielbankgesetz Baden-Württemberg".

(Geeignetheit, Erforderlichkeit, Verhältnismäßigkeit)[987]. Diese Prozedur stimmt nur formal nicht mit den überkommenen Kriterien der Drei-Stufen-Theorie überein[988].

Ein wirtschaftliches Monopol auf Glücksspiele – und damit auf Sportwetten – als intensivste Form eines Eingriffs ist aber richtigerweise weder nach der Drei-Stufen-Theorie noch nach den modernen Kriterien des Übermaßverbots zu rechtfertigen. Denn es gibt keine unabweisbaren, nicht anders zu verwirklichenden, der privaten wirtschaftlichen Betätigung eines Sportwettanbieters deutlich vorrangigen Interessen des Gemeinwohls, die der Staat nachweisen könnte[989]. Das *Bundesverfassungsgericht* hat ja gerade eine echte Wahlmöglichkeit des Gesetzgebers zwischen Monopol und Liberalisierung formuliert[990] und damit zum Ausdruck gebracht, dass es einen alternativen Weg gibt, mit dem solche Interessen verwirklicht werden können. Das gilt sowohl berufsfreiheits- wie auch eigentumsgrundrechtlich[991]. Daher kann sich – sozusagen in Fortführung und Erweiterung der diesbezüglichen Rechtsprechung des *Bundesverfassungsgerichts* – aus Art. 12 Abs. 1 GG sogar eine Pflicht zur Auflösung des staatlichen Glücksspiel- und Sportwettenmonopols ergeben[992].

(4) Art. 12 Abs. 1 GG als Schutzrecht gegen staatliche Konkurrenz

Die auch in der Literatur (noch) vorherrschende Ansicht, nach der Art. 12 Abs. 1 GG gerade kein Schutz vor Konkurrenz ist, und zwar auch nicht solcher der öffentlichen Hand[993], kann demgegenüber nicht überzeugen. Zwar statuiert na-

---

987 Die diesbezügliche Sachprüfung erfolgt im Zusammenhang mit den europarechtlichen Implikationen im Kapitel 7 § 36 I. 1., S. 359 ff.

988 *Bethge*, ZfWG 2007, 169, 172; *ders.*, WiVerw 2008, 77, 81.

989 Das aber wäre zur Rechtfertigung in diesem Fall erforderlich, vgl. grundlegend BVerfGE 7, 377, 406 ff. – „Apothekenurteil". Vgl. auch *Grawert*, in: Grupp/Ronellenfitsch (Hrsg.), FS Blümel, S. 119, 135; *Henneke*, NdsVBl. 1998, 273, 277; *Schink*, NVwZ 2002, 129, 138; *Storr*, Der Staat als Unternehmer, S. 155, 184; *Tettinger*, NJW 1998, 3473, 3474. Wie hier *Pestalozza*, NJW 2006, 1711, 1713.

990 BVerfGE 115, 276, 317 – „Oddset".

991 *Schachtschneider*, Staatsunternehmen und Privatrecht, S. 355.

992 Siehe auch noch Kapitel 7 § 36 I., S. 358 ff.

993 *Ahrens*, in: Harte-Bavendamm/Henning-Bodewig (Hrsg.), UWG, Einl F, Rn. 27; *Frenz*, Verwaltungsgerichtlicher Rechtsschutz in Konkurrenzsituationen, S. 99; *Katz*, Kommunale Wirtschaft, S. 36; *Stamer*, Rechtsschutz gegen öffentliche Konkurrenzwirtschaft, S. 134. A. A. *Fackler*, K&R 2006, 313, 314, jedoch nur für den Bereich außerhalb der Daseinsvorsorge, zu dem aber jedenfalls die Glücksspiele keinesfalls zählen. I. E. für die Anerkennung eines grundrechtlichen Abwehranspruchs *Ronellenfitsch/Stein*, in: Hoppe/Uechtritz (Hrsg.), Handbuch Kommunale Unternehmen, 2. Aufl. 2007, § 3 Rn. 12.

mentlich Art. 12 Abs. 1 GG kein Verbot erwerbswirtschaftlicher Betätigung der öffentlichen Hand[994], und Freiheitsgrundrechte sind auch Interventionsverbote, nicht jedoch zugleich auch Konkurrenzverbote für die öffentliche Gewalt im Sinne eines Spiegelbildes von Ge- und Verbot[995]. Doch daraus kann nicht geschlossen werden, Art. 12 Abs. 1 GG sei zwar ein subjektives und individuelles Grundrecht, es gewähre aber keinen Anspruch gegen den Staat als Grundrechtsverpflichteten auf Unterlassung einer bestimmten gewerblichen Tätigkeit[996]. Das zeigt schon die Inkonsequenz der z. B. von *Vollmar* vertretenen Ansicht, der in *„Ausnahmefällen"* aus den Grundgedanken der Art. 1 Abs. 3, 19 Abs. 4 GG sowie § 40 VwGO dann doch einen im Verwaltungsrechtsweg geltend zu machenden Beseitigungsanspruch gegen den grundrechtswidrigen Zustand herleiten möchte[997]. Dem Betroffenen stehe insoweit ein subjektives öffentliches Recht auf grundgesetzmäßige Gestaltung auch der nicht-hoheitlichen Verwaltung zu[998].

Andere wollen solche Ausnahmefälle bei einem so genannten „atypischen Konkurrenzverhalten" der öffentlichen Hand zulassen, d. h. nur wenn die öffentliche Hand sich mit ihren „Sondermitteln" am Wirtschaftsleben beteiligt und in Konkurrenz zu Privaten tritt[999]. Die Unsicherheiten beginnen jedoch schon bei der Bestimmung solch „atypischen Konkurrenzverhaltens" und damit einer ein-

994 *Vollmar*, Rechtsweg und Maßstab für Klagen gegen die öffentliche Hand wegen Wettbewerbsverstößen, S. 123 mit Nachw. zur a. A. aus dem früheren Schrifttum in Fn. 2.

995 Vgl. *Vollmar*, Rechtsweg und Maßstab für Klagen gegen die öffentliche Hand wegen Wettbewerbsverstößen, S. 123.

996 So aber *Bettermann*, in: FS Hirsch, S. 1, 13; *Vollmar*, Rechtsweg und Maßstab für Klagen gegen die öffentliche Hand wegen Wettbewerbsverstößen, S. 126.

997 *Vollmar*, Rechtsweg und Maßstab für Klagen gegen die öffentliche Hand wegen Wettbewerbsverstößen, S. 127 f.

998 *Vollmar*, Rechtsweg und Maßstab für Klagen gegen die öffentliche Hand wegen Wettbewerbsverstößen, S. 128.

999 *Lindner*, Verwaltungsgerichtliche Klagemöglichkeiten für Private gegen privatrechtliche kommunale Wirtschaftsbetätigung, S. 110. *Frenz*, Verwaltungsgerichtlicher Rechtsschutz in Konkurrenzsituationen, S. 99 beschränkt diese Aussage auf nicht marktkonformes Verhalten öffentlicher Unternehmen. Als Beispiel aus der jüngeren Rechtsprechung kann BGHZ 150, 343 ff. – „Elektroarbeiten" dienen. In der Besprechung von *Haslinger*, WRP 2002, 1023 ff. kommt deutlich zum Ausdruck, dass sittenwidriges Handeln öffentlicher Unternehmen durch Ausnutzung amtlich erlangter Informationen einen solchen Fall „atypischen Konkurrenzverhaltens" der öffentlichen Hand darstellen muss. Gleiches muss für den vom OLG Stuttgart, WRP 1980, 101 entschiedenen Fall gelten. Dort ging es um den Missbrauch einer amtlichen Vertrauensstellung und die zweckwidrige Verwendung von Zuschüssen durch die Ausgabe von Gutscheinen zum verbilligten Schulbuchbezug in den örtlichen Buchhandlungen durch eine Gemeinde. Auch in diesem Fall hatte sich die öffentliche Hand offensichtlich unter Einsatz ihrer „Sondermittel" am Wirtschaftsleben beteiligt, vgl. auch *P. Ulmer*, ZHR 146 (1982), 466, 477.

heitlichen Festlegung auf Fälle, in denen Art. 12 Abs. 1 GG (auch nach der h. M.) sehr wohl Schutz vor Konkurrenz bieten soll. Mehr als beispielhafte Aufzählungen sind offensichtlich nicht möglich[1000]. Versuche, Beispiele in Fallgruppen zusammenzufassen, gehen im Ergebnis weit auseinander. Vergröbernd und in Anlehnung an die Rechtsprechung des *Bundesverwaltungsgerichts* finden sich unter dem Oberbegriff des Verdrängungswettbewerbs die bereits erwähnten Fälle der unzumutbaren Einschränkungen, der Unmöglichkeit privater Wirtschaftstätigkeit sowie der öffentlichen Monopolstellung[1001]. Von einem zivilrechtlichen Blickwinkel und dem früheren wettbewerbsrechtlich relevanten Begriff der Sittenwidrigkeit werden aber auch weitaus detailreichere Einteilungen vorgenommen[1002]. Schon diese Uneinheitlichkeit macht die Ungeeignetheit eines solchen vorgeblich typisierenden Vorgehens deutlich. Auch inhaltlich gibt es Brüche. So ist der bloße Rückgriff auf große Ressourcen[1003] nicht als alleiniges Kriterium geeignet, ein „atypisches Konkurrenzverhalten" der öffentlichen Hand auszumachen, denn solch ein Rückgriff ist auch einem marktstarken oder finanzkräftigen privaten Konkurrenten möglich. Es bedürfte vielmehr gerade eines spezifischen Wechselbezuges zwischen amtlicher Stellung und wirtschaftlicher Tätigkeit[1004]. Dass hier die nächsten Abgrenzungsprobleme verborgen liegen, bedarf keiner näheren Darlegung.

Kritik ist aber auch aus einem anderen Grund berechtigt. Denn die Anerkennung von Fällen so genannten „atypischen Konkurrenzverhaltens" und die Beschränkung einer Bejahung des Schutzes über Art. 12 Abs. 1 GG auf solche Fälle ist letztlich in sich widersprüchlich und führt zu einer Vermengung von Eingriffs- und Schrankenprüfung[1005].

Weil die Wirtschaftstätigkeit der öffentlichen Hand grundsätzlich einen Fremdkörper im auf dem Gedanken der Privatautonomie beruhenden Rechtssys-

---

1000 Vgl. nur *Köhler*, WRP 1999, 1205, 1206.

1001 Vgl. nur *Pieroth/Hartmann*, DVBl. 2002, 421.

1002 Siehe z. B. *Katz*, Kommunale Wirtschaft, S. 38; *Schliesky*, Öffentliches Wettbewerbsrecht, S. 357 ff.; *Schünemann*, in: Stober/Vogel (Hrsg.), Wirtschaftliche Betätigung der öffentlichen Hand, S. 41, 65 ff.; *Stoffel*, Wettbewerbsrecht und staatliche Wirtschaftstätigkeit, S. 94; *Tomerius*, LKV 2000, 41, 44, der beispielsweise gar neun Fallgruppen bildet. Ähnlich schon *P. Ulmer*, ZHR 146 (1982), 466, 481 ff.

1003 Dieser ist hier schon wiederholt unter dem Stichwort „Rückhalt im Staatshaushalt" thematisiert worden.

1004 Nachweise bei *P. Ulmer*, ZHR 146 (1982), 466, 483, 496. Ähnlich *Schliesky*, Öffentliches Wettbewerbsrecht, S. 362.

1005 *Scharpf*, GewArch 2005, 1, 5 m. w. N. in Fn. 56.

tem der Bundesrepublik Deutschland darstellt[1006], ist auch erwogen worden, aus Art. 12 Abs. 1 und Art. 14 Abs. 1 GG einen allgemeinen Rechtsgedanken herzuleiten, der Private vor solcher öffentlicher Konkurrenztätigkeit schützen soll, die nicht durch einen öffentlichen Zweck gerechtfertigt ist[1007]. Wegen der Unbestimmtheit des Begriffs des öffentlichen Zwecks[1008] würden die Abgrenzungsprobleme wiederum nur verlagert, weshalb auch dieser Weg keine Zustimmung verdient.

(5) Ungleiche nicht gleich behandeln

Anstelle einer Verlagerung des Problems ist es angezeigt, das „Grundübel" dieser Diskussion zu benennen: Sie verkennt im Kern die wesensmäßigen Unterschiede öffentlicher und privater Wettbewerbsteilnahme und geht von daher am eigentlichen Problem vorbei.

Die Wettbewerbsintensivierung auf Grund des Markteintritts der öffentlichen Hand ist nicht mit dem Markteintritt eines privaten Wettbewerbers vergleichbar[1009]; vielmehr gibt es dauerhafte elementare Unterschiede zwischen privater und staatlicher Konkurrenz[1010]. Parität besteht nicht[1011]. Auch für die darauf folgende Marktteilnahme gilt nichts anderes. Es sind dort vor allem die wesensmäßigen Unterschiede von freiheitlicher Grundrechtsausübung und staatlicher Autorität, die eine pauschale Gleichsetzung der Marktteilnahme von öffentlicher Hand und Privaten verbieten[1012]. Aber auch die Tatsache, dass der „Steuerstaat"[1013] im Gegensatz zu privaten Unternehmern keinen Beruf ausübt, um seinen „Lebensunterhalt" zu verdienen, verdeutlicht die Differenzen[1014].

1006 Siehe bereits Kapitel 5 § 24, S. 150 ff. Wie hier *Storr*, Der Staat als Unternehmer, S. 358.

1007 *Stober*, NJW 2002, 2357, 2366 m. w. N.; *Selmer*, in: Stober/Vogel (Hrsg.), Wirtschaftliche Betätigung der öffentlichen Hand, S. 75, 77; *Kluth*, WiVerw 2000, 184, 197 ff.; *Frenz*, DÖV 2000, 802, 808 ff. Siehe zur erforderlichen Konkretisierung des öffentlichen Zwecks *Selmer*, in: Stober/Vogel (Hrsg.), Wirtschaftliche Betätigung der öffentlichen Hand, S. 75, 87 ff.

1008 Siehe dazu bereits Kapitel 3 § 15 II., S. 102 sowie die dortigen Nachweise in Fn. 410.

1009 *Scharpf*, Kommunales Unternehmensrecht in Bayern, S. 163 f.

1010 *Berg*, WiVerw 2000, 141, 151; *Brüning*, JZ 2009, 29, 30; *Faßbender*, DÖV 2005, 89, 98. Siehe zu den Vorteilen der öffentlichen Unternehmen bereits Kapitel 5 § 26, S. 158 ff. sowie die dortigen Nachweise und Verweise.

1011 *Scharpf*, GewArch 2005, 1, 5.

1012 *Scharpf*, GewArch 2005, 1, 5; *Storr*, Der Staat als Unternehmer, S. 159 ff.

1013 Dazu schon Kapitel 1 § 4 III. 2., S. 38.

1014 *Storr*, Der Staat als Unternehmer, S. 162.

Treten aber nicht Gleiche, sondern Verschiedene am Markt in Konkurrenz auf, verbietet sich eine Gleichbehandlung schon auf Grund eben dieser diversen Vorteile der öffentlichen Hand. Die wirtschaftliche Betätigung der öffentlichen Hand ist dann eine gewichtige, die Grundrechtsausübung der privaten Konkurrenten wesentlich berührende Einwirkung im Sinne eines faktischen Eingriffs in Art. 12 Abs. 1 GG[1015]. Insbesondere liegt in der Wettbewerbsteilnahme öffentlicher Unternehmen keine nur „systemimmanente Verschärfung des marktwirtschaftlichen Konkurrenzdrucks", die Grundrechtseingriffe nur in Ausnahmefällen vorliegen lasse[1016]. Denn es geht nicht lediglich um die Abwehr eines beliebigen Konkurrenten, sondern um die Abwehr staatlicher Ingerenz in soziale Lebensräume. Darin kommt die genuine Aufgabe der Grundrechte zur Eingriffsabwehr zum Ausdruck[1017], die im Fall von marktinkonformen Verhaltensweisen öffentlicher Unternehmen sogar andere (mithin strengere) Wertungsschwellen gebietet[1018].

Auf einen Nenner gebracht kann sich der Satz, die Grundrechte schützten nicht vor Konkurrenz, nur auf den Wettbewerb zwischen Privaten beziehen[1019]. Art. 12 Abs. 1 GG gewährleistet den Wettbewerb Privater und schützt nicht vor der Konkurrenz Privater[1020]. Im Umkehrschluss heißt das: Schutz vor der Konkurrenz der öffentlichen Hand bietet Art. 12 Abs. 1 GG sehr wohl. Denn diese Konkurrenz ist nicht selbstverständlich und bedarf einer zusätzlichen Legitimation[1021]. Daraus folgt die Notwendigkeit einer unterschiedlichen Behandlung von

---

[1015] *Krölls*, GewArch 1992, 281, 286; *Scharpf*, GewArch 2005, 1, 5 m. w. N. in Fn. 51; *Storr*, Der Staat als Unternehmer, S. 164, der jedoch weiter differenziert. In diese Richtung auch *Erichsen*, Gemeinde und Private im wirtschaftlichen Wettbewerb, S. 29; *Sodan*, DÖV 2000, 361, 371; *Tettinger*, NJW 1998, 3473 f. A. A. *Jarass*, DÖV 2002, 489, 493; *Schricker*, Wirtschaftliche Tätigkeit der öffentlichen Hand und unlauterer Wettbewerb, 2. Aufl. 1987, S. 36. Zu der sich aus dieser Erkenntnis ergebenden Notwendigkeit eines umfassenderen grundrechtlichen Schutzverständnisses sogleich.

[1016] Wie hier *Scharpf*, GewArch 2005, 1, 4; *Selmer*, in: Stober/Vogel (Hrsg.), Wirtschaftliche Betätigung der öffentlichen Hand, S. 75, 81; *Storr*, Der Staat als Unternehmer, S. 160 f. A. A. *Jarass*, DÖV 2002, 489, 494; *Papier*, DVBl. 2003, 686, 689.

[1017] *Kluth*, Grenzen kommunaler Wettbewerbsteilnahme, S. 65. Zustimmend ausdrücklich *Krölls*, GewArch 1992, 281, 283.

[1018] *Kluth*, WiVerw 2000, 184, 200 f.

[1019] Ebenso *Faßbender*, DÖV 2005, 89, 99 m. w. N. in Fn. 93; *Krölls*, GewArch 1992, 281, 284; *Scharpf*, GewArch 2005, 1, 5; *Selmer*, in: Stober/Vogel (Hrsg.), Wirtschaftliche Betätigung der öffentlichen Hand, S. 75, 80; *Stamer*, Rechtsschutz gegen öffentliche Konkurrenzwirtschaft, S. 138 m. w. N. in Fn. 59.

[1020] *Bethge*, in: Merten/Papier (Hrsg.), HGR III, § 72 Rn. 37 (im Erscheinen).

[1021] *Bethge*, in: Merten/Papier (Hrsg.), HGR III, § 72 Rn. 37 (im Erscheinen); *Selmer*, in: Stober/Vogel (Hrsg.), Wirtschaftliche Betätigung der öffentlichen Hand, S. 75, 81.

privater und öffentlicher Konkurrenz. Wie gezeigt ist auch nach Maßgabe des Grundgesetzes die Konkurrenz unter Privaten als Ausübung privater Freiheit etwas anderes als das grundrechtsgebundene Handeln des Staates und der anderen öffentlich-rechtlichen Gebietskörperschaften im Rahmen ihrer Kompetenzen[1022].

(6) Zwischenresümee

Die sich auf einem bestimmten Markt begegnenden privaten Konkurrenten unterliegen alle uneingeschränkt den gleichen rechtlichen und faktischen Regeln dieses Marktes. Ausnahmen gibt es nicht. Die bisherigen Untersuchungen haben demgegenüber gezeigt, dass die öffentliche Hand bei der Wettbewerbsteilnahme Vorteile genießt, die ein Privater nicht geltend machen kann, und dass diese Vorteile strukturelle Unterschiede zwischen öffentlichen und privaten Wettbewerbern hervorrufen[1023]. Auch wenn sie sich auf der (rechtlichen) Ebene der Gleichordnung begegnen, so sind sie faktisch doch verschiedenen Voraussetzungen unterworfen. Zwar bestehen auch nicht zu verkennende rechtliche Unterschiede. Die öffentliche Hand genießt bei ihrer Wettbewerbsteilnahme keinen Grundrechtsschutz[1024]. Dieser Umstand allerdings ist wie gezeigt gerade ein wesentliches Argument dafür, dass derart ungleiche Wettbewerber aufeinander treffen, dass die pauschale Aussage, Art. 12 Abs. 1 und Art. 14 GG schützten nicht vor Konkurrenz, so keinen Bestand haben kann. Systemimmanenten Konkurrenzdruck durch die öffentliche Hand und ihre Unternehmen gibt es nicht.

dd) Zum Problem der erforderlichen Eingriffsintensität sowie zum Überschreiten einer Eingriffsschwelle

Das zentrale Problem bei der Behandlung und Anerkennung eines faktischen „Eingriffs durch Konkurrenz" stellt jedoch die Bestimmung der erforderlichen Eingriffsintensität bzw. einer Eingriffsschwelle hinsichtlich des Grundrechtseingriffs dar[1025], wenn nicht lediglich die genannten Extremfälle Schutz vermitteln

---

1022 *Glahs/Külpmann*, VergabeR 2002, 555, 558; *Storr*, Der Staat als Unternehmer, S. 167.

1023 Siehe bereits Kapitel 2, S. 72 ff., Kapitel 3 § 17, S. 110 ff. und Kapitel 5 § 24 III., S. 154.

1024 Siehe sogleich Kapitel 5 § 29 II. 1. d), S. 227. Zu Ausnahmen bei gemischtwirtschaftlichen Unternehmen siehe Kapitel 2 § 14 I. 3., S. 91.

1025 *Kluth*, WiVerw 2000, 184, 193; *Storr*, Der Staat als Unternehmer, S. 175 ff., 426 ff. *Wendt*, in: Ennuschat/Geerlings/Mann/Pielow (Hrsg.), GS Tettinger, S. 335, 352 hält die Festlegung einer Eingriffsschwelle für dogmatisch nicht haltbar. Kritisch mit Blick auf einen drohenden allgemeinen Gesetzesvollziehungsanspruch privater Unternehmen gegen

sollen. Es gibt zwar mehrere Kriterien, die die Wirtschaftstätigkeit der öffentlichen Hand von derjenigen der privaten signifikant unterscheiden[1026]. Unter Heranziehung dieser Kriterien ist es auch grundsätzlich sach- und interessengerecht, die Eingriffsschwelle umso niedriger anzusetzen, je größer die Vorteile sind, die dem konkreten öffentlichen Unternehmen im Einzelfall zuteil werden, und je höher der Einfluss ist, der staatlicherseits auf das öffentliche Unternehmen ausgeübt werden kann[1027].

Ein praktisches Problem bei jeder Bestimmung der Eingriffsintensität sind jedoch mögliche Nachweisschwierigkeiten im Hinblick auf beweisbare Belege für die notwendige Intensität im Streitfall[1028]. Dieses Problem kann man zwar umgehen, indem man jede wirtschaftliche Betätigung der öffentlichen Hand als rechtfertigungsbedürftig betrachtet, und zwar nicht erst ab einer gewissen Intensität. Diese könnte man vielmehr erst bei der Verhältnismäßigkeitsprüfung im Rahmen der Eingriffsrechtfertigung einfließen lassen[1029]. Letztlich wird das Problem der Schwellenbestimmung damit aber nur verschoben.

Nur am Rande sei bemerkt, dass sich bei Zugrundelegung der zur Bestimmung der Intensität vorherrschenden Ansicht ein weiteres „Bedürfnis“ für die Anerkennung des drittschützenden Charakters der Gemeindeordnungsvorschriften ergeben könnte, um dem im Verwaltungsrechtsweg gegen kommunale Kon-

---

unliebsame hoheitliche Konkurrenz *Hauck*, WRP 2006, 323, 327; *Kämper/Heßhaus*, NWVBl. 2001, 377, 380 f.

1026 Hierzu bereits Kapitel 2 § 14 III. 1., S. 95 ff. und insbesondere Kapitel 5 § 26, S. 158 ff.

1027 Siehe in diesem Sinne auch *Ehlers*, JZ 1990, 1089, 1096; *Jarass*, DÖV 2002, 489, 494. Für eine Strukturbetrachtung hinsichtlich des jeweiligen Marktes *Kluth*, Grenzen kommunaler Wettbewerbsteilnahme, S. 70 f. Auch das ist praxisgerecht. Die Schwelle müsste dann besonders niedrig sein, wenn besonders intensive Formen der staatlichen Wettbewerbsteilnahme vorliegen. Das ist natürlich bei Monopolen der Fall, aber auch auf Märkten mit wenigen Anbietern und geringen Betriebsgrößen, strukturellen Schwächen und/oder gleichzeitigem Abweichen der staatlichen Angebote von den üblichen Marktbedingungen. Kritisch insoweit jedoch *Scharpf*, GewArch 2005, 1, 6, weil das Kriterium der Marktbedingungen eine unpraktikable Erforschung derselben voraussetze. Dieser Einwand ist zwar richtig, überzeugt aber nur, sofern es tatsächlich an praxistauglichen Erforschungsmethoden bzgl. vorliegender Marktbedingungen fehlen sollte. Mit Blick auf die zahlreich vorhandenen und erprobten Markterforschungsmethoden der Marktforschungsinstitute erscheint das jedoch zweifelhaft.

1028 *Wendt*, in: Ennuschat/Geerlings/Mann/Pielow (Hrsg.), GS Tettinger, S. 335, 350. Das mag auch der Grund sein, weshalb es bisher nur wenige Verfahren gab, in denen die Verletzung von Grundrechten gerügt und die Klage im Schwerpunkt darauf gestützt wurde, vgl. *Kluth*, Grenzen kommunaler Wettbewerbsteilnahme, S. 51.

1029 Diesen Weg schlägt *Scharpf*, GewArch 2005, 1, 5 vor. Vgl. auch *Faßbender*, DÖV 2005, 89, 98.

kurrenz klagenden Privaten eine Klagebefugnis zu vermitteln[1030], sofern mangels atypischen Falls eine Verletzung von Art. 12 Abs. 1 GG schon nicht einmal möglich erscheinen sollte.

Auch kann nur schwerlich mit einem Zweck- oder Finalitätskriterium operiert werden[1031], denn beide werden bei öffentlichen Unternehmen kaum zu belegen sein. Die Beeinträchtigung privater Konkurrenzunternehmen wird allenfalls billigend in Kauf genommen.

Hinsichtlich des Ziels, privaten Konkurrenten einen möglichst effektiven Rechtsschutz zu gewährleisten, wird die Eingriffsschwelle für die Bejahung eines Grundrechtseingriffs vor diesem Hintergrund in der Regel zu hoch angesetzt[1032]. Demgegenüber besteht jedoch kein grundrechtsdogmatischer oder grundrechtsnormativer Grund, erst derartigen extremen Grundrechtsbeeinträchtigungen Grenzen zu setzen, die sich aus einem Verdrängungswettbewerb der öffentlichen Hand ergeben, der private Wirtschaftsbetätigung auf diesem Markt unmöglich macht, oder die eine Monopolstellung eines öffentlichen Unternehmens mit sich bringt. Daher kann auch der bloße Behinderungswettbewerb grundrechtlich relevant sein[1033]. Richtigerweise ist die Intensität einer Grundrechtsbeeinträchtigung nämlich nur eine Frage ihrer verhältnismäßigen Rechtfertigung, nicht aber der Schutzfunktion der Grundrechte überhaupt[1034].

1030 An dieser Stelle könnte sich in der ausbildungsrelevanten Falllösung ein technisches Aufbauproblem ergeben: Nur mittels der Begründetheit kann gezeigt werden, dass und vor allem warum die die Wirtschaftstätigkeit der Kommunen regelnden Vorschriften in den Gemeindeordnungen doch drittschützend sein sollen oder sogar müssen, eben wenn und weil über Art. 12 Abs. 1 GG bzw. den aus dessen Verletzung resultierenden Unterlassungsanspruch grundsätzlich (zu den von der h. M. anerkannten Ausnahmen siehe oben) kein Erfolg privater Konkurrenten zu erzielen ist, weil kein atypischer Fall oder eine Monopolstellung vorliegt.

1031 Siehe zu diesen *Frenz*, Verwaltungsgerichtlicher Rechtsschutz in Konkurrenzsituationen, S. 100; *Kluth*, Grenzen kommunaler Wettbewerbsteilnahme, S. 65; *Storr*, Der Staat als Unternehmer, S. 171 ff.

1032 *Ahrens*, in: Harte-Bavendamm/Henning-Bodewig (Hrsg.), UWG, Einl F, Rn. 30. Gegen einen zu strengen Maßstab auch *Tilmann*, in: Ohly/Bodewig/Dreier/Götting/Haedicke/Lehmann (Hrsg.), FS Schricker, S. 763, 772. Nachweise zu den verschiedenen in der Literatur angebotenen hoch angesetzten Kriterien von „Marktbeherrschung" über „Erheblichkeit" bis „Spürbarkeit" bei *Jarass*, DÖV 2002, 489, 493 f. Ihnen kann hier nicht weiter nachgegangen werden.

1033 *Hösch*, Die kommunale Wirtschaftstätigkeit, S. 57; *Storr*, Der Staat als Unternehmer, S. 178.

1034 Ebenso *Grawert*, in: Grupp/Ronellenfitsch (Hrsg.), FS Blümel, S. 119, 135; *Pieroth/Hartmann*, DVBl. 2002, 421, 423 ff.; *Scharpf*, GewArch 2005, 1, 5; *Selmer*, in: Stober/Vogel (Hrsg.), Wirtschaftliche Betätigung der öffentlichen Hand, S. 75, 80 f., 83 ff.;

So leicht sich hier eine theoretische Leitlinie für die Bestimmung der erforderlichen Eingriffsintensität ziehen lässt, so schwer wird deren praktische Anwendung dem betroffenen Privaten fallen. Hilfreicher dürfte daher ein in der Praxis weitaus leichter zu handhabendes umfassenderes grundrechtliches Schutzverständnis sein, das der Privatwirtschaft unabhängig von der Bestimmung einer konkreten Eingriffsintensität zur – Rechtsschutz vermittelnden – Verfügung steht.

ee) Notwendigkeit eines umfassenderen grundrechtlichen Schutzverständnisses

(1) Maßstab der Wesentlichkeit

Dazu ist es erforderlich, einen „Eingriff durch Konkurrenz" eher als bisher verbreitet anzuerkennen. Maßgeblich muss sein, jede Beeinträchtigung grundrechtlich geschützter Verhaltensweisen als Eingriff zu qualifizieren, die für die Ausübung des Grundrechts wesentlich ist[1035]. Mit anderen Worten wird so der Umstand, dass die Möglichkeit eines privaten Konkurrenten, sich als verantwortliverantwortlicher Unternehmer wirtschaftlich zu betätigen, in einem erheblichen Maße eingeschränkt wird, als ausreichend, aber auch erforderlich betrachtet, um eine Beeinträchtigung von Art. 12 Abs. 1 und ggf. Art. 14 GG anzunehmen[1036]. Denn dann wird die Freiheit der Bürger nicht mehr gesichert, sondern ein Stück von ihrer Berufs- und Wirtschaftsfreiheit weggenommen[1037]. Die Schwelle der bloßen Grundrechtsgefährdung muss freilich überschritten werden. Qualitativ gesprochen sind Bagatelleinwirkungen grundrechtsirrelevant[1038]. Nicht ausreichend wäre mithin beispielsweise der Verlust von Marktanteilen, denn dieser

---

Storr, Der Staat als Unternehmer, S. 163; *Tsiliotis*, Der verfassungsrechtliche Schutz der Wettbewerbsfreiheit und seine Einwirkung auf die privatrechtlichen Beziehungen, S. 239 ff., 265 ff. Eingehend auch *Faßbender*, DÖV 2005, 89, 98.

1035 Das *Bundesverfassungsgericht* hat dieses Kriterium vor allem im Zusammenhang mit der verwandten Frage des Parlamentsvorbehalts entwickelt, siehe BVerfGE 47, 46, 79; 83, 130, 142; 98, 218, 251.

1036 *Ehlers*, JZ 1990, 1089, 1096. Eine solche Forderung erhebt auch *Ahrens*, in: Harte-Bavendamm/Henning-Bodewig (Hrsg.), UWG, Einl F, Rn. 33. Ähnlich auch *Berg*, WiVerw 2000, 141, 155; *Brüning*, JZ 2009, 29, 34.

1037 *Berg*, WiVerw 2000, 141, 157.

1038 *Storr*, Der Staat als Unternehmer, S. 176.

gehört zur unternehmerischen Aktivität dazu und kann seinen Grund auch in qualitativen und organisatorischen Mängeln haben[1039].

Eine solche Auswirkung ließe sich nur dann als Eingriff auffassen, wenn man jede wirtschaftliche Tätigkeit der öffentlichen Hand als grundrechtserheblich ansehen wollte[1040]. Aber selbst wenn man nicht ganz so weit geht und in jedem Einzelfall doch noch das Überschreiten einer – wenngleich generell niedrig angesetzten – Erheblichkeitsschwelle fordert[1041], so ist es dennoch richtig, für einen umfassenderen Grundrechtsschutz Privater als bisher einzutreten. Denn nicht nur regelnde Akte staatlicher Herrschaftsgewalt, sondern auch lediglich tatsächliche Behinderungen der dargestellten Art können eine Beeinträchtigung von Grundrechten, insbesondere von Art. 12 Abs. 1 GG, darstellen[1042].

(2) Rolle des modernen grundrechtlichen Eingriffsbegriffs

Schon das *Bundesverfassungsgericht* hat in seinem so genannten „Lüth-Urteil“[1043] die Grundlage für ein klassisch-liberales Grundrechtsverständnis ge-

---

[1039] Auch von daher ist es gerechtfertigt, Marktanteile nicht in den Schutzbereich des Art. 12 Abs. 1 GG einzubeziehen, vgl. *Storr*, Der Staat als Unternehmer, S. 156 ff.; a. A. *Schliesky*, Öffentliches Wettbewerbsrecht, S. 198. Zu beachten ist freilich, dass die durch den Verbraucherentscheid für das Angebot eines öffentlichen Unternehmens vermittelte Absatzminderung des Privaten als Folge des staatlichen Eingriffs anzusehen ist, mit diesem jedoch nicht identisch ist, vgl. *Kluth*, Grenzen kommunaler Wettbewerbsteilnahme, S. 66. Eben das berücksichtigt die Lehre vom faktischen Eingriff.

[1040] So ausdrücklich *Berg*, WiVerw 2000, 141, 146; *Erichsen*, Gemeinde und Private im wirtschaftlichen Wettbewerb, S. 29 m. w. N.; *Faßbender*, DÖV 2005, 89, 98; *Kluth*, Grenzen kommunaler Wettbewerbsteilnahme, S. 65 f., 82 f.; *Scharpf*, GewArch 2005, 1, 5. Einschränkend *Jarass*, DÖV 2002, 489, 493. Nur vor diesem Hintergrund ist es verständlich, wenn *Erichsen*, Gemeinde und Private im wirtschaftlichen Wettbewerb, S. 40 auch die Auffassung vertritt, das öffentliche Recht stelle ein *„wirksames Schutzprogramm“* für die privaten Konkurrenten dar, weshalb es einer Anwendung des Wettbewerbsrechts auf die öffentliche Hand nicht bedürfe. Mit der vorherrschenden Ansicht, dass nur ein atypisches Konkurrenzverhalten grundrechtlich relevant ist, ist die Behauptung eines wirksamen Schutzprogramms im öffentlichen Recht freilich nicht zu vereinbaren.

[1041] Darin läge indes kein Widerspruch zu dem zuvor dargelegten Problem der Bestimmung der erforderlichen Eingriffsintensität und dem entsprechenden Nachweis durch den Privaten. Denn die Eingriffsintensität im konkreten Einzelfall ist nicht deckungsgleich mit der Selbstverständlichkeit, dass nicht jegliche noch so geringe Auswirkungen zeitigende Wirtschaftstätigkeit der öffentlichen Hand einen Grundrechtseingriff darstellen kann.

[1042] *Frenz*, Verwaltungsgerichtlicher Rechtsschutz in Konkurrenzsituationen, S. 100; *Hoffmann-Becking*, in: Menger (Hrsg.), FS Wolff, S. 445, 457; *Storr*, Der Staat als Unternehmer, S. 178; a. A. jedoch *Klein*, Die Teilnahme des Staates am wirtschaftlichen Wettbewerb, S. 177.

[1043] BVerfGE 7, 198 ff. Siehe dazu *Tsiliotis*, Der verfassungsrechtliche Schutz der Wettbewerbsfreiheit und seine Einwirkung auf die privatrechtlichen Beziehungen, S. 503 ff.

legt, wonach Grundrechte primär Abwehrrechte gegen den Staat sind[1044]. Die objektive Wertordnung der Grundrechte verstärkt deren Abwehrfunktion[1045]. Eine mittelbare Drittwirkung der Grundrechte im Privatrecht lässt sich dem Urteil – aus heutiger Betrachtungsweise – allerdings ebenso wenig entnehmen wie eine Konstellation der Grundrechtskollision[1046]. Wenn man jedoch einen unmittelbaren Grundrechtsschutz privater Konkurrenten konstruiert, kommt es darauf auch gar nicht an. Wichtig ist dann vielmehr, den modernen grundrechtlichen Eingriffsbegriff heranzuziehen.

Für diesen genügen unbeabsichtigte und mittelbare Folgen tatsächlichen Handelns, die nicht durchgesetzt werden, sondern schlicht eintreten[1047]. Bei Art. 12 Abs. 1 GG kommt lediglich noch das besondere Erfordernis einer berufsregelnden Tendenz hinzu[1048]. Vor dem Hintergrund eines solchen Eingriffs-

---

[1044] Vgl. hierzu *Sodan*, DÖV 2000, 361, 363.

[1045] *Sodan*, DÖV 2000, 361, 364. Kritisch *Krölls*, GewArch 1992, 281, 282, weil sich aus einer grundgesetzlich-strukturellen Gewährleistung einer privatwirtschaftlich organisierten Ökonomie nicht zugleich die Garantie der Ausschließlichkeit wirtschaftlichen Handelns zu Gunsten der Privatwirtschaft folgern lasse.

[1046] *Bethge*, in: Merten/Papier (Hrsg.), HGR III, § 72 Rn. 39 (im Erscheinen). Für Fragen des grundrechtlichen Schutzes der Menschen gegenüber dem Staat als Unternehmer kommt es auf eine Privatrechtswirkung der Grundrechte unter Privaten an sich schon gar nicht an, vgl. *Schachtschneider*, Staatsunternehmen und Privatrecht, S. 351. Die wirtschaftliche Betätigung des Staates stellt im Übrigen auch keinen „kollidierenden" Rechtswert von Verfassungsrang dar, so dass von daher in den hier interessierenden Konstellationen kein Fall der Grundrechtskollision vorliegt, vgl. *Kluth*, Grenzen kommunaler Wettbewerbsteilnahme, S. 62. Selbst wenn man das anders sehen wollte, so wäre doch das Zivilrecht ein gleichfalls geeignetes Mittel zur Beilegung eines Kollisionsfalls, vgl. BVerfGE 81, 242, 255 f.; *Bethge*, in: Ennuschat/Geerlings/Mann/Pielow (Hrsg.), GS Tettinger, S. 369, 388.

[1047] *Pieroth/Hartmann*, DVBl. 2002, 421, 424; *Pieroth/Schlink*, Grundrechte, 23. Aufl. 2007, Rn. 240; *Tsiliotis*, Der verfassungsrechtliche Schutz der Wettbewerbsfreiheit und seine Einwirkung auf die privatrechtlichen Beziehungen, S. 166 ff.

[1048] Dabei handelt es sich jedoch nicht um ein limitierendes Tatbestandsmerkmal, sondern um eine Verdeutlichung des Schutzzwecks der Norm. Dadurch soll sichergestellt werden, dass nicht jede staatliche Maßnahme, die sich normativ-mittelbar oder faktisch-unmittelbar auf die Berufs- und Wettbewerbsfreiheit auswirkt, an Art. 12 Abs. 1 GG zu messen ist und eine Lähmung staatlicher Aktivitäten droht, siehe *Kluth*, WiVerw 2000, 184, 198. Zuzugestehen ist allerdings, dass eine berufsregelnde Tendenz der wirtschaftlichen Betätigung des Staates nicht immer klar erkennbar sein mag. Für die Zwecke der vorliegenden Arbeit kann jedoch davon ausgegangen werden, dass eine solche berufsregelnde Tendenz vorliegt, denn anderenfalls käme das Auffanggrundrecht des Art. 2 Abs. 1 GG zum Tragen. Die hier erarbeiteten Überlegungen würden dort erst recht gelten, vgl. nur *Jarass*, DÖV 2002, 489, 492. A. A. hinsichtlich des Merkmals der berufsregelnden Tendenz jedoch *Klein*, Die Teilnahme des Staates am wirtschaftlichen Wettbewerb, S. 177, denn es könne ernstlich nicht behauptet werden, *„daß durch die Aufnahme einer beliebigen wirtschaftlichen Tätigkeit seitens des Staates die Berufsausübung irgend jemandes ‚geregelt'*

verständnisses bedarf es daher der allgemeinen Anerkennung des faktischen Grundrechtseingriffs durch öffentliche Konkurrenz hinsichtlich der Wettbewerbsgrundrechte privater Konkurrenten[1049]. Denn aus grundrechtlicher Schutzperspektive macht es sehr wohl einen Unterschied, ob der hinzutretende oder sich ausbreitende Konkurrent in privatem oder öffentlichem Eigentum steht[1050]. Dass sich hieraus weit reichende legislatorische Verpflichtungen hinsichtlich der Schaffung von diese Eingriffe rechtfertigenden Rechtsgrundlagen ergeben, wurde bereits dargelegt[1051].

(3) Erweiternde Rechtsprechung des Bundesverwaltungsgerichts

Sogar in der Rechtsprechung des *Bundesverwaltungsgerichts* sind inzwischen Anklänge zu finden, die für eine Maßstabsverschärfung hinsichtlich des Schutzumfangs der Grundrechte vor Konkurrenz der öffentlichen Hand sprechen. Anstelle der früheren apodiktischen Absage wird nun formuliert:

> „*Grundrechte eines privaten Anbieters schützen* ***grundsätzlich*** *nicht vor dem Hinzutreten des Staates oder von Gemeinden als Konkurrenten, solange die private wirtschaftliche Betätigung nicht unmöglich gemacht oder unzumutbar eingeschränkt wird oder eine unerlaubte Monopolstellung entsteht*“[1052].

Daraus lässt sich deutlich ablesen, dass es auch nach Auffassung des *Bundesverwaltungsgerichts* Fälle geben kann, in denen privaten Konkurrenten ihr grundrechtlicher Schutz offen stehen soll, selbst wenn kein Fall atypischen

---

wird“. Für eine bloße Beeinträchtigung auf der Ebene der Berufsausübung und damit einen Eingriff auf der untersten Stufe der Berufsfreiheit *Wendt*, in: Ennuschat/Geerlings/Mann/Pielow (Hrsg.), GS Tettinger, S. 335, 352. Gegen das Erfordernis einer objektiv berufsregelnden Tendenz insgesamt *Scharpf*, GewArch 2005, 1, 6; *Storr*, Der Staat als Unternehmer, S. 174 f.

1049 Vgl. auch *Jarass*, DÖV 2002, 489, 492 ff.; *Kämper/Heßhaus*, NWVBl. 2001, 377, 379; *Scharpf*, GewArch 2005, 1, 5; *Wollenschläger*, DVBl. 2007, 589, 595. Anderenfalls käme es zu einer doppelten grundrechtsspezifischen Begünstigung des Staates, vgl. *Pieroth/Hartmann*, DVBl. 2002, 421, 424, die jedoch auch kritisch einwenden, mit einem solchen Vorgehen drohte eine Instrumentalisierung der Grundrechte nicht zum Schutz der Freiheit des Wettbewerbs, sondern im Gegenteil zum Schutz der Freiheit von einem bestimmten Wettbewerb. Einschränkend auf Fälle „*unterscheidbar fortwirken[der]*“ öffentlicher Strukturvorteile *Frenz*, Verwaltungsgerichtlicher Rechtsschutz in Konkurrenzsituationen, S. 101.

1050 Ähnlich insoweit *Jarass*, DÖV 2002, 489, 494. A. A. jedoch *Uechtritz/Otting*, in: Hoppe/Uechtritz (Hrsg.), Handbuch Kommunale Unternehmen, 2. Aufl. 2007, § 6 Rn. 135.

1051 Siehe Kapitel 4 § 21 V. 3., S. 128. Siehe auch *Bethge*, WiVerw 2008, 77, 81; *Erichsen*, Gemeinde und Private im wirtschaftlichen Wettbewerb, S. 31.

1052 BVerwG NJW 1995, 2938, LS (Hervorh. d. Verf.). Siehe aus der Rspr. des *Bundesgerichtshofs* außerdem BGHZ 82, 375, 390 – „Brillen-Selbstabgabestellen“.

Konkurrenzverhaltens der öffentlichen Hand in Rede steht. Mit den hier aufgezeigten Maßstäben können diese Fälle bestimmt werden. All das führt indes nicht dazu, dass nun jede Wirtschaftstätigkeit der öffentlichen Hand als Grundrechtsverletzung aufzufassen wäre. Die Rechtfertigung eines Eingriffs durch eine ausreichende und verhältnismäßige Rechtsgrundlage bleibt vielmehr möglich. Dem Staat wird die Wettbewerbsteilnahme also nicht gänzlich unmöglich gemacht.

(4) Grundrechtliche Verpflichtung zum Abbau staatlicher Monopole

Es ist in diesem Zusammenhang auch erwogen worden, das grundrechtliche Verständnis in dem Sinne zu erweitern, Art. 12 Abs. 1 GG – quasi über seine klassische Abwehrfunktion hinaus – eine Art Leistungsverpflichtung zu entnehmen, die den Abbau staatlicher (Verwaltungs-) Monopole – und damit auch des staatlichen Glücksspielmonopols[1053] – gebiete[1054]. Dieser sehr interessante Ansatz ließe sich pragmatisch mit den bereits in der Vergangenheit erarbeiteten Erkenntnissen zum Leistungsgehalt der Grundrechte verbinden. Die Konsequenz wäre, einen unmittelbar aus Art. 12 Abs. 1 GG entnommenen Leistungsanspruch auf Abbau des staatlichen Monopols anzuerkennen. Dieser würde sich indes – und das macht diesen Ansatz ebenso reizvoll wie gut vertretbar – faktisch in einem bloßen Abwehranspruch äußern. Denn ob ein Anspruch des privaten Konkurrenten auf Unterlassen einer bestimmten wirtschaftlichen Betätigung der öffentlichen Hand wie beispielsweise auf dem Glücksspielmarkt auf ein Abwehr- oder ein Leistungsrecht gestützt wird, macht, wenn diese staatliche Tätigkeit daraufhin unterbleibt, im Ergebnis keinen Unterschied.

(5) Strengere Vorgaben des Gemeinschaftsrechts

Zu beachten ist letztlich auch, dass die wirtschaftsrechtlichen Vorschriften der Europäischen Gemeinschaft der Unternehmenstätigkeit der öffentlichen Hand engere Grenzen ziehen als das nationale Verfassungsrecht[1055]. Diesen Umstand haben namentlich die Instanzgerichte bei der Bewertung der Zulässigkeit staatli-

---

[1053] Dazu speziell noch Kapitel 7 § 36 I., S. 358 ff.

[1054] *Bethge*, in: Heckmann (Hrsg.), GS F. O. Kopp, S. 300, 305 ff.; *ders.*, WiVerw 2008, 77, 79. Für eine Privatisierungspflicht in solchen Fällen ansatzweise auch schon *Hoffmann-Becking*, in: Menger (Hrsg.), FS Wolff, S. 445, 460 f.

[1055] *Badura*, DÖV 1998, 818, 823.

cher Wirtschaftstätigkeit im Rahmen ihrer aus Art. 10 EG folgenden Bindung an das Gemeinschaftsrecht wertend mit in den Blick zu nehmen[1056].

b) Wegen Grundrechtsverletzung hinsichtlich Art. 14 Abs. 1 S. 1 GG

Mit dem durch Art. 14 Abs. 1 S. 1 GG garantierten Eigentum eines privaten Konkurrenten steht eine weitere grundrechtlich geschützte Rechtsposition zur Verfügung, deren Beeinträchtigung oder gar Verletzung einen öffentlich-rechtlichen Unterlassungsanspruch begründen kann. Denn Art. 14 Abs. 1 S. 1 GG schützt zumindest den Bestand und damit die Substanz der Sach- und Rechtsgesamtheit Privater[1057]. Jedoch werden auch einem derart begründeten Anspruch Vorbehalte entgegengebracht. Sie entsprechen aber weitestgehend denen, die einem mittels Art. 12 Abs. 1 GG begründeten Unterlassungsanspruch entgegengebracht werden[1058]: Auch Art. 14 Abs. 1 S. 1 GG soll nicht vor dem Auftreten eines neuen Konkurrenten schützen, selbst wenn dieser in öffentlicher Trägerschaft steht[1059]; auch hier soll die einzig weithin anerkannte Ausnahme bei einer unerlaubten Monopolstellung der öffentlichen Hand greifen[1060]. Die Hürden sind hier also ebenso hoch angesetzt wie bei Art. 12 Abs. 1 GG.

Insgesamt kommt jedoch Art. 12 Abs. 1 GG gegenüber insbesondere Art. 14 Abs. 1 S. 1 GG und Art. 2 Abs. 1 GG bei der vorliegenden Problematik eine überragende Bedeutung zu[1061], weshalb hier der Hinweis genügt, dass, sofern es im Einzelfall doch einmal auf einen primären Schutz des Eigentums ankommen sollte, ebenfalls die Notwendigkeit eines umfassenderen grundrechtlichen

---

[1056] A. A. offenbar *Hummel*, NVwZ 2008, 36, 37 ff.

[1057] BVerwGE 95, 341, 348 f.; 118, 226, 241.

[1058] *Ronellenfitsch*, in: Isensee/Kirchhof (Hrsg.), HStR IV, 3. Aufl. 2006, § 98 Rn. 37. Das muss indes nicht bedeuten, dass auch beide Ansprüche ausscheiden, siehe nur *Tsiliotis*, Der verfassungsrechtliche Schutz der Wettbewerbsfreiheit und seine Einwirkung auf die privatrechtlichen Beziehungen, S. 312.

[1059] Vgl. i. E. BVerwGE 17, 306, 314; BVerwG NJW 1995, 2938, 2939. Siehe auch *Pagenkopf*, GewArch 2000, 177, 183. Gegen eine solche Verallgemeinerung *Wendt*, in: Ennuschat/Geerlings/Mann/Pielow (Hrsg.), GS Tettinger, S. 335, 352 f., weil diese die Besonderheiten im Wettbewerb von Grundrechtsträger und Grundrechtsverpflichtetem verwischt.

[1060] BVerwGE 17, 306, 314; 39, 329, 337; BVerwG NJW 1978, 1539, 1540; VG Münster NVwZ 1982, 522, 523; *Frenz*, Verwaltungsgerichtlicher Rechtsschutz in Konkurrenzsituationen, S. 98 f.; *Gröning*, WRP 2002, 17, 21; *Kluth*, Grenzen kommunaler Wettbewerbsteilnahme, S. 82; *Papier*, DVBl. 2003, 686, 689; *Ronellenfitsch*, in: Isensee/Kirchhof (Hrsg.), HStR IV, 3. Aufl. 2006, § 98 Rn. 37. Weitere Nachweise bei *Tsiliotis*, Der verfassungsrechtliche Schutz der Wettbewerbsfreiheit und seine Einwirkung auf die privatrechtlichen Beziehungen, S. 310 mit Fn. 1704.

[1061] Siehe nur *Jarass*, DÖV 2002, 489, 492 ff.

Schutzverständnisses besteht. Die Überlegungen zu Art. 12 Abs. 1 GG gelten dann entsprechend.

Im Übrigen schützt Art. 14 Abs. 1 S. 1 GG nicht Gewinn, Zukunftshoffnungen und Erwartungen[1062], die jedoch regelmäßig (mit-)betroffen sein werden, wenn der Bestand vorhandener Privatunternehmen berührt ist[1063]. Das *Bundesverfassungsgericht* hat bislang offen gelassen, ob das einfachgesetzliche Recht am rechtmäßig eingerichteten und ausgeübten Gewerbebetrieb vom Schutzbereich der Eigentumsfreiheit erfasst ist[1064]. Ein Eingriff in dieses Recht ist aber jedenfalls nicht unmittelbar, so dass ein Schutz konkurrierender Privater über Art. 14 Abs. 1 S. 1 GG unter diesem Aspekt ausscheidet[1065]. Letztlich interessiert den Privaten aber ohnehin nur die Frage, ob er eine staatliche Konkurrenz abwehren kann; auf Grundlage welcher Vorschriften, dürfte ihm gleichgültig sein[1066].

c) Bedeutung, Beeinträchtigung und Verletzung einer „Wettbewerbsfreiheit"

Als weitere grundrechtlich geschützte Rechtsposition eines Privaten kommt die „Wettbewerbsfreiheit" in Betracht. Die Wettbewerbsfreiheit ist jedoch lediglich eine besondere Freiheit, die von der allgemeinen wirtschaftlichen Betätigungsfreiheit umfasst wird[1067]. Das *Bundesverwaltungsgericht* hat die Wettbewerbsfreiheit zunächst bei Art. 2 Abs. 1 GG[1068], dann daneben bei Art. 12 Abs. 1 GG[1069] und schließlich allein bei Art. 12 Abs. 1 GG[1070] sowie zusätzlich bei Art. 14 Abs. 1 GG verortet[1071]. Man kann von daher mit guten Gründen bezweifeln, dass es wegen der den Wettbewerb überhaupt erst konstituierenden Wirkung der Grundrechte überhaupt eine individuelle Wettbewerbsfreiheit als ei-

---

1062 Vgl. BVerfGE 30, 292, 335.
1063 Statt vieler *Henneke*, NdsVBl. 1998, 273, 277.
1064 Siehe zuletzt etwa BVerfGE 105, 252, 278 m. w. N.
1065 Differenzierend und ausführlich *Kluth*, Grenzen kommunaler Wettbewerbsteilnahme, S. 77 ff., i. B. S. 82 f. Vgl. auch *Tsiliotis*, Der verfassungsrechtliche Schutz der Wettbewerbsfreiheit und seine Einwirkung auf die privatrechtlichen Beziehungen, S. 310, 312.
1066 *Pieroth/Hartmann*, DVBl. 2002, 421, 422. Siehe auch *Ronellenfitsch*, in: Isensee/Kirchhof (Hrsg.), HStR IV, 3. Aufl. 2006, § 98 Rn. 37.
1067 BVerwGE 65, 167, 174; 79, 326, 329; *Storr*, Der Staat als Unternehmer, S. 155 m. w. N. in Fn. 422.
1068 BVerwGE 17, 306, 309; 30, 191, 198.
1069 BVerwG NJW 1978, 1539, 1540.
1070 BVerwGE 71, 183, 189; BVerwG NJW 1995, 2938, 2939.
1071 *Pieroth/Hartmann*, DVBl. 2002, 421. Siehe auch *Tsiliotis*, Der verfassungsrechtliche Schutz der Wettbewerbsfreiheit und seine Einwirkung auf die privatrechtlichen Beziehungen, passim.

genständiges Grundrecht gibt[1072]. Das ändert jedoch nichts daran, dass eine als Wettbewerbsfreiheit gekennzeichnete grundrechtlich verbürgte Freiheit jedenfalls der Verdeutlichung der konkret zu prüfenden Konstellation dienen kann[1073]. Bei der Frage, ob durch öffentliche wirtschaftliche Betätigung in die Wettbewerbsfreiheit Privater eingegriffen wird, erscheint es daher richtiger, diese Prüfung anhand der jeweiligen Einzelgrundrechte und ihren Freiheitsverbürgungen vorzunehmen[1074]. Das wird letztlich auch der nur subsidiären Funktion des Art. 2 Abs. 1 GG gerecht.

d) Keine Geltung der Grundrechte oder der Gewerbefreiheit für die Wirtschaftstätigkeit der öffentlichen Hand (keine Grundrechtsberechtigung der öffentlichen Hand)

Die fehlende Parität von öffentlichen und privaten Konkurrenten ist auch mit der fehlenden Grundrechtsberechtigung der öffentlichen Hand begründet worden[1075]. Weil es wohl seit dem Sasbach-Beschluss des *Bundesverfassungsgerichts*[1076] als geklärt gelten kann, dass die öffentliche Hand als solche grundsätzlich allenfalls grundrechtsverpflichtet ist[1077], genügt im Folgenden eine kurze Darstellung der Thematik[1078].

Grundrechtsverpflichtung (Grundrechtsbindung) und Grundrechtsberechtigung (Grundrechtsfähigkeit) schließen sich hinsichtlich ein und derselben Person aus. Es besteht ein Alternativitätsverhältnis beider Kategorien[1079]. Zwar

---

1072 So *Hösch*, Die kommunale Wirtschaftstätigkeit, S. 18.

1073 Zu diesem Schluss kommt dann auch *Hösch*, Die kommunale Wirtschaftstätigkeit, S. 18.

1074 Umfassend *Storr*, Der Staat als Unternehmer, S. 152 ff. Siehe aber auch BVerfGE 9, 83, 88, wonach jeder Wettbewerber durch Art. 2 Abs. 1 GG einen grundrechtlichen Anspruch darauf hat, durch die Staatsgewalt nicht mit einem Nachteil belastet zu werden, der nicht in der verfassungsmäßigen Ordnung begründet ist. Rechtswidriges wettbewerbsrelevantes Handeln der öffentlichen Hand bedeutet somit im Verhältnis zu den Mitbewerbern immer auch einen Verstoß gegen die grundrechtlich abgesicherte Wettbewerbsfreiheit, vgl. *Storr*, Der Staat als Unternehmer, S. 510.

1075 Siehe soeben Kapitel 5 § 29 II. 1. a) cc) (5), S. 215.

1076 BVerfGE 61, 82, 101, 105 ff.

1077 Wie hier *Ronellenfitsch*, in: Isensee/Kirchhof (Hrsg.), HStR IV, 3. Aufl. 2006, § 98 Rn. 41.

1078 Die Dogmatik einer Grundrechtsfähigkeit juristischer Personen aus Art. 19 Abs. 3 GG vor dem Hintergrund der Frage, ob der unternehmerische Staat Grundrechtsträger sein kann, bereiten ausführlich auf: *Bethge*, Die Grundrechtsberechtigung juristischer Personen nach Art. 19 Abs. 3 Grundgesetz, passim; *Storr*, Der Staat als Unternehmer, S. 187 ff., i. B. S. 203 ff.

1079 *Möstl*, Grundrechtsbindung öffentlicher Wirtschaftstätigkeit, S. 132.

steht Art. 19 Abs. 3 GG vom Wortlaut her der Einbeziehung juristischer Personen des öffentlichen Rechts nicht entgegen[1080].

> *„Es widerspricht [jedoch] prinzipiell dem dort apostrophierten Wesen der Grundrechte, den Staat (und die ihm gleichzusetzenden anderen juristischen Personen des öffentlichen Rechts) als konstitutionellen Widersacher der Grundrechte und als Schuldner fremder Freiheit zu deren Nutznießer zu machen."*[1081]

Die öffentliche Hand kann nicht zugleich grundrechtsverpflichtet und – berechtigt sein („Konfusionsargument")[1082].

Es gibt namentlich weder eine grundrechtlich geschützte Gewerbefreiheit der öffentlichen Hand[1083] noch eine gleichermaßen fundierte Unternehmerfreiheit der Kommunen[1084]. Denn Gemeinden üben als Teil des Staatsaufbaus Staatsgewalt im weiteren Sinne aus, sind also auf Grund Art. 1 Abs. 3 GG grundrechtsverpflichtet und nicht etwa grundrechtsberechtigt[1085]. Öffentliche Unternehmen sind durch die Grundrechte nicht geschützt, sondern gebunden[1086]. Weder aus Art. 28 Abs. 2 GG noch aus Art. 12 Abs. 1, 19 Abs. 3 GG ergibt sich etwas anderes. Steht der öffentlichen Hand mithin kein gewerbe- oder wettbewerbsrechtlicher Grundrechtsschutz zu, geht es auch nicht an, Konkurrenzsitua-

---

1080 Ähnlich *Stern/Püttner*, Die Gemeindewirtschaft, S. 132.

1081 So *Bethge*, in: Butzer/Kaltenborn/Meyer (Hrsg.), FS Schnapp, S. 3 f. Ebenso bereits *Frentzel*, Recht und Staat 235 (1961), S. 14, der jede andere „*Fiktion*" sogar als „*abwegig*" bezeichnet.

1082 Vgl. auch *Brenner*, BB 1962, 727, 728 ff.; *v. Gamm*, WRP 1984, 303, 304; *Möstl*, Grundrechtsbindung öffentlicher Wirtschaftstätigkeit, S. 131. Ausnahmen gelten nur für die Kirchen (BVerfGE 19, 1, 5; 70, 138, 160 f.), die öffentlich-rechtlichen Rundfunkanstalten (BVerfGE 31, 314, 322; 74, 297, 317 f.) und die Universitäten (BVerfGE 15, 256, 261; 67, 202, 207) sowie allgemein die Justizgrundrechte (für rechtliches Gehör: BVerfGE 6, 45, 49 f.), jedoch keinesfalls für die hier interessierenden Grundrechte aus Art. 12, 14 und ggf. Art. 2 Abs. 1 GG. Vereinzelt wird jedoch für eine Geltung der Grundrechte dem Rechtsgedanken nach gestritten, vgl. *Brenner*, BB 1962, 727, 730, der a. a. O. allerdings auch vertritt, dass der Staat seine wirtschaftliche Beteiligung der Privatwirtschaft zu überlassen habe, wenn keine Notwendigkeit für eine wirtschaftliche Beteiligung der öffentlichen Hand mehr bestünde. Hieraus ließe sich wiederum ein Abwehranspruch ab eben diesem bestimmten Zeitpunkt begründen.

1083 A. A. *Bettermann*, in: FS Hirsch, S. 1, 3 ff.

1084 *Bethge*, in: Merten/Papier (Hrsg.), HGR III, § 72 Rn. 37 (im Erscheinen); *Stern/Püttner*, Die Gemeindewirtschaft, S. 136; *Storr*, Der Staat als Unternehmer, S. 187 f.

1085 Vgl. auch *Broß*, in: Erdmann/Gloy/Herber (Hrsg.), FS Piper, S. 107, 110; *Erichsen*, Gemeinde und Private im wirtschaftlichen Wettbewerb, S. 24; *Papier*, DVBl. 2003, 686, 689; *Storr*, Der Staat als Unternehmer, S. 224.

1086 *Ehlers*, JZ 1990, 1089, 1096; unklar insoweit hinsichtlich rechtlich selbstständiger Gemeindeunternehmen *Stern/Püttner*, Die Gemeindewirtschaft, S. 139 f.

tionen zwischen privaten Anbietern und der öffentlichen Hand über das Modell der Grundrechtskollision zu lösen[1087].

Dass der öffentlichen Hand für ihre Wirtschaftstätigkeit nicht die Grundrechte zustehen können, ergibt sich auch aus einem anderen Umstand: Wollte man sie ihr nämlich einräumen, müsste man auch zugestehen, private Wettbewerber müssten Konkurrenz durch die öffentliche Hand in gleicher Weise hinnehmen wie seitens Privater[1088]. Das indes kann nicht richtig sein.

Stattdessen besteht vielmehr eine Grundrechtsbindung der öffentlichen Hand sogar im Bereich des so genannten Verwaltungsprivatrechts, also dort, wo juristische Personen des Privatrechts sich privatrechtlicher Mittel bedienen, um öffentliche Aufgaben wahrzunehmen[1089]. Eine „Flucht ins Privatrecht" mit der Folge einer Befreiung von der Grundrechtsbindung wäre verfassungsrechtlich unzulässig[1090]. Der Staat kann auch in diesem Bereich keine Privatautonomie besitzen[1091].

Anders allerdings sind die gemischtwirtschaftlichen Unternehmen zu beurteilen. Ihnen kommt nach hier vertretener Auffassung in Anerkennung der Interessen der privaten Anteilseigner Grundrechtsfähigkeit unabhängig vom Beteiligungsgrad der öffentlichen Hand zu[1092].

1087 Ebenso auch *Lindner*, Verwaltungsgerichtliche Klagemöglichkeiten für Private gegen privatrechtliche kommunale Wirtschaftsbetätigung, S. 104 ff.

1088 *Sodan*, DÖV 2000, 361, 371.

1089 Zum Begriff *Diefenbach*, WiVerw 2003, 115, 126 mit Fn. 56; *Ronellenfitsch*, in: Isensee/Kirchhof (Hrsg.), HStR IV, 3. Aufl. 2006, § 98 Rn. 48; *Scholz*, ZHR 132 (1969), 97, 123 mit Fn. 134; *Stelkens*, Verwaltungsprivatrecht, S. 23 f.; kritisch hinsichtlich der Unbestimmtheit des verwaltungsprivatrechtlichen Kriteriums „unmittelbar öffentliche Zwecke" *Frentzel*, Recht und Staat 235 (1961), S. 7. A. A. hinsichtlich der Grundrechtsbindung *Bettermann*, in: FS Hirsch, S. 1, 20.

1090 *Holtschmidt*, Grenzen der privatrechtlichen wirtschaftlichen Betätigung der öffentlichen Hand, S. 23; *Schliesky*, Öffentliches Wettbewerbsrecht, S. 64; *Tsiliotis*, Der verfassungsrechtliche Schutz der Wettbewerbsfreiheit und seine Einwirkung auf die privatrechtlichen Beziehungen, S. 152 f. m. w. N. in Fn. 742.

1091 *Holtschmidt*, Grenzen der privatrechtlichen wirtschaftlichen Betätigung der öffentlichen Hand, S. 24; *Möstl*, Grundrechtsbindung öffentlicher Wirtschaftstätigkeit, S. 135; *Schachtschneider*, Staatsunternehmen und Privatrecht, S. 267 ff.; *Tsiliotis*, Der verfassungsrechtliche Schutz der Wettbewerbsfreiheit und seine Einwirkung auf die privatrechtlichen Beziehungen, S. 153.

1092 Siehe dazu Kapitel 2 § 14 I. 3., S. 91.

2. *Andere öffentlich-rechtlich begründete Unterlassungs- und Abwehransprüche*

Neben dem öffentlich-rechtlichen Unterlassungsanspruch kann bei einem bereits rechtswidrig erfolgten Marktzutritt anstelle eines Unterlassungsanspruchs des privaten Konkurrenten auch die Geltendmachung eines Folgenbeseitigungsanspruchs in Betracht kommen[1093]. Die Probleme und die Begründetheit liefen indes mit dem öffentlich-rechtlichen Unterlassungsanspruch weitestgehend parallel, weshalb auf eine weitergehende Darstellung verzichtet werden kann.

3. *Zwischenergebnis*

Es zeigt sich, dass die zurzeit vorherrschende Auffassung zum Schutzumfang und damit zur Begründetheit öffentlich-rechtlich basierter Ansprüche privater Konkurrenten gegen die Wirtschaftstätigkeit der öffentlichen Hand zu restriktiv ist. Sie verkennt die eminenten Unterschiede von privater und öffentlicher Wirtschaftstätigkeit.

Jedenfalls ein öffentlich-rechtlicher Unterlassungsanspruch steht Privaten zur Verfügung, um die Beeinträchtigung oder Verletzung einer subjektiven Rechtsposition abzuwehren.

Als rechtlich geschütztes Interesse kommen dafür grundrechtlich geschützte Rechtspositionen in Betracht. Von besonderem Interesse ist Art. 12 Abs. 1 GG. Erforderlich ist dabei ein umfassenderes grundrechtliches Schutzverständnis, als es allgemein hin bisher anerkannt wird. Art. 14 Abs. 1 S. 1 GG und Art. 2 Abs. 1 GG kommt daneben nur eine untergeordnete Bedeutung zu.

Weiter bleibt festzuhalten, dass die Ergebnisse, die zu dem verfassungsimmanenten Prinzip des Vorrangs der Privatheit erarbeitet wurden[1094], stützend hinzu treten. Das führt zu einer weiteren Verstärkung des grundrechtlichen Schutzniveaus.

[1093] Vgl. OVG Münster NVwZ 2003, 1520, 1521 – „Parkhausdach mit Fitness-Studio"; *Hauck*, WRP 2006, 323, 324 mit Fn. 5.

[1094] Siehe Kapitel 5 § 24, S. 150 ff.

III. Kann das Wettbewerbsrecht entsprechend oder nach seinen Grundsätzen auch im öffentlichen Recht zur Auslegung und/oder Begründung verwaltungsrechtlicher Ansprüche zur Anwendung kommen?

1. Geltung allgemeiner wettbewerbsrechtlicher Rechtsgrundsätze des Zivilrechts im öffentlichen Recht

Privaten Konkurrenten steht wie gezeigt ein öffentlich-rechtlicher Unterlassungsanspruch und ggf. ein Folgenbeseitigungsanspruch zur Verfügung, um sich gegen Rechtsverletzungen auf Grund einer wirtschaftlichen Tätigkeit der öffentlichen Hand zur Wehr zu setzen. Es fragt sich, ob zur Auslegung derartiger Ansprüche nicht auch das Wettbewerbsrecht zur Anwendung kommen kann. Beispielsweise könnte mit seiner Hilfe bestimmt werden, wann eine Beeinträchtigung grundrechtlich geschützter Verhaltensweisen als Eingriff zu qualifizieren ist, die für die Ausübung des Grundrechts wesentlich ist.

Für das öffentliche Recht werden Rechtssätze des bürgerlichen Rechts auf zweifache Weise herangezogen, die voneinander zu trennen sind[1095]. Zum einen gibt es die Möglichkeit, Normen analog anzuwenden. Zum anderen können sie als Ausdruck eines allgemeinen, also nicht nur auf das bürgerliche Recht beschränkten und somit für das öffentliche Recht unmittelbar geltenden – also direkt anwendbaren – Rechtssatzes aufgefasst werden. Ein allgemeiner Rechtsgrundsatz gilt demzufolge sowohl im öffentlichen wie im Privatrecht.

a) Das Verbot sittenwidrigen Handelns

Das Verbot sittenwidrigen Handelns (vgl. § 1 UWG a. F.) beispielsweise sollte solch ein allgemeiner Rechtsgrundsatz sein, der auch im öffentlichen Recht Geltung beanspruchen können sollte[1096]. Demnach gehört die Einhaltung der Normen des UWG auch zu den Amtspflichten bei Ausübung hoheitlicher Maßnahmen. Ein Verstoß dagegen macht sie rechtswidrig. Interessanterweise soll ein gegen diese Grundsätze verstoßendes Verhalten eines Hoheitsträgers zugleich in die Grundrechte privater Konkurrenten aus Art. 2, 12 und 14 GG eingreifen, weshalb es auch nach öffentlichem Recht rechts- und verfassungswidrig sein

---

[1095] Zum Folgenden *Vollmar*, Rechtsweg und Maßstab für Klagen gegen die öffentliche Hand wegen Wettbewerbsverstößen, S. 65 f.

[1096] *Schricker*, Wirtschaftliche Tätigkeit der öffentlichen Hand und unlauterer Wettbewerb, 2. Aufl. 1987, S. 116 ff.; a. A. *Schachtschneider*, Staatsunternehmen und Privatrecht, S. 440.

soll[1097]. Das aber ist ein entscheidendes Argument dafür, wie vorliegend geschehen für einen umfassenderen grundrechtlichen Schutzumfang einzutreten als bisher. Denn das Schutzniveau des UWG ist keinesfalls niedriger als das der grundrechtlich verbürgten Freiheiten.

Schon sehr früh wurde der krasseste Fall sittenwidrigen Handelns staatlicher Stellen daher darin gesehen, wenn sie privaten Wettbewerbern nur deshalb eine Erlaubnis versagen, um sich private Konkurrenz auf einem bestimmten Markt quasi vom Hals zu halten[1098]. Dieser Gedanke drängt sich heute im Hinblick auf die Prolongierung des Staatsmonopols auf Glücksspiele und Sportwetten geradezu auf.

b) *Auswirkungen der UWG-Reform von 2004*

Angesichts der Reform des UWG im Jahr 2004 und der Streichung des Verbots sittenwidrigen Handelns (vgl. § 1 UWG a. F.) erübrigen sich heute Diskussionen darüber, ob dieses Verbot als allgemeiner Rechtsgrundsatz auch im öffentlichen Recht Anwendung zu finden habe[1099] oder nicht[1100] und ob daher für alle Fälle von Wettbewerbsstreitigkeiten die Zivilgerichte zuständig sein sollen, unabhängig davon, wer beteiligt ist. Die Ansicht, das Wettbewerbsrecht sei in Bezug auf die Unterscheidung von privatem und öffentlichem Recht neutral und stelle quasi gemeinsames Recht dar[1101], besagt demgegenüber wie bereits ausgeführt noch nichts über die formellrechtliche Zuweisung wettbewerbsrechtlicher Streitigkei-

---

1097 *Schricker*, Wirtschaftliche Tätigkeit der öffentlichen Hand und unlauterer Wettbewerb, 2. Aufl. 1987, S. 118.

1098 *Emmerich*, Der unlautere Wettbewerb der öffentlichen Hand, S. 76 f.

1099 Für eine Verlagerung wettbewerbsrechtlicher Grundsätze in den Verwaltungsprozess *Bettermann*, DVBl. 1977, 180, 181 f. („*gleichgültig, ob direkt oder analog*"); *Ehlers*, JZ 1990, 1089, 1098 („*entsprechend oder als Bestandteil*"); *Kopp/Schenke*, VwGO, 15. Aufl. 2007, § 40 Rn. 30; *Schliesky*, DÖV 1994, 114 ff.; *P. Ulmer*, ZHR 146 (1982), 466, 480 (wertende Miteinbeziehung). Auch *Menger*, VerwArch. 68 (1977), 293, 298 spricht sich für eine entsprechende Anwendung der Sanktionssysteme des UWG und des GWB auf Wettbewerbshandlungen der öffentlichen Hand aus, soweit dies die öffentlichrechtlich bestimmte Interessenlage erlaubt. Im Übrigen sollen die allgemeinen Rechtsgrundsätze der beiden Gesetze zur Anwendung kommen. *Bettermann*, DVBl. 1977, 180, 183 will allerdings auch eine damit einhergehende Rechtswegspaltung zwischen Schadensersatz- und Entschädigungsansprüchen auf der einen Seite (vgl. Art. 34 S. 3, 14 Abs. 3 S. 4 GG oder § 40 Abs. 2 S. 1 HS 1 VwGO) und negatorischen und Auskunftsansprüchen auf der anderen Seite (die zu den Verwaltungsgerichten gehören sollen) akzeptieren. Aus prozessökonomischen Gründen ein – wie bereits dargelegt – nicht akzeptables Ergebnis.

1100 Kritisch noch *Mestmäcker*, NJW 1969, 1, 3; *Scholz*, NJW 1974, 781, 782.

1101 So noch *Scholz*, ZHR 132 (1969), 97, 121 ff.

ten in den ordentlichen oder den Verwaltungsrechtsweg[1102]. Eben deshalb droht aber auch kein Unterlaufen spezifisch öffentlich-rechtlicher Fragen[1103], denn diese sind primär prozessual angelegt. Das zeigt sich beispielsweise an dem Einwand, ein Zivilgericht untersuche bei der wegen § 17 Abs. 2 S. 1 GVG vorzunehmenden Prüfung eines öffentlich-rechtlichen Unterlassungsanspruchs schließlich nicht, ob sich der Kläger auf eine drittschützende Norm berufen könne, die allein ihm im Verwaltungsprozess über die Hürde der Klagebefugnis hinweggeholfen hätte. Die Frage der Klagebefugnis ist aber ja gerade eine prozessuale Frage, an der allein der Rechtsschutz eines privaten Konkurrenten aber nicht scheitern darf.

c) Kritische Würdigung

Die Lehre vom öffentlich-rechtlichen Charakter des Wettbewerbsrechts für die öffentlichen Hände hat auch teils heftige Kritik erfahren[1104]. Denn wie auch immer die Lehre formuliert und gemeint sein möge, im Ergebnis – so die Argumentation – entschleiere sie sich doch nur als Vorwand, materielles Recht (UWG und GWB) durch Rechtswegzuweisung zu den Verwaltungsgerichten auszuschalten. Denn Sozial- und Verwaltungsgerichtsbarkeit wendeten *de facto* Wettbewerbsrecht nicht an. Dass sie es heute sinnvollerweise tun sollten und auf Grund § 17 Abs. 2 S. 1 GVG sogar tun müssen, wurde schon dargelegt. Damit kann die öffentliche Hand letztlich einer Anwendung des Wettbewerbsrechts gar nicht mehr entgehen, selbst wenn man den Verwaltungsrechtsweg beschreiten würde. Von daher bedarf es einer Geltung allgemeiner wettbewerbsrechtlicher Rechtsgrundsätze im öffentlichen Recht nicht. Im Übrigen wird sogleich noch zu zeigen sein, dass auch das allgemeine Wettbewerbsrecht inzwischen Ansprüche bereit hält, mit deren Hilfe wiederum Verstöße gegen spezifisch öffentliches Recht durchgesetzt werden können, ohne dass dabei dessen Besonderheiten unbeachtet blieben, weil sie in das Wettbewerbsrecht inkorporiert werden.

2. Forderung zur Schaffung eines einheitlichen öffentlichen Wettbewerbsrechts

Der Vollständigkeit halber soll hier Erwähnung finden, dass die Diskussion um die Geltung allgemeiner wettbewerbsrechtlicher Rechtsgrundsätze im öffentli-

---

[1102] *Scholz*, NJW 1978, 16, 17.
[1103] A. A. *Brohm*, NJW 1994, 281, 287.
[1104] Zum Folgenden *Harms*, BB 1986, Beilage 17, S. 6.

chen Recht zum Teil auf eine Forderung nach einem einheitlichen öffentlichen Wettbewerbsrecht hinausläuft[1105]. Dabei geht es um mehr als die bloße Anlegung gleicher Kontrollmaßstäbe in beiden Gerichtszweigen[1106].

So interessant dieser Ansatz sein mag, so wenig erforderlich erscheint er jedoch seit der letzten Reform des UWG in 2004, wenn dieses nur konsequent und richtig angewandt würde. Die folgenden Überlegungen sollen dies verdeutlichen.

IV. Zwischenergebnis zu den verwaltungsrechtlichen Ansprüchen

Zumindest

> *„gegenüber interventionistischem Staatshandeln im Bereich und mit Hilfe öffentlicher Wettbewerbsunternehmen"*[1107]

erweisen sich die klassischen Schranken des öffentlichen Rechts, insbesondere die Grundrechte in ihrer Abwehrfunktion gegenüber dem Staat, somit (zurzeit noch) als fruchtlos. Es muss die vorrangige Aufgabe der Rechtsprechung sein, diesen eingeschlagenen Weg wieder zu verlassen und dem Rechtsschutz der privaten Konkurrenten – gerade vor dem Hintergrund des Art. 19 Abs. 4 GG – zur vollen Geltung zu verhelfen[1108]. Denn materiell verwaltungsrechtliche Ansprüche gegen eine Grenzen überschreitende und Rechte privater Konkurrenten beeinträchtigende oder gar verletzende Wirtschaftstätigkeit der öffentlichen Hand lassen sich wie gezeigt ohne große Schwierigkeiten begründen.

1105 *David*, NVwZ 2000, 738, 739 m. w. N. in Fn. 10; *Schliesky*, Öffentliches Wettbewerbsrecht, passim.

1106 *Tomerius*, LKV 2000, 41, 46 f., der den Beurteilungsspielraum als Frage sachgerechter Kommunalpolitik (vgl. BVerwGE 39, 329, 334; BayVGH BayVBl. 1976, 628, 630) auch bei Beurteilung durch die Zivilgerichte angewandt wissen will.

1107 *Klein*, Die Teilnahme des Staates am wirtschaftlichen Wettbewerb, S. 226. Insoweit auch *Badura*, in: Baur/Hopt/Mailänder (Hrsg.), FS Steindorff, S. 835, 840.

1108 Das fordert hinsichtlich der Verwaltungsgerichtsbarkeit auch *Wendt*, in: Ennuschat/Geerlings/Mann/Pielow (Hrsg.), GS Tettinger, S. 335, 353 f.

§ 30 Zivilrechtliche Abwehr- und Unterlassungsansprüche

I. Zur Begründetheit zivilrechtlicher Ansprüche

1. Unterlassungsanspruch aus § 8 Abs. 1 UWG wegen Verstoßes gegen § 4 Nr. 11 UWG am Beispiel der Vorschriften der Gemeindeordnungen zur kommunalen Wirtschaftstätigkeit

Die vorliegende Untersuchung hat thematisch die öffentliche Wirtschaftstätigkeit im Ganzen im Blick. Ihr Schwerpunkt liegt somit zwar nicht auf der kommunalen Wirtschaftstätigkeit. Die diese regelnden Vorschriften können gleichwohl wettbewerbsrechtliche Anknüpfungspunkte darstellen. Im Folgenden soll daher dargelegt werden, dass entgegen der zurzeit vorherrschenden Ansicht wettbewerbsrechtliche Ansprüche sehr wohl auf eine Verletzung der kommunalrechtlichen Vorschriften zur Wirtschaftstätigkeit der öffentlichen Hand gestützt werden können. Die dabei ins Spiel kommende Unterscheidung zwischen Marktverhaltens- und Marktzutrittsregelungen ist aber auch für alle anderen öffentlichen Unternehmen wichtig. Auch der Gesetzgeber muss sich dieser Unterscheidung stets bewusst sein, wenn er Regelungen für die Wirtschaftstätigkeit der öffentlichen Hand trifft.

a) Unproblematische Anwendbarkeit des UWG als Marktverhaltensrecht auf die wirtschaftliche Betätigung der öffentlichen Hand

aa) Übersicht

An der grundsätzlichen Anwendbarkeit des UWG als Marktverhaltensrecht auf die wirtschaftliche Betätigung der öffentlichen Hand bestehen heute zu Recht keine Zweifel mehr[1109]. Wettbewerbsrecht muss überall dort anwendbar sein, wo schutzwürdiger Wettbewerb stattfindet[1110], also auch dort, wo private und öffentliche Anbieter auf dem gleichen Markt nach Geschäftsabschlüssen mit ei-

---

1109 Siehe bereits Kapitel 3 § 17, S. 110 ff. Vgl. aus der umfangreichen Literatur z. B. *Ehlers*, Jura 1999, 212, 215 mit Nachw. zu allen vertretenen Ansichten; *Emmerich*, Der unlautere Wettbewerb der öffentlichen Hand, S. 10 ff.; *Gütebier*, Der unlautere Wettbewerb der öffentlichen Hand, S. 33; *Kämper/Heßhaus*, NWVBl. 2001, 377, 381; *Kluth*, Grenzen kommunaler Wettbewerbsteilnahme, S. 96 ff.

1110 *Emmerich*, Der unlautere Wettbewerb der öffentlichen Hand, S. 18.

nem identischen Abnehmerkreis streben[1111]. Nur ganz vereinzelt wird noch vertreten, das UWG sei auf die öffentliche Hand *a limine* nicht anwendbar[1112]. Die Diskussion entspringt letztlich § 130 Abs. 1 GWB, der zwar das Kartellrecht, nicht aber zugleich auch das Lauterkeitsrecht als auf die öffentliche Hand anwendbar erklärt; eine dem § 130 Abs. 1 GWB vergleichbare Vorschrift fehlt zudem im UWG. Das ist dort aber gar nicht erforderlich, denn das UWG knüpft an „neutrale" Tatbestandsmerkmale an, die auch ohne besondere Regelung ohne Weiteres auf die öffentliche Hand und ihre Unternehmen Anwendung finden können. Das Dogma von der mangelnden Eignung des Wettbewerbsrechts zur Untersagung öffentlicher Wirtschaftstätigkeit hat sich in dieser uneingeschränkten Form als solches als nicht haltbar erwiesen[1113].

bb) Wettbewerbsrecht knüpft allein an reale Marktfunktion und deren Normadressatenschaft an

Ein solches „neutrales" Tatbestandsmerkmal ist die reale Marktfunktion, an die das Wettbewerbsrecht hinsichtlich seiner Anwendbarkeit primär anknüpft. Man kann auch formulieren, das Wettbewerbsrecht sei spezifisches Verhaltensrecht, dessen Rechtsfolgen jedermann treffen, in dessen Person sich die reale Marktfunktion „Wettbewerb" erfüllt[1114]. Wer Wirtschaftssubjekt im Sinne von UWG (und GWB) sein kann,

> *„ist keine Frage juristisch vorgegebener Rechtsträgerschaft (‚privates' oder ‚öffentliches' Rechtssubjekt), sondern allein eine Frage tatsächlicher Normadressatenschaft (Rechtsverpflichtung eines jeden Rechtssubjekts kraft realer Wettbewerbs- und Wirtschaftsteilnahme)"*[1115].

Die Konsequenz ist, dass das Wettbewerbsrecht alle wirtschaftlichen Konkurrenzverhältnisse erfasst, gleichgültig, wie diese juristisch strukturiert sind. Das Wettbewerbsrecht knüpft seine Rechtsfolgen allein an bestimmte faktisch-wirtschaftliche Sachverhalte und steht daher der materiellrechtlichen Dichoto-

---

[1111] Siehe zu den Anforderungen an ein Wettbewerbsverhältnis oben Kapitel 1 § 4 VI., S. 41 ff.

[1112] Vgl. *Erichsen*, Gemeinde und Private im wirtschaftlichen Wettbewerb, S. 39; *Schachtschneider*, Staatsunternehmen und Privatrecht, S. 281 ff.; *Schliesky*, Öffentliches Wettbewerbsrecht, S. 279. *Schachtschneider* hält jedoch bereits die Privatrechtssubjektivität des Staates für verfassungswidrig (a. a. O., S. 233).

[1113] So bereits auch *P. Ulmer*, ZHR 146 (1982), 466, 495.

[1114] So *Scholz*, ZHR 132 (1969), 97, 98, 121.

[1115] *Scholz*, NJW 1978, 16, 17.

mie von Privatrecht und öffentlichem Recht neutral gegenüber[1116]. Mit der materiellrechtlichen Zuordnung des Wettbewerbsrechts zu einem bestimmten Rechtskreis ist nur wenig für die Rechtswegfrage gewonnen („Theorie der Zuordnungsneutralität des Wettbewerbsrechts"). Genau so wenig aber kann daher die gemeinsame materiellrechtliche Zuordnung des Wettbewerbsrechts zu beiden Rechtskreisen über die formellrechtliche Zuweisung wettbewerbsrechtlicher Streitigkeiten in den Zivil- oder Verwaltungsrechtsweg bestimmen[1117]. Daran, dass es sich formell kraft gesetzlicher Rechtswegzuweisung (§ 13 Abs. 1 UWG) beim Wettbewerbsrecht um bürgerliches Recht handelt, kann jedoch letztlich kein Zweifel bestehen.

cc) Grundsätzlich wettbewerbsrechtliche Zulässigkeit wirtschaftlicher Tätigkeit der öffentlichen Hand

Es ist bereits dargelegt worden, dass wirtschaftliche Tätigkeit der öffentlichen Hand nicht per se unzulässig ist, und zwar auch nicht unter wettbewerbsrechtlichen Aspekten. Ist aber von einer grundsätzlich wettbewerbsrechtlichen Zulässigkeit wirtschaftlicher Tätigkeit der öffentlichen Hand auszugehen, muss als Konsequenz das Wettbewerbsrecht dann auch auf diese anwendbar sein[1118].

dd) Zusammenfassung und Zwischenergebnis zur Anwendbarkeit des UWG als Marktverhaltensrecht auf die wirtschaftliche Betätigung der öffentlichen Hand

Wettbewerbs- und Kartellrecht haben als Markverhaltensrecht einen grundsätzlich umfassenden Geltungsanspruch[1119]. Das kann sogar für das Verhältnis zweier Hoheitsträger zueinander gelten[1120]. Die begrüßenswerte Tendenz, jegliche Art von Wettbewerb durch die öffentliche Hand den Wettbewerbsregeln zu unterwerfen, unabhängig davon, ob der Hoheitsträger auf der Aktiv- oder Pas-

---

[1116] *Scholz*, NJW 1978, 16, 17.
[1117] Ebenso *Scholz*, NJW 1978, 16, 17.
[1118] Dazu bereits Kapitel 3 § 17, S. 110 ff.
[1119] *P. Ulmer*, ZHR 146 (1982), 466, 478.
[1120] Vgl. OLG Düsseldorf GRUR 1973, 487 ff. – „Ersatzkasse", das in diesem Fall sogar den Rechtsweg zu den Zivilgerichten für eröffnet hielt. Einen interessanten Vergleich liefert *Pinger*, GRUR 1973, 456, 458: Auch die öffentliche Hand unterliegt als Wegebaulastträger einer zivilrechtlichen Verkehrssicherungspflicht für ihre öffentlich-rechtlichen Sachen, die im Verletzungsfall Ansprüche aus §§ 823 ff. BGB begründen kann. Das zeigt, dass es der deutschen Rechtsordnung nicht fremd ist, auch hoheitliche Tätigkeiten einer an zivilrechtliche Folgen anknüpfenden Rechts- und Sachmaterie zu unterwerfen.

sivseite des Wettbewerbsstreits steht[1121], hat sich also nicht nur fort-, sondern durchgesetzt. Für die unterschiedslose Anwendung des Wettbewerbsrechts spricht auch der Umstand, dass der Zweck des Wettbewerbsrechts, nämlich die Sicherung der Chancengleichheit am Markt[1122], unter besonderer Berücksichtigung des Schutzes der privaten Mitbewerber[1123], tatsächlich nur gewährleistet werden kann, wenn Sondervorteile auf Grund eines Sonderrechts für Hoheitsträger ausgeschlossen sind[1124]. *Harms* hat dazu zutreffend ausgeführt, dass

> „*die Freistellung des Verwaltungshandelns von zivilen Unterlassungsklagen, denen jeder private Konkurrent unterworfen ist, ein Privileg der im Wirtschaftsverkehr tätigen Verwaltungsträger [wäre], das mit den Grundsätzen des Rechtsstaates und der Gleichbehandlung jedenfalls heute nicht mehr vereinbar ist.*“[1125]

Die in das Feld der Privatwirtschaft eindringende öffentliche Hand kann nicht deren Regeln ausblenden und sich darüber hinaus der primär über deren Einhaltung wachenden Zivilgerichtsbarkeit gänzlich entziehen.

Mithin bestehen keine durchgreifenden Einwände gegen die Anwendung des Wettbewerbsrechts und insbesondere des UWG als Marktverhaltensrecht auf die wirtschaftliche Betätigung der öffentlichen Hand, wenn sich diese am Markt und damit im Wettbewerb wirtschaftlich beteiligt.

Dieser Befund ist jedoch nur auf den ersten Blick zufrieden stellend. Auf den zweiten Blick wird deutlich, dass auf Grund dieser Aussage eine Anwendung des UWG auf die öffentliche Hand ausgeschlossen scheint, soweit es um den Markt**zutritt** ihrer Unternehmen geht. Die Rechtsprechung des *Bundesgerichtshofs* jedenfalls vertritt – wie dargelegt[1126] – genau diese Auffassung. Im Folgenden soll gezeigt werden, dass dieser Schluss alles andere als zwingend und vor dem Hintergrund der bestehenden Rechtsschutzlücken Privater sogar unrichtig ist.

1121 *Pinger*, GRUR 1973, 456, 457.

1122 Vgl. *Hefermehl/Köhler/Bornkamm*, UWG, 26. Aufl. 2008, Einl. UWG Rn. 1.27.

1123 *Frenz*, DÖV 2000, 802, 808; *Hefermehl/Köhler/Bornkamm*, UWG, 26. Aufl. 2008, § 1 UWG Rn. 6 ff.

1124 *Pinger*, GRUR 1973, 456, 458. Siehe auch *Badura*, Wirtschaftsverfassung und Wirtschaftsverwaltung, 2. Aufl. 2005, Rn. 67.

1125 *Harms*, BB 1986, Beilage 17, S. 5.

1126 Siehe Kapitel 4 § 22 II. 5., S. 140.

b) Anforderungen an einen Gesetzesverstoß im Sinne von § 4 Nr. 11 UWG (sowie zu den Änderungen hinsichtlich der früher erforderlichen Sittenwidrigkeit)

aa) § 4 Nr. 11 UWG: Marktverhaltens- vs. Marktzutrittsregelungen

(1) Der Streit um die Überprüfung außerwettbewerbsrechtlicher Normen

Gesetzliche Vorschrift im Sinne des § 4 Nr. 11 UWG ist jede Rechtsnorm (vgl. Art. 2 EGBGB), die in Deutschland Geltung besitzt[1127]. Dazu zählen auch die Normen des primären und sekundären Gemeinschaftsrechts[1128]. Hinter dem Problem, ob § 4 Nr. 11 UWG auch einen Verstoß gegen Marktzutrittsregelungen zu erfassen vermag, steht letztlich die Frage, unter welchen Voraussetzungen die Verletzung außerwettbewerbsrechtlicher Normen[1129] einen Verstoß gegen die Generalklausel des § 3 UWG, also das Verbot unlauteren Wettbewerbs, zu begründen vermag[1130].

(a) Extrempositionen

Zwei extreme Positionen stehen zur Diskussion, die beide erkennen lassen, dass nur der Mittelweg zielführend sein kann[1131]. Setzt man Gesetzeswidrigkeit mit Wettbewerbswidrigkeit gleich, gilt jeder Rechtsverstoß inklusive eines solchen gegen Marktzutrittsregelungen automatisch als unlauter. Das andere Extrem wäre es, unlauteren Wettbewerb immer dann zu verneinen, wenn eine außerwettbewerbsrechtliche Norm verletzt wird. Beide Positionen sind abzulehnen und wurden auch nie so vertreten.

1127 BGH GRUR 2005, 960, 961 – „Friedhofsruhe".

1128 *Hefermehl/Köhler/Bornkamm*, UWG, 26. Aufl. 2008, § 4 UWG Rn. 11.24.

1129 Das sind u. a. straf-, verwaltungs- oder steuerrechtliche Normen. Siehe auch *Hefermehl/Köhler/Bornkamm*, UWG, 26. Aufl. 2008, § 4 UWG Rn. 11.6.

1130 Dass der Gesetzentwurf der Bundesregierung vom 21.05.2008 für eine erneute Reform des UWG (siehe bereits Fn. 241) eine Beseitigung der Rückbindung der §§ 4 bis 7 UWG an die Generalklausel des § 3 UWG vorsieht, hat auf die vorliegenden Untersuchungen keinerlei inhaltliche Auswirkungen. Kritisch zu dieser Beseitigung jüngst etwa *Sosnitza*, WRP 2008, 1014, 1019 f.

1131 So und zum Folgenden *Götting*, in: Ohly/Bodewig/Dreier/Götting/Haedicke/Lehmann (Hrsg.), FS Schricker, S. 689.

(b) Frühere Unterscheidung zwischen wertbezogenen und wertneutralen Normen

Vielmehr wurde bei außerwettbewerbsrechtlichen Normen strikt zwischen wertbezogenen und wertneutralen Normen unterschieden. Je nach dem, zu welcher Gruppe eine Vorschrift gezählt wurde, bedurfte es zur Bejahung der Wettbewerbswidrigkeit weiterer Umstände des Gesamtgeschehens[1132]. Diese Einteilung hat der *Bundesgerichtshof* jedoch aufgegeben und entschieden, dass der Begriff der Sittenwidrigkeit (§ 1 UWG a. F.) stattdessen wettbewerbsbezogen auszulegen sei[1133]. Damit aber war der Anwendungsbereich des UWG, wollte man das Kriterium des „Marktbezugs" ernst nehmen, auch für Marktzutrittsregelungen eröffnet, was von verschiedenen Gerichten entsprechend gewürdigt wurde[1134]. Dieser Entwicklung ist der *Bundesgerichtshof* dann allerdings in seiner Grundsatzentscheidung „Elektroarbeiten" entgegengetreten[1135], die zu Recht – unabhängig von einer Wertung – als „*Meilenstein*" der weiteren Rechtsentwicklung bezeichnet wird[1136].

(c) Auswirkungen der „Elektroarbeiten"-Entscheidung auf Formulierung und Auslegung des § 4 Nr. 11 UWG

Die „Elektroarbeiten"-Entscheidung des *Bundesgerichtshofs* ist nämlich ausweislich der Gesetzesbegründung zur Leitentscheidung für Formulierung und Auslegung des § 4 Nr. 11 UWG geworden[1137]. Mit einer Stellungnahme des Bundesrates[1138] (gem. Art. 76 Abs. 2 S. 2 GG) hat dieser noch versucht, auf die Gesetzesfassung von § 4 Nr. 11 UWG einzuwirken. In die gleiche Richtung ziel-

---

1132 Sehr gute und knappe Zusammenfassung des Wandels der Ansichten bis hin zum reformierten UWG von *Götting*, in: Ohly/Bodewig/Dreier/Götting/Haedicke/Lehmann (Hrsg.), FS Schricker, S. 689, 692. Siehe auch *Glöckner*, GRUR 2008, 960, 961 ff.; *Stamer*, Rechtsschutz gegen öffentliche Konkurrenzwirtschaft, S. 38 ff.

1133 BGHZ 144, 255, 265 – „Abgasemissionen". Die Abgrenzung zwischen wertneutralen und wertbezogenen Normen hat immer Schwierigkeiten bereitet, feste Kriterien gab es nicht, siehe nur *Alexander*, WRP 2004, 700, 706; *Glöckner*, GRUR 2008, 960, 962; *Schliesky*, Öffentliches Wettbewerbsrecht, S. 390; *Stamer*, Rechtsschutz gegen öffentliche Konkurrenzwirtschaft, S. 40.

1134 Nachweise zu den divergierenden Entscheidungen bei *Köhler*, GRUR 2001, 777 mit Fn. 5.

1135 BGHZ 150, 343, 347 f. – „Elektroarbeiten".

1136 *Köhler*, NJW 2002, 2761, 2762; *Hefermehl/Köhler/Bornkamm*, UWG, 26. Aufl. 2008, § 4 UWG Rn. 11.2 ff.

1137 Begr. RegE, BT-Drucks. 15/1487, S. 19 (zu § 4 Nr. 11). Siehe im Übrigen bereits Kapitel 4 § 22 II. 6., S. 142.

1138 BR-Drucks. 301/03 vom 20.06.2003, S. 6 f. (zu § 4 Nr. 11 UWG).

te ein Änderungsvorschlag der FDP-Fraktion im Rechtsausschuss[1139]. In § 4 Nr. 11 UWG hätten demnach nach dem Wort „*Marktverhalten*“ die Wörter „*oder den Marktzutritt*“ eingefügt werden sollen. Der Bundesrat hatte die hier beklagte Rechtsschutzlücke durchaus erkannt und gerade deswegen gefordert, das

> „*gravierende Rechtsschutzdefizit mit Hilfe der vorgeschlagenen Änderung des § 4 Nr. 11 UWG-E*“

zu beseitigen[1140]. Gerade weil die Verwaltungsgerichte die den Marktzutritt der öffentlichen Hand regelnden Normen (insbesondere jene der Gemeindeordnungen) nicht als drittschützend ansähen, fehle es an einem angemessenen Rechtsschutz privatwirtschaftlicher Unternehmen gegen den rechtswidrigen, Grenzen überschreitenden Marktzutritt öffentlicher (insbesondere kommunaler) Unternehmen. Letztlich haben sich die Koalitionsfraktionen diesen Bedenken und Vorschlägen jedoch nicht angeschlossen, so dass der Entwurf der Bundesregierung ohne Veränderungen beschlossen und verkündet wurde sowie in Kraft trat[1141]. Dass die auf Grund der bereits dargelegten Rechtsschutzdefizite der privaten Konkurrenz mehr als berechtigten Änderungsvorschläge von Bundesrat und FDP-Fraktion ungehört verhallten, hat *Götting* zu Recht als an „*Zynismus*“ grenzend kritisiert[1142].

(d) Teilversagen der Schutzmechanismen bei Marktzutritt unter Verletzung außerwettbewerbsrechtlicher Normen

Es ist zwar richtig, dass Missbräuche wirtschaftlicher und finanzieller Macht auch der Kommunen mit Hilfe der Vorschriften des UWG und des Kartellrechts sanktioniert werden können[1143]. Doch diese Instrumentarien beschränken sich eben nach herrschender Auffassung auf die Kontrolle des Markt**verhaltens**. Wenn aber bereits der Markt**zutritt** eines öffentlichen Unternehmens unter Verletzung einer außerwettbewerbsrechtlichen Norm erfolgt, so versagen diese Schutzmechanismen. *Tettinger* hat die Beurteilung dieser Frage durch die or-

---

1139 Siehe dazu auch *Stamer*, Rechtsschutz gegen öffentliche Konkurrenzwirtschaft, S. 50 f.

1140 Stellungnahme des Bundesrates, BT-Drucks. 15/1487 (Anlage 2), S. 31 (zu § 4 Nr. 11 UWG); BR-Drucks. 301/03 vom 20.06.2003, S. 6 f. (zu § 4 Nr. 11 UWG).

1141 Einzelheiten zum Gesetzgebungsvorgang des § 4 Nr. 11 UWG bei *Stamer*, Rechtsschutz gegen öffentliche Konkurrenzwirtschaft, S. 50 f.

1142 *Götting*, in: Ohly/Bodewig/Dreier/Götting/Haedicke/Lehmann (Hrsg.), FS Schricker, S. 689, 698.

1143 *Köhler*, NJW 2002, 2761, 2762 will hierin sogar den allein ausreichenden Rechtsschutz erblicken.

dentlichen Gerichte eine Zuständigkeitsüberschreitung und systemwidrige Expansion des Wettbewerbsrechts genannt, ist eine Begründung aber schuldig geblieben[1144]. Auch von anderer Seite wurden die angeblichen Kompetenzüberschreitungen der Wettbewerbsgerichte – mit zum Teil deftigen Formulierungen – beklagt, die zu einer „*ubiquitären Struktur*" des Wettbewerbsrechts geführt hätten, „*die sich krakenartig über das Öffentliche Recht*" lege[1145]. Gerade das verdeutlicht aber, dass es nicht angehen kann, Lösungen für das thematisierte Problem allein mithilfe einseitig verstandener öffentlich-rechtlicher Vorschriften zu suchen. Erforderlich sind vielmehr tragfeste eigenständige wettbewerbsrechtliche Lösungen, die auf den Rückgriff auf das öffentliche Recht so weit wie möglich verzichten oder es zumindest anhand des Wettbewerbsrechts überprüfbar machen.

(2) Zur Bedeutung einer grundrechtlichen Determinierung wettbewerbsrechtlicher Ansprüche

Insbesondere gemeinderechtliche Vorschriften haben einen Grundrechtsbezug, der sich in ihrer ordnungspolitischen Wertentscheidung ausdrückt und sie nach früherem Verständnis zum UWG a. F. wertbezogen machte[1146]. Daraus folgt konsequenterweise auch heute noch eine eigene grundrechtliche Determinierung eines wettbewerbsrechtlichen Anspruchs, der gegen die Wirtschaftstätigkeit der öffentlichen Hand gerichtet ist[1147].

Götting hat zu Recht darauf hingewiesen, dass vor allem die Verletzung kommunalrechtlicher Subsidiaritätsregelungen eine besonders gravierende Form unlauteren Wettbewerbs darstellt, weil die Teilnahme der öffentlichen Hand in diesem Bereich das lokale Handwerk und insbesondere den Mittelstand bedrohe[1148]. Diesem Einwand mit der Bemerkung zu begegnen, jede Belebung des Wettbewerbs, auch eine solche auf Grund des Marktzutritts der öffentlichen Hand, sei grundsätzlich erwünscht[1149], kommt einer bewussten Verkennung rea-

---

1144 *Tettinger*, NJW 1998, 3473, 3474; ähnlich *Heßhaus*, NWVBl. 2003, 173, 174.

1145 *Quack*, in: v. Westphalen/Sandrock (Hrsg.), FS Trinkner, S. 265, 268.

1146 *Hefermehl/Köhler/Bornkamm*, UWG, 26. Aufl. 2008, § 4 UWG Rn. 11.2; *Otting*, DÖV 1999, 549, 555.

1147 Wie ein solcher Anspruch in das heutige System des Rechtsschutzes Privater integriert werden kann, wird sogleich im Kapitel 5 § 30 I. 2., S. 254 ff. dargestellt werden.

1148 *Götting*, in: Ohly/Bodewig/Dreier/Götting/Haedicke/Lehmann (Hrsg.), FS Schricker, S. 689, 702.

1149 So BGHZ 150, 344, 347 f. – „Elektroarbeiten"; OVG Münster NVwZ 2008, 1031, 1032; *Köhler*, WRP 1999, 1205, 1209.

ler Marktgegebenheiten und der Schwierigkeiten gleich, denen sich insbesondere Mittelständler am Markt auch schon ohne die Teilnahme der öffentlichen Hand ausgesetzt sehen. Der Marktzutritt an sich mag zwar grundsätzlich im Interesse der Verbraucher sein. Die Interessen der Mitbewerber sind jedoch oft gegenläufig zu denen der Verbraucher. Auch sie sind indes von der Schutzzwecktrias des § 1 UWG (Schutz von Mitbewerbern, Verbrauchern und der übrigen Marktteilnehmer[1150]) erfasst.

(3) Zwischenergebnis

Illegale öffentliche Konkurrenz auf Grund illegalen Markt**zutritts** kann daher nicht „grundsätzlich erwünscht" sein. Verstöße gegen außerwettbewerbsrechtliche Normen, die den Marktzutritt öffentlicher Unternehmen regeln, müssen – bei Vorliegen der allgemeinen Tatbestandsvoraussetzungen des § 3 UWG – wettbewerbsrechtlich überprüfbar sein; die Qualität der verletzten Norm ist dabei unmaßgeblich, allein entscheidend ist der nicht wettbewerbskonform erlangte Vorteil („Delinquenzrendite")[1151]. Das gilt auch und gerade im Hinblick auf etwaige Ansprüche privater Anbieter von Glücksspielen und Sportwetten gegen das staatliche Glücksspielmonopol und die auf Grund dessen tätigen staatlichen Anbieter[1152].

(4) Abgrenzungsgrundsatz der „Ob- und Wie-Formel" (Zweistufentheorie)

Bei der Überprüfung der Wirtschaftstätigkeit der öffentlichen Hand sind nach zurzeit herrschender Ansicht somit zwei verschiedene Prüfungsebenen zu unterscheiden. Sie betreffen zum einen die Zulässigkeit der Teilnahme am Wirtschaftsleben dem Grunde nach („Ob") und zum anderen die Zulässigkeit einzelner Wettbewerbsmaßnahmen auf dem jeweiligen Gebiet („Wie")[1153].

Die auf den ersten Blick dahinter stehende Zweistufentheorie ist für die hier interessierenden Fragen jedoch trotz der Ähnlichkeiten gänzlich ungeeignet[1154]. Sie kann nur zum Zuge kommen, wenn ein Vorgang durch eine Mehrphasigkeit

---

1150 Vgl. *Hefermehl/Köhler/Bornkamm*, UWG, 26. Aufl. 2008, § 1 UWG Rn. 3; *Glöckner*, GRUR 2008, 960 ff.

1151 *Glöckner*, GRUR 2008, 960, 964.

1152 Siehe dazu noch im Kapitel 7 § 35, S. 323 ff.

1153 *Broß*, in: Erdmann/Gloy/Herber (Hrsg.), FS Piper, S. 107, 110; *Pagenkopf*, GewArch 2000, 177, 182. Siehe auch *Frenz*, DÖV 2000, 802, 808; *Heßhaus*, NWVBl. 2003, 173, 174 f.; *Köhler*, WRP 1999, 1205, 1206; *Tomerius*, LKV 2000, 41, 46.

1154 *Schliesky*, Öffentliches Wettbewerbsrecht, S. 305; *Storr*, Der Staat als Unternehmer, S. 494; a. A. *Frenz*, DÖV 2000, 802, 808.

der Aufgabenwahrnehmung gekennzeichnet ist[1155]. Das ist bei der Wirtschaftstätigkeit der öffentlichen Hand gerade nicht der Fall, denn die Entscheidung über das „Ob" der Teilnahme findet nicht durch Verwaltungsakt statt. Die Anwendung der Zweistufentheorie würde einen einheitlichen Vorgang unzulässigerweise aufspalten. Die öffentlich-rechtliche Überlagerung der privatrechtlichen Wettbewerbsteilnahme kann vielmehr ohne Weiteres nach den Grundsätzen des Verwaltungsprivatrechts bewältigt werden, indem die ordentlichen Gerichte über die Ergänzungen, Modifizierungen und Überlagerungen des Privatrechts durch öffentlich-rechtliche Bindungen mitzuentscheiden haben[1156].

Der Abgrenzungsgrundsatz der „Ob- und Wie-Formel"[1157] besagt somit nichts anderes, als dass für den Markt**zugang** das kommunale Wirtschaftsrecht, aber für das Markt**verhalten** eines öffentlichen Unternehmens das Wettbewerbsrecht anzuwenden sei. Eine solche Herangehensweise muss allerdings schon deswegen scheitern, weil sie auf andere öffentliche Unternehmen als die kommunalen offensichtlich nicht anwendbar ist und dort auch nicht diskutiert wird.

Das Argument, gerade weil das Wettbewerbsrecht Marktverhaltensrecht sei, sollten die Marktzugangsregelungen ausschließlich durch das öffentliche Recht geregelt werden, setzt indes voraus, was erst noch bewiesen werden müsste[1158]. Es taugt daher nicht zur Begründung einer getrennten Bewertung von „Ob" und „Wie" staatlicher Wirtschaftstätigkeit. Nachvollziehbarer ist es demgegenüber schon, mit dem Schutzzweck des Wettbewerbsrechts zu agieren, das den Marktzutritt von Unternehmen voraussetzt und daher nur deren Verhalten am Markt kontrollieren könne[1159]. Jedoch vermag dieses Argument spätestens dann nicht mehr zu überzeugen, wenn es als Begründung und damit offenbar als Rechtfertigung der momentanen Rechtlosstellung privater Konkurrenten gebraucht wird[1160]. In einer solchen Situation muss im Zweifel auch das Wettbewerbsrecht

---

1155 St. Rspr., siehe zuletzt nur BVerwGE 129, 9, 19; a. A. hinsichtlich des Vergabeverfahrens bei öffentlichen Aufträgen *Antweiler*, VergabeR 2008, 352, 353 mit Fn. 4; *Wollenschläger*, DVBl. 2007, 589, 593 f.

1156 Vgl. BVerwGE 129, 9, 19; kritisch insoweit jedoch *Schliesky*, Öffentliches Wettbewerbsrecht, S. 305 f.

1157 *Katz*, Kommunale Wirtschaft, S. 37; kritisch zu dieser formelhaften Trennung *Schünemann*, in: Stober/Vogel (Hrsg.), Wirtschaftliche Betätigung der öffentlichen Hand, S. 41, 44.

1158 So aber *Gronemeyer*, in: Stober/Vogel (Hrsg.), Wirtschaftliche Betätigung der öffentlichen Hand, S. 167, 181.

1159 *Köhler*, GRUR 2001, 777, 780; *Tomerius*, LKV 2000, 41, 46.

1160 *Köhler*, GRUR 2001, 777, 781 f.

der Lückenbüßer des Verwaltungsrechts sein, wenn dieses nicht oder nicht mehr in der Lage ist, einen ausreichenden grundrechtlichen Schutz privater Konkurrenten sicherzustellen[1161]. Das Wettbewerbsrecht hält im Übrigen gegenüber dem Verwaltungsrecht diverse Vorteile in der Rechtsdurchsetzung parat[1162], die dafür sprechen, Rechtsschutz Privater zunächst und primär auf diesem Weg zu suchen.

Es wird daher zu zeigen sein[1163], dass auch mit dem Wettbewerbsrecht, namentlich dem Vergaberecht, der Marktzugang der öffentlichen Hand überprüft werden kann.

(5) Wechselwirkung zwischen Kompetenzordnung und Wettbewerbsrecht

Es ist auch versucht worden, das „Ob" einer übergeordneten Zweckkompetenz zuzuordnen, das „Wie" hingegen einer Gestaltungskompetenz zuzuordnen. Das „Ob" sei zwecksetzend, das „Wie" nur zweckerfüllend bzw. –vollziehend[1164]. Demnach verpflichteten die vom Wettbewerbsrecht verfügten Schranken als allgemeine Beachtungspflichten die öffentliche Hand nur im Rahmen ihrer Kompetenzausführung, also solange sie im Rahmen der ihr gesetzlich vorgegebenen Grenzen tätig wird. Überschreitet die öffentliche Hand diese jedoch, kommt es zu einer Kollision des ursprünglichen Hoheitsrechts der Kompetenzbegründung mit den allgemeinen Beachtungspflichten des Wettbewerbsrechts[1165]. Zwischen Kompetenzordnung und Wettbewerbsrecht soll eine Wechselwirkung bestehen: Je weiter der rechtliche Kompetenzvollzugsspielraum des Staates, desto enger ist dessen Bindung an das allgemeine Wettbewerbsrecht. Je enger der Spielraum, desto entfernter ist die Bindung an das Wettbewerbsrecht[1166]. Daraus folgt beispielsweise für den kartellrechtlichen Sektor der staatlichen Auftragsvergabe, dass nur eine eng gehaltene Ausnahmevorschrift den Staat von der Pflicht befreien kann, Interessenten bei Geschäftsabschlüssen gleich zu behandeln. Im Übrigen verdeutlicht auch dieser Ansatz, dass Kompetenzüberschreitungen der öffentlichen Hand von einer wettbewerbsrechtlichen Kontrolle nicht *a limine* ausgeschlossen sein können.

1161 A. A. *Köhler*, GRUR 2001, 777, 782.
1162 Siehe dazu schon Kapitel 5 § 27 I. 3. b), S. 168.
1163 Dazu sogleich.
1164 *Scholz*, ZHR 132 (1969), 97, 134.
1165 *Scholz*, ZHR 132 (1969), 97, 135.
1166 *Scholz*, ZHR 132 (1969), 97, 137.

(6) Widersprüchlichkeit der Entscheidung „Elektroarbeiten"

Der *Bundesgerichtshof* will über das UWG nur die Überprüfung des Marktverhaltens, nicht aber des Marktzutritts öffentlicher Unternehmen zulassen und stellt fest, es sei nicht Sinn des § 1 UWG a. F., den Anspruchsberechtigten zu ermöglichen, Wettbewerber unter Berufung darauf, dass ein Gesetz ihren Marktzutritt verbiete, vom Markt fern zu halten, wenn das betreffende Gesetz den Marktzutritt nur aus Gründen verhindern wolle, die den Schutz des lauteren Wettbewerbs nicht berührten[1167]. Die weit reichenden Folgen dieser Aussage für den Rechtsschutz privater Konkurrenten öffentlicher Unternehmen wurden schon behandelt[1168].

Wenig Beachtung haben Widersprüche in der Entscheidung gefunden. Sie verdeutlichen jedoch, dass der *Bundesgerichtshof* in dieser Entscheidung hinter seinen eigenen, früher aufgestellten Begründungen zurückgeblieben ist und der „Elektroarbeiten"-Entscheidung daher in Wirklichkeit nicht so deutlich – wie allgemein hin behauptet – entnommen werden kann, das UWG schütze nicht auch vor Verstößen gegen Marktzutrittsnormen.

(a) Unvereinbarkeit mit der „Sterbegeldversicherung"-Entscheidung

Zum einen hatte der *Bundesgerichtshof* noch in seiner „Sterbegeldversicherung"-Entscheidung ausgeführt, dass es Fälle geben kann, in denen ein Normverstoß einen Wettbewerbsverstoß überhaupt erst ermöglicht[1169]. Es heißt dort:

> *„Regelt eine öffentlichrechtliche Vorschrift die Zulässigkeit und die Grenzen privatwirtschaftlicher Betätigung der öffentlichen Hand in einer Weise, daß es der öffentlichen Hand verwehrt ist, in den Wettbewerb im Markt einzugreifen, so ist ein Gesetzesverstoß regelmäßig auch als wettbewerbswidrig zu beurteilen."*[1170]

Wenn er nun in der „Elektroarbeiten"-Entscheidung ohne weitere Klarstellung feststellt, ein solcher Wettbewerbseingriff durch Marktzutritt sei eine grundsätzlich erwünschte Belebung des Wettbewerbs[1171], dann ist das mit seiner früheren Aussage zu einer Wettbewerbsverzerrung durch eigenen Marktzutritt

---

[1167] BGHZ 150, 343, 347 – „Elektroarbeiten".
[1168] Siehe Kapitel 4 § 22 II. 5., S. 140.
[1169] BGH NJW 1995, 2352, 2354 – „Sterbegeldversicherung".
[1170] BGH NJW 1995, 2352, 2354 – „Sterbegeldversicherung".
[1171] BGHZ 150, 343, 348 – „Elektroarbeiten".

der öffentlichen Hand nicht vereinbar[1172]. Die „Elektroarbeiten"-Entscheidung hat den Marktzutrittsregeln somit zwar grundsätzlich, aber gerade nicht ausnahmslos den erforderlichen „Lauterkeitsbezug" abgesprochen[1173].

(b) Ignorierung erkannter Rechtsschutzlücken

Zum anderen liegen die Widersprüche der „Elektroarbeiten"-Entscheidung darin, dass der *Bundesgerichtshof* im konkreten Fall zwar einerseits den Schutzzweck von Art. 87 BayGO zu Gunsten der Privatwirtschaft anerkennt, dann aber zugleich verneint, dass über das UWG die diesbezüglich bestehenden Schutzlücken aufzufüllen seien, weil es dem UWG nicht um den Erhalt bestimmter Marktstrukturen gehe[1174]. Dies mag zwar so sein. Eine derart an formalen Kriterien orientierte Rechtsprechung, die zudem sogar noch das Dilemma der bestehenden Rechtsschutzlücke für den betroffenen Kläger erkennt und dennoch nicht einschreitet, ist weder der Praxis, noch den privaten Mitbewerbern zu vermitteln. Es ist daher verständlich, wenn sich das OLG Düsseldorf in einem *obiter dictum* veranlasst sah, diese Rechtsprechung des *Bundesgerichtshofs* zu kritisieren[1175].

1172 Ebenso *Haslinger*, WRP 2002, 1023, 1027; vgl. auch *Dreher*, ZIP 2002, 1648, 1649. Kritisch zur Schutzzweckargumentation des *Bundesgerichtshofs* bereits *Gröning*, WRP 2002, 17, 20 f.

1173 *Götting*, in: Ohly/Bodewig/Dreier/Götting/Haedicke/Lehmann (Hrsg.), FS Schricker, S. 689, 696. Richtigerweise weist *Götting*, in: Ohly/Bodewig/Dreier/Götting/Haedicke/Lehmann (Hrsg.), FS Schricker, S. 689, 700 auch darauf hin, dass die Fallgruppe des „Vorsprungs durch Rechtsbruch" des alten UWG, auf den die heutige Regelung des § 4 Nr. 11 UWG rekurriert, nach dem vom *Bundesgerichtshof* in der Entscheidung „Elektroarbeiten" (BGHZ 150, 343 ff) vollzogenen Kurswechsel kaum an Kontur gewonnen habe. Denn trotz der Beschränkung auf Marktverhaltensregeln sollen auch Marktzutrittsregeln ausnahmsweise einen Wettbewerbsverstoß begründen können, sofern die verletzte Norm eine auf die Lauterkeit des Wettbewerbs bezogene Schutzfunktion hat (BGHZ 150, 343, 348). Das nun maßgebliche Kriterium der „wettbewerbsbezogenen Marktzutrittsregelungen" ersetzt die *„alte Unübersichtlichkeit"* durch eine *„neue Unübersichtlichkeit"* (*Götting*, a. a. O.).

1174 BGHZ 150, 343, 350 – „Elektroarbeiten".

1175 OLG Düsseldorf VergabeR 2002, 471, 480 ff. Tragend für die Entscheidung des OLG war jedoch allein die vergaberechtliche Lösung (vgl. OLG Düsseldorf a. a. O., S. 482), die sogleich im Kapitel 5 § 30 I. 3. d), S. 267 ff. dargestellt wird. Zu dieser auch *Glahs/Külpmann*, VergabeR 2002, 555, 563 ff.

(7) Marktzutritt und Marktverhalten öffentlicher Unternehmen können nicht getrennt bewertet werden

Überhaupt ist eine getrennte Bewertung von Marktzutritt und Marktverhalten öffentlicher Unternehmen zu formalistisch und gekünstelt[1176]. Ein freier Marktzugang steht (insbesondere) den Kommunen nämlich gerade nicht zu[1177]. Die Grenzen zwischen dem „Ob“ und dem „Wie“ wirtschaftlicher Betätigung der öffentlichen Hand sind vielmehr fließend[1178].

(a) Trennung vom Grundsatz her verfehlt

Die Trennung von Marktzutritts- und Marktverhaltensregeln ist somit vom Grundsatz her verfehlt. Denn sie verkennt, dass insbesondere ein Lebenssachverhalt „Wettbewerb“, der von der Schaffung bzw. Existenz vergleichbarer Teilnahmevoraussetzungen gekennzeichnet ist, ganz erheblich verfälscht werden kann, wenn ein Teilnehmer (Wettbewerber, öffentliche Hand) sich die Teilnahme dadurch überhaupt erst ermöglicht, indem er bereits die Marktzutrittsregelungen missachtet und schon auf Grund dieser Tatsache einen Wettbewerbsvorsprung vor seinen (privaten) Konkurrenten erlangt[1179].

(b) Scharfe Trennung gar nicht möglich

Eine scharfe Trennung von Marktverhaltens- und Marktzutrittsregelungen ist auch gar nicht möglich[1180]. Das zeigt ein Vergleich mit der zu § 1 UWG a. F. entwickelten Fallgruppe „Marktstörung“, die in das 2004 neu gefasste UWG zwar nicht als Beispielstatbestand übernommen wurde, jedoch nun unter die Generalklausel des § 3 UWG fällt[1181]. Wer in einen Markt neu eintritt, indem er massenhaft ein neues Produkt verschenkt und den Markt damit verstopft, han-

---

1176 *Ahrens*, in: Harte-Bavendamm/Henning-Bodewig (Hrsg.), UWG, Einl F, Rn. 32; *Hauck*, WRP 2006, 323, 328.

1177 *Grawert*, in: Grupp/Ronellenfitsch (Hrsg.), FS Blümel, S. 119, 138.

1178 *Otting*, DÖV 1999, 549, 552; *Schliesky*, Öffentliches Wettbewerbsrecht, S. 305. Das gestehen auch *Brohm*, NJW 1994, 281, 284 und *Tomerius*, LKV 2000, 41, 45 f. zu, wollen aber dennoch aus Gründen einer angeblichen Rechtsklarheit und den Gründen der gerichtlichen Kompetenzordnung das „Ob“ von den Verwaltungsgerichten, das „Wie“ von den Zivilgerichten überprüfen lassen.

1179 *Götting*, in: Ohly/Bodewig/Dreier/Götting/Haedicke/Lehmann (Hrsg.), FS Schricker, S. 689, 702.

1180 *Dreher*, ZIP 2002, 1648, 1649; *Schliesky*, Öffentliches Wettbewerbsrecht, S. 304 ff. Insoweit wie hier sogar *Köhler*, GRUR 2004, 381, 382.

1181 *Hefermehl/Köhler/Bornkamm*, UWG, 26. Aufl. 2008, § 4 UWG Rn. 12.1.

delt unlauter[1182]. In dieser Konstellation ist es konsequenterweise nie diskutiert worden, ob bei der wettbewerbsrechtlichen Beurteilung zwischen dem Marktzutritt des Neuen und seinem Marktverhalten zu unterscheiden sei[1183]. § 3 UWG hat nämlich auch eine allgemeine Marktschutzfunktion[1184].

(c) *Wettbewerbsrecht erfordert Gesamtbetrachtung*

Im Übrigen ist es im Wettbewerbsrecht ein anerkannter Grundsatz, dass für die Beurteilung der Wettbewerbswidrigkeit auf das Gesamtverhalten abzustellen ist[1185]. Es ist daher nicht einzusehen, warum zu dem zu begutachtenden Gesamtverhalten nicht auch der Marktzutritt gehören soll. Dem kann auch nicht entgegengehalten werden, dass der *Bundesgerichtshof* einst entschieden hatte, dass Gesetzesverstöße, die dem wettbewerblichen Handeln vorausgegangen sind, nicht vom Rechtsbruchtatbestand, auf den § 4 Nr. 11 UWG rekurriert, erfasst würden[1186]. Denn dieses Argument ist nicht mit der vom *Bundesgerichtshof* selbst postulierten Ausrichtung am Schutzzweck der Norm vereinbar[1187].

Die vom *Bundesgerichtshof* vorgenommene Beschränkung des Anwendungsbereichs des UWG auf das „Wie" ist keine ernsthafte Einschränkung, denn der öffentlichen Hand kann eine Tätigkeit nach UWG auch ganz untersagt werden (also über das „Ob" entschieden werden), wenn eine Modifizierung des „Wie" nicht in Frage kommt, so z. B. bei *per se* unlauteren Wettbewerbsverzer-

---

1182 *Hefermehl/Köhler/Bornkamm*, UWG, 26. Aufl. 2008, § 4 UWG Rn. 12.17, 12.19. Es muss aber auch im Auge behalten werden, dass es wettbewerbsrechtlich unbedenklich sein muss, wenn Preisunterbietungen oder selbst die unentgeltliche Abgabe von Waren durch öffentliche Unternehmen auf Grund eines Gesetzes erfolgt. Eine Ausnahme davon besteht allerdings wiederum, wenn mit der unentgeltlichen Warenabgabe ein faktischer Grundrechtseingriff durch Verdrängung oder konkrete Gefährdung privater Konkurrenten verbunden ist, vgl. BGHZ 82, 375, 390, 392 – „Brillen-Selbstabgabestellen": Es ist *„der öffentlichen Hand verwehrt, über das sachlich Gebotene und verfassungsrechtlich Zulässige hinaus in den Bereich der privaten beruflichen Betätigung Dritter zu deren Nachteil einzugreifen (Art. 12 Abs. 1 GG). [...] Die berufliche Tätigkeit selbstständiger Augenoptiker stünde dann in weitem Umfang zur Disposition der Träger der gesetzlichen Krankenversicherung. [...] Indessen vermag der Gesichtspunkt der Kostendämpfung die Selbstabgabe von Brillen nicht zu rechtfertigen.*"

1183 Zu Recht *Dreher*, ZIP 2002, 1648, 1649.

1184 Vgl. *P. Ulmer*, ZHR 146 (1982), 466, 484.

1185 *Glöckner*, GRUR 2008, 960, 966; *Götting*, in: Ohly/Bodewig/Dreier/Götting/Haedicke/Lehmann (Hrsg.), FS Schricker, S. 689, 701; *Hefermehl/Köhler/Bornkamm*, UWG, 26. Aufl. 2008, § 3 UWG Rn. 45 f.

1186 BGHZ 144, 255, 267 – „Abgasemissionen".

1187 *Götting*, in: Ohly/Bodewig/Dreier/Götting/Haedicke/Lehmann (Hrsg.), FS Schricker, S. 689, 701.

rungen durch die öffentliche Hand[1188]. Der Marktzutritt kann also immer dann vom Regelungsregime des UWG erfasst werden, wenn sich bereits der Marktzutritt notwendigerweise auf das nachgelagerte Verhalten am Markt auswirkt[1189]. Diese Sichtweise wiederum ist mit der Rechtsprechung des *Bundesgerichtshofs* ausdrücklich vereinbar, denn diese fordert von einem Verstoß gegen eine Marktzutrittsvorschrift nur, dass von dem Verstoß

> *„**zugleich** eine unlautere Störung des Wettbewerbs auf dem Markt ausgeht“*[1190].

(8) Bundesgerichtshof hat „Gelsengrün“ bestätigt

Dieser Gesichtspunkt hat bisher kaum Beachtung gefunden[1191]. Richtigerweise lässt sich ihm aber ein entscheidendes Argument dafür entnehmen, dass das UWG auch den Markt**zutritt** öffentlicher Unternehmen erfassen muss.

Die „Gelsengrün“-Entscheidung des OLG Hamm hatte einer auf § 1 UWG a. F. gestützten Klage wegen Verletzung kommunalwirtschaftsrechtlicher Vorschriften mit der Begründung stattgegeben, § 1 UWG a. F. erfasse auch Fälle des Marktzutritts[1192]. Der *Bundesgerichtshof* hat diese Entscheidung später beiläufig zumindest in den Grundzügen bestätigt. Denn er hat den Revisionsantrag gegen das Urteil des OLG Hamm mangels grundsätzlicher Bedeutung der Rechtssache und der im Ergebnis fehlenden Erfolgsaussicht (!) der Revision abschlägig beschieden[1193]. Dass dieser Fall trotz gleicher Ausgangslage in der späteren „Elektroarbeiten“-Entscheidung keine Erwähnung gefunden und der *Bundesgerichtshof* stattdessen sogar exakt gegenteilige Schlüsse gezogen hat, ist in der Tat mindestens *„bemerkenswert“*[1194].

[1188] *Nordemann*, Wettbewerbsrecht Markenrecht, 10. Aufl. 2004, Rn. 1774; a. A. *Ipsen*, ZHR 170 (2006), 422, 450.

[1189] Richtig daher *Hauck*, WRP 2006, 323, 328.

[1190] BGHZ 150, 343, 347 – „Elektroarbeiten“ (Hervorh. d. Verf.). *Hauck*, WRP 2006, 323, 328 will zur näheren Bestimmung, wann das der Fall sein soll, die Bestimmungen des GWB heranziehen. Wegen des inzwischen jedoch in anderem Sinne entschiedenen Verhältnisses von § 4 Nr. 11 UWG zum GWB (vgl. BGHZ 166, 154, 159, 161 – „Probeabonnement“) bestehen demgegenüber nun Bedenken.

[1191] Vgl. nur OLG Düsseldorf VergabeR 2002, 471, 481; *Ennuschat*, WRP 1999, 405, 406; *Ehlers*, Jura 1999, 212, 215 mit Fn. 33; *Frenz*, DÖV 2000, 802, 809.

[1192] OLG Hamm DVBl. 1998, 792 ff. – „Gelsengrün“.

[1193] BGH, Beschluss vom 08.10.1998, Az. I ZR 284/97 (unveröffentlicht, vgl. aber den Bericht in der FAZ vom 22.10.1998, S. 18, der dies bestätigt).

[1194] *Diefenbach*, WiVerw 2003, 99, 108.

(9) Keine Beschränkung der Beurteilungskompetenz des Bundesgerichtshofs in seinem Augenoptiker-Urteil

Auch das Augenoptiker-Urteil des *Bundesgerichtshofs* hat sich bei der wettbewerbsrechtlichen Kontrolle der Wirtschaftstätigkeit der öffentlichen Hand nicht mehr auf das „Wie" beschränkt und ein gänzliches Verbot (also hinsichtlich des „Ob") ausgesprochen[1195]. Schon damals hatte der *Bundesgerichtshof* seine Beurteilungskompetenz also auf das „Ob" erweitert. Richtigerweise wird man also formulieren können, dass somit ein Marktverhalten, das auf einem illegalen Marktzutritt beruht, als eine besonders gravierende Form unlauteren Wettbewerbs zu qualifizieren und damit erst recht unlauter ist[1196]. Ob man dieses Ergebnis nun über § 4 Nr. 11 oder § 3 UWG erfassen möchte, ist in diesem Zusammenhang von sekundärem Interesse. Entscheidend ist allein, dass Marktzutrittsregelungen dem Regime des UWG nicht entzogen werden. Ein Dogma, nach dem das Wettbewerbsrecht für die Untersagung öffentlicher Wirtschaftstätigkeit als solcher („Ob") ungeeignet sei, kann es nicht geben[1197].

bb) Sittenwidrigkeit im Sinne von § 1 UWG a. F.

Der Begriff der Sittenwidrigkeit findet sich im seit 2004 reformierten UWG nicht mehr. Er wurde durch den Begriff der Unlauterkeit (§ 3 UWG) ersetzt[1198]. Die Bestimmung sittenwidrigen Wettbewerbshandelns der öffentlichen Hand hatte stets Schwierigkeiten bereitet[1199]. Die Ansichten reichten von der generellen Gleichstellung von Sittenwidrigkeit und einer nach öffentlichem Recht rechtswidrigen Wirtschaftsbetätigung bis zur genau konträren Position, nach der die Verletzung von nur die öffentliche Hand verpflichtendem Recht gar nicht wettbewerbswidrig sein könne[1200].

1195 BGHZ 82, 375, 395 – „Brillen-Selbstabgabestellen"; vgl. ebenso OLG Köln WRP 1985, 511, 513 – „Heizungsmodernisierung durch Unternehmen der öffentlichen Hand"; *Harms*, BB 1986, Beilage 17, S. 3; *Schliesky*, Öffentliches Wettbewerbsrecht, S. 306.

1196 *Götting*, in: Ohly/Bodewig/Dreier/Götting/Haedicke/Lehmann (Hrsg.), FS Schricker, S. 689, 702.

1197 *P. Ulmer*, ZHR 146 (1982), 466, 495.

1198 Siehe zu den Gründen des Terminologiewechsels *Hefermehl/Köhler/Bornkamm*, UWG, 26. Aufl. 2008, § 3 UWG Rn. 3.

1199 Siehe zum alten Recht beispielsweise noch *Storr*, Der Staat als Unternehmer, S. 506 ff.

1200 So noch *Pagenkopf*, GewArch 2000, 177, 184 f.; weitere Nachweise zu beiden Ansichten bei *Ehlers*, JZ 1990, 1089, 1098 mit Fn. 109, 111.

Die 2004 erfolgte Neufassung des UWG erübrigt weitere Auseinandersetzungen mit diesen Fragen[1201]. Die Diskussion dreht sich heute um andere, hier bereits ausführlich behandelte Probleme.

Überdauert hat jene Reform indes die Erkenntnis, dass die Grundrechte (im Besonderen Art. 12 Abs. 1, 14 Abs. 1 GG) die konkrete Anwendung des Sonderdeliktsrechts UWG zu Gunsten einer Verstärkung des Schutzes vor Unlauterkeit beeinflussen können[1202]. Das zeigt die gefestigte Rechtsprechung, die zu UWG-Verhaltensnormen im Lichte der Meinungs- und Pressefreiheit ergangen ist[1203], auch wenn die Frage hier nicht weiter verfolgt werden kann.

Das Wettbewerbsrecht erfasst damit normativ verkörperte Wertentscheidungen des öffentlichen Rechts. § 1 UWG a. F. hat durch eine eigene subjektivrechtliche Komponente die Verletzung auch lediglich objektiv-rechtlicher Normen des öffentlichen Rechts für den einzelnen Mitbewerber justiziabel gemacht[1204]. Dieser Grundgedanke des UWG hat dessen Reform „überlebt“, so dass auch über das aktuelle UWG die Verletzung rein objektiver Vorschriften zur Wirtschaftstätigkeit der öffentlichen Hand justiziabel gemacht werden kann. Ob das wie gezeigt über § 4 Nr. 11 UWG oder – wie sogleich darzustellen ist[1205] – über § 3 UWG, ist dabei letztlich für den Betroffenen unerheblich[1206].

c) *Petitum wohl nur durch Gesetzesänderung erreichbar*

Der *Bundesgerichtshof* ist der Ansicht, von der wettbewerbsrechtlichen Beurteilung, die sich nur auf die Art und Weise der Beteiligung der öffentlichen Hand am Wettbewerb beziehen könne, sei

> *„die allgemeinpolitische und wirtschaftspolitische Frage zu unterscheiden, ob sich die öffentliche Hand überhaupt erwerbswirtschaftlich betätigen darf und welche Grenzen ihr insoweit gesetzt sind oder gesetzt werden sollen. Die Lösung dieser Frage ist Aufgabe der Ge-*

1201 Die anstehende erneute Reform (dazu bereits Fn. 241) wirft keine neuen Fragen auf, vgl. *Sosnitza*, WRP 2008, 1014, 1017 ff.

1202 *Ahrens*, in: Harte-Bavendamm/Henning-Bodewig (Hrsg.), UWG, Einl F, Rn. 37; *Hefermehl/Köhler/Bornkamm*, UWG, 26. Aufl. 2008, § 4 UWG Rn. 13.48.

1203 BVerfGE 102, 347 ff. – „Benetton“; weitere umfangreiche Nachweise bei *Ahrens*, in: Harte-Bavendamm/Henning-Bodewig (Hrsg.), UWG, Einl F, Rn. 46 ff.; *Hefermehl/Köhler/Bornkamm*, UWG, 26. Aufl. 2008, Einl UWG Rn. 7.29.

1204 *David*, NVwZ 2000, 738, 741.

1205 Kapitel 5 § 30 I. 2., S. 254 ff.

1206 Gegen eine Durchsetzung objektiver gemeindeordnungsrechtlicher Vorschriften zur Wirtschaftstätigkeit der Kommunen über das UWG unabhängig von ihrer Ausgestaltung *Hauck*, WRP 2006, 323, 328; *Stamer*, Rechtsschutz gegen öffentliche Konkurrenzwirtschaft, S. 52.

setzgebung und Verwaltung sowie der parlamentarischen Kontrolle und für die Gemeinden und Landkreise gegebenenfalls der Kommunalaufsicht, nicht aber der ordentlichen Gerichte bei der ihnen zustehenden Beurteilung von Wettbewerbshandlungen nach dem Gesetz gegen den unlauteren Wettbewerb."[1207]

Das *Petitum* wettbewerbsrechtlicher, auf § 4 Nr. 11 UWG gestützter Ansprüche auch gegen den rechtswidrigen Markt**zutritt** öffentlicher Unternehmen wäre – das legt die Formulierung des *Bundesgerichtshofs* nahe – nur im Wege einer (erneuten) Gesetzesänderung zu erreichen.

Jedoch deckt schon das geltende Recht solche Ansprüche, so dass das Problem juristisch zu lösen gewesen wäre. Jedenfalls im Wege einer von Art. 20 Abs. 3 GG gedeckten Rechtsfortbildung[1208] hätte ein solcher Anspruch zugesprochen werden können. Vor dem Hintergrund des Art. 19 Abs. 4 GG und der bestehenden Rechtsschutzdefizite auf Seiten privater Konkurrenten hätte das sogar geschehen müssen. Politisch war eine Lösung indes vielleicht gar nicht gewollt, denn es bleibt eine wirtschaftspolitische Entscheidung, ob die Konkurrenz der öffentlichen Hand als wettbewerblich neutral gelten soll. Auch wenn es derzeit an einer entsprechenden gesetzlichen Verankerung fehlt, so ist dennoch diejenige Sicht der Mehrzahl der Fachgerichte zu eng, die sich einer zulässigen Rechtsfortbildung verschließt und bereits das schon geltende Recht (§ 4 Nr. 11 UWG) nicht ausschöpft.

d) Zwischenergebnis zu einem auf § 4 Nr. 11 UWG gestützten Anspruch wegen Zuwiderhandlung gegen Marktzutrittsregelungen

Nahezu unbestritten bestehen keine Einwände gegen die Anwendung des Wettbewerbsrechts und insbesondere des UWG als Marktverhaltensrecht auf die wirtschaftliche Betätigung der öffentlichen Hand, wenn sich diese am Markt und damit im Wettbewerb wirtschaftlich beteiligt.

Wettbewerbsrechtliche Ansprüche können aber auch auf eine Verletzung der kommunalrechtlichen Vorschriften zur Wirtschaftstätigkeit der öffentlichen Hand gestützt werden. Diese Vorschriften haben einen Grundrechtsbezug, der sich in ihrer ordnungspolitischen Wertentscheidung ausdrückt und sie nach frü-

---

1207 BGHZ 150, 343, 351 – „Elektroarbeiten"; ähnlich bereits BGH NJW 1995, 2352, 2354. Vgl. auch *v. Gamm*, WRP 1984, 303, 306; *Stoffel*, Wettbewerbsrecht und staatliche Wirtschaftstätigkeit, S. 95; *P. Ulmer*, ZHR 146 (1982), 466, 494.

1208 Zur Befugnis des Richters zur schöpferischen Rechtsfindung, deren Voraussetzungen und Grenzen vgl. grundlegend BVerfGE 34, 269, 286 ff. – „Soraya".

herem Verständnis zum UWG a. F. wertbezogen machte. Daraus folgt konsequenterweise auch heute noch eine eigene grundrechtliche Determinierung eines wettbewerbsrechtlichen Anspruchs, der gegen die Wirtschaftstätigkeit der öffentlichen Hand gerichtet ist.

Illegale öffentliche Konkurrenz auf Grund illegalen Marktzutritts ist keinesfalls eine grundsätzlich erwünschte Belebung des Wettbewerbs. Verstöße gegen außerwettbewerbsrechtliche Normen, die den Marktzutritt öffentlicher Unternehmen regeln, müssen – bei Vorliegen der allgemeinen Tatbestandsvoraussetzungen des § 3 UWG – daher wettbewerbsrechtlich überprüfbar sein und einen Unterlassungsanspruch nach § 8 Abs. 1 UWG begründen können.

Die Trennung von Marktzutritts- und Marktverhaltensregeln ist überdies vom Grundsatz her verfehlt, eine scharfe Trennung auch gar nicht möglich. Im Wettbewerbsrecht ist es ein anerkannter Grundsatz, dass für die Beurteilung der Wettbewerbswidrigkeit auf das Gesamtverhalten abzustellen ist. Zu dem zu begutachtenden Gesamtverhalten gehört auch der Marktzutritt. Selbst der *Bundesgerichtshof* hat sich nicht immer durchgängig auf eine Kontrolle des Marktverhaltens öffentlicher Unternehmen beschränkt.

Die Umsetzung dieser Erkenntnisse ist bereits im Wege zulässiger Rechtsfortbildung möglich. Einer erneuten Änderung des § 4 Nr. 11 UWG bedarf es dazu nicht.

2. Unterlassungsanspruch aus § 8 Abs. 1 UWG wegen Verstoßes gegen § 3 UWG

Die Fallgruppen zum unlauteren Wettbewerb der öffentlichen Hand wurden durch die Reform des UWG in 2004 nicht abgeschafft. Auf eine gesetzliche Grundlage, sprich einen Beispielstatbestand im Sinne der §§ 4 ff. UWG, wurden sie allerdings auch nicht gestellt. Sie werden jedoch von der Generalklausel des § 3 UWG erfasst. Dieser Tatbestand mit Auffangcharakter ist darüber hinaus auch offen für die Entwicklung bzw. Erfassung neuer Fallgruppen[1209]. Wie im Folgenden zu zeigen sein wird, können so die bereits gewonnenen Ergebnisse zum Erfordernis eines umfassenderen grundrechtlichen Schutzverständnisses[1210] auch materiell-zivilrechtlich nutzbar gemacht werden. Die Effektivität des

[1209] *Hefermehl/Köhler/Bornkamm*, UWG, 26. Aufl. 2008, § 3 UWG Rn. 10 ff.
[1210] Siehe dazu Kapitel 5 § 29 II. 1. a) ee), S. 220 ff.

Rechtsschutzes privater Konkurrenten öffentlicher Unternehmen wird somit auf ein zweites Standbein gestellt.

a) Entwicklung der neuen Fallgruppe „grundrechtlich determinierte Abwehr- und Leistungsansprüche"

Die neu anzuerkennende Fallgruppe „grundrechtlich determinierte Abwehr- und Leistungsansprüche" hätte gemäß § 3 UWG unlautere Wettbewerbshandlungen zu erfassen, die wegen eines ungerechtfertigten Grundrechtseingriffs geeignet sind, den Wettbewerb zum Nachteil der Mitbewerber, der Verbraucher oder der sonstigen Marktteilnehmer nicht nur unerheblich zu beeinträchtigen[1211]. Eine solche Wettbewerbshandlung wäre ebenso unzulässig wie die seit langem anerkannten Fallgruppen des unlauteren Wettbewerbs der öffentlichen Hand, die sogar nach bisher vorherrschender Ansicht einen Fall „atypischen Konkurrenzverhaltens" darstellen, der wiederum einen über Art. 12 Abs. 1 GG zu begründenden öffentlich-rechtlichen Abwehr- und Unterlassungsanspruch auch bisher rechtfertigt[1212].

aa) Integration in die Fallgruppe „Wettbewerb der öffentlichen Hand"

Noch unter Geltung des alten UWG hat sich die Fallgruppe „Wettbewerb der öffentlichen Hand"[1213] entwickelt, zu der die Fälle einer Verquickung von öffentlich-rechtlicher Aufgabe und erwerbswirtschaftlicher Betätigung sowie des Missbrauchs amtlicher Autorität oder des Vertrauens in die Objektivität und Neutralität der Amtsführung rechnen[1214]. Auch die Bestandsgefährdung des

---

[1211] Nach dem Gesetzentwurf der Bundesregierung vom 21.05.2008 zur erneuten Reform des UWG (dazu bereits Fn. 241) wäre gemäß § 3 UWG-E statt auf „*unlautere Wettbewerbshandlungen*" auf „*unlautere geschäftliche Handlungen*" abzustellen. Inhaltliche Änderungen ergeben sich hieraus nicht, siehe Fn. 424.

[1212] Dazu Kapitel 5 § 29 II. 1. a) cc) (4), S. 212. Auf diesen Gleichlauf weisen insoweit zu Recht auch *Kämper/Heßhaus*, NWVBl. 2001, 377, 381 hin.

[1213] Siehe zu dieser Fallgruppe *Hefermehl/Köhler/Bornkamm*, UWG, 26. Aufl. 2008, § 4 UWG Rn. 13.1 ff.; *Kluth*, Grenzen kommunaler Wettbewerbsteilnahme, S. 101 ff.; *Lux*, in: Hoppe/Uechtritz (Hrsg.), Handbuch Kommunale Unternehmen, 2. Aufl. 2007, § 10 Rn. 45 ff.; *Schricker*, Wirtschaftliche Tätigkeit der öffentlichen Hand und unlauterer Wettbewerb, 2. Aufl. 1987, S. 177 ff.; *P. Ulmer*, ZHR 146 (1982), 466, 481 f. Weitere mögliche Fallgruppen, die direkt unter § 3 UWG subsumiert werden könnten, siehe bei *Ahrens*, in: Harte-Bavendamm/Henning-Bodewig (Hrsg.), UWG, Einl F, Rn. 34.

[1214] BGHZ 150, 343, 349 – „Elektroarbeiten"; BGH GRUR 2005, 960, 961 – „Friedhofsruhe".

Wettbewerbs auf einem bestimmten Markt zählt hierzu[1215]. Diese Fallgruppe wurde durch die Neuregelung des UWG in 2004 nicht abgeschafft. Sie wird nun direkt von der Generalklausel des § 3 UWG erfasst[1216]. Das rechtfertigt es, zur Beseitigung der bestehenden Rechtsschutzlücken diese Fallgruppe um grundrechtlich determinierte Abwehr- und Leistungsansprüche zu erweitern.

Die Anerkennung solcher Fälle kann dabei parallel zur Herabsetzung der Eingriffsschwelle in die Grundrechte privater Konkurrenten ausgestaltet werden. Die erforderlichen neuen Überlegungen zum Umfang des Grundrechtsschutzes, im Besonderen, ob und wann die relevante Eingriffsintensität erreicht ist oder ob diese noch gefordert werden darf, sind bereits herausgearbeitet worden[1217]. Im Übrigen können die dabei entwickelten Ansätze zur Notwendigkeit eines umfassenderen grundrechtlichen Schutzverständnisses herangezogen werden, um den Begriff der Unlauterkeit mit Inhalt zu füllen. Schließlich darf zwar nicht jede Grundrechtsbeeinträchtigung über den Umweg des Wettbewerbsrechts zu einem zivilrechtlichen Anspruch gegen ein öffentliches Unternehmen erstarken[1218]. Es ist aber unerlässlich, bei der Anwendung der Generalklausel des UWG auf den Wettbewerb der öffentlichen Hand deren besondere Macht und ihre Wettbewerbsvorteile mit der Folge zu berücksichtigen, dass sich für die öffentliche Hand aus § 3 UWG besondere Verhaltensnormen zum Ausgleich ihrer besonderen Macht und ihrer besonderen Gefährlichkeit im Wettbewerb ergeben können[1219].

Dass eine Gefährdung des Bestandes des Leistungswettbewerbs unlauter sein kann, hat der *Bundesgerichtshof* schon vor langer Zeit anerkannt und dafür bereits jede Behinderung privater Konkurrenz infolge ungleicher Wettbewerbs-

---

1215 *Emmerich*, Der unlautere Wettbewerb der öffentlichen Hand, S. 37 ff.; *Hefermehl/Köhler/Bornkamm*, UWG, 26. Aufl. 2008, § 4 UWG Rn. 12.1, 13.35.

1216 *Hefermehl/Köhler/Bornkamm*, UWG, 26. Aufl. 2008, § 3 UWG Rn. 8; *Stamer*, Rechtsschutz gegen öffentliche Konkurrenzwirtschaft, S. 52 m. w. N.

1217 Siehe Kapitel 5 § 29 II. 1. a) dd) und Kapitel 5 § 29 II. 1. a) ee), S. 217 ff.

1218 Das ist eigentlich selbstverständlich, wenn man richtigerweise von der grundsätzlichen Zulässigkeit der Wirtschaftstätigkeit der öffentlichen Hand ausgeht. Denn anderenfalls würde man der wirtschaftenden öffentlichen Hand ihre eigene Preispolitik verbieten. Ihre inhärenten Wettbewerbsvorteile kann sie aber nicht einfach beiseite schieben. Zu Einzelheiten, wie mit diesem Problem zu verfahren ist, siehe bereits Kapitel 3 § 18 I., S. 114.

1219 So schon *Emmerich*, Der unlautere Wettbewerb der öffentlichen Hand, S. 37; *P. Ulmer*, ZHR 146 (1982), 466, 487. Siehe zu solchen erforderlichen Maßstabsverschärfungen im Übrigen bereits Kapitel 5 § 26 II., S. 160. Vgl. auch *Hefermehl/Köhler/Bornkamm*, UWG, 26. Aufl. 2008, § 3 UWG Rn. 31.

bedingungen genügen lassen[1220]. Es ist also nur ein kleiner dogmatischer, für die praktische Rechtsanwendung jedoch überaus wichtiger Schritt, der den Rechtsschutz privater Konkurrenten deutlich zu verbessern, wenn nicht überhaupt wieder herzustellen hilft. Letztlich wirkt sich ein solches Vorgehen im Ergebnis auch nicht anders aus als die Bejahung eines Eingriffs durch Konkurrenz, wodurch wiederum deutlich wird, dass öffentliches und Zivilrecht als wechselseitige Auffangordnungen interpretiert werden können[1221].

bb) Kann ein Grundrechtsverstoß überhaupt unlauter im Sinne des Wettbewerbsrechts sein?

Fraglich könnte jedoch sein, ob es überhaupt in Betracht kommen kann, dass ein Grundrechtsverstoß unlauter im Sinne des Wettbewerbsrechts sein kann. Schließlich sind Grundrechte an sich Abwehrrechte gegen den Staat und nicht gegen unliebsame Konkurrenz. Hier geht es jedoch nicht um eine beliebige private Konkurrenz, sondern um staatlich verantwortete Konkurrenz. Diese ist etwas völlig anderes[1222]. Ihrem Sinn und Zweck nach bieten die Wirtschaftsgrundrechte der privaten Konkurrenten (Art. 12 Abs. 1, 14 Abs. 1 GG) daher wie dargelegt Schutz gegen Konkurrenz durch staatliche Unternehmen bzw. allgemein gegen eine Grenzen übertretende Wirtschaftstätigkeit der öffentlichen Hand. Auch der *Bundesgerichtshof* hat entschieden, dass beispielsweise ein Verstoß gegen die Rundfunkfreiheit (Art. 5 Abs. 1 S. 2 Alt. 2 GG) ohne Weiteres unlauter sein kann[1223].

[1220] BGHZ 82, 375, 390 ff. – „Brillen-Selbstabgabestellen". Die Beziehung zwischen der Grundrechtsrelevanz und der Wettbewerbswidrigkeit ist dort jedoch noch nicht mit der erforderlichen Deutlichkeit herausgearbeitet worden, *Harms*, BB 1986, Beilage 17, S. 14 ff.; *Kluth*, Grenzen kommunaler Wettbewerbsteilnahme, S. 54; *Stamer*, Rechtsschutz gegen öffentliche Konkurrenzwirtschaft, S. 53; *P. Ulmer*, ZHR 146 (1982), 466, 499. *Krölls*, GewArch 1992, 281, 285 plädiert in diesem Zusammenhang für eine „*Integration grundrechtlicher Prüfungsmaßstäbe in das Wettbewerbs- und Kartellrecht*". Ähnlich auch *Emmerich*, Der unlautere Wettbewerb der öffentlichen Hand, S. 38 f. Genau dieser Ansatz wird hier konsequent fortentwickelt.

[1221] *Kluth*, WiVerw 2000, 184, 206 f. m. w. N.; *Storr*, Der Staat als Unternehmer, S. 506 ff., 511.

[1222] Siehe bereits Kapitel 5 § 29 II. 1. a) cc) (5), S. 215.

[1223] BGHZ 110, 278, 290 – „Werbung im Programm". Vgl. zum Zusammenhang von wettbewerbsrechtlichem Schutz und Grundrechtsbindung der öffentlichen Hand auch *P. Ulmer*, ZHR 146 (1982), 466, 500.

cc) Vermeidung landesrechtlich unterschiedlicher Ergebnisse

Der Vorteil eines wettbewerbsrechtlich basierten, aber grundrechtlich determinierten Anspruchs liegt auch in der Vermeidung landesrechtlich unterschiedlicher Ergebnisse, die bei Berufung auf von Bundesland zu Bundesland unterschiedliche kommunalrechtliche Vorschriften entstehen können[1224]. Stattdessen können allgemeingültige Aussagen getroffen werden, die für jedes öffentliche Unternehmen herangezogen werden können, unabhängig davon, ob es ein Bundes-, Landes- oder Kommunalunternehmen ist. Wie bereits ausgeführt haben die Gemeindeordnungsvorschriften nämlich keine Relevanz, wenn sich ein Privater gegen ein öffentliches Unternehmen des Bundes oder der Länder zur Wehr setzen möchte.

dd) „Vorfeldschutz"

Von spezifisch wettbewerbsrechtlichem Interesse ist der Grundrechtsaspekt aber auch im Vorfeld einer relevanten bereits absehbaren Grundrechtsverletzung durch Konkurrenz (die bereits bzw. auch mittels eines öffentlich-rechtlichen Anspruchs abgewehrt werden kann[1225]), nämlich wenn die aus dem Wettbewerbshandeln zu erwartenden Nachteile für die private Konkurrenz noch nicht die Schwelle konkreter Eingriffe gegenüber bestimmten Mitbewerbern erreicht haben[1226]. Dann kann bereits der wettbewerbsrechtliche Schutz wegen eines Verstoßes des öffentlichen Unternehmens gegen § 3 UWG greifen, was insbesondere hinsichtlich des leichter zu erlangenden einstweiligen Rechtsschutzes Beachtung verdient[1227].

ee) Fazit

Im Endeffekt läuft das darauf hinaus, eine Wettbewerbsverzerrung der Wirtschaftstätigkeit der öffentlichen Hand im Vorfeld konkreter Grundrechtsverstöße über eine Art Interessenabwägung festzustellen, wobei der öffentliche Zweck öffentlicher Wirtschaftstätigkeit einerseits und die Schutzzwecke des UWG andererseits zu berücksichtigen sind. Entscheidend ist dabei, dass sich der öffentli-

[1224] *Bethge*, ZfWG 2007, 245 sieht hierin offenbar keinen Nachteil: „*Wer demgegenüber die ‚Rechtszersplitterung' beklagt, hat die Bundesstaatlichkeit des Grundgesetzes nicht begriffen.*" Richtig ist freilich, dass ein Land nicht verpflichtet ist, sich an den Regelungskonzepten und Regelungsinhalten anderer Länder auszurichten.

[1225] Dazu Kapitel 5 § 29 II., S. 202 ff.

[1226] *P. Ulmer*, ZHR 146 (1982), 466, 487 mit Fn. 106; *D. Weber*, Wettbewerbsrechtlicher Unterlassungsanspruch gegen kommunale Wirtschaftstätigkeit, S. 167.

[1227] Siehe zum einstweiligen Rechtsschutz auch noch Kapitel 6, S. 308 ff.

che Zweck nur dann gegenüber den Schutzzwecken des UWG durchzusetzen vermag, wenn die Anwendung des UWG die Verfolgung der öffentlichen Zwecke wesentlich erschwert[1228]. Ebenso sind die Marktfolgen der Wettbewerbsteilnahme der öffentlichen Hand zu berücksichtigen. Folgende Grundregel soll gelten:

„[Je] mehr sich der Markt durch die Teilnahme der öffentlichen Hand zu ihren Gunsten monopolisiert, desto eher ist ihre Wettbewerbsteilnahme auch unlauter.“[1229]

Auf eine Marktmacht im Sinne des GWB kommt es dabei nicht einmal an.

Gerade mit Blick auf die Monopolstellung des Staates auf dem Glücksspielmarkt ist dieser Umstand somit ein deutliches Zeichen für eine wettbewerbswidrige Ausgestaltung desselben.

b) Zwischenergebnis zu einem auf § 3 UWG gestützten Anspruch

Die Generalklausel des § 3 UWG erweist sich als pragmatischer Anwendungsfall von öffentlichem und Zivilrecht als wechselseitigen Auffangordnungen. Die nach wie vor unter § 3 UWG zu subsumierende Fallgruppe „Wettbewerb der öffentlichen Hand“ muss um grundrechtlich determinierte Ansprüche erweitert werden, indem ein Eingriff durch Konkurrenz eines öffentlichen Unternehmens als unlauter verstanden wird. Die Anforderungen an einen solchen faktischen Grundrechtseingriff, den es als zugleich unlauter aufzufassen gilt, sind ebenso wie bei einem darauf gestützten öffentlich-rechtlichen Unterlassungsanspruch wesentlich niedriger als nach überkommenem grundrechtlichen Schutzverständnis.

3. Ansprüche auf Grundlage des § 97 GWB

Zivilrechtliche Ansprüche gegen die Wirtschaftstätigkeit der öffentlichen Hand lassen sich auch aus dem Gesetz gegen Wettbewerbsbeschränkungen, der zweiten Säule des Wettbewerbsrechts, entnehmen. Von besonderem Interesse sind

---

1228 *Nordemann*, Wettbewerbsrecht Markenrecht, 10. Aufl. 2004, Rn. 1494. Ablehnend insoweit *Storr*, Der Staat als Unternehmer, S. 505, der seine Ansicht jedoch noch zu § 1 UWG a. F. entwickelt hat. Sie kann auf die heutige Rechtslage so nicht übertragen werden.

1229 *Nordemann*, Wettbewerbsrecht Markenrecht, 10. Aufl. 2004, Rn. 1496. Siehe auch OLG Köln WRP 1985, 511, 512 f. – „Heizungsmodernisierung durch Unternehmen der öffentlichen Hand“, wonach eine Monopolstellung des öffentlichen Unternehmens zu einer zu seinen Gunsten stark verschobenen wettbewerblichen Ausgangslage führt.

dabei die Regelungen des Vergaberechts[1230]. Ist UWG und GWB auch der übergreifende Sinnzusammenhang „Wettbewerb" eigen und verfolgen sie hinsichtlich dessen Freiheit und Lauterkeit einen gemeinsamen Zweck[1231], so stehen wegen der im Vergaberecht partiell anderen Schutzrichtung Ansprüche aus dem GWB gleichrangig und gleichwertig neben solchen aus dem UWG. Es besteht echte Anspruchskonkurrenz. Nicht möglich ist es jedoch, Verstöße gegen das GWB mittels § 4 Nr. 11 UWG zugleich als unlauter im Sinne des § 3 UWG und damit als unzulässig zu werten[1232].

Bevor zur kartellrechtlichen Kontrolle des Handelns der öffentlichen Hand Stellung genommen wird, sind vorab jedoch die Grundzüge der Voraussetzungen der Anwendbarkeit des GWB überhaupt sowie des Vergabeverfahrens für öffentliche Aufträge kurz darzustellen. Sodann wird sich zeigen, dass mittels Vergaberechtsschutzes sogar der rechtswidrige Marktzutritt der öffentlichen Hand sanktioniert werden kann, ohne in Konflikt zu der Rechtsprechung des *Bundesgerichtshofs* oder der momentanen gesetzgeberischen Ausgestaltung des UWG zu treten. Abschließend ist noch auf die Frage des Rechtsweges zu sprechen zu kommen, in dem die aufzuzeigende Lösung zu verfolgen ist.

a) Grundzüge der Voraussetzungen der Anwendbarkeit des GWB auf die öffentliche Hand

Die Anwendbarkeit des GWB auf die öffentliche Hand ist nicht so problematisch und umstritten wie beim UWG[1233]. § 130 Abs. 1 S. 1 GWB (früher § 98 Abs. 1 GWB a. F.) macht deutlich, dass das Gesetz – vorbehaltlich der Bereichsausnahmen des § 130 Abs. 1 S. 2 GWB – auf die wettbewerbsrelevante Staatstätigkeit in Form des Handelns durch

---

[1230] Am 20.08.2008 hat die Bundesregierung einen Gesetzentwurf zur Modernisierung des Vergaberechts im Bundestag eingebracht (BT-Drucks. 16/10117 vom 13.08.2008). Dieser sieht umfangreiche Ergänzungen und Änderungen des vierten Teils des GWB sowie des Nachprüfungsverfahrens vor. Einige Vorschriften, die sich bislang in der VgV befanden, werden in das GWB integriert. Auswirkungen auf die folgenden Ausführungen haben die Änderungen nicht. Soweit erforderlich, wird bei den jeweiligen Vorschriften jedoch auf ihre geplante Neufassung hingewiesen werden.

[1231] *Scholz*, ZHR 132 (1969), 97, 112 f.

[1232] BGHZ 166, 154, 159, 161 – „Probeabonnement". So bereits auch *Köhler*, GRUR 2004, 381, 387. A. A. noch BGH GRUR 1978, 445 – „4 zum Preis von 3"; OLG Frankfurt am Main, GRUR-RR 2003, 59, 60; *Schliesky*, Öffentliches Wettbewerbsrecht, S. 412.

[1233] *Odersky*, in: Badura/Scholz (Hrsg.), FS Lerche, S. 949, 950 mit Fn. 7 will offenbar sogar gar keinen Unterschied machen.

„Unternehmen, die ganz oder teilweise im Eigentum der öffentlichen Hand stehen oder die von ihr verwaltet oder betrieben werden“,

Anwendung findet. Es gilt der funktionale Unternehmensbegriff, der jede rechtlich selbstständige oder unselbstständige Tätigkeit im geschäftlichen Verkehr unabhängig von der Rechtsform oder einer Gewinnerzielungsabsicht erfasst[1234]. Entscheidend ist eine wirtschaftliche Tätigkeit; auf die rechtliche Ausgestaltung der Leistungsbeziehungen kommt es mangels Anhaltpunkten im Gesetz nicht an[1235]. Unerheblich für die Anwendbarkeit des GWB ist, ob der Staat als Anbieter oder Nachfrager am Markt auftritt[1236]. Ausgenommen bleibt die rein hoheitliche Tätigkeit des Staates[1237].

Sekundär schützt das GWB auch die Wettbewerbsfreiheit des Einzelnen und gewährt damit Individualschutz[1238].

b) Grundzüge des Vergabeverfahrens für öffentliche Aufträge

Der Staat als Auftraggeber spielt in der Wirtschafts-, Sozial- und Umweltpolitik eine wichtige Rolle[1239]. Das Recht der Vergabe staatlicher Aufträge, die die Beschaffung von Marktleistungen zum Gegenstand haben, ist daher in den §§ 97 –

1234 *Emmerich*, Das Wirtschaftsrecht der öffentlichen Unternehmen, S. 276; *Katz*, Kommunale Wirtschaft, S. 133; *Kluth*, Grenzen kommunaler Wettbewerbsteilnahme, S. 94 f.; *Odersky*, in: Badura/Scholz (Hrsg.), FS Lerche, S. 949, 951; *Ronellenfitsch*, in: Isensee/Kirchhof (Hrsg.), HStR IV, 3. Aufl. 2006, § 98 Rn. 54; *Scholz*, ZHR 132 (1969), 97, 126 ff.; *Schünemann*, in: Stober/Vogel (Hrsg.), Wirtschaftliche Betätigung der öffentlichen Hand, S. 41, 45. Siehe auch BGHZ 66, 229, 237 – „Studentenversicherung“; 67, 81, 84 – „Autoanalyser“. Einschränkend hinsichtlich der in den Ämterorganismus eingegliederten Behörden noch *v. Köhler*, DVBl. 1961, 605, 607.

1235 *Emmerich*, Das Wirtschaftsrecht der öffentlichen Unternehmen, S. 286; *Schliesky*, Öffentliches Wettbewerbsrecht, S. 409; *Scholz*, ZHR 132 (1969), 97, 122, 127 f.; *Schricker*, Wirtschaftliche Tätigkeit der öffentlichen Hand und unlauterer Wettbewerb, 2. Aufl. 1987, S. 64; *Schünemann*, in: Stober/Vogel (Hrsg.), Wirtschaftliche Betätigung der öffentlichen Hand, S. 41, 45 f.; a. A. *Brohm*, NJW 1994, 281, 287; *P. Ulmer*, ZHR 146 (1982), 466, 492.

1236 BGHZ 97, 312, 314 ff.; 102, 280, 285 ff.; *Emmerich*, Das Wirtschaftsrecht der öffentlichen Unternehmen, S. 276; *Schliesky*, Öffentliches Wettbewerbsrecht, S. 411.

1237 Siehe aber auch BGHZ 67, 81, 91 – „Autoanalyser“; *Emmerich*, Das Wirtschaftsrecht der öffentlichen Unternehmen, S. 253 ff. Vgl. zu den parallelen Ausnahmen im UWG bereits Kapitel 3 § 16 II., S. 108.

1238 *Schliesky*, Öffentliches Wettbewerbsrecht, S. 409.

1239 *Dittmer*, Öffentliche Unternehmen und der Begriff des öffentlichen Auftraggebers, S. 36 f. Siehe allgemein zum Staat als Auftraggeber *Ronellenfitsch*, in: Isensee/Kirchhof (Hrsg.), HStR IV, 3. Aufl. 2006, § 98 Rn. 31.

129 GWB[1240], der Vergabeverordnung (VgV) sowie den Verdingungsordnungen für Bauleistungen (VOB), für sonstige Leistungen (VOL) und für freiberufliche Leistungen (VOF) umfassend kodifiziert, wobei die Vorschriften kaskadenartig[1241] zur Anwendung kommen[1242]. § 97 GWB betrifft nach seinem Wortlaut und seiner systematischen Stellung im GWB nur das Vergabeverfahren für öffentliche Aufträge, weshalb das Vergaberecht auch als Teil eines öffentlichen Wettbewerbsrechts bezeichnet wird[1243]. Traditionelle Grundlage war früher das Haushaltsrecht, konkretisiert durch die Verdingungsordnungen[1244]. Heute ist es in das GWB integriert und wird auch dort bleiben[1245].

Das Vergaberecht kennt gemäß § 101 Abs. 1 GWB[1246] drei mögliche Verfahrensarten, deren nähere Einzelheiten hier jedoch mit Blick auf das Thema der Untersuchung nicht interessieren[1247]. Nach der Angebotsbewertung (vgl. § 97 Abs. 4[1248], Abs. 5 GWB) endet das Verfahren mit dem Zuschlag, der grundsätzlich mit dem Vertragsschluss zwischen öffentlichem Auftraggeber und Bieter zusammenfällt[1249]. Vorher sind die übergangenen Bieter gemäß § 13 S. 1

1240 Der am 20.08.2008 von der Bundesregierung im Bundestag eingebrachte Gesetzentwurf zur Modernisierung des Vergaberechts (BT-Drucks. 16/10117 vom 13.08.2008, S. 14) sieht eine Ergänzung um die §§ 129a und 129b GWB-E vor, die jedoch nur Unterrichtungspflichten und Sonderregelungen für Auftraggeber nach dem Bundesberggesetz enthalten sollen.

1241 Also zusammen, der Reihenfolge nach aber gestuft.

1242 *Katz*, Kommunale Wirtschaft, S. 131 f. Siehe zu Ausnahmen von der Anwendung des Vergaberechts bei so genannten „In-house-Geschäften“ Kapitel 4 § 21 III. 3., S. 125.

1243 *Katz*, Kommunale Wirtschaft, S. 129. Siehe zu Forderungen nach einem einheitlichen öffentlichen Wettbewerbsrecht bereits Kapitel 5 § 29 III. 2., S. 233. Vgl. jedoch auch BVerwGE 129, 9, 16, wonach es nicht darauf ankommt, ob Vergaberecht öffentliches oder Privatrecht ist.

1244 BVerfGE 116, 135, 136 f. – „Vergaberecht“. Zum System des Vergaberechts zwischen Verfassungs-, Wirtschafts- und Haushaltsrecht ausführlich jüngst *Knauff*, VergabeR 2008, 312 ff.

1245 Siehe die Begründung zum Gesetzentwurf der Bundesregierung zur Modernisierung des Vergaberechts, BT-Drucks. 16/10117 vom 13.08.2008, S. 3 der Begründung.

1246 Der Gesetzentwurf der Bundesregierung zur Modernisierung des Vergaberechts, BT-Drucks. 16/10117 vom 13.08.2008, sieht keine Änderung des § 101 Abs. 1 GWB vor.

1247 Siehe einführend *Katz*, Kommunale Wirtschaft, S. 134 f.

1248 § 97 Abs. 4 GWB-E lautet nunmehr: „*(4) Aufträge werden an fachkundige, leistungsfähige und zuverlässige Unternehmen vergeben. Für die Auftragsausführung können zusätzliche Anforderungen an die Auftragnehmer gestellt werden, die insbesondere soziale, umweltbezogene oder innovative Aspekte betreffen, wenn sie im sachlichen Zusammenhang mit dem Auftragsgegenstand stehen und sich aus der Leistungsbeschreibung ergeben. Andere oder weitergehende Anforderungen dürfen an Auftragnehmer nur gestellt werden, wenn dies durch Bundes- oder Landesgesetz vorgesehen ist.*“

1249 *Katz*, Kommunale Wirtschaft, S. 136 m. w. N.

VgV[1250] unter namentlicher Nennung des erfolgreichen Bieters über ihre Nichtberücksichtigung zu unterrichten. Das ist die Voraussetzung für eine erfolgreiche, von einem Unterlegenen angestoßene Überprüfung des Vergabeverfahrens sowie Ausdruck des Transparenzprinzips, das das Vergabeverfahren kennzeichnet.

c) *Allgemein zur kartellrechtlichen Kontrolle des Handelns der öffentlichen Hand und ihrer Unternehmen*

Neben dem Bereich des öffentlichen Auftragswesens nicht abschließend geklärt ist jedoch die Einschreitbefugnis der Kartellbehörden (vgl. §§ 32 ff. GWB) gegenüber wirtschaftlicher Tätigkeit des Staates[1251]. Damit eng verbunden ist die

---

1250 Gemäß dem Gesetzentwurf der Bundesregierung zur Modernisierung des Vergaberechts, BT-Drucks. 16/10117 vom 13.08.2008, soll § 13 VgV aufgehoben werden. Sein Regelungsgehalt wird in den neuen § 101a GWB-E übernommen und durch einen § 101b GWB-E ergänzt. Die beiden neuen Vorschriften lauten demnach:
„§ 101a Informations- und Wartepflicht
(1) Der Auftraggeber hat die betroffenen Bieter, deren Angebote nicht berücksichtigt werden sollen, über den Namen des Unternehmens, dessen Angebot angenommen werden soll, über den Grund der vorgesehenen Nichtberücksichtigung ihres Angebots und über den frühesten Zeitpunkt des Vertragsschlusses in Textform zu informieren. Dies gilt auch für Bewerber, denen keine Information über die Ablehnung ihrer Bewerbung zur Verfügung gestellt wurde, bevor die Mitteilung über die Zuschlagsentscheidung an die betroffenen Bieter ergangen ist. Ein Vertrag darf erst 15 Kalendertage nach Absendung der Information nach Satz 1 und 2 geschlossen werden. Die Frist beginnt am Tag nach der Absendung der Information durch den Auftraggeber; auf den Tag des Zugangs beim betroffenen Bieter und Bewerber kommt es nicht an.
(2) Die Informationspflicht entfällt in Fällen, in denen das Verhandlungsverfahren ohne vorherige Bekanntmachung wegen besonderer Dringlichkeit gerechtfertigt ist.
§ 101b Unwirksamkeit
(1) Ein Vertrag ist von Anfang an unwirksam, wenn der Auftraggeber 1. gegen § 101a verstoßen hat oder 2. einen öffentlichen Auftrag unmittelbar an ein Unternehmen erteilt, ohne andere Unternehmen am Vergabeverfahren zu beteiligen und ohne dass dies aufgrund Gesetzes gestattet ist und dieser Verstoß in einem Nachprüfungsverfahren nach Absatz 2 festgestellt worden ist.
(2) Die Unwirksamkeit nach Absatz 1 kann nur festgestellt werden, wenn sie im Nachprüfungsverfahren innerhalb von 30 Kalendertagen ab Kenntnis des Verstoßes, jedoch nicht später als sechs Monate nach Vertragsschluss geltend gemacht worden ist. Hat der Auftraggeber die Auftragsvergabe im Amtsblatt der Europäischen Union bekannt gemacht, endet die Frist zur Geltendmachung der Unwirksamkeit 30 Kalendertage nach Veröffentlichung der Bekanntmachung der Auftragsvergabe im Amtsblatt der Europäischen Union.“

1251 BGHZ 110, 371, 375 ff. – „Sportübertragungen“ hat immerhin die Zuständigkeit des Bundeskartellamtes für eine Verfügung gegenüber öffentlich-rechtlichen Rundfunkanstalten bejaht. Der Frage kann hier nicht weiter nachgegangen werden. Vgl. zu weiterführenden Hinweisen *Schliesky*, Öffentliches Wettbewerbsrecht, S. 410.

Frage, ob Betroffene Abwehr- und Ausgleichsansprüche (vgl. § 33 GWB) gegen ein kartellrechtswidriges Verhalten öffentlicher Unternehmen geltend machen können[1252].

aa) Ausgangslage

Grundsätzlich sind die Kartellbehörden befugt, gegen kartellrechtliche Verstöße von Unternehmen vorzugehen. Mit Blick auf die öffentlichen Unternehmen interessieren in erster Linie die gegen einseitiges, wettbewerbsschädliches Marktverhalten gerichteten, den Missbrauch einer marktbeherrschenden Stellung, unbillige Behinderung und Diskriminierung verbietenden Vorschriften der §§ 19 Abs. 1, 20 Abs. 1 GWB[1253]. Zu überlegen wäre, ob öffentliche Unternehmen nicht generell eine Sonderstellung einnehmen, die zu ihrer Qualifizierung als marktbeherrschende Unternehmen im Sinne des § 19 Abs. 2, 3 GWB mit daran anknüpfenden Rechtsfolgen führt[1254]. Im Zusammenhang mit letzterem ist bei der öffentlichen Hand insbesondere auf die Bedeutung des Art. 3 Abs. 1 GG hinzuweisen[1255].

Es bestehen jedoch erhebliche Zweifel, ob öffentliche Unternehmen allein wegen ihrer Finanzkraft bereits das Kriterium der Marktbeherrschung erfüllen[1256]. Denn Finanzkraft setzt auch die freie Verfügbarkeit über die Mittel voraus. Daher bedarf dieses Kriterium einer entsprechenden Einschränkung und ist allenfalls im Einzelfall erfüllt. Dennoch ist es gerechtfertigt, wegen des grundsätzlichen Rückhalts im Staatshaushalt, den öffentliche Unternehmen genießen,

---

[1252] Dazu *P. Ulmer*, ZHR 146 (1982), 466, 503 f.

[1253] Vgl. *P. Ulmer*, ZHR 146 (1982), 466, 490 ff. Ausgeblendet bleibt hier die auf die Unterbindung externen Wachstums gerichtete Fusionskontrolle (§§ 35 ff. GWB). Siehe dazu, wenngleich noch zum GWB a. F., *P. Ulmer*, ZHR 146 (1982), 466, 501. Vgl. jüngst auch den gem. §§ 63 Abs. 4, 71 Abs. 1 S. 1, 91 GWB ergangenen Beschluss OLG Düsseldorf MedR 2008, 560 ff. zu einem Fall der Fusionskontrolle von Krankenhäusern. Mit dieser Entscheidung wurde wieder einmal die Anwendbarkeit des GWB auf Handlungen der öffentlichen Hand, die im Bereich der gesetzlichen Krankenversicherung und der Finanzierung der Krankenhäuser an sich dem Sozialrecht unterliegen, ausgedehnt.

[1254] In diese Richtung *Emmerich*, Das Wirtschaftsrecht der öffentlichen Unternehmen, S. 323, 325.

[1255] *Stamer*, Rechtsschutz gegen öffentliche Konkurrenzwirtschaft, S. 55.

[1256] Ablehnend *Kluth*, Grenzen kommunaler Wettbewerbsteilnahme, S. 95; *Ronellenfitsch*, in: Isensee/Kirchhof (Hrsg.), HStR IV, 3. Aufl. 2006, § 98 Rn. 54; *Schliesky*, Öffentliches Wettbewerbsrecht, S. 414 f.; *P. Ulmer*, ZHR 146 (1982), 466, 493, 501.

in der Regel eine Maßstabsverschärfung bei der kartellrechtlichen Kontrolle ebenso wie im Wettbewerbsrecht zu bejahen[1257].

Immerhin zeigt gerade der Missbrauchstatbestand des § 19 Abs. 4 Nr. 1 GWB, dass ein Missbrauch einer marktbeherrschenden Stellung auch in der Beeinträchtigung der Wettbewerbsmöglichkeiten anderer Unternehmen liegen kann, wenn die Beeinträchtigung in einer für den Wettbewerb auf dem Markt erheblichen Weise erfolgt und sachlich nicht gerechtfertigt ist. Der Missbrauchsvorwurf gegen ein öffentliches Unternehmen kann sich gerade auch auf die Überschreitung der der öffentlichen Hand gesetzten Kompetenzschranken oder ihrer Grundrechtsbindung stützen[1258]. Besonders interessant ist dabei, dass gegen den Einsatz dieser Normengruppen des GWB als Zugangsschranken gegen das „Ob" staatlicher Wirtschaftstätigkeit bisher offenbar nur vereinzelt Einwendungen erhoben worden sind[1259].

bb) Abschließender Charakter des GWB

Eine Anwendung dieser kartellrechtlichen Tatbestände über den Umweg des § 4 Nr. 11 UWG kommt demgegenüber – wie bereits ausgeführt – inzwischen nicht mehr in Betracht. Denn das GWB enthält eine abschließende Regelung der zivilrechtlichen Ansprüche, die Mitbewerber und Wettbewerbsverbände im Falle von Verstößen gegen kartellrechtliche Verbote geltend machen können[1260]. Diese differenzierte gesetzliche Regelung darf weder dadurch konterkariert werden, dass kartellrechtliche Missbrauchstatbestände, die nicht als Verbote ausgestaltet sind, gleichwohl mit Hilfe des UWG durchgesetzt werden könnten, noch dadurch, dass stets auch ein lauterkeitsrechtlicher Unterlassungsanspruch unter dem Gesichtspunkt des Rechtsbruchs (§§ 3, 4 Nr. 11 UWG) bejaht würde[1261]. Das schließt es aber nicht aus, das Kartellrecht unmittelbar zur Kontrolle des „Ob" staatlicher Wirtschaftstätigkeit zu bemühen.

[1257] *Hefermehl/Köhler/Bornkamm*, UWG, 26. Aufl. 2008, § 4 UWG Rn. 13.31; *P. Ulmer*, ZHR 146 (1982), 466, 493 m. w. N.; a. A. *Kluth*, Grenzen kommunaler Wettbewerbsteilnahme, S. 95; *Schliesky*, Öffentliches Wettbewerbsrecht, S. 415. Wettbewerbsrechtliche Verschärfungen werden zu Recht z. B. bei Preisunterbietungen durch öffentliche Unternehmen gefordert, vgl. hierzu *Lux*, in: Hoppe/Uechtritz (Hrsg.), Handbuch Kommunale Unternehmen, 2. Aufl. 2007, § 10 Rn. 81 ff.; a. A. *Emmerich*, Der unlautere Wettbewerb der öffentlichen Hand, S. 45 f.

[1258] So bisher richtig erkannt offenbar nur von *P. Ulmer*, ZHR 146 (1982), 466, 503. Andeutungsweise jedoch auch VGH Kassel WRP 2003, 112, 114 f. – „Schilderprägestelle".

[1259] Nachweise bei *P. Ulmer*, ZHR 146 (1982), 466, 501 mit Fn. 179.

[1260] BGHZ 166, 154, 159 – „Probeabonnement".

[1261] BGHZ 166, 154, 161 – „Probeabonnement".

cc) *Hohe Hürden des EG-Kartellrechts für staatliche Monopole*

Insbesondere an die Errichtung staatlicher Monopole stellt im Übrigen das EG-Kartellrecht hohe Anforderungen[1262]. An ihm sind auch nationale „Sportwettenmonopolgesetze" zu messen, die den Zugang zu nationalen Märkten schließen und damit in einem strukturellen Gegensatz zu einem System unverfälschten Wettbewerbs (Art. 4 EG) stehen. So handelt es sich bei dem staatlichen Anbieter „Oddset" um ein staatliches Unternehmen im Sinne von Art. 86 Abs. 1 EG. Der GlüStV schreibt dessen ausnahmslose Alleinanbieterstellung fest, so dass eine beherrschende Stellung im Gemeinsamen Markt vorliegt. Das erfüllt, weil ein künstlich geschaffenes Monopol besteht, dessen einzig legitimer Rechtfertigungsgrund der Spielsuchtbekämpfung weder belegt noch erkennbar ist[1263], den gemeinschaftsrechtlichen Tatbestand des Monopolmissbrauchs gemäß Art. 86 Abs. 1, 82 EG[1264]. Dieser hat gemäß §§ 32 Abs. 1, 33 Abs. 1 S. 1 GWB Bedeutung auch für die Einschreitbefugnisse der nationalen Kartellbehörden sowie Ansprüche Betroffener.

dd) *Differenzierung kartellrechtlicher Missbrauchstatbestände und kartellrechtlichen Vergaberechtsschutzes*

Zu den kartellrechtlichen Missbrauchstatbeständen zählen jedoch nicht die Ansprüche, die auf den Normenkomplex des Vergaberechts gestützt werden. Im Übrigen werden diese ebenfalls nicht, wie sogleich zu zeigen sein wird, mit Hilfe des UWG durchgesetzt. Schon von daher bestehen keine Einwände gegen eine Sanktionierung rechtswidrigen Marktzutritts der öffentlichen Hand mittels Vergaberechtsschutzes.

ee) *Kartellrechtliche Rechtsschutzmöglichkeiten gegen öffentliche Konkurrenzwirtschaft*

Bei der wirtschaftlichen Betätigung der öffentlichen Hand geht es – wie bereits angedeutet – in erster Linie um Fälle der Diskriminierung einzelner konkurrierender privater Anbieter durch die öffentliche Hand[1265]. Jedoch steht dabei häufig die Fallgestaltung im Vordergrund, dass sich Klagen der Diskriminierten gegen die öffentliche Hand als Auftraggeber richten. Insofern betreffen diese Fälle

---

[1262] Zu Einzelheiten, auf die hier nicht näher eingegangen werden kann, vgl. *Bungenberg*, DVBl. 2007, 1405, 1411 f.

[1263] Dazu noch Kapitel 7 § 36, S. 358 ff.

[1264] In diese Richtung bereits *Bungenberg*, DVBl. 2007, 1405, 1412.

[1265] *Schliesky*, Öffentliches Wettbewerbsrecht, S. 418.

nicht die Problematik der öffentlichen Konkurrenzwirtschaft an sich, sondern die Frage, inwieweit die öffentliche Hand ihre eigenen im Wettbewerb stehenden Unternehmen gegenüber Privaten bevorzugen darf[1266]. Doch dürfen die Überlegungen an dieser Stelle nicht stehen bleiben. Denn das Kartellrecht gibt den Privaten auch für die Konstellation der öffentlichen Konkurrenzwirtschaft Rechtsschutzmöglichkeiten an die Hand, die noch viel zu selten Beachtung finden, wenn es um den Rechtsschutz privater Konkurrenten gegen die Wirtschaftstätigkeit der öffentlichen Hand geht. Insbesondere für den Bereich der Vergabe öffentlicher Aufträge gibt es ein wirksames Schutzsystem gegen konkurrierende öffentliche Unternehmen, die sich zusammen mit Privaten um den Zuschlag in einem Vergabeverfahren bewerben und entweder bereits durch die Teilnahme am Verfahren oder aber durch die – im Falle des Zuschlags – erfolgende Ausführung des Auftrags rechtswidrig handeln, indem sie gegen eine ihren Marktzutritt regelnde Vorschrift verstoßen oder sogar Rechte eines privaten Mitbewerbers beeinträchtigen oder verletzen.

d) Sanktionierung rechtswidrigen Marktzutritts der öffentlichen Hand mittels Vergaberechtsschutzes

Das Vergaberecht ist eine besondere Materie des Wettbewerbsrechts und wird durch das GWB geregelt. Es regelt öffentliche Aufträge (§ 99 GWB[1267]) im Sin-

---

1266 Insoweit richtig *Stamer*, Rechtsschutz gegen öffentliche Konkurrenzwirtschaft, S. 56. Vgl. auch *Kämper/Heßhaus*, NWVBl. 2001, 377 ff.

1267 § 99 GWB-E lautet, soweit Änderungen vorgesehen sind, nunmehr:
„*(1) Öffentliche Aufträge sind entgeltliche Verträge von öffentlichen Auftraggebern mit Unternehmen über die Beschaffung von Leistungen, die Liefer-, Bau- oder Dienstleistungen zum Gegenstand haben, Baukonzessionen und Auslobungsverfahren, die zu Dienstleistungsaufträgen führen sollen. Ein öffentlicher Auftrag liegt nicht vor, wenn öffentliche Auftraggeber nach § 98 Nr. 1, 2 oder 3 Liefer-, Bau- oder Dienstleistungen durch eine oder mehrere juristische Personen erbringen lassen, die selbst öffentliche Auftraggeber sind und an denen privates Kapital nicht beteiligt ist, sofern diese juristischen Personen die zu erbringende Leistung überhaupt nicht auf dem Markt anbieten oder im wesentlichen für öffentliche Auftraggeber tätig sind.*
(3) Bauaufträge sind Verträge über die Ausführung oder die gleichzeitige Planung und Ausführung eines Bauvorhabens oder eines Bauwerkes für den öffentlichen Auftraggeber, das Ergebnis von Tief- oder Hochbauarbeiten ist und eine wirtschaftliche oder technische Funktion erfüllen soll, oder einer dem Auftraggeber unmittelbar wirtschaftlich zugute kommenden Bauleistung durch Dritte gemäß den vom Auftraggeber genannten Erfordernissen.
(4) Als Dienstleistungsaufträge gelten die Verträge über die Erbringung von Leistungen, die nicht unter Absatz 2 oder 3 fallen.“
Nach Absatz 5 wird folgender Absatz 6 eingefügt:

ne entgeltlicher Verträge als Folge eines öffentlichen Auftrags im Bereich von Liefer-, Bau- oder Dienstleistungsverträgen, die bestimmte Schwellenwerte[1268] überschreiten und nicht unter eine der Ausnahmen nach § 100 Abs. 2 GWB fallen[1269]. Unterhalb der Schwellenwerte liegende Aufträge richten sich weiterhin nach Haushaltsrecht und den haushaltsrechtlichen Verdingungsordnungen[1270].

Mögliche Hilfe für private Konkurrenten gegen den rechtswidrigen Marktzutritt öffentlicher Unternehmen könnte daher mittels primären Vergaberechtsschutzes bei öffentlichen Aufträgen von öffentlichen Auftraggebern (vgl. den persönlichen Anwendungsbereich des § 98 GWB[1271]) für relevante Leistungen,

---

„(6) Eine Baukonzession ist ein Vertrag über die Durchführung eines Bauauftrags, bei dem die Gegenleistung für die Bauarbeiten statt in einem Entgelt in dem befristeten Recht auf Nutzung der baulichen Anlage, gegebenenfalls zuzüglich der Zahlung eines Preises besteht.“

Der bisherige Absatz 6 wird Absatz 7. Nach Absatz 7 wird folgender Absatz 8 angefügt:

„(8) Für einen Auftrag zur Durchführung mehrerer Tätigkeiten gelten die Bestimmungen für die Tätigkeit, die den Hauptgegenstand darstellt. Ist für einen Auftrag zur Durchführung von Tätigkeiten auf dem Gebiet der Trinkwasser- oder Energieversorgung, des Verkehrs oder des Bereichs der Auftraggeber nach dem Bundesberggesetz und von Tätigkeiten von Auftraggebern nach § 98 Nr. 1 bis 3 nicht feststellbar, welche Tätigkeit den Hauptgegenstand darstellt, ist der Auftrag nach den Bestimmungen zu vergeben, die für Auftraggeber nach § 98 Nr. 1 bis 3 gelten. Betrifft eine der Tätigkeiten, deren Durchführung der Auftrag bezweckt, sowohl eine Tätigkeit auf dem Gebiet der Trinkwasser- oder Energieversorgung, des Verkehrs oder des Bereichs der Auftraggeber nach dem Bundesberggesetz, als auch eine Tätigkeit, die nicht in die Bereiche von Auftraggebern nach § 98 Nr. 1 bis 3 fällt, und ist nicht feststellbar, welche Tätigkeit den Hauptgegenstand darstellt, so ist der Auftrag nach denjenigen Bestimmungen zu vergeben, die für Auftraggeber mit einer Tätigkeit auf dem Gebiet der Trinkwasser- und Energieversorgung sowie des Verkehrs oder des Bundesberggesetzes gelten.“

1268 Die Schwellenwerte ergeben sich aus §§ 100 Abs. 1, 127 Nr. 1 GWB i. V. m. § 2 Nr. 3, 4 VgV und betragen (Stand: Juni 2008) – von Spezialregelungen für bestimmte Auftraggeber und Aufträge abgesehen – für Bauaufträge 5.278.000 Euro, für Lieferungen und Dienstleistungen sowie für freiberufliche Leistungen 211.000 Euro.

1269 Die Aufzählung der Ausnahmen ist abschließend und als Ausnahmebestimmung restriktiv auszulegen, vgl. *Kämper/Heßhaus*, NWVBl. 2001, 377, 382 m. w. N. in Fn. 67. Die geplante Neufassung auf Grund des Gesetzentwurfs der Bundesregierung zur Modernisierung des Vergaberechts ist in BT-Drucks. 16/10117 vom 13.08.2008, Anlage 1, S. 3 ff. abgedruckt.

1270 BVerfGE 116, 135, 139 – „Vergaberecht“; *Katz*, Kommunale Wirtschaft, S. 132; *Ronellenfitsch*, in: Isensee/Kirchhof (Hrsg.), HStR IV, 3. Aufl. 2006, § 98 Rn. 56. Siehe zu möglichen Ansprüchen, die die Rechtsprechung inzwischen anerkannt hat, sogleich noch Kapitel 5 § 30 I. 3. d) ff), S. 276 ff.

1271 Zum Begriff des öffentlichen Auftraggebers im Vergaberecht jüngst ausführlich *Dittmer*, Öffentliche Unternehmen und der Begriff des öffentlichen Auftraggebers, S. 113 ff. Die geplante Neufassung des § 98 GWB auf Grund des Gesetzentwurfs der Bundesregierung zur Modernisierung des Vergaberechts ist in BT-Drucks. 16/10117 vom 13.08.2008, Andie die Schwellenwerte übersteigen, bestehen[1272], wenn sich der Kreis der Bieter aus privaten und öffentlichen Unternehmen zusammensetzt.

Für das weitere Vorgehen ist folgendes festzuhalten: Ziel eines hier zu behandelnden Vergaberechtsschutzes ist der Ausschluss desjenigen öffentlichen Mitbieters, der durch die Teilnahme am Vergabeverfahren oder die folgende Durchführung des Auftrags gegen eine seinen Marktzutritt regelnde Vorschrift verstoßen hat oder aber (zugleich) Rechte des Privaten beeinträchtigt oder verletzt. Es geht also folglich um die Konkurrenzsituation und einen (drohenden) Rechtsverstoß auf Seiten der Bieter, nicht auf Seiten des Auftraggebers[1273]. Es geht im Folgenden daher auch nicht darum, Ansprüche gegen den Auftraggeber durchzusetzen (zu dem im Übrigen praktisch kein Wettbewerbsverhältnis der privaten Bieter im Rahmen des Auftrags denkbar ist, denn Anbieter und Nachfrager stehen sich in der Regel nicht auf demselben Markt gegenüber), sondern darum, gegen die Vergabestelle einen Anspruch auf Ausschluss des öffentlichen Mitbieters bzw. eigene Berücksichtigung durchzusetzen.

aa) Prinzip der wettbewerblichen Vergabe

Wesentlicher Bestandteil des Vergaberechts ist das Vergaberechtsnachprüfungsverfahren nach den §§ 102 ff. GWB als eine spezielle, zeitlich gedrängte Rechtsschutzmöglichkeit für die unterlegenen Bieter. Die Durchführung des Verfahrens obliegt, unbeschadet der Prüfungsmöglichkeiten von Aufsichtsbehörden und Vergabeprüfstellen, unabhängigen Vergabekammern, die mittels Verwaltungsaktes eine Rechtsverletzung des Antragstellers im Sinne des § 97

lage 1, S. 2 abgedruckt. Die Änderungen sind ohne Auswirkung auf die hiesigen Ausführungen.

1272 Umfassend zum Rechtsschutz des Bieters im fehlerhaften Vergabeverfahren *Alexander*, WRP 2004, 700 ff.

1273 Siehe zu dieser Konstellation (als Beispiel sei die Wahl einer falschen Vergabeart genannt) und dort möglichen Ansprüchen *Alexander*, WRP 2004, 700, 705 ff. mit zahlreichen weiterführenden Hinweisen. Der hier verfolgte Ansatz hat demgegenüber zum Ziel, Verstöße eines öffentlichen Mitbieters gegen außervergaberechtliche Normen oder außervergaberechtliche Rechtsverletzungen eines privaten Mitbieters durch diesen mit Hilfe des Vergaberechtsschutzes zu ahnden, vgl. dazu ebenfalls auch *Alexander*, WRP 2004, 700, 710 mit Fn. 102. Für den hier verfolgten Ansatz ist es daher auch unerheblich, dass nach BVerfGE 116, 135, 152 f. – „Vergaberecht" selbst in der ablehnenden Vergabeentscheidung kein Eingriff in Art. 12 Abs. 1 GG zu sehen sein soll (kritisch dazu *Antweiler*, VergabeR 2008, 352, 359). Denn diese Entscheidung wird nur mittelbar kontrolliert. Unmittelbar soll geprüft werden, ob ein Bieter wegen dessen Rechtsverstößen hätte ausgeschlossen werden müssen.

Abs. 7 GWB feststellen können (§ 114 Abs. 3 S. 1 GWB)[1274]. Gegen die Entscheidung einer Vergabekammer ist (nur) die sofortige Beschwerde zum Vergabesenat des zuständigen Oberlandesgerichts statthaft (§ 116 Abs. 3 GWB). Hieran wird sich durch die Modernisierung des Vergaberechts nichts ändern[1275]. Der Primärrechtsschutz in Vergabesachen ist somit ausschließlich und abschließend[1276]. Im Vergabeverfahren ist zu prüfen, ob die Bieter fachkundig, leistungsfähig und zuverlässig sind (§ 97 Abs. 4 GWB). Das zielt auf die persönliche und sachliche Geeignetheit des Bieters. Selbstverständlich sind auch inhaltliche und formelle Angebotsmängel sowie die Prüfung des Angebotsinhalts selbst Teil der Angebotsbewertung[1277]. Dahinter steht nicht zuletzt ein subjektiv-öffentliches Recht der anderen Bieter auf Einhaltung des Verfahrens als Ausdruck ihres Grundrechts aus Art. 3 Abs. 1 GG[1278]. Sie haben ein legitimes Interesse, den Vorgang der Auftragsvergabe zu kontrollieren[1279]. Formulieren lässt sich daher ein Gebot der Chancengleichheit und Gleichbehandlung[1280], das gemeinschaftsrechtlich durch den Grundsatz der Diskriminierungsfreiheit (Art. 12 EG) verstärkt wird[1281]. Das Recht der Vergabe öffentlicher Aufträge ist bieterschützendes Außenrecht[1282].

Eine Reihe vergaberechtlicher Bestimmungen begründet das Recht und die Pflicht, Angebote öffentlicher Unternehmen auszuschließen, wenn und soweit

[1274] Die Zuständigkeit der Vergabekammer richtet sich danach, ob der Auftrag dem Zuständigkeitsbereich des Bundes oder der Länder zuzurechnen ist (§ 104 Abs. 1 GWB).

[1275] Gesetzentwurf der Bundesregierung zur Modernisierung des Vergaberechts, BT-Drucks. 16/10117 vom 13.08.2008.

[1276] *Alexander*, WRP 2004, 700, 711.

[1277] Ausgeklammert bleibt bewusst die Frage, ob bei der Vergabe öffentlicher Aufträge auch „vergabefremde Kriterien" berücksichtigt und folglich in einem Vergaberechtsnachprüfungsverfahren überprüft werden können. Im Einzelnen ist hier vieles umstritten, vgl. etwa *Katz*, Kommunale Wirtschaft, S. 137 f. Geklärt ist inzwischen jedoch, dass die Tariftreue nicht Gegenstand eines Kriterienkatalogs sein darf, wenn die Vergabeentscheidung von der Verpflichtung zu dessen Einhaltung abhängig gemacht wird, vgl. EuGH EuZW 2008, 306 ff. – „Rüffert". Zu dieser Entscheidung jüngst etwa *Kocher*, DB 2008, 1042 ff.

[1278] BVerfGE 116, 135, 151 – „Vergaberecht"; *Antweiler*, VergabeR 2008, 352, 358; *Hösch*, Die kommunale Wirtschaftstätigkeit, S. 127; *Otting/Ohler*, in: Hoppe/Uechtritz (Hrsg.), Handbuch Kommunale Unternehmen, 2. Aufl. 2007, § 14 Rn. 19.

[1279] *Alexander*, WRP 2004, 700.

[1280] BVerwGE 129, 9, 16, *Alexander*, WRP 2004, 700, 701; *Antweiler*, VergabeR 2008, 352, 357; *Kämper/Heßhaus*, NWVBl. 2001, 377.

[1281] *Katz*, Kommunale Wirtschaft, S. 133; *Otting/Ohler*, in: Hoppe/Uechtritz (Hrsg.), Handbuch Kommunale Unternehmen, 2. Aufl. 2007, § 14 Rn. 18. Vgl. auch BVerwGE 129, 9, 16.

[1282] *Katz*, Kommunale Wirtschaft, S. 130.

ein Unternehmen mit dem Angebot seinen zulässigen Tätigkeitsbereich überschreitet und gegen (z. B. kommunalrechtliche) Vorschriften verstößt.

(1) § 8 Nr. 6 VOB/A bzw. § 7 Nr. 6 VOL/A

Anknüpfungspunkt für einen solchen Ausschluss könnte § 8 Nr. 6 VOB/A bzw. § 7 Nr. 6 VOL/A[1283] sein. Gemäß § 8 Nr. 6 VOB/A sind Betriebe der öffentlichen Hand und Verwaltungen nicht zum Wettbewerb mit gewerblichen Unternehmen zuzulassen. Hierdurch sollen zwar Wettbewerbsverzerrungen und Verdrängungstendenzen auf Grund der immanenten steuerlichen Vorteile oder öffentlichen Zuschusszahlungen öffentlicher Unternehmen ausgeschlossen werden[1284]. Dennoch wäre die Annahme, dass öffentliche Unternehmen im Anwendungsbereich dieser Verdingungsordnungen gänzlich vom Vergabewettbewerb auszuschließen wären, wenn und soweit ein Wettbewerbsverhältnis mit privaten Unternehmen besteht, vorschnell[1285]. Insbesondere § 8 Nr. 6 VOB/A will nur solche Betriebe und Einrichtungen der öffentlichen Hand vom Vergabeverfahren ausschließen, die auf Grund ihrer Rechtsform oder ihrer spezifischen öffentlichen Aufgabe nicht am Markt und damit nicht am Wettbewerb teilnehmen[1286]. Das muss, weil „*Betriebe der öffentlichen Hand und Verwaltungen*" als solche dort schon gar nicht erwähnt sind, erst recht für § 7 Nr. 6 VOL/A gelten[1287].

(2) § 2 Nr. 3 VOL/A bzw. § 2 Nr. 1 S. 1 VOB/A

In Betracht kommt auch § 2 Nr. 3 VOL/A bzw. § 2 Nr. 1 S. 1 VOB/A. Ein unterlegener Bieter könnte sich darauf berufen, der Auftrag hätte an das zum Zuge gekommene öffentliche Unternehmen nicht vergeben werden dürfen, weil es sich um einen Auftrag bemüht habe, dessen Erfüllung ihm objektiv auf Grund gesetzlicher Vorschriften untersagt sei[1288]. Das öffentliche Unternehmen sei daher ein unzuverlässiger Bieter im Sinne dieser Vorschriften gewesen. Im Einzel-

---

1283 VOL = Verdingungsordnung für Leistungen von 2006. Der Rechtsnatur nach handelt es sich um allgemeine Verwaltungsvorschriften und, soweit sie die Vertragsgestaltung betreffen, um Allgemeine Geschäftsbedingungen.

1284 OLG Düsseldorf NVwZ 2000, 714, 716 – „Awista".

1285 Im Einzelnen *Kämper/Heßhaus*, NWVBl. 2001, 377, 384.

1286 *Kämper/Heßhaus*, NWVBl. 2001, 377, 384.

1287 Ebenso *Otting/Ohler*, in: Hoppe/Uechtritz (Hrsg.), Handbuch Kommunale Unternehmen, 2. Aufl. 2007, § 14 Rn. 73 m. w. N.

1288 Vgl. OLG Düsseldorf NVwZ 2000, 714 – „Awista".

nen ist hier vieles umstritten[1289]. Richtig erscheint immerhin der Ansatz, Unzuverlässigkeit nur bei offensichtlicher Unzulässigkeit der Tätigkeit des öffentlichen Unternehmens anzunehmen[1290]. Dass die Gesetzeswidrigkeit der Tätigkeit eines öffentlichen Unternehmens offenkundig ist, kommt vor dem Hintergrund der dargestellten Streitigkeiten um die Voraussetzungen dieses Tatbestandsmerkmals wenn überhaupt, dann nur selten in Betracht.

(3) Wettbewerbsgleichheit der Bieter als wesentlicher Grundsatz des Vergabeverfahrens

Auch in einem Vergabeverfahren soll indes – so die Rechtsprechung – der Grundsatz gelten, dass es den Wettbewerb verzerre und gegen das Gebot der Chancengleichheit verstoße, wenn ein Unternehmen, das keinem Insolvenzrisiko ausgesetzt ist, in Wettbewerb mit Unternehmen trete, die dieses Risiko zu tragen hätten[1291]. Es sollen allgemein Tatbestände und Verhaltensweisen bekämpft werden, die einem fairen und uneingeschränkten Wettbewerb zuwider laufen oder gegen gesetzliche Bestimmungen verstoßen und damit die Ausschreibung ihrer Funktion als vergleichendes Auswahlverfahren berauben, denn das verstieße gegen das Gebot chancengleichen Wettbewerbs[1292]. Die Wettbewerbsgleichheit der Bieter ist nämlich ein wesentlicher Grundsatz des Vergabeverfahrens[1293].

Ein brauchbarer, bislang aber eher selten diskutierter Ansatz ist es daher, einen rechtswidrigen Marktzutritt öffentlicher Unternehmen im Wege des Vergaberechtsschutzes über § 97 Abs. 1 GWB und § 2 Nr. 1 Abs. 2 VOL/A bzw. § 2 Nr. 1 S. 3 VOB/A (so genanntes Prinzip der wettbewerblichen Vergabe) zu sanktionieren[1294]. Mit der Begründung, entsprechende Bestimmungen beispiels-

---

1289 Zu Einzelheiten *Glahs/Külpmann*, VergabeR 2002, 555, 560 f.; OVG Münster NVwZ 2008, 1031, 1032.

1290 So jüngst auch OVG Münster NVwZ 2008, 1031, 1033; *Ennuschat*, NVwZ 2008, 966, 967 f.

1291 OLG Celle VergabeR 2002, 154, 157 (ausgeschlossener Bieter war eine Anstalt des öffentlichen Rechts).

1292 *Glahs/Külpmann*, VergabeR 2002, 555, 561; *Otting/Ohler*, in: Hoppe/Uechtritz (Hrsg.), Handbuch Kommunale Unternehmen, 2. Aufl. 2007, § 14 Rn. 72; OLG Düsseldorf NVwZ 2000, 714 – „Awista".

1293 BVerwGE 129, 9, 16.

1294 Vgl. nur *Glahs/Külpmann*, VergabeR 2002, 555, 561 ff.; *Otting/Ohler*, in: Hoppe/Uechtritz (Hrsg.), Handbuch Kommunale Unternehmen, 2. Aufl. 2007, § 14 Rn. 74; OLG Düsseldorf VergabeR 2002, 471 LS 1. Ablehnend jedoch OVG Münster NVwZ

weise des Gemeindewirtschaftsrechts seien *„Bestimmungen über das Vergabeverfahren“* im Sinne von § 97 Abs. 7 GWB, die im Verfahren der Vergabe öffentlicher Aufträge einzuhalten sind, kann das überzeugend gelingen[1295].

bb) Keine Beschränkung auf das kommunale Wirtschaftsrecht

Eine Überschreitung oder eine Verletzung der durch das Gemeindewirtschaftsrecht gezogenen Grenzen kann darüber hinaus zu einem Verstoß gegen das allgemeine Wettbewerbsgebot des § 2 Nr. 1 Abs. 2 VOL/A führen, wenn die abzuwehrenden Handlungen geeignet sind, den Wettbewerb im Vergabeverfahren zu beeinflussen[1296]. Für andere als kommunale öffentliche Unternehmen müssen die entsprechenden Regelungen herangezogen werden, die zur Grenzziehung geeignet und hier herausgearbeitet worden sind.

Dieser Ansatz ist auch nicht, wie teilweise vertreten wird[1297], auf den Bereich des kommunalen Wirtschaftsrechts beschränkt. Mag es für diesen Ausschnitt wirtschaftlicher Tätigkeit der öffentlichen Hand mitunter angebracht sein, eine vorschnelle Heranziehung des Vergaberechts wegen der vorhandenen Regelungen in den Gemeindeordnungen zu kritisieren[1298], so ist es jedenfalls nicht falsch, das Vergaberecht dort zu bemühen, wo die Wirtschaftstätigkeit der öffentlichen Hand keine vergleichbare gesetzliche Ausgestaltung erfahren hat wie im Kommunalrecht. Und das ist, wie wiederholt dargelegt, in fast allen übrigen Bereichen der Wirtschaftstätigkeit des Bundes und der Länder der Fall.

cc) Keine Kollision mit der Rechtsprechung des Bundesgerichtshofs in Sachen „Elektroarbeiten“

Die hier vertretene Ansicht kollidiert auch nicht mit der Rechtsprechung des *Bundesgerichtshofs* in Sachen „Elektroarbeiten“. Derzufolge soll über das UWG nur die Überprüfung des Marktverhaltens, nicht aber des Marktzutritts möglich sein. Denn es sei nicht Sinn des § 1 UWG a. F. (bzw. des § 4 Nr. 11 UWG der aktuellen Fassung), den Anspruchsberechtigten zu ermöglichen, Wettbewerber

---

2008, 1031, 1032; *Heßhaus*, NWVBl. 2003, 173, 174 f.; *Kämper/Heßhaus*, NWVBl. 2001, 377, 381.

1295 So ausdrücklich OLG Düsseldorf NVwZ 2000, 714 – „Awista“. Diese Begründung explizit ablehnend jedoch jüngst OVG Münster NVwZ 2008, 1031, 1032.

1296 OLG Düsseldorf NVwZ 2000, 714 ff. – „Awista“. Weitere vergleichbare Ansätze aus Entscheidungen der Vergabekammern und Vergabesenate bei *Glahs/Külpmann*, VergabeR 2002, 555, 559 mit Fn. 44.

1297 *Kämper/Heßhaus*, NWVBl. 2001, 377, 384 f.

1298 So z. B. *Heßhaus*, NWVBl. 2003, 173, 175; OVG Münster NVwZ 2008, 1031, 1033.

unter Berufung darauf, dass ein Gesetz ihren Marktzutritt verbiete, vom Markt fern zu halten, wenn das betreffende Gesetz den Marktzutritt nur aus Gründen verhindern wolle, die den Schutz des lauteren Wettbewerbs nicht berührten[1299]. Die Widerspruchsfreiheit seiner eigenen Rechtsprechung hat das OLG Düsseldorf ausdrücklich festgestellt[1300]. Denn § 1 UWG a. F. einerseits und § 97 Abs. 1 GWB (betreffend das Wettbewerbsprinzip im Vergabeverfahren) sowie § 2 Nr. 1 VOL/A andererseits haben trotz einiger Berührungspunkte unterschiedliche Norminhalte und verschiedene Normzwecke[1301]. Der vergaberechtliche Wettbewerbsgrundsatz[1302] ist eigenständig auszulegen. Das hat zur Folge, dass ein Verhalten, das gegen andere Wettbewerbsgesetze wie beispielsweise das UWG oder Verwaltungsrecht nicht verstößt, gleichwohl im vergaberechtlichen Sinne wettbewerbswidrig sein kann[1303]. Gerechtfertigt ist diese Unterscheidung nicht zuletzt wegen des strikten Bezugs des Vergaberechtsschutzes auf einen konkreten Auftrag, hinsichtlich dessen der vorgelagerte Marktzutritt eines öffentlichen Unternehmens geprüft wird.

dd) Keine Kollision mit den Grundsätzen zur verwaltungsgerichtlichen Klagebefugnis

Die Sanktionierung rechtswidrigen Marktzutritts der öffentlichen Hand in ihrer Rolle als öffentlicher Mitbieter mittels Vergaberechtsschutzes steht somit nicht nur im Einklang mit der Rechtsprechung des *Bundesgerichtshofs*. Sie kollidiert darüber hinaus auch nicht mit verwaltungsgerichtlichen Grundsätzen zur Klagebefugnis. Denn eine Popularklage droht im Vergaberechtsnachprüfungsverfahren nicht. Antragsbefugt ist nach § 107 Abs. 2 S. 1 GWB nur das Unternehmen, das ein eigenes Interesse an dem Auftrag hat und eine Verletzung seiner eigenen Rechte geltend macht. Im Übrigen wird der Streit nur zwischen dem Unterlegenen und der Vergabestelle als Antragsgegnerin geführt, so dass allein die Verletzung subjektiver Rechte durch die Vergabestelle auf Grund einer drohenden Nichtberücksichtigung im Vergabeverfahren, nicht aber durch das öffentliche

---

1299 So wörtlich BGHZ 150, 343, 347.

1300 OLG Düsseldorf VergabeR 2002, 471, 480. Daher bedurfte es auch keiner Vorlage der Frage an den *Bundesgerichtshof* gemäß § 124 Abs. 2 S. 1 GWB. Dagegen hält *Ennuschat*, WRP 2008, 883, 887 die Rechtsprechung der Vergabesenate für nicht vereinbar mit derjenigen des *Bundesgerichtshofs*. Ebenso offenbar jüngst OVG Münster NVwZ 2008, 1031, 1032 f.

1301 A. A. *Heßhaus*, NWVBl. 2003, 173, 175.

1302 *Dittmer*, Öffentliche Unternehmen und der Begriff des öffentlichen Auftraggebers, S. 24.

1303 Ebenso *Glahs/Külpmann*, VergabeR 2002, 555, 562.

Unternehmen, das sich zusammen mit dem Privaten um den Auftrag beworben hatte, im Streit steht[1304]. Von daher kommt es bei dieser Konstellation auch nicht auf die Bestimmung einer Erheblichkeitsschwelle hinsichtlich der Beeinträchtigung an, denn diese ist durch den konkreten Auftrag vorgegeben. Die schwierigen Probleme, die sich diesbezüglich bei einer verwaltungsrechtlichen Lösung ergeben können[1305], müssen hier nicht gelöst werden.

ee) Nachteile und Bewertung einer Sanktionierung rechtswidrigen Marktzutritts der öffentlichen Hand

(1) Beschränkter Anwendungsbereich des Vergaberechtsschutzes

Grundsätzlich problematisch an einer vergaberechtlichen Sanktionierung eines rechtswidrigen Marktzutritts der öffentlichen Hand ist jedoch, dass der Anwendungsbereich nur bei der Vergabe öffentlicher Aufträge besteht, um die sich neben privaten auch öffentliche Unternehmen bewerben. Es muss also überhaupt zunächst ein Bewerbungsverfahren geben. Die Ausgestaltung des Sport- und Glücksspielmarktes durch den GlüStV sieht eine Ausschreibungspflicht und damit ein Bewerbungsverfahren nicht vor. Es bleibt bei dem staatlichen Monopol. Zumindest für private Anbieter von Glücksspielen und Sportwetten kommt der Vergaberechtsschutz daher nicht in Betracht.

Nicht zu verkennen ist aber der auch dem Vergaberecht immanente Gedanke der Wettbewerbsgleichheit und des Schutzes Privater vor der Übermacht der öffentlichen Hand[1306]. Dieser Grundaspekt muss auch in anderen Verfahren, die den Rechtsschutz Privater gegen die Wettbewerbsteilnahme öffentlicher Unternehmen verwirklichen, wertend beachtet werden.

(2) Beschränkungen innerhalb des Anwendungsbereichs

Aber auch innerhalb des Anwendungsbereichs gibt es Einschränkungen. Die Vorschriften der Verdingungsordnungen zu den Teilnehmern im Wettbewerb (§ 8 Nr. 6 VOB/A bzw. § 7 Nr. 6 VOL/A) erfassen nicht juristische Personen des Privatrechts, deren Gesellschaftsanteile die öffentliche Hand hält (so genannte formal privatisierte Unternehmen der öffentlichen Hand oder auch Ei-

---

[1304] *Glahs/Külpmann*, VergabeR 2002, 555, 563.

[1305] Siehe dazu Kapitel 5 § 29 II. 1. a) dd), S. 217.

[1306] Vgl. auch *Antweiler*, VergabeR 2008, 352, 358; *Storr*, Der Staat als Unternehmer, S. 356 f. („*Verrechtlichung des Wettbewerbsrechts [durch] Anerkennung subjektiver Rechte der Konkurrenten*“).

gengesellschaften)[1307]. Mit diesen Vorschriften ist – abgesehen von den bereits dargestellten Einschränkungen – allenfalls ein kleiner Restbereich staatlicher Wirtschaftsteilnahme mit Hilfe des Vergaberechtsschutzes abzuwehren.

Zwar machen die §§ 2 Nr. 3 VOL/A bzw. 2 Nr. 1 S. 1 VOB/A diese Ausnahme nicht. Sie knüpfen jedoch an die Unzuverlässigkeit der Bieter an. Diese wird – wie bereits ausgeführt – indes kaum jemals allein deswegen zu bejahen sein, weil z. B. die Kommunalaufsichtsbehörde die Erfüllung des Auftrags anschließend untersagen könnte, sofern die Erfüllung aus kommunalrechtlichen oder sonstigen Gründen rechtswidrig wäre[1308]. Unzuverlässigkeit kommt nur bei offensichtlicher Unzulässigkeit der Tätigkeit in Betracht. Sollte das jedoch ausnahmsweise der Fall sein, hat die Vergabestelle sogar nicht nur die aus § 97 Abs. 1 GWB i. V. m. § 2 Nr. 1 Abs. 1 VOL/A bzw. § 2 Nr. 1 S. 2 VOB/A hergeleitete Befugnis, sondern auch die Verpflichtung, den erkannten Rechtsverstoß durch Ausschluss des Bieters zu sanktionieren. Hierauf hat der unterlegene Bieter auch einen Anspruch[1309].

ff) Veränderungen im Unterschwellenbereich

(1) Grundlagen des vergaberechtlichen Primärrechtsschutzes

Nicht erfasst wird mit dem soeben beschriebenen Weg im Übrigen der große Unterschwellenbereich, also all jene öffentlichen Aufträge, die die Schwellenwerte nicht übersteigen[1310]. Anders als der Rechtsschutz bei Vergabeverfahren, die Aufträge **oberhalb** der jeweiligen Schwellenwerte betreffen, ist der Rechtsschutz **unterhalb** der Schwellenwerte gesetzlich gar nicht bzw. nur sehr rudimentär ausgebildet. Die §§ 97 ff. GWB sind jedenfalls nicht anwendbar.

Im Unterschwellenbereich scheint sich jedoch zurzeit eine Änderung der Rechtsprechung abzuzeichnen[1311]. Die Ansprüche des Bieters auf Unterlassung und Beseitigung (Primärrechtsschutz)[1312] sollen sich dort nach den allgemeinen

---

[1307] A. A. wohl *Otting/Ohler*, in: Hoppe/Uechtritz (Hrsg.), Handbuch Kommunale Unternehmen, 2. Aufl. 2007, § 14 Rn. 72.

[1308] *Glahs/Külpmann*, VergabeR 2002, 555, 561.

[1309] OLG Düsseldorf VergabeR 2002, 471, 476 f.; *Alexander*, WRP 2004, 700, 701; vgl. auch BVerfGE 116, 135, 154 – „Vergaberecht".

[1310] Nach *D. Ulmer/Pencereci*, KommJur 2008, 81 sollen 98 Prozent aller Vergabeverfahren in der Bundesrepublik Deutschland in den Unterschwellenbereich fallen. Vgl. ähnlich („*über 90 Prozent*") BVerfGE 116, 135, 145 – „Vergaberecht".

[1311] Ausführlich *D. Ulmer/Pencereci*, KommJur 2008, 81, 83 ff.

[1312] Zum Schadensersatz (Sekundärrechtsschutz) siehe noch Kapitel 5 § 32 III., S. 297 ff.

Vorschriften des bürgerlichen Rechts (§§ 1004, 823 BGB), des Kartellrechts (§§ 20, 33 GWB) sowie nach dem Lauterkeitsrecht (§ 8 UWG) richten[1313]. Inhaltlich sind sie auf die Durchsetzung des Anspruchs auf Beteiligung in einem Vergabeverfahren und auf die rechtmäßige Wertung des eigenen Angebots gerichtet[1314].

Etliche Zivilgerichte haben – in Folge einer wegweisenden Entscheidung des *Bundesverwaltungsgerichts* zum Rechtsweg bei Klagen im Unterschwellenbereich[1315] – sogar einstweilige Verfügungen gegen den Vollzug einer Vergabeentscheidung, ggf. auch in der Form des Verbotes der Weiterführung des begonnenen Vergabeverfahrens, grundsätzlich anerkannt und damit im Unterschwellenbereich eine weitere Rechtsschutzmöglichkeit für konkurrierende private Bieter geschaffen[1316]. In der Sache laufen solche Begehren auf ein Zuschlagsverbot hinaus.

Der Verfügungsanspruch im zivilrechtlichen Verfahren des einstweiligen Rechtsschutzes ist dabei der auf Art. 3 Abs. 1 GG zurückzuführende, subjektive Anspruch auf Einhaltung der Vorschriften der einschlägigen Vergabeordnung[1317].

(2) Bedeutung einer Stärkung des vergaberechtlichen Primärrechtschutzes im Unterschwellenbereich

Sollten sich diese Ansätze durchsetzen und Primärrechtsschutz im Unterschwellenbereich nicht mehr nur bei willkürlichem Vorgehen des öffentlichen Auftraggebers gewährt werden, wäre auch die im Unterschwellenbereich noch bestehende Rechtsschutzlücke geschlossen. Hierin wäre ein weiterer Mosaikstein für den Versuch zu sehen, die Rechtsschutzlücke zu schließen, der sich private Konkurrenten bei einem Vorgehen gegen die Wirtschaftstätigkeit der öffentlichen Hand seit bald sieben Jahren gegenüber sehen.

1313 *Alexander*, WRP 2004, 700, 704; LG Bad Kreuznach NZBau 2007, 471, 472. Siehe auch LG Frankfurt/Oder VergabeR 2008, 132, 135, 137, das einen Unterlassungsanspruch ggf. auch aus §§ 280 Abs. 1, 311 Abs. 2, 241 Abs. 2 BGB herleiten will. Dagegen völlig zu Recht LG Bad Kreuznach a. a. O., denn ein solcher Anspruch kann nur auf Geldersatz und in besonderen Fällen auf Rückabwicklung gerichtet sein.

1314 *Ronellenfitsch*, in: Isensee/Kirchhof (Hrsg.), HStR IV, 3. Aufl. 2006, § 98 Rn. 56.

1315 BVerwGE 129, 9 ff. Dazu sogleich.

1316 OLG Brandenburg VergabeR 2008, 294, 295 mit zust. Anm. *Krist/Kerkmann*, VergabeR 2008, 297 f.; LG Bad Kreuznach NZBau 2007, 471 f.; LG Cottbus VergabeR 2008, 123 ff.; LG Frankfurt/Oder VergabeR 2008, 132 ff.

1317 Einzelheiten bei *Wollenschläger*, DVBl. 2007, 589, 594 f.

(3) *Zur Rechtswegproblematik im Unterschwellenbereich*

Weil die §§ 97 ff. GWB unterhalb der Schwellenwerte nicht anwendbar sind, fehlt in diesem Bereich auch für die Rechtswegzuweisung des § 87 S. 1 GWB[1318] die Grundlage.

Der im Unterschwellenbereich auf die allgemeinen Vorschriften des bürgerlichen Rechts (§§ 1004, 823 BGB), des Kartellrechts (§§ 20, 33 GWB) sowie auf das Lauterkeitsrecht (§ 8 UWG) gestützte Primärrechtsschutz ist gleichwohl vor den Zivilgerichten geltend zu machen[1319]. Die Ansicht, nach der im Unterschwellenbereich gerade kein Primärrechtsschutz bestehen soll und die Vergabeentscheidung mangels Verwaltungsaktes auch nicht mittels Anfechtungsklage angegriffen werden können soll[1320], ist spätestens seit den Entscheidungen des *Bundesverfassungsgerichts* zum Vergaberecht[1321] und des *Bundesverwaltungsgerichts* zum Rechtsweg bei der Vergabe öffentlicher Aufträge mit einem Auftragswert unterhalb der Schwellenwerte[1322] überholt. Den beiden Beschlüssen soll im Folgenden nachgegangen werden. Bis zu diesen Judikaten war es äußerst umstritten, in welchem Rechtsweg der Rechtsschutz im Unterschwellenbereich zu verfolgen sei[1323] bzw. ob die Ausgestaltung der Rechtsschutzmöglichkeiten nicht verfassungswidrig sei.

(a) *Entscheidung des Bundesverfassungsgerichts zum Vergaberecht*

Mit Beschluss vom 13.06.2006 hat das *Bundesverfassungsgericht* zur verfassungsrechtlichen Zulässigkeit der damaligen Ausgestaltung des Rechtsschutzes gegen Vergabeentscheidungen unterhalb der Schwellenwerte Stellung bezogen[1324]. Es ging um die prinzipielle Frage, ob Primärrechtsschutz im Unterschwellenbereich ausgeschlossen sein darf, denn faktisch war er den erfolglosen

1318 Für rechtswegzuweisenden Charakter des § 87 Abs. 1 GWB a. F. (entspricht dem heutigen § 87 S. 1 GWB) ausdrücklich BGHZ 114, 218, 222 ff. – „Einzelkostenerstattung"; bestätigt durch BGH NJW 1995, 2352, 2353 – „Sterbegeldversicherung", wegen § 17 a GVG aber ohne weitere Begründung.

1319 Zu (eher theoretischen) Ausnahmen, in denen dennoch die Verwaltungsgerichte zuständig sein können, vgl. *Antweiler*, VergabeR 2008, 352, 353 ff.

1320 So noch *Katz*, Kommunale Wirtschaft, S. 137 m. w. N.

1321 BVerfGE 116, 135 ff. – „Vergaberecht".

1322 BVerwGE 129, 9 ff.

1323 Der Rechtsschutz der Unternehmen hing letztlich von ihrem Standort ab, denn die Entscheidungen divergierten von Bundesland zu Bundesland, siehe nur FAZ vom 16.05.2007, S. 23. Nachweise zu allen Ansichten bei *Wollenschläger*, DVBl. 2007, 589, 591 mit Fn. 13 ff.

1324 BVerfGE 116, 135 ff. – „Vergaberecht".

Bewerbern in aller Regel versagt[1325]. Von vornherein waren sie auf Sekundärrechtsschutz in Form der Schadensersatz- oder Feststellungsklage verwiesen[1326].

Der faktische Ausschluss erfolgloser Bieter vom Primärrechtsschutz im Vergabeverfahren sei jedoch weder im Hinblick auf Art. 19 Abs. 4 GG noch auf Art. 20 Abs. 3 GG verfassungsrechtlich zu beanstanden, denn dem Bieter bleibe die allgemeine Rechtsschutzordnung auch im Unterschwellenbereich – in Gestalt der oben erwähnten Ansprüche – erhalten[1327]. Auch ein Verstoß gegen Art. 3 Abs. 1 GG liege in der andersartigen Ausgestaltung des Rechtsschutzes gegen Vergabeentscheidungen unterhalb der Schwellenwerte trotz Ungleichbehandlung[1328] der jeweiligen Bieter nicht, denn dieser Bereich sei ein Massenphänomen, dessen Wirtschaftlichkeit und Kostenrechtfertigung durch die Einführung eines detaillierten Vergaberechtsnachprüfungsverfahrens auch im Unterschwellenbereich gefährdet werden könne. Dies stelle eine sachliche Rechtfertigung für die Ungleichbehandlung dar, so dass von einer willkürlichen Zweiteilung des Vergaberechtsschutzes nicht die Rede sein könne[1329].

Das *Bundesverfassungsgericht* hatte sich somit nur mit der Frage zu beschäftigen, ob die materielle Ausgestaltung des einfachen Vergaberechtsschutzes verfassungsgemäß sei, nicht aber mit der Verfassungsmäßigkeit der (damals noch nicht behobenen) Zweiteilung des Rechtsweges[1330].

(b) Entscheidung des Bundesverwaltungsgerichts zum Rechtsweg bei der Vergabe öffentlicher Aufträge im Unterschwellenbereich

Diese ist nun – sozusagen ergänzend – vom *Bundesverwaltungsgericht* mit Beschluss vom 02.05.2007 beendet worden[1331], womit eine Vereinheitlichung des Vergaberechtsschutzes unterlegener Bieter vor den Zivilgerichten erreicht werden konnte.

1325 BVerfGE 116, 135, 141 – „Vergaberecht"; *Braun*, VergabeR 2008, 360, 370 f.

1326 BVerfGE 116, 135, 156 – „Vergaberecht"; *Wollenschläger*, DVBl. 2007, 589, 590; kritisch jedoch *Braun*, VergabeR 2008, 360, 371.

1327 BVerfGE 116, 135, 155 ff. – „Vergaberecht". Dazu, dass diese Aussage nicht nur theoretischer Natur ist, vgl. *Wollenschläger*, DVBl. 2007, 589, 591 ff. Kritisch jedoch *Antweiler*, VergabeR 2008, 352, 359 f., weil die Zivilgerichte sich zu stark allein an zivilrechtlichen Anspruchsgrundlagen orientierten, sowie *Braun*, VergabeR 2008, 360, 370 f., weil die Annahme des *Bundesverfassungsgerichts* hinsichtlich der Entscheidungspraxis der Zivilgerichte viel zu optimistisch sei.

1328 Dazu BVerfGE 116, 135, 160 – „Vergaberecht".

1329 BVerfGE 116, 135, 160 ff. – „Vergaberecht".

1330 Richtig daher schon *Wollenschläger*, DVBl. 2007, 589, 592 f. m. w. N. in Fn. 28a.

1331 BVerwGE 129, 9 ff.

Offensichtlich ist dabei die Parallele zu den Querelen um den „richtigen“ Rechtsweg für den Rechtsschutz privater Konkurrenten gegen die Wirtschaftstätigkeit der öffentlichen Hand[1332]. Dort konnte die Rechtswegfrage bis heute allerdings nicht nur nicht zufrieden stellend geklärt werden, sondern hat sich vielmehr zu der grundsätzlicheren Frage ausgeweitet, ob Privaten gegen öffentliche Konkurrenzwirtschaft überhaupt noch Rechtsschutzmöglichkeiten an die Hand gegeben sind. Für Klagen gegen öffentliche Vergabeentscheidungen, die nicht unter die Sonderzuweisung des § 104 Abs. 2 S. 1 GWB[1333] zur ordentlichen Gerichtsbarkeit fallen, weil sie unterhalb der Schwellenwerte liegen, hat das *Bundesverwaltungsgericht* nun (ebenfalls) den ordentlichen Rechtsweg für eröffnet erklärt[1334].

Als überzeugende Begründung nennt das *Bundesverwaltungsgericht* die Tatsachen, dass sich die öffentliche Hand bei der Vergabe öffentlicher Aufträge in aller Regel auf dem Boden des Privatrechts bewege, weil sich ihre Rolle als Nachfrager nicht grundlegend von anderen Marktteilnehmern unterscheide, und dass die Vergabeentscheidung eine privatrechtliche Willenserklärung sei[1335]. Diese Entscheidung kann auch bei der Lösung der Rechtsschutzproblematik gegen die Wirtschaftstätigkeit der öffentlichen Hand helfen. Sie stützt die hier erarbeiteten Argumente und Leitlinien.

Zum einen soll mit der Entscheidung des *Bundesverwaltungsgerichts* dem Umstand Rechnung getragen werden, dass Primär- und Sekundärrechtsschutz im

---

1332 Dazu bereits Kapitel 4 § 22, S. 135 ff.

1333 § 104 Abs. 2 GWB-E lautet nunmehr:
„*(2) Rechte aus § 97 Abs. 7 sowie sonstige Ansprüche gegen öffentliche Auftraggeber, die auf die Vornahme oder das Unterlassen einer Handlung in einem Vergabeverfahren gerichtet sind, können nur vor den Vergabekammern und dem Beschwerdegericht geltend gemacht werden.*“
Angefügt wird ein neuer Absatz 3, der lautet:
„*(3) Die Zuständigkeit der ordentlichen Gerichte für die Geltendmachung von Schadensersatzansprüchen und die Befugnisse der Kartellbehörden zur Verfolgung von Verstößen insbesondere gegen §§ 19 und 20 bleiben unberührt.*“

1334 BVerwGE 129, 9, 11 m. w. N.; so jetzt auch *Kopp/Schenke*, VwGO, 15. Aufl. 2007, § 40 Rn. 25 b; a. A. *Stelkens*, Verwaltungsprivatrecht, S. 1035. Problematisch ist selbstverständlich, dass diese Entscheidung – abgesehen vom konkret entschiedenen Fall (vgl. § 17a Abs. 2 S. 3 GVG i. V. m. § 173 S. 1 VwGO) – keine Bindungswirkung für andere Zivilgerichte als dasjenige, an das der bezeichnete Rechtsstreit verwiesen wurde, besitzt, so dass jene theoretisch nicht gehindert sind, sich wiederum für unzuständig zu erklären, vgl. *Antweiler*, VergabeR 2008, 352, 357.

1335 BVerwGE 129, 9, 12 f.; unklar insoweit noch BVerfGE 116, 135, 155 (einerseits: „*nach der allgemeinen Rechtsschutzordnung richtet*“), 159 (andererseits: „*privatrechtlichen und zivilprozessualen Normen*“); a. A. *Wollenschläger*, DVBl. 2007, 589, 593.

Unterschwellenbereich (für letzteren war die Zuständigkeit der ordentlichen Gerichte nie umstritten[1336]) im gleichen Rechtsweg verfolgt werden können[1337]. Das gebietet die Stringenz der Ausgestaltung des Rechtsschutzes und damit die Prozessökonomie. Deutlich erkennbar ist auch der Wille des Gerichts, die öffentliche Hand bei der Marktteilnahme unter keinen Umständen anders behandeln zu wollen als Private.

Zum anderen lässt sich aus der Entscheidung ablesen, dass den Zivilgerichten die größere Sachnähe für Entscheidungen über privatrechtliche Rechtsverhältnisse zugebilligt wird. Nicht übersehen werden darf aber vor allem, dass der bisherigen, nicht gerechtfertigten und letztlich sachfremden Rechtswegspaltung in Abhängigkeit des Auftragsvolumens eine Absage erteilt und der Vergaberechtsschutz einheitlich den ordentlichen Gerichten zugewiesen wurde. Es besteht mithin kein vernünftiger Grund, Rechtswegspaltungen beim Rechtsschutz gegen öffentliche Konkurrenzwirtschaft aufrecht zu erhalten.

gg) Zum Rechtsweg oberhalb der Schwellenwerte

Oberhalb der Schwellenwerte findet das Vergaberecht des GWB ohne Einschränkungen Anwendung. Dort greift somit die Sonderzuweisung zu den Zivilgerichten aus § 104 Abs. 2 S. 1 GWB für den Primärrechtsschutz bzw. die Rechtwegzuweisung aus § 104 Abs. 2 S. 2 GWB i. V. m. § 87 S. 1 GWB[1338] für den Sekundärrechtsschutz. Nach § 88 GWB kann mit der kartellrechtlichen Klage sogar eine andere Klage wegen eines anderen Anspruchs verbunden werden, wenn diese im rechtlichen Zusammenhang oder unmittelbaren wirtschaftlichen Zusammenhang mit dem kartellrechtlichen Anspruch steht. Neben § 17 Abs. 2 S. 1 GVG dürfte der Vorschrift jedoch nur geringe praktische Bedeutung zukommen. Es ist nicht falsch, von einem Wahlrecht des Klägers hinsichtlich des Rechtsweges auszugehen, wenn dieser sein Begehren zusätzlich auf andere Ansprüche zu stützen vermag, die jedenfalls im Verwaltungsrechtsweg geltend

---

[1336] *Braun*, VergabeR 2008, 360, 361.

[1337] BVerwGE 129, 9, 14.

[1338] Für rechtswegzuweisenden Charakter des § 87 Abs. 1 GWB a. F. (entspricht dem heutigen § 87 S. 1 GWB) ausdrücklich BGHZ 114, 218, 222 ff. – „Einzelkostenerstattung"; bestätigt durch BGH NJW 1995, 2352, 2353 – „Sterbegeldversicherung", wegen § 17 a GVG aber ohne weitere Begründung. Die geplante Neufassung des § 104 GWB ist in Fn. 1333 wiedergegeben. Demnach übernimmt der neue Absatz 3 die Funktion der (klarstellenden) Rechtswegzuweisung von Sekundärrechtsschutz an die ordentlichen Gerichte.

zu machen sind[1339]. Denn dort greift – soweit Vorfragen betroffen sind – § 17 Abs. 2 S. 1 GVG.

e) Zusammenfassung zum kartellrechtlichen Lösungsansatz und Bewertung gegenüber dem lauterkeitsrechtlichen Ansatz, auch vor dem Hintergrund gemeinschaftsrechtlicher Regelungen

Der neben dem UWG völlig eigenständige kartellvergaberechtliche Lösungsansatz ermöglicht zumindest für einen Teilbereich des rechtswidrigen Marktzutritts der öffentlichen Hand (hinsichtlich des „Ob“ der Wettbewerbsteilnahme) eine Kompensation der von der Rechtsprechung des *Bundesgerichtshofs* in Sachen „Elektroarbeiten“[1340] ausgehenden Rechtlosstellung Privater[1341]. Immerhin kommt in dem beschränkten Bereich der Teilnahme eines öffentlichen Unternehmens an einer Ausschreibung öffentlicher Aufträge **oberhalb** der Schwellenwerte privaten Mitbietern Individualrechtsschutz zu. Sie können sich auf die Verletzung der den Marktzutritt des öffentlichen Unternehmens regelnden Vorschriften berufen. Eine solche Verletzung ist unzulässig nach § 97 Abs. 1 GWB und § 2 Nr. 1 Abs. 2 VOL/A bzw. § 2 Nr. 1 S. 3 VOB/A (so genanntes Prinzip der wettbewerblichen Vergabe). Ein unterlegener privater Bieter hat Anspruch darauf, diejenigen Bieter vom Verfahren auszuschließen, die dagegen verstoßen.

Für den übrigen weitaus größeren Hauptbereich der wirtschaftlichen Tätigkeit der öffentlichen Hand muss die weiterhin bestehende Lücke im Rechtsschutz Privater unbedingt mit Hilfe des UWG und öffentlich-rechtlichen Ansprüchen unter Heranziehung eines erweiterten grundrechtlichen Schutzverständnisses geschlossen werden. Denn das GWB versagt, wenn es nicht um marktbeherrschende Unternehmen geht oder wenn nicht die kartellvergaberechtlichen Sondervorschriften oberhalb der Schwellenwerte Anwendung finden können[1342].

1339 Unklar insoweit *Harms*, BB 1986, Beilage 17, S. 7.

1340 BGHZ 150, 343 ff. - „Elektroarbeiten“.

1341 Zustimmend auch *Dreher*, ZIP 2002, 1648, 1651; *Glahs/Külpmann*, VergabeR 2002, 555, 564; ablehnend jedoch OVG Münster NVwZ 2008, 1031, 1033, weil § 107 Abs. 1 S. 1 GO NRW als drittschützende Vorschrift ausreichende Rechtsschutzmöglichkeiten an die Hand gebe. Diese Auffassung kann jedoch allenfalls dann überzeugen, wenn es tatsächlich eine landesrechtliche Vorschrift des Gemeindewirtschaftsrechts gibt, deren drittschützender Charakter gerichtlich anerkannt ist. Davon kann zurzeit allenfalls in Nordrhein-Westfalen, Rheinland-Pfalz und Baden-Württemberg die Rede sein, vgl. bereits die Nachweise in Fn. 814.

1342 *P. Ulmer*, ZHR 146 (1982), 466, 504.

4. *Zwischenergebnis zu UWG und GWB*

Die zentrale Frage, ob und wann die öffentliche Hand in Konkurrenz zur Privatwirtschaft auftreten darf, hat der *Bundesgerichtshof* bislang an die Gesetzgeber in Bund und Ländern, die Verwaltung und die Verwaltungsgerichtsbarkeit weitergereicht[1343], weil er im geltenden Recht keine Lösung sieht. Das ist unbefriedigend. Denn schon das geltende Recht hält mit den hier aufgezeigten Lösungsansätzen Möglichkeiten bereit, um die Frage zu beantworten.

Sowohl im UWG wie im GWB ist die Tendenz zu einer starken Betonung des Wettbewerbs- und Marktschutzes gegen Vermachtungserscheinungen deutlich erkennbar. Dies kann sich zu Nutzen machen, wer mit den Mitteln des Wettbewerbs- und Kartellrechts eine Beschränkung der Wirtschaftstätigkeit der öffentlichen Hand auf die Verfolgung primär öffentlicher Zwecke durchsetzen will. Viel spricht dafür, die dazu notwendige interdisziplinäre Zusammenarbeit letztlich doch

> „*unter der Flagge von UWG und GWB zu leisten*“[1344].

5. *Abwehranspruch in Form des quasinegatorischen Unterlassungsanspruchs aus § 1004 Abs. 1 S. 2 BGB analog i. V. m. § 823 Abs. 2 BGB*

Insbesondere die „Flagge des UWG“ steht aber auch für ein Synonym des besonderen Deliktsrechts. Daher soll ein Blick auch auf den allgemeinen „schutzgesetzlichen Unterlassungsanspruch“ aus § 1004 Abs. 1 S. 2 BGB analog i. V. m. § 823 Abs. 2 BGB (so genannter quasinegatorischer Unterlassungsanspruch)[1345] geworfen werden. Maßgeblich kommt es dabei darauf an, ob die

---

1343 *Stamer*, Rechtsschutz gegen öffentliche Konkurrenzwirtschaft, S. 54 f.

1344 So *P. Ulmer*, ZHR 146 (1982), 466, 505 f.

1345 *Medicus*, Bürgerliches Recht, 19. Aufl. 2002, Rn. 628 a. E. spricht in diesem Zusammenhang zwar ausdrücklich von deliktischen Unterlassungsansprüchen, räumt aber a. a. O. ein, dass diese Bezeichnung wegen des Verzichts auf den subjektiven Tatbestand der §§ 823 ff. BGB irreführend ist. Er schlägt daher für den aus § 823 Abs. 2 BGB abgeleiteten Anspruch die Bezeichnung "*schutzgesetzlicher Unterlassungsanspruch*" vor. Anspruchsgrundlage ist jedoch nach BGHZ 150, 343, 352 – „Elektroarbeiten“ eine Gesamtschau aus § 1004 Abs. 1 S. 2 BGB analog i. V. m. § 823 Abs. 2 BGB. Hintergrund ist, dass in den Einzelbestimmungen der §§ 12, 862, 1004 BGB (so genannter negatorischer Unterlassungsanspruch) seit RGZ 60, 6 eine allgemeine Regel des vorbeugenden Rechtsschutzes gesehen wird, die über § 823 Abs. 1 BGB z. B. für den eingerichteten und ausgeübten Gewerbebetrieb hinaus auch auf die bloß auf ein Schutzgesetz im Sinne von § 823 Abs. 2 BGB gegründeten Rechtsstellungen ausgedehnt wird. Anknüpfungspunkt bei dem quasinegatorischen Abwehranspruch ist jedoch allein eine objektiv rechtswidrige

Wirtschaftstätigkeit der öffentlichen Hand gegen ein den Schutz eines privaten Unternehmers bezweckendes Gesetz verstoßen kann bzw. ob es solche Schutzgesetze zu Gunsten der Privatwirtschaft gibt[1346]. Das ist zumindest hinsichtlich der Subsidiaritätsklauseln in den Gemeindeordnungsvorschriften zur kommunalen Wirtschaftstätigkeit zu bejahen[1347]. Bei einem Verstoß gegen die maßgeblichen Vorschriften besteht folglich ein quasinegatorischer Unterlassungsanspruch privater Konkurrenten[1348]. Jenseits des kommunalen Bereichs gibt es für einen solchen Anspruch jedoch keine praktischen Anknüpfungspunkte, weshalb er von gewerblichen privaten Anbietern von Glücksspielen gegen das Glücksspielstaatsmonopol kaum in Stellung gebracht werden kann.

Grundsätzlich kann auch aus Art. 3 Abs. 1 GG kein für die hier interessierenden Zwecke passender Anspruch hergeleitet werden. Das OLG Stuttgart hat zwar vor wenigen Jahren die Ansicht vertreten, Art. 3 Abs. 1 GG komme als Schutzgesetz im Sinne von § 823 Abs. 2 BGB in Betracht; es hat aus dem Gleichheitsgrundsatz einen Anspruch auf Zuschlagserteilung bei der Vergabe von öffentlichen Aufträgen im Unterschwellenbereich konstruiert[1349]. Es erscheint jedoch fraglich, ob diese speziell vergaberechtliche Konstruktion analog auf eine Abwehrsituation privater Konkurrenten gegen die Wirtschaftstätigkeit der öffentlichen Hand allgemein anwendbar ist. Eine einschlägige Entscheidung des *Europäischen Gerichtshofs* zum Primärrechtsschutz unterhalb der Schwel-

unerlaubte Handlung. Auf ein evtl. Verschulden kommt es nicht an. Vgl. auch *Medicus*, in: MüKo BGB, 4. Aufl. 2004, § 1004 Rn. 6, 10; *Schmidt-Kötters*, in: Heidenhain (Hrsg.), Handbuch des Europäischen Beihilfenrechts, § 58 Rn. 29.

1346 Vgl. dazu schon sehr allgemein *Püttner*, GRUR 1964, 359, 361.

1347 Siehe dazu bereits zusammenfassend Kapitel 5 § 29 I. 12., S. 201. Wie hier *Hauck*, WRP 2006, 323, 329, der dabei jedoch die Qualifizierung als Schutzgesetz und den individualschützenden Charakter der Norm gleichsetzt. Vgl. zu einem solchen Zusammenhang OVG Münster NVwZ 2003, 1520, 1522 – „Parkhausdach mit Fitness-Studio": *„Zwar mögen die Fragen, ob eine Norm Schutznorm i. S. des § 823 Abs. 2 BGB und ob sie drittschützend im Sinne des Verwaltungsrechts ist, zusammenhängen, jedoch sind sie nicht deckungsgleich."* Ebenso *Wendt*, in: Ennuschat/Geerlings/Mann/Pielow (Hrsg.), GS Tettinger, S. 335, 341.

1348 *Haslinger*, WRP 2002, 1023, 1028 (zu Art. 87 BayGO); *Hauck*, WRP 2006, 323, 329 (zu § 121 Abs. 1 Nr. 3 HGO); a. A. *Wendt*, in: Ennuschat/Geerlings/Mann/Pielow (Hrsg.), GS Tettinger, S. 335, 340 f.; BGHZ 150, 343, 352 – „Elektroarbeiten" mit abl. Anm. *Dreher*, ZIP 2002, 1648, 1649; dem *Bundesgerichtshof* folgend jedoch *Köhler*, GRUR 2004, 381, 385.

1349 OLG Stuttgart VergabeR 2002, 374. Ebenso LG Bad Kreuznach NZBau 2007, 471, 472. Vgl. zu dieser Frage allgemein soeben Kapitel 5 § 30 I. 3. d) ff) (3), S. 278 ff.

lenwerte, die hier für Klärung sorgen könnte, ist weder zu erkennen noch zu erwarten[1350].

Überhaupt sind jedoch Zweifel angebracht, ob einem allgemeinen schutzgesetzlichen Unterlassungsanspruch neben den speziellen Tatbeständen insbesondere des UWG überhaupt eine eigenständige Bedeutung zukommen kann. Das vielfältigere Wettbewerbsrecht ist viel besser in der Lage, den unterschiedlichen Erscheinungsformen und Interessen des Wettbewerbs Rechnung zu tragen als das allgemeine zivilrechtliche Deliktsrecht[1351].

6. *Unbehelflichkeit von § 823 Abs. 1 BGB und § 826 BGB*

Daher kommen auch auf § 823 Abs. 1 BGB gestützte Abwehransprüche unter dem Gesichtspunkt eines Eingriffs in den eingerichteten und ausgeübten Gewerbebetrieb des Privaten nicht in Betracht. Sie würden im Übrigen mangels Zielgerichtetheit und Unmittelbarkeit des Eingriffs ausscheiden. Nichts anderes kann für § 826 BGB gelten, der regelmäßig mangels Vorliegen der Tatbestandsmerkmale ausscheidet[1352].

7. *Abwehranspruch wegen Verstoßes gegen § 65 BHO im Fall der Wirtschaftstätigkeit des Bundes*

Auch wenn das Haushaltsrecht Anknüpfungspunkte für rechtliche Grundlagen der staatlichen Wirtschaftstätigkeit bietet[1353], so stellt es doch reines Innenrecht des Staates dar. Weder das Haushaltsgesetz noch die BHO sind Gesetze im materiellen Sinne, sie haben keine Außenwirkung. Eine Verletzung subjektiver Rechte privater Konkurrenten öffentlicher Unternehmen ist durch eine Verletzung haushaltsrechtlicher Vorschriften mangels einklagbarer Rechtsposition

[1350] *D. Ulmer/Pencereci*, KommJur 2008, 81, 84. Im Übrigen kann auf die Ausführungen im Kapitel 5 § 30 I. 3. e), S. 282 verwiesen werden.

[1351] *D. Weber*, Wettbewerbsrechtlicher Unterlassungsanspruch gegen kommunale Wirtschaftstätigkeit, S. 55. Siehe auch *Köhler*, WRP 1999, 1205, 1207 mit Fn. 25 hinsichtlich der unterschiedlichen Verschuldensformen.

[1352] Vgl. *Dorn*, NJW 1964, 137.

[1353] Dazu oben Kapitel 4 § 21 III. 2., S. 124.

nicht möglich[1354]. Wettbewerber des Staates können aus haushaltsrechtlichen Bestimmungen weder Rechte noch ‚Rechtsreflexe' für sich ableiten[1355].

Auf die Verletzung des § 65 BHO kann im Übrigen daher auch keine wettbewerbsrechtliche Klage nach §§ 3, 4 Nr. 11 UWG i. V. m. § 8 Abs. 1 UWG gestützt werden[1356].

Weil es somit nahezu unstreitig ist, dass haushaltsrechtliche Bestimmungen nicht den Individualschutz Einzelner bezwecken[1357], kann Rechtsschutz für private Konkurrenten auf diese Bestimmungen folglich nicht gestützt werden[1358].

II. Zwischenergebnis zu den zivilrechtlichen Ansprüchen

1. Gegen öffentliche Konkurrenz auf Grund illegalen Marktzutritts steht privaten Konkurrenten ein Unterlassungsanspruch aus § 8 Abs. 1 UWG i. V. m. §§ 3, 4 Nr. 11 UWG zu. Verstöße gegen außerwettbewerbsrechtliche Normen, die den Marktzutritt öffentlicher Unternehmen regeln, sind insoweit wettbewerbsrechtlich überprüfbar. Die Trennung von Marktzutritts- und Marktverhaltensregeln ist vom Grundsatz her verfehlt. Der anerkannte wettbewerbsrechtliche Grundsatz, dass für die Beurteilung der Wettbewerbswidrigkeit auf das Gesamtverhalten abzustellen ist, zwingt dazu, im Rahmen des zu begutachtenden Gesamtverhaltens auch den Marktzutritt öffentlicher Unternehmen zu überprüfen. Ein rechtswidriger Marktzutritt hat untrennbare Auswirkungen auf das spätere Marktverhalten.

2. Ebenso steht privaten Konkurrenten ein Unterlassungsanspruch aus § 8 Abs. 1 UWG i. V. m. § 3 UWG zu. Die Generalklausel des § 3 UWG erweist sich als pragmatischer Anwendungsfall von öffentlichem und Zivilrecht als wechselseitigen Auffangordnungen. Die nach wie vor unter § 3 UWG zu subsumierende Fallgruppe „Wettbewerb der öffentlichen Hand" muss um grundrechtlich determinierte Ansprüche erweitert werden, indem ein grundrechtlicher

---

1354 *Kämper/Heßhaus*, NWVBl. 2001, 377, 380; *Schliesky*, Öffentliches Wettbewerbsrecht, S. 432; *D. Weber*, Wettbewerbsrechtlicher Unterlassungsanspruch gegen kommunale Wirtschaftstätigkeit, S. 65.

1355 *Vollmar*, Rechtsweg und Maßstab für Klagen gegen die öffentliche Hand wegen Wettbewerbsverstößen, S. 151.

1356 *Hefermehl/Köhler/Bornkamm*, UWG, 26. Aufl. 2008, § 4 UWG Rn. 13.55; *P. Ulmer*, ZHR 146 (1982), 466, 497 f.

1357 *Kämper/Heßhaus*, NWVBl. 2001, 377, 380; *Stamer*, Rechtsschutz gegen öffentliche Konkurrenzwirtschaft, S. 37; *Schliesky*, Öffentliches Wettbewerbsrecht, S. 432.

1358 *Emmerich*, Der unlautere Wettbewerb der öffentlichen Hand, S. 63; *Stamer*, Rechtsschutz gegen öffentliche Konkurrenzwirtschaft, S. 37.

Eingriff durch Konkurrenz eines öffentlichen Unternehmens auch als unlauter im Sinne des § 3 UWG verstanden wird.

3. Neben einem Vorgehen über das UWG existiert ein davon unabhängiger kartellvergaberechtlicher Lösungsansatz zumindest für einen Teilbereich des rechtswidrigen Marktzutritts der öffentlichen Hand. Dort ermöglicht er eine Kompensation der von der Rechtsprechung des *Bundesgerichtshofs* in Sachen „Elektroarbeiten“[1359] ausgehenden Rechtlosstellung Privater. Immerhin in dem beschränkten Bereich der Teilnahme eines öffentlichen Unternehmens an einer Ausschreibung öffentlicher Aufträge oberhalb der Schwellenwerte kommt privaten Mitbietern Individualrechtsschutz zu. Sie können sich auf die Verletzung der den Marktzutritt des öffentlichen Unternehmens regelnden Vorschriften berufen. Eine solche Verletzung ist unzulässig nach § 97 Abs. 1 GWB und § 2 Nr. 1 Abs. 2 VOL/A bzw. § 2 Nr. 1 S. 3 VOB/A (so genanntes Prinzip der wettbewerblichen Vergabe). Ein unterlegener privater Bieter hat Anspruch darauf, diejenigen Bieter vom Verfahren auszuschließen, die dagegen verstoßen.

4. Allgemeine zivilrechtliche Ansprüche kommen praktisch nicht in Betracht. Allenfalls auf den allgemeinen schutzgesetzlichen Unterlassungsanspruch aus § 1004 Abs. 1 S. 2 BGB analog i. V. m. § 823 Abs. 2 BGB (so genannter quasinegatorischer Unterlassungsanspruch) können sich Private berufen. Die Subsidiaritätsklauseln in den Gemeindeordnungsvorschriften zur kommunalen Wirtschaftstätigkeit sind den Schutz privater Unternehmer bezweckende Gesetze bzw. Schutzgesetze zu Gunsten der Privatwirtschaft. Ein Verstoß gegen sie begründet folglich einen quasinegatorischen Unterlassungsanspruch privater Konkurrenten. Jenseits des kommunalen Bereichs gibt es für einen solchen Anspruch jedoch keine praktischen Anknüpfungspunkte.

5. Haushaltsrechtliche Bestimmungen bezwecken nicht den Individualschutz Einzelner. Rechtsschutz für private Konkurrenten kann auf diese Bestimmungen folglich nicht gestützt werden. Auf die Verletzung des § 65 BHO kann somit auch keine wettbewerbsrechtliche Klage nach §§ 3, 4 Nr. 11 UWG i. V. m. § 8 Abs. 1 UWG gestützt werden.

[1359] BGHZ 150, 343 ff. - „Elektroarbeiten“.

§ 31 Gesamtergebnis zu verwaltungs- und zivilrechtlichen Abwehr- und Unterlassungsansprüchen sowie zur Bedeutung des § 17 Abs. 2 S. 1 GVG für die Rechtspraxis

Privaten Konkurrenten stehen gegen die Wirtschaftstätigkeit der öffentlichen Hand entgegen den zurzeit vorherrschenden Ansichten effektive Abwehr- und Unterlassungsansprüche zu. Sowohl das öffentliche wie das Zivilrecht bieten solche Ansprüche. Im Folgenden sollen noch einmal die wichtigsten Ergebnisse zusammengefasst werden; abschließend ist die Bedeutung des § 17 Abs. 2 S. 1 GVG für die Durchsetzung dieser Ansprüche und einen effektiven Rechtsschutz Privater herauszustellen.

I. Anerkennung von Drittschutz bzgl. der gesetzlichen Regelungen zur wirtschaftlichen Tätigkeit der öffentlichen Hand

Dem Gesetzgeber bleibt es möglich, die gesetzlichen Regelungen zur wirtschaftlichen Tätigkeit der öffentlichen Hand so (neu) zu formulieren, dass sie schon nach ihrem Wortlaut deutlich erkennbar drittschützend sind. Unabhängig davon liegt es innerhalb der Entscheidungsmacht der Fachgerichte, den bestehenden Vorschriften mit der hier vertretenen Argumentation einen hinsichtlich der konkurrierenden Privatwirtschaft drittschützenden Charakter zu entnehmen. Die momentane Entscheidungspraxis gibt hierzu jedoch – von wenigen Ausnahmen abgesehen – wenig Anlass zu solchen Annahmen.

Der Vorteil dieser Lösung läge auf der Hand: Auf verwaltungsrechtliche Abwehr- und Unterlassungsansprüche gestützte Klagen könnten problemlos im Verwaltungsrechtsweg geltend gemacht werden. Die Zulässigkeit der dort anhängig gemachten Klagen würde dann zumindest nicht mehr an einer Verneinung der Klagebefugnis mangels drittschützenden Charakters der als verletzt behaupteten Norm scheitern[1360].

[1360] Nach *David*, NVwZ 2000, 738, 741 soll es nicht einmal auf den Drittschutzcharakter ankommen, weil der Regelungsbereich des (zumeist parallel in Betracht kommenden) Wettbewerbsrechts weiter sei als der der Schutznormtheorie und die Rechtsfrage nach etwaigem Drittschutz daher nicht entscheidungserheblich sei. Jedenfalls könnten Gerichte bei diesem Vorgehen die Klage nicht mehr einfach unter Hinweis auf die Unzulässigkeit abweisen. I. E. läuft das auf die hier sogleich noch darzustellenden alternativen Lösungsmöglichkeiten hinaus.

II. Herabsetzung der Eingriffsschwelle bei Grundrechtseingriffen

Alternativ bietet sich eine Klage des privaten Konkurrenten an, die mit einem öffentlich-rechtlichen Unterlassungsanspruch begründet wird, der wiederum auf eine Verletzung von Grundrechten gestützt wird. Auch diese Klage könnte im Verwaltungsrechtsweg verfolgt werden. Erforderlich wäre es hierbei, die Eingriffsschwelle für faktische Grundrechtseingriffe herabzusetzen. Eher als bisher wäre eine solche Klage dann auch begründet. Probleme der Zulässigkeit stellen sich schon jetzt nicht[1361]. Ein nicht zu verkennender Vorteil dieser Lösung liegt darin, dass eine deutschlandweite flächendeckende verwaltungsgerichtliche Kontrolle der Wirtschaftstätigkeit der öffentlichen Hand gewährleistet würde. Es müsste beispielsweise nicht mehr von Gemeindeordnung zu Gemeindeordnung einzeln geprüft werden, ob die entsprechenden landesrechtlichen Vorschriften drittschützend sind oder nicht. Das Niveau des Grundrechtsschutzes ist angesichts der unitarisierenden Tendenz der Freiheitsrechte bundesweit einheitlich.

III. Anerkennung der Gemeindeordnungsvorschriften und vergleichbarer Regelungen zur Wirtschaftstätigkeit der öffentlichen Hand als marktverhaltensregelnd und zumindest grundrechtsgeprägt

Mit einem auf § 4 Nr. 11 UWG i. V. m. einer die Wirtschaftstätigkeit der öffentlichen Hand regelnden Vorschrift gestützten wettbewerbsrechtlichen Anspruch gibt es eine tragfähige zivilrechtliche Lösung im ordentlichen Rechtsweg. Diese Vorschriften müssen anders als bisher ebenso wie Marktverhaltensregeln überprüft werden können, weil bereits der Marktzutritt öffentlicher Unternehmen untrennbare Auswirkungen auf ihr – nicht isoliert zu betrachtendes – folgendes Verhalten auf dem jeweiligen relevanten Markt hat; durch diese Vorschriften werden Rahmenbedingungen des Wettbewerbs festgelegt[1362]. Insofern darf nicht außer Acht gelassen werden, dass die Regelungen zur Wirtschaftstätigkeit der öffentlichen Hand stets durch die Grundrechte der privaten Konkurrenten geprägt sind.

Auch diese Lösung der momentanen Rechtsschutzproblematik hätte den Vorteil, dass nicht mehr die

[1361] Die Klagebefugnis als mögliches Hindernis wird zu Recht nicht diskutiert, wenn sich der Private auf eine behauptete Grundrechtsverletzung beruft. Denn geschützte Rechtspositionen ergeben sich in weitem Umfang direkt aus den Grundrechten, vgl. nur *Faßbender*, DÖV 2005, 89, 100; *Kopp/Schenke*, VwGO, 15. Aufl. 2007, § 42 Rn. 117 ff.

[1362] Zur a. A. vgl. *Hefermehl/Köhler/Bornkamm*, UWG, 26. Aufl. 2008, § 4 UWG Rn. 13.14.

„Hypertrophie der biotopischen Artenvielfalt, die der Föderalismus im Bereich der Auslegung der Subsidiaritätsklauseln“[1363]

hervorgebracht hat, für den Erfolg oder Misserfolg eines Privaten entscheidend wäre, der sein Glück im Verwaltungsrechtsschutz gegen die Wirtschaftstätigkeit der öffentlichen Hand versucht. Auf diese Fragen kommt es bei einer zivilrechtlichen Lösung richtigerweise nicht an. Zuzugestehen ist freilich, dass diese Lösung mit der momentanen Gesetzesfassung und der eindeutigen Haltung des *Bundesgerichtshofs* nicht ohne Schwierigkeiten zu vereinbaren ist. Es bedarf daher einer Rechtsprechungsänderung, die sich nicht als unzulässige Rechtsfortbildung darstellt.

IV. Entwicklung der neuen Fallgruppe „grundrechtlich determinierte Abwehransprüche“ zu § 3 UWG direkt

Lediglich eine Fortentwicklung der bisherigen Rechtsprechung ist zur Anerkennung der neuen wettbewerbsrechtlichen Fallgruppe „Grundrechts-Verstoß“ erforderlich. Unter Nutzung der Ergebnisse zur Herabsetzung der Eingriffsschwelle bei Grundrechtseingriffen lässt sich nicht nur herkömmliches atypisches Konkurrenzverhalten der öffentlichen Hand als unlauter im Sinne des § 3 UWG begründen. Es genügt bereits der ausreichende, aber auch erforderliche Umstand, dass die Möglichkeit eines privaten Konkurrenten, sich als verantwortlicher Unternehmer wirtschaftlich zu betätigen, in einem erheblichen Maße eingeschränkt wird.

Im ordentlichen Rechtsweg wäre dieser Anspruch als neue Fallgruppe unlauteren Wettbewerbs der öffentlichen Hand direkt über § 3 UWG geltend zu machen. Natürlich muss dabei gemäß dem Grundsatz „*minima non curat praetor*“ die Bagatellklausel des § 3 UWG, die übrigens in der anstehenden erneuten Reform des UWG weiter verschärft werden soll[1364], in besonderem Maße beachtet werden[1365].

[1363] So *Götting*, in: Ohly/Bodewig/Dreier/Götting/Haedicke/Lehmann (Hrsg.), FS Schricker, S. 689, 703.

[1364] Der Gesetzentwurf der Bundesregierung, BT-Drucks. 16/10145 vom 20.08.2008, sieht vor, dass die Generalklausel des § 3 UWG wie folgt geändert werden soll:
„§ 3 Verbot unlauteren Wettbewerbs
(1) Unlautere geschäftliche Handlungen sind unzulässig, wenn sie geeignet sind, die Interessen von Mitbewerbern, Verbrauchern oder sonstigen Marktteilnehmern spürbar zu beeinträchtigen.

Das ist schon deshalb erforderlich, weil diese neue grundrechtlich determinierte Fallgruppe Bezug nehmen muss auf neu anzustellende Überlegungen zum Schutzumfang und der Eingriffsschwelle bei einem „Eingriff durch Konkurrenz“. Auch dieser kann nur bejaht werden, wenn die Eingriffsschwelle von einer gewissen Erheblichkeit überschritten ist. Die Bestimmung solcher Grenzen bereitet unweigerlich Schwierigkeiten. Mit der schon zum alten UWG entwickelten und unter Geltung des aktuellen UWG unverändert fortbestehenden Rechtsprechung zu den Spürbarkeitskriterien, die Bagatellfälle aus dem Anwendungsbereich des UWG heraushalten sollen, kann dies jedoch gelingen[1366]. Ob hierzu indes allein Marktanteile der beteiligten Unternehmen ausreichen können, erscheint zweifelhaft. Erfolgversprechender dürfte es sein, die Reaktionen des privaten Konkurrenten auf den Marktzutritt oder die Expansion der öffentlichen Konkurrenz in den Blick zu nehmen. Nur wenn dieser zu Anpassungen genötigt wird, die von ihm selbst dann nicht erwartet wurden, als er sich nur mit privaten Konkurrenten auf einem Markt auseinanderzusetzen hatte, werden die Voraussetzungen vorliegen, die die Bagatellgrenze übersteigen. Indes, bei dem Hinzutreten öffentlicher Unternehmen wird das nach der hier vertretenen Argumentationslinie recht schnell der Fall sein[1367]. Insbesondere gilt das, wenn sich ein Pri-

---

(2) Geschäftliche Handlungen gegenüber Verbrauchern sind jedenfalls dann unzulässig, wenn sie nicht der für den Unternehmer geltenden fachlichen Sorgfalt entsprechen und dazu geeignet sind, die Fähigkeit des Verbrauchers, sich auf Grund von Informationen zu entscheiden, spürbar zu beeinträchtigen und ihn damit zu einer geschäftlichen Entscheidung zu veranlassen, die er andernfalls nicht getroffen hätte. Dabei ist auf den durchschnittlichen Verbraucher oder, wenn sich die geschäftliche Handlung an eine bestimmte Gruppe von Verbrauchern wendet, auf ein durchschnittliches Mitglied dieser Gruppe abzustellen. Auf die Sicht eines durchschnittlichen Mitglieds einer auf Grund von geistigen oder körperlichen Gebrechen, Alter oder Leichtgläubigkeit besonders schutzbedürftigen und eindeutig identifizierbaren Gruppe von Verbrauchern ist abzustellen, wenn für den Unternehmer vorhersehbar ist, dass seine geschäftliche Handlung nur diese Gruppe betrifft.
(3) Die im Anhang dieses Gesetzes aufgeführten geschäftlichen Handlungen gegenüber Verbrauchern sind stets unzulässig.“
Mit den Änderungen soll sachlich und sprachlich ein Gleichklang zu den Regelungen in §§ 1 S. 2, 4 Nr. 11, 8 Abs. 3 Nr. 2 UWG hergestellt werden. Das Merkmal der „Spürbarkeit“ ersetzt das Tatbestandsmerkmal der „nicht nur unerheblichen“ Beeinträchtigung. Siehe zu dem Gesetzentwurf ausführlich *Sosnitza*, WRP 2008, 1014 ff.

1365 *Glöckner*, GRUR 2008, 960, 966; *Götting*, in: Ohly/Bodewig/Dreier/Götting/Haedicke/Lehmann (Hrsg.), FS Schricker, S. 689, 704.

1366 Ebenso *Stamer*, Rechtsschutz gegen öffentliche Konkurrenzwirtschaft, S. 186.

1367 Siehe nur die Beispiele im Kapitel 2, S. 72 ff. Insoweit völlig zu Recht auch *Stamer*, Rechtsschutz gegen öffentliche Konkurrenzwirtschaft, S. 186 f.

vater gegen einen staatlichen Glücksspiel- und Lotterieanbieter wehren will[1368]. Für das OLG München gilt deren marktbeherrschende Stellung bei der Veranstaltung von Lotterien und Sportwetten inzwischen als gerichtsbekannt[1369].

V. Anwendung der Grundsätze des Vergaberechtsschutzes auf Abwehr- und Unterlassungsbegehren privater Konkurrenten gegen die Wirtschaftstätigkeit der öffentlichen Hand

Zu den zivilrechtlichen Ansprüchen zählt auch der kartellvergaberechtliche Lösungsansatz. Hinsichtlich des so genannten Vergaberechtsschutzes nach § 97 Abs. 1 GWB und § 2 Nr. 1 Abs. 2 VOL/A bzw. § 2 Nr. 1 S. 3 VOB/A (so genanntes Prinzip der wettbewerblichen Vergabe) kann jedenfalls in demjenigen kleinen Bereich wettbewerblicher Tätigkeit öffentlicher Unternehmen, der die Teilnahme an der Ausschreibung öffentlicher Aufträge oberhalb der Schwellenwerte betrifft und somit von den Vorschriften des Vergaberechts erfasst wird, eine Kompensation der momentanen Rechtlosstellung privater Konkurrenten erzielt werden. Als unterlegene private Bieter können sie sich gegen ein zum Zuge gekommenes öffentliches Unternehmen wehren, das gegen Vorschriften verstoßen hat, die (auch) seinen Marktzugang regeln.

Von Interesse wäre diese Lösung auch im Unterschwellenbereich vor allem dann, wenn eine verwaltungs- oder wettbewerbsrechtlich basierte Klage nicht zuletzt wegen der gegenwärtigen zurückhaltenden Praxis der Fachgerichte als von vornherein aussichtslos erscheinen müsste. Im Unterschwellenbereich kommt der spezifische Vergaberechtsschutz jedoch nicht in Betracht. Dort verbleibt es bei der Anwendung der allgemeinen Rechtsschutzordnung, so dass bestehende Rechtsschutzlücken insbesondere mit Hilfe des UWG und von öffentlich-rechtlichen Ansprüchen unter Heranziehung eines erweiterten grundrechtlichen Schutzverständnisses anhand der vorweg erläuterten Lösungsansätze geschlossen werden müssen.

VI. Bedeutung des § 17 Abs. 2 S. 1 GVG für die Durchsetzung dieser Ansprüche

Die Bedeutung des § 17 Abs. 2 S. 1 GVG für die Durchsetzung dieser Ansprüche und einen effektiven Rechtsschutz Privater wird bis heute nicht mit der er-

---

[1368] Siehe auch noch Kapitel 7 § 35, S. 323 ff.
[1369] So ausdrücklich OLG München WRP 2008, 972, 975 – „Jackpot-Werbung".

forderlichen Einsicht behandelt. Nicht selten wird die Rechtswegfrage überbewertet[1370].

1. § 17 Abs. 2 S. 1 GVG erweitert die gerichtliche Entscheidungskompetenz für jeden Rechtsweg

Unrichtig ist es insbesondere, § 17 Abs. 2 S. 1 GVG allein zu Gunsten der Verwaltungsgerichtsbarkeit anzuwenden[1371]. Es kann weder dem Sinn noch dem Zweck des § 17 Abs. 2 S. 1 GVG entnommen werden, dass durch ihn nur die Verwaltungsgerichte berechtigt (und verpflichtet!) sein sollen, nicht nur über das „Ob" der wirtschaftlichen Betätigung der öffentlichen Hand, sondern auch über das „Wie" und somit über wettbewerbsrechtliche Gesichtspunkte zu entscheiden, während es den ordentlichen Gerichten schlechthin verwehrt sein soll, auch den Marktzutritt (das „Ob") zu kontrollieren[1372]. Ein solch einseitiges Verständnis ist der umfassenden Vorschrift des § 17 Abs. 2 S. 1 GVG („*unter allen in Betracht kommenden rechtlichen Gesichtspunkten*") keinesfalls zu entnehmen. § 17 Abs. 2 S. 1 GVG erweitert für jeden Rechtsweg die Entscheidungskompetenz auch auf an sich „zuständigkeitsfremde" Klagegründe[1373]. Konsequenterweise muss die Regelung daher auch im umgekehrten Fall greifen, dass also ein ordentliches Gericht sowohl über das „Wie" als auch über das „Ob" der Wirtschaftstätigkeit der öffentlichen Hand zu entscheiden hat, wenn nur der zu ihm beschrittene Rechtsweg auch nur für einen Klagegrund des geltend gemachten Anspruchs gegeben ist[1374]. Die Frage aber, ob sich ein öffentliches Unternehmen in einem

---

[1370] Das beklagt auch *Storr*, Der Staat als Unternehmer, S. 522.

[1371] Bzw., wenn man auf die Arbeitsbelastung der Gerichte abstellen möchte, zu ihren Lasten.

[1372] So aber *Hefermehl/Köhler/Bornkamm*, UWG, 26. Aufl. 2008, § 4 UWG Rn. 13.12 f.

[1373] *Kopp/Schenke*, VwGO, 15. Aufl. 2007, § 41 Rn. 4.

[1374] BVerwG NJW 1995, 2938, 2939; NVwZ 1993, 358, 359; BGHZ 114, 1, 2; *Ehlers*, in: Schoch/Schmidt-Aßmann/Pietzner (Hrsg.), VwGO, § 41 Rn. 37; *Stelkens*, Verwaltungsprivatrecht, S. 1032; *Tomerius*, LKV 2000, 41, 46; insoweit richtig auch *Brohm*, NJW 1994, 281, 287, der sich freilich ansonsten gegen jegliche Vorfragenkompetenz ausspricht. Einzige anerkennenswerte Ausnahme von der Verpflichtung des angerufenen Gerichts zur Entscheidung über den geltend gemachten prozessualen Anspruch auch unter Einbeziehung rechtswegfremder Klagegründe mag sein, dass der einzige Klagegrund, der an sich die Entscheidungskompetenz des angerufenen Gerichts begründen würde, ganz offensichtlich nicht gegeben ist, vgl. *Kopp/Schenke*, VwGO, 15. Aufl. 2007, § 41 Rn. 5; *Stelkens*, Verwaltungsprivatrecht, S. 1033 m. w. N. in Fn. 156; anders *Ehlers*, in: Schoch/Schmidt-Aßmann/Pietzner (Hrsg.), VwGO, § 41 Rn. 22. So können hinsichtlich Art. 101 Abs. 1 S. 2 GG bedenkliche Rechtswegmanipulationen durch Kläger verhindert werden, die den ihnen günstig erscheinenden Rechtsweg durch Behauptung eines aus der

streitgegenständlichen Bereich überhaupt wirtschaftlich betätigen darf, ist richtigerweise zwingende Vorfrage für die Beurteilung einzelner Wettbewerbshandlungen hinsichtlich des Marktverhaltens des Unternehmens[1375]. Die Grenzen zwischen dem „Ob" und dem „Wie" der wirtschaftlichen Betätigung der öffentlichen Hand sind fließend.

2. *§ 17 Abs. 2 S. 1 GVG entscheidet jedoch nicht die Rechtswegfrage*

Es geht im Übrigen an der Sache vorbei, wenn vereinzelt die angebliche Nutzlosigkeit dieser Vorschrift für die Entscheidung der Rechtswegfrage vorgebracht wird[1376]. Denn die Entscheidung der Rechtswegfrage vermag § 17 Abs. 2 S. 1 GVG in der Tat nicht zu treffen. Darum geht es aber auch nicht. Es geht um Prozessökonomie und die Vermeidung sinnloser Aufspaltungen einheitlicher Lebenssachverhalte vor Gericht[1377]. Die Rechtswegfrage ist schon entschieden, wenn es um die Anwendung des § 17 Abs. 2 S. 1 GVG gehen kann. Es geht dann nur noch um die Erweiterung der Entscheidungsbefugnis des angerufenen Gerichts. Das ist eine sachgerechte Vorgehensweise, gegen die namentlich praxisorientierte Einwendungen nicht durchzudringen vermögen.

Eine Schwäche dieser Ansicht mag man darin sehen, dass die als Gegenstand einer Vorfrage behandelte Rechtsfrage zwar in dem beschrittenen Rechtsweg bewertet, jedoch nicht in einer der Rechtskraft fähigen Weise entschieden werden kann[1378]. Jedoch ist das *in praxi* für die beteiligten Prozessparteien regelmäßig nicht von Interesse[1379]. Zugleich entkräftet dieser Einwand aber auch etwaige kritische Stimmen, die in dem Institut der Vorfragenentscheidung eine Durchbrechung des Grundsatzes sehen, dass über den Rechtsweg die Qualifizierung der streitentscheidenden Normen entscheidet, was allenfalls ausnahms-

---

Luft gegriffenen, dessen Zuständigkeit aber begründenden Klagegrundes erschleichen wollen.

[1375] So zu Recht *Broß*, in: Erdmann/Gloy/Herber (Hrsg.), FS Piper, S. 107, 113 f.; *Otting*, DÖV 1999, 549, 550, 555.

[1376] *Gronemeyer*, in: Stober/Vogel (Hrsg.), Wirtschaftliche Betätigung der öffentlichen Hand, S. 167, 173.

[1377] *Ehlers*, in: Schoch/Schmidt-Aßmann/Pietzner (Hrsg.), VwGO, § 41 Rn. 18; *Kopp/Schenke*, VwGO, 15. Aufl. 2007, § 41 Rn. 4: *„...ist der Kläger [...] nicht mehr gezwungen, für die ‚zuständigkeitsfremden' Klagegründe noch ein anderes (weiteres) Gericht anzurufen."*

[1378] Einhellige Meinung, siehe nur BGHZ 66, 229, 238 – „Studentenversicherung"; 67, 81, 88 – „Autoanalyser"; VGH Kassel WRP 2003, 112, 114 – „Schilderprägestelle"; *Schliesky*, Öffentliches Wettbewerbsrecht, S. 475 m. w. N.

[1379] A. A. *Schliesky*, Öffentliches Wettbewerbsrecht, S. 308.

weise in Betracht kommen dürfe[1380]. Abgesehen davon, dass ein solches Zugeständnis zu Ausnahmen bereits den Richtigkeitsanspruch jener gesamten Aussage in Zweifel zieht, erwachsen Vorfragenentscheidungen ja gerade nicht in Rechtskraft, so dass die nach dieser Ansicht vermeintlich „richtigen" Gerichte in ihren nachfolgenden Entscheidungen frei bleiben[1381]. § 17 Abs. 2 S. 1 GVG will an der Grundaussage der Rechtswegzuweisungsnormen nichts ändern[1382].

3. *Fazit: Zuerst Beschreitung des ordentlichen Rechtsweges*

Als zulässige Vorgehensweise bietet sich an: Klageerhebung in der ordentlichen Gerichtsbarkeit, wobei die Klage jedenfalls auch auf mindestens einen der hier beschriebenen zivilrechtlichen Abwehr- und Unterlassungsansprüche zu stützen ist. Auf die Reihenfolge der geltend gemachten Ansprüche kommt es nicht an[1383]. Mit dieser Begründung ist der Rechtsweg zu den ordentlichen Gerichten immer zulässig. Denn für die Zulässigkeit genügt es, dass sich die Möglichkeit wettbewerbswidrigen Verhaltens aus den zur Begründung des Klageanspruchs vorgetragenen Tatsachen ergibt. Die Vorrang-Theorie, die in speziellen Fällen von einem Vorrang des Verwaltungsrechtsweges ausgeht, beruht insoweit auf einer Verwechslung von Zulässigkeit und Begründetheit der Klage[1384]. Das angerufene Gericht des (somit zulässigen) ordentlichen Rechtsweges muss dann wegen § 17 Abs. 2 S. 1 GVG auch etwaige öffentlich-rechtliche Ansprüche prüfen. Ein Zulässigkeitsproblem hinsichtlich der Klagebefugnis gemäß § 42 Abs. 2 VwGO (analog) besteht nicht, wenn wie dargelegt (zunächst und ausschließlich) ein Gericht des ordentlichen Rechtsweges angerufen wird[1385]. Das dem privaten Konkurrenten bei einer materiellen Konkurrenz von öffentlich-rechtlichen und zivilrechtlichen Abwehransprüchen zustehende Wahlrecht hinsichtlich des Rechtsweges ermöglicht dieses Vorgehen.

1380 *Erichsen*, Gemeinde und Private im wirtschaftlichen Wettbewerb, S. 48.

1381 Vgl. *Ehlers*, in: Schoch/Schmidt-Aßmann/Pietzner (Hrsg.), VwGO, § 41 Rn. 32.

1382 *Stelkens*, Verwaltungsprivatrecht, S. 1029.

1383 *Ehlers*, in: Schoch/Schmidt-Aßmann/Pietzner (Hrsg.), VwGO, § 41 Rn. 36.

1384 *Harms*, BB 1986, Beilage 17, S. 5 m. w. N. in Fn. 65. Einer solchen Verwechslung erliegt offenbar auch OVG Münster NVwZ 2008, 1031, 1033, wenn es dort heißt: „*Richtet sich der Angriff bereits gegen den öffentlich-rechtlich geregelten Marktzutritt, so ist gem. § 40 VwGO der Verwaltungsrechtsweg gegeben. Gilt der Angriff dagegen der Art und Weise der wettbewerblichen Tätigkeit, so ist Rechtsschutz nach Maßgabe des Wettbewerbsrechts zu suchen.*" Damit aber ist tatsächlich nichts über die Rechtswegfrage gesagt!

1385 Das erkennt auch *Hefermehl/Köhler/Bornkamm*, UWG, 26. Aufl. 2008, § 4 UWG Rn. 13.56, freilich ohne daraus die erforderlichen Konsequenzen zu ziehen.

§ 32 Ausgleichsansprüche vermögenswerter Art

I. *Begriff und Fallgestaltungen*

Unter Ausgleichsansprüchen vermögenswerter Art sollen im Folgenden sowohl Schadensersatz- als auch sonstige Entschädigungsansprüche verstanden und zusammengefasst werden. Öffentlich-rechtliche und bürgerlich-rechtliche Ansprüche unterscheiden sich dabei nicht grundsätzlich[1386]. Wie gezeigt gibt es für private Konkurrenten öffentlicher Wirtschaftsunternehmen entgegen der momentan in Rechtsprechung und Schrifttum vorherrschenden Auffassung mehrere Erfolg versprechende Lösungswege, um gegen eine rechts-, wettbewerbs-, oder kartellrechtswidrige wirtschaftliche Betätigung der öffentlichen Hand vorzugehen und auf Unterlassung zu klagen.

Für manche privaten Konkurrenten dürfte das jedoch nicht genügen. So sind Vorgehensweisen der öffentlichen Hand denkbar, die bereits zu einem Verlust bei dem privaten Konkurrenten geführt haben. Aus der aktuellen Diskussion sei hier nur an die zahlreichen privaten Glücksspielvermittler erinnert, deren Geschäft auf Grund des Staatsmonopols, das nunmehr im neuen GlüStV sogar eine neue gesetzliche Verankerung gefunden hat, faktisch verboten und infolgedessen zusammengebrochen ist[1387]. Ebenso mag es privaten Marktteilnehmern ergehen, die auf Grund eines aggressiven Verdrängungs- oder Vernichtungswettbewerbs der öffentlichen Hand aufgeben mussten und vom Markt verschwunden sind. Jenen ist mit einem Abwehr- oder Unterlassungsanspruch nicht mehr gedient. Sie sind auf Ausgleichsansprüche gegen die öffentliche Hand angewiesen, um eine Kompensation ihrer Verluste erlangen zu können.

II. *Wettbewerbsrechtliche Schadensersatzansprüche*

1. *Voraussetzungen eines Anspruchs aus § 9 S. 1 UWG i. V. m. §§ 3, 4 Nr. 11 UWG oder aus § 9 S. 1 UWG i. V. m. § 3 UWG*

Schuldhaftes unlauteres Geschäftsgebaren verpflichtet den dem § 3 UWG zuwider Handelnden gegenüber den Mitbewerbern zum Ersatz des daraus entstehenden Schadens (§ 9 S. 1 UWG). Schuldner ist, wer den Tatbestand des § 3 UWG (bzw. einen der die Generalklausel konkretisierenden Beispielstatbestände) als

[1386] *Ehlers*, in: Schoch/Schmidt-Aßmann/Pietzner (Hrsg.), VwGO, § 40 Rn. 552.
[1387] Dazu sogleich Kapitel 5 § 32 VI., S. 304 ff.

Täter, Mittäter oder Teilnehmer verwirklicht hat. Auch die öffentliche Hand kann diesem Schadensersatzanspruch ausgesetzt sein[1388].

Die Voraussetzungen des Anspruchs entsprechen – abgesehen vom Verschulden – denen des Unterlassungsanspruchs aus § 8 Abs. 1 UWG. Private Konkurrenten öffentlicher Unternehmen, die auf Grund deren rechtswidriger oder Grenzen überschreitender Wettbewerbsteilnahme, sei es bezogen auf den Marktzutritt oder auf das Marktverhalten, einen Schaden erleiden, können gegen das öffentliche Unternehmen bzw. die öffentliche Hand einen Schadensersatzanspruch aus § 9 S. 1 UWG i. V. m. §§ 3, 4 Nr. 11 UWG oder nur aus § 9 S. 1 UWG i. V. m. § 3 UWG geltend machen. Zu den näheren Voraussetzungen kann auf die obigen Ausführungen verwiesen werden[1389].

2. *Rechtsfolgen*

Zu ersetzen ist der konkrete Schaden einschließlich des entgangenen Gewinns (§§ 249 ff. BGB)[1390]. Die teilweise im Gewerblichen Rechtsschutz übliche so genannte dreifache Schadensberechnung, nach der der Verletzte die Wahl hat, ob er seinen konkreten Schaden einschließlich des entgangenen Gewinns (§§ 249 ff. BGB), eine angemessene (fiktive) Lizenzgebühr oder die Herausgabe des Verletzergewinns geltend macht[1391], kommt bei den hier interessierenden Wettbewerbsverstößen nicht in Betracht[1392].

III. *Sekundärrechtsschutz im Vergaberecht*

1. *§ 126 GWB oberhalb der Schwellenwerte*

Im Vergaberecht ist sekundärer Rechtsschutz bei Aufträgen mit Auftragssummen oberhalb der Schwellenwerte in § 126 GWB vorgesehen. Diese Vorschrift zielt auf den (verschuldensunabhängigen[1393]) Ausgleich von Schäden, die einem

---

1388 *Hefermehl/Köhler/Bornkamm*, UWG, 26. Aufl. 2008, § 9 UWG Rn. 1.3.

1389 Siehe Kapitel 5 § 30 I. 1. und Kapitel 5 § 30 I. 2., S. 235 ff.

1390 *Goldmann*, in: Harte-Bavendamm/Henning-Bodewig (Hrsg.), UWG, § 9 Rn. 103 ff.; *Hefermehl/Köhler/Bornkamm*, UWG, 26. Aufl. 2008, § 9 UWG Rn. 1.23 ff.

1391 Einzelheiten bei *Hefermehl/Köhler/Bornkamm*, UWG, 26. Aufl. 2008, § 9 UWG Rn. 1.36 ff.

1392 *Hefermehl/Köhler/Bornkamm*, UWG, 26. Aufl. 2008, § 9 UWG Rn. 1.36.

1393 So nunmehr BGH WRP 2008, 370. Hinsichtlich des Grundsatzes, dass es abgesehen von den Gefährdungshaftungstatbeständen im deutschen Schadensrecht keine verschuldens-

Bieter dadurch entstanden sind, dass das Vergabeverfahren nicht ordnungsgemäß abgelaufen ist[1394]. Das Vergabeverfahren läuft nicht ordnungsgemäß ab, wenn ein öffentliches Unternehmen als Mitbieter unter Verletzung der seinen Marktzutritt regelnden Vorschriften daran teilnimmt. Eine solche Verletzung ist unzulässig nach § 97 Abs. 1 GWB und § 2 Nr. 1 Abs. 2 VOL/A bzw. § 2 Nr. 1 S. 3 VOB/A (so genanntes Prinzip der wettbewerblichen Vergabe).

Entgangener Gewinn kann nicht gefordert werden[1395], weshalb die praktische Bedeutung des Anspruchs gering ist. Die Feststellungen der Vergabekammern sind für die Gerichte gemäß § 124 Abs. 1 GWB bindend. Die Unterschiede zwischen dem primären und sekundären Rechtsschutz sind im Vergaberecht hinsichtlich der Voraussetzungen daher gering. Hinsichtlich der möglichen Ansprüche, die gegen den rechtswidrig handelnden öffentlichen Mitbieter in Betracht kommen, ergeben sich keine Unterschiede gegenüber einer normalen Wettbewerbskonstellation. Es gilt das dazu Ausgeführte[1396].

2. *Allgemeine Rechtsschutzordnung unterhalb der Schwellenwerte*

Im großen Bereich unterhalb der Schwellenwerte gelten für den sekundären Rechtsschutz im Vergaberecht die allgemeinen Vorschriften des bürgerlichen Rechts. Als Anspruchsgrundlagen kommen somit insbesondere die §§ 280 Abs. 1, 311 Abs. 2, 241 Abs. 2 BGB („*culpa in contrahendo*") bzw. §§ 823, 826 BGB in Betracht, aus dem Kartellrecht die §§ 20, 33 GWB[1397] sowie aus dem Wettbewerbsrecht § 9 S. 1 UWG, meist wohl i. V. m. §§ 3, 4 Nr. 11 UWG[1398].

3. *Beschränkter praktischer Anwendungsbereich*

Wie bereits dargelegt, sind die praktischen Anwendungsbereiche des Vergaberechtsschutzes insgesamt sehr beschränkt, wenn sich ein privater Konkurrent

---

unabhängigen Schadensersatzansprüche gibt, erscheint das zweifelhaft, vgl. nur *Alexander*, WRP 2004, 700, 703; *ders.*, WRP 2009, 28, 34 ff.

1394 Einzelheiten bei *Alexander*, WRP 2004, 700, 702 f.; *ders.*, WRP 2009, 28 ff.

1395 *Alexander*, WRP 2009, 28, 29, 31.

1396 Siehe Kapitel 5 § 30 I. 3. d), S. 267 ff.

1397 *Braun*, VergabeR 2008, 360, 361 ff.

1398 Dazu jüngst BGHZ 177, 150 ff. – „Kommunalversicherer"; *Alexander*, WRP 2009, 28; *Hefermehl/Köhler/Bornkamm*, UWG, 26. Aufl. 2008, § 4 UWG Rn. 13.60. Vgl. insofern auch LG Bad Kreuznach NZBau 2007, 471, 472, wenngleich nur zu einem auf § 3 UWG gestützten Unterlassungsanspruch des Primärrechtsschutzes. Insgesamt zum Sekundärrechtsschutz im Vergaberecht unterhalb der Schwellenwerte *Braun*, VergabeR 2008, 360 ff.

gegen die wirtschaftliche Betätigung eines öffentlichen Unternehmens als solcher wehren möchte[1399]. Hinzu kommt, dass Schuldner der in Betracht kommenden Schadensersatzansprüche in der Regel der Durchführende des Vergabeverfahrens, also der öffentliche Auftraggeber ist. Ansprüche direkt gegen das öffentliche Unternehmen, das als Mitbieter gegen Vorschriften verstoßen hat, kommen dagegen regelmäßig nicht in Betracht[1400].

IV. Anspruch aus § 839 BGB i. V. m. Art. 34 GG wegen unlauteren Wettbewerbshandelns der öffentlichen Hand

1. Vorüberlegung und Abgrenzung

Zu überlegen ist, ob private Konkurrenten nicht einen Schadensersatzanspruch gemäß § 839 BGB i. V. m. Art. 34 GG wegen Rechtsverletzungen durch eine hoheitliche Handlung haben könnten. Das wäre dann denkbar, wenn öffentliche Konkurrenzunternehmen bzw. die für diese handelnden natürlichen Personen Beamte im haftungsrechtlichen Sinne[1401] sind und die Tätigkeit des öffentlichen Unternehmens als solche eine drittgerichtete Amtspflicht verletzt. Amtspflichten ergeben sich aus dem öffentlichen Recht und dem Zivilrecht.

Dabei geht es im Folgenden nicht darum, zu untersuchen, ob privaten Konkurrenten ein Amtshaftungsanspruch auf Grund der hier kritisierten Entscheidungspraxis der Fachgerichte zum Rechtsschutz gegen öffentliche Konkurrenzwirtschaft zustehen könnte[1402]. Denn diese ist jedenfalls von § 839 Abs. 2 S. 1 BGB gedeckt. Selbst eine objektiv verfehlte Rechtsprechung kann nicht über den Sekundärrechtsschutz ausgeglichen werden. Vielmehr geht es darum, ob ein Amtshaftungsanspruch nicht unmittelbar wegen einer konkurrenzwirtschaftlichen Tätigkeit der öffentlichen Hand begründet sein könnte.

2. Besondere Voraussetzungen

Die Idee, über den Umweg des Amtshaftungsanspruchs bei unlauterem Wettbewerbshandeln der öffentlichen Hand einen Schadensersatzanspruch wegen

[1399] Siehe bereits Kapitel 5 § 30 I. 3. d) ee), S. 275 ff.
[1400] Siehe nur *Braun*, VergabeR 2008, 360, 364 ff.
[1401] Zum Begriff vgl. Staudinger/*Wurm*, BGB, Neubearbeitung 2007, § 839 Rn. 37 ff.
[1402] Dazu sogleich Kapitel 5 § 32 VI., S. 304 ff.

Amtspflichtverletzung zu erlangen, ist nicht neu[1403]. Mit Aufkommen dieser Idee wurde in einem Amtshaftungsanspruch ein Vorrang vor einem Schadensersatzanspruch aus Deliktsrecht gemäß § 826 BGB gesehen[1404].

Nach wie vor ist es grundsätzlich anerkannt, dass die Verwirklichung des Tatbestandes einer unerlaubten Handlung bei der Amtsführung zugleich nicht nur die dem Beamten dem geschädigten Dritten gegenüber obliegende Amtspflicht zur Unterlassung jeglichen Missbrauchs seiner Amtsgewalt verletzt[1405], sondern auch die drittgerichtete Amtspflicht, alle von § 823 Abs. 1 BGB geschützten Rechte zu wahren. Es wird vertreten, dass das Gleiche auch für Verstöße gegen die Grundsätze des lauteren Wettbewerbs durch die öffentliche Hand gelten soll, wobei dann Ansprüche aus dem UWG nicht neben solchen des Amtshaftungsrechts bestehen sollen[1406]. Eine derartige Subsidiaritätsregelung findet jedoch schon angesichts des dazu grundsätzlich konträren § 839 Abs. 1 S. 2 BGB keine gesetzliche Stütze.

3. *Keine Ausdehnung auf den Bereich des Wettbewerbsrechts*

Einem Amtshaftungsanspruch wegen unlauteren Wettbewerbshandelns der öffentlichen Hand stehen jedoch – abgesehen von anderen hier nicht näher zu beleuchtenden dogmatischen Problemen – nicht unerhebliche Schwierigkeiten gegenüber. Eine Amtspflicht, die gerade gegenüber Wettbewerbern der öffentlichen Hand besteht und an deren Verletzung ein Amtshaftungsanspruch des Privaten anknüpfen könnte, ist nämlich nur schwer zu konstruieren.

Zum einen ist schon keine relevante unter § 823 Abs. 1 BGB fallende Amtspflicht erkennbar. Zum anderen vermag der allgemeine Hinweis auf die generelle Amtspflicht zur Unterlassung jeglichen Missbrauchs der dem handelnden Beamten im haftungsrechtlichen Sinne zustehenden Amtsgewalt nicht zu überzeugen. Stets wurde ein Anspruch aus § 839 BGB i. V. m. Art. 34 GG wegen unlauteren Wettbewerbshandelns der öffentlichen Hand daher im Ergebnis nur

---

1403 Schon 1933 vertrat *Gütebier*, Der unlautere Wettbewerb der öffentlichen Hand, S. 59 ff., in seiner Dissertation diesen Gedanken.

1404 *Gütebier*, Der unlautere Wettbewerb der öffentlichen Hand, S. 59.

1405 St. Rspr. seit BGHZ 16, 111, 113; siehe auch Staudinger/*Wurm*, BGB, Neubearbeitung 2007, § 839 Rn. 121 ff.

1406 *Schricker*, Wirtschaftliche Tätigkeit der öffentlichen Hand und unlauterer Wettbewerb, 2. Aufl. 1987, S. 251. Siehe hierzu kritisch zur Vorauflage schon *Mestmäcker*, NJW 1969, 1, 2. Ablehnend hinsichtlich eines Amtshaftungsanspruchs auch *Dorn*, NJW 1964, 137, 138.

bei Ermessensmissbrauch und einem offensichtlichen Missverhältnis von Mittel und Zweck anerkannt und damit letztlich eine Ausdehnung dieses Anspruchs auf den Bereich des Wettbewerbsrechts abgelehnt[1407]. Eine Durchsetzung von wettbewerbsrechtlichen Ansprüchen über § 839 BGB i. V. m. Art. 34 GG kommt daher nicht in Betracht[1408]. Die Defizite der allgemeinen Rechtsschutzordnung können nicht auf Umwegen – sozusagen ersatzweise – über einen Amtshaftungsanspruch ausgeglichen werden. Ein Verstoß gegen Marktzutritts- oder gegen Marktverhaltensregeln kann jedenfalls nicht als Verletzung einer drittgerichteten Amtspflicht deklariert werden.

V. Folgenbeseitigungsanspruch und sonstiges Staatshaftungsrecht als Kompensation für scheiternde oder nicht in Betracht kommende Abwehr- und Unterlassungsansprüche

Abwehr- und Unterlassungsansprüche als Primärrechtsschutz gegen die Wirtschaftstätigkeit der öffentlichen Hand sind aber gerade umstritten[1409]. Es besteht daher die inzwischen anerkannte Notwendigkeit, Schwächen und Lücken im Primärrechtsschutz durch eine Stärkung des Sekundärrechtsschutzes zu kompensieren[1410]. Das spricht für einen Ausgleich scheiternden Primärrechtsschutzes gegen die staatliche Wirtschaftstätigkeit im Wege des Staatshaftungsrechts[1411], ohne dass hierdurch der Grundsatz vom Vorrang des Primärrechtsschutzes angetastet werden soll.

Der aus Art. 20 Abs. 3 GG abgeleitete allgemeine Justizgewährungsanspruch wirkt dabei derart auf die Auslegung und Anwendung der privatrechtlichen und zivilprozessualen Normen, aus denen sich ein Schadensersatzanspruch ergeben kann, ein, dass deren Tatbestandsvoraussetzungen in einer Weise bestimmt werden müssen, die dem auf Art. 3 Abs. 1 GG gerichteten Rechtsschutz-

---

1407 *Gütebier*, Der unlautere Wettbewerb der öffentlichen Hand, S. 61; a. A. freilich *Schricker*, Wirtschaftliche Tätigkeit der öffentlichen Hand und unlauterer Wettbewerb, 2. Aufl. 1987, S. 250 f.

1408 Teilweise wird auch eine Durchsetzung von Verstößen gegen das Vergaberecht über den Amtshaftungsanspruch befürwortet (vgl. § 126 S. 2 GWB), siehe *Alexander*, WRP 2004, 700, 703 m. w. N. in Fn. 32; Staudinger/*Wurm*, BGB, Neubearbeitung 2007, § 839 Rn. 99. Ein solcher Anspruch könnte sich jedoch immer nur gegen den öffentlichen Auftraggeber als Veranstalter des Vergabeverfahrens richten und nicht gegen wirtschaftlich tätige öffentliche Konkurrenzunternehmen auf der Bieterseite.

1409 Siehe Kapitel 5 § 28, S. 181 ff.

1410 BVerfGE 116, 135, 146, 159 – „Vergaberecht"; *Wollenschläger*, DVBl. 2007, 589, 599.

1411 Aus soeben dargelegten Gründen mit Ausnahme des Amtshaftungsanspruchs.

interesse der privaten Konkurrenten Rechnung trägt[1412]. Der Sekundärrechtsschutz kann den Primärrechtsschutz jedoch niemals ersetzen, sondern allenfalls ergänzen[1413].

1. Fehlende Einschlägigkeit des auf Restitution beschränkten Folgenbeseitigungsanspruchs

Ein Folgenbeseitigungsanspruch wird anstelle eines öffentlich-rechtlichen Unterlassungsanspruchs insbesondere dann diskutiert, wenn der rechtswidrig erfolgte Marktzutritt eines öffentlichen Unternehmens bereits erfolgt ist[1414] oder es um das Sonderproblem[1415] des Rechtsschutzes gegen durch Haushaltsmittel subventionierte Konkurrenzbetriebe Privater geht[1416].

Ein Rechtsschutzmehrwert gegenüber den beschriebenen Lösungswegen besteht jedoch nicht. Ein Folgenbeseitigungsanspruch ist grundsätzlich nur auf Wiederherstellung des ursprünglichen oder eines gleichwertigen Zustandes (Restitution) gerichtet, stellt also keinen allgemeinen Folgenentschädigungsanspruch dar[1417]. Privatrechtliches Handeln der öffentlichen Hand kann ohnehin nur einen quasinegatorischen Unterlassungsanspruch ermöglichen[1418]. Kompensation für fehlgeschlagenen Primärrechtsschutz bietet der Folgenbeseitigungsanspruch nicht, weil er selbst zum Primärrechtsschutz gehört.

2. Ansprüche wegen Eingriffs des Staates in Rechtspositionen des Art. 14 GG

a) Entschädigungspflichtige Enteignung

Soweit eine wirtschaftliche Betätigung der öffentlichen Hand die Eigentumsfreiheit eines Privaten besonders drastisch verkürzt, indem sie ihm seine durch Art. 14 Abs. 1 S. 1 GG gewährleistete Rechtsposition vollständig oder teilweise entzieht[1419], weil der Private infolge der öffentlichen Konkurrenz sein Geschäft

1412 BVerfGE 116, 135, 159 – „Vergaberecht"; kritisch dazu *Braun*, VergabeR 2008, 360, 370.
1413 *Braun*, VergabeR 2008, 360, 371.
1414 Bejaht von OVG Münster NVwZ 2003, 1520, 1521 – „Parkhausdach mit Fitness-Studio".
1415 Siehe zu relevanten Konstellationen bereits Kapitel 2 § 14 III., S. 95 ff.
1416 Bejaht von *Klein*, Die Teilnahme des Staates am wirtschaftlichen Wettbewerb, S. 271.
1417 BVerwGE 69, 366, 371.
1418 Siehe dazu Kapitel 5 § 30 I. 5., S. 283.
1419 Vgl. BVerfGE 104, 1, 9.

aufgeben muss, könnte ein Fall der gemäß Art. 14 Abs. 3 S. 2 GG entschädigungspflichtigen Enteignung vorliegen.

Das *Bundesverfassungsgericht* hat bislang zwar offen gelassen, ob das einfachgesetzliche Recht am rechtmäßig eingerichteten und ausgeübten Gewerbebetrieb überhaupt vom Schutzbereich der Eigentumsfreiheit erfasst ist[1420]. Die Frage braucht aber auch hier nicht entschieden zu werden. Denn angesichts der Formalisierung des Enteignungsbegriffs[1421] greift Art. 14 Abs. 3 GG schon deshalb nicht, weil ein Eingriff in dieses Recht jedenfalls weder faktischer Natur noch unmittelbar ist. Es kommt daher nicht in Betracht, private Konkurrenten auf die Figur der entschädigungspflichtigen Enteignung zu verweisen[1422].

b) Enteignungsgleicher Eingriff

Ein Entschädigungsanspruch eines Privatunternehmers wegen enteignungsgleichen Eingriffs hätte zur Voraussetzung, dass hoheitliches unrechtmäßiges Verwaltungshandeln der öffentlichen Hand in seinen privaten Rechtskreis eingreift[1423]. Die Grundlage dieses Anspruchs ist der Aufopferungsgedanken der §§ 74, 75 Einl PrALR in seiner richterrechtlich geprägten Ausformung oder das Gewohnheitsrecht[1424].

Als Anknüpfungspunkt wäre eine faktische Konkurrenz als unmittelbarer Grundrechtseingriff denkbar. Diese Konkurrenz müsste auch rechtswidrig sein. Wenn aber die Judikatur – jedenfalls ganz überwiegend – keine Abwehransprüche gegen öffentliche Konkurrenzwirtschaft gewährt, kann es zur Kompensation dieser Rechtsprechung keinen sekundären Rechtsschutz privater Konkurrenten unter dem Aspekt des enteignungsgleichen Eingriffs geben.

c) Enteignender Eingriff

Auch Ansprüche wegen enteignenden Eingriffs dürften nicht in Betracht kommen. Denn ein solcher Eingriff setzt atypische oder unvorhergesehene Nebenfolgen rechtmäßigen Verwaltungshandelns voraus, die bei dem Betroffenen zu einem Sonderopfer bzw. Zufallsschaden führen, der die als soziale Eigentums-

---

[1420] Siehe zuletzt etwa BVerfGE 105, 252, 278 m. w. N.

[1421] BVerfGE 58, 300, 331.

[1422] So aber *v. Gamm*, WRP 1984, 303, 306; *Tsiliotis*, Der verfassungsrechtliche Schutz der Wettbewerbsfreiheit und seine Einwirkung auf die privatrechtlichen Beziehungen, S. 314.

[1423] Allgemein Staudinger/*Wurm*, BGB, Neubearbeitung 2007, § 839 Rn. 448 ff.

[1424] BGHZ 90, 17, 29 f.; 91, 20, 26; 99, 24, 27 ff.; 100, 136; 145; 102, 350, 357; 111, 349, 352; *Ehlers*, in: Schoch/Schmidt-Aßmann/Pietzner (Hrsg.), VwGO, § 40 Rn. 547.

schranken entschädigungslos hinzunehmenden zumutbaren Einbußen übersteigt[1425]. Solche werden bei rechtmäßiger wirtschaftlicher Betätigung der öffentlichen Hand praktisch nicht vorkommen[1426]. Ist aber bereits die Wirtschaftstätigkeit als solche **un**rechtmäßig (und nur um solche Konstellationen kann es vorliegend gehen), kann ein Anspruch aus enteignendem Eingriff somit ohnehin nicht in Betracht kommen.

Dasselbe gilt für Inhalts- und Schrankenbestimmungen im Sinne des Art. 14 Abs. 1 S. 2 GG.

VI. Anspruch für private Glücksspielanbieter und –vermittler aus § 839 BGB i. V. m. Art. 34 GG wegen judikativen Unrechts

Eine besondere Konstellation betrifft etwaige Ausgleichsansprüche vermögenswerter Art von privaten Anbietern und Vermittlern von Glücksspielen, gegen die infolge der „Oddset"-Entscheidung des *Bundesverfassungsgerichts*[1427] Untersagungs- und Schließungsverfügungen der zuständigen Behörden (administratives Unrecht) und die Verfügungen bestätigende gerichtliche Entscheidungen (judikatives Unrecht) ergangen sind.

1. Kein judikatives Unrecht der Fachgerichte

Immerhin hat das *Bundesverfassungsgericht* in seiner „Oddset"-Entscheidung explizit ausgeführt, dass das bestehende staatliche Wettmonopol wegen des mit ihm einhergehenden Ausschlusses gewerblicher Wettveranstaltung durch private Wettunternehmen sowie des Ausschlusses der Vermittlung von Wetten, die nicht vom Staat veranstaltet werden, einen rechtfertigungsbedürftigen Eingriff in die Berufsfreiheit privater Anbieter und Vermittler darstellt[1428].

Sofern fachgerichtliche Entscheidungen, mit denen Untersagungs- und Schließungsverfügungen aufrechterhalten werden, zur Begründung zu Unrecht

---

[1425] Siehe allgemein Staudinger/*Wurm*, BGB, Neubearbeitung 2007, § 839 Rn. 465 ff.

[1426] A. A. *Schricker*, Wirtschaftliche Tätigkeit der öffentlichen Hand und unlauterer Wettbewerb, 2. Aufl. 1987, S. 252, der freilich die Fälle der Existenzgefährdung als Eingriff in das den Privaten zustehende Recht am Unternehmen behandelt. In diesem Fall aber ist das Handeln der öffentlichen Hand nicht mehr rechtmäßig, sondern gerade rechtswidrig (vgl. Kapitel 5 § 29 II. 1. a), S. 203 ff.). Voraussetzung für einen Anspruch wegen enteignenden Eingriffs ist aber rechtmäßiges Verwaltungshandeln.

[1427] BVerfGE 115, 276 ff. Siehe zu dieser Entscheidung bereits Kapitel 1 § 5 II., S. 48 ff.

[1428] BVerfGE 115, 276, 303 – „Oddset". Siehe bereits Kapitel 5 § 29 II. 1. a) cc) (3), S. 210.

von einer Rechtfertigung dieses Eingriffs ausgehen, könnte wegen judikativen Unrechts ein nationalrechtlicher Staatshaftungsanspruch aus § 839 BGB i. V. m. Art. 34 GG in Betracht kommen.

Von dem Grundsatz des § 839 Abs. 1 S. 1 BGB, dass jede schuldhafte Verletzung der einem „Beamten" einem Dritten gegenüber obliegenden Amtspflichten zum Schadensersatz verpflichtet, macht § 839 Abs. 2 S. 1 BGB aber eine Ausnahme zu Gunsten des so genannten Spruchrichters: Erfolgt die Amtspflichtverletzung „*bei einem Urteil in einer Rechtssache*", so tritt die Haftung nur ein, wenn die Pflichtverletzung „*in einer Straftat besteht*". Diese Ausnahme wird allgemein als Spruchrichter- oder Richterprivileg bezeichnet[1429]. Es dient primär der Rechtssicherheit und der Erhaltung des durch das Urteil geschaffenen Rechtsfriedens[1430]. Was Fachgerichte im primären Rechtsschutz verweigern, kann wegen § 839 Abs. 2 S. 1 BGB also nicht sekundär kompensiert werden.

Darüber hinaus stellt sich die Frage, ob die verfügte Weitergeltensanordnung des *Bundesverfassungsgerichts*[1431] hinsichtlich einer als verfassungswidrig erkannten Rechtslage überhaupt Schadensersatzansprüche wegen judikativen Unrechts zu begründen vermag. Immerhin ist mit einer solchen Anordnung gerade ein Legalisierungseffekt beabsichtigt. Das verfügte Interims-Recht ist für sich genommen – und soweit die Entscheidung des *Bundesverfassungsgerichts* reicht[1432] – kein Recht minderer Art und Güte und auch kein Behelfsrecht[1433]. Soweit sich Fachgerichte darauf stützen, kann ein Amtshaftungsanspruch wegen judikativen Unrechts nicht in Betracht kommen.

2. *Judikatives Unrecht des Bundesverfassungsgerichts?*

Urteil im Sinne des § 839 Abs. 2 S. 1 BGB sind auch die Beschlüsse und Urteile des *Bundesverfassungsgerichts* in Folge einer Verfassungsbeschwerde[1434]. Daher erfüllt auch die „Oddset"-Entscheidung selbst – jedenfalls unter nationalrechtlichen Gesichtspunkten – nicht die Voraussetzungen, die an judikatives Unrecht gestellt werden. Ein lediglich sachlich falsches Urteil – mag es auch vom

---

1429 Staudinger/*Wurm*, BGB, Neubearbeitung 2007, § 839 Rn. 313.
1430 BGHZ 57, 33, 45; Staudinger/*Wurm*, BGB, Neubearbeitung 2007, § 839 Rn. 314.
1431 Wie auch bei BVerfGE 115, 276, 319 – „Oddset".
1432 Etwas anderes gilt hinsichtlich eines mit der Entscheidung nicht beseitigten Verstoßes der Rechtslage gegen Gemeinschaftsrecht. Siehe zu den sich aus dieser Erkenntnis ergebenden Folgen noch Kapitel 7 § 35 III., S. 349 ff.
1433 *Bethge*, ZfWG 2007, 169, 177.
1434 Staudinger/*Wurm*, BGB, Neubearbeitung 2007, § 839 Rn. 325.

Bundesverfassungsgericht abgesetzt worden sein – stellt noch kein judikatives Unrecht dar. Es genießt vielmehr gerade das Spruchrichterprivileg aus § 839 Abs. 2 S. 1 BGB. Der bloße richterliche Irrtum oder Sachfehler ist gesetzlich privilegiert.

Neben dem nationalrechtlichen gibt es jedoch auch einen gemeinschaftsrechtlichen Staatshaftungsanspruch. Dieser kennt kein Spruchrichterprivileg. Inwieweit und ob sich aus diesem Ansprüche privater Wettveranstalter unter dem Gesichtspunkt judikativen oder auch administrativen Unrechts herleiten lassen, ist im Zusammenhang mit den europarechtlichen Implikationen darzustellen[1435].

VII. Rechtswegfragen bei der Durchsetzung von Ausgleichsansprüchen

Bei der Durchsetzung von **Abwehr**ansprüchen gegen die Wirtschaftstätigkeit der öffentlichen Hand haben private Konkurrenten bei der Rechtswegfrage faktisch die Wahl, ob sie im ordentlichen oder im Verwaltungsrechtsweg vorgehen möchten, sofern sie sich auf verschiedene Klagegründe berufen können und von diesen jeweils mindestens einer den Rechtsweg zu den ordentlichen und einer zu den Verwaltungsgerichten eröffnet[1436].

1. Kein Wahlrecht hinsichtlich des Rechtsweges

Bei der Durchsetzung von Ausgleichsansprüchen scheidet ein solches Wahlrecht von vornherein aus. Sämtliche Ausgleichsansprüche der hier interessierenden Art können nicht vor den Verwaltungsgerichten verfolgt werden. Insoweit ist der private Konkurrent zwingend an die ordentliche Gerichtsbarkeit verwiesen. Das folgt für wettbewerbsrechtliche Ausgleichsansprüche[1437] schon aus §§ 13 GVG, 13 Abs. 1 UWG, 87 GWB. Dass über zivilrechtliche Ausgleichsansprüche ebenso wie über zivilrechtliche Abwehransprüche wegen § 17 Abs. 2 S. 1 GVG von den Verwaltungsgerichten mitzuentscheiden wäre[1438], scheidet aus[1439].

[1435] Siehe Kapitel 7 § 35 III., S. 349 ff.
[1436] Siehe Kapitel 5 § 27 II., S. 177 ff.
[1437] Siehe soeben Kapitel 5 § 32 II., S. 296 ff.
[1438] Dazu Kapitel 5 § 27 II., S. 177 ff.
[1439] *Jarass/Pieroth*, GG, 8. Aufl. 2006, Art. 34 Rn. 21. Anders freilich, wenn wegen § 40 Abs. 2 S. 1 HS 2 VwGO der Rechtsweg zu den Verwaltungsgerichten eröffnet sein sollte, beispielsweise im Fall einer ausgleichspflichtigen Inhalts- und Schrankenbestimmung (Art. 14 Abs. 1 S. 2 GG). In Konstellationen der hier interessierenden Art kommen solche Ansprüche wie gezeigt aber gerade nicht in Betracht.

Denn für keinen der beschriebenen Ausgleichsansprüche ist der Verwaltungsrechtsweg eröffnet.

2. *Prozessökonomische Einspurigkeit*

Aus prozessökonomischen Gründen empfiehlt es sich daher wie gezeigt, evtl. mitzuverfolgende Abwehransprüche ebenfalls im ordentlichen Rechtsweg geltend zu machen, um eine nicht hinnehmbare Rechtswegspaltung des einheitlichen Rechtsstreits zu vermeiden[1440]. Aus heutiger Sicht ist eine Rechtswegspaltung je nach Art des Anspruchs (Schadensersatz zu ordentlichen Gerichten, negatorische und informatorische Ansprüche vor die angeblich sachnächsten Verwaltungs- oder Sozialgerichte) nicht zu rechtfertigen[1441].

Die Untersuchung zeigt, dass sich insgesamt der Rechtsweg zu den ordentlichen Gerichten empfiehlt, denn die Verwaltungsgerichtsbarkeit ist gemäß § 17 Abs. 2 S. 2 GVG in ihrer Entscheidungsbefugnis beschränkt. Wirklich umfassender Rechtsschutz kann daher nur vor den ordentlichen Gerichten erlangt werden[1442].

1440 Siehe dazu bereits Kapitel 5 § 27 I. 3. b), S. 168.
1441 So allerdings noch *Bettermann*, DVBl. 1977, 180, 183.
1442 *Ehlers*, in: Schoch/Schmidt-Aßmann/Pietzner (Hrsg.), VwGO, § 41 Rn. 39; *Oberheim*, Zivilprozessrecht für Referendare, 7. Aufl. 2007, S. 39.

KAPITEL 6 PROBLEME BEIM EINSTWEILIGEN RECHTSSCHUTZ

§ 33 Eilrechtsschutz im Verwaltungs- und Wettbewerbsrecht

I. Vorbemerkungen

Effektiver Rechtsschutz privater Konkurrenten von öffentlichen Unternehmen setzt auch voraus, dass dieser erlangt werden kann, bevor sich Auswirkungen rechtswidrigen Handelns realisieren. Einstweiliger Rechtsschutz ist daher stets auch Ausdruck des in der Rechtsweggarantie des Art. 19 Abs. 4 GG enthaltenen besonderen Justizgewährungsanspruchs sowie des durch Art. 2 Abs. 1 GG i. V. m. Art. 20 Abs. 3 GG verbürgten allgemeinen Justizgewährungsanspruchs[1443]. Der Eilrechtsschutz soll helfen, schwere und unzumutbare Nachteile abzuwenden, die anders nicht oder jedenfalls durch das Hauptsacheverfahren nur zu spät abgewendet werden könnten, weil dieses nicht auf die besondere Dringlichkeit (Eilbedürftigkeit) zugeschnitten ist, die für den Antragsteller bzw. Kläger bestehen mag. Insbesondere wenn und soweit Grundrechte in der Sache betroffen sind, sind die Gerichte gehalten, einstweiligen Rechtsschutz zu gewähren[1444].

Einstweiligen Rechtsschutz kennt sowohl das Zivilrecht (im Besonderen §§ 916 ff. ZPO) als auch das öffentliche Recht (im Besonderen §§ 80 Abs. 5, 123 VwGO). Im Folgenden sollen die wesentlichen Besonderheiten herausgearbeitet werden, die für den Rechtsschutz Privater gegen die Wirtschaftstätigkeit der öffentlichen Hand relevant sind. Zum einen ist das die Frage, ob verwaltungsgerichtlicher einstweiliger Rechtsschutz zur Durchsetzung öffentlich-rechtlicher Ansprüche über einen Antrag nach § 80 Abs. 5 oder nach § 123 VwGO zu erlangen ist. Zum anderen stellt sich die Frage, welche Besonderheiten oder auch Vorteile ein zivilgerichtlicher einstweiliger Rechtsschutz demgegenüber aufweisen könnte. Insbesondere das UWG erleichtert dem Antragsteller die Erfüllung sonst üblicher Voraussetzungen.

[1443] Vgl. dazu BVerfGE 107, 395 ff.

[1444] *Kopp/Schenke*, VwGO, 15. Aufl. 2007, § 123 Rn. 3.

II. *Antrag nach § 80 Abs. 5 oder § 123 VwGO?*

1. *Allgemeine Abgrenzung*

Aus § 123 Abs. 5 VwGO ergibt sich ein Vorrang des Verfahrens nach § 80 Abs. 5 VwGO, soweit es um vorläufigen Rechtsschutz hinsichtlich der sofortigen Vollziehbarkeit eines Verwaltungsaktes geht. Die Anwendbarkeit des § 80 Abs. 5 VwGO setzt also das Vorliegen eines Verwaltungsaktes voraus. Richtet sich ein Antrag auf vorläufigen Rechtsschutz jedoch gegen eine Maßnahme, die keine Verwaltungsaktsqualität aufweist, kommt nur die einstweilige Anordnung gemäß § 123 VwGO in Betracht. Dazu zählen insbesondere die Fälle, in denen in der Hauptsache eine allgemeine Leistungsklage in Form der Unterlassungsklage zu erheben ist[1445]. Das ist bei verwaltungsrechtlichen Fiskusabwehransprüchen gegen die Tätigkeit eines öffentlichen Unternehmens als solche der Fall[1446]. Gegen die Versagung der aufschiebenden Wirkung eines Widerspruchs beispielsweise gegen eine Schließungsverfügung an einen privaten Anbieter oder Vermittler von Sportwetten kommt nach alledem nur ein Antrag gemäß § 80 Abs. 5 S. 1, Abs. 2 S. 1 Nr. 4 VwGO in Betracht[1447]. Die Thematik war in den letzten Jahren Gegenstand einer Vielzahl gerichtlicher Verfahren[1448].

2. *Der Spezialfall öffentlicher Konkurrenzwirtschaft im glücksspielrechtlichen Kontext*

Strebt ein privater Konkurrent zur Abwendung drohender gravierender Nachteile für seine Stellung am Markt oder seine berufliche Zukunft auf Grund einer wirtschaftlichen Tätigkeit der öffentlichen Hand eine einstweilige verwaltungsgerichtliche Sicherungsanordnung an, ist nach dem soeben Gesagten der Antrag nach § 123 Abs. 1 S. 1 VwGO im einstweiligen Rechtsschutz statthaft. Anordnungsanspruch ist ein verwaltungsrechtlicher Abwehr- oder Unterlassungsan-

---

1445 *Kopp/Schenke*, VwGO, 15. Aufl. 2007, § 123 Rn. 4.

1446 Vgl. bereits Kapitel 5 § 28, S. 181 ff.

1447 Zusammenfassend *Arendts*, WiVerw 2008, 123, 127 ff.

1448 Vgl. aus der umfangreichen Rechtsprechung, die hier nur beispielhaft wiedergegeben werden kann, BayVGH NVwZ 2008, 1252 ff.; VG Berlin NVwZ 2008, 1255, 1256; OVG Koblenz LKRZ 2007, 302, 303; OVG Saarlouis NVwZ 2007, 717, 718; VGH Mannheim NVwZ 2007, 724; OVG Hamburg NVwZ 2007, 725; VGH Kassel LKRZ 2007, 98; OVG Münster, Beschluss vom 09.10.2006, Az. 4 B 898/06 (Juris); BayVGH NVwZ 2006, 1430 ff.; VGH Kassel NVwZ 2006, 1435; OVG Münster NVwZ 2006, 1078; VG Gelsenkirchen, Beschluss vom 29.05.2006, Az. 7 L 701/06 (Juris); VG Bayreuth, Beschluss vom 27.04.2006, Az. B 1 S 06.283 (unveröffentlicht).

spruch, den der Antragsteller auch im Hauptsacheverfahren geltend zu machen hat[1449]. Ausgleichsansprüche können wegen des nur vorläufig sichernden Charakters der einstweiligen Anordnung nicht im Wege des einstweiligen Rechtsschutzes geltend gemacht werden. Sind jedoch existenzielle Belange des Antragstellers betroffen, kann das grundsätzliche Verbot der Vorwegnahme der Hauptsacheentscheidung Ausnahmen unterliegen[1450].

Bisher sind nur sehr wenige Fälle aus der Rechtsprechung bekannt geworden, die sich mit einem Antrag auf Erlass einer einstweiligen Anordnung gemäß § 123 VwGO gegen den Marktzutritt eines öffentlichen Unternehmens bzw. dessen Begünstigung am Markt durch die öffentliche Hand zu befassen hatten. Auch hier spielte der Streit um den richtigen Rechtsweg oft die Hauptrolle[1451]. Noch seltener sind die Fälle, in denen ein privater Glücksspielanbieter im Wege der einstweiligen Anordnung gemäß § 123 VwGO die Feststellung beantragt, dass für das Anbieten und Vermitteln von Sportwetten eine Erlaubnis nicht erforderlich sei bzw. hilfsweise die Verpflichtung des Antragsgegners zur Erteilung einer solchen vorläufigen Erlaubnis bis zum Abschluss eines Hauptsacheverfahrens beantragt[1452].

III. Verfassungsbeschwerde und einstweiliger Rechtsschutz im glücksspielrechtlichen Kontext sowie zum Problem der Vorlagepflicht gemäß Art. 234 EG in Verfahren des Eilrechtsschutzes

1. Verfassungsbeschwerde und einstweiliger Rechtsschutz im glücksspielrechtlichen Kontext

Viele private Anbieter und Vermittler von Glücksspielen und Sportwetten haben auf Grund des wenig ermutigenden Wirrwarrs in der Rechtsprechung zum Glücksspielrecht[1453] Rechtsschutz vermehrt auch vor dem *Bundesverfassungsgericht* gesucht. Insbesondere gegen die letztinstanzliche Versagung der Wiederherstellung der aufschiebenden Wirkung eines Widerspruchs gegen eine Untersagungsverfügung betreffend den Betrieb einer Sportwettenvermittlung im Ver-

---

1449 Auf die Ausführungen im Kapitel 5 § 29 II., S. 202 ff. kann daher verwiesen werden.
1450 *Kopp/Schenke*, VwGO, 15. Aufl. 2007, § 123 Rn. 14 m. w. N.
1451 Siehe etwa den Beschluss des VGH Kassel WRP 2003, 112, 113 – „Schilderprägestelle“, mit dem auf die Beschwerde der Antragstellerin hin der Verwaltungsrechtsweg für zulässig erklärt wurde.
1452 Siehe zu einem solchen Antrag nur OVG Magdeburg ZfWG 2006, 81, 83.
1453 Dazu sogleich Kapitel 7 § 35 I. 3., S. 333 ff.

fahren des vorläufigen Rechtsschutzes haben Private einstweiligen Rechtsschutz im Rahmen einer Verfassungsbeschwerde beim *Bundesverfassungsgericht* gesucht (vgl. § 32 BVerfGG)[1454]. Das Verfahren zum einstweiligen Rechtsschutz ist ein eigenständiger Rechtszug, der, sofern das OVG bzw. der VGH gemäß §§ 146 Abs. 1 und 4, 150 VwGO die Beschwerde des Antragstellers gegen die ablehnende Entscheidung des VG über den Antrag gemäß § 80 Abs. 5 VwGO zurückgewiesen hat, erschöpft ist. In dieser Situation kann die Verfassungsbeschwerde zur Durchsetzung des Rechts des Beschwerdeführers auf Gewährung effektiven Rechtsschutzes erforderlich sein (vgl. § 93a Abs. 2 lit. b BVerfGG). Die Versagung einstweiligen verwaltungsgerichtlichen Rechtsschutzes, mit der die sofortige Vollziehung eines Verwaltungsaktes als selbstständige Beschwer einhergeht, kann Gegenstand einer Verfassungsbeschwerde sein[1455]. Erforderlich ist jedoch, dass eine Grundrechtsverletzung speziell auf das Eilverfahren bezogen gerügt wird[1456]. Das Hauptsacheverfahren ist demgegenüber zur Rechtswegerschöpfung und damit als Zulässigkeitsvoraussetzung der Verfassungsbeschwerde zu betreiben, soweit es geeignet ist, der verfassungsrechtlichen Beschwer abzuhelfen[1457].

2. *Problem der Vorlagepflicht gemäß Art. 234 EG in Verfahren des Eilrechtsschutzes*

Selbst wenn im Verfahren nach § 80 Abs. 5 VwGO die letzte Entscheidung mit keinen weiteren Rechtsmitteln mehr angefochten werden kann, soll jedoch eine Vorlagepflicht gemäß Art. 234 EG zum *Europäischen Gerichtshof* in Verfahren des Eilrechtsschutzes nicht existieren[1458] und ein Verstoß gegen Art. 101 Abs. 1

1454 Vgl. BVerfG(K) ZUM 2005, 553 ff. – „Sportwetten“; BVerfG(K) NJW 2007, 1521 ff. – „Vermittlung von Sportwetten“.

1455 BVerfG(K) ZUM 2005, 553, 555 – „Sportwetten“.

1456 Vgl. BVerfGE 69, 315, 340; 79, 275, 279; 93, 1, 12.

1457 BVerfG(K) NJW 1993, 1060, 1061.

1458 BVerfG(K) ZUM 2005, 553, 555 – „Sportwetten“; BVerfG(K) NJW 2007, 1521, 1522 – „Vermittlung von Sportwetten“; OVG Hamburg NVwZ 2007, 725, 726; VGH Kassel LKRZ 2007, 98, 101; BayVGH NVwZ 2006, 1430, 1434. Eine Ausnahme besteht jedoch für Fälle, in denen es um die Gewährung vorläufigen Rechtsschutzes direkt gegen eine gemeinschaftsrechtliche Regelung geht, die ein nationales Gericht für ungültig hält, vgl. zu diesen Fällen *Ehlers/Eggert*, JZ 2008, 585, 591. Wegen des Vorrangs des Gemeinschaftsrechts nimmt BayVGH NVwZ 2008, 1252 im Übrigen eine eigene Verwerfungskompetenz hinsichtlich nationaler Regelungen an, sieht zugleich aber keine Veranlassung, *„ernsthaft an der Gültigkeit des GlüStV zu zweifeln.“*

S. 2 GG beim Unterbleiben folglich ausscheiden[1459]. Einen früheren Beschluss[1460] hat das *Bundesverfassungsgericht* jüngst indirekt bestätigt und die Vorlagepflicht an den *Europäischen Gerichtshof* auf das verwaltungsgerichtliche Hauptsacheverfahren beschränkt[1461]. Damit steht nun jedenfalls aber fest, dass eine unterbliebene Vorlage im Hauptsacheverfahren bei begründeten Zweifeln des entscheidenden Gerichts nicht willkürfrei sein kann. Gemessen hieran erweisen sich zahlreiche, eine Vorlagepflicht nach Art. 234 EG ablehnende Gerichtsentscheidungen in glücksspielrechtlichen Fällen als nicht haltbar[1462].

IV. Einstweilige Verfügung und Abmahnung im Wettbewerbsrecht

Der einstweilige Rechtsschutz im Wettbewerbsrecht wird typischerweise durch eine zivilrechtliche einstweilige Verfügung gemäß §§ 935 ff. ZPO realisiert. Anwendungsfälle sind sämtliche wettbewerbsrechtlichen Abwehr- und Unterlassungsansprüche, wie sie vorliegend für ein Vorgehen gegen die Wirtschaftstätigkeit der öffentlichen Hand entwickelt worden sind[1463] und die einer vorläufigen Regelung oder Befriedigung zugänglich sind[1464].

1. Verfügungsgrund und Verfügungsanspruch: Vermutung und Glaubhaftmachung

Grundsätzlich müssen Verfügungsgrund (Dringlichkeit, Eilbedürftigkeit) und Verfügungsanspruch (in der Regel der Unterlassungsanspruch, der auch im Hauptsacheverfahren geltend zu machen ist[1465]) vom Antragsteller glaubhaft gemacht werden (§§ 936, 920 Abs. 2, 294 ZPO). Im Wettbewerbsprozess kommt dem Antragsteller jedoch die widerlegliche tatsächliche Vermutung der

---

1459 BVerfG(K) ZUM 2006, 919 ff. – „Sportwetten"; BVerfG(K) NJW 2007, 1521, 1522 – „Vermittlung von Sportwetten".

1460 BVerfG(K) ZUM 2005, 553 ff. – „Sportwetten".

1461 BVerfG(K) MMR 2008, 230, 231. Hierauf beruft sich offenbar nun auch OVG Münster ZfWG 2008, 122, 130. Ebenso schon VGH Kassel LKRZ 2007, 98, 101 m. w. N. sowie andeutungsweise BVerfG(K) ZUM 2005, 553, 556 – „Sportwetten".

1462 Siehe hierzu noch Kapitel 7 § 35 I. 2., S. 329 ff.

1463 Siehe Kapitel 5 § 30, S. 235 ff.

1464 *Hefermehl/Köhler/Bornkamm*, UWG, 26. Aufl. 2008, § 12 UWG Rn. 3.8, 3.11.

1465 Gegen eine analoge Anwendung des § 12 Abs. 2 UWG auf andere als unmittelbar aus dem UWG hergeleitete Unterlassungsansprüche selbst dann, wenn diese mit UWG-Ansprüchen konkurrieren, *Hefermehl/Köhler/Bornkamm*, UWG, 26. Aufl. 2008, § 12 UWG Rn. 3.14. Überzeugen kann diese restriktive Auffassung nicht.

Dringlichkeit gemäß § 12 Abs. 2 UWG zu Gute[1466]. Dies ist ein weiterer Grund, der den Betroffenen, der zur Verfolgung seines Begehrens zwischen dem ordentlichen und dem Verwaltungsrechtsweg wählen kann[1467], zur interessengerechten Rechtsverfolgung im ordentlichen Rechtsweg bewegen kann[1468].

2. *Rechtswegfragen*

Für die einstweilige Verfügung gegen öffentliche Unternehmen gelten ansonsten keine Besonderheiten[1469]. Der Rechtsweg zu den ordentlichen Gerichten ist immer dann eröffnet, wenn zumindest auch ein Antragsgrund eines einheitlichen prozessualen (Verfügungs-) Anspruchs die Entscheidungskompetenz der Zivilgerichte eröffnet. Umgekehrt genügt es für die Zulässigkeit des Verwaltungsrechtsweges, wenn für das Rechtsschutzbegehren auf der Grundlage des Antrags und des zur Begründung vorgetragenen Sachverhalts auch eine öffentlich-rechtliche Anspruchsgrundlage in Betracht kommt, was – unabhängig von der rechtlichen Qualifizierung durch die Beteiligten selbst – nach der wirklichen Natur des behaupteten Rechtsverhältnisses zu beurteilen ist[1470]. Dabei ist es auch im Verfahren des vorläufigen Rechtsschutzes nicht erforderlich, dass die privat- bzw. öffentlich-rechtliche Rechtsgrundlage für das angestrebte Rechtsschutzziel primär in Frage kommt. Es reicht aus, dass ihre Anwendbarkeit nicht so offensichtlich verneint werden muss, dass kein Bedürfnis dafür besteht, sie in die Sachprüfung einzubeziehen[1471]. Gemäß § 17 Abs. 2 S. 1 GVG hat das angerufene Gericht auch im Verfahren des einstweiligen Rechtsschutzes den Rechtsstreit

---

1466 Ausführlich *Hefermehl/Köhler/Bornkamm*, UWG, 26. Aufl. 2008, § 12 UWG Rn. 3.13 ff.
1467 Siehe zu solchen Wahlmöglichkeiten bereits Kapitel 5 § 27 II., S. 177 ff.
1468 Hieraus folgt also ein weiteres Leitlinienprinzip zur sach- und interessengerechten Einzelfallentscheidung der Rechtswegfrage. Siehe zu weiteren Leitlinienprinzipien, die zur Bildung von Fallgruppen beitragen können, bereits Kapitel 5 § 27 I. 4., S. 171 ff.
1469 *Hefermehl/Köhler/Bornkamm*, UWG, 26. Aufl. 2008, § 12 UWG Rn. 2.6 ff.
1470 VGH Kassel WRP 2003, 112, 113 – „Schilderprägestelle".
1471 VGH Kassel WRP 2003, 112, 113 – „Schilderprägestelle" m. w. N.; *Kopp/Schenke*, VwGO, 15. Aufl. 2007, § 40 Rn. 6a.

unter allen in Betracht kommenden Gesichtspunkten prüfen[1472]. Abweichungen zu einem Hauptsacheverfahren bestehen insoweit nicht[1473].

3. *Wettbewerbsrechtliche Abmahnung*

Typisch im Wettbewerbsrecht ist jedoch die Abmahnung des Schuldners durch den zur Geltendmachung eines Unterlassungsanspruchs Berechtigten vor Einleitung eines gerichtlichen Verfahrens (§ 12 Abs. 1 S. 1 UWG). Dieser Weg steht privaten Konkurrenten auch gegen Wirtschaftsunternehmen der öffentlichen Hand offen. Das abgemahnte öffentliche Unternehmen bekommt hierdurch die Gelegenheit, den Streit außergerichtlich durch Abgabe einer strafbewehrten Unterlassungsverpflichtung beizulegen. Auch bei einem Unterlassungsanspruch gegen die öffentliche Hand wird die Wiederholungsgefahr hinsichtlich des Wettbewerbsverstoßes nur durch Abgabe einer strafbewehrten Unterlassungserklärung ausgeräumt werden, nicht aber durch bloße Erklärung, die Zuwiderhandlung nicht mehr vornehmen zu wollen[1474]. Es gibt keine Vermutung zu Gunsten der öffentlichen Hand, diese werde anders als Private von sich aus erkannte Wettbewerbsverstöße abstellen. Sofern der Private hierdurch sein Ziel erreicht, ist das ein kostengünstiger und schneller Weg, den erkannten Rechtsverstoß aus der Welt zu schaffen[1475]. Da Gerichte hierbei nicht beteiligt sind, entfällt auch das Risiko, sich auf die (bislang) äußerst uneinheitliche und im Ergebnis hinter wesentlichen Anforderungen des Gebotes effektiven Rechtsschutzes zurückbleibende Rechtsprechung zur Wirtschaftstätigkeit der öffentlichen Hand[1476] einzulassen.

1472 *Hefermehl/Köhler/Bornkamm*, UWG, 26. Aufl. 2008, § 12 UWG Rn. 2.9; VGH Kassel WRP 2003, 112 – „Schilderprägestelle"; a. A. *Kopp/Schenke*, VwGO, 15. Aufl. 2007, § 41 Rn. 2a, jedoch offenbar nur hinsichtlich der Verweisungsmöglichkeiten in § 17a GVG. Nach h. M. gelten die §§ 17 ff. GVG jedoch grundsätzlich ohne Einschränkung auch in selbstständigen Antragsverfahren, vgl. nur die Nachweise bei *Kopp/Schenke*, VwGO, 15. Aufl. 2007, § 41 Rn. 2a mit Fn. 4.

1473 Es kann daher auf die Ausführungen im Kapitel 5 § 27, S. 162 ff. verwiesen werden.

1474 *Lux*, in: Hoppe/Uechtritz (Hrsg.), Handbuch Kommunale Unternehmen, 2. Aufl. 2007, § 10 Rn. 78.

1475 Selbst wenn der abmahnende private Konkurrent ein Unternehmen mit eigener Rechtsabteilung ist, kann er die Abmahnkosten eines für die Abmahnung beauftragten externen Rechtsanwaltsbüros ersetzt verlangen, vgl. BGH WRP 2008, 1188 f. – „Abmahnkostenersatz".

1476 Siehe dazu Kapitel 4 § 22, S. 135 ff.

V. Schadensersatzrisiko bei ungerechtfertigtem Eilrechtsschutz

1. Der Schadensersatzanspruch aus § 945 ZPO

Ein allgemeines Risiko der Geltendmachung einstweiligen Rechtsschutzes ist freilich das Schadensersatzrisiko des § 945 ZPO. Stellt sich eine zivilrechtliche einstweilige Verfügung als von Anfang an ungerechtfertigt heraus und hat das öffentliche Unternehmen in der Zwischenzeit auf Grund der Vollziehung der Verfügung einen adäquaten Schaden erlitten (z. B. Umsatzeinbußen), schuldet der Gläubiger verschuldensunabhängig dessen Ersatz[1477].

2. Der Schadensersatzanspruch aus § 123 Abs. 3 VwGO, § 945 ZPO

Ein solcher Anspruch kommt grundsätzlich auch im verwaltungsgerichtlichen einstweiligen Rechtsschutz gemäß § 123 VwGO in Betracht, wenn sich im Rechtsbehelfs- oder dem Hauptsacheverfahren die verwaltungsrechtliche einstweilige Anordnung als von Anfang an ungerechtfertigt erweist. Zu ersetzen sind dann der Vollziehungs- und der Vollziehungsabwehrschaden im durch die §§ 249 ff. BGB vorgegebenen Umfang[1478]. Umstritten sind allerdings die Rechtsnatur dieses Anspruchs aus § 123 Abs. 3 VwGO i. V. m. § 945 ZPO[1479] sowie die Frage, in welchem Rechtsweg dieser spezielle Schadensersatzanspruch geltend gemacht werden muss[1480]. Diesen Fragen ist hier nicht weiter nachzugehen.

3. Offene Fragen im Vergabeverfahren

Probleme können sich auch beim Primärrechtsschutz im Vergabeverfahren unterhalb der Schwellenwerte[1481] ergeben, wenn der unterlegene private Bieter gegen die öffentliche Vergabestelle einen Anspruch z. B. auf einstweilige Einstellung des Vergabeverfahrens geltend macht und sich dieser Anspruch im Nach-

---

1477 Vgl. Einzelheiten bei *Hefermehl/Köhler/Bornkamm*, UWG, 26. Aufl. 2008, § 12 UWG Rn. 3.78 ff.

1478 *Kopp/Schenke*, VwGO, 15. Aufl. 2007, § 123 Rn. 43.

1479 Siehe ausführlicher *Ehlers*, in: Schoch/Schmidt-Aßmann/Pietzner (Hrsg.), VwGO, § 40 Rn. 552 f.

1480 *Kopp/Schenke*, VwGO, 15. Aufl. 2007, § 123 Rn. 43: Verwaltungsrechtsweg.

1481 Siehe dazu bereits im Kapitel 5 § 30 I. 3. d) ee), S. 275 ff.

hinein als ungerechtfertigt erweist[1482]. Dieses Problem geht jedoch über die vorliegende Themenstellung hinaus.

1482 Dazu *Krist/Kerkmann*, VergabeR 2008, 297, 298.

KAPITEL 7 EUROPARECHTLICHE ASPEKTE

§ 34 Wirtschaftstätigkeit der öffentlichen Hand als internationales Phänomen

Die Wirtschaftstätigkeit der öffentlichen Hand, namentlich im Monopolbereich, ist auch von zahlreichen europarechtlichen Problemen gekennzeichnet. Die damit zusammenhängenden Fragestellungen gehen weit über das Kommunalrecht hinaus und werfen teilweise neue Probleme auf, die nicht allein nationalrechtlich erfasst und gelöst werden können.

I. Das Recht der Daseinsvorsorge als parallele Betrachtungsmaterie

1. Europäisierung des Rechts der Daseinsvorsorge

Das Recht insbesondere der kommunalen Daseinsvorsorge kann in Einzelfragen in vielfacher Weise als parallele Betrachtungsmaterie zur Entscheidung der vorliegend interessierenden Fragen herangezogen werden[1483]. Auch dieser Bereich wird von der zunehmenden Europäisierung des nationalen Rechts nicht ausgespart[1484]. Zu den bestehenden nationalen Zulässigkeitsvoraussetzungen und Grenzen der wirtschaftlichen Betätigung der öffentlichen Hand kommen immer mehr europarechtliche Vorgaben und Einschränkungen durch primäres oder sekundäres Gemeinschaftsrecht hinzu. Konfliktpotenzial erwächst vor allem daraus, dass die Europäische Gemeinschaft in den letzten Jahren gerade in den wirtschaftlichen Betätigungsbereichen der Daseinsvorsorge aktiv-gestaltend zahlreiche Regelungskonzepte vorgelegt und umgesetzt hat[1485].

Dahinter steht letztlich die Frage, ob Art. 28 Abs. 2 S. 1 GG und seine Gewährleistungen zum „europafesten Kernbestand des Grundgesetzes" zählen oder

---

[1483] Vgl. die Ausführungen im Kapitel 3, S. 98 ff. sowie im Kapitel 5 § 29 I. 1., S. 184.

[1484] Umfangreiche Nachweise bei *Papier*, DVBl. 2003, 686, 687 in Fn. 6. Vgl. zum gemeinschaftsrechtlichen Rahmen kommunaler Wirtschaftstätigkeit statt vieler außerdem *Katz*, Kommunale Wirtschaft, S. 12 - 14, 32 - 35; *Scharpf*, Kommunales Unternehmensrecht in Bayern, S. 37 - 70. Allgemein zum Verhältnis von Selbstverwaltung und europäischem Gemeinschaftsrecht *Zuleeg*, in: v. Mutius (Hrsg.), Selbstverwaltung im Staat der Industriegesellschaft, S. 91 ff.

[1485] *Katz*, Kommunale Wirtschaft, S. 12. Siehe zur europäischen Integration im Bereich des Wirtschaftsrechts *Badura*, Wirtschaftsverfassung und Wirtschaftsverwaltung, 2. Aufl. 2005, Rn. 58 ff.

nicht[1486]. Das wäre jedenfalls dann zu bejahen, wenn Art. 28 Abs. 2 S. 1 GG der „Ewigkeitsgarantie“ des Art. 79 Abs. 3 GG unterstellt werden könnte. In Übereinstimmung mit der ganz überwiegenden Ansicht ist dieses Ergebnis jedoch abzulehnen[1487]. Im Detail sind andere diskutierte Lösungsansätze heftig umstritten und eine einheitliche Linie nicht in Sicht. Der zu reformierende EG-Vertrag enthält in seiner Fassung von Lissabon umfangreiche Änderungen und eine Stärkung des Subsidiaritätsprinzips. Das wird auch Auswirkungen auf das Selbstverwaltungsrecht der Gebietskörperschaften haben, denn bisher fehlt ein justiziabler Grundsatz der kommunalen Selbstverwaltung auf gemeinschaftsrechtlicher Ebene noch[1488].

2. *Bedeutung des Vertrages von Lissabon*

Besondere Bedeutung wird der im neuen Art. 14 EG (geplante Fassung von Lissabon) enthaltenen Verordnungskompetenz der EU im Bereich der Daseinsvorsorge zukommen, weil im europäischen Binnenmarkt zunehmend der reine Marktgedanke Raum greift[1489]. Im Gemeinschaftsrecht ist das Ziel des unverfälschten Wettbewerbs deutlicher herausgebildet, denn jede Veränderung eines Konkurrenzverhältnisses durch die intervenierende öffentliche Hand kann den Wettbewerb verfälschen, zu einer Beeinträchtigung der Wettbewerbschancen Dritter führen und der Funktionsfähigkeit des Binnenmarktes entgegenstehen[1490]. Kritisch ist hierzu jedoch bereits eingewandt worden, der Wettbewerbsgedanke dürfe nicht alleiniges Leitprinzip der europäischen Politik sein, öffentliche Unterstützungen für Dienstleistungen der Daseinsvorsorge müssten gerade vor dem Hintergrund des europäischen Wettbewerbsrechts möglich bleiben[1491]. Die hier erarbeiteten Ergebnisse zur besonderen Bedeutung gerade des europäischen Wettbewerbsrechts für einen – momentan nur unzureichend vorhandenen – effektiven Rechtsschutz privater Konkurrenten gegen die ausufernde Wettbewerbsteilnahme der öffentlichen Hand[1492] sprechen jedoch gegen eine derart zu

---

[1486] Ausführlich *Papier*, DVBl. 2003, 686, 691 ff. Zur „Europafestigkeit“ der Selbstverwaltungsgarantie *Ronellenfitsch/Stein*, in: Hoppe/Uechtritz (Hrsg.), Handbuch Kommunale Unternehmen, 2. Aufl. 2007, § 3 Rn. 15.

[1487] *Papier*, DVBl. 2003, 686, 691.

[1488] *Papier*, DVBl. 2003, 686, 695.

[1489] Ausführlich *Zimmermann*, KommJur 2008, 41 ff.

[1490] *Storr*, Der Staat als Unternehmer, S. 355 f.

[1491] *Zimmermann*, KommJur 2008, 41, 45.

[1492] Vgl. Kapitel 2 § 11 II., S. 83; Kapitel 3 § 17 II., S. 112; Kapitel 5 § 24 II., S. 152; Kapitel 5 § 25 II., S. 156; Kapitel 5 § 30 I. 3. c) cc), S. 266.

kurz greifende, allein an den Interessen der kommunalen Haushaltspolitik ausgerichtete Sichtweise.

Inwieweit Änderungen durch den so genannten Vertrag von Lissabon tatsächlich eintreten werden, ist vor dem Hintergrund des gescheiterten Referendums zum neuen EG-Vertrag in Irland im Juni 2008 und den Unsicherheiten hinsichtlich der weiteren Ratifizierungen durch die Mitgliedsstaaten momentan nicht abzuschätzen.

II. Zur Wirtschaftstätigkeit der „europäischen öffentlichen Hand"

1. Zum Begriff der „europäischen öffentlichen Hand"

Die öffentliche Hand ist hier[1493] definiert worden als Gesamtheit aller juristischen Personen des öffentlichen Rechts, die in ihrer Eigenschaft als Unternehmensträger in der Regel Muttergemeinwesen genannt werden. „Öffentliche Hände", so wurde festgestellt, gibt es somit viele: Den Bund, die Länder, die Kommunen sowie sämtliche öffentlich-rechtlichen Anstalten und Körperschaften des öffentlichen Rechts. Letztlich zählen damit auch die einzelnen öffentlichen Unternehmen dazu. „Öffentliche Hand" ist demnach ein Sammelbegriff.

Vor diesem Hintergrund ist zu überlegen, ob dieser Sammelbegriff bzw. die Ergebnisse zur deutschen Rechtslage auf die gemeinschaftsrechtliche Ebene übertragen werden können. Mit anderen Worten: Gibt es auch eine „europäische öffentliche Hand"? Und wenn ja, wo tritt sie wirtschaftlich tätig am Markt auf und welchen Regelungen unterliegt sie dabei?

Eine abschließende Antwort ist nicht möglich. Bei der „europäischen öffentlichen Hand" handelt es sich (noch) um einen heuristischen Begriff. Es ist unklar, ob hierunter die Institutionen der Gemeinschaft zu fassen sein sollen und – bejahendenfalls – welche wirtschaftliche Tätigkeit sie auszuüben vermögen. Es existieren bislang nur wenige Fixpunkte zur Klärung dieser Fragen.

[1493] Siehe Kapitel 1 § 4 X., S. 46.

2. *Gesetzliche Grundlagen*

Art. 86 EG stellt die europäische „Grundnorm" öffentlicher Unternehmen dar[1494]. Viel mehr als die gemeinschaftsrechtliche Anerkennung einer faktisch in allen Mitgliedsstaaten vorhandenen staatlich verantworteten Wirtschaftstätigkeit kann der Vorschrift jedoch nicht entnommen werden. Immerhin lassen sich so die Mitgliedsstaaten selbst als öffentliche Unternehmen begreifen[1495]. Inwieweit eine funktionale Verklammerung des nationalen Rechts mit dem Gemeinschaftsrecht etwaige Defizite beseitigen könnte, kann hier nicht behandelt werden[1496]. Fest steht nur die sozusagen umgekehrte Konstellation, dass nämlich das nationale Recht angesichts des generellen Anwendungsvorrangs europarechtskonform ausgelegt werden muss. Insbesondere bei den sogleich zu behandelnden glückspiel- und sportwettenrechtlichen Sachverhalten wird sich zeigen, dass öffentliche Unternehmen nur in der Vernetzung der gemeinschaftsrechtlichen mit der nationalen Rechtsordnung als Ganzes erfasst und begriffen werden[1497].

3. *Offene Fragen und eine vorläufige Antwort*

Auf einen umfassenden Überblick zu öffentlichen Unternehmen im Gemeinschaftsrecht muss hier im Übrigen verzichtet werden[1498]. Viele Fragen sind offen[1499], anderes ist widersprüchlich und mit erheblichen Rechtsunsicherheiten verbunden, was wohl nur durch einen voranschreitenden Prozess der europäischen Verfassungsgebung geändert werden könnte[1500].

Bis dahin mag die allgemeine Formulierung helfen, dass es eine „europäische öffentliche Hand" überall dort geben kann, wo juristische Personen des öffentlichen Rechts auf gemeinschaftsrechtlicher Ebene handeln und als Unter-

---

[1494] *Katz*, Kommunale Wirtschaft, S. 123. Siehe zum Recht der öffentlichen Unternehmen im Gemeinschaftsrecht umfassend *Storr*, Der Staat als Unternehmer, S. 269 - 350.

[1495] *Storr*, Der Staat als Unternehmer, S. 273 f.

[1496] Dazu umfassend *Storr*, Der Staat als Unternehmer, S. 351 ff.

[1497] So allgemein bereits *Storr*, Der Staat als Unternehmer, S. 354.

[1498] Zu Einzelheiten und weiterführenden Hinweisen siehe *Storr*, Der Staat als Unternehmer, S. 255 ff.

[1499] Siehe etwa die „Liste offener Fragen" bei *Katz*, Kommunale Wirtschaft, S. 128 f. Besonders problematisch ist beispielsweise auch die Frage, inwieweit ausländische Staatsunternehmen überhaupt der deutschen Gerichtsbarkeit unterfallen. In der Regel wird das immer dann zu bejahen sein, wenn die Unternehmen rechtlich selbstständig und nicht rein hoheitlich tätig werden, vgl. *Oberheim*, Zivilprozessrecht für Referendare, 7. Aufl. 2007, S. 36.

[1500] Ebenso *Papier*, DVBl. 2003, 686, 696.

nehmensträger in Betracht kommen. Insbesondere ist dabei an die gemeinschaftsrechtliche Subventionsvergabe als Tätigkeit der „europäischen öffentlichen Hand" zu denken, die sich – ebenso wie auf nationaler Ebene[1501] – als Grenzfall mit wettbewerbsrelevanter Auswirkung zwischen einer rein hoheitlichen und einer (auch) wirtschaftlichen Tätigkeit bewegt. Werden die Zuwendungen in Wettbewerbsabsicht erteilt, so werden Konkurrenten des Subventionierten auch in dieser Konstellation ein unmittelbares Interesse daran haben, nicht erst die Rechtmäßigkeit der Subventionsvergabe im Einzelfall, sondern bereits die Rechtmäßigkeit ihres Zwecks schlechthin überprüfen zu lassen. Es müssen dann die allgemeinen (gemeinschaftsrechtlichen) Regeln zur Subventionsvergabe Anwendung finden. Auch die wirtschaftliche Betätigung der „europäischen öffentlichen Hand" kann sich nicht im rechtsfreien Raum abspielen.

III. Rechtsprinzipien bei grenzüberschreitenden Sachverhalten, insbesondere aus wettbewerbsrechtlicher Sicht

1. Weltweite Kollisionsrechtsgrundsätze

Bei internationalen Sachverhalten – gleichviel, ob innerhalb der Europäischen Gemeinschaft oder unter Beteiligung eines Drittstaates – und einem entsprechenden wirtschaftlichen Handeln einer öffentlichen Hand taucht schnell die Frage nach dem anwendbaren Recht auf. Kollisionsrechtliche Fragen können hier nicht eingehend behandelt werden. Grundsätzlich gilt im Wettbewerbsrecht, das besonderes Deliktsrecht ist, das Recht des Begehungsortes (Territorialitäts- oder Marktortprinzip[1502]). Das ergibt sich (noch) aus Art. 40 – 42 EGBGB. Zumindest für die Anwendung des deutschen UWG ist also ein hinreichender Inlandsbezug erforderlich[1503].

2. Gemeinschaftsrechtliche Kollisionsrechtsgrundsätze

Die Art. 38 – 42 EGBGB werden indes ab dem 11.01.2009 durch eine spezielle gemeinschaftsrechtliche Regelung des Internationalen Deliktsrechts ersetzt (so genannte ROM-II-VO). Für den unlauteren Wettbewerb sieht Art. 6 Abs. 1

[1501] Siehe bereits Kapitel 2 § 14 III., S. 95 ff.
[1502] *Hefermehl/Köhler/Bornkamm*, UWG, 26. Aufl. 2008, Einl UWG Rn. 5.6 m. w. N. sowie Rn. 5.10 ff.
[1503] *Götting*, Wettbewerbsrecht, § 1 Rn. 95.

ROM-II-VO im Ganzen jedoch ebenfalls das Territorialitätsprinzip vor[1504]. Innerhalb der Gemeinschaft gelten insoweit keine Besonderheiten.

Nur in einzelnen Bereichen wirtschaftlicher Tätigkeit gilt in der EU das Herkunftslandprinzip, das das Marktortprinzip verdrängt[1505]. Das Herkunftslandprinzip besagt, dass nur das Recht des Staates anwendbar ist, in dem der Handelnde seinen Sitz hat[1506]. Strengere Maßstäbe desjenigen Staates, an dem sich die Handlung auswirkt oder genutzt werden kann, dürfen nicht angelegt werden.

3. *Bedeutung des materiellen Gemeinschaftswettbewerbsrechts*

Die speziellen gemeinschaftsrechtlichen Regelungen zum materiellen Wettbewerbsrecht (Art. 28 ff. EG) haben nach h. M. mangels internationalprivatrechtlichen Gehalts keine Auswirkungen auf das Wettbewerbskollisionsrecht[1507]. Ihnen kommt jedoch Anwendungsvorrang gegenüber entgegenstehenden nationalen Vorschriften bei zwischenstaatlichen Sachverhalten in der EU zu[1508]. Auch sekundäres Gemeinschaftsrecht (Verordnungen gemäß Art. 249 Abs. 2 EG) genießt Vorrang, nicht aber Richtlinien vor ihrem Umsetzungszeitpunkt.

4. *Internationales Verfahrensrecht*

Hinsichtlich des internationalen Verfahrensrechts (Gerichtsbarkeit und internationale Zuständigkeit) bestehen jedenfalls aus wettbewerbsrechtlicher Sicht grundsätzlich keine Unterschiede zum allgemeinen Zivilrecht[1509].

[1504] *Hefermehl/Köhler/Bornkamm*, UWG, 26. Aufl. 2008, Einl UWG Rn. 5.3.

[1505] Siehe *Hefermehl/Köhler/Bornkamm*, UWG, 26. Aufl. 2008, Einl UWG Rn. 5.21 ff. In Deutschland sieht das etwa § 3 TMG für elektronische Informations- und Kommunikationsdienste vor.

[1506] Einzelheiten bei *Götting*, Wettbewerbsrecht, § 1 Rn. 98 ff.

[1507] *Hefermehl/Köhler/Bornkamm*, UWG, 26. Aufl. 2008, Einl UWG Rn. 5.3.

[1508] Ausführlich *Hefermehl/Köhler/Bornkamm*, UWG, 26. Aufl. 2008, Einl UWG Rn. 3.1 ff.

[1509] Vgl. *Hefermehl/Köhler/Bornkamm*, UWG, 26. Aufl. 2008, Einl UWG Rn. 5.27 ff.

§ 35 Glücksspiel- und sportwettenrechtliche Sachverhalte im Kontext gemeinschaftsrechtlicher Regelungen

I. Die „Sportwettenproblematik“ hinsichtlich ihrer europarechtlichen Bezüge

1. Gemeinschaftsrechtliche Bedeutung und gemeinschaftsrechtliche Konsequenzen der „Oddset“-Entscheidung des Bundesverfassungsgerichts

a) Der deutsche Sportwettenmarkt als nach wie vor faktisches Wirtschaftsmonopol des Staates

Der Glücksspiel- und Sportwettenmarkt ist in Deutschland als staatliches Monopol ausgestaltet, in dessen Rahmen sich die öffentliche Hand wirtschaftlich betätigt[1510]. Es handelt sich somit um ein faktisches Wirtschaftsmonopol der öffentlichen Hand, das sich als faktische Marktzugangssperre für potenzielle private Anbieter und Vermittler von Sportwetten auswirkt[1511]. Die rechtliche Entwicklung des Sportwetten- und Glücksspielrechts in Deutschland hat nach der „Oddset“-Entscheidung des *Bundesverfassungsgerichts*[1512] ihren (vorläufigen) legislatorischen Schlusspunkt mit der Neuregelung des Sportwettenmonopols zum 01.01.2008 in Form des GlüStV gefunden[1513]. Der GlüStV soll die verfassungsmäßige Grundlage für die Fortschreibung des Staatsmonopols bilden.

b) Grundlegende gemeinschaftsrechtliche Bedenken

Dass ein staatliches Wirtschaftsmonopol, das sich als faktische Marktzugangssperre für private Anbieter auswirkt, aus grundrechtlicher Sicht ausgesprochen bedenklich sein und Abwehr- und Ausgleichsansprüche privater Konkurrenten begründen kann, wurde schon dargelegt[1514]. Daneben bestehen jedoch vor allem tief greifende gemeinschaftsrechtliche Bedenken, die nach wie vor nicht geklärt und Gegenstand einer lebhaften Diskussion sind. Zu konstatieren ist nach wie vor, dass vielfach in Rechtsprechung und Literatur unverändert mit knappen

[1510] Siehe dazu sowie zur Geschichte und der Definition von „Oddset“ Kapitel 1 § 5 I., S. 47.
[1511] Dazu bereits Kapitel 1 § 5 III., S. 53 ff.
[1512] BVerfGE 115, 276 ff. Siehe ausführlich bereits Kapitel 1 § 5 II., S. 48 ff.
[1513] Näher Kapitel 1 § 5 II., S. 48 ff.
[1514] Siehe Kapitel 5 § 28, § 29 und § 30, S. 181 ff.

Worten die Europarechtskonformität des deutschen Glücksspielmonopols sowie der deutschen Verwaltungspraxis lapidar vorausgesetzt wird[1515].

aa) Verkennung der Reichweite des Schutzbereiches europäischer Grundfreiheiten

Insbesondere wird außer Acht gelassen, dass die europäischen Grundfreiheiten auch diskriminierungsunabhängige Beschränkungsverbote statuieren und daher auch jeder nationalen Regelung entgegenstehen, die geeignet ist, die Ausübung der garantierten Grundfreiheiten durch die Angehörigen der Gemeinschaft einschließlich der Staatsangehörigen des Mitgliedsstaats, der die Regelung erlassen hat, zu behindern oder – und das ist im vorliegenden Zusammenhang wichtig – weniger attraktiv zu machen[1516]. Die durch Art. 49 EG gewährte Dienstleistungsfreiheit soll darüber hinaus auch zur Aufhebung aller Beschränkungen führen, die geeignet sind, die Tätigkeit desjenigen Dienstleistenden, der in einem anderen Mitgliedsstaat ansässig ist und dort rechtmäßig ähnliche Dienstleistungen erbringt, zu unterbinden, zu behindern oder weniger attraktiv zu machen[1517]. Das kann sogar dann gelten, wenn man den Anwendungsbereich des Beschränkungsverbots auf solche nationalen Hindernisse begrenzen will, die den grenzüberschreitenden Marktzugang als solchen betreffen[1518], worum es in praktisch allen hier besprochenen Konstellationen geht.

Die Literatur umgeht diese Fragen[1519], obwohl die weite Auslegung der grundfreiheitlichen Schutzbereiche durch den *Europäischen Gerichtshof* anerkannt ist[1520]. Dessen ungeachtet weichen viele Fachgerichte unter Hinweis auf

---

1515 Deutlich etwa *Bethge*, ZfWG 2007, 169, 175; *Busche*, LM H. 9/2002 § 1 UWG Nr. 872.

1516 So EuGH NVwZ 1993, 661, 662 – „Kraus"; *Arndt/Fischer*, Europarecht, 9. Aufl. 2008, S. 124 f. Das übersieht insbesondere *Ruttig*, WRP 2007, 621, 623. Erkannt jedoch von OVG Saarlouis NVwZ 2007, 717, 722.

1517 Zuletzt etwa EuGH EuZW 2000, 88, 90 – „Arblade", dort mit zahlreichen w. N. aus seiner früheren Rspr.

1518 Dazu *Arndt/Fischer*, Europarecht, 9. Aufl. 2008, S. 164.

1519 Zutreffend hingegen die Analyse von *Leupold/Walsh*, WRP 2006, 973, 978 f. Siehe aber auch *Bethge*, DVBl. 2007, 917, 919, der erklärtermaßen allein aus nationalrechtlicher Sicht argumentiert mit dem Ergebnis, dass für § 284 StGB das Erfordernis einer behördlichen Erlaubnis für private Wettveranstaltungen nicht dann und deshalb entfiele, wenn und weil das gesetzlich normierte staatliche Wettmonopol eines Landes und der damit konkludent verfügte Ausschluss privater Wettunternehmer vom *Bundesverfassungsgericht* für nichtig erklärt werden.

1520 Die immer weiter reichenden Kompetenzen des *Europäischen Gerichtshofs* stoßen allerdings auch auf prominente Kritik, wie sie jüngst deutlich von *Roman Herzog* und *Lüder Gerken* in der FAZ vom 08.09.2008, S. 8 geübt wurde. Die besonders umstrittenen Ausdie „Gambelli"-Entscheidung[1521] davon ab[1522]. Dabei bietet diese maßgebliche Entscheidung des *Europäischen Gerichtshofs* zum Glücksspielrecht keinerlei Grundlage für eine solche Abweichung[1523]. Die Fachgerichte gehen offenbar davon aus, der Schutzbereich der Art. 43 und 49 EG unterscheide sich je nachdem, ob es um eine Maßnahme im harmonisierten oder nicht-harmonisierten Bereich von Rechtsvorschriften geht. Das ist jedoch nicht der Fall[1524]. Mangels harmonisierter Rechtsvorschriften bleiben die Grundfreiheiten gerade dann in vollem Umfang anwendbar.

bb) Aktuelle Rechtsprechungsbeispiele

Die Verkennung der Weite der grundfreiheitlichen Schutzbereiche hat sich in der Rechtsprechung offenbar auch nach Inkrafttreten des GlüStV fortgesetzt. Beispielsweise hat das LG Frankfurt am Main einer auf §§ 3, 4 Nr. 11 UWG i. V. m. § 284 StGB gestützten Unterlassungsklage der staatlichen Lotterie-Treuhandgesellschaft mbH Hessen gegen die österreichische Happy-Bet mit Sitz in Klagenfurt stattgegeben[1525]. Zur Begründung heißt es, das Anbieten von Sportwetten in Hessen ohne behördliche Erlaubnis stelle nach wie vor einen Verstoß gegen das Wettbewerbsrecht dar[1526].

Diese Linie hatte in der Übergangszeit insbesondere auch das OLG Celle mit deutlichen Worten eingeschlagen und die Geltung von EU-Lizenzen in Deutschland abgelehnt[1527]. Zu einer möglichen Grundrechtsverletzung des privaten Anbieters heißt es:

> *„Die Frage der Verletzung der Grundrechte ist im Falle der Versagung der Genehmigung im Verwaltungsrechtsweg zu klären. Im vorliegenden Wettbewerbsprozess ist die Frage*

---

legungskompetenzen hinsichtlich gemeinschaftsrechtlicher Richtlinien spielen im vorliegenden Zusammenhang jedoch keine Rolle.

1521 EuGH NJW 2004, 139 ff. – „Gambelli".

1522 Siehe beispielhaft BGHZ 158, 343 ff. – „Schöner Wetten"; BGH NJW 2002, 2175, 2176 – „Sportwetten"; OLG Köln ZUM 2006, 230, 232 f.; OLG Köln ZUM 2006, 648, 651; OLG Köln ZUM 2008, 147 ff.; OLG München GRUR-RR 2006, 137 f. Zur demgegenüber geänderten Rspr. des *Bundesgerichtshofs* siehe sogleich.

1523 A. A. *Ruttig*, ZUM 2006, 400.

1524 *Arndt/Fischer*, Europarecht, 9. Aufl. 2008, S. 142; *Leupold/Walsh*, WRP 2006, 973, 979.

1525 LG Frankfurt am Main ZfWG 2008, 52 ff.

1526 Gegen diese Auffassung bereits *Kendziur*, ZUM 2007, 193 ff.; *Hoeller/Bodemann*, NJW 2004, 122, 125.

1527 OLG Celle ZUM 2007, 540, 542. Siehe jüngst auch wieder OVG Münster ZfWG 2008, 122, 126, wonach eine Anerkennungspflicht hinsichtlich der EU-Lizenzen nicht bestehen soll. Nachweise zu vergleichbarer Rspr. der Nachbarländer finden sich bei *Ruttig*, WRP 2007, 621, 624 in Fn. 36.

nicht erheblich, weil eine etwaige Verfassungswidrigkeit des staatlichen Wettmonopols zwar möglicherweise zum Wegfall der Strafbarkeit nach § 284 StGB, nicht aber zur Unwirksamkeit der Strafvorschrift führen würde."[1528]

Im Folgenden verweist das OLG Celle die Beklagten hinsichtlich einer Berücksichtigung von Art. 43 und 49 EG sowie der Rechtsprechung des *Europäischen Gerichtshofs* auf das Verwaltungsverfahren, ohne auch nur zu erwähnen, dass es ein solches gar nicht geben kann[1529]. Ist jedoch schon der Ordnungsrahmen europarechtswidrig, muss sich jedes Instanzgericht auf Grund Art. 10 EG mit der Frage befassen, ob der Ausschluss privater Wettveranstalter vom deutschen Markt mit Art. 43 und 49 EG in Einklang steht oder nicht[1530].

c) Wende in der Rechtsprechung des Bundesgerichtshofs

aa) Die Entscheidung „ODDSET" des Bundesgerichtshofs vom 14.02.2008

Jedenfalls für so genannte Altfälle, bei denen die wettbewerbsrechtliche Zulässigkeit des Anbietens von Sportwetten durch Private ohne behördliche Erlaubnis im Zeitraum vor der „Oddset"-Entscheidung des *Bundesverfassungsgerichts* zu beurteilen war, hat sich der *Bundesgerichtshof* daher inzwischen auf den Standpunkt gestellt, dass auf Grund der Unvereinbarkeit des staatlichen Glücksspielmonopols mit Art. 12 Abs. 1 GG sowie Art. 43 und 49 EG geltend gemachte Unterlassungs-, Auskunfts- und Schadensersatzansprüche der staatlichen Sportwettveranstalter gegen private Anbieter, die im Besitz einer EU-Lizenz sind, nicht bestehen[1531]. Er hat damit seine frühere Rechtsprechung[1532] explizit aufgegeben[1533] und sich der hier vertretenen Auffassung im Ergebnis angeschlos-

---

1528 OLG Celle ZUM 2007, 540, 543.

1529 OLG Celle ZUM 2007, 540, 543 mit abl. Anm. *Gomille*, ZUM 2007, 544, 545. A. A. auch *Hoeller/Bodemann*, NJW 2004, 122, 125. Richtig gesehen von OVG Saarlouis NVwZ 2007, 717, 722.

1530 So bereits *Kendziur*, ZUM 2007, 193, 198; *Gomille*, ZUM 2007, 544, 545. A. A., soweit es um die Bewertung einer Richtlinienwidrigkeit nationalen Rechts geht, *Hummel*, NVwZ 2008, 36, 37 ff.

1531 BGH, Urteile vom 14.02.2008, Az. I ZR 140/04; 187/04; 207/05 (= BGHZ 175, 238 ff. = WRP 2008, 661 ff. = GRUR 2008, 438 ff. – „ODDSET") und 13/06.

1532 BGHZ 158, 343 ff. – „Schöner Wetten"; BGH NJW 2002, 2175 ff. – „Sportwetten". Siehe gegen diese frühere Rechtsprechung bereits *Kendziur*, ZUM 2007, 193 ff. mit Fn. 38, 40, 63.

1533 BGHZ 175, 238, 248 f. – „ODDSET".

sen[1534]. Es kommt also gar nicht darauf an, ob der Verstoß des Staatsmonopols gegen Gemeinschaftsrecht zu einem Anspruch privater Wettunternehmer auf zulassungsfreies Tätigwerden bzw. zur Erlaubnisfreiheit privater Wettveranstaltung und Wettvermittlung führt[1535]. Entscheidend ist allein, ob der Private Inhaber einer EU-Lizenz ist. Ist das der Fall, kann er unbehelligt in Deutschland tätig werden.

bb) Folgerungen aus der Entscheidung „ODDSET" des Bundesgerichtshofs vom 14.02.2008

Eine Entscheidung darüber, ob die rechtliche und tatsächliche Ausgestaltung des staatlichen Wettmonopols in Deutschland im Zeitraum **nach** der Entscheidung des *Bundesverfassungsgerichts* vom 28.03.2006 nunmehr mit europäischem Gemeinschaftsrecht und deutschem Verfassungsrecht vereinbar ist, hat der *Bundesgerichtshof* zwar ausdrücklich nicht getroffen[1536]. Wenn man jedoch berücksichtigt, dass das *Bundesverfassungsgericht* jedenfalls hinsichtlich der Vereinbarkeit des Wettmonopols mit europäischem Gemeinschaftsrecht nichts gesagt hat[1537] und nach herrschender Auffassung auch gar nichts sagen konnte[1538], so kann die richtige Schlussfolgerung aus der genannten Entscheidung des *Bundesgerichtshofs* auch für die Zeit nach dem 28.03.2006 nur lauten, dass sich zumindest an der Europarechtswidrigkeit des staatlichen Wettmonopols nichts geändert hat[1539].

Denn erstens konnte die „Oddset"-Entscheidung des *Bundesverfassungsgerichts* daran trotz der prolongierenden Wirkung hinsichtlich der nationalen Rechtslage[1540] gar nichts ändern.

1534 Siehe zur nunmehr aufgehobenen Berufungsentscheidung der Vorinstanz (OLG München GRUR-RR 2006, 137 f.) bereits den kritischen Beitrag von *Kendziur*, ZUM 2007, 193 ff. mit Fn. 31, 38, 63.

1535 So noch *Bethge*, ZfWG 2007, 245, 248.

1536 BGHZ 175, 238, 251 – „ODDSET".

1537 BVerfGE 115, 276, 299 f. – „Oddset". Zumindest sehr missverständlich daher insoweit *Hoffmann*, LKRZ 2008, 133.

1538 BVerfGE 31, 145, 174 f.; 82, 159, 191; 110, 141, 154; *Bethge*, ZfWG 2007, 169, 171; *Kendziur*, ZUM 2007, 193, 196 m. w. N. in Fn. 30. Siehe zum Konzept des *Bundesverfassungsgerichts* hinsichtlich der Prüfung gemeinschaftsrechtlicher Grundfreiheiten bereits Kapitel 1 § 5 II. 2., S. 49.

1539 Wie hier jüngst auch *Leupold*, WRP 2008, 920, 921; *Weidemann*, NVwZ 2008, 278, 280. A. A. *Ruttig*, WRP 2007, 621, 625, der die maßgebliche Entscheidung BGHZ 175, 238, 248 – „ODDSET" jedoch noch nicht berücksichtigen konnte.

1540 Siehe hierzu *Bethge*, DVBl. 2007, 917 ff.

Und zweitens spricht die vom *Bundesverfassungsgericht* formulierte Parallelität von Verfassungs- und Gemeinschaftsrecht für dieses Ergebnis[1541]. Verstößt das staatliche Wettmonopol in der Form, wie es vom *Bundesverfassungsgericht* überprüft wurde, gegen das Grundgesetz, dann ist es das zwingende Ergebnis einer Parallelität von deutschem Verfassungsrecht und europäischem Gemeinschaftsrecht, dass es zugleich gegen Art. 43 und 49 EG verstößt[1542]. Nur diese Auffassung steht im Übrigen mit der Entscheidung des *Europäischen Gerichtshofs* im Einklang, wonach das Strafrecht nicht die durch das Gemeinschaftsrecht garantierten Grundfreiheiten beschränken darf[1543]. Falsch wäre es sogar, diese Aussage mit der Ansicht relativieren zu wollen, dass Strafbarkeit, ordnungsrechtliche Zulässigkeit und Lauterkeit des privaten Anbietens von Glücksspielen ja dreierlei Aspekte seien, die nicht zwangsläufig einheitlich beurteilt werden müssten. Denn auf Grund der Verwaltungsakzessorietät des § 284 StGB einerseits und der Verknüpfung von § 4 Nr. 11 UWG mit § 284 StGB andererseits besteht genau betrachtet doch eine unauflösliche Verknüpfung dieser Aspekte[1544].

d) Zur Kausalität des beschränkten bundesverfassungsgerichtlichen Prüfungsmaßstabs und den gemeinschaftsrechtlichen Defiziten nachfolgender fachgerichtlicher Entscheidungen

Die Ausklammerung gemeinschaftsrechtlicher Fragen aus dem Prüfungsmaßstab des *Bundesverfassungsgerichts*[1545] hat der verkürzenden Betrachtung der Prob-

---

1541 BVerfGE 115, 276, 316 – „Oddset"; *Gomille*, ZUM 2007, 544, 545 f.; s. a. *Beljin*, NVwZ 2008, 156; *Ennuschat*, DVBl. 2005, 1288; *Dübbers/Kartal*, ZfWG 2006, 33, 34; *Mertens*, DVBl. 2006, 1564, 1567. Verkannt allerdings offenbar von *Ruttig*, ZUM 2006, 400, 401.

1542 BGHZ 175, 238, 248 – „ODDSET"; BGH, Urteil vom 14.02.2008, Az. I ZR 13/06, Rn. 13 a. E. bei Juris. So auch schon – gegen die Vorinstanz OLG Köln ZUM 2006, 230 ff. – *Kendziur*, ZUM 2007, 193 ff. mit Fn. 31, 38, 40, 49, 64. Vgl. (insoweit) richtig auch schon OVG Münster NVwZ 2006, 1078, 1080; VG Arnsberg SpuRt 2006, 168, 170; VG Minden SpuRt 2006, 170, 171; VG Köln GewArch 2006, 467, 468; VG Köln, Urteil vom 06.07.2006, Az. 1 K 9196/04, Rn. 35 bei Juris; VG Neustadt a. d. Weinstraße, Beschluss vom 26.07.2006, Az. 5 L 1114/06, Rn. 20 bei Juris. Unrichtig hingegen BayVGH NVwZ 2006, 1430, 1432; VGH Kassel NVwZ 2006, 1435, 1439.

1543 EuGH NJW 2007, 1515, 1519 – „Placanica".

1544 BGHZ 175, 238, 246 – „ODDSET"; BGH NJW 2007, 3078, 3081. Zu kurz greift daher auch die Behauptung von *Dietlein*, K&R 2006, 307, 312, wonach die Auslegung und Anwendung des § 284 StGB *„eher peripherer Natur"* sei. Richtig demgegenüber *Dübbers/Kartal*, ZfWG 2006, 33, 35; *Leupold*, WRP 2008, 920, 923; *Weidemann*, NVwZ 2008, 278, 280.

1545 Die hier interessierenden Grundfreiheiten der Art. 43 und 49 EG sind nach h. M. keine Grundrechte oder grundrechtsgleichen Rechte, deren Verletzung vor dem *Bundesverfas-*

lematik durch viele Fachgerichte ohne Zweifel Vorschub geleistet. Für diejenigen, die auf eine Marktliberalisierung in Folge der Entscheidung gehofft hatten, blieb es hinsichtlich der entsprechenden Möglichkeit, die das *Bundesverfassungsgericht* immerhin eröffnet hat[1546], bei *„Steinen statt Brot"*[1547].

Eine andere Frage ist es, ob das *Bundesverfassungsgericht* die „Oddset"-Entscheidung nicht hätte zum Anlass nehmen können oder gar müssen, europarechtliche Fragen doch in seine Entscheidungspraxis mit einzubeziehen[1548], um für umfassende Rechtsklarheit zu sorgen[1549].

2. Die „Placanica"-Entscheidung des Europäischen Gerichtshofs im Spiegel von (nachfolgenden) Vorabentscheidungsbeschlüssen deutscher Gerichte gemäß Art. 234 EG

Auch die „Placanica"-Entscheidung des *Europäischen Gerichtshofs* vom 06.03.2007[1550] hat in der Folge nicht die wünschenswerte Klarheit gebracht[1551], die die auf eine vollständige Liberalisierung der europäischen Glücksspielmärkte abzielenden Schlussanträge des Generalanwalts erwarten ließen[1552]. Dazu hatte der *Europäische Gerichtshof* auf Grund der Bindung an die ihm zur Vorabentscheidung vorgelegten Fragen allerdings auch keine passende Gelegenheit[1553]. Anlass könnten nun jedoch einzelne der (soweit bisher ersichtlich) einzigen Vorlageanfragen deutscher Fachgerichte gemäß Art. 234 EG geben.

---

sungsgericht mit einer Verfassungsbeschwerde gerügt werden könnte, vgl. *Jarass/Pieroth*, GG, 8. Aufl. 2006, Art. 93 Rn. 54 m. w. N.; a. A. mit beachtlichen Argumenten *Frenz*, DÖV 1995, 414, 416 f.

1546 Siehe zu dieser Alternative sogleich noch Kapitel 7 § 36, S. 358 ff.

1547 So *Brüning*, JZ 2009, 29, 33; *Janz*, NWVBl. 2006, 248, 252.

1548 Dazu sogleich Kapitel 7 § 35 II., S. 343 ff.

1549 Das ist demgegenüber tatsächlich nicht gelungen, vgl. hierzu sogleich Kapitel 7 § 35 I. 3., S. 333 ff.

1550 Siehe EuGH NJW 2007, 1515 ff. – „Placanica".

1551 Die zahlreichen in Folge der „Placanica"-Entscheidung ergangenen Entscheidungen deutscher Oberverwaltungsgerichte listen *Hoffmann/Diegmann*, LKRZ 2007, 299, 300 mit Fn. 4, 6 auf.

1552 Schlussanträge des Generalanwalts *Colomer* vom 16.05.2006 in den verbundenen Rechtssachen „Placanica" (C-338/04), „Palazzese" (C-359/04) und „Sorricchio" (C-360/04), abgedruckt in ZfWG 2006, 117 ff.

1553 Anders offenbar *Ruttig*, WRP 2007, 621. Unerwähnt bei *Albrecht/Gabriel*, WRP 2007, 616, 620.

a) *Vorlagebeschluss des VG Köln vom 21.09.2006*

So hat das VG Köln dem *Europäischen Gerichtshof* bereits mit Beschluss vom 21.09.2006 die Frage vorgelegt, ob ein nationales Gericht nationale Vorschriften übergangsweise weiterhin anwenden darf, obwohl es davon ausgeht, dass diese europarechtswidrig sind[1554].

b) *Vorlagebeschluss des VG Gießen vom 07.05.2007*

Das VG Gießen hat mit Beschluss vom 07.05.2007 sinngemäß folgende Frage zur Vorabentscheidung vorgelegt: Sind die Art. 43 und 49 EG dahingehend auszulegen, dass formell rechtmäßige Genehmigungen zur Veranstaltung von Sportwetten, die nicht auf das Staatsgebiet eines Gemeinschaftsmitglieds beschränkt sind, den Genehmigungsinhaber sowie von ihm beauftragte Dritte berechtigen, auch im Bereich der anderen Mitgliedsstaaten ohne zusätzlich erforderliche nationale Genehmigungen Sportwetten anzubieten und durchzuführen[1555]?

c) *Vorlagebeschluss des VG Stuttgart vom 24.07.2007*

aa) *Inhalt der Entscheidung*

Das VG Stuttgart hat mit Beschluss vom 24.07.2007 neben einer identischen Vorlagefrage dem *Europäischen Gerichtshof* sinngemäß die folgende zusätzliche Frage vorgelegt: Sind die Art. 43 und 49 EG dahingehend auszulegen, dass sie einem innerstaatlichen Monopol auf bestimmte Glücksspiele, wie z. B. Sportwetten und Lotterien, entgegenstehen, wenn es in dem betreffenden Mitgliedsstaat insgesamt an einer kohärenten und systematischen Politik zur Beschränkung des Glücksspiels fehlt[1556]? Einen solchen Mangel sieht das Gericht darin, dass die innerstaatlich konzessionierten Veranstalter zur Teilnahme an anderen Glücksspielen ermuntern und hierfür werben, und ferner andere Spiele

---

1554 VG Köln GewArch 2006, 467. Beim *Europäischen Gerichtshof* wird das Verfahren als Rs. C-409/06 – „Winner Wetten“ geführt. BVerfG(K) NJW 2007, 1521, 1522 – „Vermittlung von Sportwetten“ hat eine Vorlagepflicht gemäß Art. 234 EG wegen dieser Frage jedenfalls in Verfahren des einstweiligen Rechtsschutzes verneint.

1555 VG Gießen, Beschluss vom 07.05.2007, Az. 10 E 13/07 (Juris). Der *Europäische Gerichtshof* führt dieses und weitere identische Vorlageverfahren des VG Gießen als Rs. C-316/07 – „Stoß“; C-409/07 – „Avalon“; C-410/07 – „Happel“.

1556 VG Stuttgart ZfWG 2007, 313 ff. Weitere ca. 170 (!) am VG Stuttgart anhängige Verfahren in ähnlichen Sachen sind bis zur Entscheidung des *Europäischen Gerichtshofs* ausgesetzt worden. Dieser führt die Vorlageverfahren des VG Stuttgart als Rs. C-358/07 – „Kulpa Automatenservice“; C-359/07 – „SOBO“; C-360/07 – „Kunert“.

mit gleichem oder sogar höherem Suchtgefährdungspotenzial von privaten Dienstleistungsanbietern erbracht werden dürfen. Das staatliche Glücksspielmonopol stelle sich ohne Zweifel als unzulässige Beschränkung gemeinschaftsrechtlicher Grundfreiheiten dar[1557].

bb) Folgerungen aus der Entscheidung

EU-Lizenzen müssen daher in Deutschland anerkannt werden[1558]. Das wäre vor dem Hintergrund des gemeinschaftsrechtlichen Prinzips der gegenseitigen Anerkennung ausländischer Qualifikationen und sonstiger beruflicher Zulassungserfordernisse zur Vermeidung unnötiger Doppelreglementierungen von Dienstleistungserbringern nur konsequent[1559].

Ein ordnungsrechtliches Verbot der grenzüberschreitenden Vermittlung von Sportwetten in das EU-Ausland an einen dort konzessionierten Vermittler könnte schließlich auch nicht mit der Begründung aufrechterhalten werden, § 113 Abs. 1 S. 1 VwGO schließe es aus, dass sich ein Antragsteller auf die (legale) Rechtsposition seines ausländischen Partners berufen könne[1560]. Darauf, dass allein der Vertragsschluss mit dem ausländischen Unternehmen dem Antragsteller keine europarechtliche Position verschaffen kann, in der er verletzt sein könnte, kommt es nämlich überhaupt nicht an. Die ausländische Lizenz muss vielmehr gerade aus sich heraus Wirkung in Deutschland haben. Jede andere

---

1557 VG Stuttgart ZfWG 2007, 313, 315.

1558 *Albrecht/Gabriel*, WRP 2007, 616, 618; a. A. *Bethge*, ZfWG 2007, 245, 249; *Stögmüller*, K&R 2002, 27, 30. Zu den ebenfalls überwiegend anders lautenden Auffassungen der Rechtsprechung sei beispielhaft auf VGH Mannheim NVwZ 2007, 724 sowie VGH Kassel LKRZ 2007, 98, 99 verwiesen.

1559 Ausführlich *Hattig*, Untersuchung der Vereinbarkeit von nationalem Glücksspielrecht mit dem europäischen Gemeinschaftsrecht am Beispiel Schwedens, S. 45 ff. Wie hier VG Stuttgart ZfWG 2007, 313, 317. Ablehnend jedoch *Ruttig*, WRP 2007, 621, 626, der diesbezüglich jedoch allein verfahrensrechtlich anhand einer angeblich fehlenden primärrechtlichen Grundlage des *Europäischen Gerichtshofs* zur gegenseitigen Anerkennung mitgliedsstaatlicher Glücksspielerlaubnisse argumentiert. Dass die Mitgliedsstaaten und insbesondere die nationalen Fachgerichte auf Grund Art. 10 EG dessen ungeachtet eben dazu verpflichtet sind, liegt auf der Hand. Bei gemeinschaftsrechtlichen Zweifeln haben die Fachgerichte die Möglichkeit und die Pflicht, dem *Europäischen Gerichtshof* entsprechende Fragen zur Vorabentscheidung gemäß Art. 234 EG vorzulegen. Daraus, dass solche Vorlageverfahren aus Deutschland bisher kaum eingeleitet wurden, kann man entgegen *Ruttig*, a. a. O. aber nicht den Schluss ziehen, die momentane Rechtslage sei gemeinschaftsrechtskonform.

1560 So aber VG Bayreuth, Beschluss vom 27.04.2006, Az. B 1 S 06.283 (unveröffentlicht).

Auffassung würde den – auch vorübergehend nicht außer Kraft zu setzenden[1561] – Anwendungsvorrang des Gemeinschaftsrechts missachten[1562]. Schließlich statuieren die Grundfreiheiten auch ein Diskriminierungsverbot. Es greift im Übrigen zu kurz, die angeblich europarechtskonforme Anwendung des Ordnungsrechts, das aber wegen der Verbindung mit § 284 StGB von der strafrechtlichen Seite gar nicht getrennt werden kann, gerade mit der Anknüpfung nur an das Ordnungsrecht rechtfertigen zu wollen[1563].

d) *Vorlagebeschluss des VG Schleswig vom 30.01.2008*

Zur Klärung der Kohärenz des GlüStV hinsichtlich der uneinheitlichen Regelungen für Automatenspiele und Sportwetten hat kürzlich auch das VG Schleswig mit Beschluss vom 30.01.2008 mehrere Vorlagefragen formuliert[1564]. Zu Recht hegen zahlreiche Gerichte Zweifel an der Kohärenz des GlüStV. Der nationale Glückspielmarkt muss unbedingt als Ganzes betrachtet werden[1565]. Eine sektorale Betrachtung verbietet sich im Hinblick auf das Ziel, überragend wichtige Gemeinwohlinteressen zu schützen. Anderenfalls bestünde die Gefahr, dass der Gesetzgeber sich in Widerspruch zu seinen Regelungszielen setzt und infolge dessen mit dem gemeinschaftsrechtlichen Verhältnismäßigkeits- und Willkürverbot in Kollision gerät[1566].

[1561] Diese Möglichkeit will jedoch OVG Münster NVwZ 2006, 1078, 1080 anerkennen. Dagegen ausdrücklich OVG Saarlouis NVwZ 2007, 717, 723; *Bungenberg*, DVBl. 2007, 1405, 1412; *Streinz*, JuS 2007, 1040, 1043. Differenzierend *Ehlers/Eggert*, JZ 2008, 585, 586 ff.

[1562] OVG Saarlouis NVwZ 2007, 717, 718; a. A. *Bethge*, ZfWG 2007, 245, 249.

[1563] Auf diesen Zusammenhang wurde schon hingewiesen. Vgl. auch BGHZ 175, 238, 246 – „ODDSET"; BGH NJW 2007, 3078, 3081.

[1564] VG Schleswig, Beschluss vom 30.01.2008, Az. 12 A 102/06 (unveröffentlicht). Der *Europäische Gerichtshof* führt das Verfahren als Rs. C-46/08 – „Carmen Media Group Ltd.". Vgl. zu weiteren diesbezüglichen Entscheidungen ohne Vorlage an den *Europäischen Gerichtshof* die Nachweise bei *Schöttle*, K&R 2008, 155, 159 mit Fn. 46. Nach OVG Münster ZfWG 2008, 122, 127 soll es sich bei dem GlüStV jedoch um eine insgesamt kohärente Regelung handeln. Die Begründung unter Verweis auf die geringen Anteile der nicht mitgeregelten Glücksspiele am Gesamtmarkt kann jedoch nicht überzeugen, denn diese Anteile können sich jederzeit verschieben.

[1565] Kritisch jedoch *Noll-Ehlers*, EuZW 2008, 522, 524 f.

[1566] OVG Münster ZfWG 2008, 122, 128. Letztlich ist das Gericht aber der Auffassung, eine sektorale Betrachtung stelle weder die Eignung noch die Erforderlichkeit der teilgeregelten Bereiche in Frage (a. a. O., S. 128 f.).

e) *Zur Bedeutung der Vorabentscheidungsbeschlüsse*

Jene Vorlagebeschlüsse deutscher Verwaltungsgerichte liegen dem *Europäischen Gerichtshof* somit nun vor[1567]. Die Vorlagen des VG Gießen und des VG Stuttgart wurden wegen der teilweise identischen Fragen am *Europäischen Gerichtshof* inzwischen zusammengelegt.

Es ist ausdrücklich zu begrüßen, dass diese Gerichte die gemeinschaftsrechtlichen Probleme jedenfalls erkannt und mit dem Vorabentscheidungsverfahren den in solchen Fällen richtigen Weg eingeschlagen haben, anstatt in Verkennung des gemeinschaftsrechtlichen Anwendungsvorrangs unmittelbar selbst zu entscheiden[1568]. Selbst das *Bundesverfassungsgericht* scheint sich inzwischen des Umstands bewusst zu werden, dass eine endgültige Streitentscheidung letztlich nur durch den *Europäischen Gerichtshof* zu erwarten ist. Nur so ist es zu verstehen, dass es in einem *obiter dictum* eines Nichtannahmebeschlusses zu einer Verfassungsbeschwerde im Zusammenhang mit der Vermittlung von Sportwetten jüngst festgestellt hat, dass hinsichtlich der Gemeinschaftsrechtskonformität der Rechtslage in der Zeit nach seiner „Oddset"-Entscheidung

> *„im verwaltungsgerichtlichen Hauptsacheverfahren nicht ohne Verstoß gegen das Willkürverbot von einer Vorlage an den EuGH nach Art. 234 EG abgesehen werden könnte"*[1569].

3. *Rechtsprechungswirrwarr statt Rechtsklarheit nach den Entscheidungen „Oddset" und „Placanica" – Einige Beispiele*

Es steht zu erwarten, dass der *Europäische Gerichtshof* in Fortführung seiner „Placanica"-Entscheidung[1570] die anhängigen Vorabentscheidungsverfahren zu einer endgültigen Klärung der „Sportwettenproblematik" nutzen wird. Tatsächlich haben die Entscheidungen „Oddset"[1571] und „Placanica" jedenfalls Divergenzen in der fachgerichtlichen nationalen Rechtsprechung hinterlassen, die hier

---

1567 Vgl. auch *Arendts*, MMR 2007, 305, 306; *ders.*, ZfWG 2008, 165, 167 ff.

1568 So beispielsweise noch VG Hannover ZfWG 2006, 256, 260, das im Übrigen auf den behördlichen Genehmigungsweg verweist, soweit es um die Klärung der Vereinbarkeit des Staatsmonopols mit höherrangigem und Gemeinschaftsrecht geht.

1569 BVerfG(K) MMR 2008, 230, 231. Ähnlich bereits *Albrecht/Gabriel*, WRP 2007, 616, 620; a. A. jedoch *Hoffmann/Diegmann*, LKRZ 2007, 299, 300; VG Braunschweig, Beschluss vom 21.03.2007, Az. 5 B 334/06, Rn. 51 bei Juris, die eine solche Pflicht noch ausdrücklich abgelehnt hatten.

1570 EuGH NJW 2007, 1515 ff.

1571 BVerfGE 115, 276 ff.

allenfalls ausschnittsweise wiedergegeben werden können[1572]. Ein Ende der Prozessflut ist bislang nicht abzusehen[1573]. Jedoch scheint sich zumindest folgende Einteilung der Verfahren abzuzeichnen:

a) Zeitliche Systematisierung der Rechtsprechung

1. So genannte Altfälle aus der Zeit bis zur „Oddset"-Entscheidung[1574] des *Bundesverfassungsgerichts* vom 28.03.2006[1575]. Ordnungs- und Schließungsverfügungen gegen private Anbieter und Vermittler von Sportwetten aus der Zeit vor dem 28.03.2006 verstießen unzweifelhaft gegen Art. 12 Abs. 1 GG, wenn sie nicht mit anderen Gefahren für ordnungsrechtliche Schutzgüter, sondern allein mit einem – objektiven – Verstoß gegen die rechtlichen Bestimmungen begründet wurden, aus deren fachgerichtlicher Auslegung und Anwendung das gesetzliche Verbot der Vermittlung anderer als der vom Staat veranstalteten Wetten folgt[1576].

2. Fälle aus der so genannten Übergangszeit von der „Oddset"-Entscheidung bis zum Ablauf der vom *Bundesverfassungsgericht* gesetzten Frist für die übergangsweise Fortgeltung der alten Rechtslage am 31.12.2007. Alle wettbewerbs- und verwaltungsrechtlichen Streitverfahren, die noch anhängig sind und ihren Ursprung in der Übergangszeit haben, müssen jedenfalls im Hauptsacheverfahren zu Gunsten der privaten Anbieter entschieden werden[1577].

3. Fälle aus der Zeit der Geltung des GlüStV, also ab dem 01.01.2008[1578].

b) Probleme hinsichtlich des relevanten Zeitpunktes bei Untersagungsverfügungen

Umstritten war indes, auf welchen relevanten Zeitpunkt sich die Beurteilung einer privaten Anbietertätigkeit im Glücksspielbereich im Fall einer Untersagungsverfügung stützen soll. Untersagungsverfügungen sind an sich Dauerverwaltungsakte, so dass sich die Beurteilung ihrer Rechtmäßigkeit nach dem Zeit-

---

[1572] Siehe auch die Übersichten zum Rechtsprechungswirrwarr im Glücksspielrecht und der fast schon historischen Dimension der Divergenzen *Hecker/Ruttig*, WRP 2006, 307 mit Fn. 6-9, 308 zu den Defiziten der Strafurteile; *Mertens*, DVBl. 2006, 1564 ff.

[1573] Siehe FAZ vom 27.07.2007, S. 52.

[1574] BVerfGE 115, 276 ff.

[1575] Siehe z. B. OLG Stuttgart NJW 2006, 2422 ff.

[1576] BVerfG(K) NVwZ 2008, 301, 303. Diese Einschränkung wurde z. B. von VGH Kassel NVwZ 2006, 1435, 1440 übersehen.

[1577] So deutlich jetzt *Weidemann*, NVwZ 2008, 278, 280.

[1578] Vgl. zuletzt die Nachweise bei *Schöttle*, K&R 2008, 155, 159 mit Fn. 46.

punkt der letzten mündlichen Verhandlung zu richten hätte[1579]. Demgegenüber hat das *Bundesverfassungsgericht* im Rahmen einer Urteilsverfassungsbeschwerde jüngst in einem so genannten Altfall zu Gunsten eines privaten Anbieters entschieden und für die Beurteilung der Rechtmäßigkeit der zusammen mit dem Revisionsurteil des *Bundesverwaltungsgerichts*[1580] angegriffenen Untersagungsverfügung auf den Zeitpunkt der letzten Behördenentscheidung abgestellt[1581]. Diese lag jedoch in der Zeit vor dem 28.03.2006. Konsequenterweise beurteilte das *Bundesverfassungsgericht* die Verfügung daher als rechtswidrig, weil sie gegen Art. 12 Abs. 1 GG verstieß.

c) Widersprechende fachgerichtliche Entscheidungen

Abgesehen von einer solchen Einteilung herrscht jedoch Uneinigkeit. Die zu sportwettenrechtlichen Sachverhalten ergangenen fachgerichtlichen Entscheidungen widersprechen sich teilweise sogar bei identischen Sachverhalten[1582]. Insofern hat sich trotz der „Placanica"-Entscheidung die Rechtsposition privater Anbieter und Vermittler von Sportwetten nicht verbessert[1583]. Nach wie vor wird die im Moment unterbleibende strafrechtliche Verfolgung der Anbieter von den Verwaltungsgerichten bewusst ignoriert, wenn diese über eine Untersagungs- oder Schließungsverfügung zu entscheiden haben. Ein Mindestmaß an Konsistenz betreffend die Vorgaben des *Bundesverfassungsgerichts* genüge[1584] bzw. der Anwendungsvorrang des Rechts der Europäischen Gemeinschaft verdränge das innerstaatliche Sportwettenmonopol nicht[1585], lauten die gängigsten Argumente.

1579 So etwa VGH Mannheim NVwZ 2007, 724.

1580 BVerwGE 126, 149 ff.

1581 BVerfG(K) NVwZ 2008, 301, 302 f.

1582 Beispielhaft sei hier auf die wechselvolle Entscheidungspraxis des VGH Kassel hingewiesen. Vgl. dazu einerseits VGH Kassel GewArch 2004, 153 f. sowie VGH Kassel GewArch 2005, 17 ff. (diese Entscheidung betrifft allerdings ebenso wie der Fall BGH NJW 2007, 3078, 3079 die Sonderkonstellation, dass der private Anbieter auf der Insel Man geschäftlich aktiv war, für die die Bestimmungen des EGV nicht gelten) und andererseits dann VGH Kassel NVwZ 2006, 1435, 1438 ff.; VGH Kassel LKRZ 2007, 98 ff. (Geltung von EU-Lizenzen in Deutschland abgelehnt). Siehe zu diesem Meinungswechsel des VGH Kassel und den genannten Entscheidungen (mit Ausnahme LKRZ 2007, 98 ff.) bereits *Kendziur*, ZUM 2007, 193, 198 mit Fn. 58, 59.

1583 VGH Mannheim NVwZ 2007, 724, 725.

1584 A. A. jüngst jedoch VG Berlin NVwZ 2008, 1255, 1257, das seit dem 01.01.2008 zu Recht eine vollständige Konsistenz verlangt.

1585 OVG Hamburg NVwZ 2007, 725 ff.

aa) Unabsehbare wirtschaftliche Folgen konträrer Judikate am Beispiel von VGH Kassel und VGH Mannheim

Beispielhaft sei auf einen Beschluss des VGH Kassel vom 29.10.2007 hingewiesen[1586], der in letzter Instanz im Verfahren des einstweiligen Rechtsschutzes[1587] ergangen ist. Der 1997 in Österreich gegründete größte Sportwettenanbieter der Welt mit Hauptsitz in der britischen Exklave Gibraltar („bwin") hatte Beschwerde gegen die vorangegangene Entscheidung eingelegt. Der VGH Kassel hat dem Unternehmen daraufhin nun doch das Anbieten von Sportwetten im Internet und an Mobiltelefonieteilnehmer bis zur Klärung der Rechtslage in der Hauptsache erlaubt, soweit diese Möglichkeiten für Personen bereitgestellt werden, die sich in Hessen aufhalten. Der Aktienkurs des Unternehmens stieg darauf hin übrigens um mehr als 13 Prozent[1588], was einmal mehr die unmittelbare wirtschaftliche Tragweite gerichtlicher Entscheidungen verdeutlicht. Die überzeugende Begründung des Gerichts lautet, die Umsetzung des Verbots von Internetwetten sowie die erforderliche Ortung von Mobiltelefonieteilnehmern verlange von einem Privaten etwas tatsächlich Unmögliches oder jedenfalls Rechtswidriges. Es sei technisch nicht machbar, die Teilnehmer zu orten und ggf. die Verbindung zu unterbrechen, bzw. sei dies nur dem Staat erlaubt. Die Verfügung sei daher insoweit nichtig gemäß § 44 Abs. 2 Nr. 4 und 5 HVwVfG[1589]. Genau umgekehrt entschied danach jedoch der VGH Mannheim[1590] und bestätigte ein Verbot, Sportwetten über das Internet zu vermitteln[1591].

Die ökonomischen Auswirkungen derart widersprüchlicher Judikate auf den letztlich geographisch nicht beschränkten Markt für Internet-Sportwetten sind noch nicht absehbar. Sie könnten jedoch unabsehbar groß sein, denn der noch junge Markt für Internet-Wetten verbuchte zuletzt bereits einen Jahresumsatz von 1,7 Milliarden Euro und damit rund 600 Millionen Euro mehr als noch im Jahr 2005[1592].

1586 VGH Kassel ZfWG 2007, 430 ff.

1587 Siehe zu dessen Besonderheiten in den hier interessierenden Konstellationen bereits Kapitel 6 § 33 II., S. 309 ff.

1588 FAZ vom 07.11.2007, S. 29.

1589 VGH Kassel ZfWG 2007, 430, 431.

1590 Über die – soweit ersichtlich – unveröffentlichte Entscheidung berichtet die FAZ vom 07.12.2007, S. 63.

1591 Ebenso wie der VGH Mannheim entschied dann auch OVG Münster ZfWG 2008, 122, 130 f.

1592 SPIEGEL online vom 21.10.2006, abrufbar unter:

bb) Stellungnahmen der Europäischen Kommission übergangen

Das OVG Koblenz[1593] hat seine ablehnende Haltung gegenüber den Anliegen privater Glücksspielanbieter damit begründet, dass eine eventuelle Unvereinbarkeit des Sportwettenmonopols mit Art. 12 Abs. 1 S. 1 GG *„zumindest einstweilen hinzunehmen"* sei[1594]. Eine derartige Einstellung verkennt Bedeutung und Tragweite der – zu diesem Zeitpunkt bereits ergangenen – „Placanica"-Entscheidung[1595]. Die ausdrückliche Betonung des Anwendungsvorrangs des Gemeinschaftsrechts[1596] ist daher nur als formelhafte Absicherung hinsichtlich einer späteren verfassungsgerichtlichen Überprüfung der Entscheidung zu verstehen. Sogar die ausdrücklich anders lautende Auffassung der Europäischen Kommission in ihrem ergänzenden Aufforderungsschreiben an die Lotto Rheinland-Pfalz GmbH, dass die Erlaubnisvergabepraxis nämlich doch faktisch diskriminierend ist, ignoriert das OVG Koblenz explizit[1597]. Dabei kommt es bei faktisch diskriminierenden Maßnahmen eines Mitgliedsstaates gar nicht mehr darauf an, ob eine Grundfreiheit aus übergeordneten Allgemeininteressen an sich grundsätzlich hätte eingeschränkt werden dürfen. Denn Beschränkungen dürfen gerade nicht diskriminierend sein[1598]. Das hätte nicht nur das OVG Koblenz berücksichtigen müssen.

Zahlenmäßig überlegen und juristisch überzeugender[1599] waren demgegenüber auch schon vor dem „Placanica"-Urteil die Entscheidungen, die zu Gunsten

---

www.spiegel.de/wirtschaft/0,1518,443880,00.html (Stand: 01.11.2008).

1593 OVG Koblenz LKRZ 2007, 302 ff. Inzwischen scheint das Gericht seine Einstellung allerdings geändert zu haben. So hat OVG Koblenz ZfWG 2008, 276, 277 ff. jüngst entschieden, Sportwetten von privaten Unternehmen dürften in Rheinland-Pfalz vorläufig – d. h. bis zur Entscheidung in der Hauptsache – weiter angeboten werden, weil das Land die Vorgaben des GlüStV nicht erfüllt habe. Unter dieser Voraussetzung dürfe das staatliche Glücksspielmonopol jedoch nicht als gerechtfertigt angesehen werden.

1594 OVG Koblenz LKRZ 2007, 302, 303.

1595 EuGH NJW 2007, 1515 ff. – „Placanica".

1596 OVG Koblenz LKRZ 2007, 302, 304. Vgl. auch schon VGH Kassel NVwZ 2006, 1435, 1439: *„Gleichwohl sieht der Senat [...] deshalb keinen Grund, wegen des Vorrangs des Gemeinschaftsrechts von der Anwendung von § 284 StGB und der Regelungen des HessSpw/LottoG abzusehen, [...]."*

1597 OVG Koblenz LKRZ 2007, 302, 305. Ebenso BayVGH NVwZ 2008, 1252, 1253.

1598 *Hattig*, Untersuchung der Vereinbarkeit von nationalem Glücksspielrecht mit dem europäischen Gemeinschaftsrecht am Beispiel Schwedens, S. 46; *Stein*, EuZW 1994, 315.

1599 *Bahr*, K&R 2007, 307, 308.

der Kläger bzw. Antragsteller, d. h. zu Gunsten der privaten Anbieter entschieden haben[1600].

cc) Rechtstatsächliche Folgen widersprechender fachgerichtlicher Entscheidungen

Die unklare Rechtslage haben sich die privaten Glücksspielanbieter inzwischen zu Nutze gemacht. Nach einem Tiefststand Ende 2007 ist die Zahl der offenen privaten Wettbüros, die es nach Inkrafttreten des GlüStV an sich gar nicht geben dürfte, beispielsweise in Frankfurt wieder auf etwa 35 im Februar 2008 gestiegen und hat sich zu Beginn der Fußball-Europameisterschaft erwartungsgemäß weiter erhöht[1601]. Ein ähnliches Phänomen ist auch im Bereich des Zahlenlottos zu erkennen. Obwohl private Vermittler für ihre Tätigkeit nunmehr eine Genehmigung nach dem GlüStV benötigen, sind in Hessen zahlreiche private Vermittler Anfang 2008 ausdrücklich ohne Genehmigung an den Start gegangen, so beispielsweise die Happy-Tipp Service GmbH mit Sitz in Oberhaching in Bayern, die über mobile Spielterminals Lotto-Tipps über das Internet an die staatliche Lottogesellschaft Baden-Württembergs vermittelt[1602].

1600 VG Arnsberg SpuRt 2006, 168, 169 f.; VG Bremen, Beschluss vom 24.07.2006, Az. 5 V 1707/06 (unveröffentlicht); VG Karlsruhe ZfWG 2006, 168, 171; VG Köln, Urteil vom 06.07.2006, Az. 1 K 9196/04, Rn. 35 bei Juris; VG Minden SpuRt 2006, 170, 171 ff.; VG Neustadt a. d. Weinstraße, Beschluss vom 26.07.2006, Az. 5 L 1114/06, Rn. 20 bei Juris.

1601 Inzwischen scheint vereinzelt sogar die Verwaltung bereit zu sein, aus diesen widersprüchlichen Entscheidungen die richtigen Konsequenzen zu ziehen. Das Ordnungsamt der Stadt Frankfurt am Main sieht sich *„zur Untätigkeit verdammt"*, da Schließungsverfügungen, die auf Grundlage des neuen hessischen Glücksspielgesetzes erlassen würden, ohnehin von den Verwaltungsgerichten wieder aufgehoben würden. Das koste nur unnötig Geld und Aufwand, weshalb die Stadt vom Erlass solcher Verfügungen bis zur Klärung der Rechtslage durch den VGH Kassel oder besser den *Europäischen Gerichtshof* vorerst absehe, vgl. FAZ vom 14.02.2008, S. 48. Die Rechtslage ist also unverändert **un**klar und nicht, wie *Bethge*, ZfWG 2007, 169, 180, meint, *„eindeutig klar"*. Eine Klärung ist jedoch auch bis zur Fußball-Europameisterschaft nicht erfolgt. Das VG Frankfurt am Main hat dem Ordnungsamt der Stadt Frankfurt am Main jedoch immerhin mitgeteilt, auch das neue hessische Glücksspielgesetz sei als nicht europarechtskonform anzusehen, vgl. FAZ vom 21.06.2008, S. 55. Siehe auch VG Frankfurt am Main, Beschluss vom 09.01.2008, Az. 7 G 4107/07 (unveröffentlicht).

1602 FAZ vom 04.03.2008, S. 49.

4. *Weder Grundfreiheiten vorübergehend außer Kraft noch Anwendungsvorrang des Gemeinschaftsrechts durch Weitergeltensanordnung suspendiert*

a) Rechtslage nach Ablauf der bundesverfassungsgerichtlich gewährten Übergangsfrist

Nachdem inzwischen die vom *Bundesverfassungsgericht* gewährte Übergangsfrist definitiv abgelaufen ist, erübrigen sich breite Diskussionen darüber, ob es in dieser Zeit einer Suspendierung des Anwendungsvorrangs der Grundfreiheiten bedurfte oder nicht. Erkennt allerdings ein Gericht richtigerweise die Europarechtswidrigkeit auch der Neufälle[1603] und würde sich somit der Meinung der Europäischen Kommission anschließen, so ist es nach Ansicht des *Europäischen Gerichtshofs* verpflichtet, dass es

> *„erforderlichenfalls jede [...] entgegenstehende Bestimmung des nationalen Rechts aus eigener Entscheidungsbefugnis unangewendet lässt, ohne dass es die vorherige Beseitigung dieser Bestimmung auf gesetzgeberischem Wege oder durch irgendein anderes verfassungsrechtliches Verfahren beantragen oder abwarten müsste.“*[1604]

Denn die Grundfreiheiten können ebenso wenig vorübergehend außer Kraft gesetzt werden wie der Anwendungsvorrang des Gemeinschaftsrechts zeitweise suspendiert werden könnte.

aa) Theorie des OVG Münster zur vorübergehenden Außerkraftsetzung der Grundfreiheiten

Möchte man sich auch auf den Standpunkt stellen, das *Bundesverfassungsgericht* habe in der „Oddset“-Entscheidung mit der Billigung eines temporären Verstoßes gegen die Grundfreiheiten eine durchgehende Anerkennung des Vorrangs des EG-Rechts abgelehnt[1605], so käme man indes nicht umhin anzuerkennen, dass diese Sichtweise das Ende der europäischen Rechtsgemeinschaft rasch einläuten und die Effektivität und Einheitlichkeit des Gemeinschaftsrechts preisgeben würde[1606]. Jedoch bestehen kaum Zweifel, dass diese Entscheidung

---

[1603] Siehe hierzu soeben die zeitliche Systematisierung der Rechtsprechung in Kapitel 7 § 35 I. 3. a), S. 334 ff.

[1604] St. Rspr., siehe nur EuGH NJW 1978, 1741, 1742 – „Simmenthal“. Vgl. auch *Schöttle*, K&R 2008, 155, 160.

[1605] *Bungenberg*, DVBl. 2007, 1405, 1412.

[1606] *Ehlers/Eggert*, JZ 2008, 585, 587, 591; *Karpenstein/Kuhnert*, DVBl. 2006, 1466, 1467. Letztere halten bei einer Fortsetzung dieser Rechtsprechung die Voraussetzungen für einen gemeinschaftsrechtlichen Staatshaftungsanspruch für gegeben.

der Wegbereiter für die vom OVG Münster entwickelte Theorie einer vorübergehenden Außerkraftsetzung der Grundfreiheiten wegen einer sonst drohenden „inakzeptablen Gesetzeslücke" bzw. einer alternativen Suspendierung des Anwendungsvorrangs des Gemeinschaftsrechts war[1607]. „*Inakzeptabel*" sei die Anwendung der Grundfreiheiten namentlich dann, wenn „*wichtige Allgemeininteressen*" gefährdet seien, diese Gefährdung „*ersichtlich schwerer*" als die gemeinschaftsrechtlich geschützten Rechtsgüter wiege und die Gefährdung nicht anders abgewendet werden könne als durch eine „*zeitlich begrenzte*" Anwendung der gemeinschaftsrechtswidrigen Vorschriften[1608].

bb) Kritik an der Suspendierung des Anwendungsvorrangs des Gemeinschaftsrechts

Zum einen kann es jedoch nicht sein, dass an die Stelle des Anwendungsvorrangs der gemeinschaftsrechtlichen Grundfreiheiten der Vorrang nationaler Gesetzeslücken tritt[1609]. Denn es ist nicht ersichtlich, warum die Anwendung einer Regelung (gemeinschaftsrechtliche Grundfreiheit) zu einer Lücke führen soll[1610].

Zum anderen findet eine solche Theorie weder gemeinschafts- noch nationalrechtlichen Halt[1611]. Wenn überhaupt, dann wäre es Sache des *Europäischen*

1607 Siehe OVG Münster NVwZ 2006, 1078, 1080; OVG Münster, Beschluss vom 09.10.2006, Az. 4 B 898/06 (Juris). Ablehnend hinsichtlich einer solchen Theorie jedoch OVG Saarlouis, NVwZ 2007, 717, 723; VG Köln, Urteil vom 06.07.2006, Az. 1 K 9196/04, Rn. 37 bei Juris; *Dübbers/Kartal*, ZfWG 2006, 33, 34; *Karpenstein*, Kurzgutachten Staatshaftung Sportwetten vom 24.04.2006 (unveröffentlicht), S. 9; *Karpenstein/Kuhnert*, DVBl. 2006, 1466 f.; *Leupold*, WRP 2008, 920, 922; *Mertens*, DVBl. 2006, 1564, 1567 f.; *Streinz*, JuS 2007, 1040, 1043.

1608 *Mertens*, DVBl. 2006, 1564, 1568 widerlegt mit guten Gründen, dass diese Situation überhaupt vorgelegen habe. Nach *Ehlers/Eggert*, JZ 2008, 585, 589 f. kann eine Situation, die zur Anerkennung einer von den Gemeinschaftsgerichten (!) gesetzten Übergangsfrist und damit zur übergangsweisen Weitergeltung gemeinschaftsrechtswidrigen nationalstaatlichen Rechts führt, nur unter Anlegung sehr strenger Maßstäbe anerkannt werden, wenn das materielle Recht es erfordert. Das war in der Entscheidung OVG Münster NVwZ 2006, 1078 gerade nicht der Fall. Ebenso *Ehlers/Eggert*, JZ 2008, 585, 590.

1609 *Karpenstein/Kuhnert*, DVBl. 2006, 1466.

1610 *Ehlers/Eggert*, JZ 2008, 585, 590. Siehe zu alternativen Auffangnormen des nationalen Rechts Kapitel 7 § 36 I. 2. a), S. 364.

1611 VG Arnsberg SpuRt 2006, 168, 170; VG Minden SpuRt 2006, 170, 172 f. VGH Kassel NVwZ 2006, 1435, 1439 meint zwar, einer solchen vorübergehenden Suspendierung des Gemeinschaftsrechts bedürfe es nicht. Die vom VGH Kassel, a. a. O. entwickelte alternative Lösung einer Einschränkung gemeinschaftsrechtlicher Grundfreiheiten durch eine zeitlich begrenzte Fortgeltung des mit Gemeinschaftsrecht kollidierenden nationalen Rechts und die Auffassung, ein solches Vorgehen sei auch verhältnismäßig, kommen

Gerichtshofs, eine solche Übergangslösung inklusive ihrer Voraussetzungen zu entwickeln[1612]. Nationalen Gerichten kann diese Aufgabe nicht zuletzt wegen Art. 10 EG nicht zukommen. Das muss auch für das *Bundesverfassungsgericht* gelten.

Allerdings hat der *Europäische Gerichtshof* niemals Anhaltspunkte für eine auch nur analoge Anwendung des Art. 231 Abs. 2 EG und damit möglicher Übergangsmaßnahmen auf primärrechtswidriges nationales Recht formuliert[1613]. Die

> „*Gemeinschaftsrechtswidrigkeit der in Rede stehenden Regelungen [wird] von der Entscheidung des Bundesverfassungsgerichts, die verfassungswidrige Regelung nicht für nichtig, sondern für eine Übergangszeit weiterhin für anwendbar zu erklären, nicht berührt*“,

stellt der *Bundesgerichtshof* daher nunmehr auch richtigerweise fest[1614]. Weiter führt er aus, dass

> „*[w]egen des Vorrangs des Gemeinschaftsrechts eine mit ihm unvereinbare nationale Regelung ohne Weiteres unbeachtlich [ist]*“[1615].

Und zwar auch ohne einen zeitlichen Aufschub. Der europarechtskonforme Zustand ist sofort herzustellen[1616]. Den nationalen Gerichten darf in keinem Fall die Kompetenz eingeräumt werden, für gemeinschaftsrechtswidrig erachtetes nationales Recht vorläufig weiter anzuwenden[1617].

---

letztlich jedoch zum gleichen Ergebnis und lassen ebenso jegliche gesetzliche Grundlage vermissen.

1612 Davon gehen auch *Ehlers/Eggert*, JZ 2008, 585, 588, 591 aus.

1613 *Ehlers/Eggert*, JZ 2008, 585, 587; *Karpenstein/Kuhnert*, DVBl. 2006, 1466, 1467 m. w. N.; a. A. *Bethge*, ZfWG 2007, 245, 248.

1614 BGHZ 175, 238, 249 – „ODDSET“.

1615 BGHZ 175, 238, 249 – „ODDSET“. Der Ausspruch entspricht der allgemeinen Auffassung, nach der vorrangig anzuwendendes Gemeinschaftsrecht nur die Nichtanwendung entgegenstehenden nationalen Rechts verlangt, nicht aber zu dessen Nichtigkeit führt, vgl. *Ehlers/Eggert*, JZ 2008, 585, 586 m. w. N. in Fn. 12.

1616 A. A. *Bethge*, ZfWG 2007, 245, 248; *Beljin*, NVwZ 2008, 156, 160.

1617 *Ehlers/Eggert*, JZ 2008, 585, 592. Anders offenbar BVerfG(K) NJW 2007, 1521, 1522 – „Vermittlung von Sportwetten“, wenn es in einer Suspendierung des Anwendungsvorrangs des Gemeinschafsrechts nur eine Konkretisierung der Folgen einer Kollision zwischen Gemeinschaftsrecht und nationalen Vorschriften sieht. Richtigerweise kann aus einer solchen Kollision jedoch nur die sofortige Nichtanwendung der nationalen Norm oder – beim Vorliegen der Voraussetzungen – eine Vorlage entscheidungserheblicher Fragen an den Europäischen Gerichtshof gemäß Art. 234 EG folgen.

b) Kein Rückschluss vom bundesverfassungsgerichtlichen Prüfungsmaßstab auf die Gemeinschaftsrechtskonformität der Interims-Rechtslage möglich

Aus diesen Gründen ist es auch verfehlt anzunehmen, das *Bundesverfassungsgericht* sei davon ausgegangen, während der von ihm eingeräumten Übergangsfrist sei eine Untersagung von Sportwetten auch mit Gemeinschaftsrecht, insbesondere mit dem Vorrang des Gemeinschaftsrechts, vereinbar[1618]. Das hat das *Bundesverfassungsgericht* nämlich gar nicht geprüft[1619]. Dem Versuch, den Anwendungsvorrang des Gemeinschaftsrechts und dessen Konsequenzen mit der Argumentation zu umgehen, die momentane Handhabung des Staatsmonopols sei nicht etwa temporär gemeinschaftsrechtswidrig, sondern die vom *Bundesverfassungsgericht* erarbeitete und von den Bundesländern umgesetzte Übergangsregelung entspreche vielmehr selbst dem Gemeinschaftsrecht[1620], fehlt nicht erst seit der klarstellenden Entscheidung des *Bundesgerichtshofs*[1621] jede Grundlage. Die Grundsätze der „Placanica"-Entscheidung sind auf die Situation in Deutschland übertragbar, denn es werden jeweils vergleichbare Politiken verfolgt, die auf eine Eindämmung der Spielsucht und ihrer Folgen sowie der typischen Begleitkriminalität abzielen[1622]. Darüber hinaus haben die Grundsätze der Entscheidung die Auslegung der Dienstleistungsfreiheit im Sinne der gemeinschaftlichen Rechtseinheit zum Gegenstand und haben daher sehr wohl auch Bedeutung für die Rechtslage in Deutschland[1623].

5. Verhältnismäßigkeitsprüfung durch nationale Gerichte ist auch an den gemeinschaftsrechtlich definierten Grundsatz der Verhältnismäßigkeit gebunden

Aus den vorgenannten Überlegungen folgt ein Weiteres. Die vom *Europäischen Gerichtshof* und dem EGV den nationalen Gerichten zugewiesene Prüfungskompetenz hinsichtlich der Frage, ob eine (hier: das Glücksspiel) beschränkende Regelung angesichts ihrer konkreten Anwendungsmodalitäten tatsächlich den Zielen Rechnung trägt, die sie rechtfertigen könnten, und ob die mit ihr auferlegten Beschränkungen nicht außer Verhältnis zu diesen Zielen stehen, darf nicht

[1618] Das aber nimmt VGH Kassel LKRZ 2007, 98, 100 f. an.
[1619] Siehe dazu die Nachweise in Fn. 1538.
[1620] So VG Braunschweig, Beschluss vom 21.03.2007, Az. 5 B 334/06, Rn. 52 bei Juris.
[1621] BGHZ 175, 238, 248 – „ODDSET".
[1622] Vgl. *Koenig/Ciszewski*, DÖV 2007, 313, 315; a. A. VG Braunschweig, Beschluss vom 21.03.2007, Az. 5 B 334/06, Rn. 54 bei Juris.
[1623] *Koenig/Ciszewski*, K&R 2007, 257, 262 f.

als Freibrief missverstanden werden[1624]. Denn bei der genannten Prüfung sind die nationalen Gerichte gehalten, den gemeinschaftsrechtlichen Vorgaben, insbesondere dem gemeinschaftsrechtlich definierten Grundsatz der Verhältnismäßigkeit, vollständig Rechnung zu tragen[1625]. Daraus folgt, dass der den Mitgliedsstaaten zustehende Beurteilungsspielraum hinsichtlich der Ziele ihrer Politik auf dem Gebiet der Glücksspiele dort seine Grenzen findet, wo vorgenommene Beschränkungen über das hinausgehen, war zur Erreichung dieser Ziele erforderlich ist. Auf keinen Fall dürfen Beschränkungen diskriminierend angewandt werden[1626].

Hinsichtlich des Verhältnismäßigkeitsgrundsatzes als Eingrenzungsmaßstab staatlicher Wirtschaftstätigkeit besteht weder national- noch gemeinschaftsrechtlich irgendein überzeugender Grund, den Staat in seiner Rolle als Wirtschaftssubjekt von dessen uneingeschränkter Anwendung freizustellen[1627]. Es kommt allein darauf an, dass etwaige Beschränkungen der Grundfreiheiten dem Prinzip der Verhältnismäßigkeit genügen. Nationale beschränkende Regelungen dürfen nicht über das hinausgehen, was zur Erreichung des angestrebten Ziels (zwingende Gründe des Allgemeininteresses) erforderlich ist[1628]. Genau das hat (auch) jedes nationale Fachgericht gemäß Art. 10 EG zu beachten und seine Entscheidung daran zu orientieren.

II. Einbeziehung europarechtlicher Fragen in die Entscheidungspraxis des Bundesverfassungsgerichts erforderlich

1. Ausklammerung europarechtlicher Fragen durch das Bundesverfassungsgericht problematisch

Der Grund dafür, dass es auch nach der „Oddset"-Entscheidung des *Bundesverfassungsgerichts*[1629] Divergenzen und Unsicherheiten in zahlreichen fachgerichtlichen Entscheidungen gegeben hat und gibt, liegt in der Ausklammerung europarechtlicher Fragen sowie der Gewährung einer Übergangsfrist bis Ende 2007 durch das *Bundesverfassungsgericht*[1630]. Darauf wurde bereits hingewiesen[1631].

[1624] Das betont zu Recht *Streinz*, JuS 2007, 1040, 1041.
[1625] *Streinz*, JuS 2007, 1040, 1041, 1043.
[1626] So schon EuGH NJW 2007, 1515, 1517 – „Placanica".
[1627] *Krölls*, GewArch 1992, 281, 289.
[1628] *Badura*, Wirtschaftsverfassung und Wirtschaftsverwaltung, 2. Aufl. 2005, Rn. 73 f.
[1629] BVerfGE 115, 276 ff.
[1630] Ebenso *Albrecht/Gabriel*, WRP 2007, 616, 617 f.; *Bungenberg*, DVBl. 2007, 1405, 1408.

Die hinsichtlich der als verfassungswidrig erkannten Rechtslage interimistisch prolongierende Entscheidungswirkung[1632] konnte, eben weil gemeinschaftsrechtliche Fragen nicht einfach ausgeblendet werden können, keinen wirklichen Rechtsfrieden schaffen. Hätte das *Bundesverfassungsgericht* demgegenüber seinerseits den unbedingten Anwendungsvorrang des Gemeinschaftsrechts beachtet, hätte es zwar ebenfalls nicht die Nichtigkeit der nationalen Vorschrift aussprechen müssen. Es hätte sie aber für insoweit unanwendbar erklären müssen, als sie Gemeinschaftsrecht widerspricht[1633]. An ihre Stelle wäre einzig und allein die sich aus gemeinschaftsrechtlichen Regelungen ergebende Rechtslage getreten[1634]. Das Problem einer Interimsregelung durch das *Bundesverfassungsgericht* hätte sich folglich nicht gestellt[1635].

2. Keine Heilung gemeinschaftsrechtlicher Defizite durch Weitergeltensanordnung

Verschärfend kommt hinzu, dass das *Bundesverfassungsgericht* in der Sache letztlich festgestellt hat, dass in Deutschland genau die Umstände vorliegen, die in dem vom *Europäischen Gerichtshof* zu entscheidenden „Gambelli"-Fall[1636] zur Europarechtswidrigkeit geführt haben[1637]. Die vom *Bundesverfassungsgericht* ausgesprochene Weitergeltungsanordnung verhinderte durch Legalisierung der grundsätzlich in der Unvereinbarerklärung als verfassungswidrig beanstandeten Norm zwar einen sonst drohenden regelungslosen Zustand[1638]. Deren **verfassungs**rechtliche Defizite galten in der Übergangszeit als durch die Weitergeltensanordnung geheilt[1639]. Die Frage der Anerkennung erteilter EU-Lizenzen ist

---

1631 Siehe Kapitel 1 § 5 II. 2., S. 49.

1632 Dazu umfassend *Bethge*, DVBl. 2007, 917 ff. Siehe bereits auch Kapitel 1 § 5 II. 2., S. 49.

1633 Dazu schon Kapitel 1 § 5 II. 4., S. 53.

1634 Siehe soeben Kapitel 7 § 35 I. 4., S. 339 ff.

1635 Vgl. *Frenz*, DÖV 1995, 414, 419.

1636 EuGH NJW 2004, 139 ff. – „Gambelli".

1637 *Albrecht/Gabriel*, WRP 2007, 616, 617.

1638 Vgl. *Bethge*, DVBl. 2007, 917, 921; *ders.*, in: Heckmann (Hrsg.), GS F. O. Kopp, S. 300, 310 f.; *Mertens*, DVBl. 2006, 1564, 1566 ff. Diskussionen ruft indes der angeordnete „Maßgabevorbehalt" des *Bundesverfassungsgerichts* (E 115, 276, 319 – „Oddset") hervor, vgl. zust. *Dietlein*, K&R 2006, 307, 311 einerseits, abl. *Graßhof*, in: Umbach/Clemens/Dollinger (Hrsg.), BVerfGG, 2. Aufl. 2005, § 78 Rn. 80 andererseits.

1639 *Bethge*, in: Heckmann (Hrsg.), GS F. O. Kopp, S. 300, 312; *ders.*, ZfWG 2007, 169, 175. Ähnlich *Dietlein*, K&R 2006, 307, 308 f.

aber nicht geklärt worden[1640], wenngleich zuzugestehen ist, dass dies auf Grund der Besonderheit der Fallgestaltung nicht geschehen konnte, die einen rein nationalen Sachverhalt betraf. Daraus folgt aber dennoch, dass **gemeinschaftsrechtliche Defizite in der Übergangszeit nicht als durch die Weitergeltensanordnung geheilt gelten konnten**[1641].

Aus Sicht vieler Fachgerichte hat das *Bundesverfassungsgericht* mit seiner angeblichen Billigung eines temporären Verstoßes des staatlichen Sportwettenmonopols gegen die Grundfreiheiten somit eine durchgehende Anerkennung des Vorrangs des EG-Rechts abgelehnt. Nur wegen einer solchen Fehlannahme konnte es zu divergierenden Entscheidungen der Fachgerichte hinsichtlich der Auswirkungen des EG-Rechts kommen, das ja nach wie vor in ihre Entscheidungskompetenz fällt. Anknüpfend an diesen gemeinschaftsrechtlich bedenklichen Befund sind daher Ausgleichsansprüche betroffener privater Konkurrenten unter dem Gesichtspunkt des gemeinschaftsrechtlichen Staatshaftungsanspruchs denkbar[1642].

3. *Dogmatische Umsetzung einer Lösung*

a) *Art. 10 EG verpflichtet auch das Bundesverfassungsgericht zur effektiven Durchsetzung des Gemeinschaftsrechts*

Die fachgerichtliche Entscheidungskompetenz hinsichtlich der Auswirkungen und Bedeutung des EG-Rechts schließt indes eine sekundäre Durchsetzungsverantwortung des *Bundesverfassungsgerichts* für das Gemeinschaftsrecht nicht aus. Im Gegenteil ist sie auf Grund der auch dem *Bundesverfassungsgericht* aufzuerlegenden Verantwortung für die effektive Durchsetzung des Gemeinschaftsrechts (Art. 10 EG) sogar geboten[1643]. Nur so kann das Versagen der Instanzgerichte hinsichtlich gemeinschaftsrechtlicher Fragen ausreichend aufgefangen werden, wenn man es mit dem Gebot effektiven Rechtsschutzes (Art. 19 Abs. 4 GG) ernst meint[1644] und private Kläger nicht allein auf Sekundärrechtsschutz[1645]

[1640] Dass dies auch durch EuGH NJW 2007, 1515 ff. – „Placanica" nicht geschehen ist, wurde schon gesagt.

[1641] Hierin kann ein Anknüpfungspunkt für einen gemeinschaftsrechtlichen Staatshaftungsanspruch liegen. Dazu sogleich Kapitel 7 § 35 III., S. 349 ff.

[1642] Hierzu sogleich Kapitel 7 § 35 III., S. 349 ff.

[1643] So bereits *Bungenberg*, DVBl. 2007, 1405, 1412 f.; *Dübbers/Kartal*, ZfWG 2006, 33, 34; ähnlich *Kiethe/Groeschke*, WRP 2006, 29, 30.

[1644] Darauf hat schon *Frenz*, DÖV 1995, 414, 415 f. hingewiesen. Hingegen verneint *Hummel*, NVwZ 2008, 36, 37 ff. bereits eine Verwerfungskompetenz der Fachgerichte für

verweisen will. Eine Übergangsregelung, wie sie das *Bundesverfassungsgericht* hinsichtlich der als grundgesetzwidrig erkannten Rechtslage angeordnet hat, wäre jedenfalls nicht ohne vorherige Vorlage einer entsprechenden Frage an den *Europäischen Gerichtshof* gemäß Art. 234 EG auch hinsichtlich einer ausdrücklich als gemeinschaftsrechtswidrig erkannten Rechtslage in Betracht gekommen. Im Übrigen gebietet es der gemeinschaftsrechtliche Äquivalenzgrundsatz, die individualbezogenen Grundfreiheiten mit den vergleichbaren Grundrechten des Grundgesetzes gleich zu behandeln. Das aber erfordert es, dass sich wirklich **jedes** Gericht zumindest mit ihnen zu befassen hat[1646].

b) Bundesverfassungsgericht zur Erweiterung seines Prüfungsmaßstabs nicht nur berechtigt, sondern auch verpflichtet

Das *Bundesverfassungsgericht* hat nicht näher begründet, weshalb die Frage der Gemeinschaftsrechtskonformität ausgerechnet bei einer von ihm zu entscheidenden Urteilsverfassungsbeschwerde seiner Ansicht nach ausgeblendet werden soll und darf[1647]. Eine Einbeziehung europarechtlicher Fragen in seine Entscheidungspraxis hätte jedoch – wie erörtert – die dargestellten fachgerichtlichen Rechtsprechungsquerelen verhindert[1648]. Hieran wäre das *Bundesverfassungsgericht* von Rechts wegen auch nicht gehindert gewesen. Die Begrenzung seines Prüfungsmaßstabs begründet das *Bundesverfassungsgericht* allein damit, dass die gemeinschaftsrechtlichen Grundfreiheiten nicht zu den zumindest grundrechtsähnlichen Rechten gemäß Art. 93 Abs. 1 Nr. 4a GG zählten[1649]. Weil sich das Gericht aber im Übrigen bemüht, apodiktisch die fortwährende Übereinstimmung der Rechtslage oder seiner Rechtsauffassung mit dem Gemeinschafts-

---

gemeinschaftsrechtswidriges nationales Recht. Die von *Hummel* allein behandelte Richtlinienwidrigkeit kann jedoch keinesfalls auf Fälle der Grundfreiheitswidrigkeit nationalen Rechts übertragen werden. Für eine Verwerfungskompetenz offenbar auch BVerfG(K) NJW 2007, 1521, 1523 – „Vermittlung von Sportwetten"; BayVGH NVwZ 2008, 1252.

1645 In Betracht kommt der gemeinschaftsrechtliche Staatshaftungsanspruch. Dazu noch später.

1646 Kritisch hierzu *Mertens*, DVBl. 2006, 1564, 1567, der allerdings davon ausgeht, die Instanzgerichte würden ihrer aus Art. 23 Abs. 1 GG bzw. Art. 10 EG folgenden Pflicht zur Prüfung der Vereinbarkeit nationaler Vorschriften mit unmittelbar geltendem Gemeinschaftsrecht in aller Regel nachkommen. Dazu, dass das jedoch gerade nicht der Fall ist, siehe bereits *Kendziur*, ZUM 2007, 193, 198. Demgegenüber verneinen *Dietlein*, K&R 2006, 307, 310 und *Hummel*, NVwZ 2008, 36, 37 f. offenbar kurzerhand diese Prüfungspflicht der Fachgerichte unter Hinweis auf die Gesetzesbindung der Gerichte.

1647 Vgl. BVerfGE 115, 276, 299 – „Oddset".

1648 Zum Folgenden ausführlich *Bungenberg*, DVBl. 2007, 1405, 1412 ff.

1649 Siehe bereits Kapitel 1 § 5 II. 2., S. 49 ff.

recht festzustellen[1650], blendet es letztlich solche Überlegungen auch nicht völlig aus. Eine entsprechende Erweiterung seines Prüfungsmaßstabs ist daher nur die logische Konsequenz.

Der gemeinschaftsrechtliche Äquivalenzgrundsatz legt dem Gericht eine entsprechende Prüfungspflicht sogar auf. *Bundesverfassungsgericht* und *Europäischer Gerichtshof* sehen ihr Verhältnis als ein solches der Kooperation. Auch wenn EG-Recht und nationales Wirtschaftsverfassungsrecht autonomen Rechtsquellen entspringt, so bilden sie materiellrechtlich doch eine Einheit[1651]. Das eine kann faktisch nicht ohne das andere betrachtet und bewertet werden.

c) Integration der Prüfung der Gemeinschaftsrechtskonformität im Rahmen der so genannten Schranken-Schranken der nationalen Wirtschaftsgrundrechte

Zur Umsetzung dieser Erkenntnisse bietet es sich an, dass das *Bundesverfassungsgericht* eine Integration der Prüfung der Gemeinschaftsrechtskonformität nationaler Maßnahmen im Rahmen der so genannten Schranken-Schranken der nationalen Wirtschaftsgrundrechte vornimmt[1652]. Durchgreifende Bedenken hiergegen bestehen nicht. Die mit der Öffnung des nationalen Verfassungsrechts durch Art. 23 GG einhergehende weitgehende Relativierung der eigenen Verfassung zu Gunsten ihrer Europäisierung rechtfertigt eine solche Integration. Tatsächlich[1653] ist mit der von Art. 20 Abs. 3 GG angeordneten Bindung aller Gewalt an Recht und Gesetz auch die Bindung an das unmittelbar anwendbare EG-Recht zu verstehen[1654]. Das umfasst insbesondere die Grundfreiheiten. Daraus folgt, dass auch das *Bundesverfassungsgericht* den Anwendungsvorrang des Gemeinschaftsrechts beachten muss und umgekehrt keinen Rechtssatz anwenden darf, der mit dem Gemeinschaftsrecht kollidiert[1655]. Einen andauernden Gemeinschaftsrechtsverstoß hat somit auch das *Bundesverfassungsgericht* zu beenden.

[1650] Vgl. BVerfGE 115, 276, 316 – „Oddset"; *Mertens*, DVBl. 2006, 1564, 1567; *Pestalozza*, NJW 2006, 1711 mit Fn. 4; *Ruttig*, ZUM 2006, 400, 401.

[1651] *Bungenberg*, DVBl. 2007, 1405, 1413 m. w. N.

[1652] Ebenso *Bungenberg*, DVBl. 2007, 1405, 1413.

[1653] Vgl. die im Kapitel 1 § 5 II. 2., S. 49 ff. aufgeworfenen Fragen.

[1654] *Jarass/Pieroth*, GG, 8. Aufl. 2006, Art. 20 Rn. 26.

[1655] *Bungenberg*, DVBl. 2007, 1405, 1414; *Dübbers/Kartal*, ZfWG 2006, 33, 34.

4. *Vorlagepflicht an den EuGH*

Daraus folgt weiter, dass auch das *Bundesverfassungsgericht* wegen der Unanfechtbarkeit seiner Entscheidungen dem *Europäischen Gerichtshof* gemäß Art. 234 Abs. 3 EG Fragen zur Vorabentscheidung vorlegen muss, wenn in einem bei ihm anhängigen Verfahren Fragen zur Auslegung einer Grundfreiheit gestellt werden[1656]. Dieser Verpflichtung darf sich das *Bundesverfassungsgericht* aus den dargelegten Gründen nicht (mehr) mit der Standardformel entziehen, es prüfe schließlich nur die Verletzung von Verfassungs-, nicht aber von Gemeinschaftsrecht. Die Wirksamkeit des Vorlageverfahrens, das die einheitliche Geltung des Gemeinschaftsrechts mit gewährleisten soll, kommt nur insoweit zum Zuge, als Gemeinschaftsrecht vor **jedem** nationalen Gericht geltend gemacht werden kann[1657].

5. *Bindung auch des Bundesverfassungsgerichts an den gemeinschaftsrechtlich definierten Grundsatz der Verhältnismäßigkeit*

Es wurde schon gesagt, dass die nationalen Gerichte auch an den gemeinschaftsrechtlich definierten Grundsatz der Verhältnismäßigkeit gebunden sind[1658]. Das muss auch für das *Bundesverfassungsgericht* gelten. Bei einer von diesem Gericht vorzunehmenden Einbeziehung der Prüfung der Gemeinschaftsrechtskonformität nationaler Maßnahmen im Rahmen der so genannten Schranken-Schranken der nationalen Wirtschaftsgrundrechte dürfte dabei die im Rahmen von Art. 12 Abs. 1 GG ohnehin besondere Schranken-Schranke in Form der verschärften Verhältnismäßigkeitsprüfung der so genannten Drei-Stufen-Lehre nicht außer Acht gelassen werden[1659].

[1656] Jüngst haben auch *Ehlers/Eggert*, JZ 2008, 585, 593 mit Fn. 120 eine solche – bekanntlich unterbliebene – Vorlage explizit für die Entscheidung BVerfGE 115, 276 ff. – „Oddset“ als notwendig erachtet. Auch *Beljin*, NVwZ 2008, 156, 161 hält das *Bundesverfassungsgericht* für ein vorlagepflichtiges Gericht.

[1657] *Frenz*, DÖV 1995, 414. Für eine Ausweitung der Vorlagepflichtfälle allgemein plädieren auch *Ehlers/Eggert*, JZ 2008, 585, 591.

[1658] Soeben Kapitel 7 § 35 I. 5., S. 342.

[1659] Vgl. dazu BVerfGE 7, 377, 405 ff. – „Apothekenurteil“; *Storr*, Der Staat als Unternehmer, S. 184.

III. Ausgleich für private Glücksspielanbieter und –vermittler unter dem Gesichtspunkt des gemeinschaftsrechtlichen Staatshaftungsanspruchs

1. Ausgangsüberlegungen

Das *Bundesverfassungsgericht* hat es in der bis zum 31.12.2007 währenden Übergangszeit ausdrücklich in die Kompetenz der Ordnungsbehörden gestellt, ob sie gegen private Sportwettenanbieter vorgehen oder nicht[1660]. Die tenorierte Weitergeltensanordnung bewirkte einen Legalisierungseffekt mit der Konsequenz, dass die bisherige Rechtslage weiterhin strikt bindend (vgl. § 31 Abs. 1 BVerfGG) und damit indisponibel Grundlage und Entscheidungsmaßstab der (bayerischen) Vollzugsbehörden und Gerichte zu sein hatte[1661].

Nimmt man aber aus den dargelegten Gründen[1662] und mit der jüngsten Rechtsprechung des *Bundesgerichtshofs*[1663] richtigerweise an, dass diese bisherige Rechtslage (so genannte Altfälle) gemeinschaftsrechtswidrig war, so muss man konsequenterweise zugestehen, dass die unveränderte Anwendung eben dieser bisherigen Rechtslage durch Behörden und Gerichte gegen Gemeinschaftsrecht verstieß. **Insoweit** war das verfügte Interims-Recht sehr wohl Recht minderer Art und Güte[1664]. Dies freilich nicht, weil das *Bundesverfassungsgericht* ihm diese Eigenschaft zugedacht hätte, sondern weil es unverändert an einem gemeinschaftsrechtlichen Mangel litt, der ihm auch schon vor der „Oddset"-Entscheidung immanent war und den ihm diese nicht nehmen konnte.

Die vom *Bundesverfassungsgericht* gewählte Weitergeltensanordnung hat die Gemeinschaftsrechtswidrigkeit nicht beseitigt. Und eine temporäre Außerkraftsetzung der Grundfreiheiten, die allein einen solchen Verstoß theoretisch hätte vermeiden können, hat jedenfalls das *Bundesverfassungsgericht* nicht verfügt[1665].

1660 BVerfGE 115, 276, 319 – „Oddset".

1661 *Bethge*, ZfWG 2007, 169, 175 f.

1662 Siehe soeben Kapitel 7 § 35 I. 1., S. 323 ff.

1663 BGH, Urteile vom 14.02.2008, Az. I ZR 140/04; 187/04; 207/05 (= BGHZ 175, 238 ff. = WRP 2008, 661 ff. = GRUR 2008, 438 ff. – „ODDSET") und 13/06.

1664 A. A. *Bethge*, ZfWG 2007, 169, 177, jedoch mit isoliertem Bezug auf die abstrakte Frage der Weitergeltensanordnung ohne Berücksichtigung der gemeinschaftsrechtlichen Sicht. Siehe im Übrigen bereits Kapitel 5 § 32 VI., S. 304 ff.

1665 Dazu soeben Kapitel 7 § 35 I. 4. b), S. 342. Aus den dort niedergelegten Gründen wäre es dazu auch gar nicht befugt gewesen.

Wegen der angeordneten Weitergeltung der angegriffenen Rechtslage unter gleichzeitiger (impliziter) Inkaufnahme ihrer fortwährenden Gemeinschaftsrechtswidrigkeit könnte ein gemeinschaftsrechtlicher Staatshaftungsanspruch privater Anbieter und Vermittler von Glücksspielen begründet sein[1666]. Hinsichtlich der unterlassenen Prüfungen des Gemeinschaftsrechts durch die Instanzgerichte in der Folgezeit sowie auch noch nach Inkrafttreten des GlüStV könnte dann nichts anderes gelten.

2. *Allgemeine Grundlagen des gemeinschaftsrechtlichen Staatshaftungsanspruchs*

a) *Rechtsgrundlage und Schadensfolgen*

Der EG-Vertrag enthält keine ausdrückliche Regelung. Der gemeinschaftsrechtliche Staatshaftungsanspruch in seiner heutigen Ausgestaltung ist daher das Produkt mehrerer Entscheidungen des *Europäischen Gerichtshofs*[1667], der die Haftung der Mitgliedsstaaten aus dem Wesen der mit dem Vertrag geschaffenen Rechtsordnung herleitet[1668]. Seine Grundlage wird heute in einer Gesamtschau aus Art. 10, 288 Abs. 2, 220 EG gesehen. Nach Auffassung auch des *Bundesgerichtshofs* hat der Anspruch inzwischen

> „*aufgrund der Judikatur des Gerichtshofs der Europäischen Gemeinschaften in die innerstaatliche Rechtspraxis selbstverständlich Einzug gehalten*“[1669].

Insgesamt handelt es sich um einen gemeinschaftsrechtlichen Anspruch *sui generis*, der neben die Haftungstatbestände des nationalen Rechts tritt[1670].

Die Schadensfolgen sind im Rahmen des nationalen Haftungsrechts zu beheben[1671], das jedoch durch das Gemeinschaftsrecht überlagert und modifiziert

---

1666 Andeutungsweise schon *Bungenberg*, DVBl. 2007, 1405, 1409.

1667 Von den wichtigsten Entscheidungen seien genannt: EuGH NJW 1992, 165 ff. – „Francovich“ (Schadensersatzanspruch wegen nicht fristgerechter Umsetzung von Richtlinien); EuGH NJW 1996, 1267 ff. – „Brasserie du Pêcheur“ (Schadensersatzanspruch auch bei unmittelbaren Verstößen gegen das Gemeinschaftsrecht auf Grund legislativen Unrechts); EuGH NJW 2003, 3539 ff. – „Köbler“ (Schadensersatzanspruch wegen judikativen Unrechts). Siehe im Übrigen die Zusammenfassung bei *Maurer*, Allgemeines Verwaltungsrecht, 16. Aufl. 2006, § 31 Rn. 7.

1668 *Maurer*, Allgemeines Verwaltungsrecht, 16. Aufl. 2006, § 31 Rn. 8.

1669 BGHZ 161, 224, 236; Staudinger/*Wurm*, BGB, Neubearbeitung 2007, § 839 Rn. 520 ff.

1670 *Detterbeck/Windthorst/Sproll*, Staatshaftungsrecht, § 6 Rn. 17; Staudinger/*Wurm*, BGB, Neubearbeitung 2007, § 839 Rn. 524.

1671 EuGH NJW 1996, 1267, 1270 – „Brasserie du Pêcheur“.

wird[1672]. Hinsichtlich des zu ersetzenden Schadens darf auch der entgangene Gewinn nicht völlig ausgeschlossen werden[1673]. Die Passivlegitimation richtet sich auch bei dem gemeinschaftsrechtlichen Staatshaftungsanspruch nach Art. 34 GG[1674].

Seit dem Urteil des *Europäischen Gerichtshofs* in Sachen „Köbler" ist anerkannt, dass eine Haftung der Mitgliedsstaaten nach den gemeinschaftsrechtlichen Grundsätzen auch durch Gemeinschaftsrechtsverstöße der Judikative begründet werden kann, wenn der fragliche Verstoß in einer Entscheidung eines letztinstanzlichen nationalen Gerichts besteht[1675].

b) Anforderungen an die verletzte Rechtsnorm, den Verstoß und die Kausalität

Voraussetzung ist in allen Fällen, dass die verletzte Rechtsnorm bezweckt, dem Einzelnen Rechte zu verleihen, der Verstoß hinreichend qualifiziert ist und zwischen dem Verstoß gegen die dem Staat obliegende Verpflichtung und dem den geschädigten Personen entstandenen Schaden ein unmittelbarer Kausalzusammenhang besteht[1676].

Die Grundfreiheiten sind Rechtsnormen, die dem Einzelnen Rechte zu verleihen bezwecken[1677]. Für die Frage, wann ein hinreichend qualifizierter Verstoß vorliegt, ist auf folgende Gesichtspunkte abzustellen: das Maß an Klarheit und Genauigkeit der verletzten Norm, der Umfang des Ermessensspielraumes, den die verletzte Vorschrift den nationalen oder Gemeinschaftsbehörden belässt, die Frage, ob der Verstoß vorsätzlich oder nicht vorsätzlich begangen wurde, die Entschuldbarkeit oder Unentschuldbarkeit eines etwaigen Rechtsirrtums und der Umstand, dass die Verhaltensweisen eines Gemeinschaftsorgans möglicherweise dazu beigetragen haben, dass nationale Maßnahmen oder Praktiken in ge-

---

1672 *Maurer*, Allgemeines Verwaltungsrecht, 16. Aufl. 2006, § 31 Rn. 6.

1673 EuGH NJW 1996, 1267, 1271 – „Brasserie du Pêcheur"; *Maurer*, Allgemeines Verwaltungsrecht, 16. Aufl. 2006, § 31 Rn. 16.

1674 BGHZ 161, 224, 234 ff.; Staudinger/*Wurm*, BGB, Neubearbeitung 2007, § 839 Rn. 541.

1675 EuGH NJW 2003, 3539, 3541 – „Köbler"; Staudinger/*Wurm*, BGB, Neubearbeitung 2007, § 839 Rn. 544 ff.

1676 EuGH NJW 2003, 3539, 3541 – „Köbler"; *Maurer*, Allgemeines Verwaltungsrecht, 16. Aufl. 2006, § 31 Rn. 10 ff.; Staudinger/*Wurm*, BGB, Neubearbeitung 2007, § 839 Rn. 530 ff.

1677 *Karpenstein*, Kurzgutachten Staatshaftung Sportwetten vom 24.04.2006 (unveröffentlicht), S. 5.

meinschaftsrechtswidriger Weise unterlassen, eingeführt oder aufrecht erhalten wurden.

Das *Bundesverfassungsgericht* hat die Grundgesetzwidrigkeit des Sportwettenmonopols festgestellt und zugleich die Parallelität mit europäischem Gemeinschaftsrecht formuliert[1678]. Dadurch wurde der Verstoß gegen Gemeinschaftsrecht ebenso offenkundig wie der Grundgesetzverstoß. Anders als bei einem nationalrechtlichen Amtshaftungsanspruch[1679] kommt es allerdings nicht auf ein etwaiges Verschulden an[1680].

c) Rechtswegfragen

Ein nationalrechtlicher Amtshaftungsanspruch aus § 839 BGB i. V. m. Art. 34 GG ist gemäß Art. 34 S. 3 GG vor den ordentlichen Gerichten geltend zu machen. Nichts anderes gilt für den gemeinschaftsrechtlichen Staatshaftungsanspruch[1681].

3. Gemeinschaftsrechtlicher Staatshaftungsanspruch auch wegen judikativen Unrechts

Der *Europäische Gerichtshof* legt einen höheren Maßstab an, wenn der schadensstiftende Akt auf Grund judikativen Unrechts in der Entscheidung eines höchsten nationalen Gerichts liegt. Staatshaftung kommt dann nur in Betracht, wenn das Gericht offenkundig gegen geltendes Gemeinschaftsrecht verstoßen haben sollte[1682].

a) „Oddset"-Entscheidung des Bundesverfassungsgerichts als judikatives Unrecht in diesem Sinne?

Eine solche Offenkundigkeit im Sinne einer Anwendung von „*bewusst als gemeinschaftsrechtswidrig erkannte[r] Normen*" durch das *Bundesverfassungsgericht* ist bisher nur vereinzelt behauptet worden[1683]. Es liegt demgegenüber wohl näher anzunehmen, das *Bundesverfassungsgericht* habe sich in seiner „Oddset"-

---

1678 BVerfGE 115, 276, 316 – „Oddset".

1679 Siehe zu einem solchen bereits Kapitel 5 § 32 VI., S. 304 ff.

1680 *Maurer*, Allgemeines Verwaltungsrecht, 16. Aufl. 2006, § 31 Rn. 13.

1681 *Maurer*, Allgemeines Verwaltungsrecht, 16. Aufl. 2006, § 31 Rn. 17; Staudinger/*Wurm*, BGB, Neubearbeitung 2007, § 839 Rn. 541, 548.

1682 EuGH NJW 2003, 3539, 3541 – „Köbler". Darauf weist *Mertens*, DVBl. 2006, 1564, 1568 hin.

1683 *Dübbers/Kartal*, ZfWG 2006, 34.

Entscheidung erneut auf seine ständige Rechtsprechung besonnen, nur deutsches Verfassungsrecht als Prüfungsmaßstab heranzuziehen[1684]. Das mit der auf § 35 BVerfGG gestützten Weitergeltensanordnung in Kraft gehaltene Übergangsrecht litt zwar an gemeinschaftsrechtlichen Defiziten. Dies aber nicht, weil das *Bundesverfassungsgericht* ihm diese Eigenschaft zugedacht hätte, sondern weil es daran auch schon vor der „Oddset“-Entscheidung litt. Ein gemeinschaftsrechtlicher Staatshaftungsanspruch auf Grund judikativen Unrechts gerade durch die „Oddset“-Entscheidung des *Bundesverfassungsgerichts* kommt daher kaum in Betracht.

b) Spätere letztinstanzliche Entscheidungen als judikatives Unrecht in diesem Sinne?

Anders verhält es sich, soweit in letztinstanzlichen Entscheidungen nationaler Gerichte weiterhin die Auffassung vertreten werden sollte, dass

> *„selbst wenn die landesrechtlichen Vorschriften über die Erteilung einer behördlichen Erlaubnis zur Veranstaltung von Glücksspielen nicht mit Artikel 46 [sic!] und 49 EG vereinbar sein sollten [...] deshalb die Veranstaltung von Glücksspielen im Internet für inländische Teilnehmer nicht erlaubnisfrei zulässig“*[1685]

wäre. Denn hierin läge jedenfalls inzwischen ein offenkundiger Verstoß gegen Gemeinschaftsrecht, soweit die Glücksspielveranstalter im Besitz einer Erlaubnis eines anderen Mitgliedsstaates sind oder Wettannahmestellen Wetten an solche Veranstalter vermitteln[1686]. Das Sportwettenmonopol diskriminiert nach wie vor diejenigen privaten Anbieter von Sportwetten, die im EU-Ausland über eine rechtmäßige Konzession zum Anbieten und Vermitteln solcher Dienstleistungen verfügen. Sowohl die Schließung einzelner Wettannahmestellen als auch entstandene Gewinnausfälle sind als adäquat kausal durch die Aufrechterhaltung des Sportwettenmonopols verursacht anzusehen. Einen Ausgleich dieser Schäden können private Wettanbieter mittels eines gemeinschaftsrechtlichen Staats-

---

[1684] BVerfGE 31, 145, 174 f.; 82, 159, 191; 110, 141, 154. Auf einem anderen Blatt steht indes, ob es sich nicht dazu hätte berufen fühlen müssen, im konkreten Fall auch das Gemeinschaftsrecht in seine Entscheidung mit einzubeziehen. Siehe hierzu bereits Kapitel 7 § 35 II., S. 343 ff.

[1685] So noch BGHZ 158, 343 ff. – „Schöner Wetten“; vgl. nun aber in Abkehr von dieser Rechtsprechung BGHZ 175, 238 ff. – „ODDSET“. Siehe gegen die frühere Rechtsprechung bereits *Kendziur*, ZUM 2007, 193 ff. mit Fn. 38, 40, 63.

[1686] Dazu, dass auch der neue GlüStV nicht mit Art. 43, 49 EG vereinbar ist, siehe sogleich Kapitel 7 § 36 II., S. 367 ff. Wie hier bereits *Leupold/Walsh*, WRP 2006, 973, 990. Siehe auch *Kendziur*, ZUM 2007, 193 ff.

haftungsanspruchs geltend machen, wenn sie in einer letztinstanzlichen Entscheidung eines nationalen Gerichts auf Grund der genannten Argumentation unterliegen sollten. Ihnen haftet dann die Anstellungskörperschaft des Spruchkörpers, der die Entscheidung getroffen hat.

4. *Gemeinschaftsrechtlicher Staatshaftungsanspruch wegen administrativen Unrechts*

In Betracht kommt ein solcher Anspruch auch wegen ergangener behördlicher Schließungsverfügungen oder Werbeverbote gegen private Glücksspielanbieter.

a) Besonderheiten im Fall des administrativen Unrechts gegen private Glücksspielanbieter

aa) Offenkundigkeit des Gemeinschaftsrechtsverstoßes

Die Voraussetzungen des Anspruchs sind prinzipiell die gleichen wie im Fall des judikativen Unrechts. Bei den im Vorfeld der „Oddset"-Entscheidung des *Bundesverfassungsgerichts* ergangenen administrativen Verfügungen dürfte es auf Seiten der Behörden allerdings noch an der erforderlichen Offenkundigkeit der Gemeinschaftsrechtsverstöße gefehlt haben. Offenkundig sind die Verstöße des staatlichen Sportwettenmonopols gegen die Grundfreiheiten für jedes Bundesland bzw. für jede zuständige Behörde jedoch spätestens seit dieser Entscheidung. Dafür spricht die vom *Bundesverfassungsgericht* ausdrücklich formulierte Parallelität von Verfassungs- und Gemeinschaftsrecht[1687]. Verstößt das staatliche Wettmonopol in der Form, wie es vom *Bundesverfassungsgericht* überprüft wurde, gegen das Grundgesetz, dann ist es das zwingende Ergebnis einer Parallelität von deutschem Verfassungsrecht und europäischem Gemeinschaftsrecht, dass es zugleich gegen Art. 43 und 49 EG verstößt[1688]. Schon hie-

---

[1687] BVerfGE 115, 276, 316 – „Oddset". Siehe zu den Konsequenzen dieser Parallelität ausführlich bereits Kapitel 7 § 35 I. 1., S. 323 ff.

[1688] BGHZ 175, 238, 248 – „ODDSET"; BGH, Urteil vom 14.02.2008, Az. I ZR 13/06, Rn. 13 a. E. bei Juris. So auch schon – gegen die Vorinstanz OLG Köln ZUM 2006, 230 ff. – *Kendziur*, ZUM 2007, 193 ff. mit Fn. 31, 38, 40, 49, 64. Vgl. auch schon VG Arnsberg SpuRt 2006, 168, 170; VG Minden SpuRt 2006, 170, 171; VG Köln, Urteil vom 06.07.2006, Az. 1 K 9196/04, Rn. 35 bei Juris; VG Neustadt a. d. Weinstraße, Beschluss vom 26.07.2006, Az. 5 L 1114/06, Rn. 20 bei Juris. Siehe im Übrigen bereits die Ausführungen im Kapitel 7 § 35 I. 1., S. 323 ff.

raus dürfte die vom *Europäischen Gerichtshof* verlangte Offenkundigkeit des Gemeinschaftsrechtsverstoßes folgen[1689].

bb) Kein Ausschluss wegen des Vorrangs primären Rechtsschutzes

Sekundärrechtsschutz in Form des gemeinschaftsrechtlichen Staatshaftungsanspruchs wäre auch nicht etwa wegen des Vorrangs primären Rechtsschutzes (Rechtsgedanke des § 839 Abs. 3 BGB) ausgeschlossen. Das muss jedenfalls dann gelten, wenn der Betroffene in irgendeiner geeigneten Weise gegen die Schließungsverfügung oder das Werbeverbot vorgegangen ist. In Betracht kommen etwa ein Widerspruch nach §§ 69, 80 Abs. 1 S. 1 VwGO, der Antrag nach § 80 Abs. 5 VwGO sowie die Beschwerde gegen einen einstweiligen Rechtsschutz eventuell ablehnenden Beschluss des Verwaltungsgerichts[1690].

cc) Haftende Körperschaften

Als haftende Körperschaften kommen seit Januar 2008 in diesen Fällen in erster Linie die Bundesländer als Inhaber der Gesetzgebungskompetenz in Betracht, denn sie sind auf Grund der Ratifizierung des GlüStV primär für die Aufrechterhaltung des Staatsmonopols verantwortlich[1691]. Soweit Schließungsverfügungen und Werbeverbote gegen einzelne Anbieter oder Vermittler in Rede stehen, ist an eine Verantwortlichkeit der jeweiligen Gebietskörperschaft als Anstellungskörperschaft der Mitarbeiter ihrer Ordnungsbehörde zu denken. Soweit die Landratsämter handeln und das Landesrecht vorsieht, dass diese als untere Verwaltungsbehörde Staatsbehörde sind, sind etwaige Klagen ebenfalls gegen das jeweilige Bundesland zu richten[1692].

dd) Schäden der privaten Anbieter und Vermittler

Schadenspositionen lassen sich ausreichend beziffern. So hat etwa der Börsenkurs von „bwin“ im Jahr 2006 über die Hälfte seines Wertes eingebüßt[1693]. Das

---

[1689] *Karpenstein*, Kurzgutachten Staatshaftung Sportwetten vom 24.04.2006 (unveröffentlicht), S. 11.

[1690] LG Mönchengladbach ZfWG 2008, 49, 50.

[1691] Siehe dazu noch Kapitel 7 § 36 II. 1., S. 367.

[1692] *Karpenstein*, Kurzgutachten Staatshaftung Sportwetten vom 24.04.2006 (unveröffentlicht), S. 16 f.

[1693] FAZ vom 10.08.2006, S. 11; Frankfurter Allgemeine Sonntagszeitung (FAS) vom 03.09.2006, S. 43.

Sportwettunternehmen, das im Besitz einer DDR-Lizenz[1694] für solche Dienstleistungen ist, hat für den Fall des Lizenzentzugs[1695] bereits eine Schadensersatzklage in Höhe von einer halben Milliarde Euro angekündigt[1696]. Ein anderer Anbieter, „Bet 3000", hat nach der „Oddset"-Entscheidung des *Bundesverfassungsgerichts* seinen ursprünglich für Juni 2006 geplanten und mit mehreren Millionen Euro vorbereiteten Börsengang verschoben. Nach behördlichen Schließungsverfügungen gegen fast alle Filialen drohte dem Unternehmen die Insolvenz[1697]. Empfindlich getroffen haben die privaten Anbieter vor allem auch die behördlichen Werbeverbote im Zusammenhang mit dem Fußball-Sport[1698].

b) Zum Stand der Rechtsprechung zum gemeinschaftsrechtlichen Staatshaftungsanspruch wegen administrativen Unrechts gegen private Glücksspielanbieter

Bislang sind allerdings nur sehr wenige Versuche privater Glücksspielanbieter bekannt geworden, erlittene Schäden im Rahmen eines gemeinschaftsrechtlichen Staathaftungsanspruchs geltend zu machen. Sie waren darüber hinaus nicht von Erfolg gekrönt.

Das LG Bremen wies am 27.12.2007 eine Klage von „bwin" gegen das Land Bremen als unbegründet ab, weil es an einem hinreichend qualifizierten Verstoß gegen Gemeinschaftsrecht mangele[1699]. Entgegen der Ansicht des LG

1694 Siehe zum Hintergrund solcher Lizenzen bereits Kapitel 1 § 5 I., S. 47 sowie vertiefend *Bethge*, BayVBl. 2008, 97, 99 f.; *ders.*, ZfWG 2007, 245; *Dietlein/Hecker*, WRP 2003, 1175, 1176 ff.; *Dübbers/Kartal*, ZfWG 2006, 33, 34; *Postel*, ZfWG 2007, 181 ff., 328 ff.

1695 Eine Untersagung der gewerblichen Tätigkeit von Inhabern von DDR-Lizenzen ohne vorherige Aufhebung eben dieser Lizenzen wäre indes schon nach allgemeinem Verwaltungsrecht nicht möglich, vgl. ausführlich *Mertens*, DVBl. 2006, 1564, 1568 f.; a. A. offenbar *Bethge*, BayVBl. 2008, 97, 99. Siehe zu den drohenden finanziellen Konsequenzen einer Aufhebung dieser Lizenzen und einer geplanten „Lastenverteilung" zwischen allen Bundesländern FAZ vom 26.01.2007, S. 4. Nach § 25 Abs. 1 GlüStV sollen erteilte Lizenzen jedoch bis zum 31.12.2008 gültig bleiben. Einen solchen Fall hatte OLG Saarbrücken ZfWG 2008, 206 ff. zu entscheiden, wobei im konkreten Fall Lotteriespiele sogar ohne behördliche Erlaubnis weiterhin angeboten und beworben werden durften. VG Stuttgart ZfWG 2008, 391 ff. hat sich jüngst sogar für eine legalisierende Wirkung einer DDR-Gewerbeerlaubnis im gesamten Bundesgebiet ausgesprochen.

1696 FAS vom 06.08.2006, S. 27.

1697 FAS vom 03.09.2006, S. 43.

1698 FAZ vom 10.08.2006, S. 30.

1699 LG Bremen, Urteil vom 27.12.2007, Az. 1 O 2375/06 (unveröffentlicht). Das Unternehmen hatte im Rahmen seiner staatshaftungsrechtlichen Schadensersatz- und Feststellungsklage auf Schadensersatz in Höhe von rund 6 Millionen Euro geklagt, nachdem das OVG Bremen dem Unternehmen die Werbung für Sportwetten und andere öffentliche

Bremen war ein Verstoß gegen Art. 43 und 49 EG wie gezeigt jedoch sehr wohl offenkundig.

Ein weiteres staatshaftungsrechtliches Verfahren hatte das LG Mönchengladbach zu entscheiden[1700]. Dieses hat unter Rückgriff auf den gemeinschaftsrechtlichen Staatshaftungsanspruch und die Rechtsprechung des *Bundesverfassungsgerichts* zwar erkannt, dass das staatliche Sportwettenmonopol sowohl gegen das Grundgesetz als auch gegen Art. 43 und 49 EG verstößt[1701]. In Verkennung des unabdingbaren Vorrangs des Gemeinschaftsrechts[1702], dem sich das *Bundesverfassungsgericht* nur auf der Grundlage seiner früheren Rechtsprechung konsequent entziehen konnte[1703], hat es die ergangene Schließungsverfügung gegen die klagende private Glücksspielanbieterin aber letztlich als nicht rechtswidrig betrachtet und der Klägerin den Staatshaftungsanspruch versagt[1704].

Glücksspiele als Trikotsponsor des Fußballklubs Werder Bremen untersagt und damit eine Verfügung des Stadtamtes Bremen bestätigt hatte (vgl. OVG Bremen ZfWG 2006, 323 ff.). Auch der VfB Stuttgart erwägt wegen der Ausfälle von Einnahmen durch Trikot- und Bandenwerbung eine Schadensersatzklage gegen das Land Baden-Württemberg (siehe Welt online vom 13.02.2008, abrufbar unter: www.welt.de/webwelt/article1670315/VfB_Stuttgart_klagt_gegen_Wettverbot.html (Stand: 01.11.2008)). Solche Werbemaßnahmen sind gemäß § 21 Abs. 2 GlüStV nun ausdrücklich verboten, sofern die Maßnahmen mit der Verbreitung der betreffenden Spiele über Telemediendienste verknüpft werden (siehe zu weiteren Werbeverboten nach dem GlüStV auch noch Kapitel 7 § 36 II. 3. b), S. 370). Insgesamt befürchten die deutschen Fußball-Bundesligaclubs durch das Werbeverbot 100 bis 300 Millionen Euro Werbemindereinnahmen. Jüngst kündigte sogar das hessische Innenministerium an, ein Fußball-Freundschaftsspiel von Eintracht Frankfurt gegen Real Madrid in Frankfurt am 12.08.2008 untersagen zu wollen, wenn die Spieler von Real Madrid mit Trikots mit dem Logo ihres Hauptsponsors „bwin" auflaufen sollten (FAZ vom 24.06.2008, S. 45). Letztlich hat diese Drohung die „Königlichen" dann aber wenig beeindruckt, denn sie spielten am 12.08.2008 wie immer in ihren Trikots mit dem Logo von „bwin", siehe FAZ vom 13.08.2008, S. 45 und S. 60. Konsequenzen müssen sie deswegen offenbar – trotz der angeblich eindeutigen Rechtslage – nicht befürchten. Das Hessische Innenministerium wird wegen der verbotenen Glücksspielwerbung nichts unternehmen, siehe FAZ vom 14.08.2008, S. 66. Der VGH Kassel hatte mit Beschluss vom 29.10.2007 eine Untersagungsverfügung des Regierungspräsidiums Darmstadt bestätigt, soweit mit dieser „bwin" jenseits der Bereiche Internet und Mobiltelefonie jede Werbung für und die Vermittlung von Sportwetten in Hessen untersagt worden war (vgl. VGH Kassel ZfWG 2007, 430, 431). Mit der Ankündigung des Innenministeriums sollte dieser Rechtsauffassung offenbar Nachdruck verliehen werden.

1700 LG Mönchengladbach ZfWG 2008, 49 ff.

1701 LG Mönchengladbach ZfWG 2008, 49, 51.

1702 Siehe dazu bereits Kapitel 7 § 35 I. 4., S. 339 ff.

1703 Dazu, dass das *Bundesverfassungsgericht* die gemeinschaftsrechtlichen Vorgaben hätte beachten sollen, siehe soeben Kapitel 7 § 35 II., S. 343 ff.

1704 LG Mönchengladbach ZfWG 2008, 49, 51.

Wie gezeigt hätte dem Anspruch jedoch nichts im Wege gestanden, denn eine solche Schließungsverfügung verstößt offenkundig gegen Gemeinschaftsrecht.

§ 36 Monopol oder Liberalisierung? Entscheidung allein auf der Grundlage nationalen Rechts nicht möglich

Die Frage, ob dem staatlichen Monopol auf Glücksspiele und Sportwetten eine Liberalisierung des Marktes vorzuziehen ist, kann – das haben die bisherigen Überlegungen bereits gezeigt – nicht allein auf der Grundlage des nationalen Rechts entschieden werden. Das Gemeinschaftsrecht muss hierfür ebenso herangezogen werden. Im Folgenden sollen die Gründe näher beleuchtet und Alternativen zum Staatsmonopol aufgezeigt werden. Dabei ist stets zu beachten, dass es sich auf Grund der Parallelität von Gemeinschafts- und Verfassungsrecht anbietet, insbesondere auch Art. 12 Abs. 1 GG in den Blick zu nehmen. So soll der neue GlüStV vorgeblich zwar das umsetzen, was das *Bundesverfassungsgericht* im Hinblick auf die verfassungsrechtliche Zulässigkeit eines Sportwettenmonopols vorgegeben hat. Viele Aspekte blieben aber unberücksichtigt.

I. Monopol als besonders intensive Form der Wettbewerbseinschränkung

Ein (insbesondere staatliches) wirtschaftliches Monopol und die daraus resultierende faktische Unmöglichkeit privater Wettbewerbsteilnahme auf diesem Markt sind eine besonders intensive Form der Wettbewerbseinschränkung[1705]. Zwar umfasst der Wettbewerb begrifflich auch monopolistische Tendenzen und Eigenschaften[1706]. Mit solchen monopolistischen Tendenzen verknüpft sind dann Begriffe wie „*Als-ob-Wettbewerb*" und „*quasi-wettbewerbsgesteuerte Rechtspositionen*"[1707]. Selbst wenn man entgegen der hier vertretenen Ansicht Lotterien (und darüber hinaus sogar Glücksspiele) als ein Moment der Daseinsvorsorge verstehen wollte[1708], so bleibt es doch dabei, dass eine

> „*öffentliche Aufgabe allenfalls im Einzelfall geeignet [sein darf], durch GWB oder UWG an sich verbotenes Wettbewerbsverhalten* [Anm.: Monopolbildungen] *zu rechtfertigen*"[1709].

[1705] Vgl. *Pieroth/Hartmann*, DVBl. 2002, 421, 422; *Storr*, Der Staat als Unternehmer, S. 155, 163.
[1706] *Scholz*, ZHR 132 (1969), 97, 117.
[1707] Vgl. *Scholz*, ZHR 132 (1969), 97, 119.
[1708] Siehe dazu Kapitel 3 § 15 I. 4., S. 101.
[1709] *Harms*, BB 1986, Beilage 17, S. 5.

Das verkennt aber, wer das Sportwettenmonopol gerade auch deswegen aufrechterhalten möchte, weil es anderenfalls in der Übergangszeit zur Verdrängung des Monopolisten durch private Konkurrenten kommen könnte[1710].

Dass eine solch intensive Form der Einschränkung geeignet ist, grundrechtlichen Schutz gegen die wirtschaftliche Betätigung der öffentlichen Hand zu vermitteln, wurde schon gesagt[1711]. Dieser Schutz kann sich im Falle eines bestehenden Staatsmonopols in einer verfassungsrechtlichen Pflicht äußern, Art und Intensität der von diesem Monopol zu Lasten Privater ausgehenden nachteiligen Wirkungen daraufhin zu überprüfen, ob die Bedingungen, unter denen diese ursprünglich und bislang vermeintlich mit den Grundrechten in Einklang standen, noch fort gelten und ggf. den Monopolzwang aufzuheben[1712]. Dass diese Bedingungen jedenfalls in so genannten Altfällen der staatlichen Sportwettangebote nicht gegeben waren, haben *Bundesverfassungsgericht*[1713] und *Bundesgerichtshof*[1714] festgestellt. Dass für die Fälle der Übergangszeit sowie die so genannten Neufälle aus gemeinschaftsrechtlicher Sicht nichts anderes gelten kann, ist ebenfalls bereits dargelegt worden.

In allen Fällen des staatlichen Sportwettenmonopols handelt es sich also nicht nur um eine besonders intensive Form der Grundrechts-, sondern auch der Grundfreiheitseinschränkung privater Konkurrenten, die – wie im Folgenden zu zeigen sein wird – mangels Rechtfertigungsmöglichkeiten zur Aufhebung des Staatsmonopols zwingt. Auch hier laufen die Anforderungen von Verfassungs- und Gemeinschaftsrecht parallel, so dass sich eine gemeinsame Betrachtung anbietet.

1. Staatsmonopol weder geeignet noch zwingend erforderlich zur Erreichung der angestrebten Ziele

a) Geeignetheit des Monopols

Zu überlegen ist, ob ein Staatsmonopol auf Glücksspiele seit dem Auftreten privater Lizenzinhaber nicht bereits ungeeignet geworden sein könnte, um das Ziel zu erreichen, aus Gründen der Suchtprävention die Entstehung eines von Kon-

1710 So aber OVG Koblenz LKRZ 2007, 302, 306.
1711 Siehe schon Kapitel 5 § 29 II. 1. a) cc) (3), S. 210.
1712 So ausdrücklich völlig zu Recht *Krölls*, GewArch 1992, 281, 286.
1713 BVerfGE 115, 276, 310 ff. – „Oddset“.
1714 BGHZ 175, 238 ff. – „ODDSET“.

kurrenzkämpfen und aggressiven Werbeverhaltens geprägten Glücksspielmarktes zu verhindern[1715]. Denn unbestreitbar besteht – zumindest im Hinblick auf die Fortgeltung der DDR-Lizenzen in den neuen Bundesländern – insoweit ein faktischer Markt für Glücksspiele[1716]. Das Gleiche gilt hinsichtlich der technisch nicht zu unterbindenden Internet-Sportwetten, die prinzipiell weltweit platziert werden können. Es ist also in Teilbereichen bereits entstanden, was das staatliche Glücksspielmonopol vorgeblich erst noch verhindern soll. Vor diesem Hintergrund erscheint das Monopol in der Tat bereits ungeeignet zur Erreichung dieses Ziels[1717]. Darüber hinaus ist es auch tatsächlich nicht vorstellbar, ein Monopol nach neuen und alten Bundesländern zu trennen und unterschiedlich zu rechtfertigen.

Die Gefahren der Spielsucht gehen im Übrigen nicht dadurch verloren, dass anstelle eines privaten Unternehmers die öffentliche Hand Spielsüchtige bedient[1718]. Auch von daher erscheint ein staatliches Glücksspielmonopol nicht geeignet, um die Spielsuchtgefahren einzudämmen[1719].

Wenn das OVG Hamburg meint, ein Konzessionssystem sei nicht in gleichem Maße geeignet wie ein Monopol, die Gelegenheiten für Glücksspiele zu vermindern[1720], dann verkennt es, dass der Staat es ist, den, will er das Monopol aufrecht erhalten, die Darlegungslast für die angeblich bessere Geeignetheit des Monopols trifft[1721]. Dieser aber ist die öffentliche Hand bisher in keinem Fall nachgekommen.

1715 *Fackler*, K&R 2006, 313, 314.

1716 Im Jahr 2004 lag der Marktanteil der privaten Anbieter bei 74 Prozent, vgl. SZ vom 29.03.2006, S. 2.

1717 *Kment*, NVwZ 2006, 617, 620; a. A. BVerfGE 115, 276, 308 – „Oddset“; BVerfG(K) ZfWG 2008, 351, 354 ff.

1718 *Janz*, NWVBl. 2006, 248, 251. Ebenso OVG Saarlouis NVwZ 2007, 717, 723.

1719 Die Geeignetheit bestreitet auch *Pestalozza*, NJW 2006, 1711, 1713.

1720 OVG Hamburg NVwZ 2007, 725, 726. Demgegenüber hat EuGH NJW 2007, 1515, 1518 – „Placanica“ bereits ausdrücklich die grundsätzliche Geeignetheit eines Konzessionssystems zur Kontrolle des Glücksspielmarktes anerkannt.

1721 Vgl. EuGH DVBl. 2007, 894, 897 – „Systembolag“. Ähnlich bereits EuGHE I 2003, 13519 ff. (Rn. 25 m. w. N.) – „Lindman“: „*... ist darauf hinzuweisen, dass die Rechtfertigungsgründe, die von einem Mitgliedsstaat geltend gemacht werden können, von einer Untersuchung zur Zweckmäßigkeit und zur Verhältnismäßigkeit der von diesem Staat erlassenen beschränkenden Maßnahme begleitet werden müssen [...].*“ Das erkennt, wenngleich ohne die notwendige Folge einer solchen Erkenntnis auszusprechen, nunmehr auch BayVGH NVwZ 2008, 1252, 1254.

b) *Notwendigkeit des Monopols*

Dass ein solches Staatsmonopol vor allem nicht unbedingt notwendig bzw. erforderlich[1722] sein muss, zeigt der Fall des schwedischen Alkoholverkaufsmonopols, das der *Europäische Gerichtshof* als offensichtlich über das hinausgehend angesehen hat, was im Hinblick auf das angestrebte Ziel des Schutzes der Jugend gegen die schädlichen Folgen des Alkohols notwendig ist[1723]. Mit der gleichen Begründung wie bei den Sportwetten könnte man sonst auch Brauereien verstaatlichen, um vorgeblich die Trunksucht zu bekämpfen. Interessanterweise wird zurzeit aber einer der größten europäischen staatlichen Glücksspielanbieter, die Svenska Spel, deren Wert auf über 7,3 Milliarden Euro geschätzt wird[1724], privatisiert[1725]. Für ein Sportwettenmonopol besteht auf Grund der „Placanica"-Entscheidung[1726] eine strengere Nachweispflicht des Staates hinsichtlich der Erforderlichkeit[1727]. Dadurch ist der gesetzgeberische Beurteilungsspielraum deutlich eingeengt worden. Diese Prärogative wiederum – das darf nicht vergessen werden – gilt nur bei Wertungsfragen des Gesetzgebers und nicht in Bezug auf Unternehmen der öffentlichen Hand[1728].

Dass eine Monopollösung vom *Bundesverfassungsgericht* als sinnvoll und möglich anerkannt worden sei[1729], ist eben nur die halbe Wahrheit. Als Alternative dazu hat das *Bundesverfassungsgericht* nämlich die kontrollierte Zulassung privater Anbieter von Glücksspielen und Sportwetten formuliert[1730]. Im Hinblick auf diejenigen privaten Anbieter, die bereits Inhaber einer EU-Lizenz sind und zu deren Erlangung in ihrem Heimatmitgliedsstaat an einem kontrollierten Erlaubnis- und Erteilungsverfahren teilnehmen mussten, ist eine nationale Regelung, mit der im wesentlichen Kontrollen erneut vorgenommen werden, die be-

---

1722 Zu Begrifflichkeiten des hiermit angesprochenen Übermaßverbotes *Kluth*, Grenzen kommunaler Wettbewerbsteilnahme, S. 73 ff. Allgemein wird unter Erforderlichkeit verstanden, dass unter mehreren geeigneten Mitteln dasjenige gewählt werden muss, das die Freiheit des Einzelnen (Betroffenen) am wenigsten beeinträchtigt.

1723 EuGH DVBl. 2007, 894, 897 – „Systembolag".

1724 Der Umsatz von Svenska Spel lag in 2006 bei rund 2,2 Milliarden Euro.

1725 Die Ausgestaltung des schwedischen Glücksspielmarktes hat viele Parallelen zu derjenigen Deutschlands, siehe nur *Hattig*, Untersuchung der Vereinbarkeit von nationalem Glücksspielrecht mit dem europäischen Gemeinschaftsrecht am Beispiel Schwedens, S. 82 ff., 180.

1726 EuGH NJW 2007, 1515 ff.

1727 *Bungenberg*, DVBl. 2007, 1405, 1411.

1728 *Korte*, Das staatliche Glücksspielwesen, S. 348 m. w. N.

1729 *Ruttig*, WRP 2007, 621, 624.

1730 BVerfGE 115, 276, 317 – „Oddset" mit zust. Anm. *Mertens*, DVBl. 2006, 1564, 1566; *Ruttig*, ZUM 2006, 400, 401.

reits in dem ausländischen Verfahren vorgenommen worden sind, nicht erforderlich[1731]. Das ist vor dem Hintergrund des gemeinschaftsrechtlichen Prinzips der gegenseitigen Anerkennung ausländischer Qualifikationen und sonstiger beruflicher Zulassungserfordernisse zur Vermeidung unnötiger Doppelreglementierungen von Dienstleistungserbringern nur konsequent[1732].

Weil der Gesetzgeber entgegen seiner diesbezüglichen Beweispflicht[1733] auch nicht dargelegt hat, weshalb die Suchtgefahren des Glücksspiels nicht ebenso gut durch eine streng reglementierte Teilnahmekontrolle aller Spieler oder vergleichbare effektive Maßnahmen in den Griff zu bekommen sein sollen, ist es auch verfehlt, insoweit auf den gesetzgeberischen Beurteilungsspielraum zu verweisen[1734]. Ein Mangel an „gegenteiligen Erfahrungswerten" vermag ein staatliches Monopol nicht zu rechtfertigen[1735]. Ein solches Vorgehen wäre vielmehr unverhältnismäßig. Dem Verhältnismäßigkeitsprinzip als Eingrenzungsmaßstab staatlicher Wirtschaftstätigkeit[1736] kommt jedoch gerade im Fall von Monopolen eine überragend wichtige Bedeutung zu. Denn Monopole verhindern Konkurrenz und vernichten Wettbewerb. Das wiederum verletzt das Verhältnismäßigkeitsprinzip[1737]. Diese Grundrechts- und Grundfreiheitsbindung jeder Wirtschaftstätigkeit der öffentlichen Hand darf nicht verkannt werden. Ausschließliche Rechte öffentlicher Unternehmen sind mit den Marktfreiheiten und mit dem Wettbewerbsrecht nicht vereinbar, denn sie dienen allein der Sicherung ihres eigenen Wettbewerbsvorteils[1738].

[1731] Ähnlich *Pestalozza*, NJW 2006, 1711, 1713.

[1732] Ausführlich *Hattig*, Untersuchung der Vereinbarkeit von nationalem Glücksspielrecht mit dem europäischen Gemeinschaftsrecht am Beispiel Schwedens, S. 45 ff.

[1733] Vgl. EuGH DVBl. 2007, 894, 897 – „Systembolag". Ähnlich bereits EuGHE I 2003, 13519 ff. (Rn. 25 m. w. N.) – „Lindman": „*...ist darauf hinzuweisen, dass die Rechtfertigungsgründe, die von einem Mitgliedsstaat geltend gemacht werden können, von einer Untersuchung zur Zweckmäßigkeit und zur Verhältnismäßigkeit der von diesem Staat erlassenen beschränkenden Maßnahme begleitet werden müssen [...].*" A. A. OVG Hamburg NVwZ 2007, 725, 727.

[1734] So aber BVerfGE 115, 276, 309 – „Oddset"; BVerfG(K) ZfWG 2008, 351, 356; BayVGH NVwZ 2008, 1252, 1254 mit zust. Anm. von *Ruttig*, ZfWG 2008, 202, 204; OVG Münster ZfWG 2008, 122, 125. Dagegen ausdrücklich wie hier auch *Kment*, NVwZ 2006, 617, 620.

[1735] *Fackler*, K&R 2006, 313, 315. Vgl. auch OVG Saarlouis NVwZ 2007, 717, 719.

[1736] *Krölls*, GewArch 1992, 281, 288.

[1737] *Schachtschneider*, Staatsunternehmen und Privatrecht, S. 355. Vgl. auch *Koenig/Ciszewski*, DÖV 2007, 313, 317.

[1738] *Hattig*, Untersuchung der Vereinbarkeit von nationalem Glücksspielrecht mit dem europäischen Gemeinschaftsrecht am Beispiel Schwedens, S. 180.

Eine gewisse Parallele bietet hier das Spielbankenrecht. Die Spielbankengesetze der meisten Bundesländer – ebenso nun der GlüStV[1739] – sehen vor, dass Private keine Konzession für den Betrieb einer Spielbank erlangen können. Diese Art der Verstaatlichung des Spielbankenmarktes hat ein Monopol geschaffen, mit dem ein intensiver Grundrechtseingriff in die Berufsfreiheit der privaten Spielbankenbetreiber einhergeht, der regelmäßig als Eingriff in die Berufswahl zu qualifizieren ist[1740]. Der generelle Ausschluss Privater verhindert eine Einzelfallprüfung. Zuverlässigkeit und Geeignet der Privaten auch für die Abwehr von Gefahren des Glücksspiels können gar nicht mehr geprüft werden. Folglich besteht auch keine Gelegenheit, die Grundrechtsrelevanz der Monopolentscheidung im Einzelfall zu überprüfen, denn das ist generalisierend durch die Entscheidung für das Monopol als solches bereits geschehen. Auch in diesem Fall dürfte nur dann auf den gesetzgeberischen Beurteilungsspielraum zur Monopolisierung des Spielbankenmarktes hingewiesen werden, wenn für Ermessen im Einzelfall noch Raum bliebe.

c) Bedeutung für die Beurteilung des GlüStV

Diese Gründe sind auch zu berücksichtigen, wenn es um die Beurteilung der EG-Rechtmäßigkeit des neuen GlüStV geht. Denn dieser schreibt die Fortgeltung des Staatsmonopols fest[1741], statt den vom *Bundesverfassungsgericht* alternativ aufgezeigten Lösungsweg der Marktliberalisierung unter gleichzeitiger Schaffung ausreichender Kontrollmechanismen zur Suchtprophylaxe und dem Spielerschutz zu beschreiten. Es sei nochmals daran erinnert, dass das *Bundes-*

[1739] Für Spielbanken gelten freilich nur dessen §§ 1, 3-8, 20, 23, vgl. § 2 GlüStV.

[1740] *Storr*, Der Staat als Unternehmer, S. 425 f. Vgl. auch BVerfGE 102, 197 ff. – „Spielbankgesetz Baden-Württemberg".

[1741] Die Verteidigung von Staatsmonopolen indes ist ein europäisches Phänomen. Nicht nur in Deutschland hat es der Staat immer wieder verstanden, für sich als Wirtschaftsunternehmer Ausnahmebereiche und neue Monopole zu schaffen, vgl. *Berg*, WiVerw 2000, 141, 144. So eben zuletzt mit dem aktuellen GlüStV. Auch in vielen europäischen Nachbarländern ist staatliche Einflussnahme auf Glücksspielanbieter oder sogar das Staatsmonopol die gängige Form der Veranstaltung von Glücksspielen (siehe die Übersicht von *Hattig*, Untersuchung der Vereinbarkeit von nationalem Glücksspielrecht mit dem europäischen Gemeinschaftsrecht am Beispiel Schwedens, S. 17 f.). Auch Frankreich verteidigt sein staatliches Wettmonopol „*mit Klauen und Zähnen*" (FAZ vom 30.10.2007, S. 16) und benutzt dazu sogar den europäischen Haftbefehl als Mittel zur Marktabschottung. Mit seiner Hilfe kam es zu Festnahmen von Vorständen ausländischer Wettanbieter. Zu beobachten ist weiter eine eklatante Missachtung der Einstellung und Kritik der EU-Kommission, die auch in Frankreich die Verletzung der europäischen Dienstleistungsfreiheit angeprangert hat.

verfassungsgericht diese Alternativen wegen seiner insoweit beschränkten Prüfungskompetenz allein auf der Grundlage des nationalen Rechts entwickelt hat, wohingegen aus dargelegten Gründen eine Entscheidung zwischen beiden gerade nicht ohne Beachtung des Europarechts getroffen werden kann. Der Gesetzgeber war demgegenüber bei der Schaffung des GlüStV hinsichtlich der Beachtung und Umsetzung des Europarechts insoweit nicht beschränkt. Er war hierzu vielmehr sogar verpflichtet[1742].

2. *Alternativen zum Staatsmonopol, auch unter ökonomischen und volkswirtschaftlichen Gesichtspunkten*

a) *Regelung einer dualen Glücksspielordnung über GewO und UWG*

Eine konsequente Ausrichtung an dieser Prämisse hätte zu einer alternativen Regelung des Glücksspielmarktes im Sinne einer dualen Glücksspielordnung[1743] geführt, die einen verfassungsmäßigen und gemeinschaftsrechtskonformen Zustand durch eine

> *„gesetzlich normierte und kontrollierte Zulassung gewerblicher Veranstaltung durch private Wettunternehmen“*[1744]

realisiert hätte. Mit einer Anpassung der Gewerbeordnung hätte das nicht nur schneller und einfacher und somit effizienter gelingen können als mit der komplexen Neufassung eines Staatsvertrages zwischen den Bundesländern[1745]. Die §§ 33c bis 33i GewO enthalten nämlich sogar bereits Regelungen zum Automatenspiel und dem Betrieb von Spielhallen.

§ 33h GewO nimmt von der Anwendung dieser Bestimmungen jedoch – neben Spielbanken und Lotterien – sämtliche anderen Glücksspiele inklusive der Veranstaltung von Sportwetten aus. Es liegt aber geradezu auf der Hand, dass eine Neufassung des § 33h GewO die einfachste und sachnächste Lösung zur Umsetzung der Vorgaben des *Bundesverfassungsgerichts*[1746] gewesen wäre[1747].

1742 *Bethge*, ZfWG 2007, 245, 247 verweist in diesem Zusammenhang auf das von BVerfGE 115, 276 ff. – „Oddset“ eingesetzte Mittel der Appellentscheidung, *„die den Gesetzgeber zu einer auch gemeinschaftskonformen endgültigen Regelung verpflichtet“* hat.

1743 *Koenig/Ciszewski*, DÖV 2007, 313, 316 ff.

1744 BVerfGE 115, 276, 317 – „Oddset“.

1745 Die Unzulänglichkeiten des ehedem geplanten Lotteriestaatsvertrages hat auch schon *Korte*, Das staatliche Glücksspielwesen, S. 378 beklagt.

1746 BVerfGE 115, 276, 318 – „Oddset“.

Es hätten lediglich umfassende Veranstalterpflichten und Zulassungsbedingungen hinsichtlich ihrer Zuverlässigkeit, Fachkunde und Leistungsfähigkeit implementiert werden müssen[1748].

Der Einwand, die Gewerbeordnung hätte nicht gegriffen bei einer Nichtigerklärung der (unscharf formuliert) „*angegriffenen Rechtslage*“[1749] zum staatlichen Glücksspielmonopol, übergeht somit die Möglichkeit ihrer zweckentsprechenden Änderung[1750]. Eine entsprechende Gesetzgebungskompetenz des Bundes im Hinblick auf Art. 74 Abs. 1 Nr. 11 GG besteht jedenfalls[1751]. Irreführender Werbung kann schon nach geltendem Recht mittels §§ 3, 5 UWG begegnet werden[1752].

Die gewerberechtliche Zulassung und die gewerbe- und wettbewerbsrechtliche Kontrolle[1753] privater Anbieter wären mithin mildere Mittel, die die Niederlassungs- und Dienstleistungsfreiheit nicht im Geringsten beschränken würden. Die Kontrolle privater Glücksspielanbieter mit den Mitteln der Gewerbeaufsicht einschließlich der Erteilung angemessener und zur Zielerreichung erforderlicher Auflagen[1754] stellt mithin die einzige gemeinschaftsrechtskonfor-

---

1747 So schon *Korte*, Das staatliche Glücksspielwesen, S. 379 ff., i. B. S. 385, 390 f., 392 mit einem konkreten Vorschlag zur Neufassung des § 33h GewO. A. A. jedoch BVerfG(K) ZfWG 2008, 351, 356.

1748 *Korte*, Das staatliche Glücksspielwesen, S. 380 f. Auf die Leistungsfähigkeit der Glücksspielveranstalter stellt auch BVerfGE 115, 276, 306 – „Oddset“ ausdrücklich ab. Letztlich müssten nur die diesbezüglichen Regelungen des GlüStV in die GewO übernommen werden. Keinesfalls ausreichend ist es hingegen, wenn den Forderungen des *Bundesverfassungsgerichts* allein dadurch Rechnung getragen wird, dass am Sportwettenangebot beispielsweise der Lotto Rheinland-Pfalz GmbH seit 01.01.2007 nur noch mittels Kundenkarte teilgenommen werden kann, a. A. jedoch OVG Koblenz LKRZ 2007, 302, 304.

1749 BVerfGE 115, 276, 317 – „Oddset“.

1750 So aber *Bethge*, in: Heckmann (Hrsg.), GS F. O. Kopp, S. 300, 309; *ders.*, ZfWG 2007, 169, 173. Wie hier demgegenüber auch *Ehlers/Eggert*, JZ 2008, 585, 590; *Mertens*, DVBl. 2006, 1564, 1566.

1751 BVerfGE 115, 276, 304, 318 f. – „Oddset“. Verpflichtet worden ist der Bund vom *Bundesverfassungsgericht* jedoch nicht, vgl. *Bethge*, ZfWG 2007, 245, 251. Kritisch zu den Ausführungen des Gerichts zur Gesetzgebungszuständigkeit *Pestalozza*, NJW 2006, 1711, 1713.

1752 Im Verhältnis von § 3 UWG zu § 5 UWG sieht der Gesetzentwurf der Bundesregierung vom 21.05.2008 für eine erneute Reform des UWG (dazu bereits oben Fn. 241) keine Änderung vor, vgl. *Sosnitza*, WRP 2008, 1014, 1020.

1753 *Korte*, Das staatliche Glücksspielwesen, S. 393 ff. hat hierzu die Einrichtung einer pluralistisch besetzten Glücksspielregulierungsbehörde vorgeschlagen, die auch für die Organisation von Markterkundungsverfahren geeignet wäre. Auf die erforderliche Effektivität der Kontrolle weisen *Koenig/Ciszewski*, DÖV 2007, 313, 320 hin.

1754 *Leupold*, WRP 2008, 920, 922. *Korte*, Das staatliche Glücksspielwesen, S. 386, will stattdessen auf Nebenbestimmungen zurückgreifen.

me Lösung der Sportwettenproblematik dar. Ein erfreulicher Nebeneffekt läge in der möglichen Streichung sämtlicher Lotterie-, Sportwett- und Spielbankengesetze der Länder sowie einer Verschlankung des Rennwett- und Lotteriegesetzes (RWG), dessen Zulassungsnormen ebenfalls in einem neuen § 33h GewO aufgehen könnten[1755].

Als mögliche Kriterien eines Überwachungssystems, das auch privaten Wettanbietern auferlegt werden könnte und müsste, kommen etwa in Betracht eine strikte Kontingentierung der Konzessionierung, die persönliche Zuverlässigkeit und das Erfordernis auch eines inländischen Firmensitzes, ein wirklich umfassendes Werbeverbot[1756] und der Ausschluss unseriöser Wettformen, eine durchgreifende Überwachung, ein effektiver Jugendschutz und Maßnahmen zur Bekämpfung der Spielsucht sowie eine festprozentige Abgabe zu Gunsten sozialer Zwecke. Es wurde bereits festgestellt, dass die Gefahren einer Spielsucht nicht dadurch verloren gehen, dass anstelle eines privaten Unternehmers die öffentliche Hand Spielsüchtige bedient. Schließlich hängt die Gefährdung nicht davon ab, wem die Spielgewinne zufließen, sondern welche Vorkehrungen getroffen werden, um übermäßig hohe Verluste zu vermeiden[1757]. Diese Grundsätze können auch zum jetzigen Zeitpunkt noch auf die gewerberechtlichen Überwachungsvorschriften übertragen werden[1758].

b) *Ökonomische und volkswirtschaftliche Vorteile einer dualen Glücksspielordnung*

Ein dualer Glücksspielmarkt hätte auch ökonomische und volkswirtschaftliche Vorteile. Das Münchner Ifo-Institut hat errechnet, dass der Staat bei einer Öffnung des Glücksspiel- und Lottomarktes bis zum Jahr 2010 rund 1,7 Milliarden Euro mehr Einnahmen aus der Wettbranche erzielen könnte als aus einem verschärften Wettmonopol des Staates[1759]. Dessen Prolongierung bedroht darüber hinaus 15.000 Arbeitsplätze bei den privaten Anbietern von Glücksspielen sowie Milliardeneinnahmen des Staates aus Steuern und Abgaben für soziale und kul-

---

[1755] *Korte*, Das staatliche Glücksspielwesen, S. 396.

[1756] Kritisch zu den letztlich im GlüStV realisierten Verboten *Heermann*, WRP 2008, 479 ff. Die geradezu auf Kundenfang angelegte Werbung beispielsweise der WestLotto zitiert VG Minden GewArch 2005, 21, 22; kritisch zu den nach wie vor bestehenden Werbeauftritten der staatlichen Glücksspielanbieter auch VG Stuttgart ZfWG 2007, 313, 317.

[1757] VG Minden GewArch 2005, 21, 24; VG Minden SpuRt 2006, 170, 174.

[1758] A. A. OVG Münster NVwZ 2006, 1078, 1080.

[1759] FAZ vom 14.12.2006, S. 11. Vgl. auch FAZ vom 27.07.2007, S. 52 zu den sinkenden Umsätzen der Hessen-Lotto.

turelle Zwecke. Die Rede ist von zu erwartenden 1,2 Milliarden Euro weniger im Jahr 2008 gegenüber 2005[1760]. Demgegenüber wären durch die Privatisierung der bestehenden staatlichen Sportwettanbieter einmalig hohe Erlöse zu erzielen, die beispielsweise in eine Stiftung eingebracht werden könnten, deren Zweck die Förderung der bisherigen Empfänger von Geldern aus Glücksspielen sein könnte. Dies würde dem Gebot der Staatsferne der Finanzierung insbesondere des Sports sogar besser entsprechen als die bisherige Regelung[1761].

c) Zwischenergebnis

Viel spricht mithin für die Liberalisierung des Lotto- und Glücksspielmarktes bei einer gleichzeitigen Verschärfung der Kontroll- und Überwachungsmechanismen[1762], auf die wegen der staatlichen Schutzpflicht des Gesetzgebers unter dem Gesichtspunkt der Suchtbekämpfung freilich nicht gänzlich verzichtet werden kann[1763]. Immerhin hat das *Bundesverfassungsgericht* eine echte Wahlfreiheit des Gesetzgebers zwischen staatlichem Monopol und Liberalisierung des Marktes formuliert, die beiden Alternativen also als völlig gleichwertig beurteilt[1764]. Dabei dürfte es sich für die Realisierung der notwendigen Kontrolle anbieten, nach dem Vorbild des Rundfunkrechts die Aufsicht jedenfalls ergänzend auf staatsfreie, sachkundig besetzte Gremien zu verlagern. So kann jedem Vorwurf begegnet werden, es werde mit der Aufsicht Einfluss auf die Ausgestaltung des Marktes im Sinne einer auf finanzielle Interessen gestützten Lenkung durch den Staat genommen.

II. Zur Europarechts-Konformität des GlüStV

1. Stand der Entwicklungen und Ratifizierung durch die Bundesländer

Der GlüStV musste durch die Parlamente der Bundesländer ratifiziert werden. Die dafür vorgesehene zweite Jahreshälfte von 2007 wurde von einer aufwändigen Anzeigenkampagne der Gegner und Befürworter des neuen Staatsvertrages

---

1760 Welt online vom 19.11.2007, abrufbar unter: www.welt.de/welt_print/article1376984/Staatliche_Lottofirmen_fuerchten_hohe_Einbussen.html (Stand: 01.11.2008).

1761 *Dübbers/Kartal*, ZfWG 2006, 33, 35.

1762 So auch *Koenig/Ciszewski*, DÖV 2007, 313, 320; *Stober*, NJW 2002, 2357, 2362. Vgl. auch *Mertens*, DVBl. 2006, 1564, 1570; *Kment*, NVwZ 2006, 617, 622.

1763 *Bethge*, ZfWG 2007, 169, 171.

1764 BVerfGE 115, 276, 317 – „Oddset".

begleitet[1765]. Zuletzt schien das Ratifizierungsverfahrens sogar zu scheitern[1766], weil ein Gutachten in Schleswig-Holstein, wo die Abstimmung im Landtag für Mitte Dezember 2007 geplant war, ergeben hat, dass

> *„gegen zentrale Teile des Glücksspielstaatsvertrages rechtliche Bedenken bestehen, aus denen sich ein beträchtliches Risiko für den gesamten Bestand des Glücksspielstaatsvertrages ergeben kann“*[1767].

Als bedenklich gelten dem Gutachten zufolge insbesondere die mangelnde Kohärenz der Regelungen, eine Bestimmung, nach der der Vertrag auch in Kraft treten kann, wenn nur 13 Ratifizierungsurkunden hinterlegt wurden (§ 29 Abs. 1 S. 2 GlüStV), sowie mögliche millionenschwere gemeinschaftsrechtlich begründete Schadensersatzforderungen privater Konkurrenten[1768], wenn der Vertrag eines Tages keinen Bestand mehr haben sollte. Die Rede ist von bis zu 15.000 Arbeitsplätzen bei privaten Konkurrenten, die verloren gehen könnten, wenn und weil diese durch den Vertrag ihrer Geschäftsgrundlage beraubt würden.

Mit dem von allen 16 Landesparlamenten ratifizierten GlüStV und den entsprechenden jeweiligen landesrechtlichen Umsetzungen ist das staatliche Sportwettenmonopol beginnend ab dem 01.01.2008 dessen ungeachtet vorerst für vier Jahre fortgeschrieben worden. Spielbanken und Lotterien wurden in den Regelungsbereich des GlüStV einbezogen. Die Hoffnung, der Entwurf des Glücksspiel-Staatsvertrages würde nach der „Placanica“-Entscheidung des *Europäischen Gerichtshofs*[1769] zu den Akten gelegt werden[1770], hat sich daher nicht bewahrheitet.

[1765] Siehe die jeweils ganz- oder halbseitigen (!) polarisierenden Anzeigen in der FAZ vom 13.06.2007, S. 7 („*Gegen das Lottochaos – Staatsvertrag rechtswidrig*“); 16.06.2007, S. 7 („*Glücksspiel: Ministerpräsidenten auf richtigem Weg – Staatsvertrag verfassungs- und europarechtlich zulässig*“); 30.08.2007, S. 7 („*Darf die Landesregierung das Grundgesetz brechen?*“); 06.09.2007, S. 6 („*Darf die Landesregierung eine Sucht erfinden? Gipfel der Heuchelei*“); 20.09.2007, S. 7 („*Darf die Landesregierung Millionen verschleudern? SIE zahlen die Zeche*“); 18.10.2007, S. 8 („*Darf die Landesregierung Entscheidungen manipulieren? So manipuliert die Rüttgers-Regierung*“); 24.10.2007, S. 6 („*NEIN. Die Ja-Sager.*“); 12.11.2007, S. 7 („*Keine Kommerzialisierung des Glücksspiels – Staatsvertrag wegweisend für Spielerschutz und Suchtprävention*“).

[1766] Die letzten Ereignisse des Ratifizierungsverfahrens sind der FAZ vom 03.12.2007, S. 5 zu entnehmen.

[1767] FAZ vom 03.12.2007, S. 5.

[1768] Dazu bereits Kapitel 7 § 35 III., S. 349 ff. Hingegen sieht das hessische Innenministerium mit Verabschiedung des neuen Glücksspielgesetzes die Gefahr gebannt, dass sich Kommunen durch Schließungsverfügungen schadensersatzpflichtig machen könnten, vgl. FAZ vom 07.12.2007, S. 63.

[1769] EuGH NJW 2007, 1515 ff. – „Placanica“.

Weil der *Europäische Gerichtshof* an ein Monopol und die Beschränkung wirtschaftlicher Freiheiten aber höhere Anforderungen stellt als das *Bundesverfassungsgericht*, bedeutet allein die Umsetzung der Vorgaben des *Bundesverfassungsgerichts* aus der „Oddset"-Entscheidung[1771] im neuen GlüStV nicht automatisch, dass hierdurch zugleich eine Gemeinschaftsrechtskonformität des GlüStV erreicht worden ist[1772].

2. *Problem der Anwendbarkeit des EG-Vertrages auf Glücksspiele*

Einem Verstoß des GlüStV bzw. dem darin festgeschriebenen staatlichen Glücksspielmonopol gegen Art. 43 und 49 EG[1773] könnte jedoch grundsätzlich Art. 2 EG entgegenstehen. Dieser fordert für die Anwendbarkeit des EG-Vertrages einen Bezug zum Wirtschaftsleben, wobei der Begriff weit auszulegen ist. Dennoch wird vertreten, nur synallagmatische Leistungsverhältnisse seien Teil des Wirtschaftslebens. Daran fehle es aber bei Glücksspielen wegen ihrer Unwägbarkeiten hinsichtlich Gewinn und Verlust des Spiels[1774].

Dieser Ausgangspunkt ist jedoch unzutreffend. Wirtschaftliche Tätigkeit im Sinne des Art. 2 EG setzt kein vollständiges Synallagma voraus, denn abzustellen ist nur auf den Zeitpunkt des Vertragsschlusses[1775]. In diesem Moment kann ein Gegenseitigkeitsverhältnis nicht verneint werden. Glücksspiele sind somit Wirtschaftsaktivitäten im Sinne des EG-Vertrages, der folglich auf diese anwendbar ist. Auch stehen weder etwaige Verbots- oder Straftatbestände noch moralische Erwägungen der Einordnung der Glücksspielveranstaltung als Teil des Wirtschaftslebens nach Art. 2 EG entgegen, so dass der EG-Vertrag insgesamt anwendbar ist[1776].

3. *Einzelne problematische Bestimmungen des GlüStV*

Eine umfassende und abschließende gemeinschaftsrechtliche Bewertung des GlüStV kann im Rahmen dieser Arbeit nicht erfolgen. Stattdessen sollen im Folgenden einzelne problematische Bestimmungen heraus gegriffen werden, die

---

1770 *Arendts*, MMR 2007, 305, 306.
1771 BVerfGE 115, 276, 318 – „Oddset".
1772 *Bungenberg*, DVBl. 2007, 1405, 1409; *Koenig/Ciszewski*, DÖV 2007, 313, 315.
1773 Dazu wurde schon wiederholt Stellung genommen.
1774 *Stein*, EuZW 1994, 315.
1775 *Korte*, Das staatliche Glücksspielwesen, S. 47.
1776 *Korte*, Das staatliche Glücksspielwesen, S. 51.

in einem inneren Zusammenhang mit der Wirtschaftstätigkeit der öffentlichen Hand auf dem Glücksspielsektor stehen. Allgemein ist hervorzuheben, dass der GlüStV nicht berücksichtigt, dass die Grundfreiheiten auch ein Beschränkungsverbot statuieren, inklusive des Verbots, die grenzüberschreitende Erbringung von Dienstleistungen weniger attraktiv zu machen[1777].

a) § 4 Abs. 4 GlüStV

Gerade unter dieser Prämisse ist das Verbot der Veranstaltung und Vermittlung von öffentlichen Glücksspielen im Internet (§ 4 Abs. 4 GlüStV) nicht mit Art. 49 EG zu vereinbaren[1778]. Es trifft Veranstalter aus anderen Mitgliedsstaaten ungleich härter als Veranstalter aus Deutschland, die bereits über ein stationäres Vertriebssystem verfügen, das durch einen anderen Anbieter aus einem Mitgliedsstaat erst noch aufgebaut werden müsste und für den daher Vertrieb und Vermittlung über das Internet der einzige realistische Weg zum Markteintritt ist[1779]. Das Verbot kommt somit einer auch an Art. 12 Abs. 1 GG zu messenden[1780] faktischen (objektiven) Marktzugangssperre[1781] für diese privaten Anbieter gleich[1782]. Von ihrer Dienstleistungsfreiheit bleibt nicht mehr viel übrig[1783], denn die Ausübung dieses durch die Gemeinschaftsrechtsordnung verliehenen Rechts wird durch § 4 Abs. 4 GlüStV praktisch unmöglich gemacht oder jedenfalls übermäßig erschwert[1784].

b) § 5 GlüStV

Das Werbeverbot in § 5 GlüStV entspricht letztlich einem Emotionalisierungsverbot für die Werbung, denn Sportwetten dürfen nicht als grundsätzlich unbedenkliche Freizeitbeschäftigung vermarktet werden[1785]. Ein werberechtliches Gutachten hat indes ergeben, dass nur zwei von 78 überprüften Werbungen des

---

1777 Vgl. auch *Arndt/Fischer*, Europarecht, 9. Aufl. 2008, S. 124; *Badura*, Wirtschaftsverfassung und Wirtschaftsverwaltung, 2. Aufl. 2005, Rn. 69.

1778 Ausführlich *Koenig/Ciszewski*, K&R 2007, 257 ff.

1779 *Koenig/Ciszewski*, DÖV 2007, 313, 316.

1780 So ausdrücklich BVerfG(K) ZfWG 2008. 351, 352.

1781 Hierzu *Korte*, Das staatliche Glücksspielwesen, S. 369 f.

1782 *Koenig/Ciszewski*, K&R 2007, 257, 258 f., 262; BVerfG(K) ZfWG 2008, 351, 354: „*objektive Berufswahlbeschränkung*".

1783 *Koenig/Ciszewski*, DÖV 2007, 313, 316.

1784 Genau das darf aber auf Grund innerstaatlichen Rechts nicht passieren (so genannter Effektivitätsgrundsatz), vgl. EuGH NJW 2007, 1515, 1519 – „Placanica".

1785 BVerfGE 115, 276, 311 – „Oddset"; EuGH NJW 2004, 139, 141 – „Gambelli".

staatlichen Lotto- und Toto-Blocks gemäß dem GlüStV unbedenklich waren[1786]. Das offenbart, wie ernst es den staatlichen Anbietern mit der Umsetzung der Vorgaben des *Bundesverfassungsgerichts*[1787] ist. Nach Ablauf der festgelegten Übergangszeit[1788], mithin seit dem 01.01.2008, ist nicht nur das „gezielte" Auffordern zum Wetten, sondern jegliches Auffordern zum Wetten untersagt, das über eine „*Information und Aufklärung über die Möglichkeit zum Glücksspiel*"[1789] hinausgeht; eine Ausnahme gilt nur, soweit das Auffordern zum Wetten der „*Information und Aufklärung über die Möglichkeit zum Glücksspiel*" notwendigerweise inhärent ist[1790].

Nach wie vor zulässig sind allerdings Internet-Pferdewetten sowie die staatliche Glücksspielwerbung per Post, in der Presse und im Radio[1791]. Von einer kohärenten und systematischen Regelung zur Begrenzung der Wetttätigkeiten kann insoweit nicht die Rede sein[1792]. Die Europäische Kommission hält diese inkonsistenten Regelungen (insbesondere zum Werbeverbot) für europarechtswidrig und hat Deutschland nach Inkrafttreten des GlüStV ein Vertragsverletzungsverfahren nach Art. 226 EG angedroht[1793] bzw. bereits dessen erste Stufe eingeleitet[1794].

Bei der Werbung eines öffentlichen Unternehmens wie den allein werbeberechtigten staatlichen Glücksspielanbietern (vgl. § 5 Abs. 4 GlüStV) kann sich überdies als besonders beeinträchtigend für private Konkurrenten auswirken, dass es zumindest nicht ausgeschlossen ist, dass einer Werbeaussage, die einem öffentlichen Unternehmen entstammt, eine besondere Glaubwürdigkeit seitens der Marktgegenseite, also der Verbraucher, zuteil wird[1795]. Diesem Aspekt muss bei der Beurteilung beispielsweise von so genannter Jackpot-Werbung stärker

---

1786 Welt online vom 30.12.2007, abrufbar unter: www.welt.de/wirtschaft/article1504989/Private_Wettfirmen_drohen_mit_Klagewelle.html (Stand: 01.11.2008). Siehe eindrucksvoll auch *Heermann*, WRP 2008, 479 ff.

1787 BVerfGE 115, 276, 318 – „Oddset".

1788 BVerfGE 115, 276, 319 – „Oddset".

1789 Vgl. § 5 Abs. 1 GlüStV.

1790 *Heermann*, WRP 2008, 479, 491.

1791 *Hoffmann*, LKRZ 2008, 133, 134.

1792 So jüngst auch *Grünwald/Koch*, MMR 2008, 711, 714; a. A. offenbar BVerfG(K) ZfWG 2008, 351, 358.

1793 FAZ vom 01.02.2008, S. 15. *Dietlein*, K&R 2006, 307, 311 hält ein solches Verfahren offenbar für ein Scheinverfahren, denn er verneint jegliche Indizwirkung eines solchen Verfahrens.

1794 Kritisch zum Vertragsverletzungsverfahren *Hoffmann*, LKRZ 2008, 133. 134 f.

1795 *Storr*, Der Staat als Unternehmer, S. 183.

als bisher Rechnung getragen werden[1796]. Jackpot-Werbung widerspricht § 5 Abs. 1 GlüStV, weil es um die plakative Hervorhebung der Gewinnangabe und einer Spielaufforderung geht[1797]. Die Vorschrift ist zugleich eine Marktverhaltensregelung im Sinne des § 4 Nr. 11 UWG, so dass bei einem Verstoß Unterlassungs- und Schadensersatzansprüche geltend gemacht werden können[1798].

Der österreichische private Wettanbieter „bwin" darf auf Grund §§ 5 Abs. 4, 21 Abs. 2 S. 2 GlüStV nicht mehr als Banden-Sponsor in Stadien auftreten, aus denen Fußballspiele im Fernsehen übertragen werden. Der VfB Stuttgart befürchtet daher Werbeeinbußen von rund 1 Millionen Euro pro Jahr und hat das VG Stuttgart in einem Eilverfahren angerufen, in dem er gegen das Werbeverbot für private Sportwettenanbieter vorgehen möchte[1799].

4. *Insbesondere: Die Prolongierung des Staatsmonopols*

Prüfstein ist jedoch die sich aus §§ 4 Abs. 1, 10 Abs. 1 und 5 GlüStV ergebende Prolongierung des Staatsmonopols für öffentliche Glücksspiele[1800]. Zwar bleibt es nach der Rechtsprechung des *Europäischen Gerichtshofs*[1801] jedem Mitgliedsstaat grundsätzlich überlassen, welche Voraussetzungen ein Anbieter für die Erteilung einer Erlaubnis erfüllen muss. Sind diese Voraussetzungen jedoch bestimmt, so muss es grundsätzlich jedem Anbieter möglich sein, bei Erfüllung der

1796 Richtig daher nun OLG München WRP 2008, 972 ff. – „Jackpot-Werbung".

1797 Ebenso *Heermann*, WRP 2008, 479, 486 f.

1798 OLG München WRP 2008, 972, 974 f. – „Jackpot-Werbung".

1799 Welt online vom 13.02.2008, abrufbar unter: www.welt.de/webwelt/article1670315/VfB_Stuttgart_klagt_gegen_Wettverbot.html (Stand: 01.11.2008). Der VfB Stuttgart erwägt wegen der Werbeausfälle auch eine Schadensersatzklage, vgl. dazu bereits Fn. 1699.

1800 Siehe dazu auch Kapitel 7 § 36 I. 1. c), S. 363. Im staatlichen Lottoblock hat der *Bundesgerichtshof* in einem Eilverfahren inzwischen für mehr Wettbewerb gesorgt. Eine Marktaufteilung nach Bundesländern verstößt demnach gegen die kartellrechtlichen Bestimmungen der Art. 10, 81 EG, vgl. BGH NJW-RR 2007, 1491, 1496 – „Lotto im Internet". Siehe auch FAZ vom 26.06.2007, S. 13. Im folgenden Hauptsacheverfahren hat der *Bundesgerichtshof* seine diesbezügliche Entscheidung bekräftigt (BGH WRP 2008, 1456 ff. – „Lottoblock"). Ausdrücklich hebt der Senat auch in dieser Entscheidung hervor, dass das Regionalitätsprinzip des Lotto-Blockvertrags gegen Art. 81 Abs. 1 EG verstößt. Eine Erlaubnis für private Spielvermittler dürfe nicht aus sachfremden Gründen – etwa zur Einschränkung des Wettbewerbs oder zur Erhöhung der Einnahmen des Landes – versagt werden. Siehe auch das Verfahren in Folge des Vorlagebeschlusses des VG Halle an das *Bundesverfassungsgericht* (Az. 3 A 809/06 HAL), mit dem die Verfassungswidrigkeit einer sachsen-anhaltinischen Regelung festgestellt werden soll, die eine länderübergreifende Vermittlung für Lotto-Anbieter unmöglich macht.

1801 Zuletzt etwa EuGH NJW 2007, 1515, 1517 – „Placanica".

gestellten Anforderungen eine Konzession zu erhalten. Dem widerspricht ein staatliches Monopol jedoch in auffälliger Weise. Denn die durch den einzelnen Mitgliedsstaat getroffenen Regelungen dürfen in keinem Fall diskriminierend sein[1802].

a) Staatsangebote als Spiegel der Wünsche der Bevölkerung?

Das sich in §§ 1 Nr. 2, 10 Abs. 1 S. 1 GlüStV widerspiegelnde Argument, der Staat müsse Glücksspiele anbieten, um dem Wunsch eines Teils der Bevölkerung nach solchen Angeboten nachzukommen und dadurch die Teilnahme an illegalen und unkontrollierten Spielformen zu verhindern, überzeugt in doppelter Hinsicht nicht. Erstens wird dabei unterstellt, das Anbieten solcher Spielformen durch Private, die einer strengen staatlichen Kontrolle unterliegen, sei kein milderes Mittel[1803]. Jedoch kommt als milderes Mittel gegenüber der eigenwirtschaftlichen Betätigung des Staates ohne Zweifel die Einbeziehung privater Unternehmer in die fragliche Aufgabenerfüllung in Betracht[1804]. Das muss dann erst recht für die Marktliberalisierung gegenüber einem staatlichen Monopol gelten. Zweitens müsste der Staat bei einer solchen Annahme – überspitzt formuliert – auch Drogen anbieten – wenngleich ein jeder Vergleich hier hinken mag[1805]. Immerhin ist es nicht zu leugnen, dass es auch für Drogen eine Nachfrage in einem Teil der Bevölkerung gibt, der sich diese auf illegalen Wegen beschafft.

b) Liberalere Ansichten im europäischen Ausland

Im europäischen Ausland werden die Suchtgefahren des Glücksspiels im Übrigen völlig anders eingeschätzt als in Deutschland[1806]. In Schweden beispielsweise sind Internetwetten des staatlichen Anbieters Svenska Spel ein wesentlicher Teil der Angebotspalette[1807]. Selbst die hierzulande geächteten Live-Wetten so-

---

[1802] EuGH NJW 2007, 1515, 1517 – „Placanica".
[1803] Dieser Ansatz wurde schon im Kapitel 7 § 36, S. 358 ff. widerlegt.
[1804] *Kluth*, Grenzen kommunaler Wettbewerbsteilnahme, S. 84.
[1805] Immerhin formuliert diesen Vergleich jüngst auch *Brüning*, JZ 2009, 29, 35.
[1806] So i. E. *Leupold*, WRP 2008, 920, 924.
[1807] Siehe zur Gesellschaftsstruktur und der Geschichte von Svenska Spel *Hattig*, Untersuchung der Vereinbarkeit von nationalem Glücksspielrecht mit dem europäischen Gemeinschaftsrecht am Beispiel Schwedens, S. 90 f.

wie Internetpoker[1808] werden dort vom Staat angeboten und die Teilnahme per Mobiltelefon sogar ortsunabhängig ermöglicht[1809].

c) *Die Sichtweise der Europäischen Kommission*

Die Europäische Kommission hält die deutschen Regelungen zum Staatsmonopol ebenso wie die Beschränkungen der Fernseh-, Internet-, Trikot- und Bandenwerbung für europarechtswidrig und hat – wie bereits ausgeführt – Deutschland nach Inkrafttreten des GlüStV ein Vertragsverletzungsverfahren angedroht bzw. bereits dessen erste Stufe eingeleitet[1810]. Insgesamt liefen Anfang 2008 12 Vertragsverletzungsverfahren gegen Mitgliedsstaaten wegen europarechtswidriger Ausgestaltungen ihres Glücksspielmarktes. Allerdings existiert offenbar eine offensichtliche Zurückhaltung der Kommission in der Durchsetzung gegenüber staatlicher Wirtschaftstätigkeit[1811]. Das spricht eher gegen als für ein zu erwartendes hartes Durchgreifen gegen die nationalen Glücksspielmonopole.

Trotz einer erweiterten Stellungnahme der Bundesregierung war die Kommission aber bereits im Notifizierungsverfahren und somit vor der Einleitung des Vertragsverletzungsverfahrens bei ihrer ablehnenden Haltung gegenüber dem staatlichen Glücksspielmonopol geblieben[1812]. Der Kommission geht es ersichtlich um den uneingeschränkten Schutz der gemeinschaftsrechtlichen Grundfreiheiten[1813]. Darüber hinaus hat auch das Bundeskartellamt angekündigt, gegen den GlüStV vorgehen zu wollen[1814].

[1808] In Deutschland wird in diesem Zusammenhang noch immer diskutiert, ob Pokern überhaupt ein Glücksspiel ist oder nicht eher ein Geschicklichkeitsspiel, vgl. FAZ vom 08.10.2008, S. N3.

[1809] Siehe die Selbstdarstellung des Unternehmens unter: https://svenskaspel.se/p4.aspx?pageid=357 (Stand: 01.11.2008). Zum schwedischen Glücksspielrecht ausführlich *Hattig*, Untersuchung der Vereinbarkeit von nationalem Glücksspielrecht mit dem europäischen Gemeinschaftsrecht am Beispiel Schwedens, S. 82 ff.

[1810] FAZ vom 01.02.2008, S. 15; *Hoffmann*, LKRZ 2008, 133 ff.

[1811] *Stoffel*, Wettbewerbsrecht und staatliche Wirtschaftstätigkeit, S. 215.

[1812] Siehe die Reaktion der Europäischen Kommission auf die Antwort der Bundesregierung vom 24.04.2007 im Notifizierungsverfahren Nr. 2006/658/D, abgedruckt in der ZfWG 2007, 268 f.

[1813] A. A. *Hoffmann*, LKRZ 2008, 133, 135.

[1814] Vgl. die entsprechende Ankündigung in einer Anzeige des privaten Lotterievermittlers Faber in der FAZ vom 18.10.2007, S. 8.

d) *Höchstrichterliche deutsche Fachrechtsprechung zum Staatsmonopol*

Eine eindeutige höchstrichterliche Fachgerichtsentscheidung über die Vereinbarkeit eines nationalen Glücksspielstaatsmonopols mit Europarecht existiert bis heute nicht. Zwar hatte das *Bundesverwaltungsgericht* mit Beschluss vom 29.11.2006 die Revision gegen ein Urteil des BayVGH[1815] mit der Begründung zugelassen, das Revisionsverfahren könne erstmals Gelegenheit geben zu entscheiden, ob das deutsche Glücksspielstaatsmonopol mit Europarecht vereinbar ist[1816]. Das Verfahren wurde dann allerdings gemäß § 92 Abs. 3 VwGO eingestellt, nachdem die Klägerin verstorben ist[1817].

Der *Bundesgerichtshof* hat jüngst jedoch in aller Deutlichkeit herausgestellt, dass das staatliche Sportwettenmonopol jedenfalls in seiner Ausgestaltung vor der Entscheidung des *Bundesverfassungsgerichts* in Sachen Oddset[1818] in allen Bundesländern gegen Gemeinschaftsrecht verstoßen hat[1819]. Durch die Neuregelung des Monopols fließt nun lediglich alter Wein durch neue Schläuche. Das Staatsmonopol verstößt auch unter der Geltung des GlüStV gegen Art. 43 und 49 EG[1820].

5. *Ergebnis und Bewertung*

Insgesamt manifestiert der GlüStV einen Erdrosselungswettbewerb zu Lasten privater Anbieter. Selbst bei Anlegung strengster Maßstäbe an die Verletzung des Art. 12 Abs. 1 GG ist ein Verstoß des Verdrängungswettbewerbs der öffentlichen Hand gegen Art. 12 Abs. 1 GG zu bejahen[1821]. Das Staatsmonopol stellt zudem einen unverhältnismäßigen und damit nicht gerechtfertigten Eingriff in die Dienstleistungs- und Niederlassungsfreiheit derjenigen Anbieter aus einem Mitgliedsstaat dar, die bereits im Besitz einer Erlaubnis ihres Heimatstaates

---

[1815] BayVGH, Urteil vom 10.07.2006, Az. 22 BV 05.457 (Juris).

[1816] BVerwG, Beschluss vom 29.11.2006, Az. 6 B 89/06 (Juris).

[1817] BVerwG, Beschluss vom 13.03.2007, Az. 6 C 40/06 (Juris). Gelegenheit kann nunmehr jedoch das neue Urteil des BayVGH vom 18.12.2008, Az. 10 BV 07.558 (Juris) geben, mit dem erneut die Revision zugelassen wurde.

[1818] BVerfGE 115, 276 ff. – „Oddset".

[1819] BGHZ 175, 238, 251 – „ODDSET".

[1820] So auch OVG Lüneburg ZfWG 2008, 195 f.; VG Freiburg ZfWG 2008, 227 (LS); a. A. nach wie vor OVG Münster ZfWG 2008, 122, 124; BayVGH NVwZ 2008, 1252, 1253 f. mit zust. Anm. von *Ruttig*, ZfWG 2008, 202, 203 f.; BayVGH ZfWG 2008, 472 (LS).

[1821] VG Berlin NVwZ 2008, 1255, 1256 f. hegt ebenfalls erhebliche Zweifel, ob das staatliche Sportwettenmonopol als Eingriff in die Berufsfreiheit verfassungsrechtlich zu rechtfertigen ist.

sind. Das Gleiche gilt hinsichtlich des Verbots der Internet-Wetten in § 4 Abs. 4 GlüStV. Die Werbeverbote des § 5 GlüStV sind inkonsistent und unverhältnismäßig. Die normative Regelung, die bis zum Stichtag 31.12.2007 zu realisieren war, ist mit dem GlüStV nicht auf einen auch gemeinschaftskonformen Rechtszustand hinaus gelaufen[1822].

Insgesamt stellt der GlüStV somit eine

„Meistbegünstigungsklausel für den deutschen Toto- und Lottoblock"[1823]

dar.

Eine Klärung der aufgeworfenen Fragen ist letztlich nur durch eine Entscheidung des *Europäischen Gerichtshofs* möglich und zu erwarten, die ausschließlich das deutsche Glücksspielmonopol des Staates betrifft. Die dort anhängigen Vorlageverfahren deutscher Verwaltungsgerichte[1824], insbesondere des VG Schleswig, können hierzu Gelegenheit geben[1825]. Es besteht noch Hoffnung.

1822 Von dieser Annahme ging indes *Bethge*, ZfWG 2007, 245, 248 aus.

1823 *Rainer Jacken*, Vorstand Fluxx AG, und *Norman Albers*, deutscher Buchmacher und Geschäftsführer der Albers Sportwetten GmbH.

1824 Siehe Kapitel 7 § 35 I. 2., S. 329 ff.

1825 Entscheidungen stehen noch aus, siehe FAZ vom 04.11.2008, S. 14 sowie *Arendts*, ZfWG 2008, 165, 167 f.

KAPITEL 8 ZUSAMMENFASSUNG

I.

1. Die öffentliche Hand ist in nahezu allen Wirtschaftsbereichen mittelbar oder unmittelbar tätig. Dabei kommt es zu einer Kumulation von politischer und wirtschaftlicher Macht. Eine derartige „Machtaddition“ kann eine erhebliche eigenständige Gefahr für private Konkurrenten bedeuten, deren grundgesetzlich verbürgte Freiheitsrechte empfindlich beeinträchtigt werden. Ihnen drohen ungleiche Ausgangssituationen, wenn auch der Staat als Unternehmer auftritt. Denn es kommt dann nicht nur zu einer Pluralisierung der Initiativen, sondern auch zu zwangsläufigen Umgestaltungen des durch die Ordnungsmodelle Staat und Gesellschaft gekennzeichneten Lebensraumes „Markt“. Grundsätzlich ist der Staat nur dessen Veranstalter. Die Wettbewerbssituation privater Konkurrenten hat sich in fast allen Bereichen nicht zuletzt auch durch das Hinzutreten der öffentlichen Hand als Konkurrent verschärft. Hinzu kommen evidente inhärente Wettbewerbsvorteile der öffentlichen Hand, die einen effektiven Rechtsschutz auf Seiten der privaten Konkurrenten erforderlich machen. Zu diesen gleichheitswidrigen Vorteilen zählt insbesondere der Rückhalt im Staatshaushalt, den öffentliche Unternehmen genießen.

2. Der eigenwirtschaftlichen Betätigung des Staates kommt eine große wirtschaftspolitische Bedeutung zu. Sie stellt eine Möglichkeit für den Staat dar, in hohem Maße steuernd und regulierend in den Wirtschaftsprozess einzugreifen. Das betrifft auch thematische Sonderfelder. Im Bereich des Glücksspiels geschieht dies durch ein staatliches Monopol. Die vom Deutschen Lotto- und Totoblock angebotenen Oddset-Wetten unterliegen daher ebenso einem faktischen Wirtschaftsmonopol des Staates wie die Lotterien. Für private Anbieter wirkt sich diese rein objektive Zulassungsbedingung wie eine faktische Marktzugangssperre aus. Denn entscheidend für eine Zulassung zur Tätigkeit als Vermittler oder Anbieter solcher Wetten ist ein von ihnen unbeeinflussbares Moment.

3. Die betriebswirtschaftliche Definition kennt Unternehmen als eine Gesamtheit von Sachen, Rechten und sonstigen Beziehungen. Diese wirtschaftlich selbstständigen Einheiten betreiben Fremdbedarfsdeckung durch die Erzeugung von Gütern. Einen einheitlichen juristischen Begriff gibt es hingegen nicht. Seine inhaltliche Bedeutung richtet sich vielmehr nach Sinn und Zweck des jewei-

ligen Gesetzes, das den Begriff gebraucht. Er variiert somit je nach Rechtsgebiet. Stets gibt es jedoch einen gemeinsamen Begriffskern, der sich aus einer objektiven und einer subjektiven Komponente zusammensetzt. Objektiv können Unternehmen, die Aufgaben der Produktion, der Verteilung und des Austausches von Waren und (gewerblichen) Dienstleistungen mit einer gewissen organisatorischen Verselbstständigung stetig wahrnehmen und hierzu Anlagen und Einrichtungen vorhalten, als wirtschaftliche Unternehmen bezeichnet werden. Diese Herangehensweise dient primär der Abgrenzung der Privat- von der Unternehmenssphäre, wobei der Staat eine Privatsphäre gerade nicht hat. Subjektiv ist der Wille zur Teilnahme am Geschäftsverkehr unter eigenem Risiko und eigener Entscheidungsgewalt erforderlich. Öffentliche Unternehmen erfüllen diesen Unternehmensbegriff, und zwar auch solche mit Monopolcharakter. Eine Ausnahme hiervon kann diskutiert werden, wenn sich die öffentliche Hand für eines ihrer Unternehmen mit Monopolcharakter den Leistungsabsatz durch Anordnung eines Anschluss- und Benutzungszwangs rechtsverbindlich sichert. Dann besteht kein Absatzrisiko und die subjektive Komponente des Unternehmensbegriffs ist nicht erfüllt.

4. Privatwirtschaftliche Unternehmen genießen den Schutz der Wirtschaftsgrundrechte. Gemischtwirtschaftliche Unternehmen sind auch dann grundrechtsfähig, wenn die öffentliche Hand mehrheitlich Anteile oder den beherrschenden Einfluss innehat. Wenn die öffentliche Hand nicht mehrheitlich Inhaber der Anteile ist oder keinen beherrschenden Einfluss hat, gilt das erst recht. Hingegen stellen Unternehmen, auf die die öffentliche Hand nur kraft vertraglicher Instrumente einzuwirken vermag, keine Sonderform des öffentlichen Unternehmens, sondern normale private Unternehmen dar. Im Fall von öffentlichen Subventionen entsteht ein „echtes" öffentliches Unternehmen dann, wenn so genannte „verlorene Zuschüsse" im Endeffekt zu einer Beteiligung der öffentlichen Hand an dem Subventionierten führen, und zwar gleichgültig aus welchem Grund.

II.

1. Das Grundgesetz geht gemäß seinem verfassungsrechtlichen Verständnis davon aus, dass die öffentliche Hand wirtschaftlich tätig wird. Eine allgemeine wirtschaftliche Betätigung der öffentlichen Hand ist daher nicht von sich aus verfassungswidrig. Das Sozialstaatsprinzip allein kann sie jedoch nicht legitimieren. Die so genannte Steuerstaatsthese verhindert eine rein gewinnorientier-

te Wirtschaftstätigkeit des Staates. Jede Staatswirtschaft muss schon wegen des Subsidiaritätsprinzips die Ausnahme bleiben. Das Grundgesetz ist demnach nicht so wirtschaftspolitisch neutral, wie allgemein behauptet wird. Hinsichtlich der Verankerung des Vorrangs der Privatheit im Grundgesetz ist allerdings noch von einem Vorsprung des Gemeinschaftsrechts auszugehen.

2. Die Daseinsvorsorge ist kein Aufgabentitel der öffentlichen Hand für ihre Wirtschaftstätigkeit. Im Übrigen stellen weder Zahlenlotterien noch Glücksspiele irgendeiner Art ein Moment der Daseinsvorsorge nach nationalem oder europäischem Verständnis dar. Daraus folgt, dass staatliche Zahlenlotterien und Glücksspiele auch keinen öffentlichen Zweck erfüllen.

3. Art. 28 Abs. 2 GG ermächtigt weder von sich aus zu Eingriffen in die Rechte Privater noch darf Art. 28 Abs. 2 GG im Wege einer vorgeblichen Drittwirkung zu einer Befugnisnorm gegenüber der Privatwirtschaft uminterpretiert werden. Jenseits ihrer staatsorganisationsrechtlichen Funktion hat die Vorschrift somit prinzipiell keinen spezifischen Gehalt, mit dessen Hilfe das Verhältnis von Privatwirtschaft und Wirtschaftstätigkeit der öffentlichen Hand geklärt werden könnte.

III.

1. Die der Wirtschaftstätigkeit der öffentlichen Hand zu ziehenden Grenzen finden sich verfassungsrechtlich hauptsächlich in den Grundrechten und Kompetenzordnungen des Grundgesetzes, einfachrechtlich vornehmlich im UWG sowie im GWB.

2. Weil es systemimmanenten Konkurrenzdruck durch die öffentliche Hand und ihre Unternehmen nicht gibt, kann die pauschale Aussage, Art. 12 Abs. 1 und Art. 14 GG schützten nicht vor Konkurrenz, so keinen Bestand haben. Hinsichtlich des Ziels, privaten Konkurrenten einen möglichst effektiven Rechtsschutz zu gewährleisten, wird die Eingriffsschwelle für die Bejahung eines Grundrechtseingriffs in der Regel zu hoch angesetzt.

3. Aus Sicht der privaten Konkurrenten macht es keinen Unterschied, ob sie Marktanteile an ein öffentliches Unternehmen einer Gemeinde, eines Landes oder des Bundes verlieren. Aus Art. 3 Abs. 1 GG folgt daher die gesetzgeberische Pflicht, allen öffentlichen Unternehmen zumindest gleichartige oder doch wenigstens aus sachlichen Gründen verschieden geregelte Beschränkungen aufzuerlegen.

4. Auch daseinsvorsorgende Tätigkeiten der öffentlichen Hand unterliegen der Anwendbarkeit des UWG. Lediglich die rein hoheitlichen Tätigkeiten bleiben von dessen Anwendung auch im Bereich der Daseinsvorsorge ausgenommen. Wettbewerbsrechtlich relevantes Handeln der öffentlichen Hand ist indes möglich, soweit es nur um die Erfüllung der der öffentlichen Hand zugewiesenen Aufgaben geht. Entschieden für die Anwendbarkeit des UWG auf öffentliche Unternehmen streitet dabei der Gedanke, dass sich öffentliche Unternehmen und private Konkurrenten auf dem Boden der Gleichordnung begegnen, wenn nach dem so genannten Bedarfsmarktkonzept Waren oder Dienstleistungen angeboten werden. Das öffentliche Recht geht weder dem privaten vor, noch überlagert es dieses im Ergebnis einer Gesamtbetrachtung. Für die Frage der generellen Anwendbarkeit des UWG auf öffentliche Unternehmen wird nicht mehr auf die Rechtsnatur der Leistungsbeziehungen zu deren Abnehmern abgestellt. Es kommt allein auf die wahre Natur des Rechtsverhältnisses zwischen den streitenden Parteien an. Wettbewerbs- und Kartellrecht sind somit – jedenfalls in ihrer Funktion als Marktverhaltensrecht – uneingeschränkt auf die öffentliche Hand anwendbar. Eine „Flucht vor dem Wettbewerbsrecht“ darf es für die öffentliche Hand nicht geben.

IV.

1. „Grundrechtseingriffe durch Konkurrenz“ der öffentlichen Hand, die rechtfertigungsbedürftig sind, müssen mehr als bisher verbreitet anerkannt werden. Dazu ist jede Beeinträchtigung grundrechtlich geschützter Verhaltensweisen als Eingriff zu qualifizieren, die für die Ausübung des Grundrechts wesentlich ist. Die zurzeit vorherrschende Auffassung zum Schutzumfang und damit zur Begründetheit öffentlich-rechtlich basierter Ansprüche privater Konkurrenten gegen die Wirtschaftstätigkeit der öffentlichen Hand verkennt die eminenten Unterschiede von privater und öffentlicher Wirtschaftstätigkeit. Unter Berufung auf das verfassungsimmanente Prinzip des Vorrangs der Privatheit kommt eine weitere Verstärkung des grundrechtlichen Schutzniveaus in Betracht.

2. Neben der nahezu unbestrittenen Anwendung des Wettbewerbsrechts als Marktverhaltensrecht auf die wirtschaftliche Betätigung der öffentlichen Hand können wettbewerbsrechtliche Ansprüche auch gegen illegale öffentliche Konkurrenz auf Grund ihres illegalen Marktzutritts gestützt werden, denn diese ist keinesfalls eine grundsätzlich erwünschte Belebung des Wettbewerbs. Insoweit steht privaten Konkurrenten ein Unterlassungsanspruch aus § 8 Abs. 1

UWG i. V. m. §§ 3, 4 Nr. 11 UWG wegen der Verletzung einer Marktzutrittsregelung zu. Die Trennung von Marktzutritts- und Marktverhaltensregeln ist nämlich vom Grundsatz her verfehlt, eine scharfe Trennung ist auch gar nicht möglich. Für die Beurteilung der Wettbewerbswidrigkeit ist auf das Gesamtverhalten abzustellen. Zu diesem gehört auch der Marktzutritt.

3. Ein anerkennenswertes Verbraucherinteresse an einer Belebung des Wettbewerbs durch Beteiligung gerade öffentlicher Unternehmen besteht demgegenüber nicht. Der Wettbewerb wird nicht – auch nicht unter Umständen – durch den Marktzutritt der öffentlichen Hand belebt. Erst recht ist ein solcher Marktzutritt gerade der öffentlichen Hand von der Zielsetzung des Wettbewerbsrechts, die Freiheit des Wettbewerbs zu schützen, grundsätzlich unerwünscht.

4. Privaten Konkurrenten steht grundsätzlich auch ein Unterlassungsanspruch aus § 8 Abs. 1 UWG i. V. m. § 3 UWG zu. Die Generalklausel des § 3 UWG erweist sich als pragmatischer Anwendungsfall von öffentlichem und Zivilrecht als wechselseitigen Auffangordnungen. Die nach wie vor unter § 3 UWG zu subsumierende Fallgruppe „Wettbewerb der öffentlichen Hand" muss um grundrechtlich determinierte Ansprüche erweitert werden, indem ein Eingriff durch Konkurrenz eines öffentlichen Unternehmens als unlauter verstanden wird. Die Anforderungen an einen solchen faktischen Grundrechtseingriff, den es als zugleich unlauter aufzufassen gilt, sind ebenso wie bei einem darauf gestützten öffentlich-rechtlichen Unterlassungsanspruch wesentlich niedriger als nach überkommenem grundrechtlichen Schutzverständnis.

5. Neben einem Vorgehen über das UWG existiert ein unabhängiger kartellvergaberechtlicher Lösungsansatz zumindest für einen Teilbereich des rechtswidrigen Marktzutritts der öffentlichen Hand (hinsichtlich des „Ob" der Wettbewerbsteilnahme) als Kompensation der aktuellen Rechtlosstellung Privater. Jedenfalls in dem beschränkten Bereich der Teilnahme eines öffentlichen Unternehmens an einer Ausschreibung öffentlicher Aufträge oberhalb der vergaberechtlichen Schwellenwerte kommt privaten Mitbietern Individualrechtsschutz zu. Sie können sich auf die Verletzung der den Marktzutritt des öffentlichen Unternehmens regelnden Vorschriften berufen. Eine solche Verletzung ist unzulässig nach § 97 Abs. 1 GWB und § 2 Nr. 1 Abs. 2 VOL/A bzw. § 2 Nr. 1 S. 3 VOB/A (so genanntes Prinzip der wettbewerblichen Vergabe). Ein unterle-

gener privater Bieter hat Anspruch darauf, diejenigen Bieter vom Verfahren auszuschließen, die dagegen verstoßen.

6. Für den übrigen weitaus größeren Hauptbereich der wirtschaftlichen Tätigkeit der öffentlichen Hand muss die weiterhin bestehende Lücke im Rechtsschutz Privater mit Hilfe des UWG und öffentlich-rechtlichen Ansprüchen unter Heranziehung eines erweiterten grundrechtlichen Schutzverständnisses geschlossen werden.

7. Allgemeine zivilrechtliche Ansprüche kommen praktisch nicht in Betracht. Allenfalls auf den allgemeinen schutzgesetzlichen Unterlassungsanspruch aus § 1004 Abs. 1 S. 2 BGB analog i. V. m. § 823 Abs. 2 BGB (so genannter quasinegatorischer Unterlassungsanspruch) können sich Private berufen. Die Subsidiaritätsklauseln in den Gemeindeordnungsvorschriften zur kommunalen Wirtschaftstätigkeit sind den Schutz privater Unternehmer bezweckende Gesetze bzw. Schutzgesetze zu Gunsten der Privatwirtschaft. Ein Verstoß gegen sie begründet folglich einen quasinegatorischen Unterlassungsanspruch privater Konkurrenten. Jenseits des kommunalen Bereichs gibt es für einen solchen Anspruch jedoch keine praktischen Anknüpfungspunkte.

8. Haushaltsrechtliche Bestimmungen bezwecken nicht den Individualschutz Einzelner. Rechtsschutz für private Konkurrenten kann auf diese Bestimmungen folglich nicht gestützt werden. Auf die Verletzung des § 65 BHO kann somit auch keine wettbewerbsrechtliche Klage nach §§ 3, 4 Nr. 11 UWG i. V. m. § 8 Abs. 1 UWG gestützt werden.

V.

1. Bereits dem geltenden Recht sind somit Ansprüche Privater gegen öffentliche Konkurrenzwirtschaft zu entnehmen. Dennoch wenden die Gerichte diese nicht an oder beschränken sie ihrem Umfang nach in nicht gerechtfertigter Weise. Eine Überprüfung der Grenzen staatlicher Wirtschaftstätigkeit findet auf Initiative privater Konkurrenten hin nicht statt.

2. Für eine gerichtliche Überprüfung staatlicher Konkurrenzwirtschaft kommen die ordentliche und die Verwaltungsgerichtsbarkeit in Betracht. Seit einiger Zeit aber steht betroffenen Privaten faktisch gar kein Rechtsweg mehr offen. Zu der Unsicherheit, welche Grenzen der Wirtschaftstätigkeit der öffentlichen Hand zu ziehen sind, ist die nicht nur im Hinblick auf Art. 19 Abs. 4 GG unbefriedigende Situation hinzugetreten, dass privaten Konkurrenten, die sich in

ihren Rechten verletzt fühlen und diese Grenzen überprüfen lassen wollen, der Rechtsweg faktisch gar nicht mehr zur Verfügung steht. Zur Überprüfung kann beispielsweise der Verlust von Marktanteilen auf Grund Marktdiversifizierung und Wettbewerbsintensivierung gestellt werden. Ein solcher muss von Privaten nicht hingenommen werden, wenn die Ursachen hierfür allein oder weit überwiegend in der Marktteilnahme oder im Marktzutritt der öffentlichen Hand liegen.

3. Zurzeit verneinen die Verwaltungsgerichte nicht nur den Drittschutzcharakter der Subsidiaritätsklauseln der Gemeindeordnungen zu Gunsten privater Unternehmer, sondern halten darüber hinaus an der gefestigten Rechtsprechung fest, nach der die Grundrechte der privaten Konkurrenten nicht vor Konkurrenz schützten. Der *Bundesgerichtshof* verwehrt darüber hinaus nunmehr auch die Beschreitung des Zivilrechtsweges und eine Anwendung des UWG, solange nicht nur das „Wie" öffentlicher Wettbewerbsteilnahme in Rede steht. Das hat zu einem eklatanten Rechtsschutzdefizit geführt, das nur durch eine Änderung der Gesetze, insbesondere des § 4 Nr. 11 UWG, oder durch eine geänderte Einstellung der Verwaltungsgerichte zur Frage des drittschützenden Charakters der relevanten Vorschriften bzw. zum Schutzumfang der Wirtschaftsgrundrechte auszugleichen ist. Das Kernproblem der aktuellen Rechtslage ist somit eine faktische Rechtsschutzlücke für private Konkurrenten, die eine Wirtschaftstätigkeit der öffentlichen Hand gerichtlich überprüfen lassen wollen. Die öffentlichen Unternehmen haben zugleich eine „*carte blanche*" zur Fortsetzung ihrer teilweise exzessiven Expansionspolitik.

4. Für die Überprüfung staatlicher Wirtschaftstätigkeit besteht hinsichtlich des Rechtsweges richtigerweise eine potenzielle Doppelspurigkeit des Rechtsschutzes. Stehen dem privaten Konkurrenten sowohl öffentlich-rechtliche als auch zivilrechtliche Klagegründe zur Auswahl, kann er anhand von Überlegungen zum Sachzusammenhang und der Prozessökonomie wählen, in welchem Rechtsweg er diese durchsetzen möchte, so lange keine gesetzliche Sonderzuweisung besteht. Das jeweils zuerst angerufene Gericht ist aus prozessökonomischen Gründen unter Berufung auf den Aspekt des Sachzusammenhangs sowie § 17 Abs. 2 S. 1 GVG befugt, über die an sich im anderen Rechtsweg geltend zu machenden Ansprüche mitzuentscheiden. Es gibt für die Durchsetzung dieser Ansprüche gerade keinen rechtlichen Vorrang eines bestimmten Rechtsweges. Allein prozessökonomische Überlegungen können für einen Vorrang des Zivilrechtsweges sprechen. Eine Doppelqualifizierung hoheitlicher Maßnahmen mit

wettbewerblicher Wirkung ist jedenfalls nicht die einzige Antwort auf die Rechtswegfrage.

5. Will ein privater Konkurrent gegen die Wirtschaftstätigkeit der öffentlichen Hand im Verwaltungsrechtsweg vorgehen, stellt sich die Klagebefugnis als erstes entscheidendes Moment für den Erfolg oder Misserfolg seines gewählten Rechtsbehelfs dar. Jenseits des kommunalen Bereichs kommt es mangels Übertragbarkeit der kommunalen Regelungen entscheidend auf den abwehrrechtlichen Gehalt der Grundrechte der privaten Konkurrenten an, um deren Klagebefugnis begründen zu können.

6. Strukturelle Mängel des Primärrechtschutzes können grundsätzlich nicht mit Hilfe eines übergewichteten Sekundärrechtsschutzes ausgeglichen werden. Das Gleiche gilt für strukturelle Mängel einer ausreichenden Primärrechtsschutz versagenden Rechtsprechung, wobei in dieser Konstellation ohnehin das Richterspruchprivileg des § 839 Abs. 2 BGB i. V. m. Art. 34 GG greift.

VI.

1. Nationale Glücksspielmonopole in den Mitgliedsstaaten der Europäischen Union können nur im gemeinschaftsrechtlichen Kontext betrachtet werden. Bei der entsprechenden Beurteilung des deutschen Glücksspielmonopols wird jedoch insbesondere außer Acht gelassen, dass die europäischen Grundfreiheiten auch diskriminierungsunabhängige Beschränkungsverbote statuieren und daher auch jeder nationalen Regelung entgegenstehen, die geeignet ist, die Ausübung der garantierten Grundfreiheiten durch die Angehörigen der Gemeinschaft einschließlich der Staatsangehörigen des Mitgliedsstaats, der die Regelung erlassen hat, zu behindern oder weniger attraktiv zu machen.

2. Hinsichtlich des Verhältnismäßigkeitsgrundsatzes als Eingrenzungsmaßstab staatlicher Wirtschaftstätigkeit besteht weder national- noch gemeinschaftsrechtlich irgendein überzeugender Grund, den Staat in seiner Rolle als Wirtschaftssubjekt von dessen uneingeschränkter Anwendung freizustellen. Es kommt allein darauf an, dass etwaige Beschränkungen der Grundfreiheiten dem Prinzip der Verhältnismäßigkeit genügen. Nationale beschränkende Regelungen dürfen nicht über das hinausgehen, was zur Erreichung des angestrebten Ziels (zwingende Gründe des Allgemeininteresses) erforderlich ist. Genau das hat (auch) jedes nationale Fachgericht gemäß Art. 10 EG zu beachten.

3. Die Grundfreiheiten können nicht vorübergehend außer Kraft gesetzt, der Anwendungsvorrang des Gemeinschaftsrechts kann nicht zeitweise suspendiert werden.

VII.

1. Auf dem Sektor des Glücksspiel- und Sportwettenrechts ist eine Rechtsschutzlücke anderer Art entstanden. Die Sportwetten-Entscheidung des *Bundesverfassungsgerichts* vom 28.03.2006 hat nicht die erwartete endgültige Klärung der Rechtslage gebracht. Stattdessen existieren Rechtsunsicherheiten, die auf der Ausklammerung europarechtlicher Fragen durch das *Bundesverfassungsgericht* und den diesbezüglich oft konträren Entscheidungen der Instanzgerichte beruhen.

2. Zumindest an der Europarechtswidrigkeit des staatlichen Wettmonopols hat sich auch nach der Sportwetten-Entscheidung des *Bundesverfassungsgerichts* nichts geändert.

3. Eine Einbeziehung europarechtlicher Fragen in die Entscheidungspraxis auch des *Bundesverfassungsgerichts* hätte die fachgerichtlichen Rechtsprechungsquerelen rund um das staatliche Glücksspielmonopol verhindert. Die dazu notwendige Integration der Prüfung der Gemeinschaftsrechtskonformität nationaler Maßnahmen kann problemlos im Rahmen der so genannten Schranken-Schranken der nationalen Wirtschaftsgrundrechte erfolgen. Der entstandene Rechtsprechungswirrwarr wird nunmehr erst durch eine klärende Entscheidung des *Europäischen Gerichtshofs* infolge der dort von deutschen Verwaltungsgerichten anhängig gemachten Vorabentscheidungsverfahren geklärt werden.

4. Offenkundig gegen Gemeinschaftsrecht verstoßende Schließungsverfügungen gegen private Anbieter von Glücksspielen können, wenn sie von Gerichten dennoch aufrechterhalten werden, einen gemeinschaftsrechtlichen Staatshaftungsanspruch der Privaten begründen.

5. Vor dem Hintergrund, dass das *Bundesverfassungsgericht* die beiden Alternativen staatliches Monopol und Liberalisierung des Marktes als völlig gleichwertig beurteilt hat, manifestiert der GlüStV einen Erdrosselungswettbewerb zu Lasten privater Anbieter. Selbst bei Anlegung strengster Maßstäbe an die Verletzung des Art. 12 Abs. 1 GG ist ein Verstoß des Verdrängungswettbewerbs der öffentlichen Hand gegen Art. 12 Abs. 1 GG zu bejahen.

6. Das Staatsmonopol stellt einen unverhältnismäßigen und damit nicht gerechtfertigten Eingriff in die Dienstleistungs- und Niederlassungsfreiheit derjenigen Anbieter aus einem Mitgliedsstaat dar, die bereits im Besitz einer Erlaubnis ihres Heimatstaates sind. Das Gleiche gilt hinsichtlich des Verbots der Internet-Wetten in § 4 Abs. 4 GlüStV. Die Werbeverbote des § 5 GlüStV sind inkonsistent und unverhältnismäßig. Die normative Regelung, die bis zum Stichtag 31.12.2007 zu realisieren war, hat mit dem GlüStV nicht zu einem gemeinschaftsrechtskonformen Rechtszustand geführt. Um eine kohärente und systematische, mithin einheitliche Begrenzung der Glücksspiel- und Wetttätigkeit zu erreichen, hätten im Übrigen alle Glücksspielformen bewertend in den Blick genommen werden müssen.

7. Viel spricht daher für die Notwendigkeit der Liberalisierung des Lotto- und Glücksspielmarktes bei einer gleichzeitigen Verschärfung der Kontroll- und Überwachungsmechanismen, auf die wegen der staatlichen Schutzpflicht des Gesetzgebers unter dem Gesichtspunkt der Suchtbekämpfung freilich nicht gänzlich verzichtet werden kann. Dabei dürfte es sich für die Realisierung der notwendigen Kontrolle anbieten, nach dem Vorbild des Rundfunkrechts die Aufsicht jedenfalls ergänzend auf staatsfreie, sachkundig besetzte Gremien zu verlagern.

VERZEICHNIS BESONDERER ABKÜRZUNGEN

i. E. = im Ergebnis

FAS = Frankfurter Allgemeine Sonntagszeitung

KommJur = Kommunaljurist

LKRZ = Zeitschrift für Landes- und Kommunalrecht Hessen, Rheinland-Pfalz, Saarland

LKV = Landes- und Kommunalverwaltung; Verwaltungsrechtszeitschrift für die Länder Berlin, Brandenburg, Mecklenburg-Vorpommern, Sachsen, Sachsen-Anhalt und Thüringen

MedR = Medizinrecht

ZfWG = Zeitschrift für Wett- und Glücksspielrecht

Im Übrigen orientieren sich die Abkürzungen an *Kirchner/Butz*, Abkürzungsverzeichnis der Rechtssprache, 5. Aufl. 2003.

LITERATURVERZEICHNIS

Ahrens, Hans-Jürgen, Einl F, in: Harte-Bavendamm, Henning/Henning-Bodewig, Frauke (Hrsg.), UWG, 2004, C. H. Beck, München.

Albrecht, Stefanie/Gabriel, Ulrich, Die aktuelle Entwicklung im Glücksspielrecht - Der geplante Lotteriestaatsvertrag vor dem Hintergrund des „Placanica"-Urteils des EuGH, WRP 2007, S. 616 – 620.

Alexander, Christian, Öffentliche Auftragsvergabe und unlauterer Wettbewerb - Zum Rechtsschutz des Bieters im fehlerhaften Vergabeverfahren nach Vergaberecht und UWG, WRP 2004, S. 700 – 712.

Ders., Vergaberechtlicher Schadensersatz gemäß § 126 GWB, WRP 2009, S. 28 – 36.

Altmeppen, Holger, Die Einflussrechte der Gemeindeorgane in einer kommunalen GmbH, NJW 2003, S. 2561 – 2567.

Antweiler, Clemens, Chancen des Primärrechtsschutzes unterhalb der Schwellenwerte, VergabeR 2008, S. 352 – 360.

Arendts, Martin, Anmerkung zu EuGH, Urteil v. 06.03.2007, C-338/04, C-359/04 und C-360/04 – „Placanica", MMR 2007, S. 305 – 306.

Ders., Was bringt „Gambelli III"? – Übersicht zu den beim Europäischen Gerichtshof anhängigen Verfahren zu Wetten und Glücksspielen, ZfWG 2008, S. 165 – 173.

Ders., Einstweiliger Rechtsschutz bei gegen Sportwettenvermittler ergangenen Untersagungsverfügungen, WiVerw 2008, S. 123 – 136.

Arndt, Hans-Wolfgang/Fischer, Kristian, Europarecht, Schaeffers Grundriß des Rechts und der Wirtschaft, Bd. 32/1, 9. Aufl. 2008, C. F. Müller, Heidelberg.

Badura, Peter, Die Wirtschaftstätigkeit der öffentlichen Hand und die neue Sicht des Gesetzesvorbehalts, in: Baur, Jürgen F./Hopt, Klaus J./Mailänder, K. Peter (Hrsg.), Festschrift für Ernst Steindorff zum 70. Geburtstag am 13. März 1990, 1990, S. 835 – 855, Walter de Gruyter, Berlin New York.

Ders., Wirtschaftliche Betätigung der Gemeinde zur Erledigung von Angelegenheiten der örtlichen Gemeinschaft im Rahmen der Gesetze, DÖV 1998, S. 818 – 823.

Ders., Wirtschaftsverfassung und Wirtschaftsverwaltung, 2. Aufl. 2005, Mohr Siebeck, Tübingen.

Bahr, Martin, Glücks- und Gewinnspiele in den Medien, K&R 2007, S. 307 – 312.

Baur, Fritz, Einige Bemerkungen zur Beweislastverteilung im Verwaltungsprozeß, in: Püttner, Günter (Hrsg.), Festschrift für Otto Bachof zum 70. Geburtstag am 6. März 1984, 1984, S. 285 – 292, C. H. Beck, München.

Beljin, Sasa, Wann muss ein Verstoß gegen die Grundfreiheiten beseitigt sein?, NVwZ 2008, S. 156 – 162.

Berg, Wilfried, Zur Konkurrenz zwischen öffentlichen Spielbanken und privaten Glücksspielvereinen, MDR 1977, S. 277 – 278.

Ders., Die wirtschaftliche Betätigung von Kommunen - kommunale Selbstverwaltung und Wettbewerb, WiVerw 2000, S. 141 – 158.

Bethge, Herbert, Die Grundrechtsberechtigung juristischer Personen nach Art. 19 Abs. 3 Grundgesetz, Schriften der Universität Passau, Reihe Rechtswissenschaft, Bd. 3, 1985, Passavia Universitätsverlag, Passau.

Ders., Der Grundrechtseingriff, VVDStRL 57 (1998), S. 7 – 52.

Ders., Verfassungsrecht, 2. Aufl. 2004, Verlag Vahlen, München.

Ders., Die rechtlichen Konsequenzen der Entscheidung des Bundesverfassungsgerichts vom 28. März 2006 (Oddset) zur Zulässigkeit gewerblicher Veranstaltung und Vermittlung von Sportwetten in den Ländern, ZfWG 2007, S. 169 – 180; 245 – 252.

Ders., Entscheidungswirkungen und Konsequenzen des Sportwetten-Urteils des Bundesverfassungsgerichts, DVBl. 2007, S. 917 – 925.

Ders., Modernisierung der Verwaltung durch Abbau von Verwaltungsmonopolen?, in: Heckmann, Dirk (Hrsg.), Modernisierung von Justiz und Verwaltung – Gedenkschrift für Ferdinand O. Kopp, 2007, S. 300 – 314, Boorberg Verlag.

Ders., Der Anwendungsvorrang des einfachen Rechts, in: Ennuschat, Jörg/Geerlings, Jörg/Mann, Thomas/Pielow, Johann-Christian (Hrsg.), Wirtschaft und Gesellschaft im Staat der Gegenwart – Gedächtnisschrift für Peter J. Tettinger, 2007, S. 369 – 396, Carl Heymanns Verlag, Berlin.

Ders., Die begrenzte Legitimation von „DDR-Lizenzen“ für das Unternehmen von Glücksspielen in den alten Ländern, BayVBl. 2008, S. 97 – 100.

Ders., Art. 12 Abs. 1 GG als Grundrecht der gewerblichen Veranstaltung und Vermittlung von Glücksspielen im Bereich von Sportwetten, WiVerw 2008, S. 77 – 84.

Ders., Zur Grundrechtsträgerschaft gemischt-wirtschaftlicher Unternehmen, in: Butzer, Hermann/Kaltenborn, Markus/Meyer, Wolfgang (Hrsg.), Organisation und Verfahren im sozialen Rechtsstaat; Festschrift für Friedrich E. Schnapp zum 70. Geburtstag, Schriften zum Öffentlichen Recht, Bd. 1109, 2008, S. 3 – 14, Duncker & Humblot, Berlin.

Ders., Grundrechtskollisionen, in: Merten, Detlef/Papier, Hans-Jürgen (Hrsg.), Handbuch der Grundrechte in Deutschland und Europa, Band III, 2009 (im Erscheinen), § 72, C. F. Müller, Heidelberg.

Bettermann, Karl August, Anmerkung zu BGH, Beschluss vom 22.03.1976, Az. GSZ 2/75, DVBl. 1977, S. 180 – 183.

Ders., Gewerbefreiheit der öffentlichen Hand, in: Berliner Festschrift für Ernst E. Hirsch zum 65. Geburtstag, 1968, S. 1 – 24, Duncker & Humblot, Berlin.

Braun, Christian, Sekundärrechtsschutz unterhalb der Schwellenwerte?, VergabeR 2008, S. 360 – 371.

Brenner, Günter, Gelten die Grundrechte auch für die wirtschaftliche Betätigung der öffentlichen Hand?, BB 1962, S. 727 – 730.

Brohm, Winfried, Wirtschaftstätigkeit der öffentlichen Hand und Wettbewerb, NJW 1994, S. 281 – 289.

Broß, Siegfried, Überlegungen zum Wettbewerb der öffentlichen Hand, in: Erdmann, Willi/Gloy, Wolfgang/Herber, Rolf (Hrsg.), Festschrift für Henning Piper, 1996, S. 107 – 119, C. H. Beck, München.

Brüning, Christoph, „Nichts geht mehr?“ – Zum grundrechtlichen Schutz der Berufsfreiheit vor staatlicher Wirtschaftstätigkeit, JZ 2009, S. 29 – 35.

Bungenberg, Marc, Das Sportwettenmonopol zwischen deutschem und europäischem Wirtschaftsverfassungsrecht, DVBl. 2007, S. 1405 – 1415.

Burmeister, Joachim, Verfassungsrechtliche Grundfragen der kommunalen Wirtschaftsbetätigung, in: v. Mutius, Albert (Hrsg.), Selbstverwaltung im Staat der Industriegesellschaft; Festgabe zum 70. Geburtstag von Georg Christoph von Unruh, Schriftenreihe des Lorenz-von-Stein-

Instituts für Verwaltungswissenschaften Kiel, Bd. 4, 1983, S. 623 – 658, R. v. Decker's Verlag, G. Schenck, Heidelberg.

Busche, Jan, Anmerkung zu BGH NJW 2002, 2175, LM H. 9/2002 § 1 UWG Nr. 872.

Claus, Dieter, Öffentlich-rechtliche Kreditinstitute: Gewährträgerhaftung und Wettbewerb, in: Hasse, Rolf H./Schenk, Karl-Ernst/Straubhaar, Thomas/Wass von Czege, Andreas (Hrsg.), Wettbewerb und die Rolle der öffentlichen Unternehmen in der Europäischen Union, Schriftenreihe des EUROPA-KOLLEGS HAMBURG zur Integrationsforschung, Bd. 42, 2004, S. 180 – 192, Nomos, Baden-Baden.

David, Hans-Joachim, Wettbewerbsrechtliche Ansprüche gegen Betätigung von Kommunen und deren Gesellschaften, NVwZ 2000, S. 738 – 743.

Detterbeck, Steffen/Windthorst, Kay/Sproll, Hans-Dieter, Staatshaftungsrecht, JuS Schriftenreihe, Bd. 142, Weber, Hermann (Hrsg.), 2000, C. H. Beck, München.

Dietlein, Johannes/Hecker, Manfred, Die Vermittlung von Oddset-Wetten zwischen Gefahrenabwehr und Wettbewerbsschutz, WRP 2003, S. 1175 – 1180.

Dietlein, Johannes, Rechtsfragen der übergangsweisen Fortgeltung des Sportwettenrechts der Länder, K&R 2006, S. 307 – 313.

Diefenbach, Wilhelm, § 1 UWG als Schranke wirtschaftlicher Betätigung der Kommunen, WiVerw 2003, S. 99 – 114.

Ders., Zur Konkurrentenklage gegen unzulässige kommunale Wirtschaftstätigkeit, WiVerw 2003, S. 115 – 131.

Dittmer, Nora, Öffentliche Unternehmen und der Begriff des öffentlichen Auftraggebers – Aus der Perspektive einer funktionsfähigen Markt- und Rechtsordnung, Schriftenreihe Institut für Energie- und Wettbewerbsrecht in der Kommunalen Wirtschaft e.V. an der Humboldt-Universität zu Berlin, Bd. 30, 2008, Nomos, Baden-Baden.

Dorn, Horst, Schadensersatzansprüche des Privatunternehmers wegen schädigenden Wettbewerbs durch Gemeindebetriebe, NJW 1964, S. 137 – 139.

Dreher, Meinrad, Anmerkung zu BGH, Urteil vom 25.04.2002, Az. I ZR 250/00 - Elektroarbeiten, ZIP 2002, S. 1648 – 1651.

Dübbers, Robert/Kartal, Jusuf, Kommentar (zu BVerfGE 115, 276 ff. – „Oddset"), ZfWG 2006, S. 33 – 35.

Ehlers, Dirk, Die wirtschaftliche Betätigung der öffentlichen Hand in der Bundesrepublik Deutschland, JZ 1990, S. 1089 – 1100.

Ders., Rechtsprobleme der Kommunalwirtschaft, DVBl. 1998, S. 497 – 508.

Ders., Die Zulässigkeit einer erwerbswirtschaftlichen Betätigung der öffentlichen Hand, Jura 1999, S. 212 – 217.

Ders., §§ 40, 41 VwGO, in: Schoch, Friedrich/Schmidt-Aßmann, Eberhard/Pietzner, Rainer (Hrsg.), Verwaltungsgerichtsordnung, Stand: 09/2007, C. H. Beck, München.

Ders./Eggert, Anke, Zur Zulässigkeit einer zeitlich begrenzten weiteren Anwendung gemeinschaftsrechtswidrigen nationalen Rechts, JZ 2008, S. 585 – 593.

Eichhorn, Peter, Gemeinwohlorientierung unter Wettbewerbsdruck, in: Eichhorn, Peter/Reichard, Christoph/Schuppert, Gunnar F. (Hrsg.), Kommunale Wirtschaft im Wandel – Chancen und Risiken, Schriftenreihe der Gesellschaft für öffentliche Wirtschaft, Bd. 48, 2000, S. 171 – 175, Nomos, Baden-Baden.

Emmerich, Volker, Das Wirtschaftsrecht der öffentlichen Unternehmen, Reihe Wirtschaftsrecht und Wirtschaftspolitik, Bd. 9, Mestmäcker, Ernst Joachim (Hrsg.), 1969, Verlag Gehlen, Bad Homburg Berlin Zürich.

Ders., Der unlautere Wettbewerb der öffentlichen Hand, Walter Eucken Institut Vorträge und Aufsätze, Bd. 24, 1969, Mohr Siebeck, Tübingen.

Ennuschat, Jörg, Kommunalwirtschaft und Wettbewerbsrecht, WRP 1999, S. 405 – 407.

Ders., Vor dem Ende des Staatsmonopols im Glücksspielbereich?, DVBl. 2005, S. 1288 – 1293.

Ders., Rechtsschutz privater Konkurrenten gegen kommunale Konkurrenz, WRP 2008, S. 883 – 887.

Ders., Kommunalwirtschaftsrecht – Prüfungsmaßstab im Vergaberechtsschutz?, NVwZ 2008, S. 966 – 968.

Erichsen, Hans-Uwe, Gemeinde und Private im wirtschaftlichen Wettbewerb, Schriftenreihe der Juristischen Studiengesellschaft Karlsruhe, Bd. 176, Gründer der Juristischen Studiengesellschaft (Hrsg.), 1987, C. F. Müller, Heidelberg.

Ders., Grundrechtliche Schutzpflichten in der Rechtsprechung des Bundesverfassungsgerichts, Jura 1997, S. 85 – 89.

Fackler, Stephan, Die normative Kraft des Faktischen, K&R 2006, S. 313 – 316.

Faßbender, Karl-Josef, Rechtsschutz privater Konkurrenten gegen kommunale Wirtschaftsbetätigung, DÖV 2005, S. 89 – 100.

Fezer, Karl-Heinz, Objektive Theorie der Lauterkeit im Wettbewerb, in: Ohly, Ansgar/Bodewig, Theo/Dreier, Thomas/Götting, Horst-Peter/Haedicke, Maximilian/Lehmann, Michael (Hrsg.), Perspektiven des Geistigen Eigentums und Wettbewerbsrechts – Festschrift für Gerhard Schricker zum 70. Geburtstag, 2005, S. 671 – 688, C. H. Beck, München.

Frentzel, Gerhard, Wirtschaftsverfassungsrechtliche Betrachtungen zur wirtschaftlichen Betätigung der öffentlichen Hand, Recht und Staat in Geschichte und Gegenwart 235 (1961), Mohr Siebeck, Tübingen.

Frenz, Walter, Die Verfassungsbeschwerde als Verfahren zur Durchsetzung gemeinschaftsrechtlich verliehener Rechte, DÖV 1995, S. 414 – 419.

Ders., Verwaltungsgerichtlicher Rechtsschutz in Konkurrenzsituationen, Schriften zum Öffentlichen Recht, Bd. 781, 1999, Duncker & Humblot, Berlin.

Ders., Wettbewerbsrechtliche Absicherung privater Entsorgungsverantwortung, DÖV 2000, S. 802 – 810.

von Gamm, Otto-Friedrich Frhr., Verfassungs- und wettbewerbsrechtliche Grenzen des Wettbewerbs der öffentlichen Hand, WRP 1984, S. 303 – 309.

Glahs, Heike/Külpmann, Christoph, Die kommunalrechtlich unzulässige Betätigung öffentlicher Unternehmen im Vergaberecht, VergabeR 2002, S. 555 – 566.

Glöckner, Jochen, Wettbewerbsbezogenes Verständnis der Unlauterkeit und Vorsprungserlangung durch Rechtsbruch, GRUR 2008, S. 960 – 967.

Götting, Horst-Peter, Der Rechtsbruchtatbestand, in: Ohly, Ansgar/Bodewig, Theo/Dreier, Thomas/Götting, Horst-Peter/Haedicke, Maximilian/Lehmann, Michael (Hrsg.), Perspektiven des Geistigen Eigentums und Wettbewerbsrechts – Festschrift für Gerhard Schricker zum 70. Geburtstag, 2005, S. 689 – 704, C. H. Beck, München.

Ders., Wettbewerbsrecht, 2005, C. H. Beck, München.

Goldmann, Michael, § 9 UWG, in: Harte-Bavendamm, Henning/Henning-Bodewig, Frauke (Hrsg.), UWG, 2004, C. H. Beck, München.

Gomille, Christian, Anmerkung zu OLG Celle, Urteil vom 1. Februar 2007 - 13 U 195/06, ZUM 2007, S. 544 – 546.

Graßhof, Malte, § 78 BVerfGG, in: Umbach, Dieter C./Clemens, Thomas/Dollinger, Franz-Wilhelm (Hrsg.), Bundesverfassungsgerichtsgesetz, 2. Aufl. 2005, C. F. Müller, Heidelberg.

Grawert, Rolf, Zuständigkeitsgrenzen der Kommunalwirtschaft, in: Grupp, Klaus/Ronellenfitsch, Michael (Hrsg.), Planung – Recht – Rechtsschutz; Festschrift für Willi Blümel zum 70. Geburtstag am 6. Januar 1999, Schriften zum Öffentlichen Recht, Bd. 772, 1999, S. 119 – 138, Duncker & Humblot, Berlin.

Gröning, Jochem, Kommunalrechtliche Grenzen der wirtschaftlichen Betätigung der Gemeinden und Drittschutz auf dem ordentlichen Rechtsweg, WRP 2002, S. 17 – 27.

Gronemeyer, Steffen, Rechtsschutz gegen gewinnorientierte Tätigkeit der öffentlichen Hand, in: Stober, Rolf/Vogel, Hanspeter (Hrsg.), Wirtschaftliche Betätigung der öffentlichen Hand, Studien zum öffentlichen Wirtschaftsrecht, Bd. 45, 2000, S. 167 – 182, Carl Heymanns Verlag KG, Köln Berlin Bonn München.

Grünwald, Andreas/Koch, Hannah, Nichts geht mehr? Sportwetten im Internet, MMR 2008, S. 711 – 714.

Gütebier, Friedrich Wilhelm, Der unlautere Wettbewerb der öffentlichen Hand, Diss. Köln 1934, Carl Heymanns Verlag, Berlin.

von Harder, Hermann L., Der Rechtsweg bei Klagen gegen unlauteren Wettbewerb der öffentlichen Hand, GRUR 1968, S. 403 – 405.

Harms, Wolfgang, Unlauterer Wettbewerb durch wirtschaftliche Aktivitäten öffentlicher Hände, BB Beilage 17/1986, S. 3 – 8.

Haslinger, Stephanie, Schutzlos gegen rechtswidrigen Marktzutritt der öffentlichen Hand? – „Erwünschte Belebung des Wettbewerbs“?, WRP 2002, S. 1023 – 1028.

Hattig, Marianne, Untersuchung der Vereinbarkeit von nationalem Glücksspielrecht mit dem europäischen Gemeinschaftsrecht am Beispiel Schwedens, 1999, Diss. Hamburg, Hamburg.

Hauck, Ronny, Dabeisein ist alles... – Der Rechtsschutz privater Unternehmen gegen die Teilnahme der öffentlichen Hand am Wettbewerb, WRP 2006, S. 323 – 330.

Hecker, Manfred/Ruttig, Markus, Zur Unlauterkeit der Veranstaltung von Sportwetten ohne Erlaubnis einer deutschen Behörde, WRP 2006, S. 307 – 311.

Heermann, Peter W., Werbebeschränkungen für öffentliches Glücksspiel nach dem Glücksspielstaatsvertrag, WRP 2008, S. 479 – 491.

Hefermehl, Wolfgang/Köhler, Helmut/Bornkamm, Joachim, Gesetz gegen den unlauteren Wettbewerb UWG, 26. Aufl. 2008, C. H. Beck, München.

Held, F. W., Die Zukunft der Kommunalwirtschaft im Wettbewerb mit der privaten Wirtschaft, NWVBl. 2000, S. 201 – 206.

Henneke, Hans-Günter, Gewinnerzielung und Arbeitsplatzsicherung als Legitimation kommunalwirtschaftlicher Betätigung? – Verfassungsrechtliche Aspekte, NdsVBl. 1998, S. 273 – 283.

Ders., Anmerkung zu RhPfVerfGH, Urteil vom 28.03.2000, Az. VGH N 12/98, DVBl. 2000, S. 997 – 999.

Heßhaus, Matthias, Kommunale Wirtschaftsbetätigung und Lauterkeit des Wettbewerbs, NWVBl. 2003, S. 173 – 175.

Hidien, Jürgen, Gemeindliche Betätigungen rein erwerbswirtschaftlicher Art und „öffentlicher Zweck" kommunaler wirtschaftlicher Unternehmen, Schriften zum Öffentlichen Recht, Bd. 402, 1981, Duncker & Humblot, Berlin.

Hoeller, Boris/Bodemann, Rüdiger, Das „Gambelli"-Urteil des EuGH und seine Auswirkungen auf Deutschland, NJW 2004, S. 122 – 125.

Hösch, Ulrich, Die kommunale Wirtschaftstätigkeit – Teilnahme am wirtschaftlichen Wettbewerb oder Daseinsvorsorge, Beiträge zur Ordnungstheorie und Ordnungspolitik, Bd. 164, Walter Eucken Institut (Hrsg.), 2000, Mohr Siebeck, Tübingen.

Hoffmann, Christof/Diegmann, Heinz, Freibrief für private Sportwettenanbieter?, LKRZ 2007, S. 299 – 301.

Hoffmann, Christof, Binnenmarkt und Wettbewerb als alles überlagernde Faktoren?, LKRZ 2008, S. 133 – 135.

Hoffmann-Becking, Michael, Die Begrenzung der wirtschaftlichen Betätigung der öffentlichen Hand durch Subsidiaritätsprinzip und Übermaßverbot, in: Menger, Christian-Friedrich (Hrsg.), Fortschritte des Verwaltungsrechts – Festschrift für Hans J. Wolff zum 75. Geburtstag, 1973, S. 445 – 462, C. H. Beck, München.

Holtschmidt, Claus, Grenzen der privatrechtlichen wirtschaftlichen Betätigung der öffentlichen Hand, dargelegt am Beispiel badischer Gemeinden, 1966, Diss. Freiburg, Freiburg i. Br.

Huber, Ernst Rudolf, Wirtschaftsverwaltungsrecht, Bd. 1, 2. Aufl. 1953, Mohr Siebeck, Tübingen.

Hummel, David, Die Missachtung des parlamentarischen Gesetzgebers durch die Fachgerichte unter dem Deckmantel des Anwendungsvorrangs europäischen Rechts, NVwZ 2008, S. 36 – 41.

Ipsen, Jörn, Rechtsschutz gegen kommunale Wirtschaftstätigkeit, ZHR 170 (2006), S. 422 – 454.

Isensee, Josef, Subsidiaritätsprinzip und Verfassungsrecht – Eine Studie über das Regulativ des Verhältnisses von Staat und Gesellschaft, Schriften zum Öffentlichen Recht, Bd. 80, 2. Aufl. m. Nachtrag 2001, Duncker & Humblot, Berlin.

Janz, Norbert, 1 : 0 für private Wettanbieter? – Die Sportwettenentscheidung des BVerfG v. 28.3.2006, 1 BvR 1054/01, NWVBl. 2006, S. 248 – 252.

Jarass, Hans D., Kommunale Wirtschaftsunternehmen und Verfassungsrecht, DÖV 2002, S. 489 – 500.

Ders., Art. 20 GG, in: ders./Pieroth, Bodo, Grundgesetz, 8. Aufl. 2006, C. H. Beck, München.

Kämper, Norbert/Heßhaus, Matthias, Beteiligung öffentlicher Unternehmen an Ausschreibungen, NWVBl. 2001, S. 377 – 385.

Karpenstein, Ulrich, Staatshaftung für Verletzungen der Dienstleistungsfreiheit aufgrund des Sportwetten-Monopols der deutschen Bundesländer, Kurzgutachten (unveröffentlicht) vom 24. April 2006, Berlin/Brüssel.

Ders./Kuhnert, Kathrin, Anmerkung zu OVG Münster, Beschluss vom 28.06.2006, Az. 4 B 961/06, DVBl. 2006, S. 1466 – 1467.

Katz, Alfred, Kommunale Wirtschaft – Öffentliche Unternehmen zwischen Gemeinwohl und Wettbewerb, 2004, W. Kohlhammer, Stuttgart.

Kendziur, Daniel, Wettbewerbswidrige Sportwettenangebote auch bei rechtswidriger Versagung einer Genehmigung?, ZUM 2007, S. 193 – 200.

Kiethe, Kurt/Groeschke, Peer, Die Stärkung der Rechte des Klägers im Berufungs- und Revisionsrecht durch die Köbler-Entscheidung des EuGH, WRP 2006, S. 29 – 33.

Klein, Hans H., Die Teilnahme des Staates am wirtschaftlichen Wettbewerb, 1968, W. Kohlhammer, Stuttgart Berlin Köln Mainz.

Kluth, Winfried, Grenzen kommunaler Wettbewerbsteilnahme, Grenzen wirtschaftlicher Betätigung von Gemeinden und Gemeindeverbänden im

Wettbewerb mit Privaten im Bereich der Sozialwirtschaft. Zur Dogmatik der wirtschaftlichen Betätigung des Staates, Studien zum öffentlichen Wirtschaftsrecht, Stober, Rolf (Hrsg.), 1988, Carl Heymanns Verlag KG, Köln Berlin Bonn München.

Ders., Eingriff durch Konkurrenz, WiVerw 2000, S. 184 – 207.

Kment, Martin, Ein Monopol gerät unter Druck – Das „Sportwetten-Urteil" des BVerfG, NVwZ 2006, S. 617 – 623.

Knauff, Matthias, Das System des Vergaberechts zwischen Verfassungs-, Wirtschafts- und Haushaltsrecht, VergabeR 2008, S. 312 – 322.

Knemeyer, Franz-Ludwig, Bayerisches Kommunalrecht, 11. Aufl. 2004, Boorberg Verlag.

Kocher, Eva, Die Tariftreueerklärung vor dem EuGH, DB 2008, S. 1042 – 1045.

Köhler, Helmut, Wettbewerbsrechtliche Grenzen der Betätigung kommunaler Unternehmen, WRP 1999, S. 1205 – 1212.

Ders., Wettbewerbsverstoß durch rechtswidrigen Marktzutritt?, GRUR 2001, S. 777 – 782.

Ders., Wettbewerbsrecht im Wandel: Die neue Rechtsprechung zum Tatbestand des Rechtsbruchs, NJW 2002, S. 2761 – 2763.

Ders., Der Rechtsbruchtatbestand im neuen UWG, GRUR 2004, S. 381 – 389.

Ders., Auskunftspflicht und Auskunftsverweigerungsrecht öffentlicher Unternehmen gegenüber der Presse, WRP 2007, S. 62 – 65.

von Köhler, Karl-Heinz, Zur Abgrenzung des § 98 des Gesetzes gegen Wettbewerbsbeschränkungen, DVBl. 1961, S. 605 – 608.

Koenig, Christian/Ciszewski, Simon, Das Online-Verbot der Veranstaltung und Vermittlung von Glücksspielen im Lichte der Dienstleistungsfreiheit, K&R 2007, S. 257 – 263.

Dies., Novellierung der gesetzlichen Grundlagen des Glücksspielrechts durch eine duale Glücksspielordnung, DÖV 2007, S. 313 – 320.

Kopp, Ferdinand O./Schenke, Wolf-Rüdiger, Verwaltungsgerichtsordnung, 15. Aufl. 2007, C. H. Beck, München.

Korte, Stefan, Das staatliche Glücksspielwesen – Privatisierung staatlicher Monopole am Beispiel des Lotterie-, Sportwett- und Spielbanksektors, Studien zum öffentlichen Wirtschaftsrecht, Bd. 63, Stober, Rolf (Hrsg.), 2004, Carl Heymanns Verlag, Berlin.

Krajewski, Markus/Wethkamp, Nadine Maria, Die vergaberechtsfreie Übertragung öffentlicher Aufgaben, DVBl. 2008, S. 355 – 363.

Krings, Günter, Grund und Grenzen grundrechtlicher Schutzansprüche – Die subjektiv-rechtliche Rekonstruktion der grundrechtlichen Schutzpflichten und ihre Auswirkungen auf die verfassungsrechtliche Fundierung des Verbrauchervertragsrechts, Schriften zum Öffentlichen Recht, Bd. 931, 2003, Duncker & Humblot, Berlin.

Krist, Matthias/Kerkmann, Anja, Anmerkung zu OLG Brandenburg VergabeR 2008, 294 ff., VergabeR 2008, S. 297 – 298.

Krölls, Albert, Grundrechtliche Schranken der wirtschaftlichen Betätigung der öffentlichen Hand, GewArch 1992, S. 281 – 289.

Kronawitter, Martin, Besiegelt das „Gemeinsame Kommunalunternehmen" das Ende der Zweckverbände?, KommJur 2008, S. 401 – 408.

Leder, Martin, Kohärenz und Wirksamkeit des kommunalen Wirtschaftsrechts im wettbewerbsrechtlichen Umfeld, DÖV 2008, S. 173 – 183.

von Lennep, Hans-Gerd/Wellmann, Anne, Die Änderungen der Kommunalverfassung nach dem GO-Reformgesetz, KommJur 2007, S. 401 – 407.

Leupold, Andreas/Walsh, Margaret, Rien ne va plus? – Die Entwicklung des deutschen Sportwettenmarktes nach dem Urteil des BVerfG vom 28.03.2006, Az. 1 BvR 1054/01, WRP 2006, S. 973 – 990.

Leupold, Andreas, Die Sportwettenentscheidungen des BGH vom 14.02.2008: Nicht nur Altlastenbeseitigung, WRP 2008, S. 920 – 924.

Lindner, Volker, Verwaltungsgerichtliche Klagemöglichkeiten für Private gegen privatrechtliche kommunale Wirtschaftsbetätigung, Schriften zur öffentlichen Verwaltung, Bd. 7, Knemeyer, Franz-Ludwig (Hrsg.), 1974, Schmitt und Meyer, Würzburg.

Luch, Anika D./Schulz, Sönke E., eDaseinsvorsorge – Neuorientierung des überkommenen (Rechts-)Begriffs „Daseinsvorsorge" im Zuge technischer Entwicklungen?, MMR 2009, S. 19 – 24.

Lux, Herwig, Wettbewerbsrecht, in: Hoppe, Werner/Uechtritz, Michael (Hrsg.), Handbuch Kommunale Unternehmen, 2. Aufl. 2007, Verlag Dr. Otto Schmidt, Köln.

Martens, Wolfgang, Öffentlich als Rechtsbegriff, 1969, Verlag Gehlen, Bad Homburg v.d.H.

Maurer, Hartmut, Allgemeines Verwaltungsrecht, 16. Aufl. 2006, C. H. Beck, München.

Medicus, Dieter, Bürgerliches Recht, 19. Aufl. 2002, Carl Heymanns Verlag KG, Köln Berlin Bonn München.

Medicus, Dieter, § 1004 BGB, in: Rebmann, Kurt/Rixecker, Roland/Säcker, Franz Jürgen (Hrsg.), Münchener Kommentar zum Bürgerlichen Gesetzbuch, Bd. 6, 4. Aufl. 2004, C. H. Beck, München.

Menger, Christian-Friedrich, Zur Frage des Rechtswegs bei Wettbewerbsstreitigkeiten zwischen Privaten und öffentlicher Hand, VerwArch. 68 (1977), S. 293 – 299.

Mertens, Karsten, „Bet and lose“ oder doch „betandwin“?, DVBl. 2006, S. 1564 – 1570.

Mestmäcker, Ernst-Joachim, Die Abgrenzung von öffentlich-rechtlichem und privatrechtlichem Handeln im Wettbewerbsrecht, NJW 1969, S. 1 – 6.

Ders./Schweitzer, Heike, Europäisches Wettbewerbsrecht, 2. Aufl. 2004, C. H. Beck, München.

Ders./Schweitzer, Heike, C. Art. 86 Abs. 1 EG, in: Immenga, Ulrich/Mestmäcker, Ernst-Joachim (Hrsg.), Wettbewerbsrecht Kommentar zum Europäischen Kartellrecht, 4. Aufl. 2007, C. H. Beck, München.

Meyer, Hubert, Wettbewerbsrecht und wirtschaftliche Betätigung der Kommunen, NVwZ 2002, S. 1075 – 1078.

Ders., Kommunalrecht, Landesrecht Mecklenburg-Vorpommern, 2. Aufl. 2002, Nomos, Baden-Baden.

Meyer-Hofmann, Bettina/Riemenschneider, Frank/Weihrauch, Oliver, Public Private Partnership, Gestaltung von Leistungsbeschreibungen, Finanzierung, Ausschreibung und Verträgen in der Praxis, 2. Aufl. 2008, Carl Heymanns Verlag, Berlin.

Möstl, Markus, Grundrechtsbindung öffentlicher Wirtschaftstätigkeit – Insbesondere die Bindung der Nachfolgeunternehmen der Deutschen Bundespost an Art. 10 GG nach der Postreform II, Münchener Universitätsschriften, Bd. 137, Canaris, Claus-Wilhelm/Lerche, Peter/Roxin, Claus (Hrsg.), 1999, C. H. Beck, München.

Niebuhr, Frank, Die Wettbewerbsteilnahme gemischtwirtschaftlicher Unternehmen im Spannungsfeld der Grundrechte, Europäische Hochschulschriften, Reihe II Rechtswissenschaft, Bd. 1532, 1994, Peter Lang Europäischer Verlag der Wissenschaften, Frankfurt am Main Berlin Bern Bruxelles New York Wien.

Noll-Ehlers, Magnus, Kohärente und systematische Beschränkung der Grundfreiheiten – Ausgehend von der Entwicklung des Gemeinschaftsrechts im Glücksspielbereich, EuZW 2008, S. 522 – 525.

Nordemann, Axel, Wettbewerbsrecht Markenrecht, 10. Aufl. 2004, Nomos, Baden-Baden.

Oberheim, Rainer, Zivilprozessrecht für Referendare, 7. Aufl. 2007, Werner Verlag, Neuwied.

Odersky, Walter, Kartellrechtliche Kontrolle des Handelns der öffentlichen Hand, in: Badura, Peter/Scholz, Rupert (Hrsg.), Wege und Verfahren des Verfassungslebens; Festschrift für Peter Lerche zum 65. Geburtstag, 1993, S. 949 - 963, C. H. Beck, München.

Otting, Olaf, Öffentlicher Zweck, Finanzhoheit und fairer Wettbewerb – Spielräume kommunaler Erwerbswirtschaft, DVBl. 1997, S. 1258 – 1264.

Ders., Die Aktualisierung öffentlich-rechtlicher Schranken kommunalwirtschaftlicher Betätigung durch das Wettbewerbsrecht, DÖV 1999, S. 549 – 555.

Ders./Ohler, Frank Peter, Vergaberecht, in: Hoppe, Werner/Uechtritz, Michael (Hrsg.), Handbuch Kommunale Unternehmen, 2. Aufl. 2007, Verlag Dr. Otto Schmidt, Köln.

Pagenkopf, Martin, Einige Betrachtungen zu den Grenzen für privatwirtschaftliche Betätigung der Gemeinden – Grenzen für die Grenzzieher?, GewArch 2000, S. 177 – 185.

Papier, Hans-Jürgen, Kommunale Daseinsvorsorge im Spannungsfeld zwischen nationalem Recht und Gemeinschaftsrecht, DVBl. 2003, S. 686 – 697.

Pestalozza, Christian, Verfassungsprozeßrecht – Die Verfassungsgerichtsbarkeit des Bundes und der Länder mit einem Anhang zum internationalen Rechtsschutz, 3. Aufl. 1991, C. H. Beck, München.

Ders., Das Sportwetten-Urteil des BVerfG – Drei Lehren über den Fall hinaus, NJW 2006, S. 1711 – 1714.

Pieroth, Bodo/Hartmann, Bernd J., Grundrechtsschutz gegen wirtschaftliche Betätigung der öffentlichen Hand, DVBl. 2002, S. 421 – 428.

Pieroth, Bodo/Schlink, Bernhard, Grundrechte, Staatsrecht II, 23. Aufl. 2007, C. F. Müller, Heidelberg.

Pietzcker, Jost, „Grundrechtsbetroffenheit“ in der verwaltungsrechtlichen Dogmatik, in: Püttner, Günter (Hrsg.), Festschrift für Otto Bachof zum 70.

Geburtstag am 6. März 1984, 1984, S. 131 – 149, C. H. Beck, München.

Pinger, Winfried, Der Rechtsweg bei Wettbewerbsverstößen der öffentlichen Hand, GRUR 1973, S. 456 – 460.

Postel, Dirk, Glücksspielrechtliche Wirkungen des tatsächlichen Inhalts der nach dem DDR-Gewerbegesetz erteilten Erlaubnisse, ZfWG 2007, S. 181 – 196; 328 – 347.

Premper, Volker/Sobottka, Bernd, Glücksspielsucht – Angewandte Verhaltenstherapie, Schriftenreihe der Klinik Schweriner See, Bd. 5, Klinik Schweriner See Fachklinik für Psychosomatik (Hrsg.), 7. Aufl. 2006.

Püttner, Günter, Unlauterer Wettbewerb der öffentlichen Hand, GRUR 1964, S. 359 – 364.

Ders., Die öffentlichen Unternehmen – Ein Handbuch zu Verfassungs- und Rechtsfragen der öffentlichen Wirtschaft, 2. Aufl. 1985, Boorberg Verlag.

Ders., Rechtliche Vorgaben für kommunale Unternehmen: Bremse oder Wettbewerbsvorteil?, in: Eichhorn, Peter/Reichard, Christoph/Schuppert, Gunnar F. (Hrsg.), Kommunale Wirtschaft im Wandel – Chancen und Risiken, Schriftenreihe der Gesellschaft für öffentliche Wirtschaft, Bd. 48, 2000, S. 27 – 39, Nomos, Baden-Baden.

Quack, Friedrich, Vom Beitrag des unlauteren Wettbewerbs zur Entwicklung des Wirtschaftsverwaltungsrechts, in: v. Westphalen, Friedrich Graf/Sandrock, Otto (Hrsg.), Lebendiges Recht – Von den Sumerern bis zur Gegenwart; Festschrift für Reinhold Trinkner zum 65. Geburtstag, 1995, S. 265 – 278, Verlag Recht und Wirtschaft GmbH, Heidelberg.

Rautenberg, Thomas, Gemischte Gesellschaften und Gemeindewirtschaftsrecht, KommJur 2007, S. 1 – 6; 41 – 45.

Ringwald, Roman, Daseinsvorsorge als Rechtsbegriff, Öffentliches und Internationales Recht, Bd. 7, 2008, Peter Lang Europäischer Verlag der Wissenschaften, Frankfurt am Main Berlin Bern Bruxelles New York Oxford Wien.

Ronellenfitsch, Michael, Wirtschaftliche Betätigung des Staates, in: Isensee, Josef/Kirchhof, Paul (Hrsg.), Handbuch des Staatsrechts der Bundesrepublik Deutschland, Band IV, § 98, 3. Aufl. 2006, C. F. Müller, Heidelberg.

Ders., Voraussetzungen und historische Entwicklung privatwirtschaftlicher Betätigung der Gemeinden, in: Hoppe, Werner/Uechtritz, Michael (Hrsg.), Handbuch Kommunale Unternehmen, 2. Aufl. 2007, Verlag Dr. Otto Schmidt, Köln.

Ders., Neuere Privatisierungsdiskussion, in: Hoppe, Werner/Uechtritz, Michael (Hrsg.), Handbuch Kommunale Unternehmen, 2. Aufl. 2007, Verlag Dr. Otto Schmidt, Köln.

Ders./Stein, Antonia, Verfassungsrechtliche und gemeinschaftsrechtliche Vorgaben, in: Hoppe, Werner/Uechtritz, Michael (Hrsg.), Handbuch Kommunale Unternehmen, 2. Aufl. 2007, Verlag Dr. Otto Schmidt, Köln.

Rüfner, Wolfgang, Daseinsvorsorge und soziale Sicherheit, in: Isensee, Josef/Kirchhof, Paul (Hrsg.), Handbuch des Staatsrechts der Bundesrepublik Deutschland, Band IV, § 96, 3. Aufl. 2006, C. F. Müller, Heidelberg.

Ruffert, Matthias, Kommunalwirtschaft und Landes-Wirtschaftsverfassung, NVwZ 2000, S. 763 – 765.

Ruttig, Markus, Anmerkung zu BVerfG, Urteil vom 28. März 2006 - I BvR 1054/01, ZUM 2006, S. 400 – 402.

Ders., Auf Gambelli folgt Placanica – und keine Liberalisierung der Glücksspielmärkte in Europa, WRP 2007, S. 621 – 626.

Ders., Zur Verfassungs- und Europarechtskonformität des GlüStV nach der oberverwaltungsgerichtlichen Rechtsprechung, ZfWG 2008, S. 202 – 204.

Sailer, Christian, Rechtsnatur und verfassungsrechtliche Grenzen verwaltungseigener Wirtschaftstätigkeit, 1964, Diss. Würzburg, Würzburg.

Schachtschneider, Karl Albrecht, Staatsunternehmen und Privatrecht – Kritik der Fiskustheorie, exemplifiziert an § 1 UWG, 1986, Walter de Gruyter, Berlin New York.

Scharpf, Christian, Kommunales Unternehmensrecht in Bayern, Voraussetzungen und Grenzen kommunaler Wirtschaftstätigkeit nach Art. 87 BayGO, Rechtswissenschaftliche Forschung und Entwicklung, Bd. 716, Lehmann, Michael (Hrsg.), 2004, Herbert Utz Verlag GmbH, München.

Ders., Drittschutz für die Privatwirtschaft?, GewArch 2004, S. 317 – 321.

Ders., Die wirtschaftliche Betätigung von Gemeinden zwischen Grundrechtsrelevanz und kommunalem Selbstverwaltungsrecht, GewArch 2005, S. 1 – 8.

Schink, Alexander, Wirtschaftliche Betätigung kommunaler Unternehmen, NVwZ 2002, S. 129 – 140.

Schliesky, Utz, Der Rechtsweg bei wettbewerbsrelevantem Staatshandeln, DÖV 1994, S. 114 – 118.

Ders., Öffentliches Wettbewerbsrecht – Verhaltensrechtliche Determinanten von wirtschaftsbezogenem Staatshandeln, Schriften zum Öffentlichen Recht, Bd. 732, 1997, Duncker & Humblot, Berlin.

Schmidt-Kötters, Thomas, Rechtsschutz der Wettbewerber vor den Zivilgerichten, in: Heidenhain, Martin (Hrsg.), Handbuch des Europäischen Beihilfenrechts, § 58, 2003, C. H. Beck, München.

Schöttle, Hendrik, Online-Glücksspiele und der Glücksspiel-Staatsvertrag, K&R 2008, S. 155 – 160.

Scholz, Rupert, Wettbewerbsrecht und öffentliche Hand, ZHR 132 (1969), S. 97 – 148.

Ders., Wettbewerb der öffentlichen Hand – Sanktions- und Rechtswegprobleme zwischen öffentlichem Recht und Privatrecht, NJW 1974, S. 781 – 782.

Ders., Verwaltungsverantwortung und Verwaltungsgerichtsbarkeit, VVDStRL 34 (1976), S. 145 – 215.

Ders., Wettbewerbsrechtliche Klagen gegen Hoheitsträger: Zivil- oder Verwaltungsrechtsweg?, NJW 1978, S. 16 – 18.

Schricker, Helmut, Wirtschaftliche Tätigkeit der öffentlichen Hand und unlauterer Wettbewerb, Schriftenreihe zum gewerblichen Rechtsschutz, Beier, Friedrich-Karl/Schricker, Gerhard (Hrsg.), 2. Aufl. 1987, Carl Heymanns Verlag KG, Köln Berlin Bonn München.

Schünemann, Wolfgang B., Wettbewerbsrechtliche Zulässigkeit wirtschaftlicher Tätigkeit der öffentlichen Hand, in: Stober, Rolf/Vogel, Hanspeter (Hrsg.), Wirtschaftliche Betätigung der öffentlichen Hand, Studien zum öffentlichen Wirtschaftsrecht, Bd. 45, 2000, S. 41 – 74, Carl Heymanns Verlag KG, Köln Berlin Bonn München.

Schwerdtner, Eberhard, Flucht in das Privatrecht – ein Spiel ohne Grenzen?, KommJur 2007, S. 169 – 171.

Selmer, Peter, Wirtschaftliche Betätigung der öffentlichen Hand und Unternehmergrundrechte, in: Stober, Rolf/Vogel, Hanspeter (Hrsg.), Wirtschaftliche Betätigung der öffentlichen Hand, Studien zum öffentlichen Wirtschaftsrecht, Bd. 45, 2000, S. 75 – 102, Carl Heymanns Verlag KG, Köln Berlin Bonn München.

Sodan, Helge, Vorrang der Privatheit als Prinzip der Wirtschaftsverfassung, DÖV 2000, S. 361 – 371.

Sosnitza, Olaf, Der Gesetzentwurf zur Umsetzung der Richtlinie über unlautere Geschäftspraktiken, WRP 2008, S. 1014 – 1034.

Stamer, Carsten, Rechtsschutz gegen öffentliche Konkurrenzwirtschaft – Unter besonderer Berücksichtigung der grundrechtsdogmatischen Problematik, Schriften zum Öffentlichen Recht, Bd. 1056, 2007, Duncker & Humblot, Berlin.

Staudinger, Hans, Der Staat als Unternehmer, Du und der Staat, Bd. 6, Goslar, Hans/Hirschfeld, Hans (Hrsg.), 1932, Gersbach & Sohn Verlag GmbH, Berlin.

Stein, Torsten, Anmerkung zu EuGH, Urteil vom 24.03.1994, C-275/92 - Schindler, EuZW 1994, S. 315.

Stelkens, Ulrich, Verwaltungsprivatrecht – Zur Privatrechtsbindung der Verwaltung, deren Reichweite und Konsequenzen, Schriften zum Öffentlichen Recht, Bd. 994, 2005, Duncker & Humblot, Berlin.

Stern, Klaus/Püttner, Günter, Die Gemeindewirtschaft – Recht und Realität. Zum staats- und kommunalverfassungsrechtlichen Standort der kommunalen Wirtschaft, Schriftenreihe des Vereins für Kommunalwissenschaften e. V. Berlin, Bd. 8, 1965, W. Kohlhammer, Stuttgart Berlin Köln Mainz.

Stober, Rolf, Grundrechtsschutz der Wirtschaftstätigkeit, Reihe Öffentliches Recht in der Verwaltungs-, Beratungs- und Wirtschaftspraxis, Stober, Rolf (Hrsg.), 1989, Carl Heymanns Verlag KG, Köln Berlin Bonn München.

Ders., Neuregelung des Rechts der öffentlichen Unternehmen?, NJW 2002, S. 2357 – 2369.

Stögmüller, Thomas, Glücksspiele, Lotterien und Sportwetten im Internet, K&R 2002, S. 27 – 33.

Stoffel, Walter A., Wettbewerbsrecht und staatliche Wirtschaftstätigkeit – Die wettbewerbsrechtliche Stellung der öffentlichen Unternehmen im schweizerischen Recht, mit einer Darstellung des Rechtes Deutschlands und Frankreichs sowie des Europäischen Wirtschaftsraums, Arbeiten aus dem iuristischen Seminar der Universität Freiburg Schweiz, Bd. 129, Gauch, Peter (Hrsg.), 1994, Universitätsverlag Freiburg Schweiz, Freiburg Schweiz.

Storr, Stefan, Der Staat als Unternehmer – Öffentliche Unternehmen in der Freiheits- und Gleichheitsdogmatik des nationalen Rechts und des Gemeinschaftsrechts, Jus Publicum, Bd. 78, 2001, Mohr Siebeck, Tübingen.

Streinz, Rudolf, Besprechung von EuGH, Urteil vom 6.3.2007 - C-338/04 u. a. - Placanica, Palazzese und Sorricchio, JuS 2007, S. 1040 – 1044.

Sydow, Gernot/Gebhardt, Georg, Auskunftsansprüche gegenüber kommunalen Unternehmen, NVwZ 2006, S. 986 – 991.

Tautscher, Anton, Geschichte der deutschen Finanzwissenschaft bis zum Ausgang des 18. Jahrhunderts, in: Gerloff, Wilhelm/Neumark, Fritz (Hrsg.), Handbuch der Finanzwissenschaft, Bd. 1, 2. Aufl. 1952, S. 384 – 414, Mohr Siebeck, Tübingen.

Tettinger, Peter J., Rechtsschutz gegen kommunale Wettbewerbsteilnahme, NJW 1998, S. 3473 – 3474.

Tilmann, Winfried, Privatwirtschaftliche Betätigung der Kommunen, in: Ohly, Ansgar/Bodewig, Theo/Dreier, Thomas/Götting, Horst-Peter/Haedicke, Maximilian/Lehmann, Michael (Hrsg.), Perspektiven des Geistigen Eigentums und Wettbewerbsrechts – Festschrift für Gerhard Schricker zum 70. Geburtstag, 2005, S. 763 – 772, C. H. Beck, München.

Tomerius, Stephan, Wirtschaftliche Betätigung der Kommunen zwischen Gemeindewirtschafts- und Wettbewerbsrecht, LKV 2000, S. 41 – 47.

Tsiliotis, Charalambos, Der verfassungsrechtliche Schutz der Wettbewerbsfreiheit und seine Einwirkung auf die privatrechtlichen Beziehungen – Eine grundrechtliche Untersuchung im deutschen Wirtschaftsverfassungsrecht mit einer Erweiterung im Wirtschaftsverfassungsrecht der EG/EU, Schriften zum Öffentlichen Recht, Bd. 815, 2000, Duncker & Humblot, Berlin.

Uechtritz, Michael/Otting, Olaf, Kommunalrechtliche Voraussetzungen für die wirtschaftliche Betätigung, in: Hoppe, Werner/Uechtritz, Michael

(Hrsg.), Handbuch Kommunale Unternehmen, 2. Aufl. 2007, Verlag Dr. Otto Schmidt, Köln.

Ulmer, Detlef/Pencereci, Turgut, Eilrechtsschutz vor den Zivilgerichten bei Vergabe im Unterschwellenbereich, KommJur 2008, S. 81 – 85.

Ulmer, Peter, Die Anwendung von Wettbewerbs- und Kartellrecht auf die wirtschaftliche Tätigkeit der öffentlichen Hand beim Angebot von Waren oder Dienstleistungen, ZHR 146 (1982), S. 466 – 506.

Vollmar, Steffen, Rechtsweg und Maßstab für Klagen gegen die öffentliche Hand wegen Wettbewerbsverstößen, 1978, Diss. Heidelberg, Heidelberg.

Weber, Dirk, Wettbewerbsrechtlicher Unterlassungsanspruch gegen kommunale Wirtschaftstätigkeit – Die kommunalrechtlichen Vorschriften über das Gemeindewirtschaftsrecht als sittlich fundierte Normen im Rahmen der Fallgruppe Rechtsbruch des § 1 UWG, Europäische Hochschulschriften, Reihe II Rechtswissenschaft, Bd. 2696, 2000, Peter Lang Europäischer Verlag der Wissenschaften, Frankfurt am Main Berlin Bern Bruxelles New York Wien.

Weidemann, Clemens, Höchstrichterliche Sportwetten-Akrobatik – Zur Grundrechtskontrolle von bundesstrafrechtlichen Berufsverboten und landesverwaltungsrechtlichen Staatsmonopolen, NVwZ 2008, S. 278 – 281.

Wendt, Rudolf, Rechtsschutz gegen wirtschaftliche Betätigungen von Gemeinden, in: Ennuschat, Jörg/Geerlings, Jörg/Mann, Thomas/Pielow, Johann-Christian (Hrsg.), Wirtschaft und Gesellschaft im Staat der Gegenwart – Gedächtnisschrift für Peter J. Tettinger, 2007, S. 335 – 354, Carl Heymanns Verlag, Berlin.

Wilhelm, Jan, Kapitalgesellschaftsrecht, 2. Aufl. 2005, de Gruyter, Berlin.

Wolf, Dieter, Der Staat als Unternehmer – Belebung oder Gefahr für den Wettbewerb?, in: Stober, Rolf/Vogel, Hanspeter (Hrsg.), Wirtschaftliche Betätigung der öffentlichen Hand, Studien zum öffentlichen Wirtschaftsrecht, Bd. 45, 2000, S. 5 – 11, Carl Heymanns Verlag KG, Köln Berlin Bonn München.

Wollenschläger, Ferdinand, Vergaberechtsschutz unterhalb der Schwellenwerte nach der Entscheidung des BVerfG vom 13. Juni 2006: verfassungs- und verwaltungsrechtliche Determinanten, DVBl. 2007, S. 589 – 599.

Wurm, Michael, § 839 BGB, in: J. von Staudingers Kommentar zum Bürgerlichen Gesetzbuch mit Einführungsgesetz und Nebengesetzen, Buch II

Recht der Schuldverhältnisse, Titel 27, Neubearbeitung 2007, Sellier-de Gruyter, Berlin.

Zimmermann, Uwe, Von der EU-Verfassung zum Vertrag von Lissabon – Zu den kommunalen Rechten im EU-Reformvertrag, KommJur 2008, S. 41 – 47.

Zuleeg, Manfred, Selbstverwaltung und Europäisches Gemeinschaftsrecht, in: v. Mutius, Albert (Hrsg.), Selbstverwaltung im Staat der Industriegesellschaft; Festgabe zum 70. Geburtstag von Georg Christoph von Unruh, Schriftenreihe des Lorenz-von-Stein-Instituts für Verwaltungswissenschaften Kiel, Bd. 4, 1983, S. 91 – 110, R. v. Decker's Verlag, G. Schenck, Heidelberg.

Studien und Materialien zum Öffentlichen Recht

Herausgegeben von Herbert Bethge

Band 1 Hans-Georg Kamann: Die Mitwirkung der Parlamente der Mitgliedstaaten an der europäischen Gesetzgebung. National-parlamentarische Beeinflussung und Kontrolle der Regierungsvertreter im Rat der Europäischen Union im Spannungsfeld von Demokratie und Funktionsfähigkeit des gemeinschaftlichen Entscheidungsverfahrens. 1997.

Band 2 Gerhard Spieß: Der Grundrechtsverzicht. 1997.

Band 3 Stefan Hepach: Der Grundrechtsstatus der Landesmedienanstalten. 1997.

Band 4 Michael Fraas: Sicherheitsrat der Vereinten Nationen und Internationaler Gerichtshof. Die Rechtmäßigkeitsprüfung von Beschlüssen des Sicherheitsrats der Vereinten Nationen im Rahmen des VII. Kapitels der Charta durch den Internationalen Gerichtshof. 1998.

Band 5 Friedrich Loschelder: Die Durchsetzbarkeit von Weisungen in der Bundesauftragsverwaltung. 1998.

Band 6 Gunila Dieterich: Rechtsschutz der deutschen Bundesländer vor dem Bundesverfassungsgericht in Angelegenheiten der Europäischen Union. 1998.

Band 7 Wolfgang Weiß: Die Personenverkehrsfreiheiten von Staatsangehörigen assoziierter Staaten in der EU. Eine vergleichende Analyse der Assoziationsabkommen. 1998.

Band 8 Christian Bamberger: Verfassungswerte als Schranken vorbehaltloser Freiheitsgrundrechte. Vom Verfassungs- zum Gegenseitigkeitsvorbehalt. 1999.

Band 9 Andreas Rohde: Freier Kapitalverkehr in der Europäischen Gemeinschaft. 1999.

Band 10 Herbert Bethge: Rechtsberatung im privaten Rundfunk. Rechtsgutachten, erstattet auf Ansuchen von SAT 1, unter Mitwirkung von Christian von Coelln. 2000.

Band 11 Marcel Vachek: Das Religionsrecht der Europäischen Union im Spannungsfeld zwischen mitgliedstaatlichen Kompetenzreservaten und Art. 9 EMRK. 2000.

Band 12 Kerstin Ebock: Der Schutz grundlegender Menschenrechte durch kollektive Zwangsmaßnahmen der Staatengemeinschaft. Vom Interventionsverbot zur Pflicht zur humanitären Intervention? 2000.

Band 13 Christiane Gucht: Das Zensurverbot im Gefüge der grundrechtlichen Eingriffskautelen. 2000.

Band 14 Markus Ruttig: Der Einfluß des EG-Beihilferechts auf die Gebührenfinanzierung der öffentlich-rechtlichen Rundfunkanstalten. 2001.

Band 15 Jochen Murach: Die Haftung der öffentlichen Hand im Verwaltungsschuldrecht. 2002.

Band 16 Holger Schäfer: Die ungeschriebenen Freiheitsrechte in der schweizerischen Bundesverfassung von 1874 im Vergleich mit dem Grundgesetz. 2002.

Band 17 Alexander Glos: Die deutsche Berufsfreiheit und die europäischen Grundfreiheiten. Ein Strukturvergleich. 2003.

Band 18 Georg Blasberg: Verfassungsgerichte als Ersatzgesetzgeber. Entscheidungsaussprüche bei Normenkontrollen von Bundesverfassungsgericht und Corte Costituzionale. 2003.

Band 19 Artur Müller-Wewel: Souveränitätskonzepte im geltenden Völkerrecht. 2003.

Band 20 Helmut Wirner: Kommunale Wohnungsunternehmen als öffentliche Auftraggeber im Sinne der EG-Vergaberichtlinien. 2003.

Band 21 Christian Abt: Die Mitwirkung der deutschen Bundesländer bei völkervertraglichen Handlungen im Rahmen der Europäischen Union. 2003.

Band 22 Wolfram Wormuth: Die Bedeutung des Europarechts für die Entwicklung des Völkerrechts. 2004.

Band 23 Sonja Rademacher: Diskriminierungsverbot und „Gleichstellungsauftrag". Zur Auslegung des Art. 3 Abs. 2 Satz 2 GG. 2004.

Band 24 Thomas Lennarz: Die Rechtsprechung des Europäischen Gerichtshofs und des Gerichts erster Instanz zu prozessualen Fragen des Verfügungsgrundsatzes und der Fristen. 2004.

Band 25 Florian Niewöhner: Elektronische Benutzerführungssysteme und chancengerechter Zugang zum digitalen Fernsehen. Eine Untersuchung unter besonderer Berücksichtigung der Position des öffentlich-rechtlichen Rundfunks. 2004.

Band 26 Oliver Glück: § 24c KWG und das Recht auf informationelle Selbstbestimmung. Eine Untersuchung der Verfassungsmäßigkeit des automatisierten Abrufs von Kontoinformationen. 2005.

Band 27 Siegfried Kwanka: Die Einwirkungen des Europarechts auf den vorläufigen Rechtsschutz im nationalen Verwaltungsprozess. 2006.

Band 28 Christian von Coelln: Spielräume des Gesetzgebers für die Erweiterung des Zugangs der Zeitungsverlage zum Rundfunk in Bayern. Rechtsgutachten, erstattet auf Ansuchen des Verbandes Bayerischer Zeitungsverleger e.V. 2006.

Band 29 Christoph Schultes: Die verfassungsändernde Volksgesetzgebung in Bayern. Eine Untersuchung zur Revision der Bayerischen Verfassung durch Volksbegehren und Volksentscheid. 2006.

Band 30 Kai Thum: Einfachgesetzliche Präzisierung des verfassungsrechtlichen Funktionsauftrags des öffentlich-rechtlichen Rundfunks. Zugleich ein Beitrag zur Dogmatik der Rundfunkfreiheit. 2007.

Band 31 Stefan Remmert: Wirtschaftssanktionen zum Schutz der Menschenrechte. Zur Frage ihrer Vereinbarkeit mit dem allgemeinen Zoll- und Handelsabkommen (GATT). 2008.

Band 32 Anna-Mirjam Frey: Die Romanfigur wider Willen. 2008.

Band 33 Eva Maria Schimpfhauser: Das Gewaltmonopol des Staates als Grenze der Privatisierung von Staatsaufgaben. Dargestellt am Beispiel des Strafvollzuges. 2009.

Band 34 Torben Frank: Der Schutz von Unternehmensgeheimnissen im Öffentlichen Recht. 2009.

Band 35 Katja Gößling: Der Aufenthaltsstatus von ausländischen Arbeitnehmern in der Bundesrepublik Deutschland. Gemeinschaftsrechtliche Vorgaben und ihre Umsetzung in das nationale Recht. 2009.

Band 36 Daniel Ferdinand Kendziur: Neue Wege für den Rechtsschutz Privater gegen die Wirtschaftstätigkeit der öffentlichen Hand. 2009.

www.peterlang.de